EUROPA-FACHBUCHREIHE
für Metallberufe

METALLTECHNIK

Metallbau- und Fertigungstechnik

Grundbildung

7. Auflage

Bearbeitet von Lehrern an beruflichen Schulen und Ingenieuren
Lektorat: Armin Steinmüller

VERLAG EUROPA-LEHRMITTEL · Nourney, Vollmer GmbH & Co.
Düsselberger Straße 23 · 42781 Haan-Gruiten

Europa-Nr.: 10013

Autoren

Hahn, Manfred	Dipl.-Ing., Oberstudienrat	Wipperfürth
Ignatowitz, Eckhard	Dr. Ing., Studienrat	Waldbronn
Kinz, Ullrich	Oberstudienrat	Groß-Umstadt
Kluge, Manfred	Dipl.-Ing., Oberstudiendirektor	Schorndorf
Lämmlin, Gerhard	Dipl.-Ing. (FH), Studiendirektor	Neustadt
Steinmüller, Armin	Dipl.-Ing.	Hamburg

Lektorat und Leitung des Arbeitskreises:
Armin Steinmüller, Hamburg

Für die Mitarbeit an der 1. bis 4. Auflage des Buches dankt der Arbeitskreis Herrn Jürgen Husemann und Herrn Volker Schmidt; für wertvolle Beiträge zur Erarbeitung der Konzeption Herrn Holger Schödder.

Bildbearbeitung:
Zeichenbüro des Verlags Europa-Lehrmittel, Nourney, Vollmer GmbH & Co., Leinfelden-Echterdingen

Die Textgestaltung des Buches folgt den **neuen amtlichen Rechtschreibregeln**.

Diesem Buch wurden die neuesten Ausgaben der DIN-Blätter und die VDI/VDE-Richtlinien zugrunde gelegt. Verbindlich sind jedoch nur die DIN-Blätter und die VDI/VDE-Richtlinien selbst.

Verlag für die DIN-Blätter: Beuth-Verlag GmbH, Burggrafenstraße 6, 10787 Berlin.

Verlag für die VDE-Bestimmungen: VDE-Verlag GmbH, Bismarckstraße 33, 10625 Berlin.

7. Auflage 2002

Druck 5 4 3 2 1

Alle Drucke derselben Auflage sind parallel einsetzbar, da sie bis auf die Behebung von Druckfehlern untereinander unverändert sind.

ISBN 3-8085-1137-0

Umschlaggestaltung unter Verwendung eines Fotos der Bavaria Bildagentur, 82116 Gauting (VCL)

http.//www.europa-lehrmittel.de

Satz und Druck: Druckhaus Arns GmbH & Co. KG, 42853 Remscheid

Vorwort

Dieses Lehrbuch ist eine elementare, für den Unterricht in berufsbildenden Schulen verfasste Einführung in die Technologie der Metallbearbeitung. Es enthält die in den Lehrplänen vorgesehenen fachkundlichen Inhalte der **Grundbildung im Berufsfeld Metalltechnik** der handwerklichen und industriellen Metallberufe des ersten Berufsschuljahres.

Um am Ende des ersten Schuljahres eine Schwerpunktbildung zu ermöglichen, wurden sowohl für die Installations- und Metallbautechnik als auch für die industrielle Fertigungstechnik die entsprechenden Unterrichtsinhalte gegenüber den Mindestanforderungen etwas erweitert. Großer Wert wurde auf eine verständliche und verhältnismäßig umfassende Einführung in die Werkstofftechnik gelegt.

Neben der Erfüllung der Lehrplananforderungen der Fachtheorie wird im ganzen Buch darauf geachtet, dass die in der praktischen Ausbildung erlernten Fertigkeiten in einem sinnvollen Zusammenhang mit den Erkenntnissen der Technologie dargestellt werden. Die aus der allgemeinbildenden Schule bekannten naturwissenschaftlichen Grundlagen werden dort kurz wiederholt, wo sie für das Verständnis der technologischen Zusammenhänge benötigt werden.

Um dem Schüler eine leichte Nachbereitung des Unterrichts zu ermöglichen, ist der Text in überschaubare Lerneinheiten gegliedert. Größeren thematischen Bereichen werden Unfallschutzhinweise, Arbeitsregeln und Verständnisfragen angeschlossen. Wesentliche Begriffe und Wissensinhalte werden als Merksätze oder Formeln hervorgehoben. Mehr als 1200 Bilder, Übersichten und Tabellen unterstützen die Aussagen der Texte.

Als ein Basis-Lehrgang der Metall-Technologie kann dieses Buch auch in **Fachoberschulen, Technischen Gymnasien und Berufsfachschulen** eingesetzt werden. Dem Studierenden, der von der allgemeinbildenden Schule direkt zur Hochschule geht, bietet es einen hilfreichen Einstieg in die **Grundlagen der Fertigungs- und Werkstofftechnik**.

Die jetzt vorliegende **7. Auflage** ist bis auf kleine Abschnitte in den Kapiteln Werkstofftechnik und Informationstechnik mit der 5. und 6. inhaltlich identisch. Fehler wurden korrigiert, einige davon auf Grund von Hinweisen unserer Leser. Daneben wurden etliche Bilder verbessert und Unstimmigkeiten in der Farbgebung beseitigt.

Autoren und Verlag danken unseren Lesern für ihre kritischen Hinweise und bitten sie, auch in Zukunft die Weiterentwicklung dieses Buches mit Verbesserungsvorschlägen zu unterstützen.

Winter 2001/2002 Autoren und Verlag

Arbeitsschutz

Prüfen

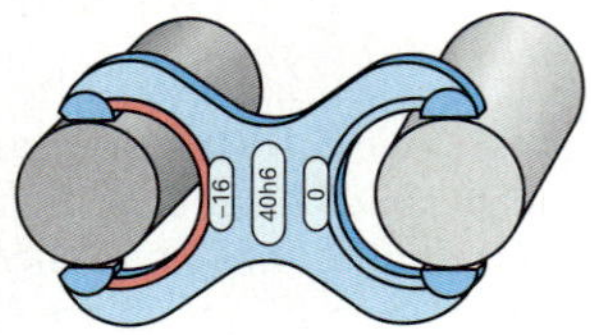

Werkstoffe

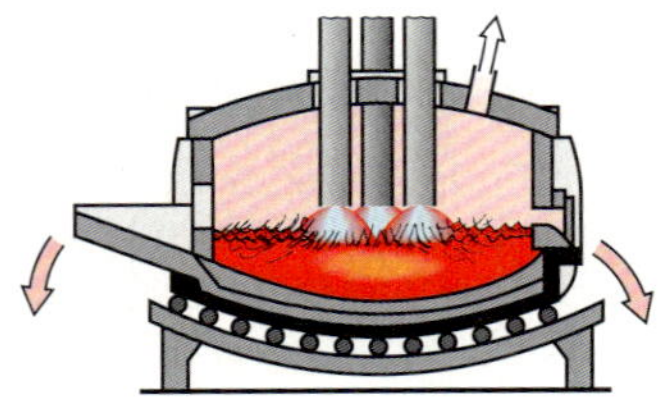

Maschinentechnik

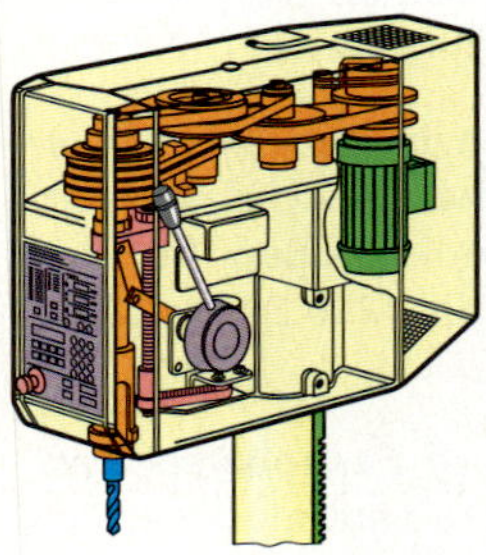

Urformen

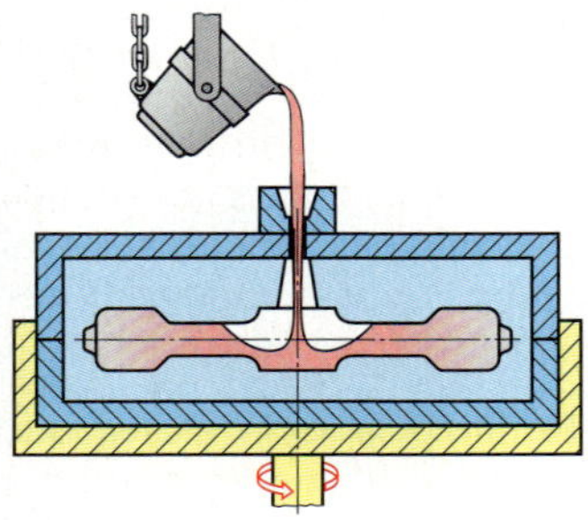

Umformen

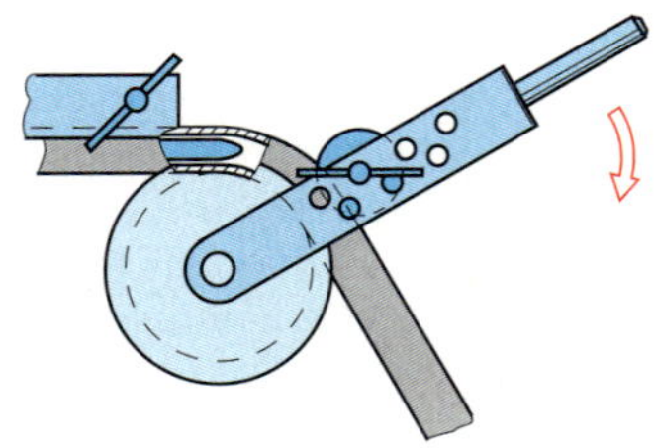

Zerteilen

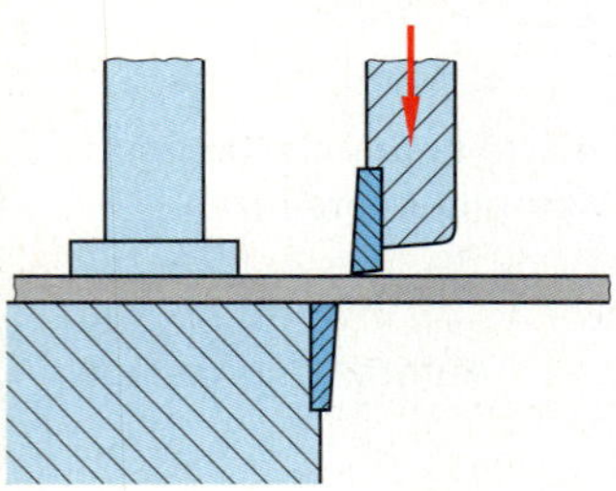

Spanen

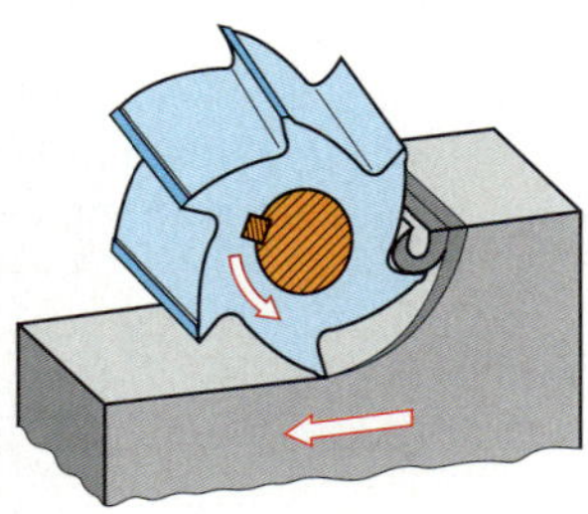

Fügen

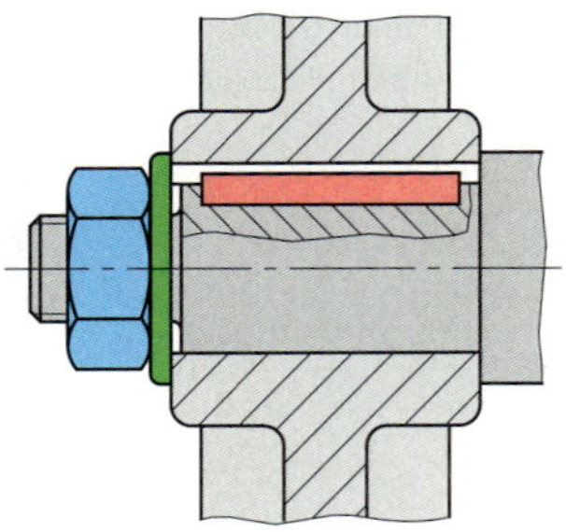

Elektrotechnik

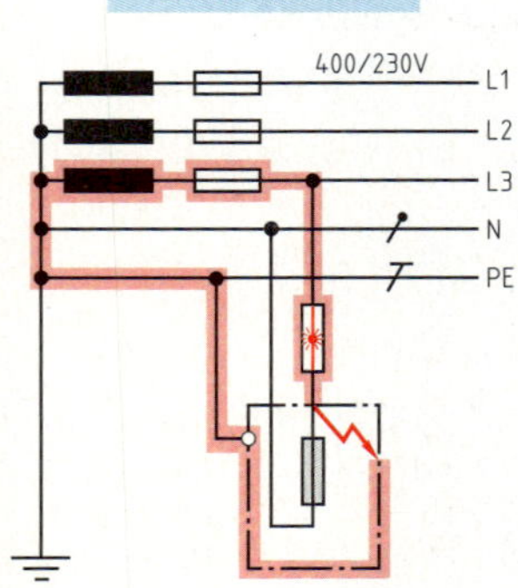

Steuerungstechnik

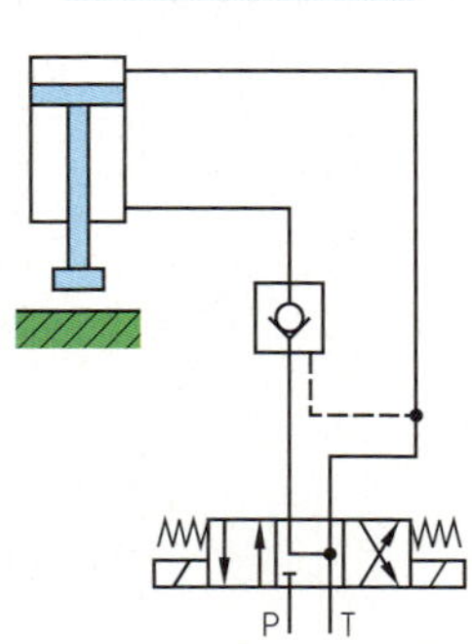

Informatik

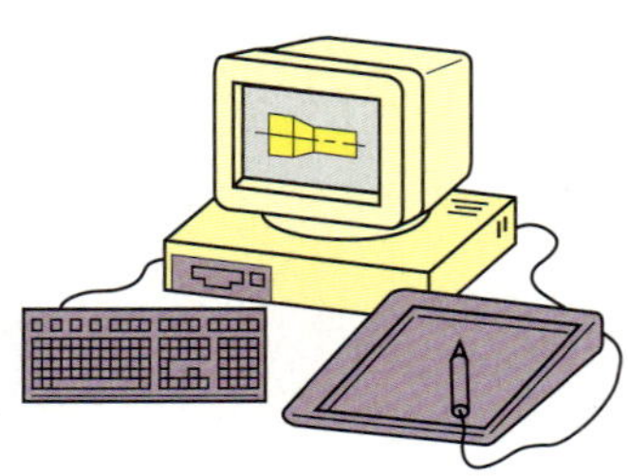

Inhaltsverzeichnis

1 Einführung in die Fertigungstechnik

Die Fertigung von Erzeugnissen aus Metallen zu erlernen, ist Ziel der Ausbildung in den Metallberufen. Dass mit der Arbeit in manchem Metallberuf auch Dienstleistungen verbunden sind, lernt man selten in Industriebetrieben, öfter schon während der Ausbildung im Handwerk. Produziert wird nur, wenn auch eine **Nachfrage** besteht. Das kann der Wunsch eines Kunden sein, der sich z. B. vom Metallbauer ein Gitter für sein Grundstück fertigen lassen will (wie auf Bild 3 der folgenden Seite). Die Industrie produziert im Wesentlichen für den **Markt** – darunter kann man sich die Gesamtheit aller **Kunden** vorstellen. Weil das Angebot meistens die zahlungskräftige Nachfrage übersteigt, ist **Kundenorientierung** bei Produktion und Dienstleistungen die notwendige Voraussetzung um den Wettbewerb am Markt zu bestehen.

INDUSTRIE	HANDWERK
Arbeitsvorbereitung	Beratung
Produktion	Fertigung
Montage	Montage
Instandhaltung	Installation
Wartung	Reparatur

1 Arbeitsgebiete des Metalltechnikers

1.1 Das Berufsfeld Metalltechnik

Im Fachtheorie-Unterricht der Metalltechnik lernt man viel über die Fertigung von Erzeugnissen der metallverarbeitenden Industrie und des Handwerks, einiges auch von Montage und Wartung sowie über Schadensfälle. Die Übersicht 1 zeigt Tätigkeiten, die vom Metalltechniker nach seiner Lehre verlangt werden könnten. Entweder er wird Spezialist für bestimmte Arbeitsgebiete oder es stellen sich ihm auf jeder Station seiner beruflichen Laufbahn völlig unterschiedliche neue Aufgaben.

Da die Arbeit in der Praxis fast immer auch Zusammenarbeit mit anderen bedeutet, entscheiden oft neben den Fachkenntnissen Persönlichkeitsmerkmale über Erfolg oder Scheitern im Beruf. Die **Kompetenz** eines Menschen, das heißt, die Fähigkeit mit Sachverstand Aufgaben zu lösen, setzt sich aus einzelnen Merkmalen zusammen. Sie sollten mit den Anforderungen des Tätigkeitsbereichs übereinstimmen (Bild 2).

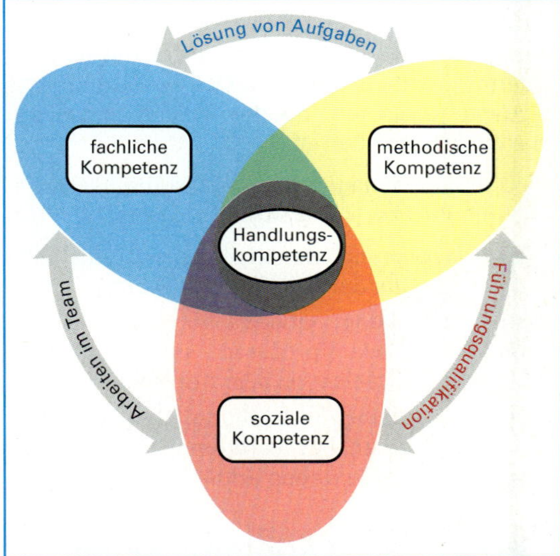

2 Anforderungen an die Persönlichkeit

1.2 Qualitätssicherung

Qualität ist ein Schlüsselbegriff der modernen Fertigung.

1.2.1 Forderungen an die Produkte

- **Technische Anforderungen** wie Funktionstüchtigkeit, Haltbarkeit, begrenztes Gewicht, widerstandsfähige Oberfläche und mehr;
- **Wirtschaftliche Anforderungen** wie ein günstiger Preis, geringer Energieverbrauch, Wartungsfreiheit und Ähnliches;
- **gesellschaftlich/politische Anforderungen**, dazu gehört vor allem Umweltverträglichkeit in Produktion und Anwendung, Unfallfreiheit u.a.;
- **ästhetische Anforderungen** wie z. B. gutes Aussehen oder Anpassung an die Umgebung.

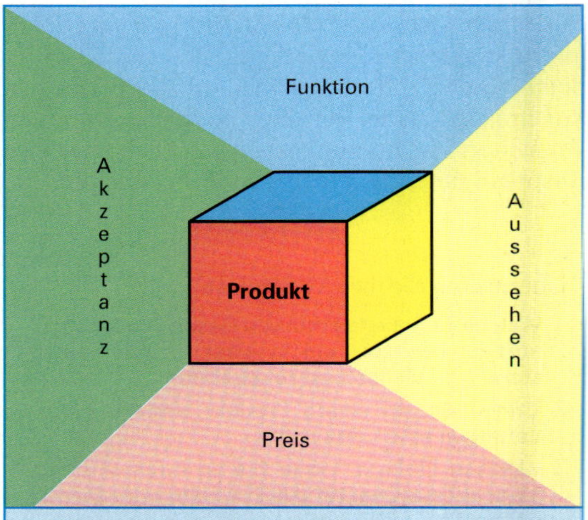

3 Anforderungsprofil der Produkte

1.2.2 Qualitätsmanagement

Um die gewährleisteten Anforderungen an ein Produkt mit einem Wort zu beschreiben, hat sich der Begriff der **Qualität** durchgesetzt. Zu ihrer Sicherung leistet der Facharbeiter oder Geselle einen wesentlichen Beitrag. Je mehr Arbeitsgänge für die Erzeugung eines Produktes benötigt werden, desto mehr Fehler können auftreten und sich von Stufe zu Stufe fortpflanzen, wie der Qualitätskreis zeigt (Bild 1). Deshalb sorgt das Qualitätsmanagement dafür, dass von der Produktidee und dem Einkauf der Vorprodukte bis zum Vertrieb die Qualitätsanforderungen eingehalten werden.

Qualität ist organisierbar.

Das wesentliche Mittel zur Einhaltung der Qualitätsanforderungen ist **Prüfen** und **Messen** (Bild 2). Erkennt ein Facharbeiter, dass die gemessenen Merkmale (**IST**-Zustand) nicht mit den geforderten übereinstimmen (**SOLL**-Zustand), muss er zuerst feststellen, ob der Grund an seinem Arbeitsplatz zu finden ist.

Das **Qualitätsmanagement** umfasst drei Bereiche, die durch Rückkopplung verbunden sind:

- **Qualitätsplanung:** Bestimmung der Qualitätsmerkmale und der zu prüfenden Werte;
- **Qualitätslenkung:** Überwachung und Steuerung des Gesamtprozesses unter Qualitätsaspekten, Organisation aller Kontrollen.
- **Qualitätsprüfung:** Feststellung, ob das Produkt in allen Stadien des Fertigungsprozesses die Qualitätsanforderungen erfüllt.

1.3 Technische Kommunikation

Der Austausch oder die Übermittlung von Informationen wird Kommunikation genannt. War früher die technische Zeichnung das wichtigste Informationsmittel in der Fertigung, werden heute digitalisierte Produktionsdaten oft direkt von der Konstruktion an die Werkstatt geschickt. Nach wie vor gehört zur Kommunikation noch immer das Gespräch zur Lösung fachlicher Probleme (Bild 3).

Überprüfen Sie Ihre Kenntnisse

1. **Welche Fähigkeiten müssen Gesellen oder Facharbeiter besitzen, um in einer Gruppe selbstständig zu planen und zu arbeiten?**
2. **Zeigen Sie an einem Produkt, welche Anforderungen es erfüllen sollte.**
3. **Welchen Einfluss haben Sie an Ihrem Arbeitsplatz auf die Qualität der Produkte oder Dienstleistungen?**

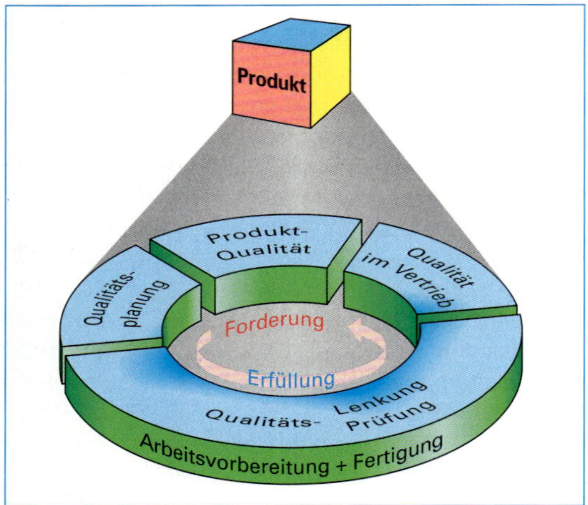

1 Der Qualitätskreis

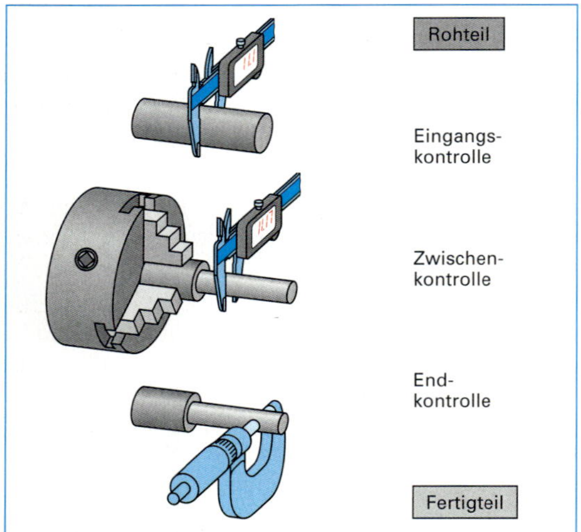

2 Prinzip der permanenten Qualitätsprüfung

3 Arbeitsbesprechung

1.4 Grundlagen der Fertigungstechnik

Als wichtigstes Teilgebiet der Produktionstechnik stellt die Fertigungstechnik Methoden und Einrichtungen zur Herstellung von Produkten zur Verfügung. Sie werden genutzt, wenn ein Handwerker ein Einzelstück herstellt oder ein Industrieunternehmen Hunderttausende von gleichen Erzeugnissen produziert.

Form, Eigenschaften und Preis eines Produktes bestimmen maßgeblich die Auswahl von Fertigungsverfahren und -einrichtungen.

Die meisten industriell hergestellten Erzeugnisse durchlaufen vom **Rohzustand** des Werkstücks bis zum **Fertigzustand** mehrere **Arbeitsvorgänge**. Während dieses **Fertigungsablaufs** werden die **geometrische Form** und die **Stoffeigenschaften** des **Werkstücks** mit Hilfe von **Werkzeugen** oder **Wirkmedien** verändert. Mit jeder neuen **Bearbeitungsstufe** steigt der Wert des Erzeugnisses. Wirtschaftlich betrachtet nennt man diesen Vorgang einen Wertschöpfungsprozess.

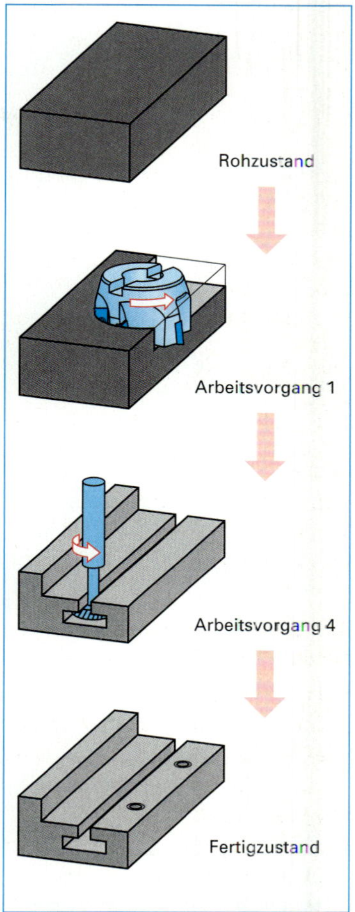

1 Schema eines Fertigungsablaufes

1.4.1 Struktur der Fertigungstechnik

Zur Fertigung eines Produktes werden die zweckmäßigsten Verfahren, Einrichtungen, Werkzeuge und Hilfsstoffe eingesetzt.

Fertigungsverfahren

Darunter versteht man alle Verfahren, mit denen Einzelteile und Baugruppen während des Fertigungsablaufs hergestellt und bearbeitet werden. Sie unterscheiden sich nach der Einwirkung von Werkzeugen und Wirkmedien (z. B. Härtemittel) auf die Werkstücke.

Fertigungseinrichtungen

Dazu gehören alle Maschinen (z. B. Werkzeugmaschinen) und Einrichtungen (z. B. Härteöfen oder Fördermittel), die am Fertigungsablauf beteiligt sind.

Fertigungsmittel

Das sind alle Werkzeuge, Wirkmedien, Vorrichtungen und Prüfmittel, die während der Fertigung auf die Werkstücke einwirken oder die zur Durchführung der Fertigung benutzt werden.

Fertigungshilfsstoffe

Sie umfassen Hilfsmittel, die zur Durchführung des Fertigungsprozesses notwendig sind, ohne dass sie in das Endprodukt eingehen. Dazu gehören Kühlmittel, Schmierstoffe und andere Materialien.

1.4.2 Einteilung der Fertigungsverfahren

Alle Fertigungsverfahren werden **sechs Hauptgruppen** zugeordnet. Die Einteilung sowie die wesentlichen Begriffe (s. Übersicht auf den folgenden Seiten) sind genormt (DIN 8580). Die Hauptgruppen unterscheiden sich danach,

- wie der **Zusammenhalt der Stoffteilchen** hergestellt oder aufgehoben wird,
- wie die **geometrische Form** des festen Körpers geschaffen wird,
- wie sich die **Stoffeigenschaften** ändern.

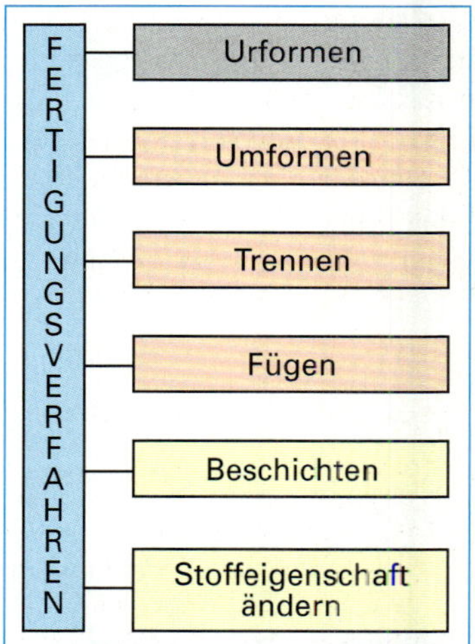

2 Hauptgruppen der Fertigungsverfahren

Fertigungshauptgruppen	Art der Fertigung	Einzelne Verfahren

1 Urformen

Fertigungshauptgruppen	Art der Fertigung	Einzelne Verfahren
■ Die Form des festen Körpers wird geschaffen … ■ Der Zusammenhalt der Stoffteilchen wird hergestellt …	● aus dem festen (pulverigen) Zustand:	▶ Sintern von Metallpulvern, Pressen von Kunstharzen;
	● aus dem flüssigen oder teigigen Zustand:	▶ Gießen, Spritzen und Schäumen;
	● aus dem gasförmigen Zustand:	▶ Aufdampfen;
	● aus dem ionisierten Zustand:	▶ Galvanoplastik.

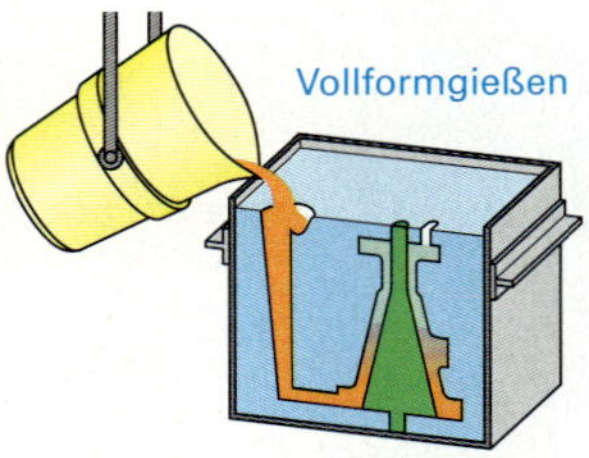

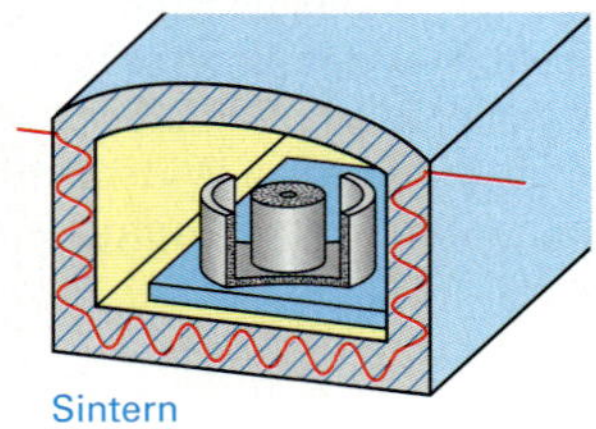

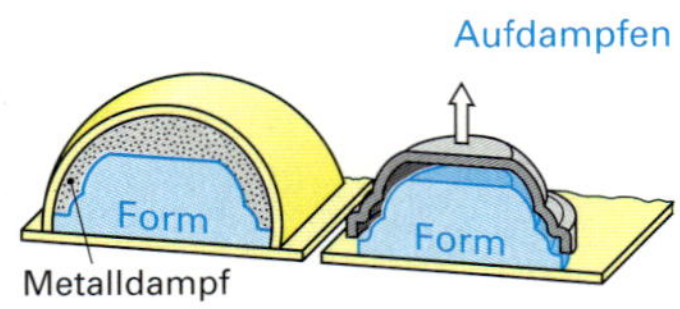

2 Umformen

Fertigungshauptgruppen	Art der Fertigung	Einzelne Verfahren
■ Die Form des festen Körpers wird plastisch geändert … ■ Der Zusammenhalt der Stoffteilchen und die Masse bleiben erhalten…	● durch Zugkraft:	▶ Streckrichten, Weiten, Tiefen;
	● durch Druckkraft:	▶ Walzen, Schmieden, Einprägen;
	● durch Zug- und Druckkraft:	▶ Tiefziehen, Walzziehen;
	● durch Schubkraft:	▶ Verdrehen, Durchsetzen;
	● durch ein Biegemoment:	▶ Biegen, Runden, Wickeln.

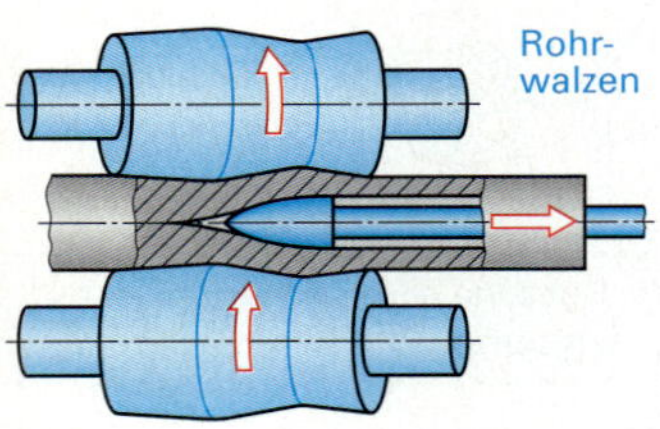

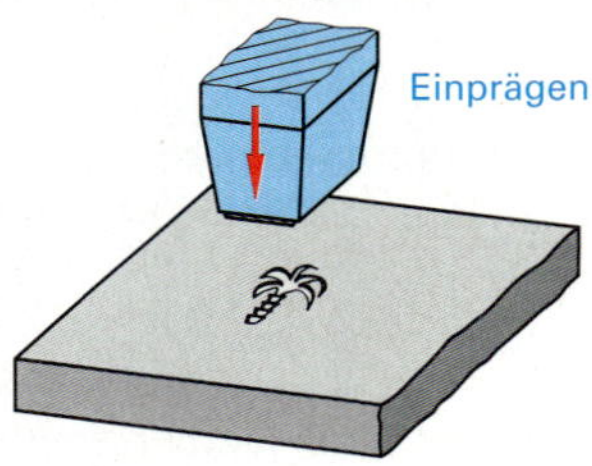

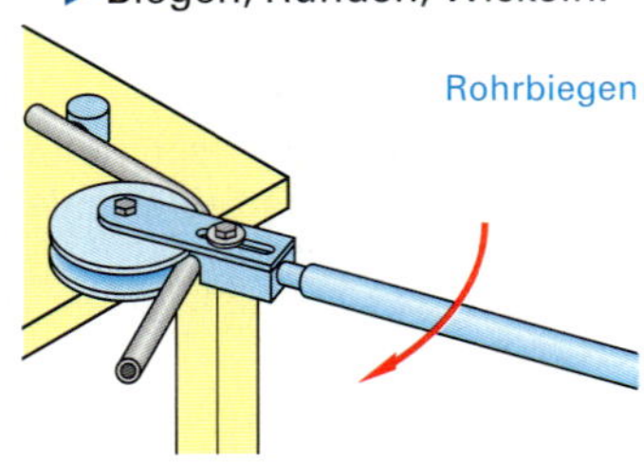

3 Trennen

Fertigungshauptgruppen	Art der Fertigung	Einzelne Verfahren
■ Die Form des Werkstücks wird geändert, die Endform ist in der Ausgangsform enthalten … ■ Der Zusammenhalt der Stoffteilchen wird aufgehoben …	● durch Zerteilen:	▶ Abschneiden, Reißen, Brechen;
	● durch Spanen:	▶ Bohren, Stoßen, Sägen, Schleifen;
	● durch Abtragen:	▶ Brennschneiden, Ätzen, Erodieren;
	● durch Zerlegen:	▶ Auseinanderschrauben, Aushaken;
	● durch Reinigen:	▶ Bürsten, Strahlen, Waschen.

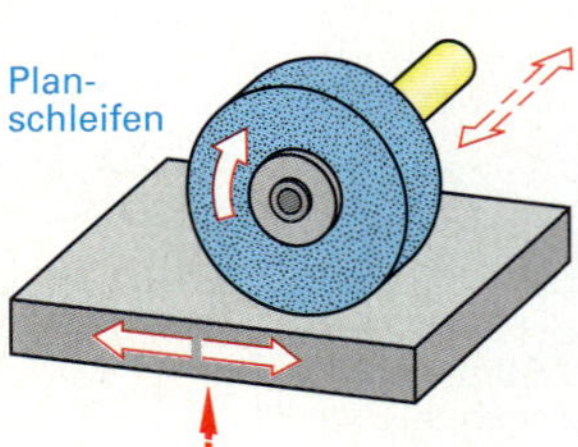

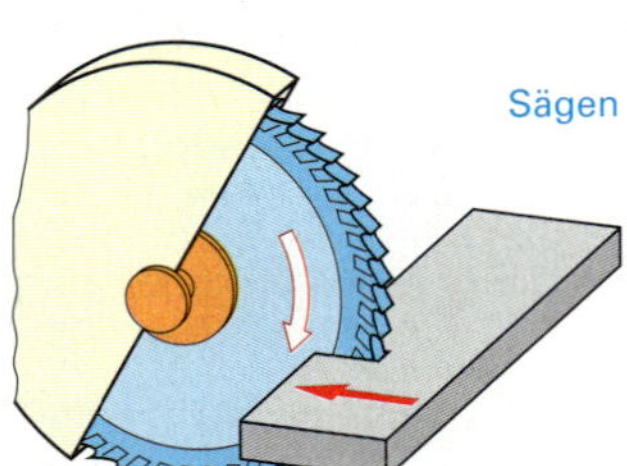

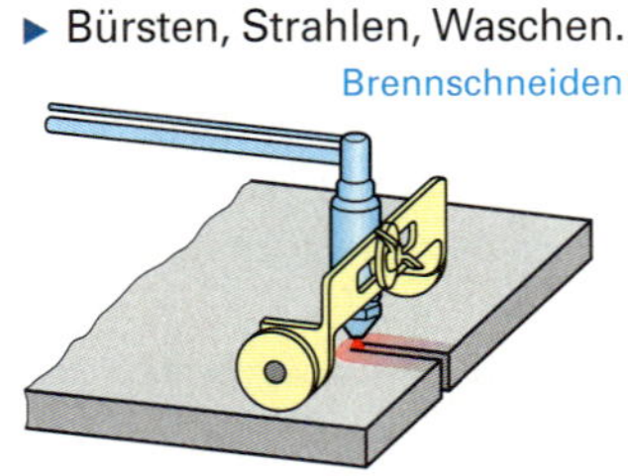

4 Fügen

- Eine neue feste Form wird geschaffen durch Zusammenbringen mehrerer Werkstücke oder mit formlosem Stoff …
- Der Zusammenhalt der Stoffteilchen wird im Ganzen vermehrt oder auch örtlich neu geschaffen …

- durch Zusammenlegen: ▸ Einlegen, Ineinanderschieben;
- durch Füllen: ▸ Einfüllen, Tränken;
- durch An- und Einpressen: ▸ Verschrauben, Klemmen;
- durch Urformen: ▸ Ausgießen, Umgießen;
- durch Umformen: ▸ Falzen, Vernieten, Verlappen;
- durch Stoffverbinden: ▸ Schweißen, Löten, Kleben.

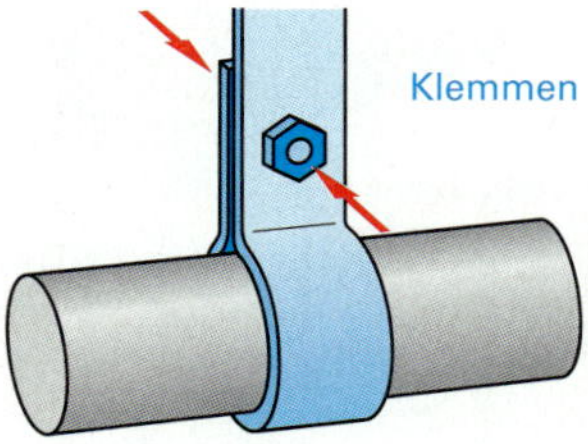

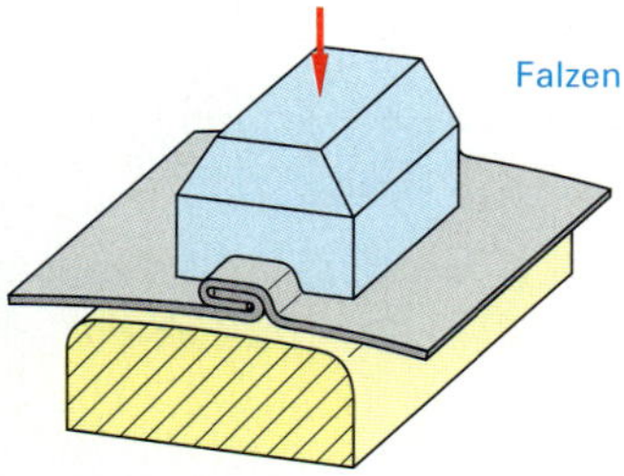

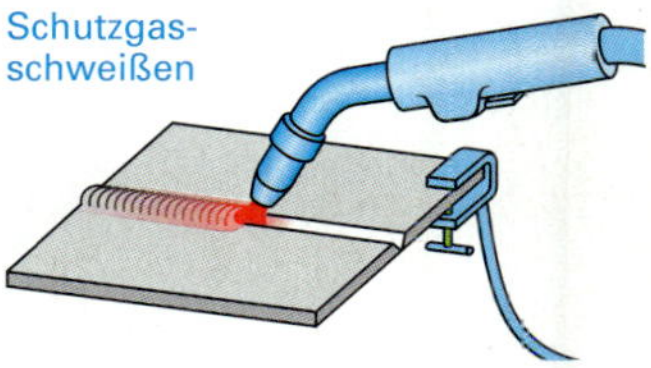

5 Beschichten

- Ein neuer Zusammenhalt der Stoffteilchen wird hergestellt …
- Stoffteilchen werden auf einen festen Körper aufgebracht …

- aus dem gas- oder dampfförmigen Zustand: ▸ Aufdampfen;
- aus dem flüssigen, breiigen oder pastenförmigen Zustand: ▸ Anstreichen, Spritzlackieren, Auftragschweißen;
- aus dem ionisierten Zustand: ▸ Galvanisieren;
- aus dem festen (körnigen oder pulverigen) Zustand: ▸ Pulveraufspritzen, Hammerplattieren.

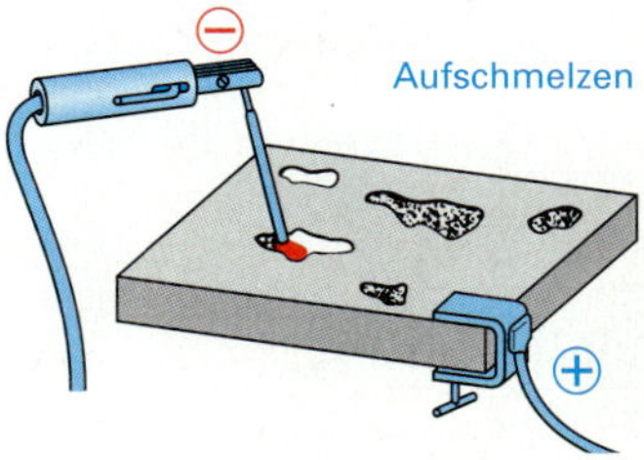

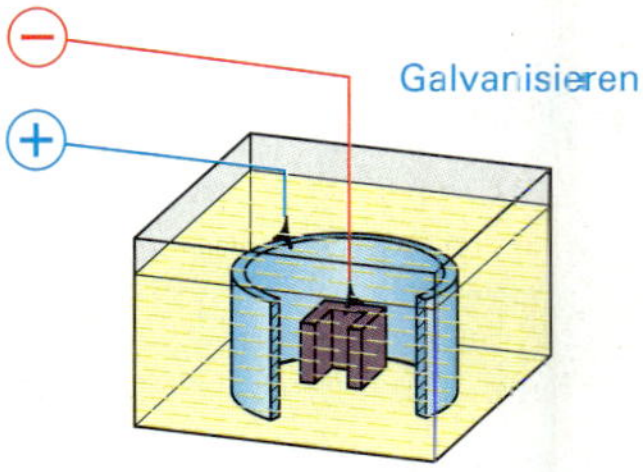

6 Stoffeigenschaft ändern

- Die feste Form des Werkstücks bleibt erhalten …
- Die Lage der Stoffteilchen ändert sich und damit ändern sich die Eigenschaften des Werkstoffs …

- durch Umlagern von Stoffteilchen: ▸ Glühen, Härten, Anlassen; Vergüten, Magnetisieren;
- durch Aussondern von Stoffteilchen: ▸ Entkohlen (Tempern);
- durch Einbringen von Stoffteilchen: ▸ Aufkohlen (Zementieren), Nitrieren.

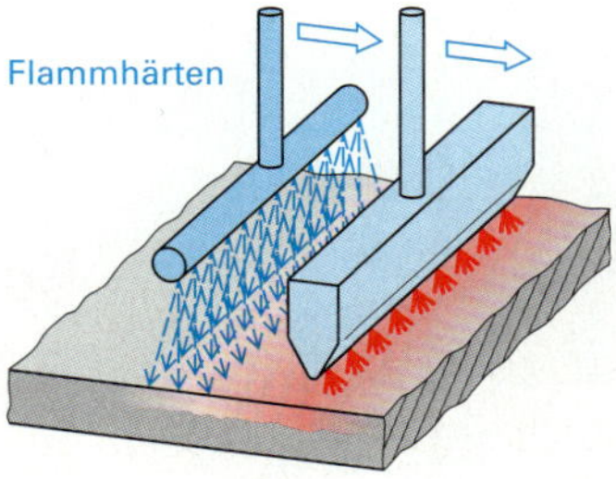

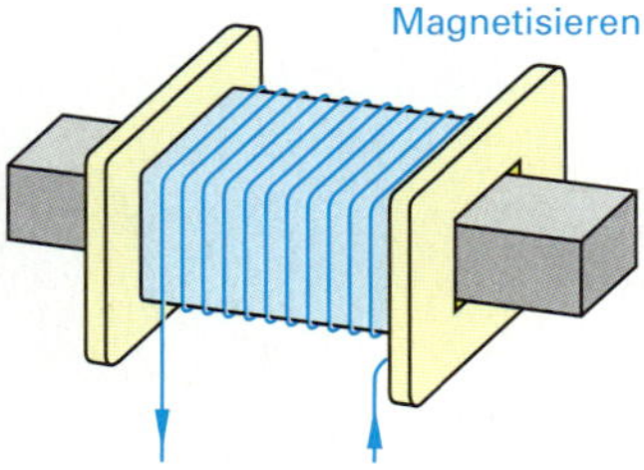

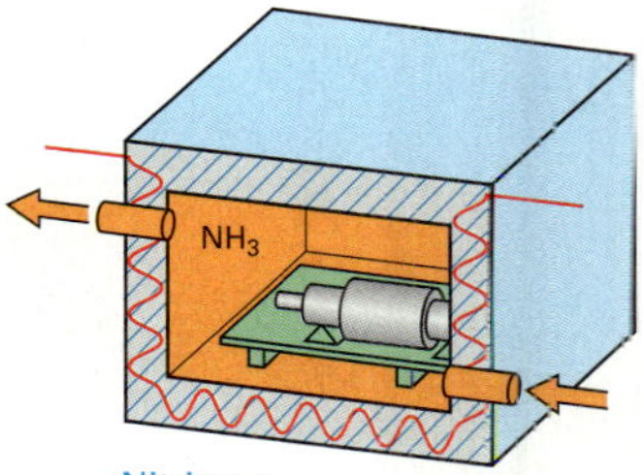

1.4.3 Fertigungsablauf

Zur Herstellung der meisten Produkte ist eine Reihe aufeinanderfolgender Fertigungsverfahren erforderlich. Am Beispiel einer Welle, die Teil einer größeren Baugruppe ist (z. B. Generator im Großkraftwerk), wird dies in der nachfolgenden Übersicht gezeigt.

Urformen

Gießen

Umformen

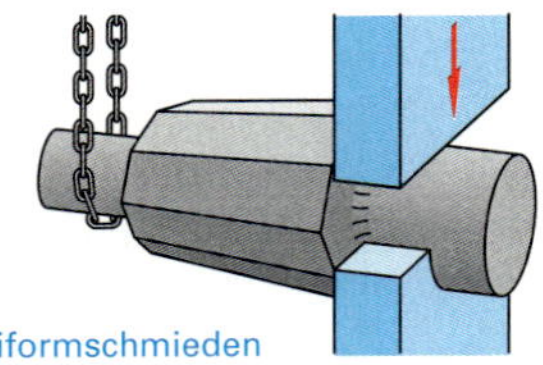

Freiformschmieden

Trennen

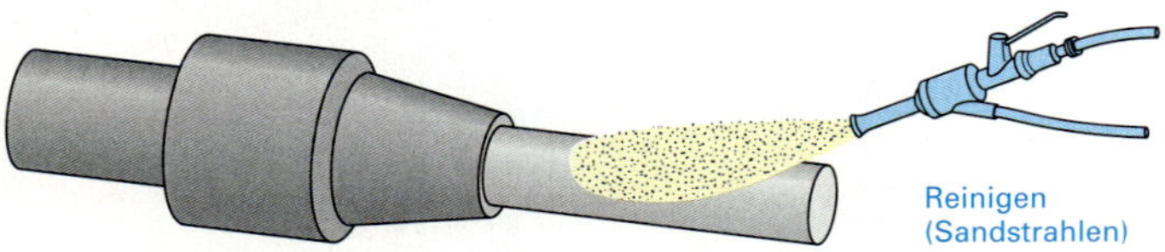

Reinigen (Sandstrahlen)

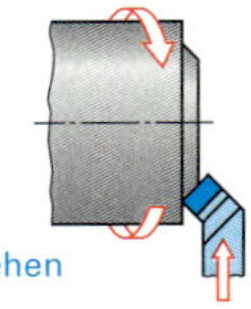

Plandrehen

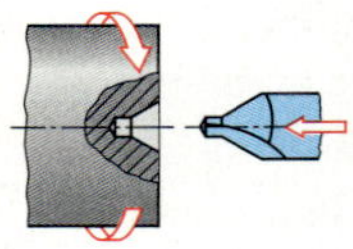

Zentrieren

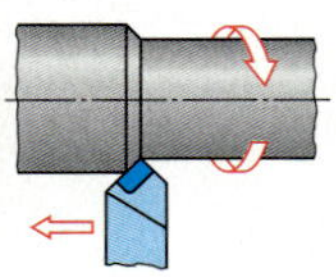

Langrunddrehen

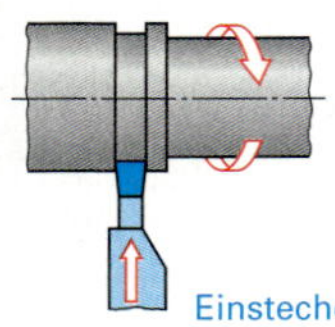

Einstechen

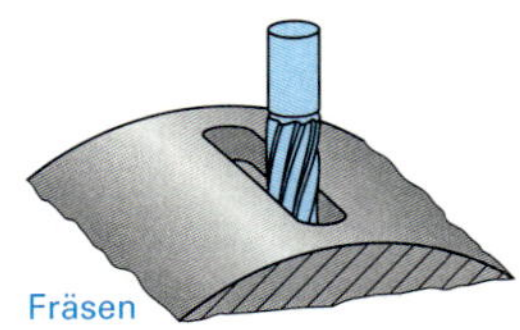

Fräsen

Stoffeigenschaft ändern

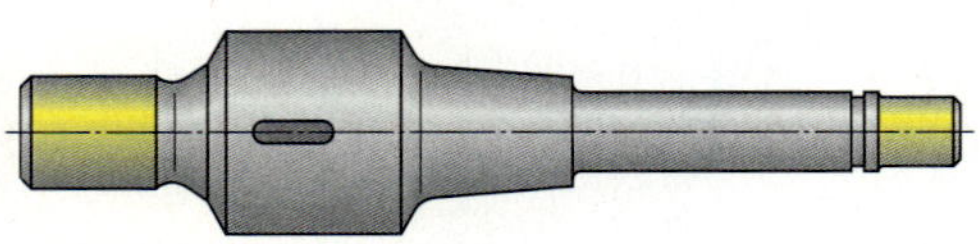

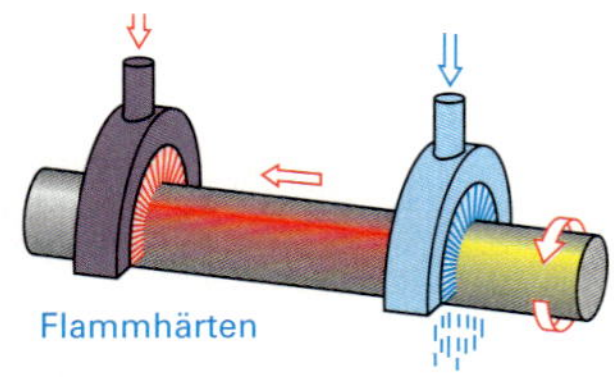

Flammhärten

Trennen

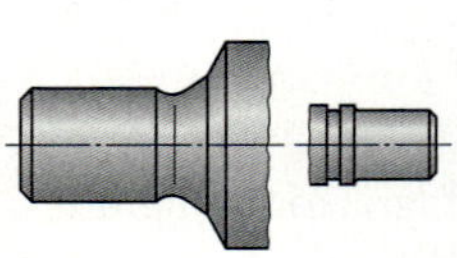

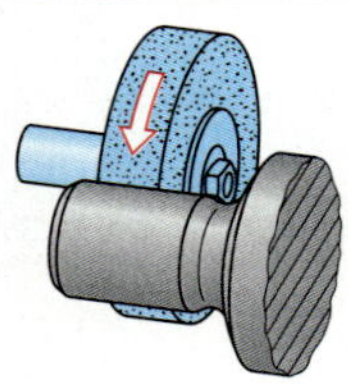

Rundschleifen

Beschichten

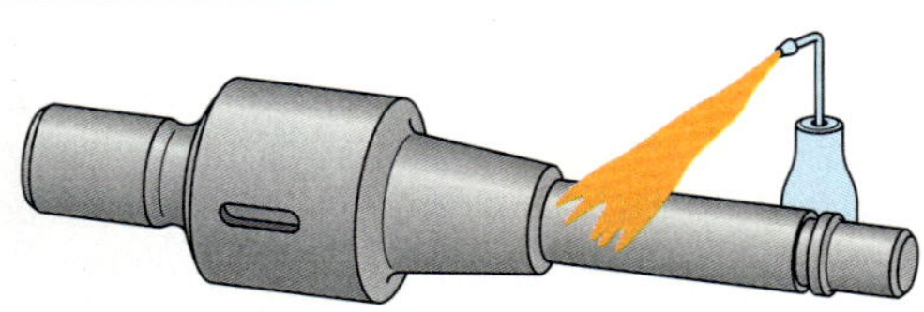

Einfetten

Fügen

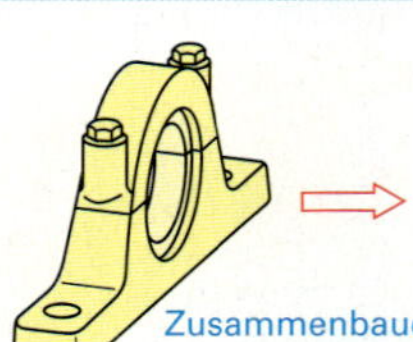

Zusammenbauen - Montage von Welle und Lagergehäuse

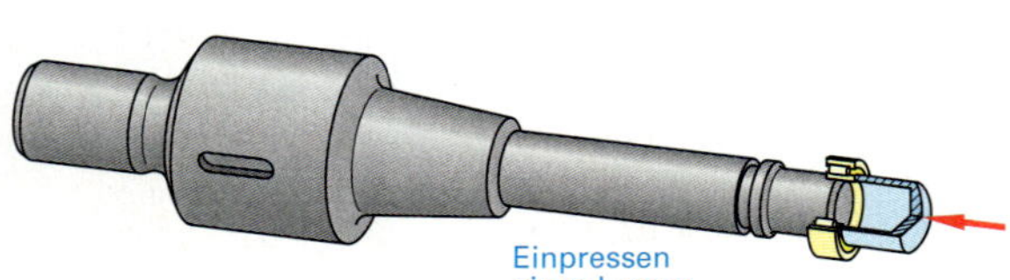

Einpressen eines Lagers

1.5 Kennzeichnen und Anreißen

Grundlage für die Fertigung eines Werkstücks war über Jahrzehnte und ist auch heute noch in großen Teilen der Produktion die **technische Zeichnung**. In der bisherigen Fertigung werden zu Beginn die Zeichnungsmaße auf das Rohteil oder auf das Halbfertigteil übertragen (Bild 1). Diese „Übertragungsarbeiten" müssen sorgsam vorgenommen werden. Sie sind aus diesem Grund sehr zeit- und damit auch kostenintensiv.

Deshalb wurden in der Serienfertigung auch bisher schon Hilfsmittel hergestellt, in denen die Abmessungen der technischen Zeichnung enthalten sind, z. B. Bohrlehren oder andere **Schablonen**. Somit wird das Anreißen jedes einzelnen Werkstückes, zumindest in der Serienfertigung, vermieden.

Hinzu treten in neuerer Zeit die Möglichkeiten der computerunterstützten Fertigung. Hierbei sind die wichtigen Daten zur Fertigung eines Werkstückes im **Programm** einer Werkzeugmaschine gespeichert. Dadurch entfällt das zeitraubende Anreißen von Werkstücken, die nunmehr in fast gleichbleibender Qualität und in rascher Folge gefertigt werden können.

1.5.1 Maßübertragung aus Zeichnungen

Beim Anreißen geht man zweckmäßig von bearbeiteten Außenflächen des Werkstücks aus. Dazu werden zwei Außenflächen des Rohteils so bearbeitet, dass zwei zueinander rechtwinklige, ebene Flächen entstehen (Bild 2). Ausgehend von diesen beiden Flächen werden alle Maße auf das zukünftige Werkstück übertragen. Man bezeichnet diese Flächen als Maßbezugsebenen.

Bei symmetrischen Werkstücken werden häufig die Werkstückmittellinien als Maßbezugslinien herangezogen (Bilder 1 und 2).

Maßbezugsebenen beim Anreißen sind die Werkstückflächen, von denen aus alle Maße angerissen werden.

Bei der Eintragung der Maße in eine technische Zeichnung unterscheidet man **absolute** und **inkrementale Bemaßung**. In der herkömmlichen Fertigung wird üblicherweise jedes angegebene Maß am Schnittpunkt der Maßbezugsebenen, dem Bezugspunkt, orientiert (Bild 2). Dies entspricht der absoluten Bemaßung.

In Zeichnungen, welche für den Bereich CNC-Fertigung erstellt werden, ist darüber hinaus die inkrementale (relative) Bemaßung nicht unüblich. Hierbei wird, ausgehend von einem Anfangspunkt, eine Maßreihe gebildet. Die nachfolgenden Maße ergeben sich aus Zuwächsen (Inkrementen) zum jeweils vorhergehenden Maß.

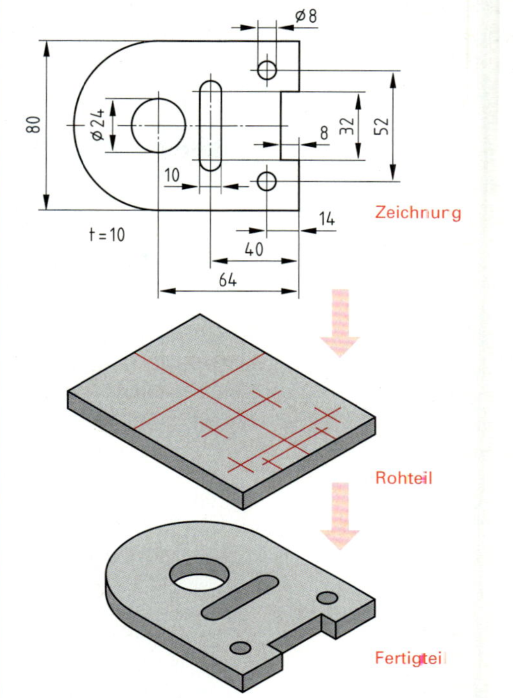

1 Anreißen am Rohteil

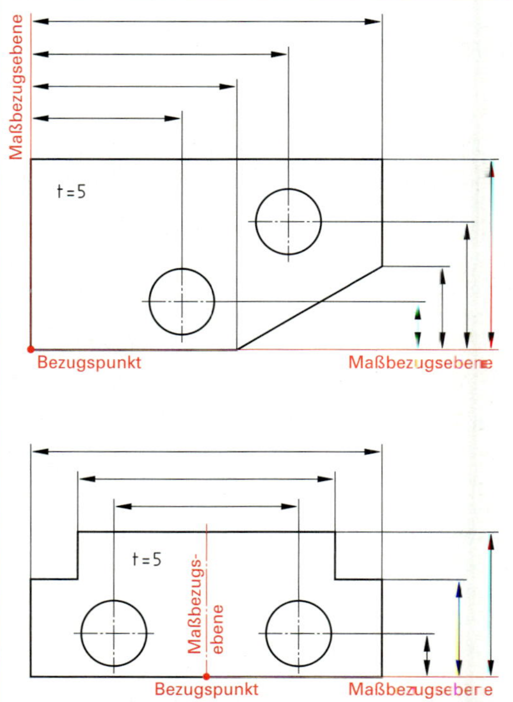

2 Maßbezugsebenen

1.5.2 Anreißen und Körnen

Beim Anreißen überträgt man alle für die Fertigung wichtigen Maße, Umrisse, Aussparungen und Bohrungen auf das Rohteil und markiert sie durch Risslinien (Bild 1, Seite 15).

Unter **Anreißen** versteht man das Markieren von wichtigen Maßen durch Risslinien auf dem Werkstück.

Viele Risslinien sind nach der Bearbeitung nicht mehr sichtbar. Daher werden wichtige Risslinien zu Kontrollzwecken gesondert markiert. Dies geschieht durch kleine kegelförmige Vertiefungen, die mit einem Körner geschlagen werden. Auch Bohrungsmittelpunkte werden gekörnt um das Anbohren zu erleichtern.

Zum Markieren von Risslinien werden Körner (Bild 1) mit einem Spitzenwinkel von 40° benutzt um die Oberfläche möglichst wenig zu beschädigen.

Zum Körnen von Bohrungsmittelpunkten nimmt man Körner mit einem Spitzenwinkel von 90° um eine gute Führung der Bohrerspitze zu gewährleisten.

Als **Körnen** bezeichnet man das Markieren von Risslinien und Bohrungsmittelpunkten durch kleine Vertiefungen.

Beim **Körnen** ist auf das Ansetzen im Schnittpunkt der Risslinien und auf senkrechte Haltung zu achten (Bild 2). Neben dem Markieren von Risslinien dienen Körnungen auch zur Lagekontrolle von Bohrungen. Dazu wird mit Hilfe eines Zirkels (Bild 3) ein Kreis mit dem Fertigmaß der Bohrung angerissen. Auf diesem Kreisriss werden nun Körnungen geschlagen. Nach dem Bohren sollten nur noch halbe Körnungen stehenbleiben, da sonst die Bohrung verlaufen ist (Bild 4).

Anreißen und Körnen müssen so vorgenommen werden, wie es ihr jeweiliger Zweck erfordert. Risslinien müssen gut sichtbar sein und dürfen während der Fertigung nicht verlorengehen. Daher werden anzureißende Flächen oft mit einer Farbschicht versehen. Bei Stahl nimmt man meist blauen oder violetten Anreißlack, bei Leichtmetallen kommt überwiegend roter Anreißlack zur Anwendung.

Das fertig bearbeitete Werkstück darf nicht durch Risslinien und/oder Körnungen beschädigt sein.

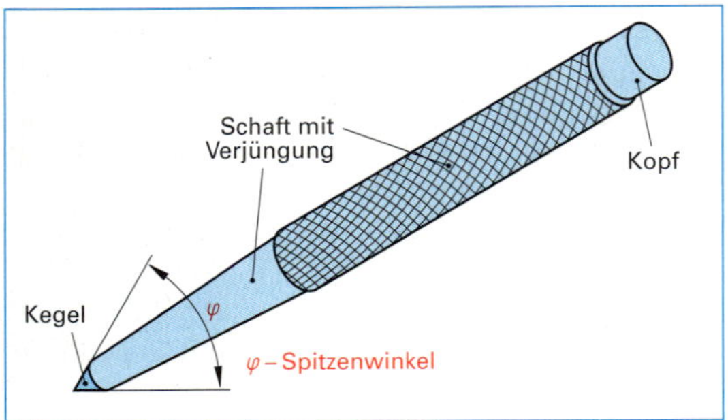

1 Körner

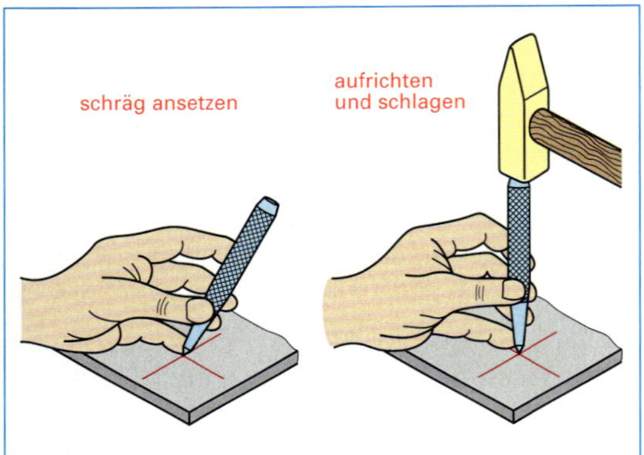

2 Richtiges Körnen

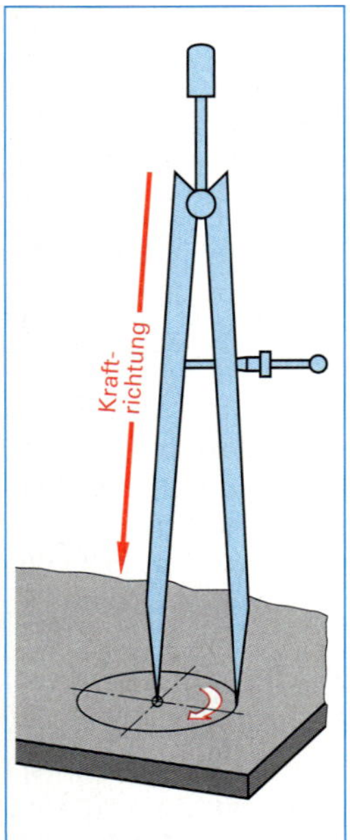

3 Anreißen mit dem Zirkel

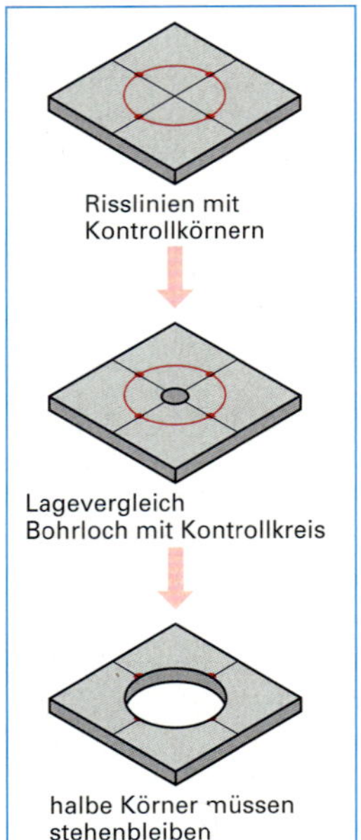

4 Lagekontrolle beim Bohren

1.5.3 Anreißarbeiten und -werkzeuge

Gerade Linien reißt man mit Stahllineal und Reißnadel an. Parallele Linien werden mit Hilfe eines Anschlagwinkels oder eines Streichmaßes gezogen (Bild 1).

Winkel werden mit einem Winkelmesser oder einem Universalwinkelmesser angerissen. Den Mittelpunkt zylindrischer Teile kann man mit einem Zentrierwinkel ermitteln, indem man zwei Linien aus unterschiedlichen Richtungen zieht (Bild 2).

Bei allen Anreißarbeiten ist auf die richtige Stellung der Reißnadel zu achten um gerade Risslinien zu erhalten (Bild 3).

Für viele Anreißarbeiten ist eine **Stahlreißnadel** mit gehärteter Spitze das geeignete Werkzeug. Bei sehr harten oder verzunderten Werkstückoberflächen verwendet man Stahlreißnadeln mit Hartmetallspitzen um den Verschleiß der Spitze zu vermindern. Für besonders empfindliche Oberflächen benutzt man Messingreißnadeln (Kupfer-Zink-Legierungen) oder nur einen Bleistift.

Anreißplatten (Bild 4) bestehen aus Grauguss oder Granit. Sie besitzen eine sehr ebene Oberfläche. Diese dient zur Lagerung der anzureißenden Werkstücke. Sie ist in der Regel auch Maßbezugsebene, von der aus angerissen wird.

Besitzt das anzureißende Werkstück keine ebenen Auflageflächen, muss es mit Hilfe von Vorrichtungen in die richtige Lage gebracht und dort fixiert werden. Werkstücke mit kreisförmigem Querschnitt werden in Prismen gelagert (Bild 4).

Zum Anreißen von parallelen Linien auf der Anreißplatte benutzt man z. B. einen Parallelreißer mit Standmaß. Die Reißnadel des Parallelreißers wird mittels des Standmaßes eingestellt. Für genauere Arbeiten verwendet man ein Höhenmess- und Anreißgerät (Bild 4 und Bild 1 auf der folgenden Seite), das mittels Nonius oder Digitalanzeige sehr genau einstellbar ist.

Aus den „Höhenreißern" älterer Bauart haben sich in jüngerer Zeit **Anreiß- und Messgeräte** entwickelt, welche, wie der Name schon sagt, die Möglichkeiten eines genauen Messgerätes mit den Möglichkeiten eines Anreißgerätes verbinden (Bild 1, nächste Seite). Zum Wechsel der Einsatzmöglichkeiten ist lediglich der Taststift durch eine Anreißnadel zu ersetzen. Wie bei fast allen modernen Messgeräten hat auch hier die Computertechnik Einzug gehalten und die Anwendungsmöglichkeiten dieser Geräte sind dadurch beträchtlich erweitert worden.

Die Messwerterfassung erfolgt in vielen Fällen, wie beispielsweise auch bei digital anzeigenden Messschiebern, optoelektronisch, wobei ein Glasmaßstab als Maßverkörperung dient.

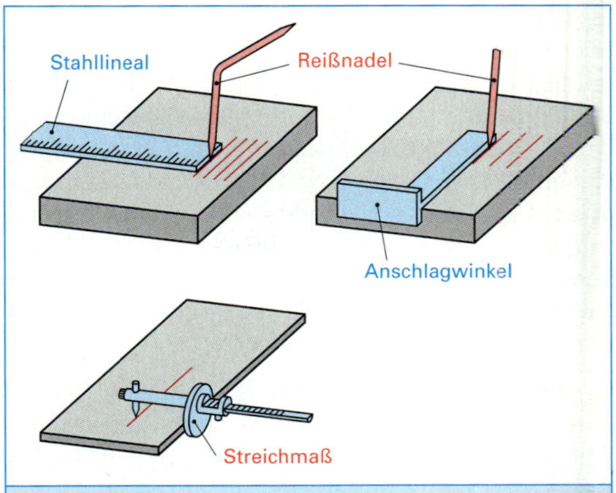

1 Anreißarbeiten

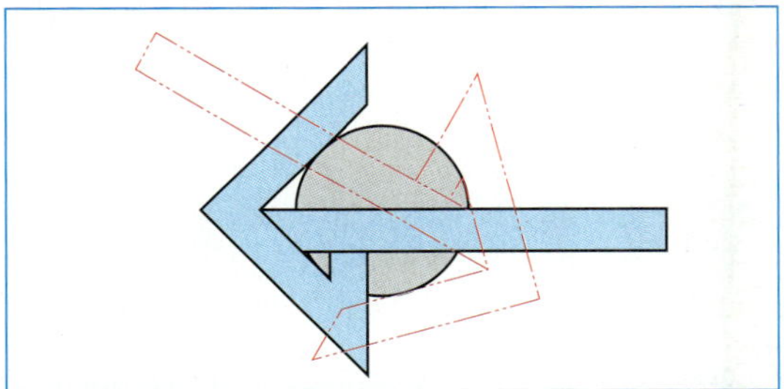

2 Zentrierwinkel

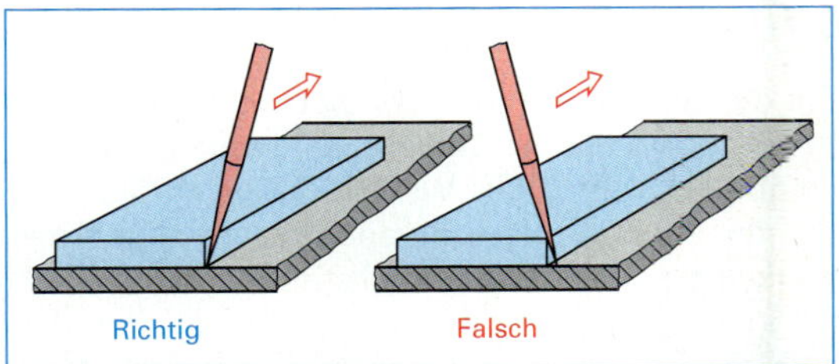

3 Anreißen mit der Reißnadel

4 Anreißen auf der Anreißplatte

Es sind nun Messungen von Bohrungen, Nuten und Abständen sowie Tastungen nach oben und unten problemlos möglich. Auch die Ermittlung von Bohrungsmittenabständen kann geleistet werden. Bei einigen Geräten ist für diese Messaufgabe ein sogenannter Zentriertastkopf als Zubehör nötig, bei anderen Messgeräten werden die Bohrungsmittenabstände aus den entsprechenden Messungen errechnet. Messwerte können gespeichert und gegebenenfalls ausgedruckt werden (Messprotokoll).

Rechtwinklige Koordinaten: Bei rechtwinkligen Koordinaten bilden zwei- bzw. drei Achsen die Maßbezugsebenen für die Bemaßung und in der Regel auch zum Anreißen. Von einem Bezugspunkt (Koordinatenursprung) ausgehend wird das Werkstück mit x-, y- und z-Koordinaten versehen (Bild 2). Als Bezugspunkt dient oft eine Werkstückecke. Die Achsen stehen senkrecht aufeinander. Ihr Schnittpunkt ist der Nullpunkt, von dem aus alle Maße gezählt werden.

Bei der Bemaßung durch rechtwinklige Koordinaten werden alle Maße auf ein rechtwinkliges Koordinatensystem (Achsenkreuz) bezogen.

Polarkoordinaten: Die Maßangabe in Polarkoordinaten ist meist nur für Teilbereiche eines Werkstückes sinnvoll; bei dem dargestellten Werkstück zum Beispiel für die Angabe der Bohrungen auf dem Teilkreis.

Bei der Bemaßung mittels Polarkoordinaten wird der Bezugspunkt der Bemaßung ebenfalls auf eine „markante" Stelle des Werkstücks gelegt und bildet den Pol (Koordinatenursprung). Die Lage eines Werkstückpunkts wird nun bestimmt durch seinen (Längen-)Abstand vom Pol (Radius r) und den Winkel (φ = phi), den die Nullachse mit einer gedachten Linie zu dem entsprechenden Werkstückpunkt einschließt (Bild 3). Bei Bedarf ist eine Umrechnung von Polarkoordinaten in rechtwinklige Koordinaten oder umgekehrt mit Hilfe der Winkelfunktionen möglich.

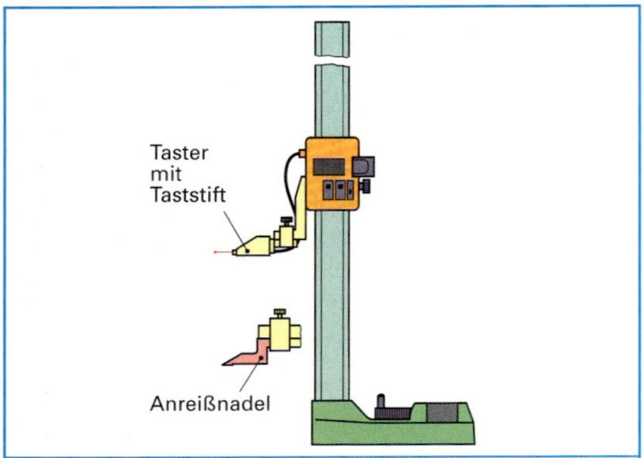

1 Anreiß- und Messgerät

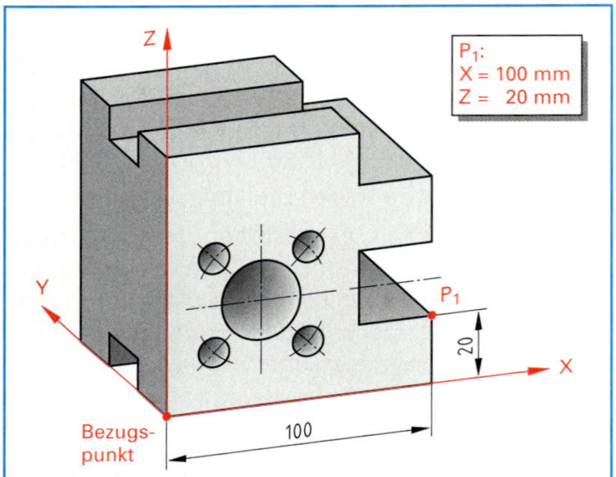

2 Rechtwinklige Koordinaten

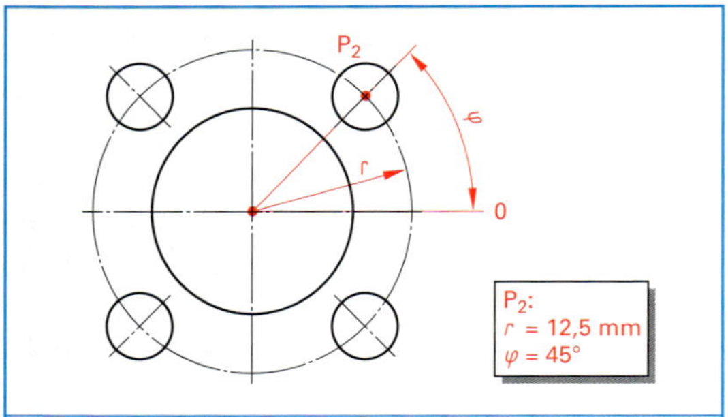

3 Polarkoordinaten

Überprüfen Sie Ihre Kenntnisse

1 Welchem Zweck dienen Anreißen und Körnen?

2 Was versteht man unter einer Maßbezugsebene und welche Anforderungen werden in der Praxis an sie gestellt?

3 Weshalb kommen beim Körnen Körner mit unterschiedlichem Spitzenwinkel zum Einsatz?

4 Welche Aufgaben haben Kontrollkörnungen?

5 Wozu dienen Anreißlacke?

6 Geben Sie zwei Möglichkeiten an, parallele Risslinien zu erzeugen.

7 Wann verwendet man einen Zentrierwinkel?

8 Welche Anforderungen muss eine Anreißplatte erfüllen?

9 Welche Messmöglichkeiten bieten neuere Anreiß- und Messgeräte?

10 Was versteht man unter rechtwinkligen Koordinaten, was unter Polarkoordinaten?

1.6 Arbeitsschutz

Die Arbeitswelt mit ihren Anlagen, Maschinen und Geräten sowie Werkzeugen und Hilfsmitteln ist voller Gefahrenquellen. Pro Jahr werden ungefähr eine Million Arbeitsunfälle angezeigt, davon sind ca. 2000 tödlich; die Unfallkosten betragen über 10 Milliarden Mark, die Folgekosten noch einmal mehr als 20 Milliarden.

Ist der Einzelne in einer Gefährdungssituation, können **Leichtsinn, Unaufmerksamkeit** und **Unkenntnis** schnell einen Unfall herbeiführen, an dessen Folgen er sein Leben lang leiden muss.

1.6.1 Unfallverhütung

Durch Maßnahmen zur Unfallverhütung am Arbeitsplatz können Menschen und Einrichtungen vor Schäden bewahrt werden.

Die vorbeugende Abwehr von Gefahren ist erlernbar. Die **Berufsgenossenschaften**, bei denen jeder Berufstätige in Industrie und Handwerk versichert ist, haben **Unfallverhütungsvorschriften (UVV)** erlassen, die in jedem Betrieb ausgelegt werden müssen. Jeder Betriebsangehörige muss sie genau beachten.

Durch **sicherheitswidriges Verhalten** können Krankheiten, körperliche Behinderung und Sachschäden entstehen. Sicherheitswidrig verhält sich, wer durch Nichtbeachten von Vorschriften und Sicherheitszeichen sich, Arbeitskollegen sowie Anlagen und Einrichtungen gefährdet.

Gefährdungen sind unterschiedlich, sodass für viele Arbeitsplätze **Sicherheitsbelehrungen** stattfinden. Außerdem gibt es Sicherheitslehrbriefe, von denen einige im Anhang aufgeführt werden.

Jeder Auszubildende sollte außerdem aus den „Allgemeinen Vorschriften" (VBG 1) wenigsten die Paragrafen 14...17 und 35...38 genau kennen.

1.6.2 Allgemeine Sicherheitsmaßnahmen

- **Gefahren müssen beseitigt werden.** Zuerst sind Mängel an Maschinen, Anlagen und Werkzeugen sofort dem Verantwortlichen zu melden.
- **Alle gefährlichen Stellen** müssen abgeschirmt und gekennzeichnet werden. Die dazu angebrachten Sicherheitsvorrichtungen und Schilder dürfen nicht entfernt werden.
- Eine **Gefährdung des Arbeitenden** ist durch Schutzbrillen, Schutzschilder oder andere Schutzausrüstungen zu verhindern.

1 Die wichtigsten Gefahrenarten	
bewegte Gegenstände	z. B. rotierendes Werkzeug, schwebende oder fallende Lasten
elektrische Spannung	z. B. spannungsführende Anlagenteile, Blitz
Chemikalien	z. B. Giftstoffe, Säuren und Laugen, Kühlschmiermittel, gesundheitsschädliche Stoffe
heiße Oberflächen	z. B. Lichtbogen, glühende Werkstoffe, siedende Flüssigkeiten
Lärm	z. B. beim Richten von Blech
Strahlung	z. B. Radioaktivität, Röntgenstrahlen, UV-Strahlen
Materialschäden	wie z. B. Defekte an Absturzsicherungen, Schleifscheiben u.a.m.

2 Maßnahmen zur Arbeitssicherheit in
Gesetzen Arbeitssicherheitsgesetz, Bundes-Immissionsschutzgesetz, Jugendarbeitsschutzgesetz
Verordnungen Gefahrenstoffverordnung, Arbeitszeitordnung, Arbeitsstättenverordnung u.a.m.
Unfallverhütungsvorschriften (UVV)
Regeln der Technik DIN-Normen, VOB u.a.m.

3 Logo der gewerblichen Berufsgenossenschaften

4 Schutzausrüstungen für (Beispiele)	
Kopf	Schutzhelm, Haarnetz
Gesicht	Brille, Schutzschild
Gehör	Stöpsel, Kapseln
Lunge	Atemmaske mit Filtergerät oder Frischluftgerät
Hände, Füße	Handschuhe, Sicherheitsschuhe
Körper	Sicherheitsgurte, Fangleinen, Schutzkleidung

1.6.3 Unfallursachen

Wer die Gefahren kennt und sich vorsichtig, aufmerksam und der möglichen Gefährdung entsprechend angemessen verhält, hat eine große Chance sein Leben ohne ernsten Unfall zu bestehen.

Zu Unfällen kann es aus ganz unterschiedlichen Gründen kommen:

Menschliches Versagen: Leichtsinn, Unwissenheit, aber auch Überheblichkeit führen oft zur Vernachlässigung des Sicherheitsdenkens. Viele Sicherheitseinrichtungen (z. B. Lichtschranken, automatische Abschalteinrichtungen) sollen deshalb für zusätzliche Sicherheit sorgen.

Technische Mängel: so wie kein Mensch perfekt ist, zeigen sich auch an Maschinen und Einrichtungen manchmal Defekte, mit deren Auftreten kein Konstrukteur gerechnet hatte. Dazu gehören Werkstoffermüdungen, undichte Stellen in Leitungen, gelockerte Verbindungen oder versteckte Korrosionserscheinungen.

Höhere Gewalt tritt auf, wenn Unfälle durch Sturmschäden, Blitzeinschlag, Überschwemmungen oder ähnliche unvorhersehbare Ereignisse eintreten.

1.6.4 Sicherheitszeichen

Da die meisten Gefahren nicht offen zu erkennen sind, hat der Gesetzgeber Zeichen vorgeschrieben, die auf Gefahrenquellen hinweisen und ein bestimmtes Verhalten verlangen. Eine Auswahl davon zeigen die nebenstehenden Abbildungen. Zur Kennzeichnung von Gefährdungen und für die Sicherheit am Arbeitsplatz werden verwendet:

- **Rettungszeichen** haben eine quadratische oder rechteckige Form, sie sind dunkelgrün und weiß;
- **Verbotszeichen** signalisieren die verbotene Handlung rot durchgestrichen in einem roten Kreis;
- **Warnzeichen** sind orange-gelbe schwarzumrandete Dreiecke, im Innenfeld befindet sich ein Symbol der Gefahr;
- **Gefährliche Arbeitsstoffe** signalisiert im gelben Quadrat ein Symbol der Gefahr;
- **Gebotszeichen** stellen auf blauer Kreisfläche in weiß die gebotene Schutzmaßnahme dar.

Überprüfen Sie Ihre Kenntnisse

1. **Berichten Sie über den Inhalt der letzten Sicherheitsbelehrung an Ihrem Arbeitsplatz.**
2. **Beschreiben Sie die Sicherheitsmaßnahmen an Ihrem Arbeitsplatz. Welche Sicherheitszeichen befinden sich in Ihrer Arbeitsumgebung?**
3. **Erklären Sie, wie man durch sein persönliches Verhalten Unfälle vermeiden kann.**

1 Sicherheitsfarben

Rot	Unterlassen! Verboten!
Gelb	Warnung! Gefahr!
Blau	Gebote, Hinweise
Grün	Rettung, Hilfe, Sicherheit

Erste Hilfe

Richtungspfeil für Rettung

Rettungsweg nach links

2 Rettungszeichen

Für Fußgänger verboten

Feuer, offenes Licht und Rauchen verboten

Mitfahren auf Gabelstapler verboten

Mit Wasser löschen verboten

3 Verbotszeichen

Warnung vor schwebender Last

Warnung vor gefährlicher elektrischer Spannung

4 Warnzeichen

Atemschutz tragen

Schutzhandschuhe tragen

5 Gebotszeichen

2 Prüftechnik

2.1 Grundlagen der Prüftechnik

Eine wichtige Voraussetzung für die maßgenaue Fertigung von Bauteilen, welche nach der Montage ihre Funktion erfüllen sollen, ist die genaue Prüfung der geforderten Abmessungen. Anders als das Prüfen in privaten Lebensbereichen geschieht das Prüfen in der Technik unter festgelegten Bedingungen.

2.1.1 Vergleich Sollzustand – Istzustand

Um zu prüfen, muss man den vorgegebenen Zustand der zu prüfenden Größe kennen. Diesen Zustand nennt man **Sollzustand**.

Beim Prüfen des Reifenluftdruckes eines Kraftfahrzeugreifens wird beispielsweise der Sollzustand (Bild 1) vom Kraftfahrzeug- oder Reifenhersteller vorgegeben. Den **tatsächlichen Reifenluftdruck** ermittelt man mit Hilfe geeigneter Prüfmittel. Diesen Zustand nennt man **Istzustand**. Der Vergleich zwischen Soll- und Istzustand liefert das Ergebnis des Prüfens. Weicht der Istzustand vom Sollzustand ab (Bild 1), so erniedrigt oder erhöht man den Reifenluftdruck, bis der Sollzustand erreicht ist.

Unter **Prüfen** versteht man das **Vergleichen eines vorliegenden Zustandes (Istzustand) mit einem geforderten Zustand (Sollzustand).**

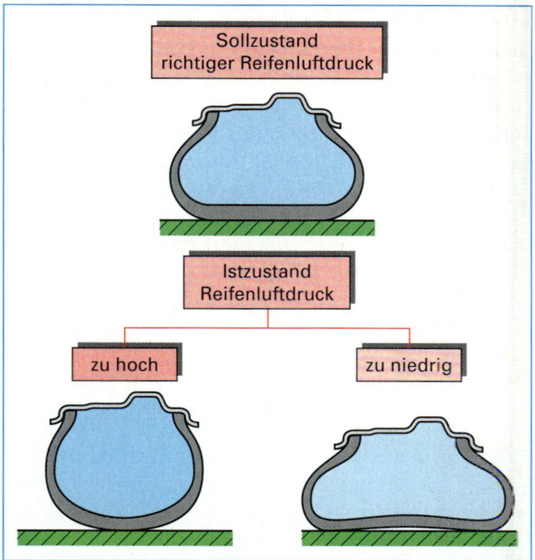

1 Vergleich Ist- und Sollzustand

2.1.2 Subjektives und objektives Prüfen

Prüfen kann **subjektiv** erfolgen, d.h. durch **persönliche Sinneswahrnehmung** wie Sehen (Bild 2), Hören, Riechen, Fühlen oder Tasten, oder **objektiv**, d.h. sachlich, mit Hilfe von **Prüfmitteln** (Bild 3).

Subjektives Prüfen erlaubt meist nur **grobe Aussagen** über den Istzustand. Beispielsweise ist durch subjektives Prüfen feststellbar, dass der Reifenluftdruck eines Autoreifens deutlich zu hoch oder zu niedrig ist. **Objektives Prüfen** gestattet dagegen die **genaue Angabe** der Abweichung vom Sollzustand.

Beispiel:	Sollzustand	p	=	1,9 bar
	Istzustand	p_1	=	2,5 bar
	Abweichung	Δp	**=**	**0,6 bar**

In der **Technik** wird **objektiv geprüft** um **Abweichungen des Istzustandes vom Sollzustand exakt erfassen zu können**. Das Prüfen erfolgt mit Hilfe von Prüfmitteln.

2 Subjektives Prüfen durch Augenschein

3 Objektives Prüfen mit Prüfmittel

Überprüfen Sie Ihre Kenntnisse

1 Handelt es sich bei den beiden Beispielen um objektives oder subjektives Prüfen?

a) Das Fahrgeräusch eines Mopeds ist zu laut.

b) Der Ölpeilstab des Motors zeigt einen Ölstand an der Minimummarke.

2.1.3 Prüfen – Messen – Lehren

Das **Prüfen von Werkstücken muss so genau wie erforderlich** erfolgen. Je genauer die entsprechenden Abmessungen eingehalten werden müssen, desto aufwendiger wird der Prüf- und auch der Fertigungsvorgang. Jeder überflüssige Prüfvorgang verursacht unnötige Kosten. Daher muss vor dem Fertigen festgelegt werden, welche Maße zu überprüfen sind, mit welchem Prüfmittel und zu welchem Zeitpunkt in der Fertigung die Prüfung durchgeführt werden soll. Die Prüfung selbst kann durch Messen oder Lehren erfolgen (Übersicht 1).

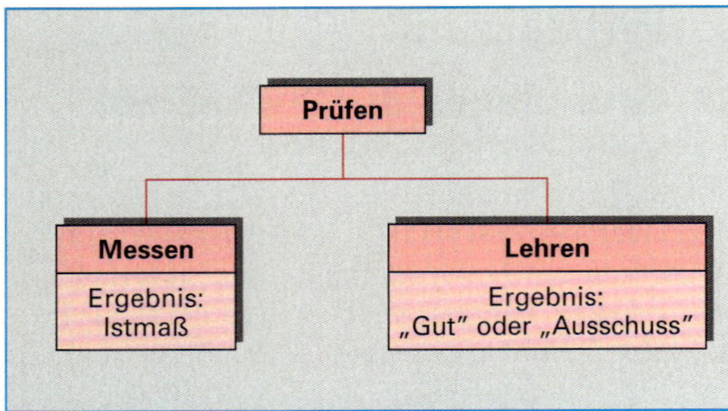

Übersicht 1: Einteilung des Prüfens

Prüfen heißt feststellen, ob der Prüfgegenstand die vorgeschriebenen Anforderungen erfüllt.

Beim **Messen** wird die zu prüfende Größe mit ihrer Einheit verglichen und festgestellt, welches Vielfache oder welchen Teil dieser Einheit die zu prüfende Werkstückgröße darstellt. Die Messung geschieht mit Hilfe geeigneter Messgeräte, z. B. mit dem Messschieber. Das Ergebnis der Messung ist ein Größenwert.

Größenwert der Länge	=	Zahlenwert	·	Einheit
⇓		⇓		⇓
l	**=**	**35**	**·**	**mm**

l = 35 mm bedeutet also, dass die Einheit 1 mm 35-mal in der gemessenen Länge enthalten ist (Bild 2).

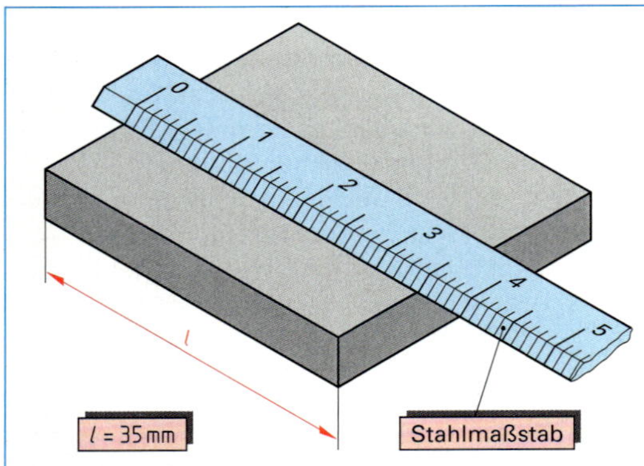

2 Messvorgang

Messen ist das Vergleichen einer Größe mit einer dementsprechenden Einheit mit Hilfe von geeigneten Messgeräten. Dabei ermittelt man das tatsächlich vorhandene Maß, das Istmaß.

Beim **Lehren** wird die zu prüfende Größe mit einer Lehre verglichen. Eine Lehre verkörpert ein Maß oder eine Form (Bild 3). Beim Lehren ergibt sich kein Größenwert. Es wird lediglich festgestellt, ob das Maß oder die Form des Werkstückes von der Lehre abweicht oder nicht. Sind die durch Lehren ermittelten Abweichungen größer als die zulässigen Abweichungen, so ist das Werkstück Ausschuss oder muss nachgearbeitet werden.

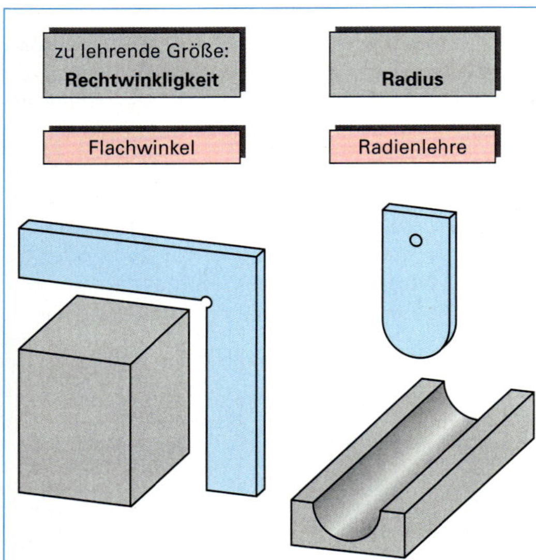

3 Lehren

Beim **Lehren** vergleicht man die Form oder das Maß eines Werkstückes mit einer Lehre. Das Ergebnis des Lehrens zeigt an, ob das Werkstück an dieser Stelle gut ist oder eine unzulässige Abweichung vorliegt.

Überprüfen Sie Ihre Kenntnisse

1 Beschreiben Sie knapp, was unter Prüfen, Messen und Lehren zu verstehen ist und grenzen Sie diese Begriffe voneinander ab!

2 Begründen Sie, weshalb Prüfvorgänge in der Technik „so genau wie erforderlich" erfolgen sollen.

2.1.4 Prüfarten

Prinzipiell entspricht das Prüfen von Werkstücken in der Metalltechnik, z. B. das Prüfen eines Klemmstückes (Bild 1), dem auf Seite 21 beschriebenen Prüfbeispiel. Auch hierbei wird ein Istzustand mit einem Sollzustand verglichen. Allerdings weichen die Prüfungen bei der Herstellung eines solchen Werkstückes in Art und Umfang doch von unserem Beispiel, der Prüfung des Reifenluftdrucks, ab. In der Regel werden bis zum Erreichen des Fertigteiles verschiedenartige Prüfungen durchgeführt, die, je nach Erfordernis, mit fortschreitendem Fertigungsprozess mehrfach erfolgen können.

Materialprüfungen erfolgen meist schon vor Beginn der Fertigung. Sie sollen verhindern, dass ein Werkstück aufgrund eines Materialfehlers (z. B. ein Lunker in einem größeren Gussteil) unbrauchbar ist, bzw. unbrauchbar wird.

Maß- und Formprüfungen (Bild 1) werden im Fertigungsablauf fortlaufend vorgenommen um fehlerhafte Werkstücke nacharbeiten oder rechtzeitig aussondern zu können. Dadurch werden unnötige Kosten für Nachbearbeitungen vermieden.

Funktionsprüfungen werden nach der Fertigung einzelner Werkstücke und nach ihrem Zusammenbau zu Baugruppen durchgeführt um ein funktionsgerechtes Zusammenwirken dieser Bauteile zu gewährleisten.

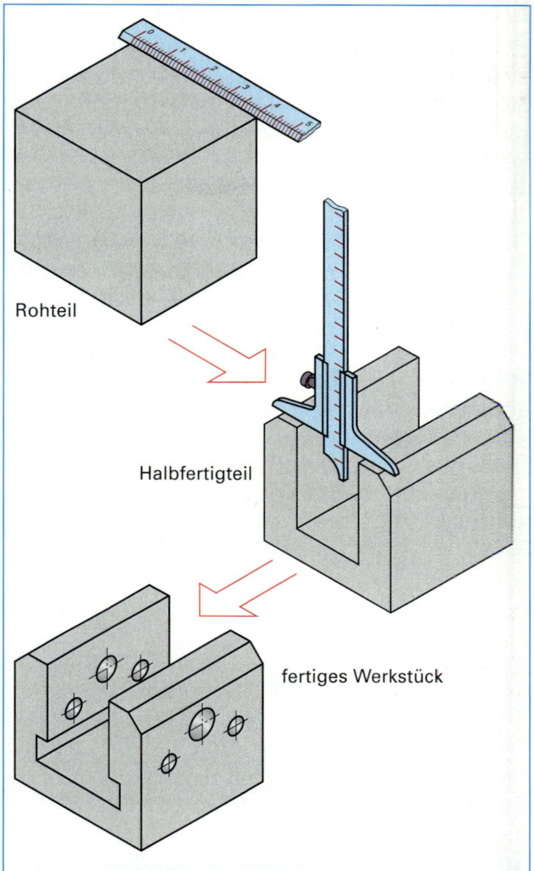

1 Maßprüfungen im Fertigungsablauf

2.1.5 Maßangaben

Die Form eines Werkstückes wird vom Konstrukteur in der technischen Zeichnung nach funktionalen und fertigungstechnischen Gesichtspunkten bestimmt (Bild 2). Die in der **Zeichnung eingetragenen Maße** entsprechen dem **Sollzustand des Werkstückes**. Um diesen Sollzustand festzulegen, verwendet man im Wesentlichen **Längenmaße**, die davon abgeleiteten **Winkelmaße** und Angaben über **Fertigungsqualitäten** (z. B. Oberflächenangaben).

> Um die Form und die Abmessungen eines Werkstückes festzulegen, benötigt man nur Längen- und Winkelangaben.

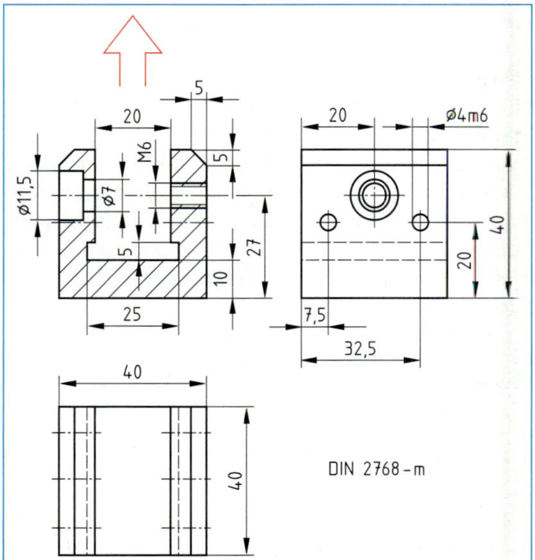

2 Technische Zeichnung (Klemmstück)

Längenangaben

Wie am Beispiel des Klemmstücks zu sehen, werden in Zeichnungen des Maschinenbaus Maßangaben in Millimeter ohne Einheit angegeben. Dies stellt in zweierlei Hinsicht eine Besonderheit dar:

Einerseits ist die **Basiseinheit für die Länge (*l*)** nach dem **internationalen Einheitensystem (SI) das Meter (m)** und nicht das Millimeter.

Bis 1960 benutzte man einen Vergleichsmaßstab zur Verkörperung des Meters, das Urmeter (Bild 1). Heute wird das Meter durch eine genauere Naturkonstante festgelegt. Es gilt:

> 1 Meter ist die Länge der Strecke, welche Licht im Vakuum in einer Zeit von 1/299 792 458 Sekunden durchläuft.

In der Technik wird dieser theoretische Wert anhand geeichter Maßstäbe gemessen.

Andererseits besteht eine wissenschaftlich exakte **Längenangabe** aus einer **Zahl und der dazugehörigen Einheit**. Hierbei sind auch Vielfache und Teile der Basiseinheit üblich, um einfachere Zahlenwerte zu erhalten (Tabelle 1), z. B. 22 km (statt 22 000 m), 2,5 mm (statt 0,0025 m) usw.

Im anglo-amerikanischen Sprachraum wird als Längeneinheit zum Teil noch das Inch (früher Zoll) verwendet. Es gilt:

1 inch = 0,0254 m = 25,4 mm

Die **Fläche** und ihre Einheit

Eine Fläche hat zwei Ausdehnungen, die mit Längenmaßen bezeichnet werden. Die Größe einer Fläche wird in Flächeneinheiten angegeben. Die Einheit der Fläche ist das **Quadratmeter (m^2)**. Bei großen Flächen nimmt man das Vielfache des Quadratmeters (Tabelle 2), z.B. 4,3 km^2 statt 4 300 000 m^2, 1,5 ha (Hektar) statt 15 000 m^2 usw. Kleine Flächen gibt man in Teilen des Quadratmeters an, z. B. 25 mm^2 statt 0,000 025 m^2 usw.

Das **Volumen** und seine Einheit

Ein Körper hat drei Ausdehnungen, die mit Längenmaßen bezeichnet werden. Die Größe eines Volumens wird in Volumeneinheiten gemessen. Die Einheit des Volumens ist das **Kubikmeter (m^3)**. Große und kleine Volumen gibt man, wie Längen und Flächen in Vielfachen und Teilen des Kubikmeters an (Tabelle 3). Eine Besonderheit bildet der Liter. Es gilt:

1 dm^3 = 1000 cm^3 = 1 l

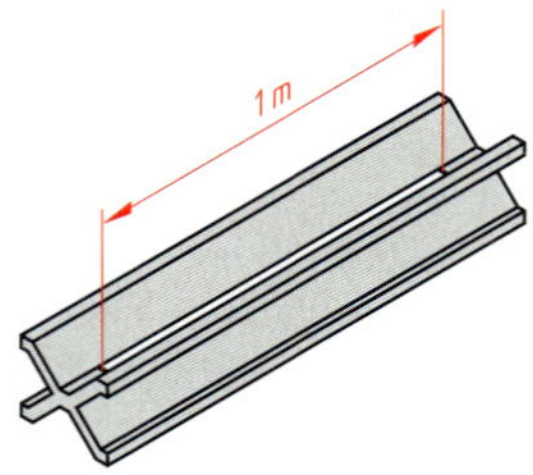

1 Maßverkörperung des Meters, Urmeter

Tabelle 1: Dezimale Teile des Meters

1000 · 1 m =	1 km (Kilometer)
1 · 1 m =	1 m (Meter)
$\frac{1}{10}$ · 1 m =	0,1 m = 1 dm (Dezimeter)
$\frac{1}{100}$ · 1 m =	0,01 m = 1 cm (Zentimeter)
$\frac{1}{1000}$ · 1 m =	0,001 m = 1 mm (Millimeter)
$\frac{1}{1\,000\,000}$ · 1 m =	0,000 001 m = 1 µm (Mikrometer)

Tabelle 2: Dezimale Teile des Quadratmeters

1 m · 1 m =	1 m^2 (Quadratmeter)
0,1 m · 0,1 m =	0,01 m^2 = 1 dm^2 (Quadratdezimeter)
0,01 m · 0,01 m =	0,0001 m^2 = 1 cm^2 (Quadratzentimeter)
0,001 m · 0,001 m =	0,000 001 m^2 = 1 mm^2 (Quadratmillimeter)

Tabelle 3: Dezimale Teile des Kubikmeters

1 m · 1 m · 1 m =	1 m^3 (Kubikmeter)
0,1 m · 0,1 m · 0,1 m =	0,001 m^3 = 1 dm^3 (Kubikdezimeter)
0,01 m · 0,01 m · 0,01 m =	0,000 001 m^3 = 1 cm^3 (Kubikzentimeter)
0,001 m · 0,001 m · 0,001 m =	0,000 000 001 m^3 = 1 mm^3 (Kubikmillimeter)

Überprüfen Sie Ihre Kenntnisse

1 Welche Prüfarten gibt es und wozu dienen diese im Einzelnen?

2 Rechnen Sie die folgenden Längenmaße jeweils in dm, cm und mm um:
a) 0,25 m b) 0,038 m c) 0,0016 m

3 Rechnen Sie die folgenden Flächenmaße jeweils in cm^2 und mm^2 um:
a) 3,8 m^2 b) 0,25 m^2 c) 0,064 m^2

4 Rechnen Sie die folgenden Volumenmaße jeweils in Liter, cm^3 und mm^3 um:
a) 2,7 m^3 b) 0,72 m^3 c) 0,045 m^3

2.2 Toleranzen und Passungen

In der Fertigung wäre ein unverhältnismäßig großer Aufwand nötig bzw. es wäre unmöglich, Werkstücke 100%ig exakt herzustellen und zu prüfen. Daher lässt man bestimmte Abweichungen von den als Ideal geforderten Maßen zu.

In der Fertigung von Werkstücken sind vorgegebene Abweichungen vom Idealmaß zulässig. Diese zulässigen Abweichungen nennt man **Toleranzen** (Bild 1).

Trotz dieser zulässigen Abweichungen muss innerhalb einer Baugruppe gewährleistet sein, dass Werkstücke, die in ihrer Funktion paarweise aufeinander bezogen sind, mit ihren entsprechenden Gegenstücken zusammenpassen, z. B. eine Welle und ein Lager, eine Mutter und eine Schraube usw. (Bild 2). Bei solchen Bauteilen müssen die zulässigen Abweichungen aufeinander abgestimmt sein. Eine dementsprechende Fertigung wird durch eine aufeinander bezogene Bemaßung vorbereitet. Man spricht in solchen Fällen von Passungen.

Unter einer **Passung** versteht man die funktionsgerechte Bemaßung zwecks Fertigung zueinander passender oder miteinander im Eingriff stehender Bauteile.

Eine weitere wichtige Randbedingung für die Fertigung ist neben der eben beschriebenen **Funktionalität** ihre **Wirtschaftlichkeit**. Beides wird stark von der richtigen Auswahl der Maßtoleranzen bzw. der Passungen bestimmt. Je enger die Maßtoleranz bzw. die Passung vorgegeben wird, d.h. je genauer gefertigt werden muss, desto teurer werden die Werkstücke. Auf der anderen Seite ist eine wirtschaftliche Massenfertigung nur dann sinnvoll, wenn jedes Teil einer Serie beim Zusammenbau und bei Reparaturen beliebig austauschbar ist (Austauschbau). Dies ist umso notwendiger, da aufgrund der Arbeitsteilung im produzierenden Gewerbe viele Bauteile von Fremdherstellern bezogen werden, welche sich auf die Herstellung bestimmter Bauteile, wie z. B. Schrauben, Muttern, Stifte usw., spezialisiert haben. Ein Zusammenbau von eigen- und fremdgefertigten Teilen ist nur möglich, wenn alle Teile nach einem gemeinsamen Passungssystem gefertigt werden.

Genormte Passungssysteme ermöglichen den **Austauschbau** und die Massenfertigung.

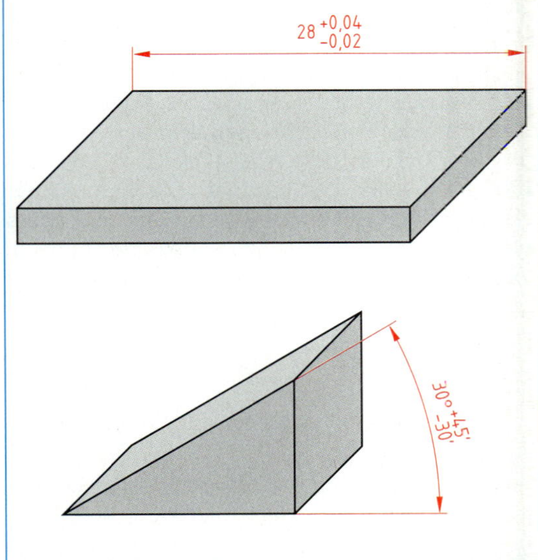

1 Beispiele für Toleranzangaben

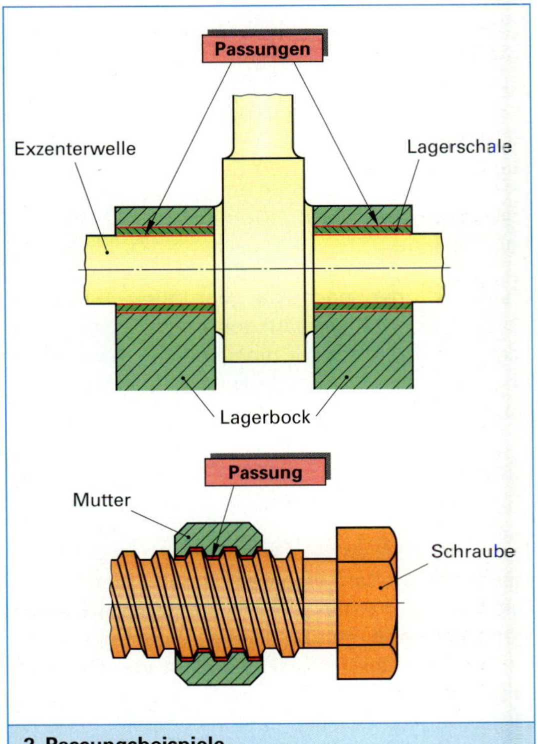

2 Passungsbeispiele

2.2.1 Maßtoleranzen

Ausgangsmaß der Fertigung und auch der Prüfung ist das vom Konstrukteur festgelegte ideale Maß, das **Nennmaß** (Bilder 1 und 2). Je nach Genauigkeitsanforderung lässt man mehr oder weniger große Abweichungen von diesem Nennmaß zu. Wie groß diese Abweichungen sein dürfen, hängt von der Funktion des Werkstücks und von den Möglichkeiten der Fertigung ab. Die Grenzen der zulässigen Abweichung werden durch das **obere** und das **untere Abmaß** angegeben (Bilder 1 und 2). Oberes und unteres Abmaß schreibt man in dieser Zeichnung hinter das Nennmaß, z. B.:

+ 0,04	oberes Abmaß
28	
– 0,02	unteres Abmaß

Diese Maßangabe mit den Abmaßen wird **toleriertes Maß** genannt. Aus dem tolerierten Maß kann man sehr einfach das größte zugelassene Maß **(Höchstmaß)** und das kleinste zugelassene Maß **(Mindestmaß)** des Werkstücks ermitteln. Ebenso kann man aus dem tolerierten Maß die gesamte zulässige Abweichung **(Maßtoleranz)** des Werkstücks ermitteln (Bilder 1 und 2).

Beispiele:	**Messgröße**	
	Länge	Winkel
Nennmaß	28 mm	30°
oberes Abmaß	+ 0,04 mm	+ 45′
unteres Abmaß	– 0,02 mm	– 30′
toleriertes Maß	28 + 0,04 / – 0,02	30° + 45′ / – 30′
Höchstmaß	28,04 mm	30° 45′
Mindestmaß	27,98 mm	29° 30′
Maßtoleranz	0,06 mm	1° 15′

Während oder nach der Fertigung wird das tatsächliche Maß (Istmaß) gemessen. Es darf nicht über die Grenzabmaße hinausgehen. Andernfalls ist das Werkstück Ausschuss oder es muss nachgearbeitet werden.

Das **Istmaß** muss innerhalb der Grenzen des tolerierten Maßes liegen.

In manchen Fällen kann man sich die Angabe von tolerierten Maßen ersparen, indem man in der Zeichnung nur einen Hinweis auf genormte **Allgemeintoleranzen** angibt. Diese Allgemeintoleranzen sind für Längen und Winkel **in vier Genauigkeitsgrade** (fein, mittel, grob und sehr grob) eingeteilt. Aus Tabellen liest man die Abmaße für die verschiedenen Nennmaßbereiche ab.

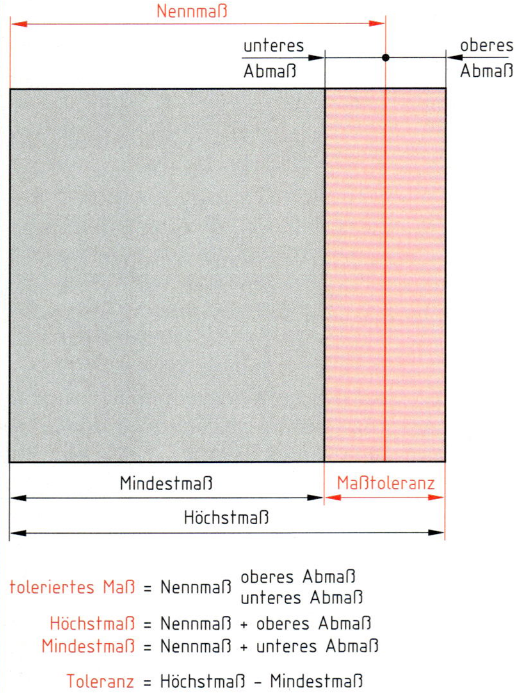

1 Maße und Toleranzen am Werkstück

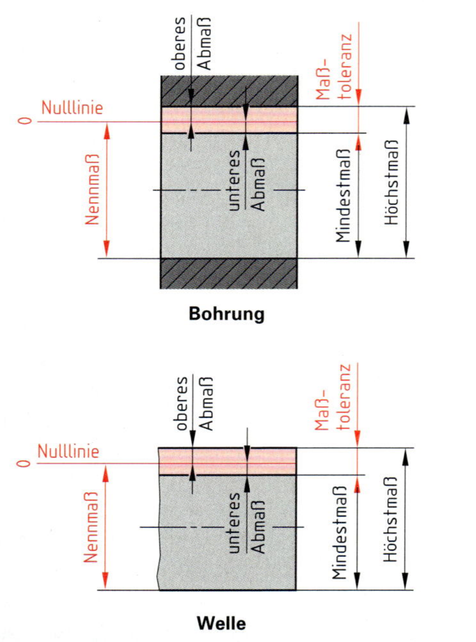

2 Toleranzangaben an Bohrungen und Wellen

Grenzabmaße in mm für Nennmaßbereich in mm (DIN ISO 2768 T-1)								
Toleranzklasse	0,5 bis 3	über 3 bis 6	über 6 bis 30	über 30 bis 120	über 120 bis 400	über 400 bis 1000	über 1000 bis 2000	über 2000 bis 4000
f (fein)	± 0,05	± 0,05	± 0,1	± 0,15	± 0,2	± 0,3	± 0,5	–
m (mittel)	± 0,1	± 0,1	± 0,2	± 0,3	± 0,5	± 0,8	± 1,2	± 2
c (grob)	± 0,2	± 0,3	± 0,5	± 0,8	± 1,2	± 2	± 3	± 4
v (sehr grob)	–	± 0,5	± 1	± 1,5	± 2,5	± 4	± 6	± 8

Im Schriftfeld der Zeichnung werden nur die DIN-ISO-Nummer und der Genauigkeitsgrad eingetragen, z. B. ISO 2768-m oder ISO 2768-mittel. Alle Toleranzangaben können nun mit Hilfe der Maßangaben aus der Zeichnung und obiger Tabelle ausgerechnet werden. (Ein Längenmaß von 80 mm lautet also gemäß ISO 2768-m als entsprechend toleriertes Maß 80 ± 0,3.)

2.2.2 Grundbegriffe der Passungen

Flächen, die zusammengepasst werden, nennt man Passflächen.

Flachpassung – Kreiszylinderpassung

Die Form der Passflächen kann eben oder nichteben sein. Die in der Praxis am häufigsten vorkommenden Formen sind die Flach- und die Kreiszylinderpassungen (Bild 1). Die Passfläche im Außenteil von Kreiszylinderpassungen bezeichnet man als Bohrung und die Passfläche des Innenteils als Welle.

Bei **Flachpassungen** sind die Passflächen eben und parallel, bei **Kreiszylinderpassungen** zylindrisch.

Paarungsmaße

Die Passflächen am Innen- oder Außenteil werden jede für sich mit Maßtoleranzen gefertigt (Bild 2, Seite 26). Beim Zusammenpassen der Bauteile bestimmen diese Maßtoleranzen, ob die Passung fest oder lose ist. Man spricht bei einer festen Passung von Übermaß und bei einer losen Passung von Spiel (Bild 2).

Ein **Spiel** ergibt sich, wenn das Maß der Innenpassfläche größer als das Maß der Außenpassfläche ist. Der Maßunterschied zwischen Innen- und Außenpassfläche ist also positiv (Seite 28, Beispiel 2).

Ein **Übermaß** ergibt sich, wenn das Maß der Innenpassfläche kleiner als das Maß der Außenpassfläche ist. Der Maßunterschied zwischen Innen- und Außenpassfläche ist also negativ (Seite 28, Beispiel 1).

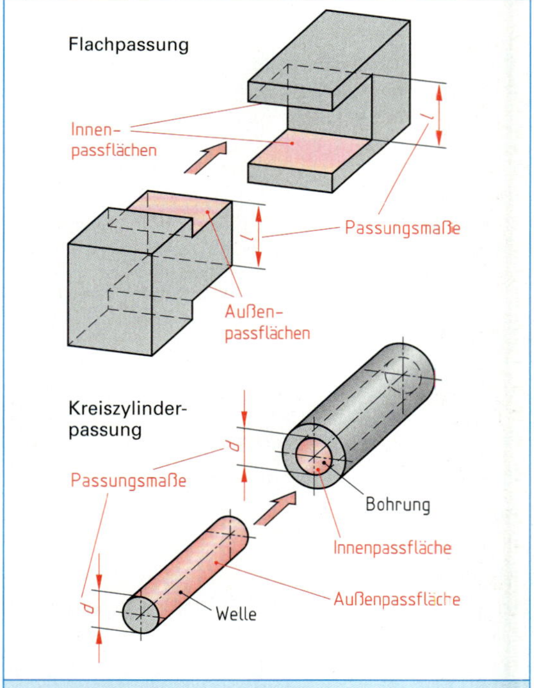

1 Passungsformen

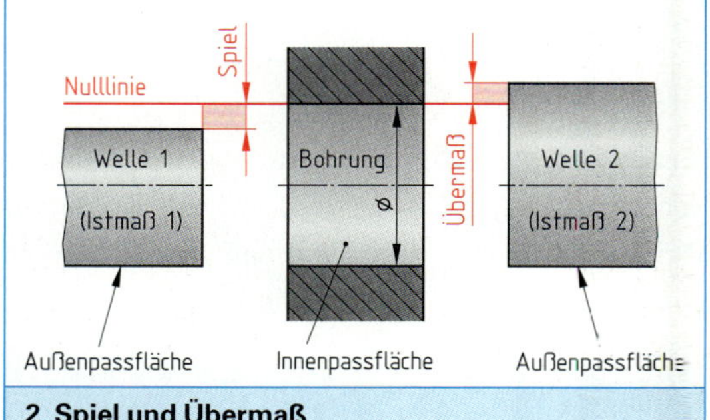

2 Spiel und Übermaß

2.2.3 Passungsarten

Die in der Fertigung erreichten Istmaße bestimmen, wenn sie innerhalb der Maßtoleranzen liegen, die Größe des Übermaßes oder die Größe des Spiels einer Passung:

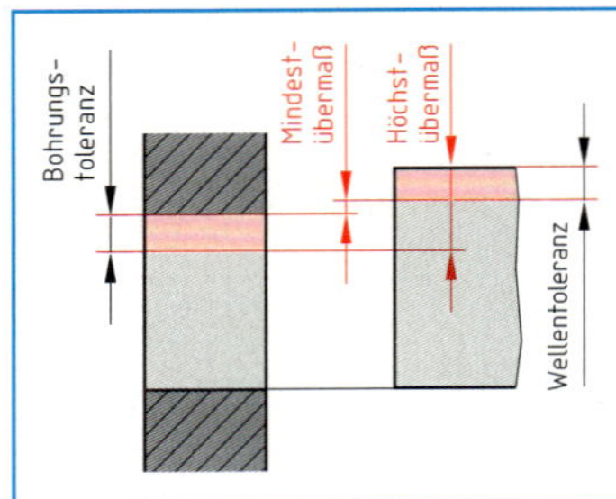

1 Übermaßpassung

1. Beispiel Übermaßpassung	Bemaßung der Welle	$\varnothing 35^{+0,4}_{+0,2}$
	Bemaßung der Bohrung	$\varnothing 35^{+0,1}_{-0,2}$

Höchstmaß$_{\text{Welle}}$ = 35,4 mm — Mindestmaß$_{\text{Welle}}$ = 35,2 mm

Höchstmaß$_{\text{Bohrung}}$ = 35,1 mm — Mindestmaß$_{\text{Bohrung}}$ = 34,8 mm

Höchstübermaß = Mindestmaß$_{\text{Bohrung}}$ – Höchstmaß$_{\text{Welle}}$ = 34,8 mm – 35,4 mm = – 0,6 mm

Mindestübermaß = Höchstmaß$_{\text{Bohrung}}$ – Mindestmaß$_{\text{Welle}}$ = 35,1 mm – 35,2 mm = – 0,1 mm

Von **Übermaßpassung** spricht man, wenn sich beim Fügen der Passteile immer ein Übermaß ergibt und somit das Mindestmaß der Innenpassfläche kleiner oder im Grenzfall gleich dem Höchstmaß der Außenpassfläche ist (Bild 1).

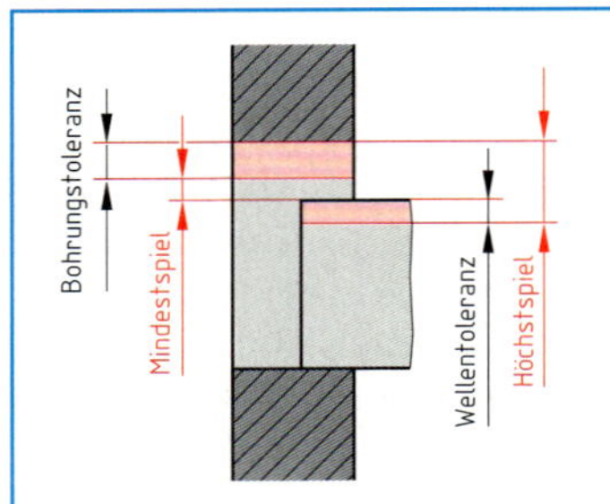

2 Spielpassung

2. Beispiel Spielpassung	Bemaßung der Welle	$\varnothing 35^{+0,1}_{-0,2}$
	Bemaßung der Bohrung	$\varnothing 35^{+0,4}_{+0,2}$

Höchstmaß$_{\text{Welle}}$ = 35,1 mm — Mindestmaß$_{\text{Welle}}$ = 34,8 mm

Höchstmaß$_{\text{Bohrung}}$ = 35,4 mm — Mindestmaß$_{\text{Bohrung}}$ = 35,2 mm

Mindestspiel = Mindestmaß$_{\text{Bohrung}}$ – Höchstmaß$_{\text{Welle}}$ = 35,2 mm – 35,1 mm = + 0,1 mm

Höchstspiel = Höchstmaß$_{\text{Bohrung}}$ – Mindestmaß$_{\text{Welle}}$ = 35,4 mm – 34,8 mm = + 0,6 mm

Von **Spielpassung** spricht man, wenn sich beim Fügen der Passteile immer ein Spiel ergibt und somit das Mindestmaß der Innenpassfläche größer oder im Grenzfall gleich dem Höchstmaß der Außenpassfläche ist (Bild 2).

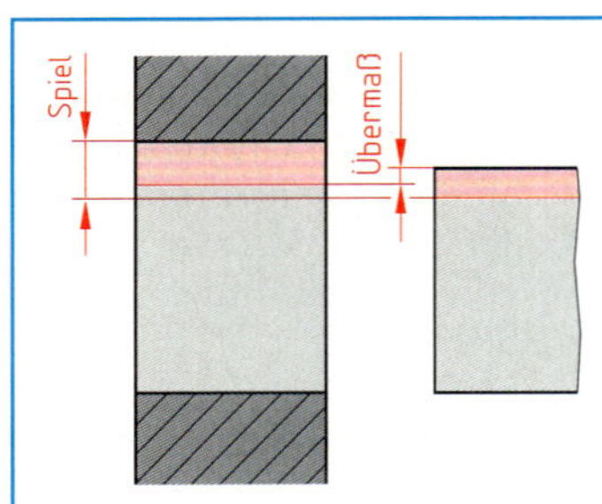

3 Übergangspassung

3. Beispiel Übergangspassung	Bemaßung der Welle	$\varnothing 35^{+0,4}_{-0,1}$
	Bemaßung der Bohrung	$\varnothing 35^{+0,1}_{-0,2}$

Höchstmaß$_{\text{Welle}}$ = 35,4 mm — Mindestmaß$_{\text{Welle}}$ = 34,9 mm

Höchstmaß$_{\text{Bohrung}}$ = 35,1 mm — Mindestmaß$_{\text{Bohrung}}$ = 34,8 mm

Mindestübermaß = Mindestmaß$_{\text{Bohrung}}$ – Höchstmaß$_{\text{Welle}}$ = 34,8 mm – 35,4 mm = – 0,6 mm

Höchstspiel = Höchstmaß$_{\text{Bohrung}}$ – Mindestmaß$_{\text{Welle}}$ = 35,1 mm – 34,9 mm = + 0,2 mm

Von **Übergangspassung** spricht man, wenn sich beim Fügen der Passteile ein Übermaß oder ein Spiel ergibt (Bild 3).

2.2.4 ISO-Passungen

Die ISO-Normen (**ISO**: International Organisation of Standardization) besitzen fast auf der gesamten Welt Gültigkeit. Eine sinnvolle Kurzbezeichnung der Maßtoleranzen mit Hilfe von Tabellen erlaubt eine einfache Verständigung.

Kennzeichnung von ISO-Passungen

Zur Darstellung von ISO-Maßtoleranzen zeichnet man nur die Maßtoleranz als Toleranzfeld und ihre Lage zur Nulllinie. Begrenzt wird das Toleranzfeld durch das Höchstmaß und das Mindestmaß, die Grenzmaße (Bild 1). Von der Skale kann man direkt die Abmaße von Bohrung und Welle, bezogen auf die Nulllinie, ablesen. Die Ablesung ergibt:

Bohrung: $\varnothing 35^{+0{,}025}_{0}$ **Welle:** $\varnothing 35^{0}_{-0{,}025}$

Die Kurzbezeichnung der **Maßtoleranzen nach ISO** erfolgt mit Hilfe von Buchstaben und Zahlen. Buchstaben geben die Lage des Toleranzfeldes zur Nulllinie an, das **Grundabmaß** (Bild 2). Man verwendet große Buchstaben für Bohrungen und kleine Buchstaben für Wellen. Zahlen geben den **Toleranzgrad** (früher Qualität) und damit die Größe des Toleranzfeldes an. Die Grenzabmaße werden in diesen Tabellen in der Regel in μm angegeben. Im vorliegenden Fall lesen wir ab (Bild 2):

Bohrung: + 25 μm und 0 μm, in Buchstaben H7;
Welle: 0 μm und – 25 μm, in Buchstaben h7.

Eine **ISO-Passungsangabe** besteht aus dem **Nennmaß** und der Abkürzung für die **Toleranzklasse**. Große hochgestellte Buchstaben für Bohrungen, kleine tiefgestellte Buchstaben für Wellen kennzeichnen die Lage des Toleranzfeldes zur Nulllinie **(Grundabmaß)**. Zahlen bezeichnen die Größe des Toleranzfeldes (**Toleranzgrad**, Bild 3).

Grundtoleranzen

Je kleiner die Grundtoleranz ist, desto genauer muss gefertigt werden. Man unterscheidet 20 Grundtoleranzgrade, die mit Zahlen von **IT** (**I**nternationale **T**oleranz) 01, 0, 1, ... bis 18 bezeichnet werden. Hieraus muss man je nach Verwendungszweck der Passung einen geeigneten Toleranzgrad bestimmen (Bild 4).

Weiterhin hängt die Grundtoleranz auch von der Größe des Nennmaßes ab (Bild 4).

Je größer das Nennmaß ist, desto größer ist auch die Grundtoleranz innerhalb eines Toleranzgrades.

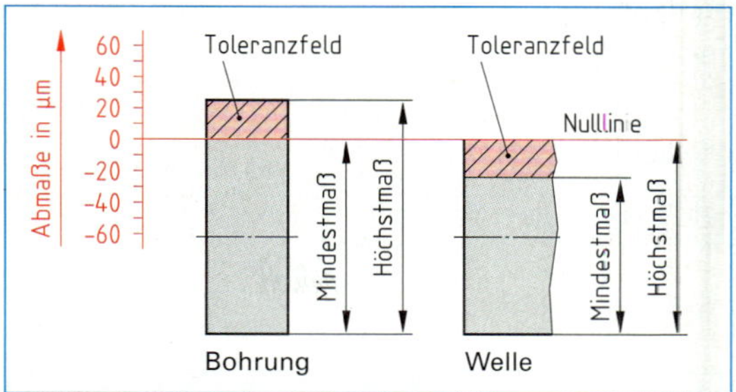

1 ISO-Toleranzfelder für Nennmaß 35 mm

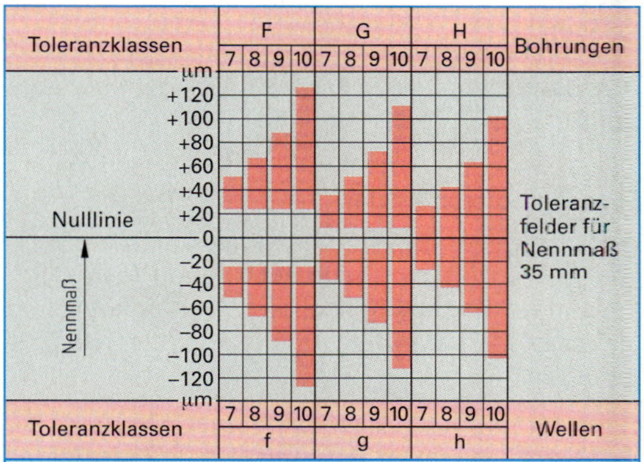

2 Größe und Lage der Toleranzfelder

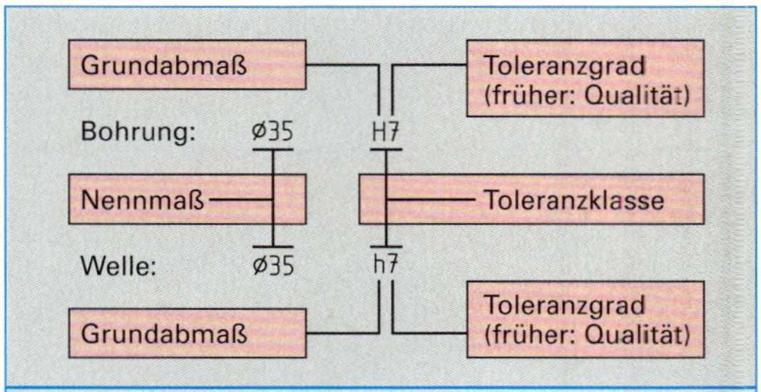

3 ISO-Kurzbezeichnung

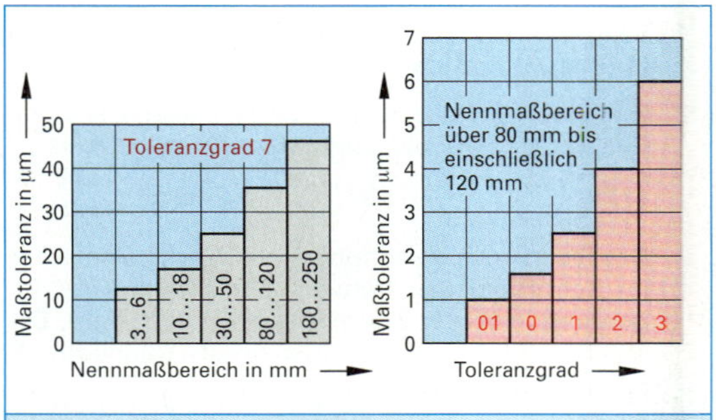

4 Toleranzgrad und Nennmaße

Die Maße von 1 mm bis 500 mm sind in 13 Nennmaßbereiche aufgeteilt. Im jeweiligen Nennmaßbereich gelten bei gleichbleibendem Toleranzgrad dieselben Grundtoleranzen. Bei ihrer Auswahl spielen auch Kostengesichtspunkte eine große Rolle. Die folgende Übersicht zeigt einige Beispiele:

	Kleine Toleranzen						**Mittlere Toleranzen**							**Große Toleranzen**						
ISO-Toleranzgrad (IT)	01	0	1	2	3	4	5	6	7	8	9	10	11	12	13	14	15	16	17	18
Anwendungsgebiete	Prüflehren						Bearbeitete Werkstücke									Nicht für Passmaße				
				Arbeitslehren				Maschinenbau						Gezogene, gewalzte, gegossene oder geschmiedete Teile						
Fertigungsverfahren	Läppen, Honen						Schleifen, Reiben, Fräsen, Drehen							Walzen, Schmieden, Pressen						

Mit kleinerem Toleranzgrad der ISO-Toleranz steigen die Fertigungskosten. Daher soll der ISO-Toleranzgrad so groß gewählt werden, wie es die Erfüllung der Funktion der Bauteile erlaubt.

Lage der Toleranzfelder

Innerhalb jedes ISO-Toleranzgrades wird die Lage des Toleranzfeldes durch Buchstaben festgelegt. Besondere Bedeutung haben das H-Toleranzfeld und das h-Toleranzfeld, die beide die Nulllinie berühren.

Je weiter ein Buchstabe von H oder h entfernt ist, desto größer ist der Abstand des Toleranzfeldes von der Nulllinie.

Die Toleranzfelder können fast beliebig miteinander kombiniert werden. Aus der nebenstehenden Tabelle kann man direkt entnehmen, ob es sich dabei um eine Übermaß-, Spiel- oder Übergangspassung handelt.

Beispiele:
Bohrung: Ø 35^{H7}, Welle: Ø 35_{u8}; Übermaßpassung
Bohrung: Ø 35^{H8}, Welle: Ø 35_{f7}; Spielpassung
Bohrung: Ø 35^{H7}, Welle: Ø 35_{j6}; Übergangspassung

Um die absolute Größe der Maßtoleranzen aus dem Kurzzeichen zu ermitteln, benutzt man Tabellen.

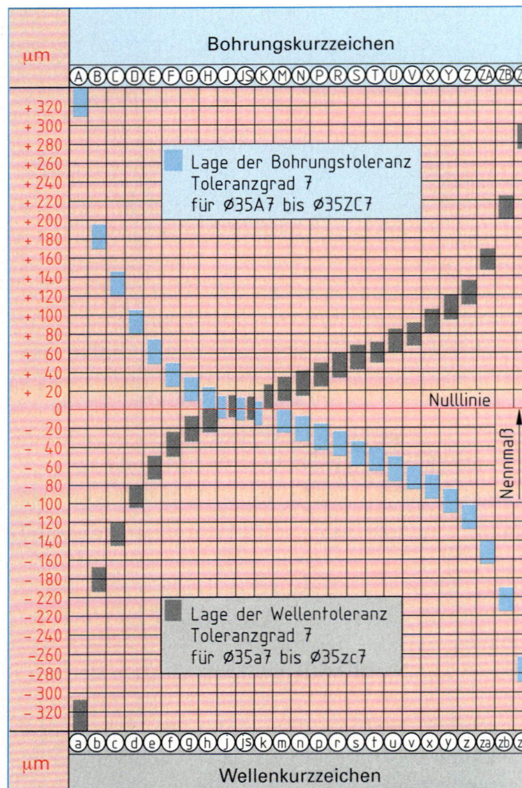

1 Lage der Toleranzfelder zur Nulllinie

Überprüfen Sie Ihre Kenntnisse

1 **Weshalb sind Toleranzangaben in der Fertigung überhaupt notwendig?**

2 **Errechnen Sie aus den folgenden tolerierten Maßen Höchstmaß, Mindestmaß und Maßtoleranz:**

a) $20^{+0,2}_{-0,1}$ **b)** $48^{+0,35}_{-0,15}$ **c)** $55^{+0,015}_{-0,020}$

3 **Die Technische Zeichnung eines Werkstücks trägt im Schriftfeld den Hinweis ISO 2768-c. Ein Längenmaß in dieser Zeichnung beträgt 65 mm. Berechnen Sie Nennmaß, Höchstmaß, Mindestmaß und Maßtoleranz!**

4 **Was versteht man unter Spiel und Übermaß?**

5 **Berechnen Sie für die folgenden Beispiele zunächst Höchstmaß$_{Bohrung}$, Mindestmaß$_{Bohrung}$, Höchstmaß$_{Welle}$ und Mindestmaß$_{Welle}$!**
Bestimmen Sie daraus, um welche Passungsart es sich handelt:

a) Bohrung Ø $48^{+0,3}_{0}$ **Welle Ø** $48^{+0,35}_{-0,15}$

b) Bohrung Ø $37^{0}_{-0,1}$ **Welle Ø** $37^{+0,3}_{-0,1}$

c) Bohrung Ø $52^{+0,5}_{+0,2}$ **Welle Ø** $52^{+0,1}_{-0,2}$

6 **Wie verändert sich die Größe des Toleranzfeldes mit dem Toleranzgrad und wie mit dem Nennmaß?**

2.3 Prüfmittel

Messen und Lehren werden mit Prüfmitteln durchgeführt. Häufig kann man nicht unmittelbar messen oder lehren, sondern muss zu Hilfsmitteln greifen, z. B. um das Werkstück einzuspannen, Maße zu übertragen usw. Bei den Messgeräten unterscheidet man diejenigen, welche das Messergebnis anzeigen (anzeigende Messgeräte) von denen, die ein bestimmtes Maß verkörpern (Maßverkörperungen).

2.3.1 Einteilung der Prüfmittel

Prüfmittel			
Messgeräte		**Lehren**	**Hilfsmittel**
Maßverkörperungen	**Anzeigende Messgeräte**	**Lehren**	**Hilfsmittel**
Bei Maßverkörperungen kann man Längen oder Winkel direkt ablesen.	Sie übertragen Längen oder Winkel über bewegliche Teile auf eine Skale oder Digitalanzeige, die ein Ablesen des Messwertes ermöglicht.	Lehren verkörpern ein Maß oder eine Form oder auch beides und lassen eine rasche Beurteilung des Prüfergebnisses („gut" oder „fehlerhaft") zu.	Hilfsmittel haben stützende oder übertragende Funktionen beim Messen und Lehren.
		Maßlehren	
 Maßband	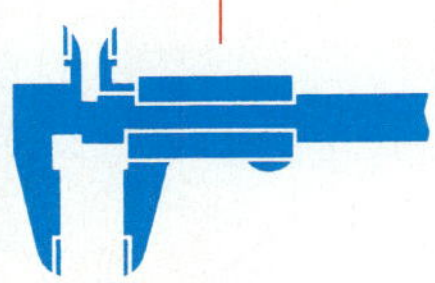 Messschieber	 Grenzrachenlehre	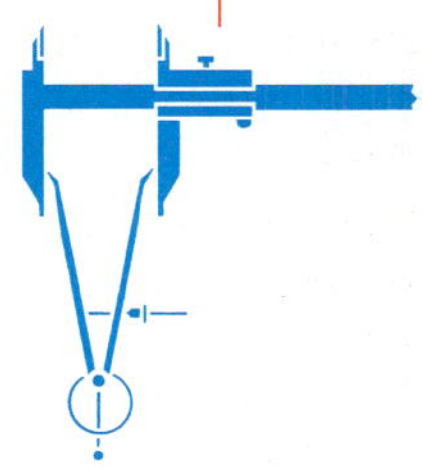 Taster
 Parallelendmaße	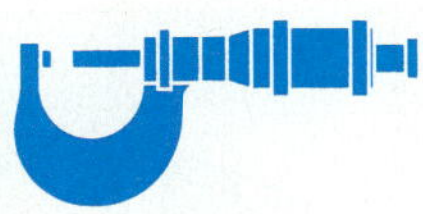 Messschraube	 Fühlerlehren	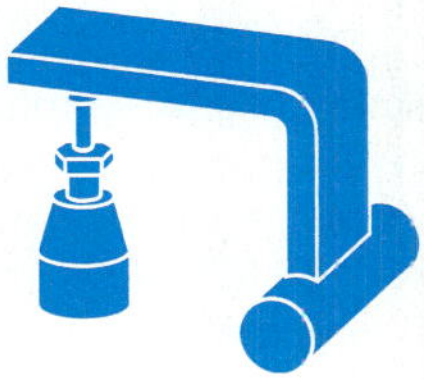 Stützwinde
		Formlehren	
 Winkelendmaße	 Winkelmesser	 Anschlagwinkel	 Prisma

2.3.2 Maßverkörperungen

Strichmaße

Sie werden nur bei groben Werkstattmessungen verwendet und sind für den „Normalbereich" heutiger Fertigung ungeeignet. Das Längenmaß wird hier durch den Abstand der Teilstriche, die Teilung, verkörpert. In der Regel beträgt diese 1 mm. Damit ist die Ablesegenauigkeit solcher Strichmaßstäbe ebenfalls auf 1 mm begrenzt (Bild 1).

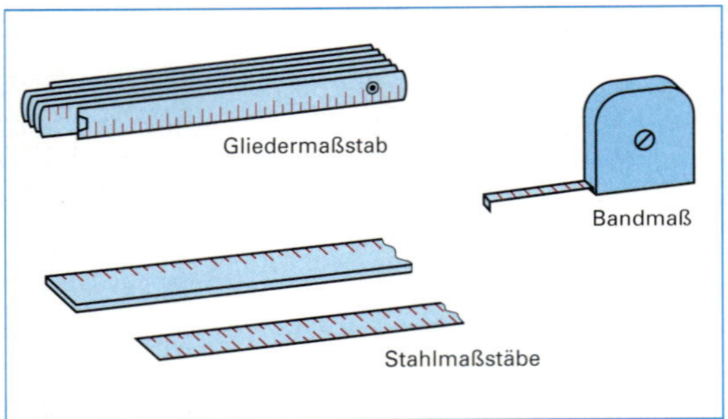

1 Gebräuchliche Strichmaße

Endmaße

Ein **Parallelendmaß** ist ein verschleißfester Block aus speziell legiertem Stahl oder aus Keramik mit zwei ebenen und zueinander parallelen, feinstbearbeiteten Messflächen (Bild 2). Der Abstand dieser Messflächen verkörpert sehr genau das jeweilige Nennmaß.

Durch eine Feinstbearbeitung (Läppen) entstehen relativ ebene Messflächen, die es ermöglichen, **Endmaße „aneinanderzuschieben"**. Die Anhangskraft zwischen zwei Endmaßen **(Adhäsion)** ist dabei so groß, dass sie quasi aneinanderhängen. Beim Zusammenstellen mehrerer Parallelendmaße sollen diese daher aneinandergeschoben werden.

Parallelendmaße werden **in Sätzen zusammengestellt** mit denen sich das erforderliche Maß leicht bilden lässt. Dazu schiebt man solange Parallelendmaße aneinander, bis das gewünschte Maß erreicht ist. Trotz der großen Adhäsionskräfte sollten beim Zusammenstellen von Parallelendmaßkombinationen so wenige Parallelendmaße wie möglich verwendet werden, da eventuell auftretende Abweichungen sich addieren.

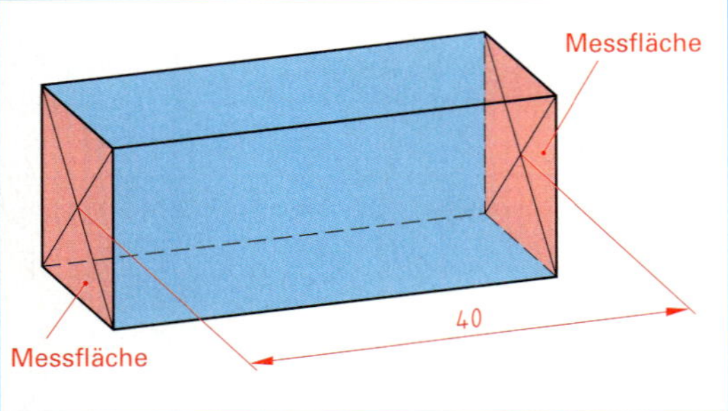

2 Parallelendmaß mit Nennmaß 40

Parallelendmaße werden zur Kontrolle von Messgeräten, zum Einstellen von Maschinen und zum Anreißen verwendet.

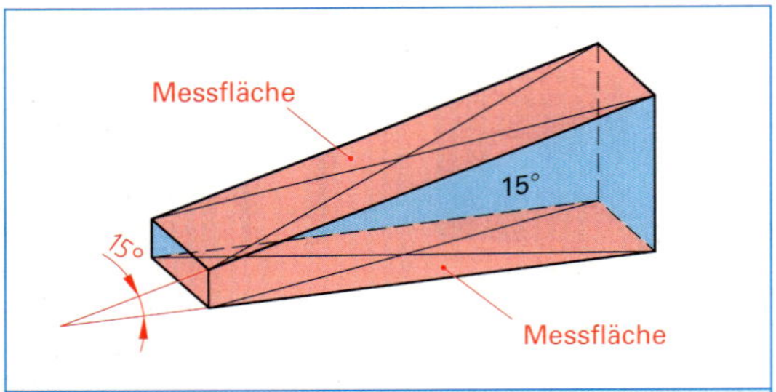

3 Winkelendmaß

Winkelendmaße werden vorwiegend zum Prüfen von Winkelmessern eingesetzt. Bei ihnen verkörpern zwei zueinander geneigte Flächen einen bestimmten Winkel (Bild 3). Außer mit dem Nennmaß ist jedes Winkelendmaß mit der Richtung der Schenkelneigung durch Plus- oder Minuszeichen gekennzeichnet. Winkelendmaße werden ebenfalls in Sätzen zusammengestellt. Durch Aneinanderschieben lassen sich beliebige Winkel bilden (Bild 4).

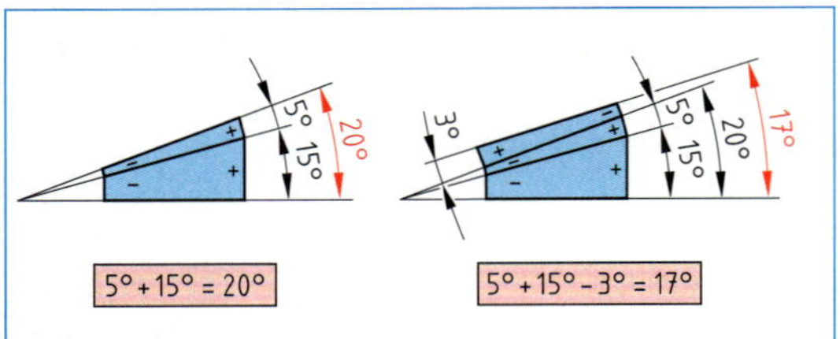

4 Zusammenstellen von Winkelendmaßen

Überprüfen Sie Ihre Kenntnisse

1. **Wann verwendet man einen Gliedermaßstab und wann ein Bandmaß?**
2. **Welches Maß ist auf einem Parallelendmaß aufgeprägt?**
3. **Wozu werden Parallelendmaße hauptsächlich verwendet?**
4. **Warum sind Winkelendmaße mit + und – gekennzeichnet?**
5. **Ihnen stehen folgende Winkelendmaße zur Verfügung: 3°, 5°, 15°, 5´, 10´ und 40´. Stellen Sie fest, welche Winkelendmaße Sie zu folgenden Winkeln zusammenstellen können:**
   a) 8° 50´ b) 23° 45´ c) 17° 55´

2.3.3 Anzeigende Messgeräte

Die anzeigenden Messgeräte sind in der Fertigungstechnik am vielseitigsten einsetzbar. Ihre Anwendungsgebiete reichen von einfachen Werkstattmessungen bis hin zur Endkontrolle von Werkstücken höchster Fertigungsqualität.

Messschieber

Ein Messschieber besteht aus einem festen und einem beweglichen Messschenkel (Bild 1). Verschiedene Messflächen gestatten Innen-, Außen- und teilweise auch Tiefenmessungen. Daneben gibt es auch Messschieber für spezielle Aufgaben (Bild 3).

Bei **herkömmlichen Messschiebern** ist es mit Hilfe einer Feinteilung **(Nonius)** möglich, Messgenauigkeiten von 0,1 mm und 0,05 mm zu erzielen. Mit Hilfe des Nonius können kleinere Messgrößen als auf der Teilung des Hauptmaßstabes zu finden sind abgelesen werden. Beim **Zehntelnonius** ist eine Länge von 19 mm in 10 gleiche Teile geteilt. Der Strichabstand der Noniusteilung beträgt also 19 mm : 10 = 1,9 mm. Dagegen beträgt der Strichabstand auf dem Hauptmaßstab 20 mm : 10 = 2 mm. Die Ablesegenauigkeit ergibt sich aus der Differenz der beiden Teilungen: 2 mm – 1,9 mm = 0,1 mm (Bild 2).

Am **Zehntelnonius** bewirkt eine Verschiebung des beweglichen Messschenkels um 0,1 mm eine Änderung der Anzeige um einen Teilstrich.

Beim **Zwanzigstelnonius** ist eine Strecke von 39 mm in 20 gleiche Teile geteilt, was einer Ablesegenauigkeit von 1/20 mm = 0,05 mm entspricht.

Beim **Ablesen des Messwertes** wird der Nullstrich der Noniusteilung als Komma angesehen, das die ganzen Millimeter von den Zehntelmillimetern trennt. Man liest zunächst links vom Nullstrich des Nonius die vollen Millimeter ab. Danach sucht man rechts vom Nullstrich des Nonius den Teilstrich der Noniusteilung, der sich mit einem Teilstrich der Teilung auf dem Hauptmaßstab deckt. Dieser Noniusteilstrich gibt die Zehntelmillimeter an (Bild 2).

Digitale Messschieber

Die Veränderung gegenüber herkömmlichen Messschiebern umfasst vordergründig die **digitale Messwertanzeige**, welche die Messwerte nun mit 1/100 mm Genauigkeit anzeigt **(Ziffernschrittwert 0,01 mm)**.

Dies bedeutet allerdings nicht, dass sich damit etwa die Messgenauigkeit deutlich erhöht hätte und nun im Bereich 1/100 mm liegt. Die real zu erzielende Messgenauigkeit liegt, wie bei den herkömmlichen Messschiebern auch, im Bereich 1/10 mm.

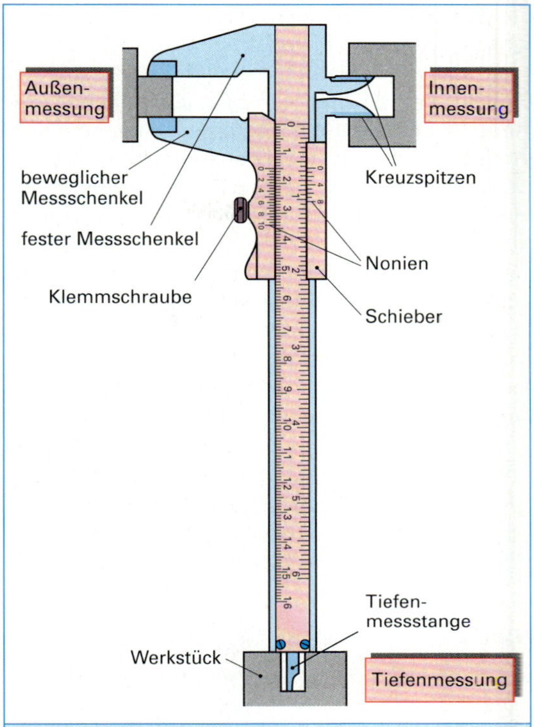

1 Universalmessschieber

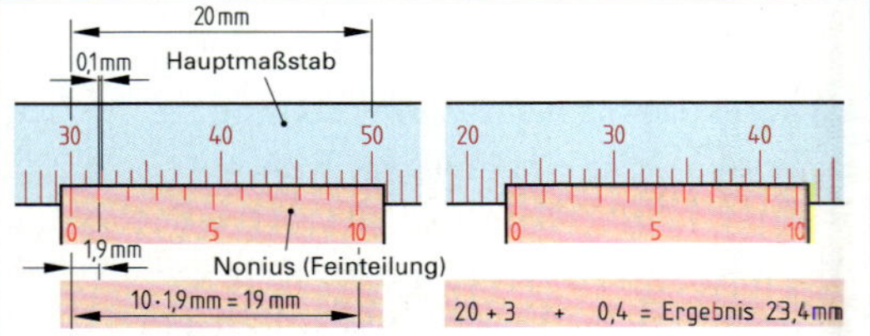

2 Nonius: Aufbau und Ablesebeispiel

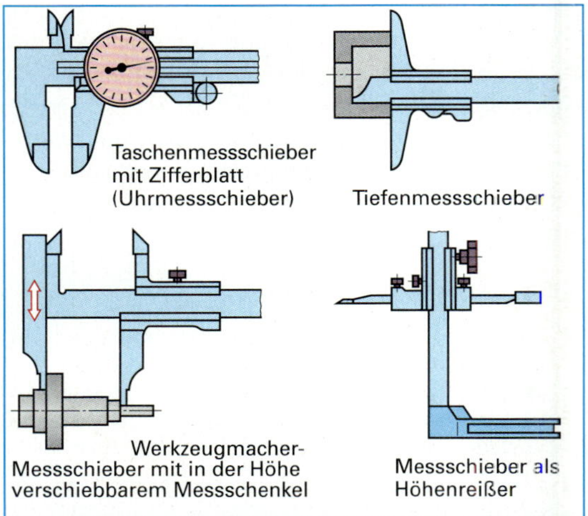

3 Messschieberarten

Bei genauerem Hinsehen umfassen die Veränderungen gegenüber herkömmlichen Messschiebern aber auch den Aufbau dieser Messgeräte. Digitale Messschieber verfügen über einen (inkrementalen) Glasmaßstab, entsprechende optoelektronische Sensoren und einen Mikrocomputer. Mit dieser Ausstattung kann z.B. die Anzeige des Messschiebers an jeder Stelle des Messbereichs Null gesetzt werden; nach Einstellen eines Sollmaßes und anschließendem Nullen können Abmaße mit richtigen Vorzeichen angezeigt werden (Bild 1); Messdaten können an Rechner weitergegeben werden um Prüfprotokolle zu erstellen usw. Anwendungsbeispiele von digitalen Messschiebern zeigt nebenstehendes Bild 1.

Digitale Messschieber erweitern die Einsatzmöglichkeiten dieser Messgeräte und schließen Ablesefehler durch ihre digitale Anzeige des Messwertes praktisch aus.

Wichtig beim Messen mit Messschiebern:

- Alle Mess- und Prüfflächen müssen sauber und gratfrei sein.
- Der Messschieber oder das Werkstück dürfen nicht verkantet werden.
- Nicht bei laufender Maschine messen.

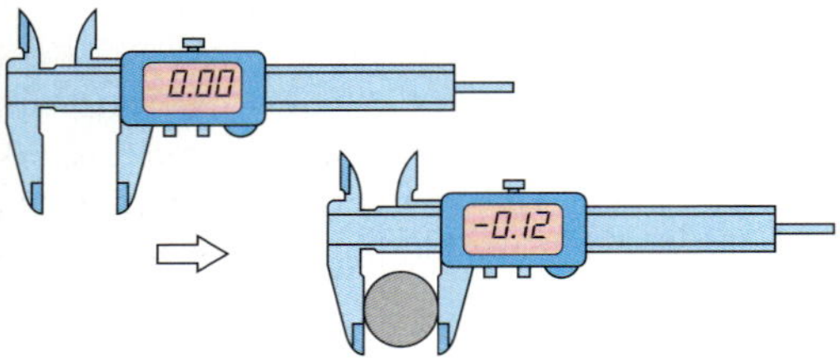

a) Messung des Abmaßes

Sollmaß einstellen, nullen, Vergleichsmessung durchführen

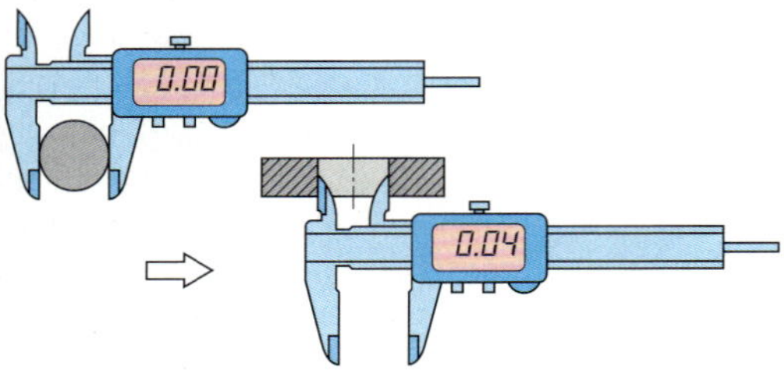

b) Messung des Paarungsspiels

z.B. zwischen Welle und Bohrung

Welle messen, nullen, Bohrung messen, Paarungsspiel ablesen

1 Anwendungsbeispiele digitaler Messschieber

Elektronische Messdatenverarbeitung

Ein großer Vorteil digitaler Messgeräte besteht in der Möglichkeit, Messdaten an externe Rechner zu übermitteln (Bild 2). Messdaten können so gespeichert und evtl. an anderer Stelle (Messlabor) ausgedruckt werden. Darüber hinaus können mit Hilfe der auf die Messtechnik abgestimmten Rechner die Messwerte schnell und sicher beurteilt werden (Kennzeichnung der Messwerte außerhalb der Toleranz). Für die Serienfertigung lassen sich die Messdaten statistisch auswerten (Minimalwert einer Serie, Maximalwert einer Serie, Mittelwert einer Serie, grafische Darstellung aller Messwerte einer Serie in einem Histogramm, usw.) und die Fertigung kann dementsprechend verbessert werden.

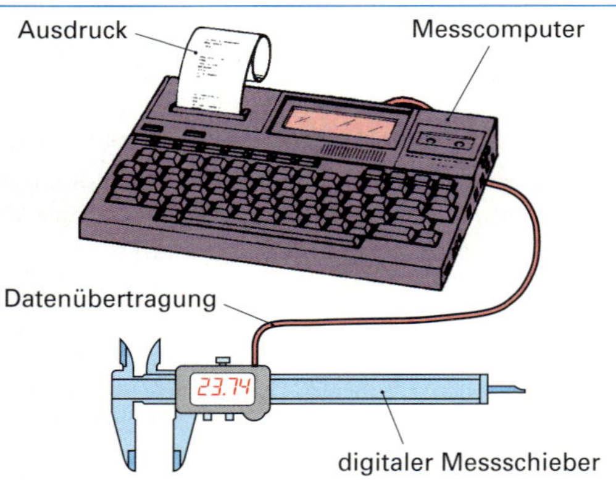

2 Übermittlung von Messdaten

Überprüfen Sie Ihre Kenntnisse

1 **Erläutern Sie das Prinzip eines Messschiebers mit Zehntelnonius!**

2 **Was unterscheidet digitale Messschieber von herkömmlichen Messschiebern und durch welche Vorteile zeichnen sich digitale Messschieber aus?**

3 **Welche Vorteile bietet die elektronische Messdatenverarbeitung?**

4 **Ermitteln Sie für die folgenden Beispiele den Messwert in mm.**

a)

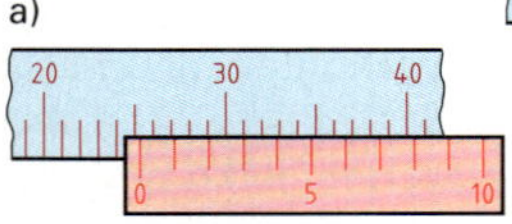

b)

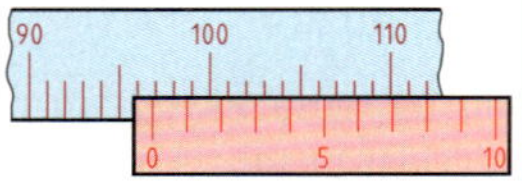

Messschrauben

Reicht die Messgenauigkeit von Messschiebern mit 0,1 mm für eine genaue Messung nicht aus, dann verwendet man meist Messschrauben. Sie besitzen in der Regel eine Ablesegenauigkeit von 0,01 mm. Es gibt verschiedene Ausführungen zur Außen- und Innenmessung (Bilder 1 und 4). Die hohe Ablesegenauigkeit von Messschrauben wird durch eine **Messspindel** erreicht, deren Steigung die Maßverkörperung darstellt. Diese Steigung beträgt in den meisten Fällen 0,5 mm. Das heißt, wenn die Skalentrommel um eine volle Umdrehung bewegt wird, legt die Messspindel in Längsrichtung 0,5 mm zurück. Am Umfang ist die Skalentrommel in 50 gleiche Teile unterteilt. Dreht man die Skalentrommel um einen Teilstrich weiter, so bewegt sich die Messspindel in Längsrichtung um 0,5 mm : 50 = 0,01 mm, was der Ablesegenauigkeit der Bügelmessschraube entspricht.

> Die Drehung der Skalentrommel um einen Teilstrich bewirkt eine Längsverschiebung der Messspindel um 0,01 mm.

Da jedes Gewinde ein „Spiel" hat, könnten bei wiederholten Messungen unterschiedliche Messwerte ermittelt werden. Daher sind Messschrauben mit einer **Rutschkupplung** ausgestattet, welche eine gleichbleibende Anpresskraft beim Messvorgang und somit gleiche Messungen garantiert. Sobald eine bestimmte Anpresskraft überschritten wird, dreht diese Rutschkupplung frei durch und verhindert so ein weiteres Erhöhen des Anpressdrucks.

Der Messbereich von Bügelmessschrauben wird durch die Messspindellänge begrenzt. Er ist daher in 25-mm-Sprünge gestuft. Bei Innenmessschrauben kann der Messbereich durch Verlängerungsstücke erweitert werden.

Bei der **Ablesung von Bügelmessschrauben** betrachtet man den Rand der Skalentrommel als Komma. Zunächst liest man auf der Skale der Skalenhülse die ganzen und die halben Millimeter ab. Danach liest man an der Skale der Skalentrommel die Hundertstelmillimeter ab. Beide abgelesenen Werte werden addiert und ergeben so den Messwert (Bilder 2 und 3).

Digitale Bügelmessschrauben weisen ähnliche Vorteile wie digitale Messschieber auf (Nullsetzen an jeder beliebigen Stelle, vorzeichenrichtige Unterschiedsmessungen, Datenausgang bzw. Datenübertragung, usw.). Darüber hinaus ist die Ablesegenauigkeit gegenüber herkömmlichen Bügelmessschrauben auf 0,001 mm erhöht.

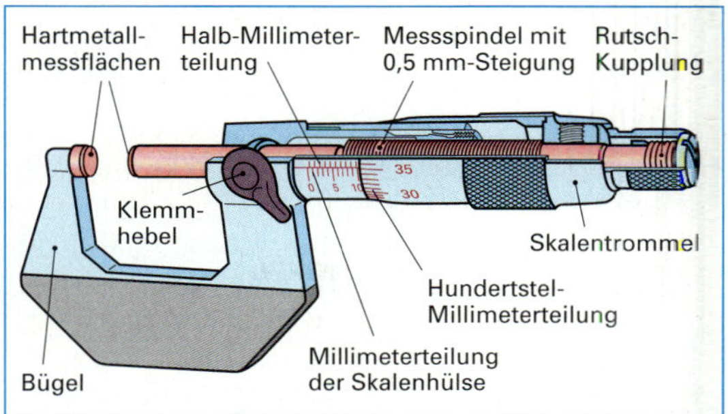

1 Aufbau einer Bügelmessschraube

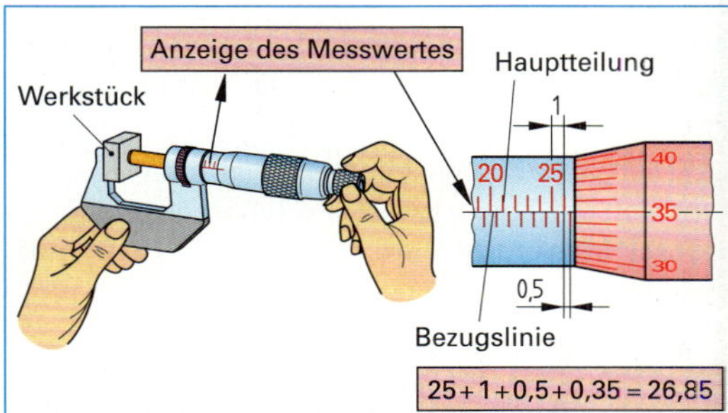

2 Ablesen einer Bügelmessschraube

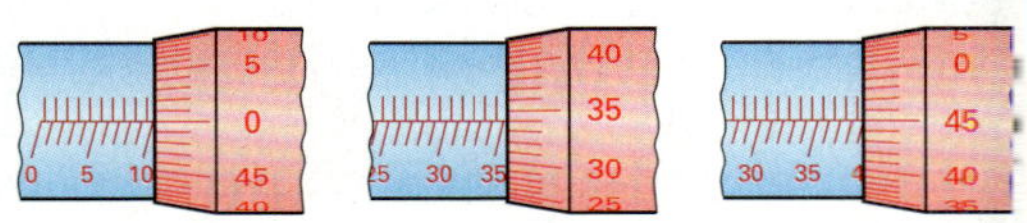

Anzeige an der Messhülse:	10	35	38
	0,0	0,0	0,5
Skalentrommel:	0,00	0,34	0,45
Messwert in mm:	10,00	35,34	38,95

3 Ablesebeispiele

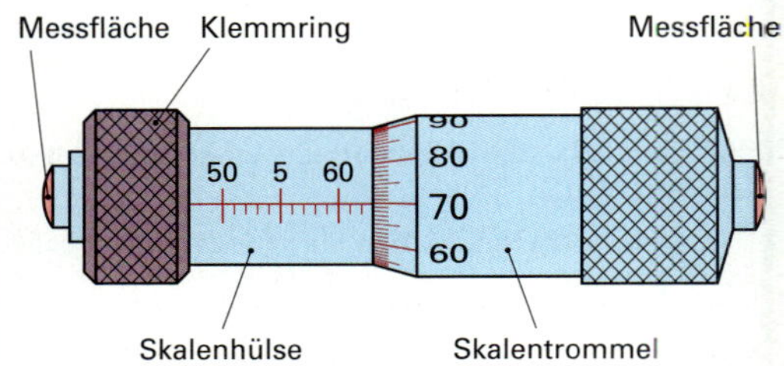

4 Innenmessschraube

Wichtig beim Messen mit Messschrauben:

- Alle Mess- und Prüfflächen müssen sauber und gratfrei sein.
- Die Messschraube oder das Werkstück dürfen nicht verkantet werden.
- Die Messspindel darf beim Messvorgang nur über die Rutschkupplung betätigt werden.

Messuhren

Bei Messuhren wird die geradlinige Bewegung des **Messbolzens** über ein **Getriebe** in die **kreisförmige Bewegung des Zeigers** umgewandelt. Häufig geschieht dies mittels **Zahnstange und Zahnrädern** (Bild 1). Ein Weg von 1 mm des Messbolzens bewirkt eine volle Umdrehung des Zeigers. Die Anzahl der Skalenumläufe, d.h. der ganzen Millimeter, wird an einer Umlaufzähleinrichtung angezeigt (Bild 1).

Die Strichskale ist meist in 100 gleiche Teile geteilt. Dreht sich der Zeiger um einen Teilstrich weiter, so wird der Messbolzen um 1 mm : 100 = 0,01 mm bewegt.

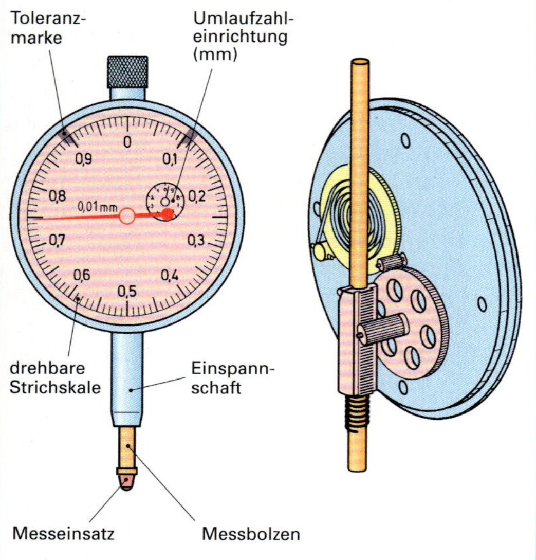

1 Messuhr

> Die Bewegung des Messbolzens um 0,01 mm bewirkt einen Zeigerausschlag um einen Teilstrich.

Mit Messuhren werden häufig **Unterschiedsmessungen** durchgeführt (Bild 2). Hierbei wird die Messuhr so eingerichtet, dass der Differenzbetrag zu einem eingestellten Maß (z.B. Parallelendmaß) angezeigt wird.

Bei vielen Messungen reicht es aus, festzustellen, ob das zu prüfende Werkstück innerhalb der vorgeschriebenen Maßtoleranzen liegt. Deshalb verfügen viele Messuhren über einstellbare Toleranzmarken, die anhand des Sollmaßes eingestellt werden (Bild 1).

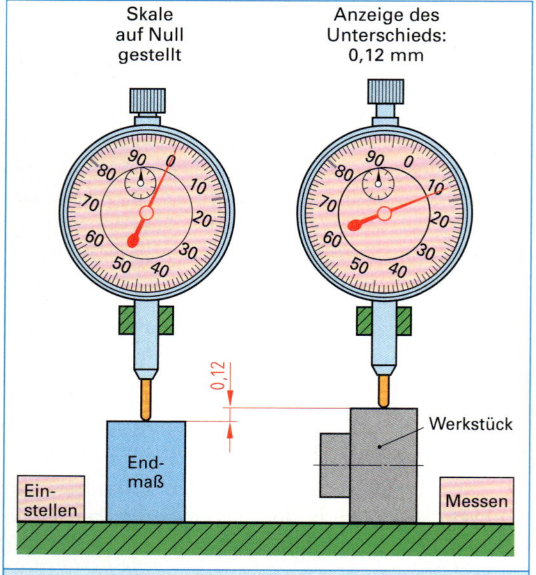

2 Unterschiedsmessen

Wichtig beim Messen mit Messuhren:

- Die Mess- und Prüfflächen müssen sauber und gratfrei sein.
- Die Messuhr muss senkrecht zur Messfläche ausgerichtet werden.
- Die Messuhr muss sorgfältig eingestellt werden.

Überprüfen Sie Ihre Kenntnisse

1 Erläutern Sie das Messprinzip einer Bügelmessschraube!

2 Für welche Messaufgaben sind Messuhren besonders geeignet?

3 Welche Vor- bzw. Nachteile besitzen Bügelmessschraube und Messuhr im Vergleich zu einem Messschieber?

4 Lesen Sie die folgenden Messschraubenstellungen ab!

a)

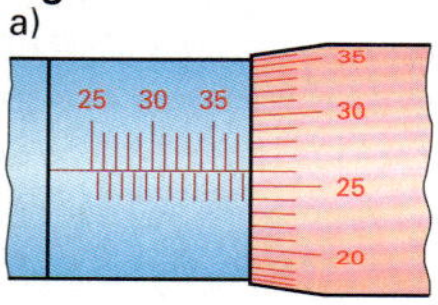

b)

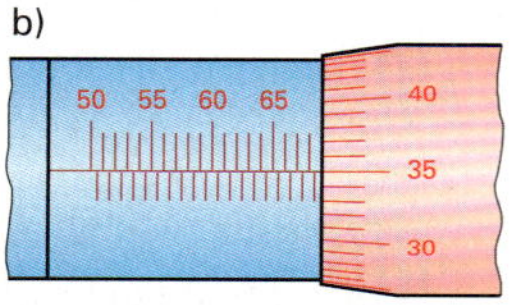

Winkelmesser

Um Winkel zu messen benutzt man, je nach erforderlicher Genauigkeit, einfache Winkelmesser oder Universalwinkelmesser, die über einen Nonius verfügen (Bild 1). Der Teilkreis des Winkelmessers stellt dabei die Maßverkörperung dar.

Ein Winkel ist ein geometrisches Objekt. Er wird von zwei Geraden gebildet, welche sich in einem Punkt schneiden. Winkel werden mit den griechischen Buchstaben α (alpha), β (beta), γ (gamma) usw. bezeichnet. Zur Angabe der Größe eines Winkels wird meist die Einheit Grad benutzt.

Teilt man den Umfang eines Vollkreises in 360 gleiche Teile, so erhält man 1 Grad (1°).

Zur weiteren Unterteilung des Grades (vgl. Tabelle 1) nimmt man Winkelminuten (′) und Winkelsekunden (″).

Einfache Winkelmesser erlauben ein genaues Ablesen auf 1°. Winkelmesser mit Noniusteilung (Bild 1) haben eine Ablesegenauigkeit von 5′.

Bei der **Ablesung** des Universalwinkelmessers liest man zunächst die vollen Winkelgrade an der Hauptskale ab. Die Winkelminuten liest man am Nonius ab. Die Addition beider Werte ergibt den Messwert.

Eine Drehung des verstellbaren Schenkels um 5′ bewirkt eine Änderung der Anzeige am Nonius um einen Teilstrich.

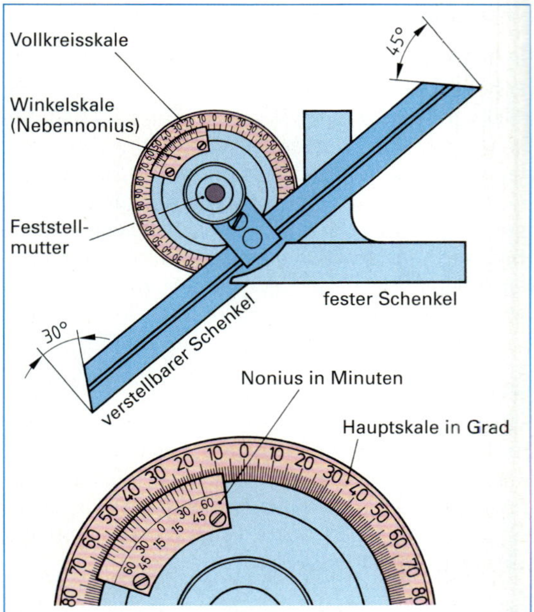

1 Universalwinkelmesser

Tabelle 1: Umwandlung von Winkeleinheiten

	″	′	°
1″ =	1	$\frac{1}{60}$	$\frac{1}{3600}$
1′ =	60	1	$\frac{1}{60}$
1° =	3600	60	1

Überprüfen Sie Ihre Kenntnisse

1 Rechnen Sie die folgenden Winkelmaße in Winkelminuten und Winkelsekunden um:
a) 7° b) 5° 30′ c) 12° 27′

2 Ein Winkel hat das tolerierte Maß von 120° ± 15′. Wie groß sind Nennmaß, Höchstmaß, Mindestmaß und Maßtoleranz?

3 Geben Sie an, mit welchem Messgerät Sie jeweils die folgenden Zeichnungsangaben am Werkstück prüfen können:
a) 25,1 mm b) 48,95 mm c) 30° d) 17° 30′

4 Wie kann man die Genauigkeit folgender Messgeräte überprüfen?
- **Universalmessschieber**
- **Bügelmessschraube**
- **Winkelmesser**
- **Universalwinkelmesser**

5 Bestimmen Sie die Größe der beiden folgend dargestellten Winkel!

a)

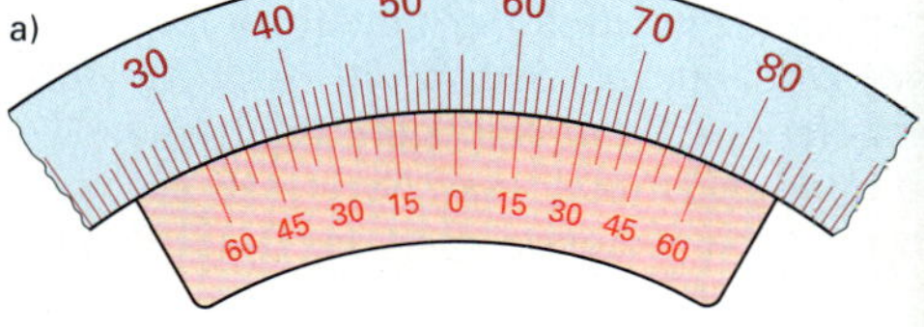

b)

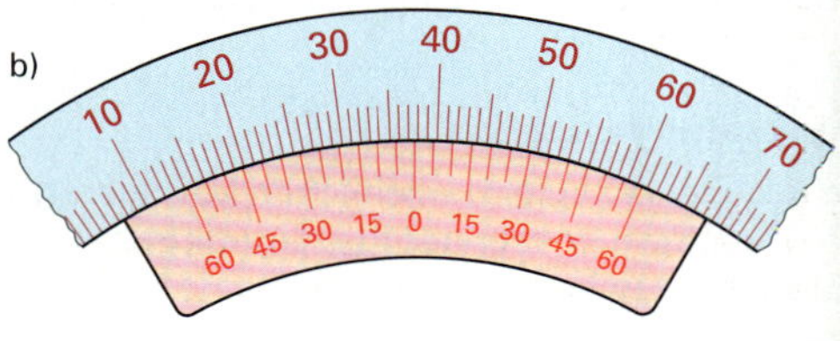

Sonstige Messgeräte

Richtwaagen

Richtwaagen (Bild 1) geben die Neigung einer Fläche in Millimeter je Meter an. Ein Teilstrich der Skale verkörpert dabei den auf der Richtwaage angegebenen Neigungssollwert, z. B. 0,2 mm je m. Zur Anzeige dient eine in einer Flüssigkeit schwimmende Luftblase in einem geschlossenen Glasröhrchen, das die Skale trägt. Richtwaagen werden überwiegend zum Ausrichten von Bauteilen oder Anreißplatten verwendet.

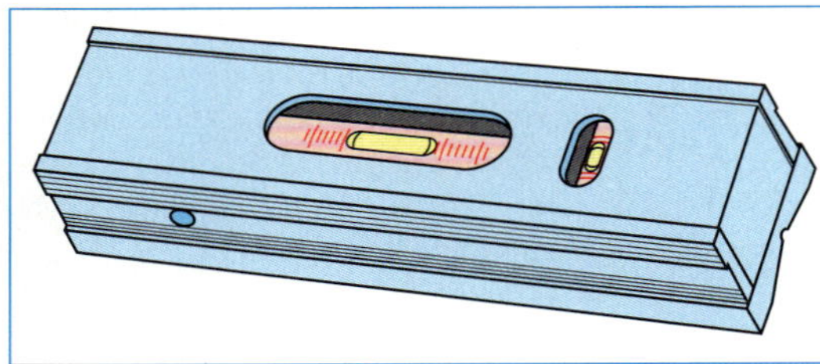

1 Richtwaage

Druckmessgeräte

Kräfte wirken in der Praxis nicht nur auf einen Punkt, sondern verteilen sich auf eine bestimmte Fläche. Der Quotient aus einer tatsächlich wirkenden Kraft *F* und der Fläche *A*, auf die sich diese Kraft verteilt, heißt Druck (Bild 2). Sein Formelzeichen ist in der Physik *p*.

$$\textbf{Druck} = \frac{\textbf{Kraft}}{\textbf{Fläche}} \qquad p = \frac{F}{A}$$

$$1\,\text{Pa} = \frac{1\,\text{N}}{1\,\text{m}^2}$$

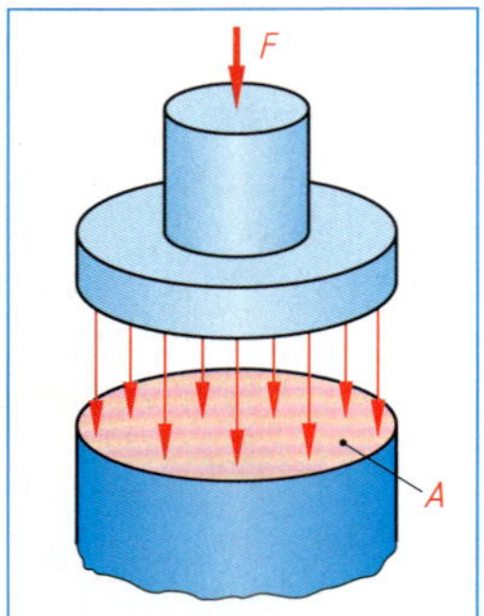

2 Definition des Drucks

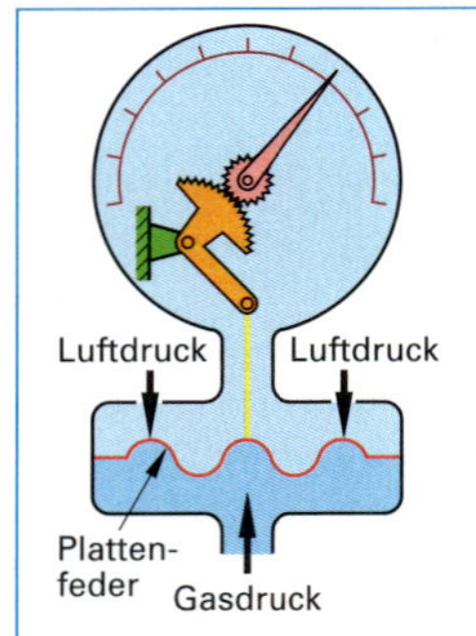

3 Druckmessgerät

In der Metalltechnik erfolgen Druckangaben (vgl. Tabelle 1) in der Regel in N/mm^2, N/cm^2, bar und zunehmend auch in Pascal (Pa).

Tabelle 1: Umwandlung von Druckeinheiten

	N/mm^2	bar	N/cm^2	$1\ N/m^2 = 1\ Pa$
$1\ N/mm^2$ =	1	10	100	1 000 000
1 bar =	$\frac{1}{10}$	1	10	100 000
$1\ N/cm^2$ =	$\frac{1}{100}$	$\frac{1}{10}$	1	10 000
$1\ N/m^2$ = 1 Pa =	$\frac{1}{1\,000\,000}$	$\frac{1}{100\,000}$	$\frac{1}{10\,000}$	1

Diese physikalische Gegebenheit wird bei Druckmessgeräten zur Ermittlung von Messwerten genutzt. So kann man z. B. einen Gasdruck messen, indem man eine Plattenfeder zwischen Luftdruck und Gasdruck anordnet. Eine Änderung des Gasdruckes bewirkt eine Bewegung der Plattenfeder, die über ein Hebelwerk auf die Anzeigeskale übertragen wird (Bild 3).

Bei der Überprüfung von Serienteilen wird eine Druckmessung oft auch zur Ermittlung von Längenänderungen (Vergleichsmessen) benutzt. Hierzu dient Druckluft mit einem Druck von 0,7 bar bis 2 bar als Messmittel. Der Luftstrom am Anzeigegerät wird nun so eingestellt, dass die Anzeige beim Nennmaß auf Null steht (Bild 4). Jede Veränderung gegenüber dem Nennmaß erhöht oder senkt den beim Ausströmen der Druckluft entstehenden Staudruck. An einem Anzeigegerät ist die Druckänderung als Längenänderung ablesbar.

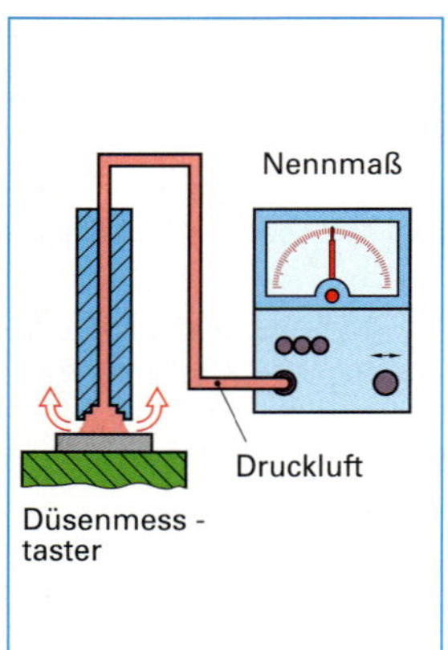

4 Pneumatisches Messen

Temperaturmessgeräte

Die auch im Alltag gebräuchlichen Messgeräte beruhen auf dem Prinzip der Ausdehnung von Messmitteln bei Erwärmung (Quecksilberthermometer, usw., Bild 5).

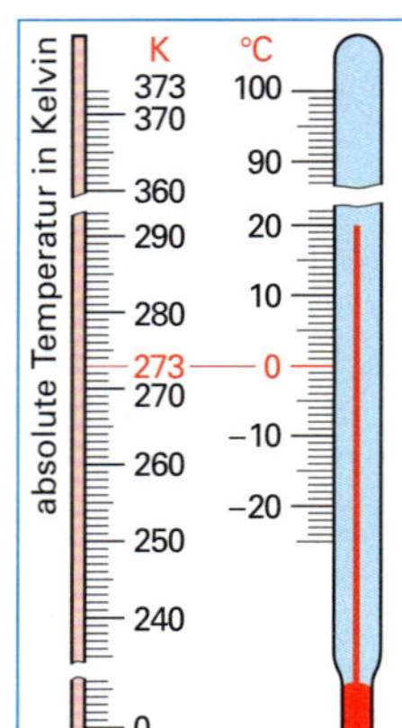

5 Temperaturangaben in Kelvin und °C

Die Temperatur selbst kennzeichnet den Wärmezustand eines Körpers. Man kann sie fühlen. Sie wird in Kelvin (K) oder in Grad Celsius (°C) gemessen.

Der absolute Nullpunkt der Temperatur ist 0 K = – 273 °C.

Für die Umrechnung von °Celsius in Kelvin gilt:

Temperatur in K = Temperatur in °C + 273 (gerundet).

Bei der Messung sehr hoher Temperaturen muss man andere Wege gehen. Hier dienen z. B. Strahlungspyrometer zur Temperaturbestimmung. Über eine Optik vergleicht man die Farbe des Prüfgegenstandes mit der eines einstellbaren Heizelementes (Bild 1). Da zu jeder Temperatur eine typische Farbe gehört, kann man so die Temperatur eines Werkstückes hinreichend genau bestimmen.

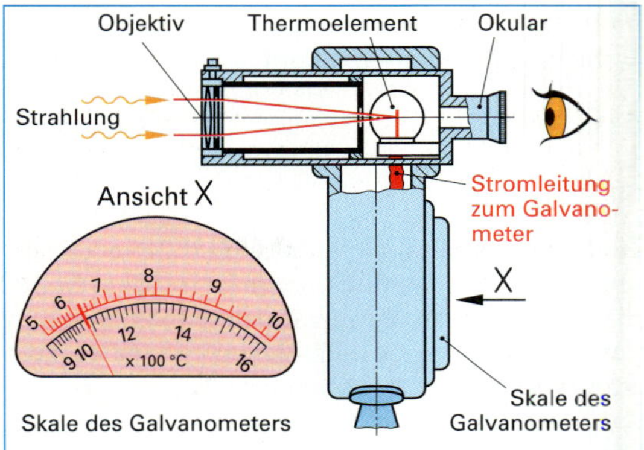

1 Strahlungspyrometer

Elektrische Messgeräte

Das Prinzip der elektrischen Messungen beruht auf der Umwandlung einer Änderung der Messgröße in ein elektrisches Signal. Dieses elektrische Signal kann nach entsprechender Umwandlung und Aufbereitung direkt an einem Anzeigegerät abgelesen werden (Bild 2). Die Messtaster A und B erzeugen beim Sollmaß ein gleich großes elektrisches Signal. Hierbei wird die Anzeige auf Null eingestellt. Weicht das Istmaß vom Nennmaß ab, sind die elektrischen Signale von A und B ungleich. Die Abweichung vom Nennmaß kann direkt an einer Skale abgelesen werden. Es gibt auch hier Messgeräte, bei denen die Messwerte nach weiterer Umwandlung in Ziffern (digital) ablesbar sind

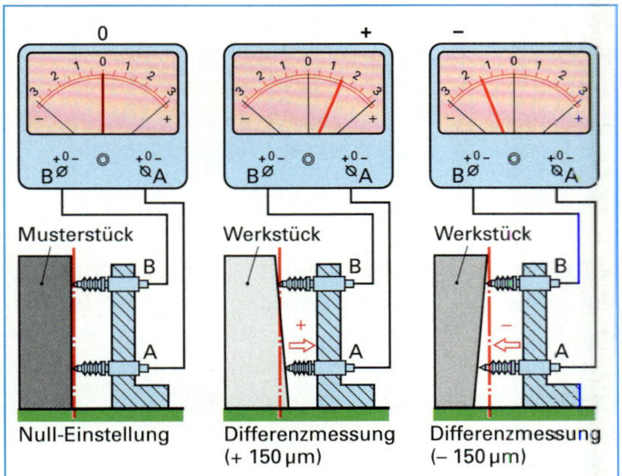

2 Elektronisches Messen

Überprüfen Sie Ihre Kenntnisse

1 **Mit welchen Messgeräten, die Sie aus dem täglichen Leben kennen, können folgende Größen gemessen werden?**
a) Druck b) Temperatur

2 **Der Kolben einer Presse übt eine Kraft von 360 kN auf eine Fläche von 201 cm² aus. Wie groß ist der Druck in N/mm², bar und Pascal?**

3 **Erklären Sie das Prinzip der Druckmessung bei Serienteilen!**

4 **Wandeln Sie in Kelvin bzw. °C um:**
a) 20 °C b) 45 °C c) –20 °C d) 263 K e) 385 K

5 **Erläutern Sie, wie man zur Messung sehr hoher Temperaturen gelangen kann!**

6 **Ein geschlossenes Heizsystem wird mit Hilfe eines Thermostaten geregelt. Die geforderte Raumtemperatur von 21 °C wird mit einer Genauigkeit von ± 0,04 °C eingehalten. Wie groß sind Höchstwert, Mindestwert, Maßtoleranz und tolerierter Wert der Temperatur?**

2.3.4 Lehren

Im Vergleich mit den meisten Messverfahren ist das Prüfen mit Lehren zeitsparender, da das Einstellen der Messgeräte und das Ablesen der Messwerte entfallen. Allerdings sind Lehren nicht universell einsetzbar, da sie nur ein festes Maß und/oder eine vorgegebene Form verkörpern. Deshalb müssen für die verschiedenen Maße und Formen unterschiedliche Lehren beschafft werden. Das lohnt sich nur, wenn die Lehren häufig eingesetzt werden.

Maßlehren

Einfache Arbeitslehren: Zum groben Feststellen von Blechdicken usw. verwendet man oft Blechdickenlehren. Hierbei verkörpert die Lehre die in der Werkstatt oder dem Materiallager benötigten Maße (Bild 1).

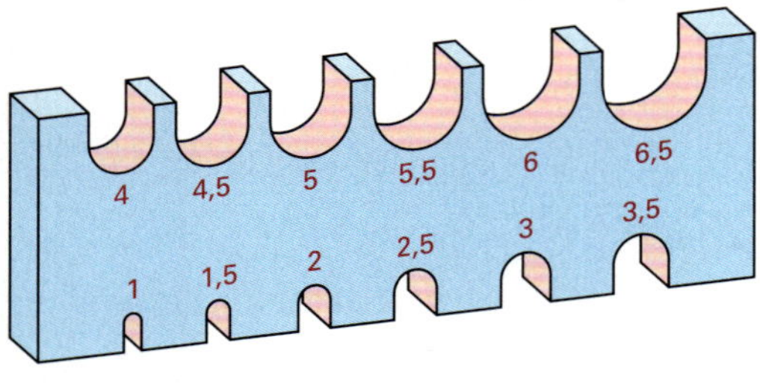

1 Arbeitslehre zur Blechdickenermittlung

Fühlerlehren: Eine Fühlerlehre (Bild 2) verkörpert ein Dickenmaß. Die Fühlerlehre ist mit dem Nennmaß beschriftet. Meist werden Fühlerlehren in Sätzen zusammengestellt. Anwendungsbeispiele dafür sind: Prüfen des Ventilspieles eines Motors, der Zündkontakte, des Lagerspieles usw.

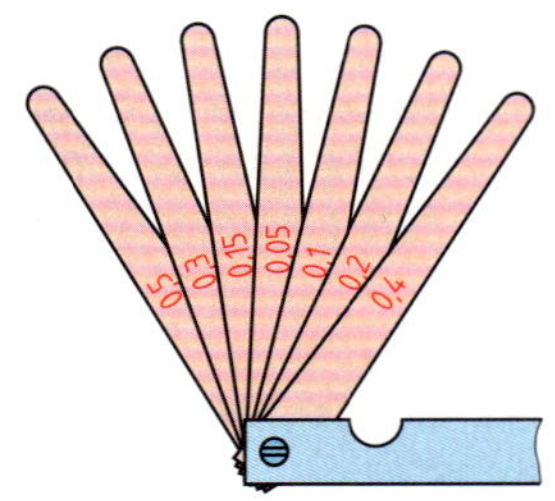

2 Fühlerlehren

Grenzlehren: Mit Grenzlehren kann man prüfen, ob das Istmaß innerhalb des tolerierten Maßes liegt. Zum vollständigen Lehren mit Grenzlehren benötigt man zwei Maßverkörperungen, eine für das Mindestmaß und eine für das Höchstmaß (vgl. Seite 26). Häufig sind beide Maßverkörperungen in einer Lehre zusammengefasst. Grenzlehren sind mit dem tolerierten Maß beschriftet. Daneben sind meist zusätzlich die Abmaße in µm (1/1000 mm) an der entsprechenden Seite angegeben.

Grenzlehrdorne benutzt man zum Prüfen von Bohrungen und Nuten (Bild 3). Das Mindestmaß wird als Gutseite bezeichnet. Die Gutseite muss sich ohne Druck in die Bohrung einführen lassen. Das Höchstmaß wird als Ausschussseite bezeichnet. Die Ausschussseite darf nicht in die Bohrung passen, da diese dann zu groß wäre.

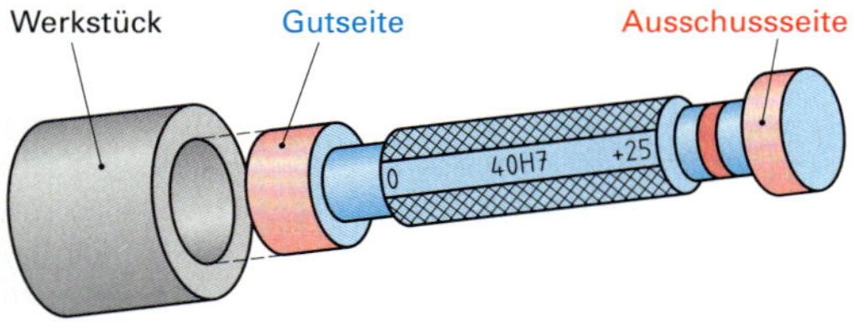

3 Grenzlehrdorn

Grenzlehrdorne dienen zum **Prüfen von Innenmaßen**. Ihre Gutseite verkörpert das Mindestmaß und ihre Ausschussseite das Höchstmaß.

Grenzrachenlehren: Mit Grenzrachenlehren prüft man Wellen, Bolzen, usw. (Bild 4). Die Gutseite ist hier das Höchstmaß und die Ausschussseite das Mindestmaß. Die Gutseite muss ohne Druck über die Welle gleiten. Die Ausschussseite darf nicht über die Welle passen, da sonst die Welle zu klein wäre.

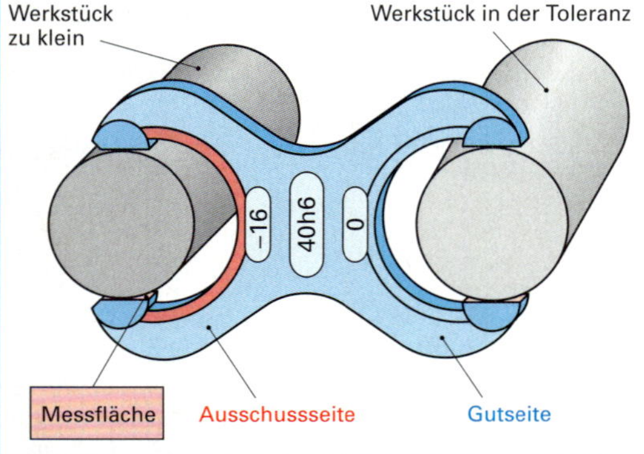

4 Grenzrachenlehre

Mit **Grenzrachenlehren werden Außenmaße geprüft**. Die Gutseite verkörpert das Höchstmaß und die Ausschussseite das Mindestmaß.

Wichtig beim Lehren mit Grenzlehren:

- Vor dem Lehren sind alle Flächen zu säubern.
- Beim Lehren darf keine übermäßige Kraft aufgewendet werden. Vielmehr muss die Gutseite durch das Eigengewicht der Grenzlehre über die Flächen des Werkstückes gleiten.

Formenlehren

Radienlehren: Mit Radienlehren kann man die Form von Rundungen prüfen. Dabei soll der Lichtspalt zwischen Lehre und Werkstück möglichst klein sein (Bild 1).

Winkellehren: Winkellehren (Bild 2) verkörpern einen festen Winkel. Hält man das Werkstück mit der daran angelegten Winkellehre gegen eine Lichtquelle, so werden Abweichungen sichtbar. Sehr kleine Abweichungen vom Nennmaß des Winkels lassen sich mit dem Haarwinkel feststellen.

Haarlineale: Mit Haarlinealen lässt sich die Ebenheit von Flächen prüfen. Hält man Werkstück und aufgesetztes Haarlineal gegen eine Lichtquelle, so werden Abweichungen von der Ebenheit bis zu wenigen µm (1/1000 mm) durch den mehr oder weniger großen Lichtspalt deutlich erkennbar. Diese Prüfmethode erweist sich als sehr effizient, wenn äußerst ebene Flächen hergestellt werden sollen.

Gewindeschablonen: Zur einfachen Prüfung der wichtigsten Gewindemaße, wie Steigung, Durchmesser usw., bedient man sich in der Werkstatt manchmal noch der Gewindeschablonen. Gewindeschablone und Gewinde müssen einen möglichst engen Lichtspalt bilden, wenn man beide gegen eine Lichtquelle richtet (Bild 3).

Vergleichsnormale: Eine Vergleichsnormale verkörpert bestimmte Oberflächenrauheiten. Durch Vergleich einer Werkstückoberfläche mit einer der Vergleichsoberflächen kann man die Oberflächenrauheit annähernd bestimmen (Bild 4).

2.3.5 Hilfsmittel

Häufig benötigt man neben Lehren oder Messgeräten noch Hilfsmittel, die das Lehren oder Messen erst ermöglichen. So müssen z. B. Werkstücke ohne ebene Auflageflächen abgestützt werden, um sie überhaupt messen bzw. lehren zu können. Beim Prüfen an unzugänglichen Stellen werden Taster in verschiedenen Ausführungsformen eingesetzt. Mit Hilfe solcher Taster werden zu prüfende Maße vom Werkstück abgenommen und können nun mit Hilfe eines Messgerätes an beliebiger Stelle geprüft werden (vgl. Übersicht, Seite 31).

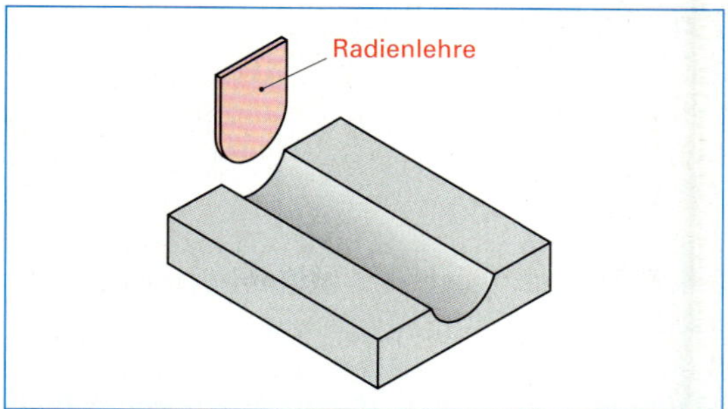

1 Radienlehre

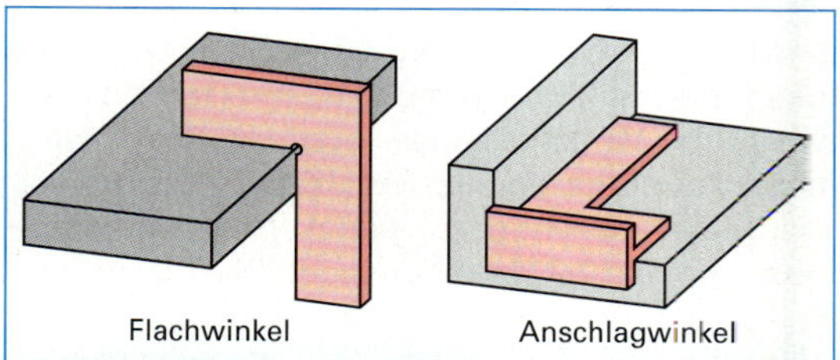

2 Winkellehren

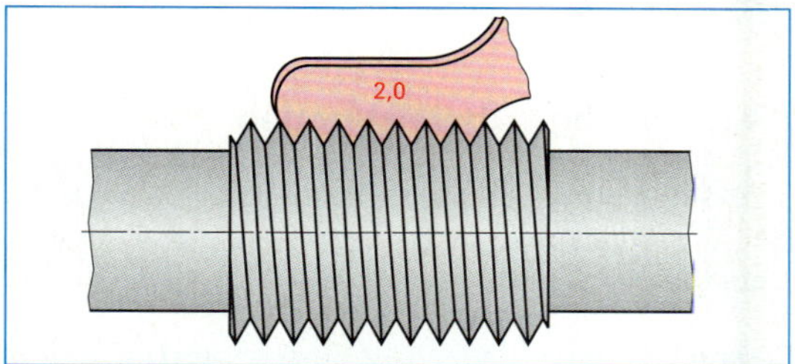

3 Gewindeschablone

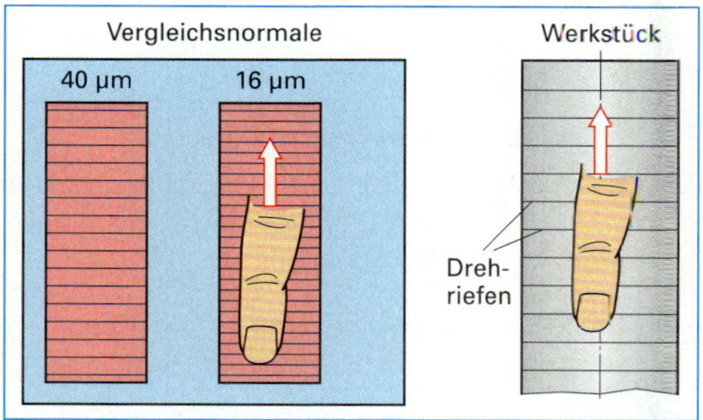

4 Vergleichsnormale

Überprüfen Sie Ihre Kenntnisse

1. **Wodurch unterscheiden sich Lehren von Messgeräten?**
2. **Skizzieren Sie, wie eine einfache Arbeitslehre zum schnellen Prüfen folgender Durchmesser aussehen könnte!**
   d = 5 mm, d = 7,5 mm, d = 10 mm, d = 15 mm, d = 20 mm, d = 30 mm
3. **Eine Bohrung ist mit Ø $105^{+0,22}_{-0}$ mm bemaßt. Die rot gekennzeichnete Seite des Grenzlehrdornes geht leicht in die Bohrung. Welche Aussage lässt sich über das Istmaß treffen?**
4. **Welche Arbeitsregeln müssen Sie beim Arbeiten mit Grenzlehren beachten?**
5. **Zählen Sie alle Lehren auf, bei denen nach dem Lichtspaltverfahren gearbeitet wird!**

2.4 Prüfabweichungen

Bei jedem Prüfvorgang können Abweichungen auftreten. Verursacht werden sie hauptsächlich durch Ungenauigkeiten der Prüfmittel und die unsichere Handhabung der Prüfmittel.

2.4.1 Systematische Abweichungen

Bestimmte **Abweichungen treten regelmäßig** auf. Die Richtung der Abweichung vom richtigen Wert ist immer dieselbe, also entweder positiv oder negativ. Man nennt diese Abweichungen daher systematische Abweichungen.

Beispiel: Durch Abnutzung verursacht, zeigt eine Bügelmessschraube immer 0,02 mm zu wenig an, was durch Vergleichsmessungen an Parallelendmaßen ermittelt wurde. Man kann diese Abweichung berücksichtigen, indem man zu jedem Messergebnis 0,02 mm hinzuzählt (Bild 1).

Regelmäßig auftretende Abweichungen bezeichnet man als **systematische Abweichungen**. Sie **können beim Prüfen berücksichtigt werden**.

2.4.2 Zufällige Abweichungen

Zufällige Abweichungen treten unregelmäßig auf. Sie **lassen sich beim Prüfen nur schwer ausgleichen.**

Beispiel: Unterschiedlich hohe Anpresskraft beim Messen mit dem Messschieber verfälscht das Messergebnis (Bild 2). Eine Verringerung des Fehlers ist möglich, indem man aus mehreren Messungen einen Mittelwert bildet.

2.4.3 Größe der Abweichung

Bei Messgeräten lässt sich die Abweichung relativ leicht ermitteln, z. B. durch Vergleich mit einem genaueren Messgerät. Dann gilt:

$$\text{Größe der Abweichung} = \text{abgelesener Wert} - \text{richtiger Wert}$$

Die Größe der Abweichung kann als Berichtigung auf dem Messgerät vermerkt werden. Sie hat das umgekehrte Vorzeichen wie die Abweichung selbst. Dann wird gerechnet:

$$\text{Richtiger Wert} = \text{abgelesener Wert} + \text{Berichtigung}$$

Beispiel: Die Abweichung einer Bügelmessschraube beträgt –0,02 mm. Der abgelesene Wert lautet 26,58 mm. Da die Berichtigung mit +0,02 mm in die Rechnung eingeht, ergibt sich ein richtiger Wert von 26,6 mm (Bild 1).

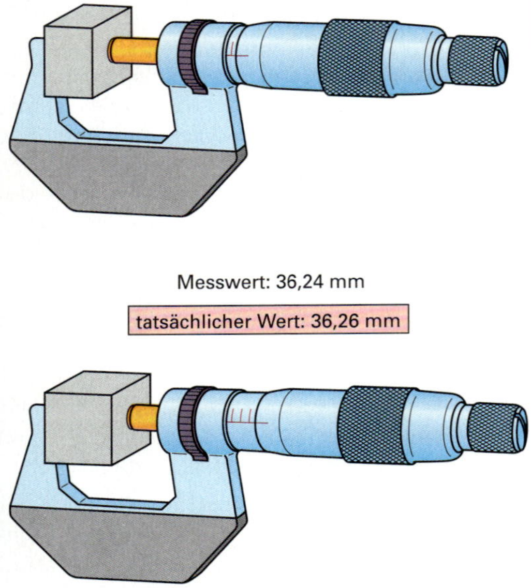

1 Systematische Abweichung einer Bügelmessschraube

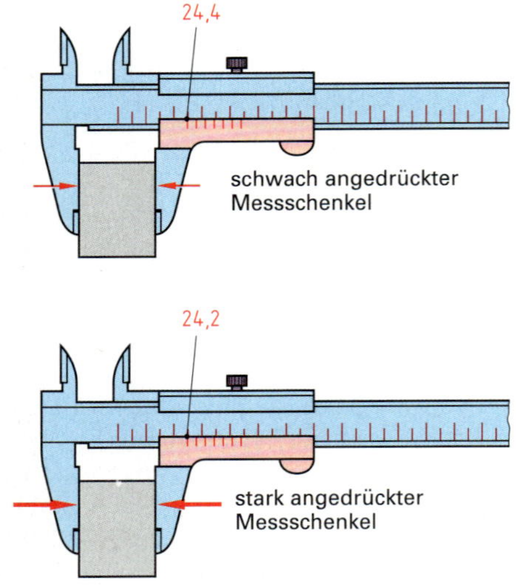

1. Messung:	24,3 mm
2. Messung:	24,2 mm
3. Messung:	24,4 mm
4. Messung:	24,3 mm
Mittelwert:	24,3 mm

2 Zufällige Abweichung eines Messschiebers

2.4.4 Ursachen von Prüfabweichungen

Prüfgegenstand: Eine einzige Prüfung bei nicht parallelen oder nicht zylindrischen Flächen führt zu Verfälschungen (Bild 1). Ebenso muss die Oberflächenrauheit der Prüfflächen dem Prüfverfahren angemessen sein. Es ist z. B. wenig sinnvoll, eine sehr raue Oberfläche (gesägtes Werkstück) mit der Bügelmessschraube messen zu wollen.

Der Prüfgegenstand und das Prüfverfahren müssen aufeinander abgestimmt sein.

Prüfmittel: Sie können auch nicht „fehlerfrei" hergestellt werden und unterliegen durch täglichen Gebrauch der Abnutzung. Wenn man sehr genau messen wollte, müsste man dies als Vergrößerung der Maßtoleranzen mit berücksichtigen.

Prüfmittel sind regelmäßig auf ihre Maßhaltigkeit zu prüfen.

Umwelteinflüsse: Neben Einflüssen wie Schmutz, aggressive Luft oder Flüssigkeiten spielt die Umgebungstemperatur beim Prüfen eine große Rolle. Prüfmittel und Werkstück können sich bei Erwärmung oder Abkühlung unterschiedlich ausdehnen oder verkürzen (Bild 2). Um diesen Einfluss nach Möglichkeit auszuschalten, wurde eine Bezugstemperatur festgelegt, bei der das Prüfen erfolgen soll.

Beim Prüfen sollte eine Bezugstemperatur von + 20 °C (293 K) eingehalten werden.

Prüfer: Häufig kann man beobachten, dass herkömmliche Messgeräte nicht richtig abgelesen werden. Dies liegt oft an einer schrägen Blickrichtung beim Ablesen der Skalen. Die auftretende Ableseabweichung ist auf die Parallaxe zurückzuführen (Bild 3). Das räumliche Bild, das wir von jedem beobachteten Gegenstand entwerfen, beruht auf dem Abstand der menschlichen Augen. Befindet sich der betrachtete Gegenstand nicht in der Mitte zwischen den Augen, führt dies zur räumlichen Verzerrung des Gegenstandes. Um diese Abweichungen auszuschalten, sind viele der herkömmlichen Messgeräte mit angeschrägten Skalen ausgestattet, wodurch beide Skalen, z. B. Hauptskale und Nonius, nahezu in einer Ebene liegen. Bei Messgeräten mit Digitalanzeige ist ein solcher Ablesefehler ausgeschlossen.

Die Ablesung von herkömmlichen Messgeräten muss immer senkrecht zu den Skalen erfolgen. Auch auf die richtige Handhabung der Prüfmittel ist zu achten, z. B. ist die vorgeschriebene Anpresskraft einzuhalten, usw.

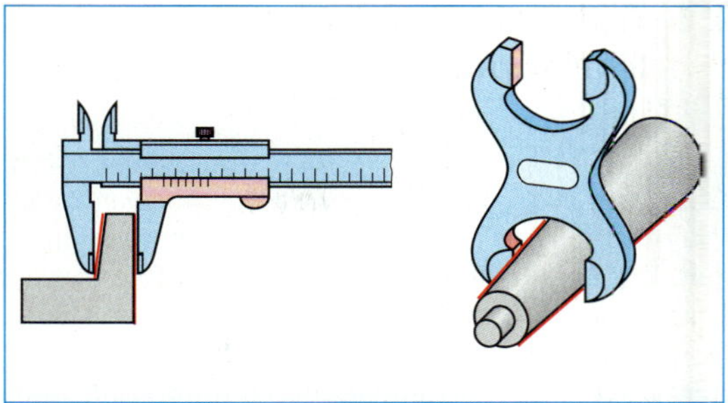

1 Abweichung des Prüfgegenstandes

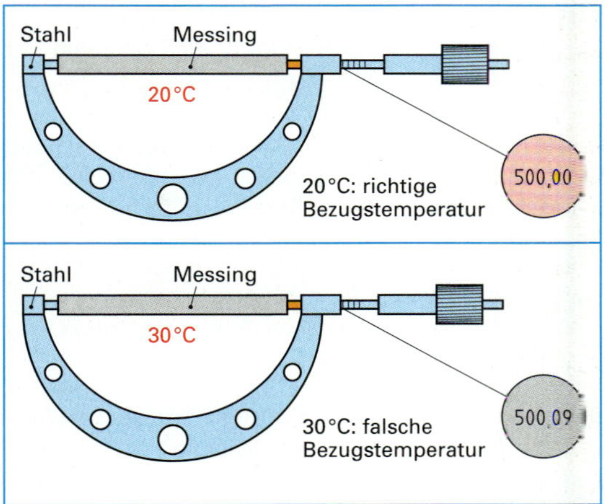

2 Temperatureinfluss beim Prüfen

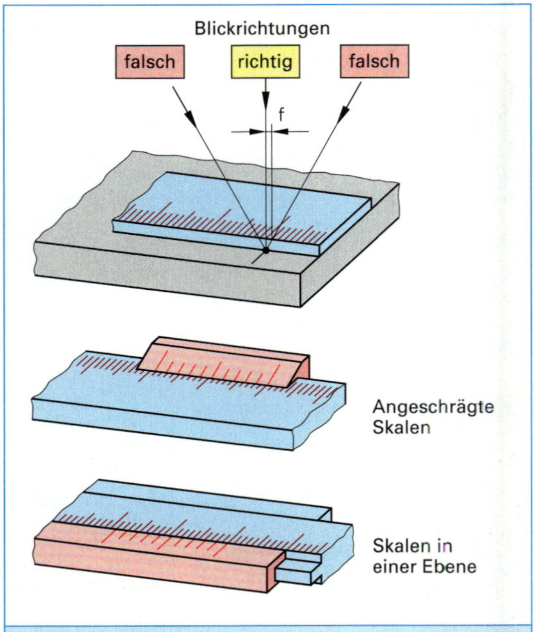

3 Parallaxeeinfluss

2.5 Auswahl der Prüfmittel – Messübung

An die Auswahl der Prüfmittel werden in der Praxis hohe Anforderungen gestellt. Die wichtigsten Gesichtspunkte für eine sinnvolle Auswahl von Prüfmitteln sind Genauigkeit und Wirtschaftlichkeit. Die erforderliche Genauigkeit des Prüfmittels wird von den Anforderungen an das jeweilige Prüfergebnis bestimmt, welche aus den Zeichnungs- oder Stücklistenangaben entnommen werden können. Mit zunehmender Genauigkeit des Prüfmittels steigt die Genauigkeit der Prüfergebnisse (Bild 1), aber auch der Preis des Prüfmittels und der Zeitaufwand für seine Handhabung.

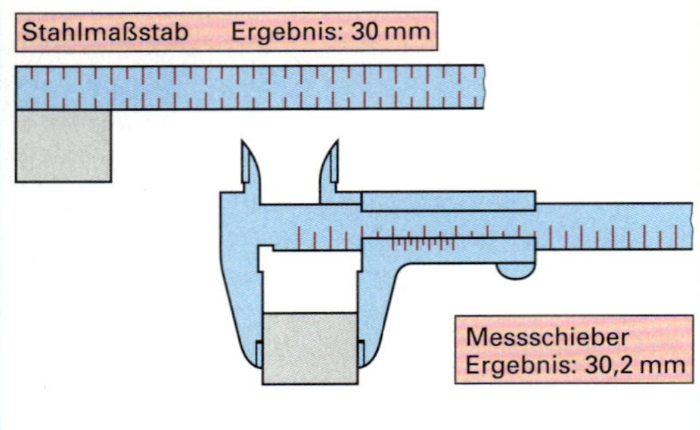

1 Qualität des Prüfens

Das **Prüfverfahren** braucht nur **so genau wie nötig** zu sein. Die jeweils erforderliche Genauigkeit ergibt sich aus den Angaben der Technischen Zeichnung.

Außerdem spielt bei der Auswahl der Prüfmittel die Häufigkeit des Prüfvorgangs eine große Rolle (Wirtschaftlichkeit). So kann es bei einer Einzelfertigung sinnvoll sein, das tolerierte Maß zu messen, während es bei Serien- oder Massenfertigung kostengünstiger sein kann, Lehren zu verwenden.

Bei der **Wirtschaftlichkeit** des Prüfens müssen die Häufigkeit des Prüfvorganges, der Zeitaufwand und die Kosten der Prüfmittel berücksichtigt werden.

Die oben beschriebenen Grundsätze zur Auswahl von Messgeräten sollen am Beispiel des Klemmstücks (Bild 2) konkretisiert werden (vgl. auch Seite 23). Auf Grund der gegebenen Daten sind für die nebenstehend mit 1...10 gekennzeichneten Maße Prüfmittel auszuwählen.

Zur Verfügung stehen: 1 Satz Parallelendmaße, Messschieber (herkömmlich), Bügelmessschraube 0 mm...25 mm, Messuhr, Universalwinkelmesser und Grenzlehrdorn.

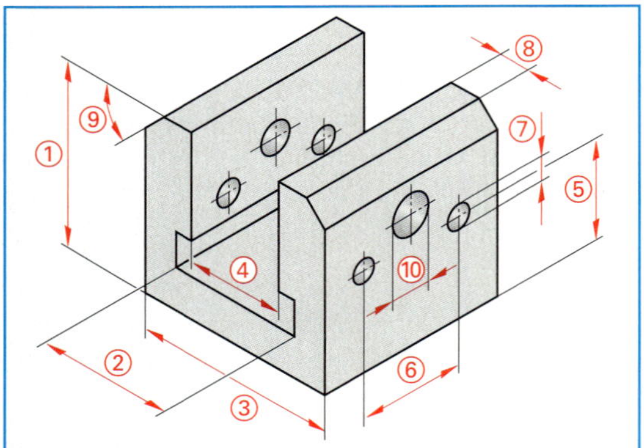

2 Klemmstück

Fertigen Sie eine Tabelle nach untenstehendem Muster an und vervollständigen Sie diese.

Nr.:	Benennung des zu prüfenden Maßes	Zeichnungsmaß (Nennmaß)	Abmaße in mm	Mindestmaß in mm	Höchstmaß in mm	ausgewähltes Prüfmittel	Begründung der Auswahl
01	Werkstückhöhe	40	± 0,3	39,7	40,3	Messschieber	Messung im Bereich 1/10 mm möglich
...	...						

Überprüfen Sie Ihre Kenntnisse

1 Nennen Sie drei Ursachen für zufällige Prüfabweichungen!

2 Eine Bügelmessschraube trägt die Aufschrift: Berichtigung – 0,04 mm.

a) Wie groß ist die Abweichung?

b) Wie groß ist der richtige Messwert, wenn der abgelesene Wert 47,49 mm beträgt?

3 Ein Drehteil weist an seiner Oberfläche deutlich fühlbare und sichtbare Riefen auf. Jemand will den Durchmesser mit einer Bügelmessschraube messen.

a) Wie beurteilen Sie diesen Vorgang?

b) Welches Messgerät wäre nach Ihrer Meinung für diesen Fall angemessen?

4 Begründen Sie, warum Prüfmittel regelmäßig auf Ihre Maßhaltigkeit zu prüfen sind!

3 Werkstofftechnik

Die Geräte, Werkzeuge und Maschinen, mit denen man es in der täglichen Arbeit zu tun hat, bestehen aus Werkstoffen (Bild 1). Sie sind vom Hersteller so ausgewählt, dass sie bestmöglich ihren Zweck erfüllen.

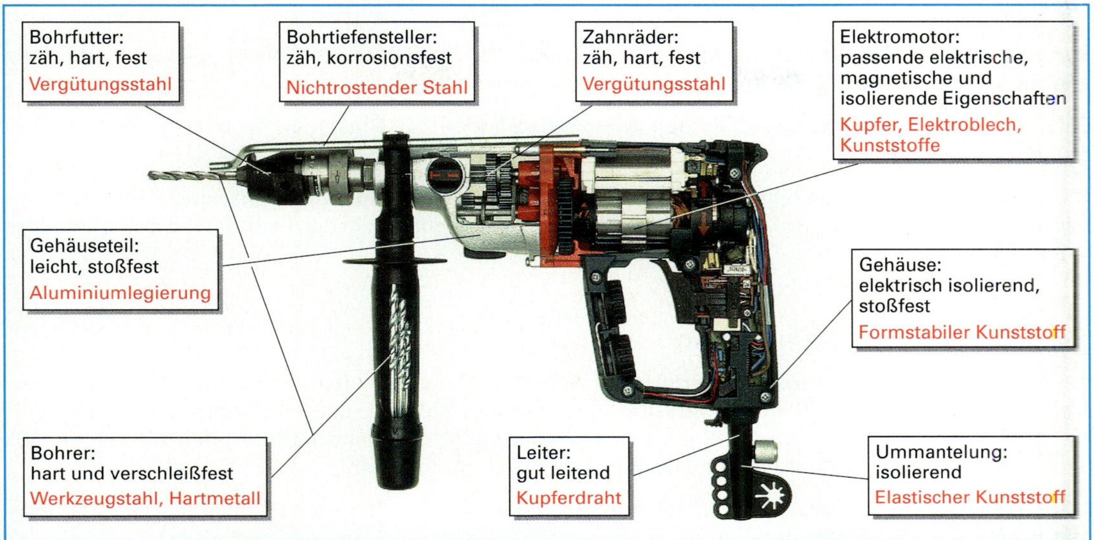

1 Anforderungen an die Bauteile und dafür eingesetzte Werkstoffe einer Handbohrmaschine

Erst wenn z. B. ein Werkzeug oder ein Maschinenteil zu Bruch geht, stellt sich für den Benutzer die Frage, ob der verwendete Werkstoff richtig ausgewählt wurde, um welchen Werkstoff es sich handelt und welche Eigenschaften der Werkstoff hat.

Der Metallfacharbeiter muss das beschädigte Werkzeug oder Maschinenteil auswechseln und durch ein neues ersetzen. Häufig ist zu entscheiden, aus welchem Werkstoff das Austauschteil gefertigt wird. Dazu muss er genaue Kenntnisse über die Werkstoffe und ihre Eigenschaften besitzen.

3.1 Einteilung der Werkstoffe

Um einen Überblick über die Vielzahl der Werkstoffe zu gewinnen, ordnet man sie nach ihrer Zusammensetzung oder gemeinsamen Eigenschaften in Gruppen (Bild 2).

Die Grobeinteilung der Werkstoffe erfolgt in drei Gruppen: **Metalle, Nichtmetalle** und **Verbundwerkstoffe.** Die Metalle und Nichtmetalle werden dann weiter in Untergruppen unterteilt.

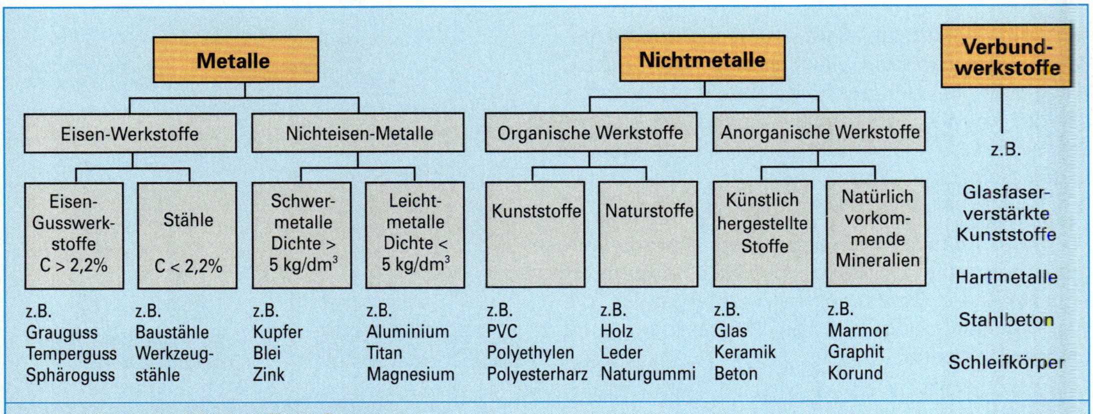

2 Einteilung der Werkstoffe in Gruppen

Die **Eisenwerkstoffe** untergliedert man in die Eisen-Gusswerkstoffe sowie die Stähle. Sie unterscheiden sich in ihren Eigenschaften sowie im Kohlenstoffgehalt, der bei Stählen meist deutlich kleiner als 2,2 % ist und bei Eisen-Gusswerkstoffen mehr als 2,2 % beträgt.

Die **Nichteisenmetalle** (NE-Metalle) unterteilt man in Schwermetalle und Leichtmetalle, wobei als Grenze eine Dichte von 5 kg/dm³ gilt.

Von den **organischen Werkstoffen** haben die Kunststoffe in der Metalltechnik eine bedeutende Rolle erlangt, während die organischen Naturstoffe wenig verwendet werden.

Bei den **anorganischen nichtmetallischen Werkstoffen** finden z. B. Glas, Keramik oder Graphit für Spezialzwecke Verwendung.

Die **Verbundwerkstoffe** bestehen aus zwei oder mehr Einzelstoffen, die zu einem neuen Werkstoff verbunden sind, wie z. B. die glasfaserverstärkten Kunststoffe. Sie finden in der Technik eine immer breitere Verwendung.

3.2 Werkstoffeigenschaften

Die Beschreibung eines Werkstoffes erfolgt mit Hilfe seiner Eigenschaften. In der Technik interessieren diejenigen Eigenschaften, die den Werkstoff in seinem normalen Zustand und unter äußeren Einwirkungen beschreiben. Die Summe aller Eigenschaften ergibt das **Eigenschaftsbild des Werkstoffes**. Es entscheidet, ob ein Werkstoff für einen bestimmten Zweck geeignet ist.

Man unterscheidet physikalische, mechanisch-technologische, chemisch-technologische und fertigungstechnische Eigenschaften.

Physikalische Eigenschaften

Die physikalischen Eigenschaften beschreiben den Zustand bzw. eine Zustandsänderung (Bild 2).

Die **Dichte** ϱ gibt an, welche Masse m ein Werkstoff pro Volumeneinheit V besitzt. Sie errechnet sich mit der Formel $\boldsymbol{\varrho = m/V}$.

Die Einheit der Dichte ist kg/dm³ oder g/cm³. Eisen hat z. B. eine Dichte von 7,84 kg/dm³, Aluminium 2,7 kg/dm³.

Der **Schmelzpunkt** nennt die Temperatur, bei der der Werkstoff schmilzt. Reines Eisen hat z. B. einen Schmelzpunkt von 1536 °C, Aluminium einen von 659 °C. Reine Stoffe haben einen exakten Schmelzpunkt. Stoffgemische, wie z. B. Messing, schmelzen in einem Erweichungstemperaturbereich.

Die **Leitfähigkeit für Wärme und Elektrizität** beschreibt die Fähigkeit eines Stoffes, Wärme bzw. Elektrizität in sich weiterzuleiten. Gute Leiter sowohl für Wärme als auch für den elektrischen Strom sind z. B. die Metalle Kupfer, Aluminium und Eisen. Schlechte Wärme- und elektrische Leiter, d.h. Isolatoren, sind die Kunststoffe und Glas.

Die **thermische Längenausdehnung** gibt die Längenänderung eines Bauteils durch Temperaturänderung an. Berücksichtigt werden muss die Wärmeausdehnung z. B. bei Messzeugen und Einbau-Passteilen.

Magnetisierbarkeit liegt bei den meisten Eisenwerkstoffen sowie bei Nickel und Cobalt vor.

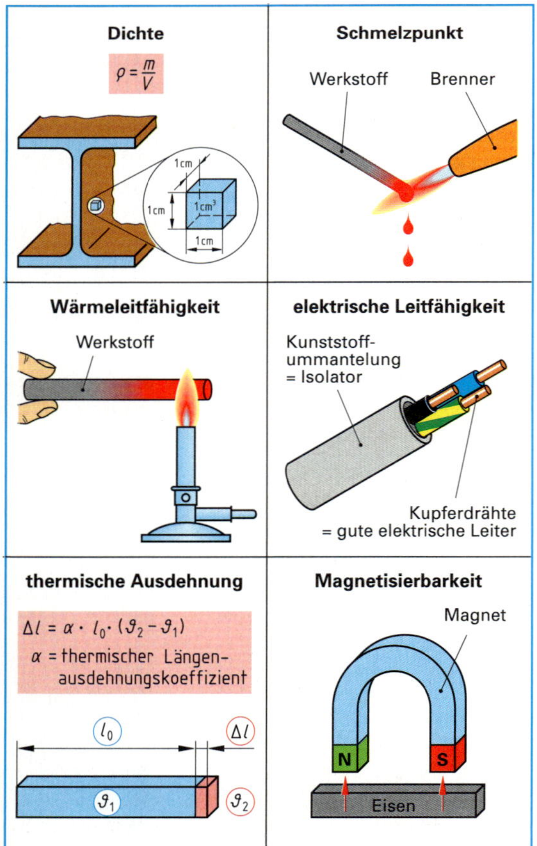

1 Physikalische Eigenschaften

Mechanisch-technologische Eigenschaften

Die mechanisch-technologischen Eigenschaften beschreiben das Verhalten der Werkstoffe unter der Wirkung mechanischer Kräfte (Bild 1). Wichtige mechanisch-technologische Eigenschaften sind die Festigkeit, die Härte sowie das Verformungs- und Bruchverhalten.

Als **Zugfestigkeit** bezeichnet man die größtmögliche mechanische Spannung, die ein Werkstoff aushalten kann, ohne zu Bruch zu gehen. Man berechnet sie nach der Formel $R_m = F_m/S$, wobei F_m die maximale Zugkraft und S der Querschnitt der Probe sind. Die Einheit der Festigkeit ist N/mm^2.

Die **Härte** gibt den Widerstand an, den ein Werkstoff dem Eindrücken eines härteren Prüfkörpers entgegensetzt. Weiche Werkstoffe sind Reinaluminium, Blei und Kupfer. Sehr harte Werkstoffe sind gehärteter Stahl und Hartmetalle.

Mit **Elastizität** bezeichnet man die Fähigkeit eines Werkstoffs nach einer Verformung seine Ausgangsform wieder von selbst einzunehmen. Elastische Werkstoffe federn zurück. Messerschneidenstahl oder Sägeblattstahl ist z. B. elastisch. **Plastisch** formbar ist ein Werkstoff, wenn er unter Krafteinwirkung seine Form bleibend verändert und nicht oder nur geringfügig zurückfedert. Karosserieblech lässt sich z. B. plastisch verformen.

Die meisten Stähle haben ein elastisch-plastisches Verformungsverhalten. Bei geringen Kräften verformen sie sich elastisch, bei größeren Kräften zusätzlich auch plastisch.

Spröde ist ein Werkstoff, der sich nicht verformen lässt und bei schlagartiger Beanspruchung in viele Bruchstücke zerspringt, wie z. B. Glas.

Unter **Zähigkeit** versteht man die Eigenschaft eines Werkstoffes, der plastischen Verformung großen Widerstand entgegenzusetzen. Nichtrostender Stahl ist z. B. zäh.

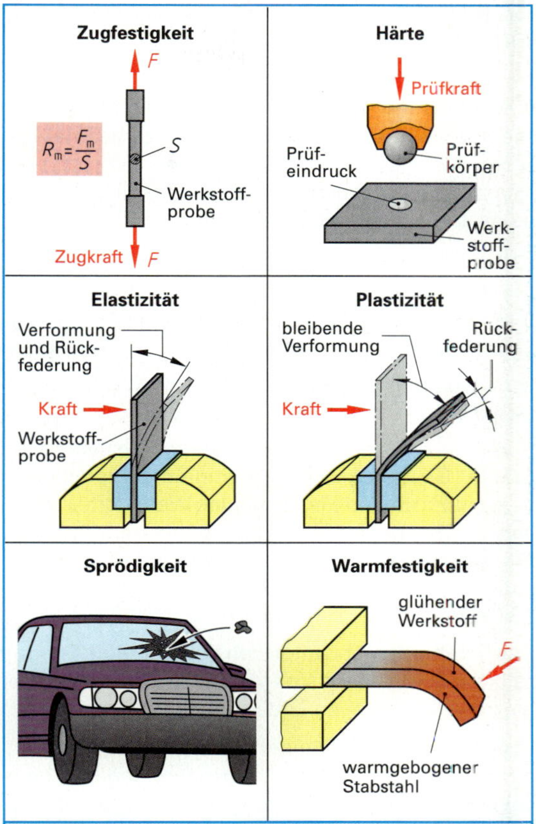

1 Mechanisch-technologische Eigenschaften

Die **Warmfestigkeit** beschreibt die Festigkeit eines Werkstoffes bei erhöhten Temperaturen.

Chemisch-technologische Eigenschaften

Die chemischen Eigenschaften beschreiben die Werkstoffzusammensetzung sowie die stofflichen Umwandlungen der Werkstoffe durch die Wirkung der sie umgebenden Stoffe und Umweltbedingungen.

Die **Zusammensetzung** gibt die in einem Werkstoff enthaltenen Elemente sowie den Gehalt der einzelnen Elemente an. Sie wird in Massenprozent ausgedrückt (Kurzschreibweise %).

Beispiel: X 5 Cr Ni 18-10 ist ein hochlegierter Stahl mit 0,05 % Kohlenstoff, 18 % Chrom, 10 % Nickel, Rest Eisen (~ 72 %).

Unter **Korrosionsbeständigkeit** versteht man die Beständigkeit eines Werkstoffes gegen Korrosion. Als Korrosion bezeichnet man die von der Oberfläche des Werkstoffs ausgehende Zerstörung durch chemische oder elektrochemische Reaktionen. Durch Korrosion werden jährlich Bauteile von großem Wert zerstört (Bild 2). Stahlbauteile im Freien müssen durch Beschichten, z. B. Verzinken, gegen Korrosion geschützt werden.

2 Korrosion einer Balkonbrüstung

Die **Hitzebeständigkeit** ist wichtig bei Bauteilen, die erhöhter Temperatur ausgesetzt sind (Bild 1). Unlegierte Stähle sind hitze- und zunderbeständig bis ca. 600 °C. Werden sie höher erwärmt, so reagieren sie mit der umgebenden Luft: sie verzundern. Verzunderungsfeste Stähle sind bis ca. 1000 °C einsetzbar.

Kunststoffe können kaum höher als bis zu 150 °C erwärmt werden, da sie sich dann zersetzen.

Die **Brennbarkeit** spielt normalerweise bei metallischen Werkstoffen keine Rolle. Bei Einsatz von Kunststoffen ist die Brennbarkeit stets zu beachten, da die meisten Kunststoffe leicht brennbar sind.

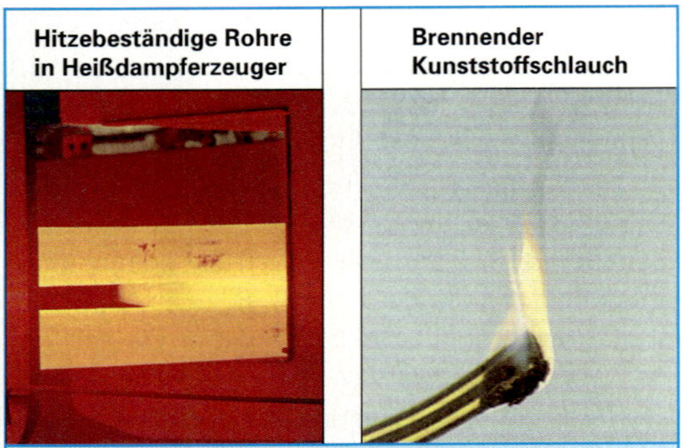

1 Hitzebeständigkeit, Brennbarkeit

Fertigungstechnische Eigenschaften

Die fertigungstechnischen Eigenschaften behandeln die Eignung für und die Bedingungen bei der Verarbeitung der Werkstoffe. Wichtige Fertigungsverfahren sind das Gießen, die spanende Formung, das Umformen (z. B. Schmieden), das Härten sowie das Schweißen (Bild 2).

Gute **Gießbarkeit** besitzt ein Werkstoff, wenn er eine dünnflüssige Schmelze bildet. Zum Gießen eignen sich die Gusswerkstoffe.

Spanbar sind die meisten Werkstoffe, wie z. B. Stähle, Gusswerkstoffe, Aluminium, Kupfer usw. Je nach Härte und Elastizität des Werkstoffes müssen die Schneidenform der Spanwerkzeuge und die Schnittbedingungen gewählt werden. Nicht spanbar sind sehr weiche und hartspröde Werkstoffe, wie z. B. Gummi oder Glas.

Das **Schmieden** ist Umformen bei erhöhten Temperaturen. Schmiedbar sind viele Stähle sowie Aluminiumknetlegierungen und Kupferknetlegierungen.

Unter **Härtbarkeit** versteht man die Eigenschaft eines Werkstoffes, durch Wärmebehandlung eine wesentliche Erhöhung der Härte zu erreichen. Härtbar sind bestimmte Stahlsorten und Aluminiumlegierungen.

Das **Schweißen** ist ein Fügeverfahren für schmelzbare Werkstoffe. **Schweißbar** sind unlegierte und legierte Stähle mit geringem Kohlenstoffgehalt, Aluminium- und Kupferlegierungen sowie einige Kunststoffe.

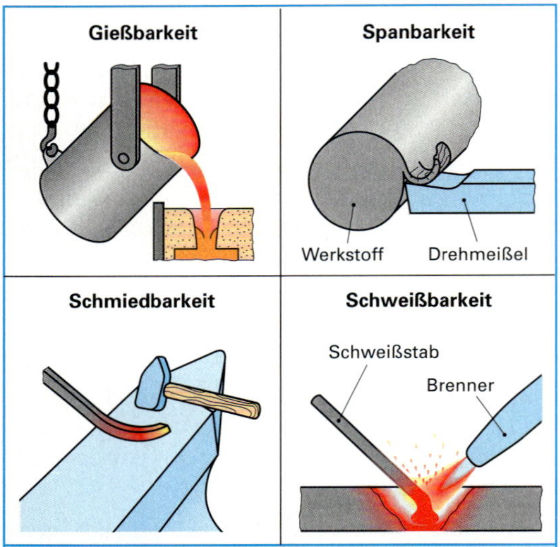

2 Fertigungstechnische Eigenschaften

Umweltverträglichkeit und wirtschaftliche Gesichtspunkte

Die Werkstoffe sollen bei der Herstellung, ihrer Bearbeitung und beim sachgemäßen Gebrauch keine gesundheitsgefährdenden Wirkungen besitzen. Nach dem Gebrauch soll der Werkstoff durch Recycling wiederaufarbeitbar sein oder zur natürlichen Zersetzung auf einer Deponie entsorgt werden können.

Daneben spielt der Preis bei der Werkstoffauswahl eine wichtige Rolle.

Ausgewählt wird der Werkstoff, der die technischen Anforderungen am besten erfüllt, leicht zu bearbeiten ist, einen günstigen Preis hat und umweltverträglich ist.

Überprüfen Sie Ihre Kenntnisse

1 Wie unterteilt man die Metalle?
2 Was gibt die Dichte an?
3 Was versteht man unter der Zugfestigkeit?
4 Was versteht man unter Elastizität?
5 Was versteht man unter Korrosion?
6 Welches sind wichtige fertigungstechnische Eigenschaften?
7 Welche Werkstoffe sind nicht spanbar?

3.3 Rohstoffe, Hilfsstoffe, Werkstoffe

So wie die Werkstoffe in der Werkstatt oder im Betrieb verarbeitet werden, kommen sie in der Natur nicht vor. Sie werden aus **Rohstoffen** hergestellt, die entweder die belebte Natur liefert oder die aus Lagerstätten und in Bergwerken gewonnen werden.

Die **natürlichen Werkstoffe**, wie z.B. Holz, Leder oder Marmor, haben dieselbe oder eine ähnliche Zusammensetzung wie die Rohstoffe, aus denen sie hergestellt werden. Zu ihrer Herstellung müssen die Rohstoffe lediglich bearbeitet bzw. aufbereitet werden. So werden z.B. Baumstämme zu Bauholz zersägt, Tierhäute zu Leder gegerbt oder der Marmor in großen Blöcken gebrochen und zu Platten zersägt (Bild 1). Natürliche Werkstoffe haben in der Technik nur eine geringe Bedeutung.

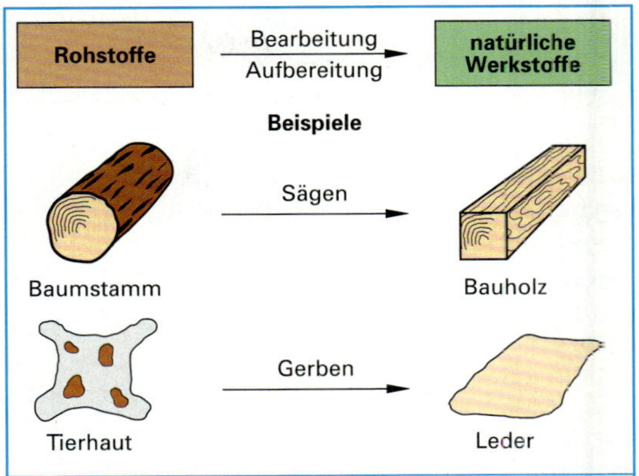

1 Natürliche Werkstoffe

Die Mehrzahl der in der Technik verwendeten Materialien sind keine natürlichen Werkstoffe. Es sind vielmehr **künstlich hergestellte Werkstoffe**, wie z.B. die Metalle, die Kunststoffe oder die Gläser. Sie werden aus den Rohstoffen durch chemische Umwandlung hergestellt (Bild 2). So entsteht Eisen z.B. durch Reduktion, d.h. Sauerstoffentzug, von Eisenerz. Die Kunststoffe werden durch Synthese aus Erdölprodukten gewonnen und Glas wird durch Silikatbildung aus Quarzsand, Kalk und Soda erschmolzen.

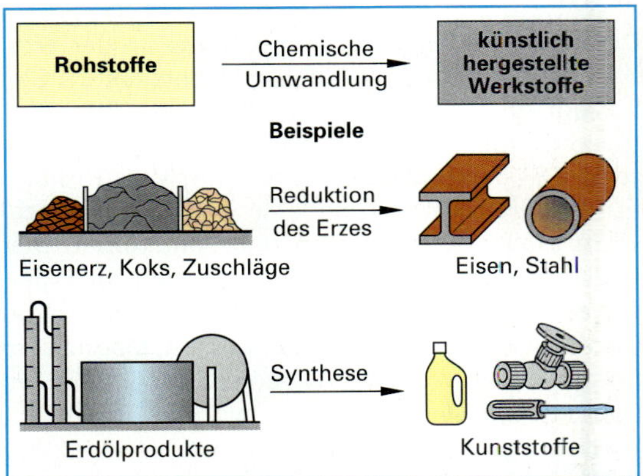

2 Künstlich hergestellte Werkstoffe

> Die künstlich hergestellten Werkstoffe entstehen durch chemische Umwandlung der Rohstoffe. Sie haben eine andere stoffliche Zusammensetzung als die Rohstoffe, aus denen sie hergestellt sind.

Die Werkstoffe dienen zur Herstellung von Werkstücken, Werkzeugen, Bauteilen, Behältern und Tanks, Maschinen- und Apparateteilen. Dazu werden die Werkstoffe bearbeitet oder es wird ihnen eine andere Form gegeben (Bild 3).

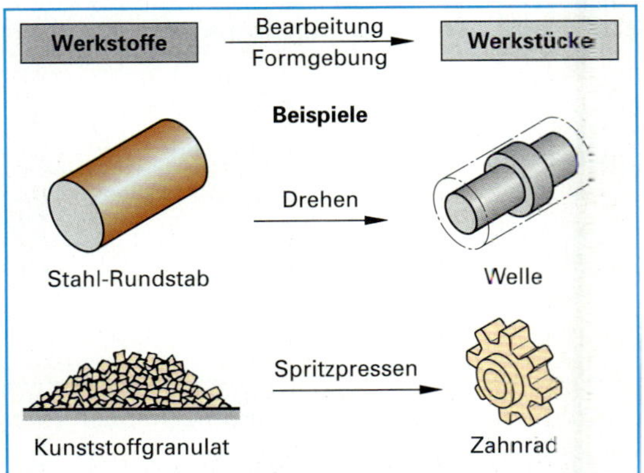

3 Vom Werkstoff zum Werkstück

Zur chemischen Umwandlung der Rohstoffe zu Werkstoffen sowie zur Bearbeitung und Formgebung der Werkstoffe benötigt man **Hilfsstoffe** und **Hilfsmittel**. Für die Eisenherstellung z.B. sind die Hilfsstoffe Koks, Zuschläge und Wasser sowie als Hilfsmittel Wärme erforderlich. Zum Drehen einer Welle z.B. benötigt man als Hilfsstoff ein Kühlschmiermittel sowie als Hilfsmittel elektrischen Strom zum Antrieb der Drehmaschine.

Weitere Hilfsstoffe für die Fertigung sind Schmierstoffe, Kühlmittel, Schleif- und Poliermittel, Härtemittel, Lötmittel, Reinigungsmittel, Treib- und Brennstoffe usw. Hilfsmittel sind die Energieträger elektrischer Strom, Dampf und Wärme.

3.4 Grundlagen der Metallgewinnung

Die reinen Metalle sind **Grundstoffe**, auch **chemische Elemente** genannt. Es gibt rund 90 natürliche chemische Elemente auf der Erde: 67 sind Metalle, 16 Nichtmetalle und 7 Halbmetalle.

Bedeutend für die Werkstofftechnik sind etwa 20 Metalle. Sie stehen im mittleren Bereich des **Periodensystems der Elemente** (Übersicht 1). Dies ist ein Ordnungsschema, in dem alle Elemente aufgetragen sind. Zur Kurzbezeichnung der Elemente verwendet man Kurznamen aus ein oder zwei Buchstaben, die chemischen Symbole.

Das technisch wichtigste Metall ist **Eisen** (Symbol: **Fe**).

Bedeutend sind ebenfalls die **Leichtmetalle** Aluminium (Al), Magnesium (Mg) und Titan (Ti) sowie die **Schwermetalle** Vanadium (V), Chrom (Cr), Mangan (Mn), Cobalt (Co), Nickel (Ni), Kupfer (Cu), Zink (Zn), Niob (Nb), Molybdän (Mo), Tantal (Ta), Wolfram (W), Quecksilber (Hg), Zinn (Sn) und Blei (Pb).

Von den **Edelmetallen** werden Silber (Ag), Gold (Au) und Platin (Pt) am meisten verwendet.

Übersicht 1 Periodensystem der Elemente (gekürzt)

1 H Wasserstoff																	2 He Helium
3 Li Lithium	4 Be Beryllium											5 B Bor	6 C Kohlenstoff	7 N Stickstoff	8 O Sauerstoff	9 F Fluor	10 Ne Neon
11 Na Natrium	12 Mg Magnesium											13 Al Aluminium	14 Si Silicium	15 P Phosphor	16 S Schwefel	17 Cl Chlor	18 Ar Argon
19 K Kalium	20 Ca Calcium	21 Sc Scandium	22 Ti Titan	23 V Vanadium	24 Cr Chrom	25 Mn Mangan	26 Fe Eisen	27 Co Kobalt	28 Ni Nickel	29 Cu Kupfer	30 Zn Zink	31 Ga Gallium	32 Ge Germanium	33 As Arsen	34 Se Selen	35 Br Brom	36 Kr Krypton
37 Rb Rubidium	38 Sr Strontium	39 Y Yttrium	40 Zr Zirkonium	41 Nb Niob	42 Mo Molybdän	43 Tc Technetium	44 Ru Ruthenium	45 Rh Rhodium	46 Pd Palladium	47 Ag Silber	48 Cd Cadmium	49 In Indium	50 Sn Zinn	51 Sb Antimon	52 Te Tellur	53 I Iod	54 Xe Xenon
55 Cs Caesium	56 Ba Barium	57 La Lanthan	72 Hf Hafnium	73 Ta Tantal	74 W Wolfram	75 Re Rhenium	76 Os Osmium	77 Ir Iridium	78 Pt Platin	79 Au Gold	80 Hg Quecksilber	81 Tl Thallium	82 Pb Blei	83 Bi Wismut	84 Po Polonium	85 At Astat	86 Rn Radon

Leichtmetalle Schwermetalle Edelmetalle Nichtmetalle Gase

Der Anteil der chemischen Elemente an der Erdkruste ist sehr unterschiedlich (Übersicht 2). Sie besteht zu fast 99 % aus nur 10 chemischen Elementen. Alle restlichen Elemente machen nur rund 1 % der Erdmasse aus. Unter den 10 häufigsten Grundstoffen sind die beiden technisch wichtigsten Metalle: **Eisen** und **Aluminium**. Die anderen Metalle haben z.T. nur einen sehr geringen Anteil an der Erdkruste. Sie sind jedoch für die Technik ebenfalls wichtig, entweder als Basismetall, wie z. B. Kupfer, Blei, Zink, Zinn, Magnesium und Titan oder als Legierungsmetall, wie z. B. Nickel, Chrom, Mangan, Cobalt, Vanadium, Molybdän, Wolfram, Niob, Tantal und Cadmium.

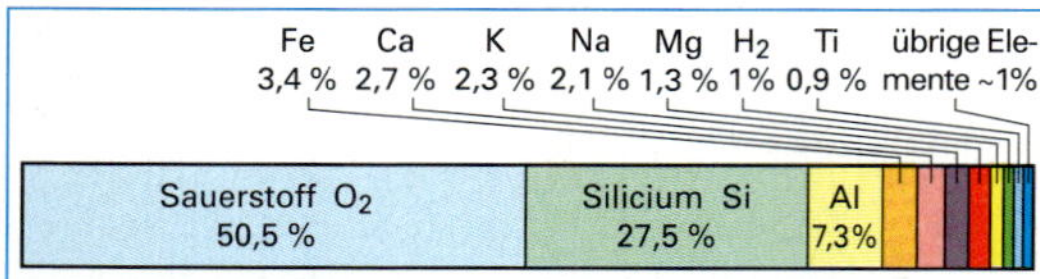

Übersicht 2: Anteil der Grundstoffe an der Erdmasse

Die **Erze**: Die Metalle kommen auf der Erde nicht als chemische Elemente vor, sondern in **chemischen Verbindungen**. Meist handelt es sich um Verbindungen der Metalle mit Sauerstoff, also **Oxide**, oder mit Schwefel, also **Sulfide**. Diese Rohstoffe für die Metallgewinnung nennt man **Erze**.

Zur **Gewinnung der Metalle** aus den Erzen wird den Metalloxiden oder den Metallsulfiden der Sauerstoff bzw. der Schwefel entzogen. Diesen chemischen Vorgang nennt man **Reduktion**. Er ist die Umkehrung der Oxidation. Die Reduktion wird mit Hilfe eines Reduktionsmittels durchgeführt, das den Sauerstoff bzw. den Schwefel vom Metall abtrennt und an sich bindet und damit das reine Metall entstehen lässt.

Bei der Reduktion des Eisenerzes z. B. wird Kohlenstoff in Form von Koks als Reduktionsmittel verwendet, bei der Kupferherstellung kommt Sauerstoff als Reduktionsmittel zum Einsatz.

	Erz (Metalloxid oder Sulfid)	+	**Reduktionsmittel**	+ Wärmeenergie →	**Metall**	+	**Begleitstoff**
Beispiele:	Eisenerz (Eisenoxid)	+	Koks	→	Eisen	+	Kohlenstoffdioxid
	Kupfererz (Kupfersulfid)	+	Sauerstoff	→	Kupfer	+	Schwefeldioxid

Da die Reduktion ein wärmeverbrauchender Vorgang ist, muss zur Aufrechterhaltung des Reduktionsvorganges Wärme zugeführt werden. Dies erfolgt bei der Eisengewinnung durch die Verbrennung eines Teils des Reduktionsmittels Koks und bei der Kupfergewinnung durch die Verbrennung des Schwefels im Kupfersulfiderz.

3.5 Roheisengewinnung

Ausgangsstoff der Roheisengewinnung sind **Eisenerze**, die vermengt mit erdigen Beimengungen (Gangart) aus Lagerstätten im Tagebau gefördert werden (Bild 1).

Die Gangart wird am Förderort weitgehend abgetrennt und das angereicherte Erz zum Stahlstandort transportiert. Die wichtigsten Eisenerze sind **Magneteisenerz** (chemisch Fe_3O_4), mit rund 60 % Eisengehalt und **Roteisenerz** (chemisch Fe_2O_3) mit rund 50 % Eisenanteil.

1 Eisenerzbrocken (Magneteisenerz)

3.5.1 Roheisengewinnung im Hochofen

In Deutschland wird das Roheisen zum überwiegenden Teil in **Hochofenanlagen** gewonnen (Bild 1). Sie bestehen aus dem bis zu 50 m hohen Hochofen mit Winderhitzern, Erzaufbereitung und Zuschlagdosierung.

Der Hochofen wird im Gegenstromprinzip betrieben. Von oben wird er lagenweise mit Möller (Erz/Kalk-Gemisch) und Koks beschickt. Diese Füllung rutscht langsam nach unten. Im unteren Teil des Hochofens verbrennt ein Teil des Kokses mit eingeblasener Heißluft zu Kohlenstoffmonoxid (CO) und steigt nach oben. Die bei der Verbrennung entstehende Wärme heizt den Kernbereich auf 1400 °C bis 1800 °C auf. Sie dient zur Reduktion des Eisenerzes und zum Schmelzen des entstehenden Roheisens.

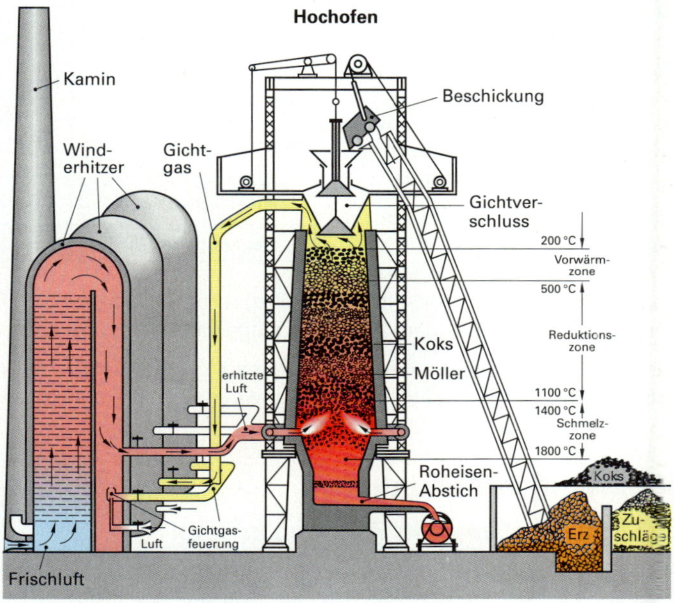

2 Hochofenanlage zur Roheisengewinnung

Im Hochofen laufen folgende Vorgänge ab:

Im oberen Teil (Vorwärmzone) verdampfen flüchtige Bestandteile aus dem Füllgut. In einer tieferen Zone (Reduktionszone) mit Temperaturen von 500 °C bis 1100 °C erfolgt die Reduktion des Eisenerzes: Aufsteigendes Kohlenstoffmonoxidgas (CO) reagiert mit dem Eisenerz zu Eisen **(indirekte Reduktion)**. Außerdem kommt es zu **direkter Reduktion** des Eisenerzes durch den glühenden Koks. Es entsteht Eisen in Form des porösen, festen Eisenschwamms.

Reduktion des Eisenerzes im Hochofen:	
indirekte Reduktion durch Kohlenstoffoxid:	$Fe_2O_3 + 3\,CO \rightarrow 2\,\mathbf{Fe} + 3\,CO_2$ $Fe_3O_4 + 4\,CO \rightarrow 3\,\mathbf{Fe} + 4\,CO_2$
direkte Reduktion durch Kohlenstoff:	$Fe_2O_3 + 3\,C \rightarrow 2\,\mathbf{Fe} + 3\,CO$ $Fe_3O_4 + 4\,C \rightarrow 3\,\mathbf{Fe} + 4\,CO$

Der in die Schmelzzone absinkende Eisenschwamm schmilzt und fließt in den geschlossenen Boden des Hochofens. Die mit abgesunkenen, erdigen Erzbestandteile und die Zuschläge schmelzen ebenfalls. Sie schwimmen als Schlacke auf dem flüssigen Roheisen. Schlacke und Roheisen werden von Zeit zu Zeit abgelassen (Abstiche). Das flüssige Roheisen wird entweder zu Masseln (Eisenstäbe) vergossen oder flüssig in fahrbaren Roheisenmischern zur Weiterverarbeitung ins Stahlwerk transportiert.

Das Roheisen besteht zu etwa 90 % aus Eisen, 4 % Kohlenstoff, wenigen Prozent Mangan, Silicium und Phosphor sowie geringen Anteilen Schwefel. Je nach der Zusammensetzung des flüssigen Roheisens unterscheidet man Stahlroheisen und Gießereiroheisen.

Stahlroheisen hat einen hohen Mangangehalt (größer 1 %), seine Bruchfläche ist silberhell, es ist der Ausgangsstoff für die Stahlherstellung. **Gießereiroheisen** (Graues Roheisen) hat einen hohen Siliciumgehalt, (1,5 % bis 3 %), seine Bruchfläche ist grau, es ist der Ausgangsstoff für Eisen-Gusswerkstoffe.

3.5.2 Roheisenerzeugung durch Direktreduktions-Verfahren

Ausgangsmaterial sind **Erzpellets**, d.h. walnussgroße, poröse Erzstückchen, die in einem vorgeschalteten Produktionsprozess aus gemahlenem Eisenerz und einem Bindemittel zusammengebacken werden.

Die Erzpellets (Fe_2O_3) werden von oben in einen Direktreduktions-Schachtofen (Bild 1) gefüllt und rutschen langsam nach unten.

Von unten strömt ein Reduktionsgas aus CO und H_2 durch die Erzpelletsschüttung nach oben und reduziert das Eisenerz bei 700 °C bis 1100 °C zu Eisen. Die gebildeten, festen Eisenpartikel im Erzpellet backen zu porösen, schwammartig aussehenden Klumpen zusammen, was zu dem Namen **Eisenschwamm** für das Endprodukt geführt hat.

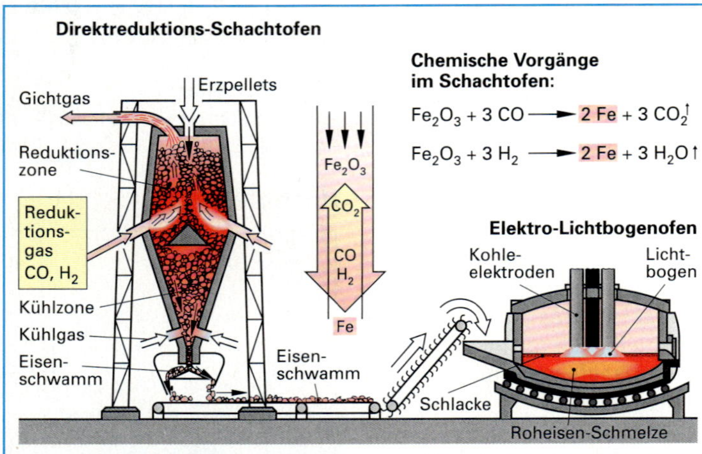

1 Schachtofen-Direktreduktions-Anlage

Eisenschwamm besteht zu rund 85% aus Eisen, der Rest ist Gangart (nicht reduziertes Eisenoxid) und Eisenbegleiter. Zur Beseitigung dieser Verunreinigungen wird der Eisenschwamm in einem Elektro-Lichtbogenofen zu flüssigem Roheisen aufgeschmolzen und dann zu Stahl umgewandelt (Seite 53).

Direktreduktions-Anlagen werden vorteilhaft dort betrieben, wo preisgünstig Erdgas (CH_4), Erdöl oder auch minderwertige Kohle zur Herstellung des Reduktionsgases (CO, H_2) zur Verfügung stehen.

3.6 Stahlherstellung

3.6.1 Umwandlung von Roheisen in Stahl

Ausgangsstoff der Stahlherstellung ist das im Hochofen oder durch Direktreduktion gewonnene Stahlroheisen. Es besteht zu rund 90 % aus Eisen, 3 % bis 5 % Kohlenstoff, gut 1 % Mangan, rund 0,5 % Silicium sowie zum Teil aus erheblichen Anteilen an Phosphor und Schwefel. Besonders der hohe Kohlenstoffgehalt sowie der Phosphor und Schwefel machen das Roheisen **sprödhart** und **nicht schmiedbar**. Es ist technisch nicht verwendbar.

Die Stahlherstellung besteht darin, den Gehalt der Eisenbegleiter im Roheisen zu vermindern und Verunreinigungen zu beseitigen.

Roheisen —Verminderung der Eisenbegleiter→ **Stahl**

Der Kohlenstoffgehalt muss je nach Stahlsorte auf 0,05 % bis 0,6 % gesenkt werden, Phosphor und Schwefel sind unter 0,05 % zu bringen, Mangan und Silicium können zum Teil erhalten bleiben (Bild 2).

> Stahl ist je nach Kohlenstoffgehalt **leicht umformbar bis hart** sowie **schmiedbar** und **härtbar**.

Die Verminderung der Eisenbegleiter im Roheisen erfolgt durch Verbrennen der Eisenbegleiter mit eingeblasenem Sauerstoff. In der Metallfachsprache heißt dieser Vorgang **Frischen**.

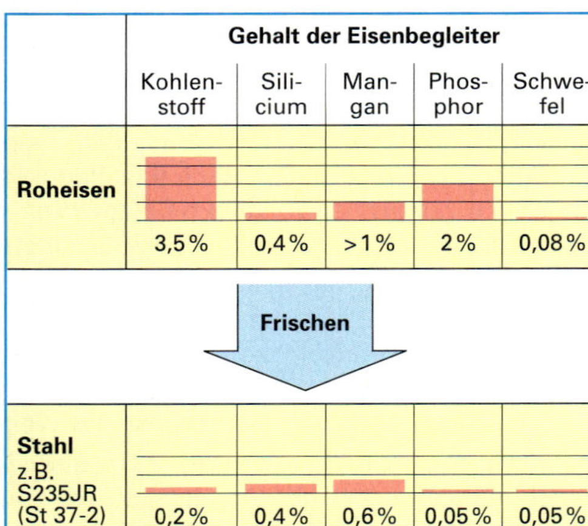

2 Veränderung der Zusammensetzung beim Frischen von Roheisen zu Stahl

3.6.2 Stahlherstellung mit Sauerstoffblas-Verfahren

Die technische Durchführung des Frischens erfolgt heute in Deutschland zum Großteil mit Sauerstoffblas-Verfahren, auch Oxygenverfahren oder LD-Verfahren genannt.

Bei diesen Verfahren werden die Ausgangsstoffe: flüssiges Stahlroheisen, Stahlschrott, teilweise auch Eisenschwamm, zusammen mit Kalk-Zuschlägen (zur Schlackenbildung) in einen **Konverter** (Umwandler) gefüllt (Bild 1).

Der Konverter ist ein feuerfest ausgemauerter, nach oben offener, birnenförmiger Großbehälter mit einem Fassungsvermögen von rund 300 t Stahl. Er ist drehbar gelagert, sodass er zum Füllen und Entleeren gekippt werden kann. Nach dem Einfüllen der Ausgangsstoffe fährt ein wassergekühltes Rohr von oben in den Konverter und bläst Sauerstoff O_2 in die Schmelze. Er reagiert heftig mit den Eisenbegleitern in der Schmelze.

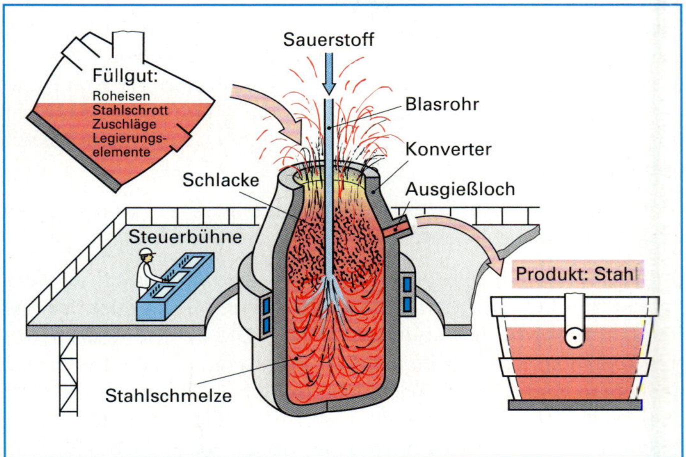

1 Stahlherstellung mit dem Sauerstoffblas-Verfahren

Kohlenstoff (C) und Schwefel (S) verbrennen zu gasförmigem Kohlenstoffdioxid (CO_2) und Schwefeldioxid (SO_2). Phosphor (P), Mangan (Mn) und Silicium (Si) oxidieren zu den festen Oxiden P_2O_5, MnO_2 und SiO_2.

Die entstehenden gasförmigen Oxide (CO_2, SO_2) sowie die freiwerdende Verbrennungswärme lassen die Schmelze kochen. Die festen Oxide (P_2O_5, MnO_2, SiO_2) werden in die auf der Eisenschmelze schwimmende Schlacke aufgenommen.

Die Verbrennungswärme erhöht die Temperatur der Schmelze im Konverter. Durch Nachfüllen von Stahlschrott wird sie auf der richtigen Temperatur gehalten.

Dieser Blasvorgang dauert rund 10 Minuten. Danach wird das Sauerstoff-Blasrohr aus dem Konverter gezogen. Falls erforderlich werden Legierungselemente zugegeben, um die gewünschte Stahlzusammensetzung zu erhalten. Dann wird der Konverter gekippt und man gießt den Stahl in fahrbare Pfannenwagen oder Gießbehälter.

3.6.3 Stahlherstellung mit dem Elektrostahlverfahren

Dieses Verfahren dient sowohl zum Erschmelzen von Massenstahl aus Stahlschrott als auch zur Herstellung hochlegierter und damit hochschmelzender Stahlsorten (Bild 2).

Der Elektro-Lichtbogenofen hat eine flache Schmelzwanne, in der das Einsatzgut im heißen Lichtbogen der Kohleelektroden aufgeschmolzen wird. Zu Beginn wird die Schmelzwanne mit Stahlschrott, Gießereiabfällen, Eisenschwamm, Roheisen und schlackebildenden Zuschlägen gefüllt. Dann werden die Elektroden auf die Füllung abgelassen und der Lichtbogen wird gezündet. Er entwickelt Temperaturen bis zu 3000 °C und schmilzt die Füllung unter intensiver Durchmischung auf. Es folgt eine rund einstündige Schmelzzeit, in der die Verunreinigungen sowie Phosphor, Schwefel und überschüssiger Kohlenstoff entfernt werden. Dies geschieht durch schrittweise Zugabe von verschiedenen Schlackebildnern, die die unerwünschten Stoffe aus der kochenden Stahlschmelze in die Schlacke binden. Zum Schluss wird die Stahlschmelze auf die gewünschte Zusammensetzung legiert und in Gießbehälter gegossen.

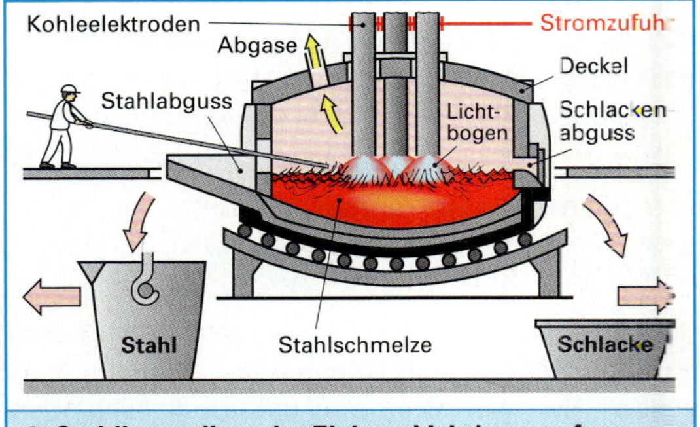

2 Stahlherstellung im Elektro-Lichtbogenofen

3.6.4 Nachbehandlung des flüssigen Stahls

Zur Herstellung von Stählen mit besonderen Qualitätsanforderungen (Qualitätsstähle, Edelstähle, legierte Stähle) wird der noch flüssige Stahl weiterbehandelt. Die Behandlungen dienen der Zuführung von Legierungselementen oder dem Entfernen unerwünschter Bestandteile. Die gebräuchlichsten Verfahren sind das Desoxidieren und die Vakuumentgasung.

Desoxidieren

Das Desoxidieren dient zum Entfernen von gelöstem Restsauerstoff in der Stahlschmelze. Dieser Sauerstoff hat sich während des Blasvorgangs im flüssigen Stahl gelöst und würde beim Erstarren der Stahlschmelze ausperlen. Die Folge wäre ein „Kochen" der erstarrenden Stahlschmelze. In der Metallfachsprache sagt man: der Stahl erstarrt **nicht-desoxidiert** oder **unberuhigt**.

Nicht-desoxidiert vergossener Stahl enthält Gasblasen und ist bereichsweise entmischt. Man nennt die Entmischung Seigerung.

Durch Einblasen von rund 1 % Silicium- und Aluminiumpulver (Desoxidationsmittel) kurz vor dem Vergießen der Stahlschmelze wird der gelöste Sauerstoff chemisch gebunden (Bild 1). Die Schmelze ist beim Abkühlen ruhig. Man spricht von **desoxidiert vergossenem Stahl** oder **beruhigt vergossenem Stahl**. Er entmischt sich nur wenig, enthält keine Gasblasen, ist alterungsverbessert. Seine mechanischen Eigenschaften sind über dem gesamten Strangquerschnitt gleichmäßig.

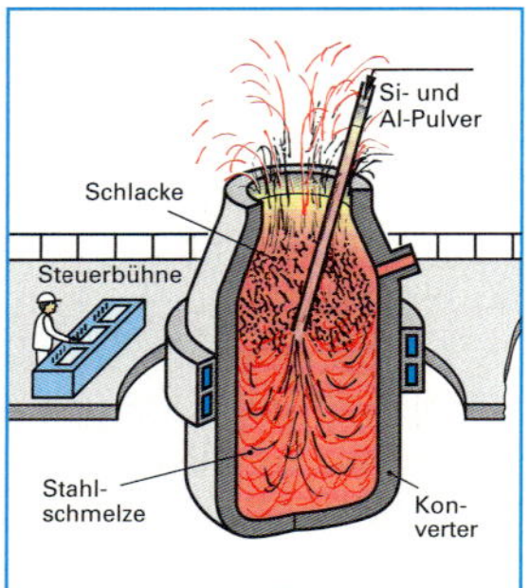

1 Desoxidieren

Vakuumentgasung

Auch nach der Zugabe von Silicium und Aluminium (zum Desoxidieren) verbleibt vor allem noch gelöster Wasserstoff im flüssigen Stahl. Er hat einen negativen Einfluss auf die Stahleigenschaften: Der Stahl ist nicht alterungsbeständig und hat starke Eigenspannungen. Deshalb werden hochbeanspruchte Stähle vakuumentgast.

Ein gebräuchliches Verfahren ist die **Umlaufentgasung** (Bild 2): Der Stahl wird durch das angelegte Vakuum und einen Fördergasstrom in ein Hebergefäß gesaugt, das über der Gießpfanne hängt. Dort entgast der aufflatternde Stahlstrahl und fließt anschließend in die Pfanne zurück.

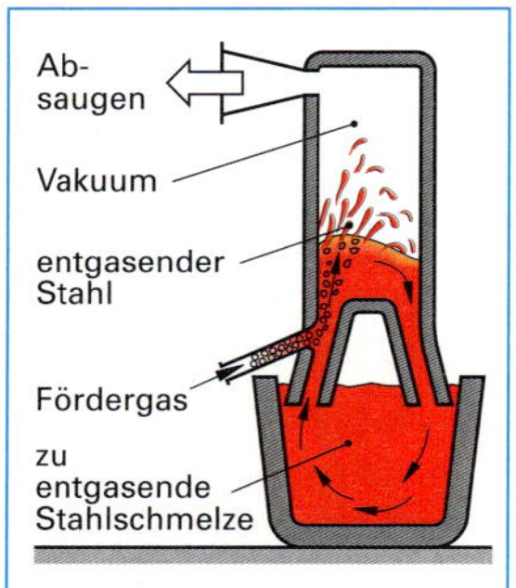

2 Vakuumentgasung

3.6.5 Vergießen des Stahls im Hüttenwerk

Der fertige Flüssigstahl aus dem Stahlwerk wird vergossen und erhält dadurch die Ausgangsform für die spätere Weiterverarbeitung im Walzwerk. Der überwiegende Teil des Stahls wird im Strangguss vergossen. Für Sonderanwendungen dient der Blockguss.

Beim **Strangguss** wird der flüssige Stahl kontinuierlich in eine wassergekühlte Durchlaufkokille gegossen (Bild 3). Dort erstarrt er und wird als Strang fortlaufend nach unten abgezogen. Der noch rotglühende Strang wird in eine Rollenumlenkbahn geführt, gerichtet und abgekühlt.

Der Vorteil des Stranggießens ist die Erzeugung von dünnen Stahlsträngen, die nur noch fertiggewalzt werden müssen. Sie haben ein feines Gefüge und keine Seigerungen.

Beim **Blockguss** wird der flüssige Stahl in säulenförmige Hohlformen, sogenannte Kokillen, vergossen. Nach dem Erstarren werden sie nach oben abgezogen, man erhält große Stahlblöcke.

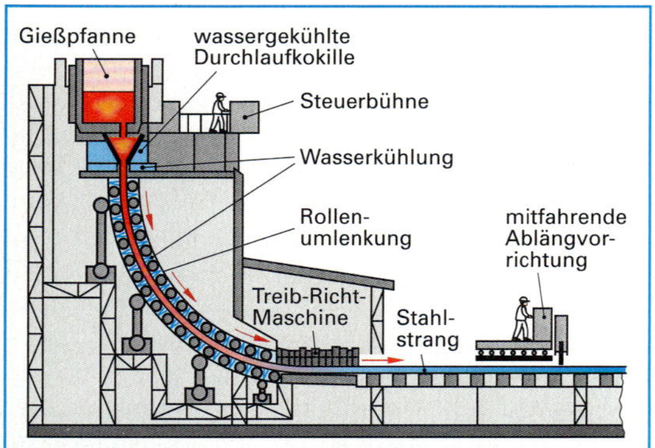

3 Vergießen des Stahls im Strangguss

3.7 Verarbeitung zu Stahlerzeugnissen

Nur ein kleiner Teil des erzeugten Stahls wird zu Guss-Formteilen oder Gussmasseln vergossen.

Die überwiegende Menge des Stahls wird im Stahlwerk zu Strängen oder Blöcken vergossen. In diesem Zustand besitzt der Stahl noch keine für den Stahlverarbeiter verwendbare Form und die mechanisch-technologischen Eigenschaften entsprechen nicht den notwendigen Anforderungen.

Die Formgebung zu verwendbaren Formen, den Stahlerzeugnissen, sowie die Einstellung der Gebrauchseigenschaften erfolgt durch **Umformen**. Hierbei werden mehrere Arbeitsschritte von der Ausgangsform bis zum Stahlerzeugnis durchlaufen (Übersicht).

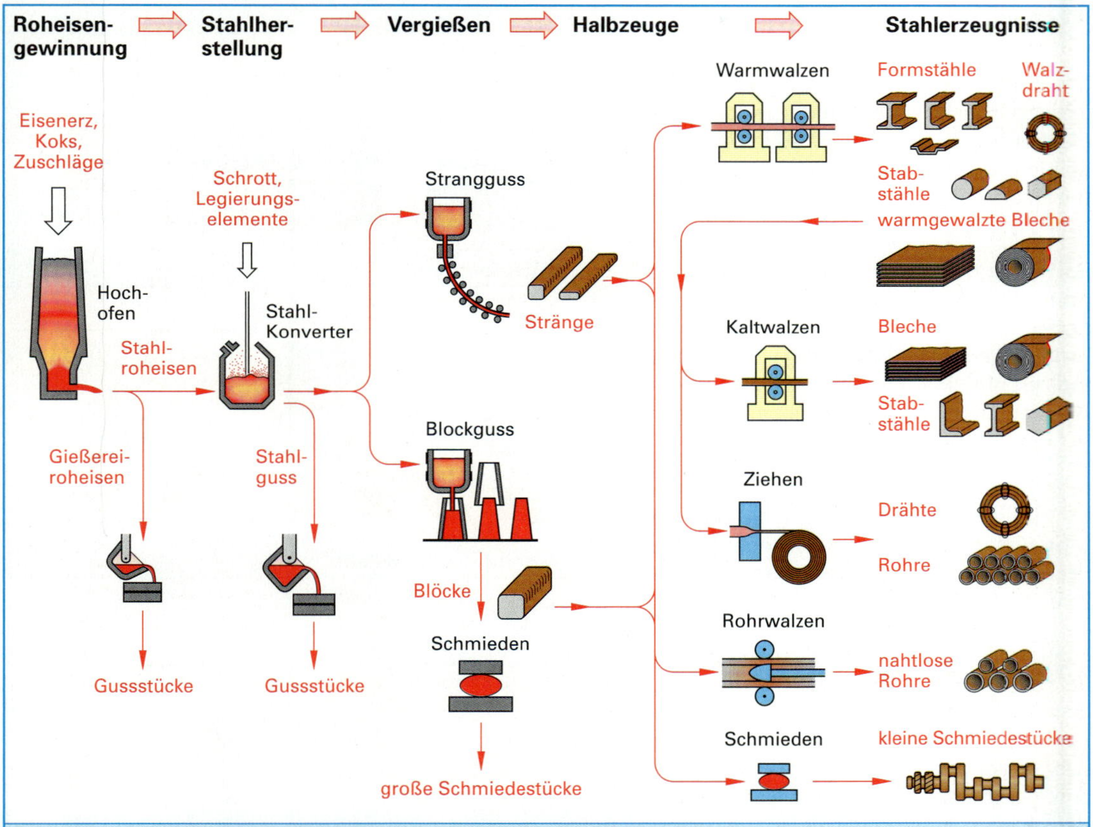

Übersicht: Der Weg vom Eisenerz zum gebrauchsfertigen Stahlerzeugnis

3.7.1 Warmwalzen

Warmwalzen ist das gebräuchlichste Verfahren zur Herstellung von Stahlerzeugnissen. Mit diesem Verfahren werden rund 90 % des Stahls im Walzwerk weiterverarbeitet.

Walzvorgang: Beim Warmwalzen wird der rotglühende Werkstoff im verengten Querschnitt zwischen zwei in entgegengesetzter Richtung drehenden Walzen zusammengepresst, geknetet und verlässt den Walzspalt mit verminderter Dicke (Bild 1). Die Walzkraft bewirkt eine Streckung des Materials in Walzrichtung, die Breitenzunahme ist gering. Dabei werden die Kristalle des Stahlgefüges in Walzrichtung gestreckt, wandeln sich durch die hohe Walztemperatur aber umgehend wieder in kornförmige Kristalle um, man sagt, der Stahl „rekristallisiert". Dadurch hat warmgewalzter Stahl ein gleichmäßiges Gefüge und ist nicht kaltverfestigt. Warmwalzgut hat gerundete Kanten und eine verzunderte Oberfläche.

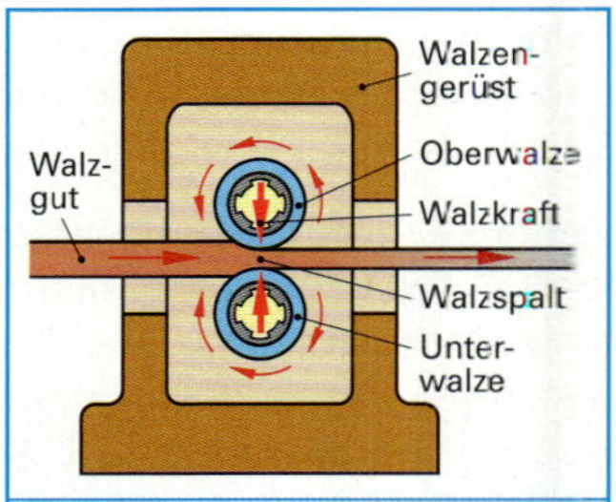

1 Der Walzvorgang

Eine **Warmwalzanlage** umfasst mehrere Bereiche, die vom Walzgut durchlaufen werden: die Erwärmung im Stoßofen, das Entzundern, das Walzen in der Walzstraße und die Zurichtung (Bild 1).

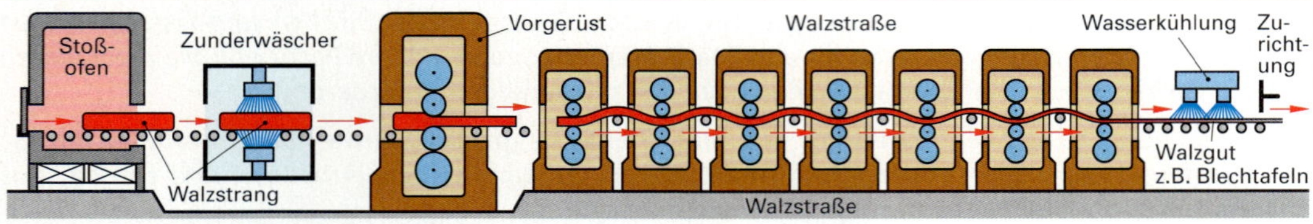

1 Warmwalzanlage

Mit Walzen, die glatt und zylindrisch sind, werden Bleche und Bänder, sogenannte Flachprodukte, hergestellt (Bild 2). Formstähle und Stabstähle werden auf Walzen mit Einschnitten, sogenannten Kaliberwalzen, gefertigt.

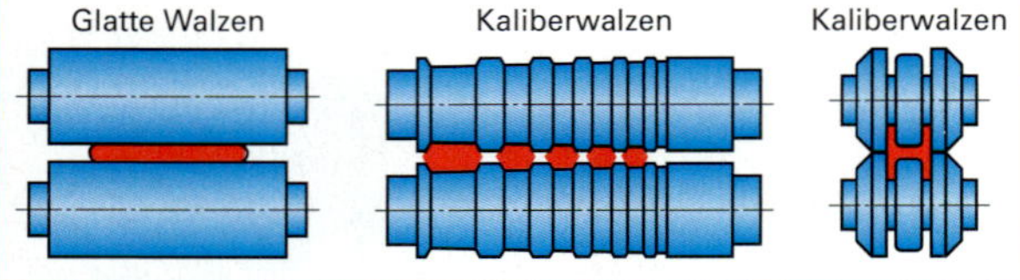

2 Walzenformen

Bei jedem Walzschritt kann nur eine begrenzte Umformung des Werkstoffes stattfinden. Deshalb muss das Walzgut in mehreren Durchgängen (Stichen) verschiedene Walzen durchlaufen, bis aus dem Walz-Halbzeug das Stahlerzeugnis geformt ist.

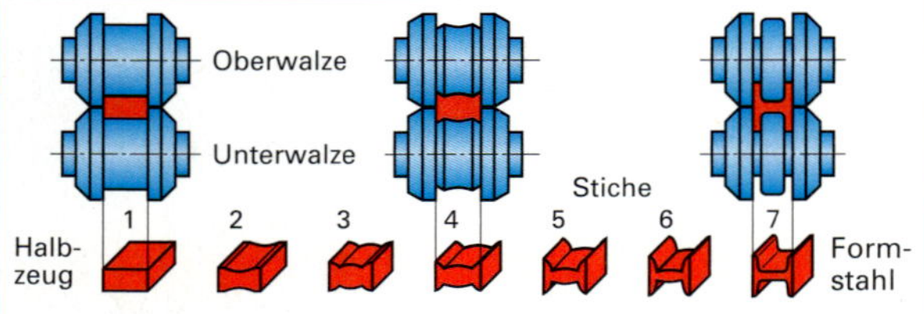

3 Walzen eines Formstahls

Durch eine genau gesteuerte Temperaturführung während der einzelnen Walzschritte, man nennt dies **thermomechanische Behandlung**, können Höchstwerte der Festigkeit und Zähigkeit des Walzguts erreicht werden.

3.7.2 Rohrherstellung

Geschweißte Rohre mit kleinen bis mittleren Durchmessern fertigt man durch Formwalzen von Bandstahl (warm oder kalt) zu einem Schlitzrohr und anschließendem Verschweißen des Schlitzes (Bild 4).

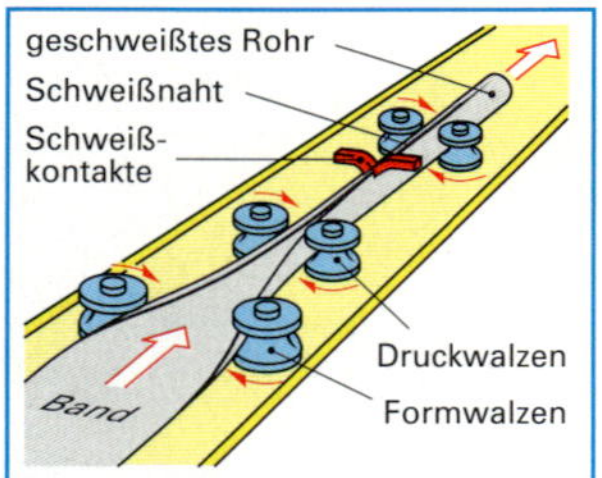

4 Walzen und Schweißen von Kleinrohren

Durch **Ziehen** durch ein Formwerkzeug können aus Vorrohren die unterschiedlichsten Hohlprofile gezogen werden (Bild 5).

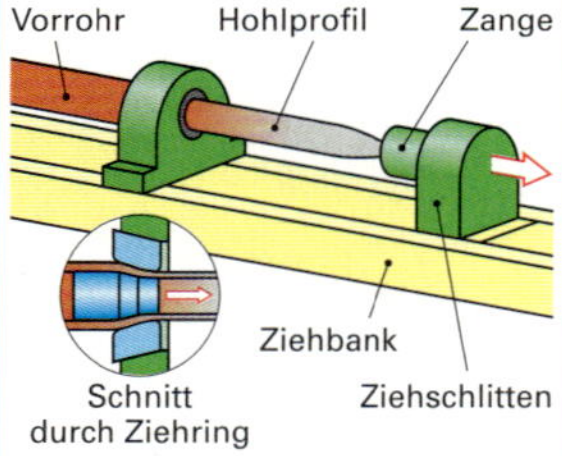

5 Ziehen eines Hohlprofils

Geschweißte Großrohre mit Durchmessern von 1 m und mehr werden durch schraubenförmiges Aufwalzen eines Blechbandes und anschließendem Verschweißen der Spiralnaht hergestellt (Bild 6).

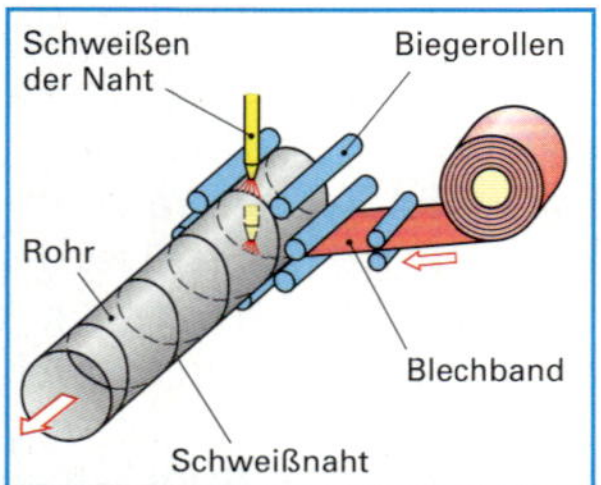

6 Walzen und Schweißen eines Großrohres

Nahtlose Rohre für höchste Druckbeanspruchungen werden in einem mehrschrittigen Walzverfahren gefertigt (Bild 7). Zuerst wird ein glühender Rundblock mit einem Dorn zwischen zwei Schrägwalzen zu einem Hohlblock aufgedrückt und danach immer dünner ausgewalzt.

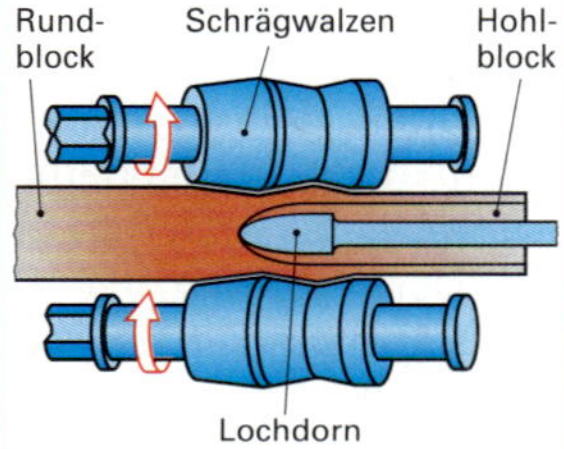

7 Walzen eines dickwandigen, nahtlosen Rohres

3.7.3 Kaltumformen

Das Kaltumformen ist ein Umformvorgang bei Temperaturen unter 450 °C, der mit warmgewalzten und blank gemachtem Vormaterial durchgeführt wird (Bild 1). Kaltumgeformter Stahl hat eine glatte, blanke Oberfläche mit hoher Maßgenauigkeit. Es können auch kleinste Abmessungen hergestellt werden, z. B. dünne Bleche und Drähte.

Beim Kaltumformen wird das Stahlgefüge in Walzrichtung gestreckt. Dies führt zur Erhöhung der Festigkeit (Kaltverfestigung). Durch Glühen kann die Kaltverfestigung wieder aufgehoben werden.

Das **Kaltwalzen** dient zur Herstellung von Stabstählen und Blechen. Das blankgemachte Vormaterial, z. B. warmgewalztes und geschliffenes Band, wird in einem Vielwalzengerüst umgeformt (Bild 1).

Durch **Profilwalzen** werden aus kaltgewalztem Blechband Walzprofile gefertigt (Bild 2).

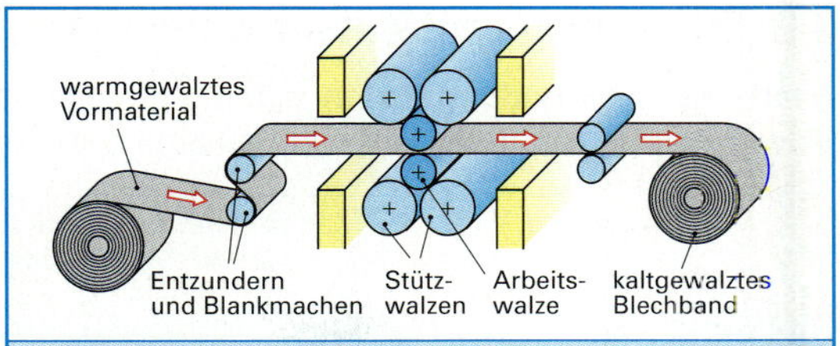

1 Kaltwalzen vom Blechband

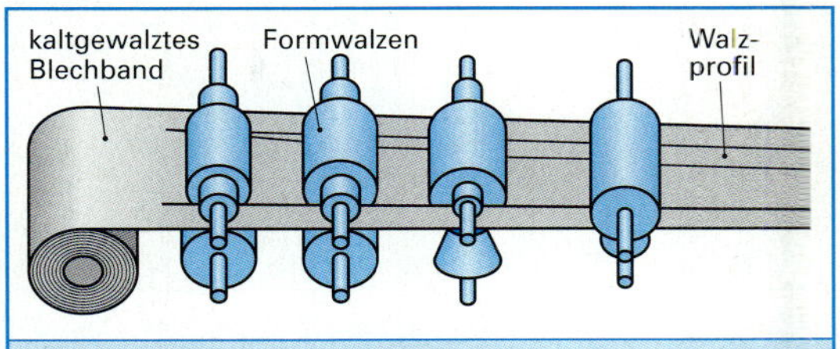

2 Profilwalzen eines Profilblechs

3.7.4 Normung der Stahlerzeugnisse (Formnormung)

Nach den Erfordernissen der Praxis und den Erkenntnissen der Festigkeitslehre wurden die Formen der Stahlerzeugnisse entwickelt und in genormten Größenreihen festgelegt. Die genauen Abmessungen, die Größenstufung sowie der verwendete Werkstoff können dem jeweiligen Norm-Blatt entnommen werden. Diese genormten Stahlerzeugnisse werden von den Stahlwerken auf Lager gefertigt und können vom Besteller sofort bezogen werden. Die gebräuchlichsten Stahlerzeugnisse zeigt die Tabelle.

Stahlerzeugnisse (Auswahl)

Formstähle (Profilstähle)	**Stabstähle**	**Bleche**	
T-Stahl	Rundstahl	Grobbleche	$D > 4{,}75$ mm
Doppel-T-Stahl	Halbrundstahl	Mittelbleche	3 bis 4,75 mm
U-Stahl	Vierkantstahl	Feinbleche	0,5 bis 3 mm
gleichschenkliger L-Stahl	Sechskantstahl	Feinstbleche	$D < 0{,}5$ mm
ungleichschenkliger L-Stahl	Achtkantstahl	**Rohre**	nahtlose Rohre geschweißte Rohre
⅂-Stahl	Flachstahl	**Drähte**	

Die Bestellung der Stahlerzeugnisse erfolgt mit einer **Kurzbezeichnung**. Sie setzt sich aus einem Symbol, der entsprechenden Norm-Nummer, der Werkstoff-Kurzbezeichnung (Seite 60) sowie den Hauptabmessungen zusammen. Das rechts stehende Beispiel erläutert die Kurzbezeichnung.

Ungleichschenkliger Winkelstahl nach DIN 1029			Unlegierter Baustahl mit einer Mindeststreckgrenze von 235 N/mm²		65 und 50 mm Schenkellänge, 5 mm Schenkeldicke, 900 mm lang
L-Profil	**DIN 1029**	**–**	**S235JR**	**–**	**L 60 x 40 x 5 x 900**
Symbol	DIN-Nummer		Werkstoffkurzbezeichnung		Hauptabmessungen

Überprüfen Sie Ihre Kenntnisse

1. **Wie nennt man den chemischen Vorgang bei der Umwandlung vom Erz zum Metall?**
2. **Welche Vorgänge laufen im Hochofen ab?**
3. **Welche Eisenbegleiter enthält Roheisen?**
4. **Wodurch unterscheidet sich die Eisenherstellung im Hochofen und durch Direktreduktion?**
5. **Wodurch unterscheiden sich Roheisen und Stahl?**
6. **Wie arbeitet das Sauerstoffblas-Verfahren?**
7. **Was versteht man unter Desoxidieren des Stahls?**
8. **Wie verändert sich die Festigkeit eines Walzgutes beim Warmwalzen bzw. beim Kaltwalzen?**
9. **Welches sind die gebräuchlichsten Formstähle?**

3.8 Einteilung und Zusammensetzung der Stähle und Eisen-Gusswerkstoffe

Nach ihrer Verwendung lassen sich die Stähle und Eisen-Gusswerkstoffe in vier Werkstoffgruppen einteilen: Stahlbaustähle, Maschinenbaustähle, Werkzeugstähle und Eisen-Gusswerkstoffe (Bild 1).

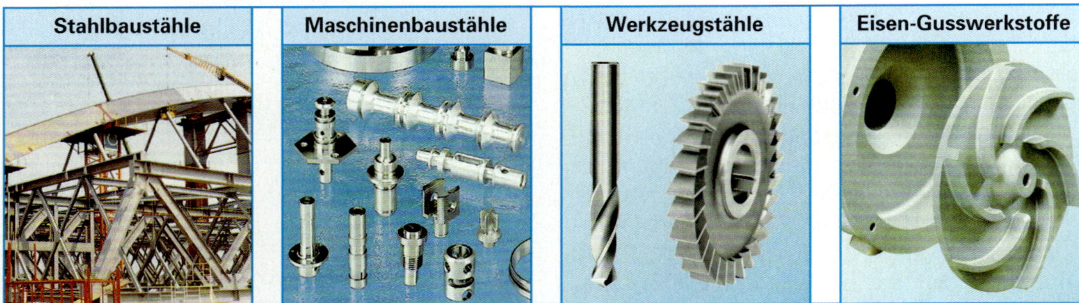

1 Stähle und Eisen-Gusswerkstoffe

Alle Eisen- und Stahlwerkstoffe enthalten aus dem Herstellungsprozess (Seite 52) einen bestimmten Kohlenstoffgehalt (Bild 2). Er bestimmt wesentlich die Eigenschaften des Werkstoffs.

Der Kohlenstoff wird nicht als Legierungselement, sondern als Eisenbegleiter bezeichnet, da er von der Herstellung her in den Eisen- und Stahlwerkstoffen enthalten ist.

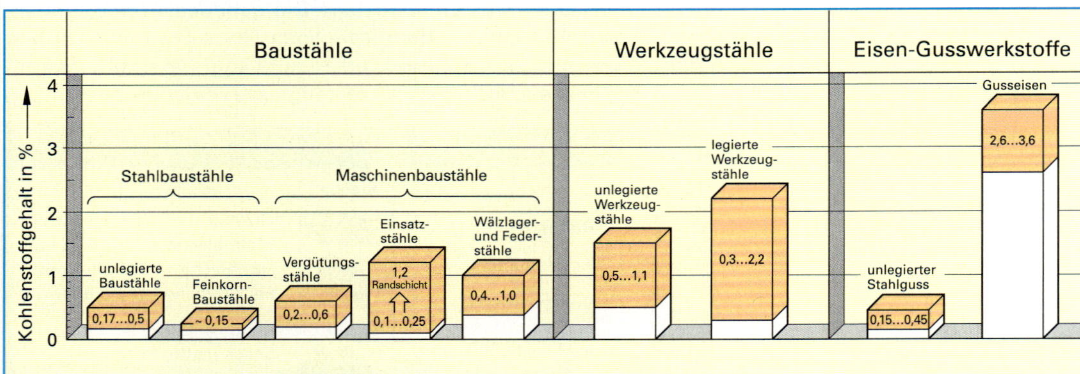

2 Kohlenstoffgehalt der Stähle und Eisen-Gusswerkstoffe

Nach dem Kohlenstoffgehalt untergliedert man die Eisenwerkstoffe in **Stähle** und **Gusseisen.**

Als **Stähle** bezeichnet man Eisen-Basiswerkstoffe, deren Kohlenstoffgehalt kleiner als 2,2% ist und die zusätzlich andere Elemente enthalten.

Gusseisen hingegen enthält einen deutlich höheren Kohlenstoffgehalt von 2,6% bis 3,6%.

Die Stähle werden nach ihrer Zusammensetzung in drei Klassen eingeteilt (Übersicht unten).

- **Unlegierte Stähle** sind Stahlsorten, bei denen keines der enthaltenen Elemente die nachfolgenden Grenzwerte überschreitet.
Al<0,30%, Co<0,30%, Cr<0,30, Cu<0,40%, Mn<1,80%, Ni<0,30, Pb<0,40%, Si<0,60%, W<0,30.

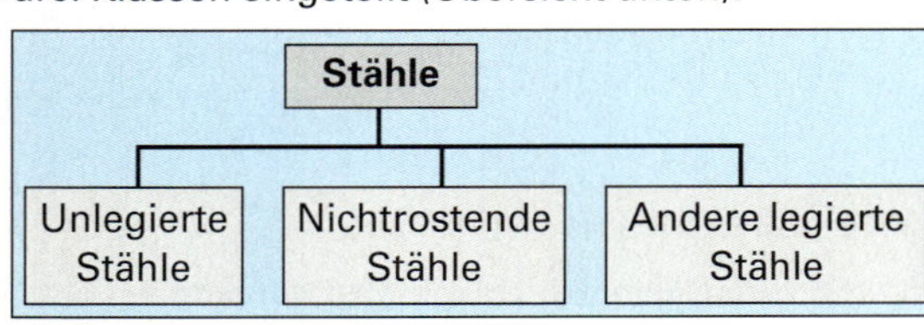

- **Nichtrostende Stähle** enthalten mindestens 10,5% Chrom und höchstens 1,2% Kohlenstoff sowie meist Nickelanteile.
- **Andere legierte Stähle** sind Stahlsorten, die keine nichtrostenden Stähle sind und bei denen mindestens ein Element die Grenzwerte der unlegierten Stähle (siehe oben) überschreitet.

Hauptgüteklassen der Stähle

Nach der Genauigkeit der Zusammensetzung sowie ihrer Reinheit von nichtmetallischen Einschlüssen und damit den gewährleisteten Gebrauchseigenschaften unterscheidet man bei den Stählen zwei Güteklassen:

Qualitätsstähle sind Stähle (unlegiert oder legiert) Stähle mit gewährleisteten Gebrauchseigenschaften, z. B. Zähigkeit, Korngröße, Abkant-, Tiefzieh- oder Schweißeignung.

Edelstähle sind Stähle (unlegiert oder legiert), die besonders rein bzw. mit genauer Zusammensetzung hergestellt sind. Sie haben gewährleistete Eigenschaften und ergeben z. B. nach der Wärmebehandlung exakte Festigkeits- und Härtewerte.

Die nichtrostenden Stähle sind allesamt Edelstähle, von den unlegierten und den anderen legierten Stählen gibt es Sorten in den Güteklassen Qualitätsstähle und Edelstähle.

Einfluss der Legierungselemente auf die Stahleigenschaften

Die nichtrostenden und die anderen legierten Stähle enthalten neben dem Basismetall Eisen und dem Eisenbegleiter Kohlenstoff zusätzliche Legierungselemente in eigenschaftsbestimmenden Gehalten, wie z.B. Chrom (Cr), Nickel (Ni), Mangan (Mn), Silicium (Si), Vanadium (V) usw.

Der Eisenbegleiter Kohlenstoff und die anderen Legierungselemente beeinflussen die Eigenschaften der Stähle und Eisen-Gusswerkstoffe (Bild 1).

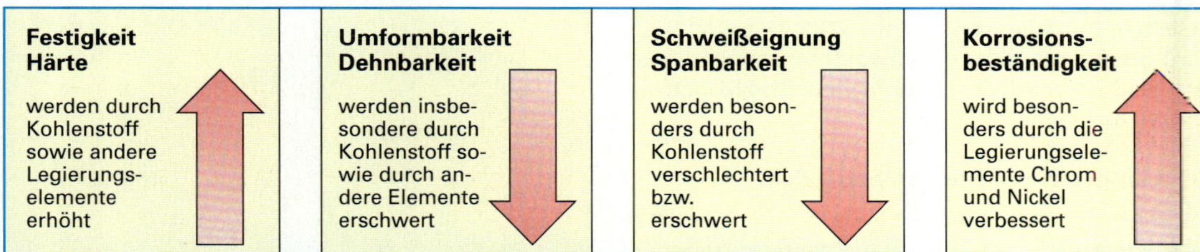

1 Einfluss von Legierungselementen auf die Eigenschaften von Stählen

3.9 Wichtige Stähle und Eisen-Gusswerkstoffe

3.9.1 Stahlbaustähle

Als Stahlbaustähle oder einfach Baustähle bezeichnet man Stähle, aus denen Stahlgerüste, Geländer, Stahltreppen, Stahltore, Stahlbauskeletthallen, Freileitungsmaste, Spundwände, Schienen, Karosserierahmen, Maschinengestelle usw. gefertigt werden (Bild 1, Seite 60).

Stahlbaustähle kommen als warmgewalzte Stahlerzeugnisse in Form von Trägern, Profilen, Rohren, Stangen, Blechen und Drähten in den Handel (Seite 57) und werden nach dem Zuschnitt durch Schweißen oder Verschrauben zu den fertigen Baugewerken und Bauteilen gefügt.

Stahlbaustähle verwendet man im Metallbau, im Stahlbau und im Maschinenbau. Ihre Gebrauchsfestigkeit ist im Anlieferungszustand vorhanden; sie sind nicht für eine Wärmebehandlung geeignet.

Unlegierte Baustähle

Unlegierte Baustähle sind preiswerte Stähle mit mittlerer Festigkeit und Streckgrenze für niedrige bis mittlere Belastungen.

Die unlegierten Baustähle für warmgewalzte Erzeugnisse sind nach DIN EN 10 025 (früher DIN 17 007) genormt (Tabelle 1). Sie werden entweder mit einer Kurzbezeichnung oder mit einer Werkstoffnummer benannt.

Tabelle 1: Unlegierte Baustähle für warmgewalzte Erzeugnisse (Auswahl)

Kurzbezeichnung nach DIN EN 10 025	Frühere Bezeichnung nach DIN 17 100	Werkstoffnummer	Kohlenstoffgehalt %	Zugfestigkeit R_m N/mm²	Streckgrenze R_e N/mm²	Bruchdehnung A %
S185	St 33	1.0035		~ 290	~ 175	10…13
S235JR	St 37-2	1.0037	0,17	330…470	195…235	17…24
S275JR	St 44-2	1.0044	0,21	410…540	235…275	14…22
S355J2G3	St 52-3 N	1.0570	0,20	490…630	315…355	14…22

Die **neue Kurzbezeichnung** der unlegierten Baustähle nach DIN EN 10 025 besteht aus den Kennbuchstaben **S** oder **E** und der Mindeststreckgrenze in N/mm². Nachgestellte Buchstaben und Zahlen sind Eigenschaftsangaben, z. B. zur Kerbschlagarbeit (siehe Beispiel rechts).

Die **alte Kurzbezeichnung** nach DIN 17100 hat als Symbol **St** und eine Kennzahl, die rund 1/10 der Mindestzugfestigkeit angibt (siehe Beispiel rechts). Da die alte Kurzbezeichnung noch gelegentlich im Gebrauch ist, wird sie in diesem Buch jeweils in Klammern angegeben.

Die **Festigkeit** der unlegierten Baustähle wird hauptsächlich durch ihren Kohlenstoffgehalt bestimmt, der ca. 0,17 % (S235JR) bis 0,5 % (E 360) beträgt. Während die Festigkeit mit dem Kohlenstoffgehalt steigt, verschlechtern sich die Brennbarkeit, die Verformbarkeit, die Schmiedbarkeit und die Schweißeignung.

Der gebräuchlichste unlegierte Baustahl für normal belastete Bauteile ist der Stahl **S235JR** (St 37-2). Er wird überwiegend zu geschweißten Baugewerken und Bauteilen sowie zu einfachen Stahlkonstruktionen verarbeitet (Bild 1).

Schweißgeeignete Feinkornbaustähle

Für hochbelastete Bauteile, wie z. B. ausladende Stahlkonstruktionen und Tragwerke oder tragende Karosserieteile, kommen bevorzugt die schweißgeeigneten Feinkornbaustähle zum Einsatz (Bild 2). Ihre hohe Festigkeit und Streckgrenze erhalten sie durch einen erhöhten Mangangehalt (bis 1,7 %) und geringe Ni-, Cr- und Cu-Gehalte. Sie führen durch eine geregelte Temperaturführung beim Walzen zu feinem Gefügekorn.

Das **Kurzzeichen** besteht aus einem **S**, der Mindeststreckgrenze in N/mm² und dem Buchstaben N (normalgeglüht) oder M (thermomechanisch gewalzt), z. B. **S420M**.

Wetterfeste Baustähle

Die wetterfesten Baustähle sind unlegierte Stähle. Sie besitzen durch einen geringen Zusatz von Chrom, Kupfer und Nickel eine verbesserte Korrosionsbeständigkeit. Diese Stähle rosten zwar, ihre Korrosion ist jedoch wesentlich verlangsamt. Durch einen zusätzlichen Schutzanstrich können sie über lange Jahre gegen Korrosion geschützt werden. Sie werden bevorzugt eingesetzt, wenn Bauteile wegen ihrer Größe nicht durch Verzinken vor Korrosion geschützt werden können (Bild 3).

Die Kennzeichnung der wetterfesten Stähle erfolgt durch die Buchstaben W oder WT.

Beispiele für wetterfeste Stähle: **S235J2W** (WT St 37-3) oder **S355J2G1W** (WT St 52-3).

Neue Kurzbezeichnung eines unlegierten Baustahls nach DIN EN 10 025

Beispiel: **S235JR**

Unlegierter Stahlbaustahl (S) mit Mindeststreckgrenze $R_e = 235$ N/mm²

JR = Kerbschlagarbeit mindestens 27 J bei 20 °C

Alte Kurzbezeichnung eines unlegierten Baustahls nach DIN 17 100 (ungültig)

Beispiel: **St 37-2**

Unlegierter Baustahl (St) mit Mindestzugfestigkeit $R_m \approx 370$ N/mm², Gütegruppe 2

1 Metallgitterzaun aus S235JR (St 37-2)

2 Stahlkonstruktion aus S355M (StE 355TM)

3 Brücke aus S235J2W (WTSt 37-3)

3.9.2 Maschinenbaustähle

Aus Maschinenbaustählen werden die einzelnen Bauteile von Maschinen und Fahrzeugen, wie z. B. Zahnräder, Wellen, Bolzen, Achsen, Lager, Schrauben, Federn, Hebel usw. gefertigt.

Die wichtigsten Stahlsorten für den Maschinen- und Fahrzeugbau sind Vergütungsstähle, Automatenstähle, Einsatzstähle, Nitrierstähle, Federstähle und Wälzlagerstähle.

Vergütungsstähle

Vergütungsstähle sind unlegierte oder legierte Stähle, die sich aufgrund ihrer Zusammensetzung zum Vergüten eignen.

Vergüten ist eine Wärmebehandlung aus Härten und Anlassen (Seite 79).

Die Vergütungsstähle kommen in vergütetem Zustand zum Einsatz. Sie besitzen dann hohe Festigkeit und Zähigkeit. Man fertigt daraus Bauteile, die mechanischer Belastung mit Schlag und Stoß ausgesetzt sind, z.B. Bolzen, Achsschenkel, Zahnräder, Schrauben, Muttern, Kurbelwellen (Bild 1).

Es gibt unlegierte und legierte Vergütungsstähle (Tabelle 1).

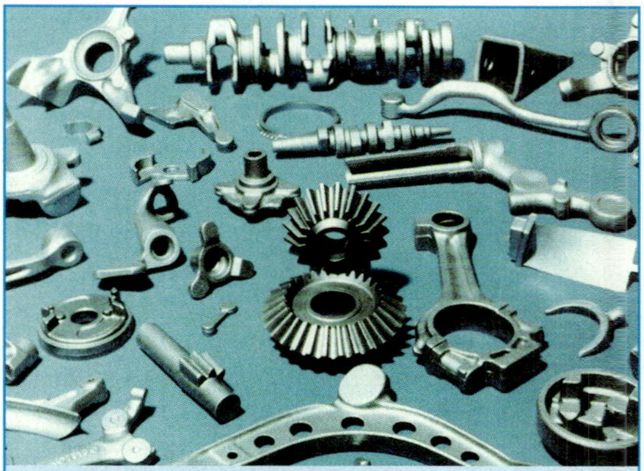

1 Bauteile aus Vergütungsstählen

Unlegierte Vergütungsstähle

Sie enthalten als festigkeitsbestimmendes Element 0,2% bis 0,6% Kohlenstoff. Mit dem Kohlenstoffgehalt steigt die Festigkeit.

Die **Kurzbezeichnung** der unlegierten Vergütungsstähle besteht aus dem Kennzeichen **C** und einer Kohlenstoffkennzahl, die den hundertfachen C-Gehalt angibt. Ein zusätzliches E bedeutet einen geringen Schwefelgehalt.

Kurzzeichen eines unlegierten Vergütungsstahls:
Beispiel: **C45E**
C-Gehalt: 45 : 100 = 0,45 %
E: Vorgeschriebener, maximaler Schwefelgehalt

Tabelle 1: Vergütungsstähle (Auswahl)

Kurzbezeichnung nach DIN EN 10 083 (früher DIN 17 200)	Werkstoffnummer	Streckgrenze R_e in N/mm²	Bruchdehnung A in %
Unlegierte Vergütungsstähle			
C35E (Ck 35)	1.1181	> 270	19
C60 (C 60)	1.0601	> 340	11
Legierte Vergütungsstähle			
42CrMo4	1.7225	> 650	11
34CrNiMo6	1.6582	> 800	10

Legierte Vergütungsstähle

Sie enthalten neben Kohlenstoff zusätzlich Legierungselemente: Chrom (Cr), Nickel (Ni), Mangan (Mn), Molybdän (Mo) oder Vanadium (V).

Legierte Vergütungsstähle haben eine wesentlich höhere Streckgrenze und Zugfestigkeit als unlegierte Vergütungsstähle (Tabelle 1). Sie werden für hochbelastete Bauteile eingesetzt.

Das **Kurzzeichen** der legierten Vergütungsstähle besteht aus einer Kohlenstoff-Kennzahl, den chemischen Symbolen der Legierungselemente sowie in derselben Reihenfolge Legierungselement-Kennzahlen (siehe rechtes Beispiel).

Den Gehalt der Legierungselemente kann man durch Dividieren der Legierungselement-Kennzahlen mit einem Faktor berechnen. Es gibt drei Kennzahl-Faktoren, die für bestimmte Legierungselementgruppen gelten (Tabelle 2).

Kurzzeichen eines legierten Vergütungsstahls mit Bedeutung der Symbole und Kennzahlen:

Kohlenstoff-Kennzahl — Legierungselemente — Kennzahlen der Leg.-Elemente

Beispiel: 34 Cr Ni Mo 6

Niedrig leg. Stahl: $\frac{34}{100}$ = 0,34% C — $\frac{6}{4}$ = 1,5% Cr — Niedriger Ni- und Mo-Gehalt

Tabelle 2: Kennzahlfaktoren für Legierungselemente

Kennzahlfaktor 4	**Cr**	**Ni**	**Mn**	**Co**	**Si**	**W**
Kennzahlfaktor 10	**Al**	**Cu**	**Mo**	**Ta**	**Ti**	**V**
Kennzahlfaktor 100	**C**	**P**	**S**	**N**	**Ce**	

Beispiel: **60NiCrMoV12-4:** 60 ist die Kohlenstoff-Kennzahl, aus ihr kann der C-Gehalt bestimmt werden → 60 : 100 = 0,6 % Kohlenstoff. Der Ni-Gehalt kann aus der Kennzahl 12 ermittelt werden → 12 : 4 = 3 % Nickel. Den Cr-Gehalt berechnet man aus der Kennzahl 4 → 4 : 4 = 1 % Chrom. Molybdän (Mo) und Vanadium (V) sind in geringen, nicht benannten Gehalten vorhanden.

Bei der Bestellung von Vergütungsstählen ist der gewünschte Wärmebehandlungszustand anzugeben: TA = weichgeglüht, TN = normalgeglüht, TQ + T = vergütet; Beispiel: Stahl DIN EN 10 083 – 1 C 35 –TN.

Automatenstähle

Automatenstähle sind unlegierte oder niedrig legierte Stähle, die zur Verbesserung der Spanbarkeit einen Schwefelgehalt (0,18 % bis 0,4 %) oder Bleizusatz (0,15 % bis 0,3 %) besitzen.

Der Schwefel- oder der Bleizusatz verleiht den Automatenstählen gute Spanbrüchigkeit und dadurch eine problemlose Zerspanbarkeit. Sie eignen sich besonders zur Herstellung von Massendrehteilen auf Drehautomaten (Bild 1). Der Span zerbröckelt (Bröckelspan) und fällt vom Werkstück ab, sodass das Spanwerkzeug immer frei bleibt.

Die Festigkeit wird durch den Schwefel- oder Bleigehalt kaum beeinflusst, die Bruchdehnung wird vermindert. Automatenstähle mit einem Kohlenstoffgehalt über 0,3 % sind vergütbar.

Die Kurzbezeichnung besteht ähnlich wie bei den Vergütungsstählen aus den Elementsymbolen und Element-Kennzahlen (Tabelle 2).

1 Drehteile aus Automatenstahl

Tabelle 1: Automatenstähle (Auswahl)

10S20,	**11SMn30,**	**11SMnPb30,**	**11SMn37**
11SMnPb37,	**10SPb20,**	**35S20,**	**46S20**

Erklärung der Kurzbezeichnung:

Beispiel: 11 SMnPb37 bedeutet 11 : 100 = 0,11 % Kohlenstoff, 37 : 100 = 0,37 % Schwefel, nicht benannter Mangan- und Bleigehalt.

Federstähle

Federstähle sind unlegierte und legierte Stähle, die im gehärteten Zustand elastisch und dauerschwingfest sind.

Unlegierte Federstähle enthalten 0,5 % bis 0,8 % Kohlenstoff, wie z. B. **C70E**.

Legierte Federstähle enthalten neben 0,4 % bis 0,7 % Kohlenstoff noch die Legierungselemente Silicium, Mangan, Chrom oder Vanadium. Typische legierte Federstähle sind z. B. die Stähle **51Si7** oder **50CrV4**. Federstähle werden zu federnden Bauteilen aller Art verarbeitet: Blattfedern, Schraubenfedern, Tellerfedern (Bild 2).

2 Schraubenfeder aus Federstahl

Erklärung der Kurzbezeichnung

Beispiel: 50CrV4 bedeutet 50 : 100 = 0,50 % Kohlenstoff, 4 : 4 = 1 % Chrom, nicht benannter Vanadiumgehalt.

Wälzlagerstähle

Wälzlagerstähle sind legierte Chromstähle mit einem Kohlenstoffgehalt von rund 1 %.

Beispiele: 100Cr6, 100CrMo6

Aus Wälzlagerstählen werden die Kugeln, Wälzkörper und Laufringe der Wälzlager gefertigt (Bild 3). Sie müssen eine harte und verschleißfeste Oberfläche besitzen sowie hartelastisch und hochfest sein. Sie werden gehärtet (Seite 77).

3 Wälzlager aus Wälzlagerstahl

Einsatzstähle

Einsatzstähle sind unlegierte und niedrig legierte Stähle mit einem Kohlenstoffgehalt unter 0,22 %, wie z.B. C10E oder 17Cr3.

Einsatzstähle sind wegen des niedrigen Kohlenstoffgehalts im Ausgangszustand nicht härtbar. Durch ein Verfahren, das man **Einsetzen** nennt (Seite 80), werden die fertigen Werkstücke aus Einsatzstahl in einer Randschicht von ca. 1 mm mit Kohlenstoff angereichert (aufgekohlt) und damit in dieser Randschicht härtbar. Härtet man die Werkstücke anschließend, so erhalten sie eine harte, verschleißfeste Randschicht. Der kohlenstoffarme Werkstückkern härtet dabei nicht und bleibt zäh-elastisch (Bild 1).

Einsatzstähle werden zu Werkstücken verarbeitet, die diese Eigenschaften benötigen: Kurbel- und Nockenwellen, Walzen, Zahnräder, Steuerkurven.

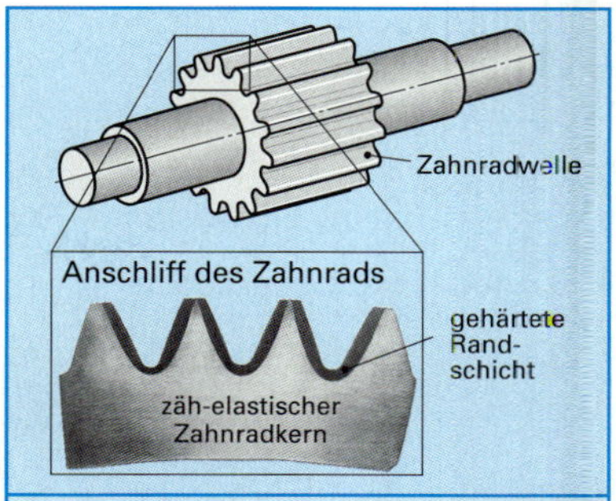

1 Einsatzgehärtete Zahnradwelle

Tabelle 1: Einsatzstähle (Auswahl)
Unlegierte Einsatzstähle:
C10E, C10R, C15E, C15R
Legierte Einsatzstähle:
17 Cr 3, 17 CrS 3, 20 MnCr 5, 20 MoCr

Nitrierstähle

Nitrierstähle sind niedrig legierte Edelstähle mit Chrom-, Molybdän-, Vanadium- und Aluminiumgehalt, wie z.B. 31CrMo12.

Wegen der nitridbildenden Legierungselemente Cr, Mo, V oder Al sind die Nitrierstähle für eine besondere Wärmebehandlungsart, das Nitrieren (Seite 80), geeignet. In der Randschicht bilden sich harte Metallnitride, die die Randschicht äußerst hart, verschleißfest, gleitfähig und wärmebeständig machen.

Nitrierstähle werden zu Werkstücken verarbeitet, die neben guter Festigkeit, größte Randschichthärte und gutes Gleitverhalten besitzen müssen. Man fertigt aus Nitrierstählen Schleifspindeln, Zylinderbüchsen und Messspindeln (Bild 2).

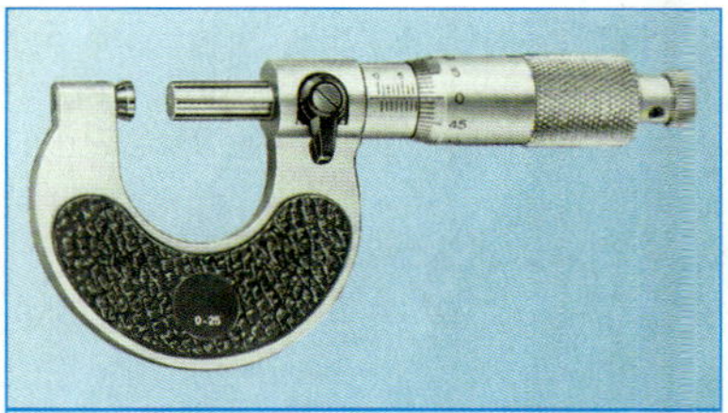

2 Messspindel aus Nitrierstahl

Tabelle 2: Nitrierstähle (Auswahl)
31CrMo12, 31CrMoV9, 15CrMoV5-9
34CrAlMo5, 34CrAlNi7

3.9.3 Stähle für Bleche und Band

Für kaltgewalzte Flacherzeugnisse (Bleche) gibt es besondere Stahlsorten (Tabelle 3). Sie werden bevorzugt im Metallbau, im Stahlbau und im Karosseriebau eingesetzt.

Bleche aus weichen Stählen zum Kaltumformen haben einen niedrigen Kohlenstoffgehalt von rund 0,1 % und lassen sich mit einfachen Werkzeugen auf der Baustelle zu Blechanschlüssen umformen und gut schweißen, z. B. DC01 (St 12).

Bleche aus unlegierten Baustählen werden z.B. zu Spundwänden oder zu Trapezblechen verarbeitet, z. B. St37-2G.

Bleche aus Druckbehälterstählen dienen zur Herstellung von Druckbehältern sowie unter Druck stehenden und heiß gehenden Apparaten und Rohrleitungen, z. B. P235GH.

Bleche aus nichtrostenden Stählen, im Handwerk **Edelstahl Rostfrei** genannt, sind korrosionsbeständig und werden zu dekorativen Bauteilen verarbeitet, z. B. X5CrNi18-10.

Außerdem gibt es **verzinkte Bleche** aus verschiedenen Stählen.

Tabelle 3: Kaltgewalzte Flacherzeugnisse (Bleche)
Aus weichen Stählen zum Kaltumformen
DC01 (St 12), DC03 (RRSt 13)
Aus unlegierten Baustählen
St37-2G, St52-3G
Aus Druckbehälterstählen
P235GH (HI), P255GH (HII), 13CrMo4-5
Aus nichtrostenden Stählen
X5CrNi18-10, X6CrNiMoTi17-12-2
Aus verzinkten weichen Stählen
DX51D+Z (St 02Z), DX54D+Z (St 06Z)
Aus bandverzinkten Baustählen
S250GD+Z (StE 250Z)

3.9.4 Nichtrostende Stähle

Typisches Merkmal der nichtrostenden Stähle ist ihr dauerhaft metallblankes Aussehen und ihre Korrosionsbeständigkeit. Sie enthalten mindestens 10,5 % Chrom sowie z. T. hohe Gehalte anderer Legierungselemente. Der Kohlenstoffgehalt ist höchstens 1,2 %.

Nach ihrer wichtigsten Gebrauchseigenschaft unterscheidet man korrosionsbeständige, hitzebeständige und warmfeste nichtrostende Stähle.

Korrosionsbeständige Stähle

Die korrosionsbeständigen Stähle sind hochlegierte Chrom-Nickel-Stähle.

Neben rund 13 % Chrom und 10 % Nickel können sie Molybdän, Niob, Titan oder Stickstoff enthalten.

Ihr Kohlenstoffgehalt beträgt meistens unter 0,1 %.

Je nach Sorte sind sie gegen atmosphärische oder stark korrodierende Einflüsse beständig (Tabelle 1).

Sie sind zähelastisch mit mittlerer bis hoher Festigkeit, gut umformbar und mit MIG- oder WIG-Verfahren (Seite 243) schweißbar.

Im Metallbau werden aus nichtrostenden Profilstählen und Blechen Geländer, Fassadenverkleidungen, Sanitäreinrichtungen, Fenster, Türen und Rohrkonstruktionen gefertigt (Bild 1).

Im Handwerk wird nichtrostender Stahl als „Edelstahl Rostfrei" bezeichnet.

Im Maschinen- und Apparatebau werden daraus Behälter und Rohrleitungen für Chemie- und Lebensmittelanlagen gefertigt (Bild 1).

Tabelle 1: Korrosionsbeständige Stähle

Kurzname	Einsatzbereich
X5CrNi18-10 **X6CrNiTi18-10**	Korrosionsbeständig im Freien bei Land- und Stadtatmosphäre
X5CrNiMo17-12-2 **X2CrNiMoN17-13-5**	Korrosionsbeständig gegen Industrie und Seeatmosphäre sowie die meisten Säuren

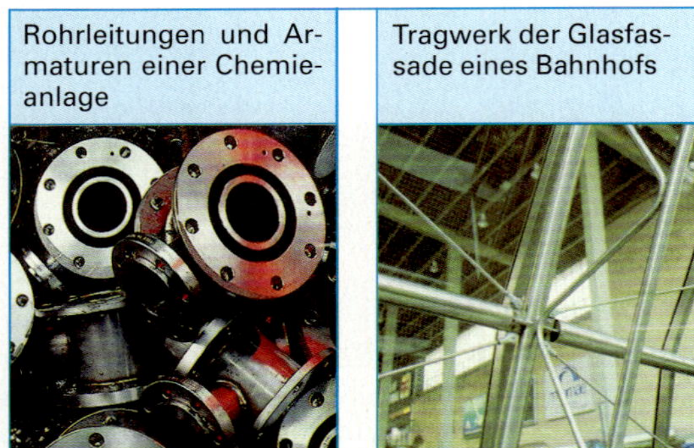

1 Bauteile aus korrosionsbeständigen Stählen

Warmfeste und hitzebeständige Stähle

Sie enthalten neben Chrom die Elemente Molybdän, Vanadium, Nickel, Wolfram, Niob und Titan, wie z. B. X20CrMoV12-1 oder X8CrNiMoNb16-13. Ihr Haupteinsatzgebiet ist der Kraftwerk-Kesselbau.

Die **Kurzbezeichnung** der nichtrostenden Stähle besteht aus einem vorangestellten **X** als Kennzeichen, der Kohlenstoff-Kennzahl, den chemischen Symbolen der wesentlichen Legierungselemente sowie in gleicher Reihenfolge den Gehalten der Legierungselemente in Prozent (siehe nebenstehendes Beispiel). Legierungselemente ohne Prozentangabe sind nur mit geringem Anteil enthalten.

Kurzbezeichnung eines nichtrostenden Stahls

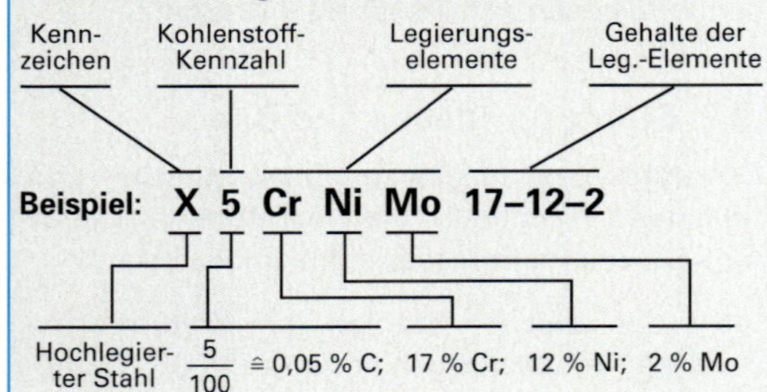

Überprüfen Sie Ihre Kenntnisse

1. **In welche Werkstoffgruppen teilt man die Eisen- und Stahlwerkstoffe nach ihrer Verwendung ein?**
2. **Welchen Einfluss haben Kohlenstoff und die Legierungselemente auf die Festigkeit und die Korrosionsbeständigkeit der legierten Stähle?**
3. **Was lässt sich aus den Werkstoff-Kurzbezeichnungen S235JR bzw. St 37-2 ablesen?**
4. **Welche Eigenschaften hat der Feinkornbaustahl S355J2G3 (St 52-2)?**
5. **Welche Eigenschaften haben Vergütungsstähle?**
6. **Welche Zusammensetzung lässt sich aus der Kurzbezeichnung 42CrMo4 ablesen?**
7. **Für welche Legierungselemente gilt in der Kurzbezeichnung der Vergütungsstähle der Kennzahlfaktor 4?**
8. **Welche Legierungselemente enthalten die Automatenstähle zur Verbesserung der Spanbarkeit?**
9. **Warum haben die Einsatzstähle einen niedrigen Kohlenstoffgehalt?**
10. **Welche Zusammensetzung hat X6CrNiTi18-10?**

3.9.5 Werkzeugstähle

Werkzeugstähle sind unlegierte oder legierte Edelstähle mit großer Härte, aus denen Werkzeuge zum Bearbeiten von Werkstücken und Bauteilen hergestellt werden.

Gemeinsames Kennzeichen der Werkzeugstähle ist ihr relativ hoher Kohlenstoffgehalt von meist 0,3 % bis 2,1 %. Er ist die Voraussetzung für die Härtbarkeit durch Abschreckhärten (Seite 77).

Die legierten Werkzeugstähle enthalten neben 0,3 % bis 2,1 % Kohlenstoff noch Anteile an Chrom, Vanadium, Wolfram, Molybdän, Silicium oder Cobalt.

Die Werkzeugstähle werden als Stabmaterial im weichgeglühten Zustand geliefert. Ihre Gebrauchshärte und Verschleißfestigkeit mit ausreichender Zähigkeit erhalten sie nach der Formgebung zum Werkzeug durch Härten und Anlassen (Seite 77).

Nach ihrem Einsatzbereich und der Verwendungsmöglichkeit unterteilt man die Werkzeugstähle in Kaltarbeitsstähle, Warmarbeitsstähle und Schnellarbeitsstähle. Außerdem gibt es noch Werkzeugstähle für besondere Verwendungszwecke.

Kaltarbeitsstähle

Kaltarbeitsstähle sind unlegierte sowie legierte Werkzeugstähle für Verwendungszwecke, bei denen die Oberflächentemperatur des Werkzeugs im Einsatz unter 200 °C liegt.

Die **unlegierten Kaltarbeitsstähle** enthalten 0,35 % bis 1,5 % Kohlenstoff. Die Härte der Stähle nimmt bis 1 % Kohlenstoff mit dem Kohlenstoffgehalt zu. Ein größerer Kohlenstoffgehalt erhöht zusätzlich den Abnutzungswiderstand. Beim Härten werden die unlegierten Kaltarbeitsstähle in Wasser abgeschreckt. Sie werden deshalb auch **Wasserhärter** genannt.

Unlegierte Kaltarbeitsstähle werden zu Werkzeugen verarbeitet, die keiner besonders hohen Beanspruchung ausgesetzt sind.

Zangen, Äxte und Hämmer fertigt man z. B. aus dem Werkzeugstahl C45U, da diese Werkzeuge nur mäßige Härte aber zusätzlich Zähigkeit benötigen (Bild 1, oben). Für Gewindeschneidwerkzeuge und Endmaße ist z. B. der Werkzeugstahl C105U geeignet, da er eine gewährleistete hohe Härte und Verschleißfestigkeit besitzt.

Die **Kurzbezeichnung** hat folgende Bedeutung:
Beispiel: C80U: Unlegierter Kaltarbeitsstahl, 80 : 100 = 0,8 % C.

Die **legierten Kaltarbeitsstähle** enthalten bis 2,2 % Kohlenstoff sowie Legierungsanteile an Chrom, Nickel, Vanadium, Mangan, Silicium, Molybdän und Wolfram. Die Legierungselemente erhöhen die Festigkeit, die Zähigkeit und den Verschleißwiderstand.

Der legierte Kaltarbeitsstahl 102Cr6 wird z. B. zu Schneideisen, Fräsern und Hand-Gewindeschneidern verarbeitet (Bild 1, unten). Aus dem Stahl X153CrMoV12 fertigt man z. B. Metallsägeblätter und Scherenmesser.

Kaltarbeitsstähle
Arbeitstemperatur: unter 200 °C

Unlegierte Kaltarbeitsstähle:
Kohlenstoffgehalt: = 0,35 % bis 1,5 %
Beispiele: C45U, C105U
Gefüge: Bild 3, Seite 75

Legierte Kaltarbeitsstähle:
Kohlenstoffgehalt: bis 2,2 %
Legierungselemente: Cr, Ni, V, Mn, Si, Mo, W
Beispiele: 102WCr6, X153CrMoV12
Gefüge: Bild 8, Seite 75

Hammerkopf aus C45U
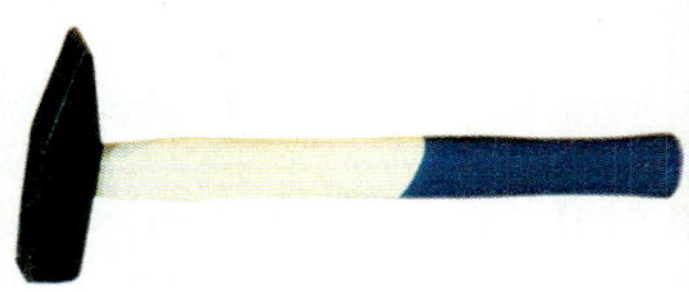

Kombizange aus 90MnCrV8
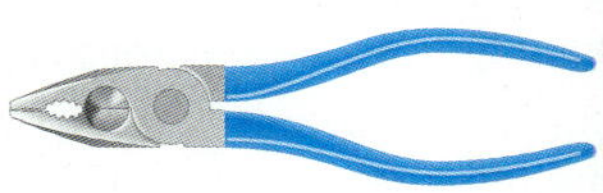

Hand-Gewindeschneider aus 102Cr6
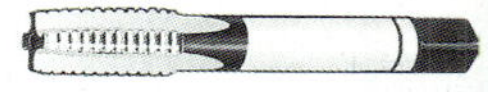

1 Werkzeuge aus Kaltarbeitsstählen

Warmarbeitsstähle

Warmarbeitsstähle sind legierte Werkzeugstähle für Verwendungszwecke, bei denen die Oberflächentemperatur des Werkzeugs im Einsatz zwischen 200 °C und 400 °C liegt.

Ihr Kohlenstoffgehalt beträgt bis 2,2 %, außerdem enthalten sie die Legierungselemente Chrom, Wolfram, Silicium, Nickel, Molybdän, Mangan, Vanadium und Cobalt. Die Legierungselemente sind so aufeinander abgestimmt, dass die Warmarbeitsstähle hohe Warmfestigkeit, Warmhärte und Verschleißwiderstand bei erhöhter Temperatur besitzen.

Der niedrig legierte Warmarbeitsstahl 55NiCrMoV7 z. B. wird zu Hammergesenken verarbeitet.

Aus dem hoch legierten Warmarbeitsstahl X37CrMoV5-1 fertigt man z. B. Presswerkzeuge für Kunststoff-Spritzgussteile (Bild 1).

Die **Kurzbezeichnung** der legierten Kaltarbeitsstähle und Warmarbeitsstähle erfolgt ähnlich wie bei den Maschinenbaustählen (Seite 61 bis 63) sowie den nichtrostenden Stählen (Seite 64).

Beispiele:
Legierter Kaltarbeitsstahl **102Cr6** bedeutet:
102 : 100 = 1,02 % C; 6 : 4 = 1,5 % Cr
Legierter Warmarbeitsstahl **X40CrMoV5-1** bedeutet: 40 : 100 = 0,40 % C, 5 % Cr, 1 % Mo, nicht benannter V-Gehalt.

Warmarbeitsstähle
Arbeitstemperatur: zwischen 200 °C und 400 °C
Kohlenstoffgehalt: bis 2,2 %
Legierungsbestandteile: Cr, W, Si, Ni, Mo, Mn, V, Co
Gefüge: Bild 8, Tafel 3, Seite 75
Beispiele: 55NiCrMoV7, 32CrMoV12-28
X37CrMoV5-1, X40CrMoV5-1

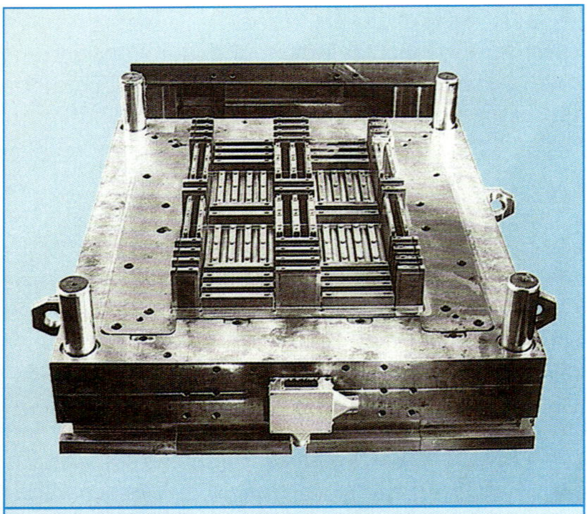

1 Presswerkzeug aus hochlegiertem Warmarbeitsstahl X37CrMoV5-1

Schnellarbeitsstähle

Schnellarbeitsstähle sind hochlegierte Werkzeugstähle für Verwendungszwecke, bei denen die Oberflächentemperatur des Werkzeugs im Einsatz bis 600 °C beträgt.

Schnellarbeitsstähle werden auch Schnellschnittstähle (SS-Stähle) oder High Speed Steels (HSS-Stähle) genannt.

Sie enthalten bis 1,5 % Kohlenstoff sowie die Legierungselemente Wolfram, Molybdän, Vanadium, Cobalt und Chrom. Aufgrund der karbidbildenden Legierungselemente besitzen Schnellarbeitsstähle höchste Warmhärte, Warmfestigkeit, Zähigkeit sowie Anlassbeständigkeit. Aus ihnen werden Spanwerkzeuge für Werkzeugmaschinen gefertigt (Bild 2).

Schnellarbeitsstähle haben eine **Kurzbezeichnung**, die aus dem Symbol **HS** und den Legierungsgehalten in der Reihenfolge Wolfram, Molybdän, Vanadium und Cobalt besteht.

Beispiel: **HS6-5-2-5** ist ein Schnellarbeitsstahl mit 6 % Wolfram, 5 % Molybdän, 2 % Vanadium und 5 % Cobalt.

Schnellarbeitsstähle
Arbeitstemperatur: bis 600 °C
Kohlenstoffgehalt: bis 1,5 %
Legierungselemente: W, Mo, V, Co, Cr
Beispiele: HS6-5-2C, HS2-9-1-8, HS10-4-3-10

2 Spanwerkzeuge aus Schnellarbeitsstahl

3.9.6 Eisen-Gusswerkstoffe

Eisen-Gusswerkstoffe werden zu Werkstücken verarbeitet, die eine komplizierte Form haben und die am besten durch Gießen herstellbar sind. Die Eigenschaften der Eisen-Gusswerkstoffe werden im Wesentlichen vom Kohlenstoffgehalt sowie der Form, in der sich der Kohlenstoff ausscheidet, bestimmt.

Gusseisen mit Lamellengrafit (Grauguss)

Gusseisen mit Lamellengrafit ist Eisen mit 2,6 % bis 3,6 % Kohlenstoff, der sich im Werkstoff als weicher Grafit in Form von dünnen Lamellen ausgeschieden hat (Bild 1).

Werkstoffbeispiel: EN-GJL-200 (früher GG-20)

Die Grafitlamellen (ca. 0,01 mm dick) durchziehen den Werkstoff mit einem feinnadeligen Geäst und, bewirken durch die Kerbwirkung der Lamellen seine relativ geringe Festigkeit sowie seine Sprödigkeit.

Andererseits verleihen sie Gusseisen mit Lamellengrafit die Fähigkeit, mechanische Schwingungen zu dämpfen und führen durch den, wie ein Gleitmittel wirkenden Grafit, zu ausgezeichneten Gleiteigenschaften an Verschleißflächen. Die Bruchfläche von Gusseisen mit Lamellengrafit ist grau; deshalb wird es auch Grauguss genannt.

Gusseisen mit Lamellengrafit wird zu dickwandigen Drehmaschinenbetten sowie zu Gehäusen, Tischen und Schlitten von Maschinen vergossen.

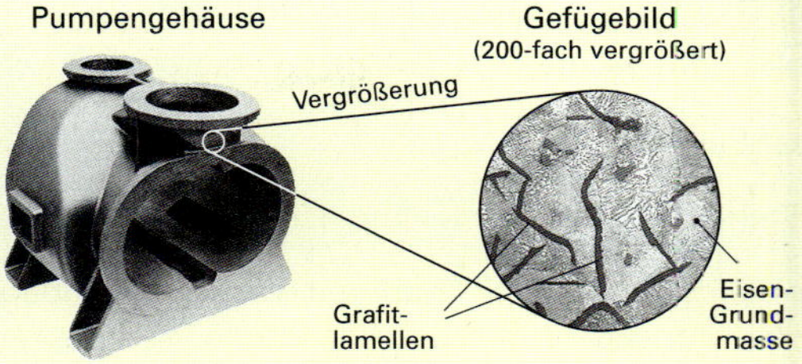

Eigenschaften: Zugfestigkeit: 100 bis 315 N/mm²; Bruchdehnung: kleiner 1%, d. h. spröde; Schwingungsdämpfend, gute Gleiteigenschaften; Kurzzeichen: EN-GJL, Beispiel: EN-GJL-200 (früheres Kurzzeichen: GG, Beispiel: GG-20).

1 Gusseisen mit Lamellengrafit

Gusseisen mit Kugelgrafit (Sphäroguss)

Gusseisen mit Kugelgrafit enthält 2,6 % bis 3,6 % Kohlenstoff, der als kugelförmiger Grafit ausgeschieden ist (Bild 2).

Werkstoffbeispiel: EN-GJS-500-7 (früher GGG-50)

Die kugelförmigen Grafitausscheidungen (ca. 0,02 mm Durchmesser) werden durch Zulegieren von Magnesium zur Gussschmelze erreicht. Die Grafitkügelchen haben eine geringere Kerbwirkung als Grafitlamellen, sodass die Festigkeit und die Bruchdehnung von Sphäroguss wesentlich höher als bei Grauguss ist.

Sphäroguss wird zu Gussteilen verarbeitet, die hohen Belastungen sowie Schlag und Stoß ausgesetzt sind: z. B. Motor-, Pumpen- und Achsgehäusen, Zahnrädern, Kurbelwellen, Walzen.

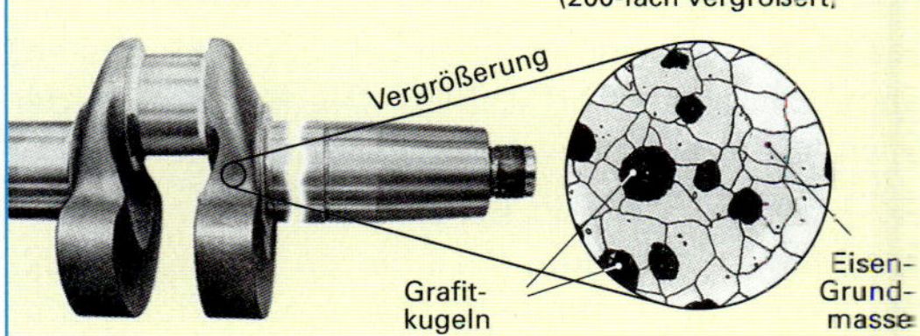

Eigenschaften: Zugfestigkeit: 350 bis 900 N/mm²; Bruchdehnung: 2% bis 22%, schlag- und stoßunempfindlich, gute Gleiteigenschaften; Kurzzeichen: EN-GJS, Beispiel: EN-GJS-500-7 (früheres Kurzzeichen: GGG, Beispiel: GGG-50).

2 Gusseisen mit Kugelgrafit

Temperguss

Temperguss ist eine Gusseisensorte, die durch besondere Glühbehandlungen (Tempern) zäh gemacht wird.

Es gibt zwei Sorten von Temperguss, die entweder nach der Art der Glühbehandlung oder dem Aussehen der Bruchfläche benannt werden:

- **Entkohlend geglühter Temperguss** (auch Weißer Temperguss genannt)
- **Nichtentkohlend geglühter Temperguss** (auch Schwarzer Temperguss genannt).

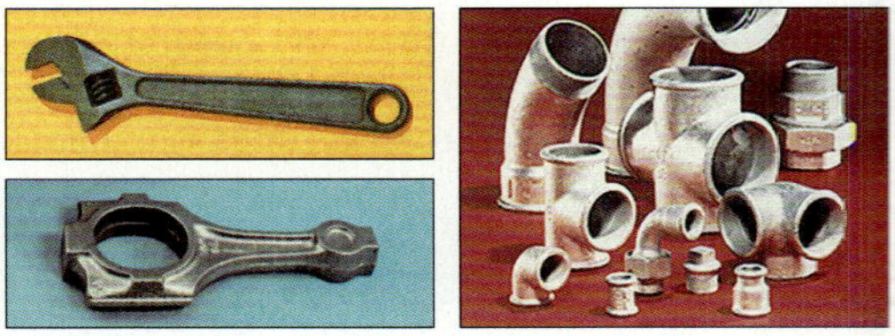

Eigenschaften: Zugfestigkeit: 300 bis 600 N/mm²; Bruchdehnung: 3% bis 15%, zäh und schlagfest.
Entkohlend geglühter Temperguss
Kurzzeichenbeispiel: EN-GJMW-400-5 (früher: GTW-40-05).
Nichtentkohlend geglühter Temperguss
Kurzzeichenbeispiel: EN-GJMB-450-6 (früher: GTS-45-06).

3 Bauteile aus Temperguss

Aus Temperguss werden kleine Gussteile, wie z. B. Hebel, Bartschlüssel, Pleuel, Rohrfittings und einfache Werkzeugteile hergestellt (Bild 3, Seite 67).

Werkstoffbeispiel: EN-GJMW-400-5 (GTW-40-05) ist ein entkohlend geglühter Temperguss.

Ausgangsstoff für Temperguss ist eine Eisenschmelze mit rund 3 % Kohlenstoff, 1 % Silicium und 0,5 % Mangan. Sie wird zu dünnwandigen Gussteilen vergossen. Der dann vorliegende Temperrohguss ist sprödhart. Anschließend werden die Gussteile entweder in sauerstoffhaltiger Ofenatmosphäre oder unter Luftabschluss geglüht und erhalten dadurch Zähigkeit und Schlagfestigkeit.

Stahlguss

Stahlguss ist in Formen gegossener Stahl.

Kompliziert geformte Gussbauteile, die besonders hohen mechanischen Belastungen ausgesetzt sind, werden aus Stahlguss hergestellt, z. B. Hochdruckarmaturen und Motorblöcke, Turbinen- und Verdichtergehäuse (Bild 1). Nach dem Vergießen werden die Gussstücke geglüht und erlangen annähernd die Festigkeitseigenschaften der entsprechenden Walzstähle.

Es gibt eine Vielzahl von Stahlgusssorten:

- Stahlguss für allgemeine Verwendungszwecke.
- Stahlguss mit verbesserter Schweißeignung und Zähigkeit.
- Nichtrostender Stahlguss, usw.

1 Rotoren und Verdichtergehäuse aus hochlegiertem Stahlguss EN-GJN-X5CrNi13-4 (G-X 5 CrNi 13 4)

Kurzbezeichnung der Eisen-Gusswerkstoffe

Das **neue Kurzzeichen** nach DIN EN 1560 besteht aus Buchstaben und Zahlen. Die Bedeutung der Zeichen zeigen nebenstehende Beispiele.

Die ersten 4 Zeichen EN-GJ sind immer gleich. Dann folgt ein Kennbuchstabe für die Grafitstruktur, z. B. L für Lamellengrafit, S für Kugelgrafit, M für Temperkohle, N für grafitfrei usw.

Bei Gusseisenwerkstoffen, die durch ihre Festigkeit klassifiziert sind, gibt die erste Zahl, z. B. 300, die Zugfestigkeit an. Eine zweite Zahl ist die Bruchdehnung. Beispiel EN-GJS-400-15: Zugfestigkeit 400 N/mm², Bruchdehnung 15 %.

Anstatt der Festigkeit kann das Kurzzeichen auch die Brinellhärte angeben, z. B. bei EN-GJL-HB235.

Gusseisenwerkstoffe, die durch die Zusammensetzung gekennzeichnet sind, enthalten nach der Vorsilbe EN-GJ einen Zusammensetzungs-Kurznamen wie bei den Stählen, z.B. EN-GJ-XNiMn13-7, oder wenn der Kohlenstoffgehalt angegeben werden soll z. B. EN-GJ-X5NiMn13-7.

Das **alte Kurzzeichen** nach DIN bestand aus einem Gusszeichen, z. B. GG (Gusseisen mit Lamellengrafit) oder GGG (Gusseisen mit Kugelgrafit) und einer Festigkeitskennzahl, die etwa 1/10 der Zugfestigkeit in N/mm² angibt. Legiertes Gusseisen wurde nach dem G- mit dem Stahlnamen bezeichnet.

Außerdem können die Gusseisenwerkstoffe mit einer Werkstoffnummer benannt werden (Seite 69).

Neues Guss-Kurzzeichen nach DIN EN mit Angabe der Zugfestigkeit oder Härte:

Beispiel: **EN-GJL-300**

Europäische Norm | Guss-werkstoff | Eisen | Lamellen-grafit | 300 N/mm² Zugfestigkeit

Neues Guss-Kurzzeichen nach DIN EN mit Angabe der Zusammensetzung

Beispiel: **EN-GJ-XNiMn13-7**

Europäische Norm | Guss-werkstoff | Eisen | 13 % Nickel 7 % Mangan

mit zusätzlicher Angabe des C-Gehalts

Beispiel: **EN-GJL-X300CrNiSi9-5-2**

300 : 100 = 3 % C | 9 % Chrom 5 % Nickel 2 % Silicium

Altes Guss-Kurzzeichen nach DIN

Beispiel: **GG-20** Gusseisen mit Lamellengrafit 200 N/mm² Zugfestigkeit

Beispiel: **G-X5CrNi 13 4** Hochlegierter Stahlguss; 0,05 % C, 13 % Chrom, 4 % Nickel

3.9.7 Werkstoffnummern für Stähle und Eisen-Gusswerkstoffe

Neben den genormten Kurznamen werden die Werkstoffe mit einer Werkstoffnummer bezeichnet. Diese Bezeichnungsart eignet sich besonders für die Bestellung, Bevorratung usw. mit elektronischer Datenverarbeitung (EDV). Aus den Werkstoffnummern ist die Zusammensetzung des Werkstoffs nicht direkt ersichtlich. Aus den ersten drei Ziffern ist nur eine Zuordnung zu einer Werkstoffgruppe möglich.

Die Werkstoffnummer für Stähle und Eisen-Gusswerkstoffe besteht aus fünf oder sieben Ziffern, die mit einem Punkt nach der ersten Ziffer unterteilt sind (siehe nebenstehendes Beispiel).

Die erste Ziffer gibt die Werkstoff-Hauptgruppe an, die nächsten zwei Ziffern die Gruppennummer und die weiteren zwei Ziffern sind Zählnummern. Bei Bedarf kann die Zählnummer auf vier Ziffern erweitert werden.

Der Punkt nach der ersten Ziffer ist mitzuschreiben und mitzusprechen.

Beispiel: Stahl S355J2G3 (St 52-3 N)

1 . 0 5 7 0

Werkstoff-Hauptgruppe | Stahlgruppennummer | Zählnummer | (auf 4 Ziffern erweiterbar)

Werkstoff-Hauptgruppen

Die Werkstoff-Hauptgruppen nehmen eine erste, grobe Unterteilung der Werkstoffe in Hauptgruppen vor. Jeder Hauptgruppe ist eine Ziffer zugeordnet. Sie bedeutet:

0 Gusseisen, Roheisen, Ferrolegierungen
1 Stähle
2 Schwermetall-Werkstoffe (außer Eisen)
3 Leichtmetall-Werkstoffe
4 bis 8 Nichtmetallische Werkstoffe
9 Freie Kennzahl für betriebliche Kennzeichnung

Gruppennummern für Stähle und Gusseisen

Die Gruppennummern für die Stähle werden im Wesentlichen nach der Zusammensetzung und den Eigenschaften gebildet. Die unlegierten Stahlbaustähle haben z.B. die Stahlgruppennummern 00, 01, 90 und 91, sonstige Baustähle 02, 92, 03 bis 06 und 93 bis 96. Schnellarbeitsstähle haben die Stahlgruppennummern 32 und 33, die nichtrostenden Stähle die Stahlgruppennummern 40 bis 46.

Gusseisen mit Lamellengrafit hat die Gruppennummer 60, Temperguss 80 und 81.

Beispiel: Stahl S235JR (St 37-2)

1.00 37

Werkstoff-Hauptgruppe: 1 Stahl | Stahlgruppennummer: 00 Grundstahl | Zählnummer: 37 für S235JR

Zählnummern

Die Zählnummern sind einem ganz bestimmten Werkstoff zugeordnet.

Der Stahl S235JR (St 37-2) hat z.B. die Zählnummer 37, das Gusseisen EN GJL-200 (GG-20) hat die Zählnummer 20.

Beispiel: Gusseisen mit Lamellengrafit EN-GJL-200 (GG-20)

0. 60 20

Werkstoff-Hauptgruppe: 0 Gusseisen | Gusseisensortennummer: 60 Gusseisen mit Lamellengrafit | Zählnummer: 20 für EN-GJL-200 (GG-20)

Überprüfen Sie Ihre Kenntnisse

1. **Wie unterteilt man die Werkzeugstähle nach ihren Einsatztemperaturen?**
2. **Welchen Kohlenstoffgehalt haben die Werkzeugstähle?**
3. **Welche Stahlzusammensetzung lässt sich aus dem Kurzzeichen 40CrMnMoS8-6 ableiten?**
4. **Um welche Stahlsorte handelt es sich bei dem Stahl HS6-5-2-5 und welche Zusammensetzung hat er?**
5. **Nennen Sie die gebräuchlichen Gusseisensorten.**
6. **Welche besonderen Eigenschaften hat Gusseisen mit Lamellengrafit?**
7. **Wie wird Temperguss hergestellt?**
8. **Warum wird ein Drehmaschinenbett aus Grauguss, ein Turbinengehäuse hingegen aus legiertem Stahlguss hergestellt?**
9. **Nennen Sie die Werkstoff-Hauptgruppe der folgenden Werkstoffe:**
   a) 0.7060 b) 1.3343 c) 0.8040

3.10 Der innere Aufbau der Metalle

Die Eigenschaften der Metalle werden durch ihren Aufbau sowie die räumliche Anordnung der kleinsten Teilchen bestimmt. Diese Struktur gehört teilweise zur naturgegebenen Art eines Stoffes, zum anderen Teil bildet sie sich bei der Herstellung und der Verarbeitung der Metalle.

3.10.1 Blick ins Werkstoffinnere

Mit dem bloßen Auge betrachtet erscheinen die Metalle als einheitlicher Stoff ohne Untergliederung. Man sieht lediglich die typische, hell glänzende Metalloberfläche (Bild 1, oberstes Bild).

Ihr Aussehen wird vom Bearbeitungszustand geprägt und erlaubt mit bloßem Auge keinen Einblick in den Werkstoffaufbau.

Den komplizierten inneren Aufbau der Metalle erkennt man erst durch stufenweises Vergrößern, z. B. mit einem Elektronenmikroskop (Bild 1, untere Teilbilder).

Gefüge

Bei 1000facher Vergrößerung sieht man, dass das Metall in kornförmige Bereiche gegliedert ist (2. Bild von oben). Man nennt sie **Körner** oder **Kristallite**. Die Begrenzungsflächen der Körner heißen **Korngrenzen**.

Das Bild, das sich bei etwa 1000facher Vergrößerung im Schliffbild bietet, nennt man das **Gefüge** des Werkstoffs.

Kristalline Struktur

Betrachtet man einen kleinen Ausschnitt eines Korns bei noch stärkerer Vergrößerung, z. B. 100 000fach, so erkennt man einen stufenartigen Aufbau des Metalls aus lauter ähnlich geformten Würfeln, den **Kristallen** des Metalls (3. Bild von oben). Man sagt: metallische Werkstoffe haben eine **kristalline Struktur**.

Atomare Struktur

Vergrößert man die Ecke eines Kristalls noch stärker, auf 10 000 000fache Vergrößerung, so erkennt man die **atomare Feinstruktur:** die kleinsten Bausteine der Metalle, die Metallionen, umgeben von einer zusammenhängenden Elektronenwolke (unterstes Bild). Sie hält die Metallteilchen zusammen und verleiht den Metallen ihre Festigkeit. Die Elektronen der Elektronenwolke sind frei beweglich. Metalle sind deshalb gute elektrische Leiter.

Die Metallionen sind in regelmäßigen Abständen und Winkeln zueinander angeordnet, wodurch sich die würfelartige Kristallform ergibt.

Verbindet man zeichnerisch die Mittelpunkte der Metallionen, so ergeben die Verbindungslinien ein räumliches Gitter, das man **Raumgitter** oder **Kristallgitter** nennt. Es ist gekennzeichnet durch immer gleiche Gitterabstände und Gitterwinkel.

Die kleinste Einheit eines Kristallgitters bezeichnet man als **Elementarzelle**. Sie gibt die typische Anordnung der Metallionen einer Metallart an und wird zur Kennzeichnung der verschiedenen Kristallgittertypen benutzt.

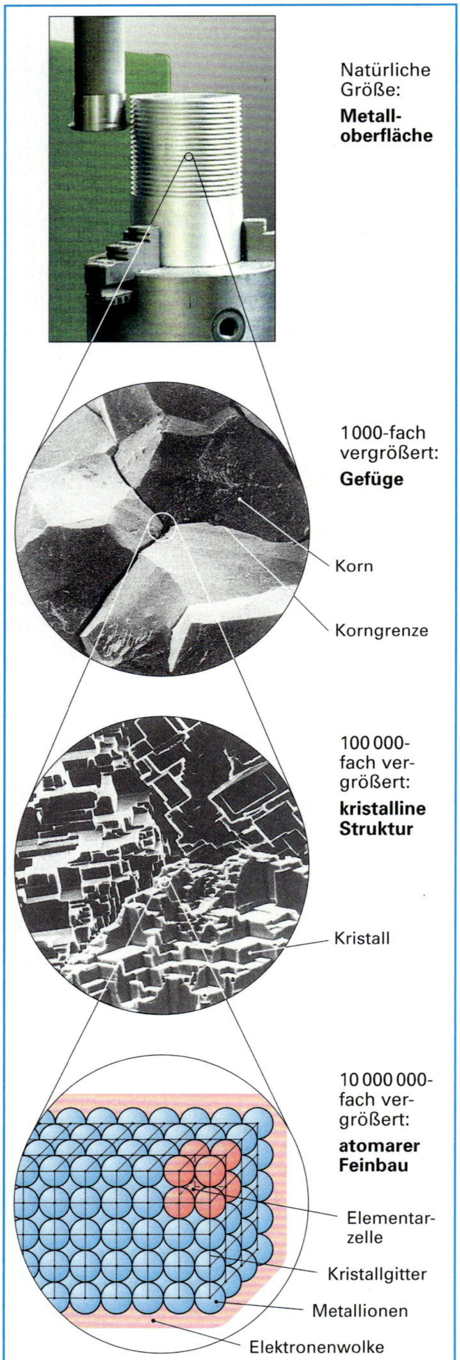

1 Innerer Aufbau der Metalle

3.10.2 Kristallgittertypen der Metalle

Metalle kristallisieren hauptsächlich in drei Kristallgittertypen (Bild 1):

Beim **kubisch-raumzentrierten** (krz) Kristallgitter ordnen sich die Metallionen so, dass ihre Mittelpunkte einen Würfel (Kubus) bilden. Zusätzlich befindet sich noch ein Ion in der Raummitte des Würfels. Da die Darstellung des Kristallgitters mit den Metallionen als Kugeln unübersichtlich ist, stellt man sie meist nur schematisch durch die Ionenmittelpunkte dar (Bild 1, rechts). Ein solches kubisch-raumzentriertes Kristallgitter hat z.B. Eisen bei Temperaturen unter 911 °C sowie Chrom, Wolfram und Vanadium.

Das **kubisch-flächenzentrierte** (kfz) Kristallgitter hat ebenfalls einen Würfel als Grundkörper und zusätzlich je ein Ion in der Mitte der Seitenflächen. Diese Kristallform hat Eisen bei Temperaturen über 911 °C sowie Aluminium, Kupfer und Nickel.

Ein **hexagonales** (hex) Kristallgitter haben Magnesium, Zink und Titan. Bei diesem Gitter bilden die Metallionen ein sechseckiges Prisma mit je einem Ion in der Mitte der Grundflächen.

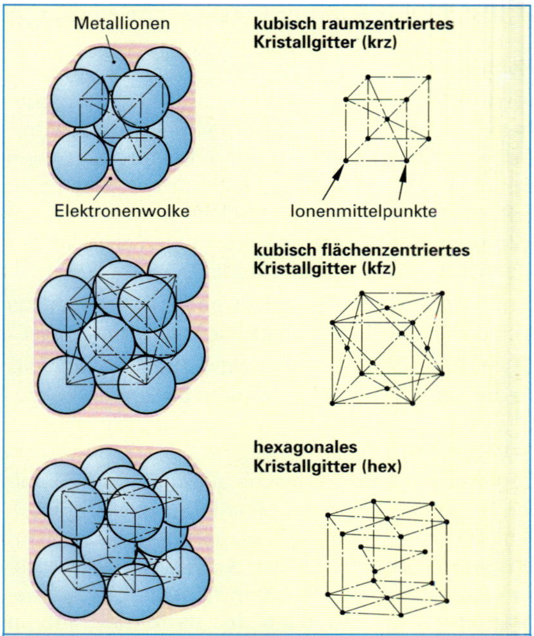

1 Kristallgittertypen der Metalle

3.10.3 Entstehung des Metallgefüges

Bei der Herstellung sind die Metalle flüssig. Durch Abkühlen erstarren sie und nehmen ihre feste Gestalt an. Dabei entsteht ihr **Gefüge**, d.h. die Art und Anordnung der Körner. Dieser Vorgang läuft folgendermaßen ab (Bild 2):

① In der Metallschmelze bewegen sich die Metallionen frei und regellos durcheinander.

② Kühlt sich die Schmelze unter die Erstarrungstemperatur ab, so beginnen sich an vielen Stellen in der Schmelze Metallionen nach dem Metallgitterbauplan zusammen zu lagern: es entstehen **Kristallisationskeime**.

③ Von ihnen ausgehend gliedern sich immer mehr Metallionen aus der Restschmelze den Kristallen an, die dadurch rasch wachsen.

④ Wenn die Schmelze fast aufgebraucht ist, stoßen die wachsenden Kristalle aneinander. Die deshalb unregelmäßig begrenzten Kristalle nennt man **Kristallite** oder **Körner**. Metallionen im Grenzbereich zwischen den Körnern und Fremdatome bilden eine ungeordnete Begrenzungsschicht, die **Korngrenze** genannt wird.

Schneidet man ein Stück Metall durch, schleift, poliert und ätzt die Schnittfläche, so kann man unter dem Mikroskop das Gefüge des Metalls erkennen. Das sich darbietende Bild wird **Schliffbild** genannt (Bild 3). Es zeigt die Körner und die als dünne Linie zwischen den Körnern verlaufenden Korngrenzen. (Weitere Schliffbilder Seite 75.)

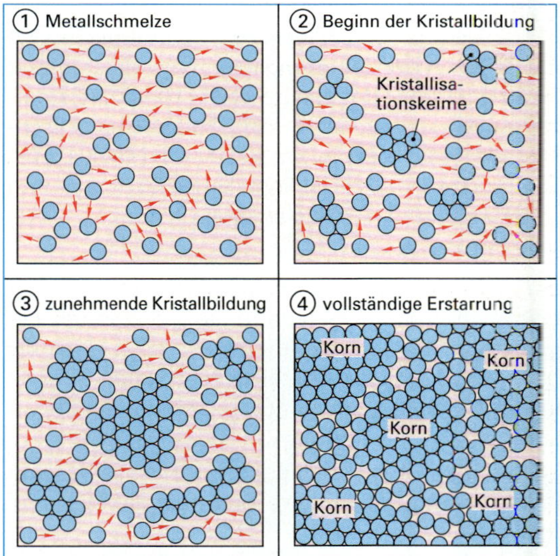

2 Erstarrung einer Metallschmelze (schematisch)

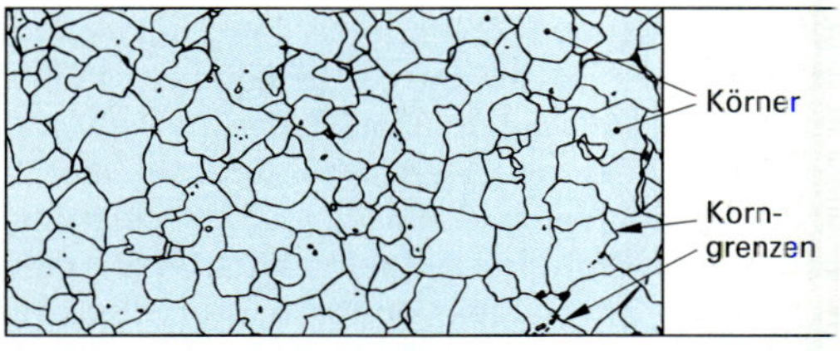

3 Metallgefüge im Schliffbild

3.10.4 Gefüge reiner Metalle und von Legierungen

Reine Metalle

Reine Metalle haben ein einheitliches (homogenes) Gefüge (Bild 1). Alle Körner bestehen aus derselben Metall-Ionensorte und haben denselben Bauplan nach einem Kristallgittertyp. Bei Eisen z. B. sind die Fe^{2+}-Ionen kubisch-raumzentriert angeordnet. Die Körner unterscheiden sich in der Ausrichtung des Kristallgitters.

Reinmetalle haben eine relativ geringe Festigkeit, da sich das einheitliche Gefüge leicht verformen lässt.

Die meisten Metalle werden in der Technik nicht als Reinmetalle verwendet, sondern als Legierungen.

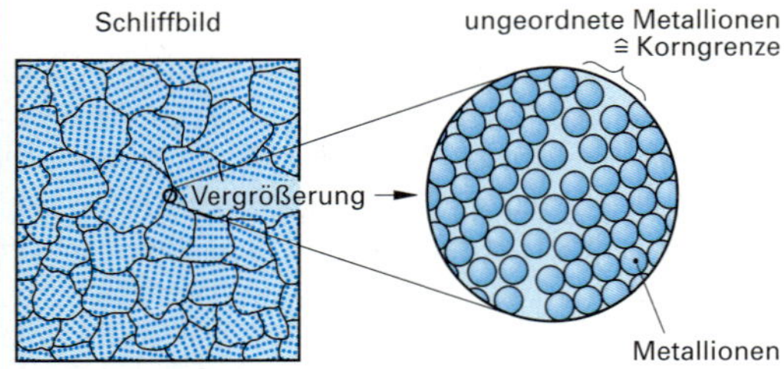

1 Innerer Aufbau eines reinen Metalls

Legierungen

Legierungen sind Gemische aus mehreren Metallen oder Gemische aus Metallen und Nichtmetallen. Die Herstellung der Legierungen erfolgt im flüssigen Zustand, in der Schmelze. Die Legierungselemente werden dem flüssigen Grundmetall zugegeben und lösen sich darin gleichmäßig auf. Beim Erstarren der Schmelze bilden sich je nach Grundmetall und Legierungselementen unterschiedliche Gefügearten aus.

In **Legierungen mit Mischkristallen** verteilen sich die Teilchen des Legierungselements gleichmäßig im Kristallgitter des Basismetalls (Bild 2). Es entstehen Mischkristalle. Im Schliffbild sehen Mischkristalle wie Kristalle eines reinen Metalls aus. Legierungen mit Mischkristallen sind fester und zäher als ihre reinen Basismetalle.

Beispiel: Eisen-Nickel-Legierungen.

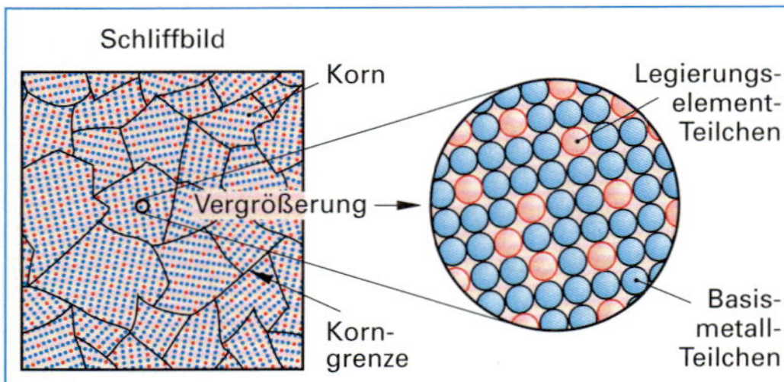

2 Innerer Aufbau einer Mischkristall-Legierung

Bei **Legierungen mit Kristallgemischen** lagern sich beim Erstarren der Schmelze die Teilchen des Legierungselementes sowie die des Basiselementes getrennt zu eigenen Kristallen zusammen (Bild 3). Es entsteht ein Kristallgemisch, dass im Schliffbild sichtbar ist.

Legierungen mit Kristallgemischen haben eine höhere Festigkeit als ihre Basismetalle; sie sind meist jedoch spröde.

Beispiel: Gusseisen (Eisen und Grafit).

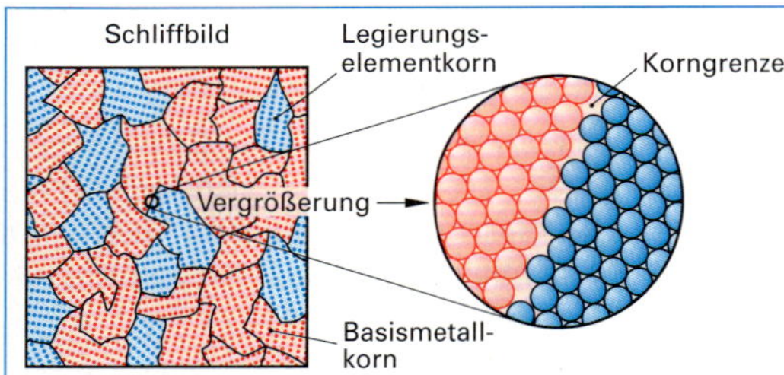

3 Innerer Aufbau einer Kristallgemisch-Legierung

Unlegierte Stähle (Kohlenstoffstähle)

Die unlegierten Stähle stellen bezüglich des Gefüges eine Besonderheit unter den Legierungen mit Kristallgemischen dar. Sie bestehen aus Eisen und 0,2 % bis 0,5 % Kohlenstoff, der im Stahl chemisch gebunden als **Eisenkarbid Fe_3C** vorliegt. In der Metalltechnik wird dieser Gefügebestandteil **Zementit** genannt. Der Zementit bildet keine eigenen Körner im Gefüge, sondern durchzieht die Eisenkörner mit dünnen Zementitstreifen (Bild 4). Dieses spezielle Stahlgefüge wird **Perlit** genannt.

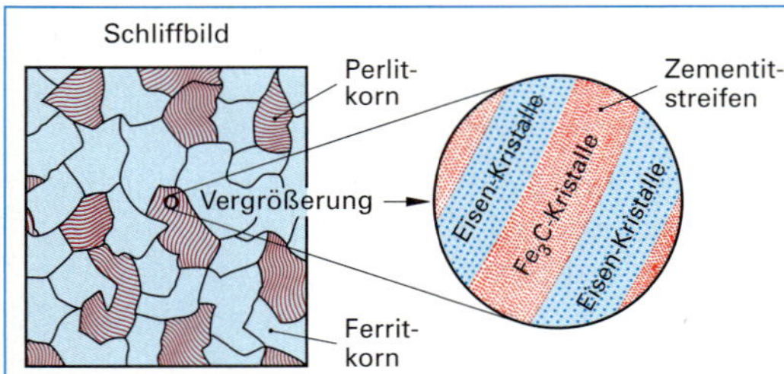

4 Innerer Aufbau eines unlegierten Stahls

3.10.5 Schmelz- und Erstarrungsverhalten

Reine Metalle

Erwärmt man ein reines Metall, so steigt seine Temperatur zunächst gleichmäßig an (Bild 1). Bei Erreichen der **Schmelztemperatur** beginnt das Metall flüssig zu werden. Bis es ganz geschmolzen ist, dauert es eine bestimmte Zeit, während der die Temperatur in der Teilschmelze gleich bleibt. Die Schmelzkurve hat bei der Schmelztemperatur ein waagrechtes Stück. Ist alles geschmolzen, so steigt bei Wärmezufuhr die Temperatur in der Schmelze weiter gleichmäßig an.

Beim Abkühlen der Schmelze wird die Kurve (Bild 1) in entgegengesetzter Richtung durchlaufen. Beim waagrechten Kurvenstück wird die Schmelze bei der **Erstarrungstemperatur** fest.

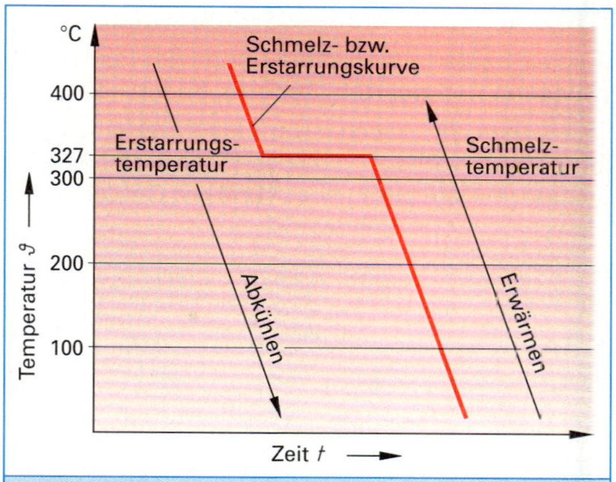

1 Schmelz- und Erstarrungskurve eines reinen Metalls (Beispiel: Blei)

Legierungen

Legierungen zeigen ein anderes Erstarrungs- und Schmelzverhalten als reine Metalle. Sie schmelzen und erstarren nicht bei einer bestimmten Temperatur, sondern in einem **Temperaturbereich** (Bild 2).

Dieser Schmelz- bzw. Erstarrungsbereich ist abhängig von der Zusammensetzung der Legierung (Bild 3, links).

Trägt man den Beginn und das Ende der Erstarrungsbereiche verschiedener Legierungen eines Legierungssystems in ein Diagramm mit der Temperatur als Abszisse und der Zusammensetzung als Ordinate ein, so erhält man das **Zustandsdiagramm** des Legierungssystems (Bild 3, rechts). Daraus kann man die Aggregatzustände und die Gefüge bei den verschiedenen Temperaturen und Zusammensetzungen des Legierungssystems ablesen.

Das Legierungssystem Blei/Zinn hat z. B. einen Tiefpunkt der Schmelztemperatur bei 38 % Blei/62 % Zinn. Solch eine Legierung nennt man eine eutektische Legierung.

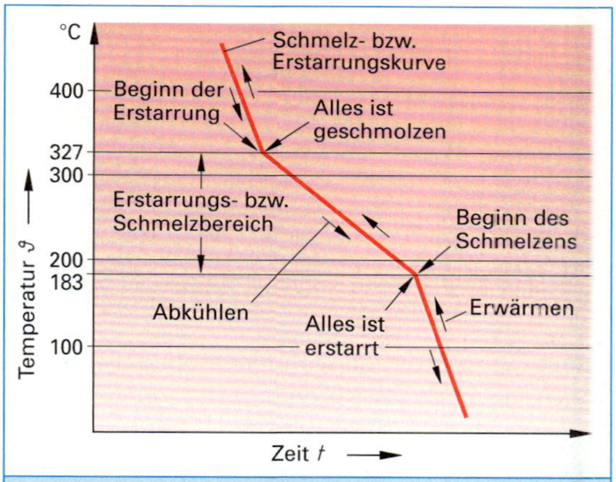

2 Schmelz- und Erstarrungskurve einer Legierung (Beispiel: 80 % Blei/20 % Zinn)

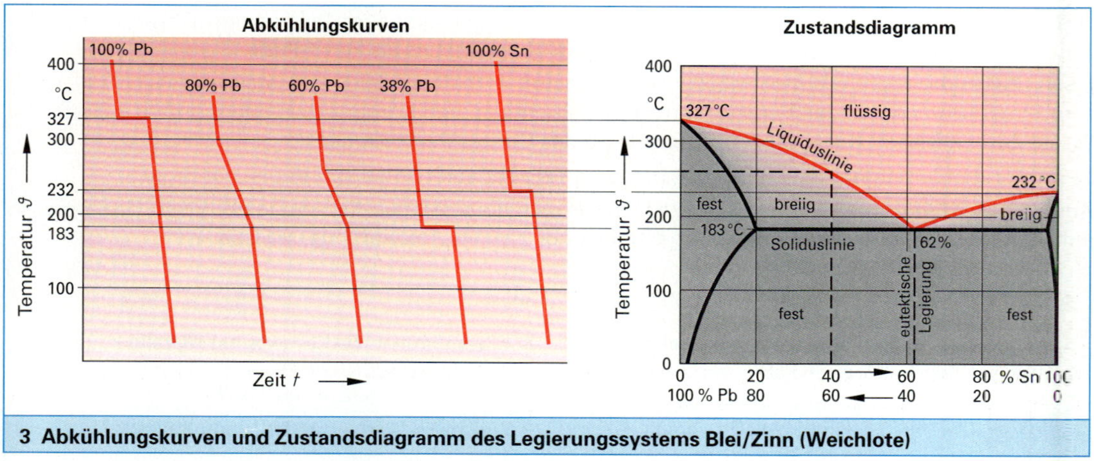

3 Abkühlungskurven und Zustandsdiagramm des Legierungssystems Blei/Zinn (Weichlote)

3.10.6 Eisen-Kohlenstoff-Zustandsdiagramm und Gefügearten der unlegierten Stähle

Unlegierte Stähle sind Legierungen des Eisens mit Kohlenstoff. Je nach Kohlenstoffgehalt haben sie verschiedene Gefügearten (Seite 75, Bilder 1 bis 3), die ihre Eigenschaften bestimmen.

Eine Übersicht, welche Gefügeart bei einem bestimmten Kohlenstoffgehalt und einer bestimmten Temperatur vorliegt, gibt das **Eisen-Kohlenstoff-Zustandsdiagramm**. Den wichtigsten Bereich dieses Diagramms, die „Stahlecke“ und die Gefügearten der unlegierten Stähle zeigt Bild 1.

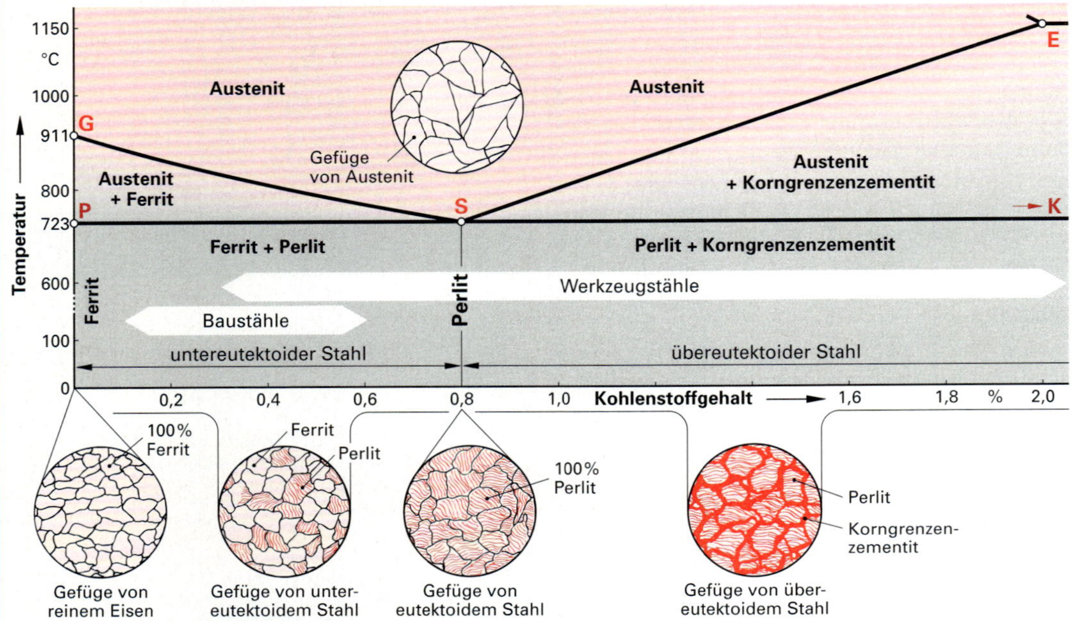

1 Stahlecke des Eisen-Kohlenstoff-Zustandsdiagramms mit den Gefügearten der Stähle

Reines Eisen. Eisen ohne Kohlenstoff (linker Rand des Fe-C-Zustandsdiagramms) bildet ein Gefüge, das aus vieleckigen Eisenkörnern besteht und **Ferrit** genannt wird. Es ist weich und zäh.

Zementit. Bei den Stählen liegt der Kohlenstoff als chemische Verbindung **Eisenkarbid** (Fe_3C) vor. In der Metallkunde nennt man diese Verbindung **Zementit**. Er ist hart und spröde. Zementit scheidet sich bei niedrigem Kohlenstoffgehalt in Form dünner Streifen (Streifenzementit), bei höherem Kohlenstoffgehalt zusätzlich an den Korngrenzen als Korngrenzenzementit ab (Bild 1, 2 und 3, Seite 75).

Eutektoider Stahl. In Stahl mit 0,8 % Kohlenstoff (eutektoider Stahl) sind alle Ferritkörner mit Streifenzementit durchzogen. Dieses Gefüge heißt wegen seines perlmuttartigen Aussehens **Perlit**.

Untereutektoider Stahl mit weniger als 0,8 % Kohlenstoff besteht zum Teil aus Ferritkörnern und zum Teil aus Perlitkörnern (Bilder 1 und 2, Seite 75). Man bezeichnet es als **Ferrit-Perlit**-Gefüge.

Übereutektoider Stahl mit mehr als 0,8 % Kohlenstoff enthält so viel Kohlenstoff, dass sich zusätzlich zum Streifenzementit in den Perlitkörnern noch Zementit an den Korngrenzen ablagert (Bild 3, Seite 75). Dieser Zementit heißt **Korngrenzenzementit** und das Gefüge **Perlit-Zementit**.

Je größer der Zementitanteil im Gefüge, umso härter aber auch umso spröder ist der Stahl.

Austenit. Bei Temperaturen oberhalb 723 °C lösen sich die Kohlenstoffatome in der Eisen-Grundmasse auf und bilden Mischkristalle. Das Gefüge bezeichnet man als **Austenit** oder **γ-Eisen**.

Überprüfen Sie Ihre Kenntnisse

1 **Warum sind Metalle gute elektrische Leiter?**
2 **Welche Kristallgitterarten haben die Metalle?**
3 **Was ist der Unterschied zwischen einem Mischkristall und einem Kristallgemisch?**
4 **Wie entstehen die Körner eines Metallgefüges?**
5 **Was kann aus dem Eisen-Kohlenstoff-Zustandsdiagramm abgelesen werden?**
6 **Welche Gefügebestandteile enthält Perlit?**

3.10.7 Gefüge-Schliffbilder von Stählen und Eisen-Gusswerkstoffen

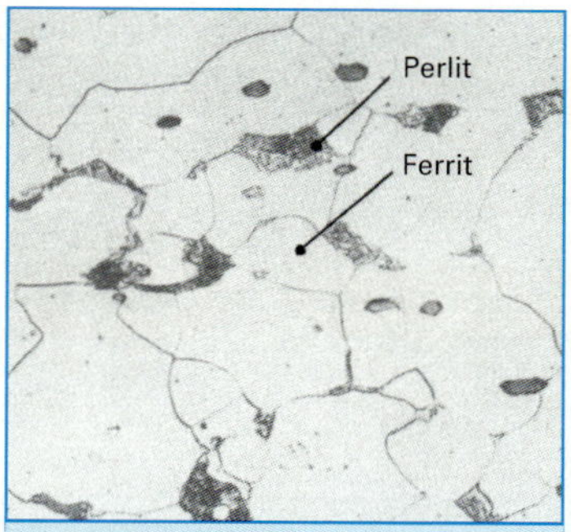

1 Einsatzstahl C15 M 500 : 1

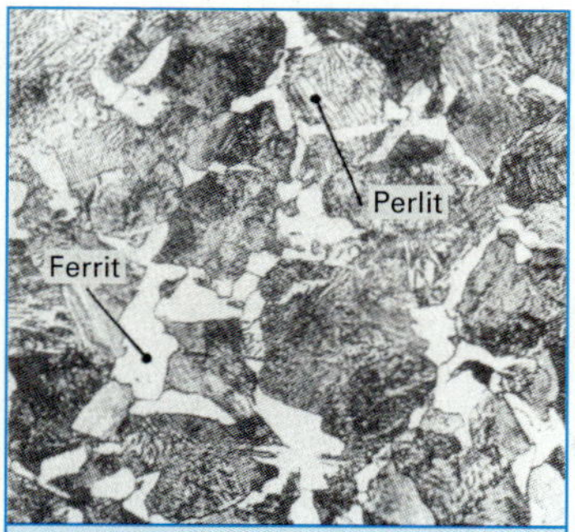

2 Vergütungsstahl C45 M 500 : 1

3 Werkzeugstahl C105U normalisiert M 500 :

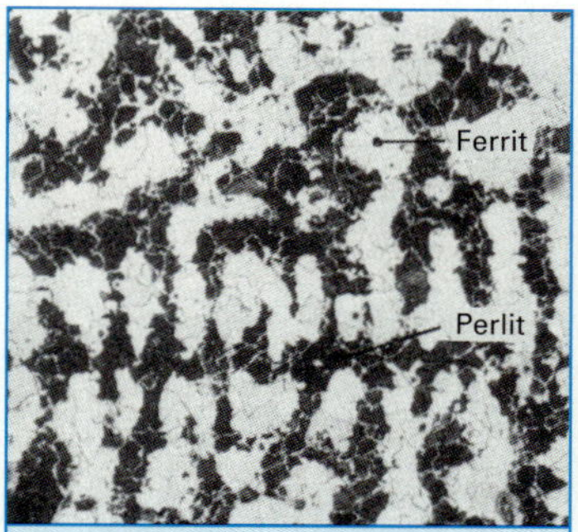

4 Stahlguss EN-GJN-520 (GS-52) M 100 : 1

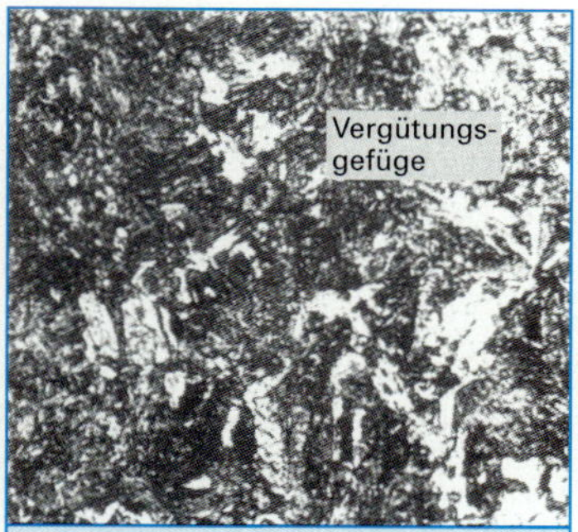

5 Vergütungsstahl C45 vergütet M 200 : 1

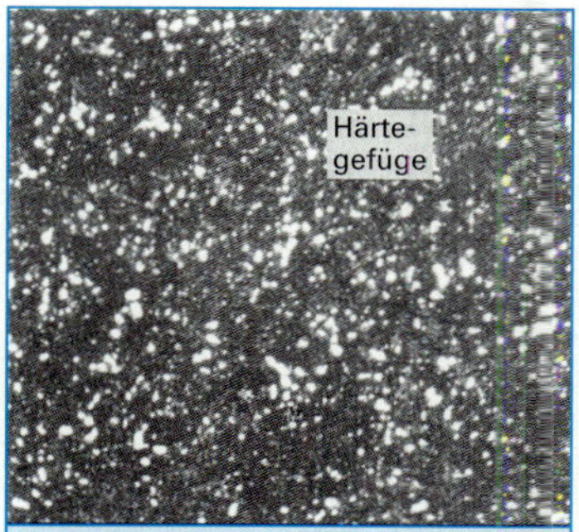

6 Werkzeugstahl C105U gehärtet M 500 :

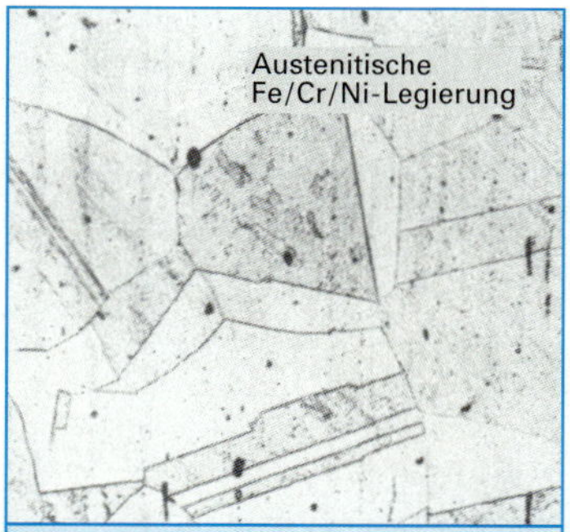

7 Nichtrostender Stahl X5CrNi18-8 M 500 : 1

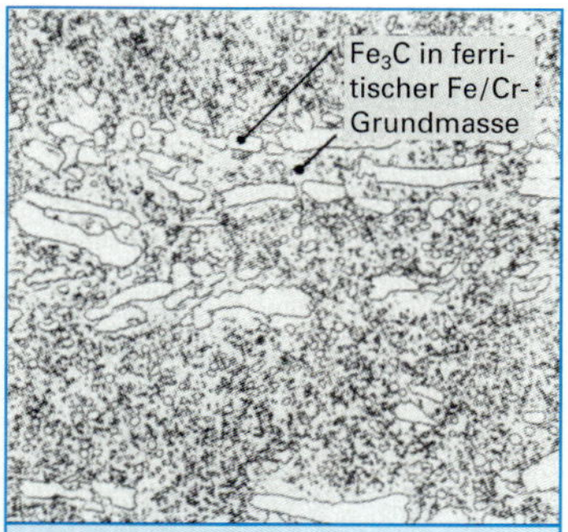

8 Hochlegierter Werkzeugstahl X210CrW12 M 500 : 1

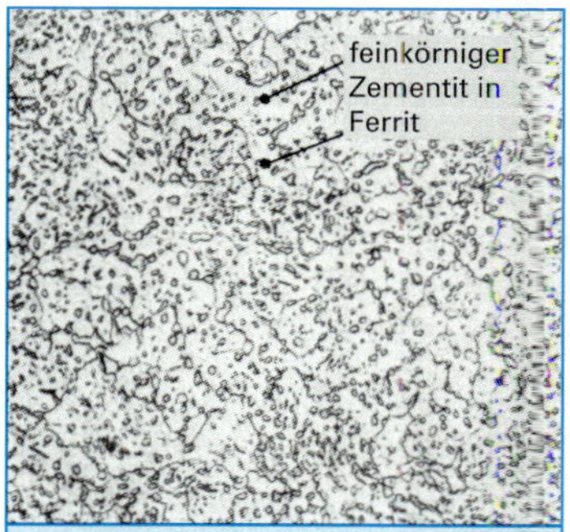

9 Werkzeugstahl C105U weichgeglüht M 500 :

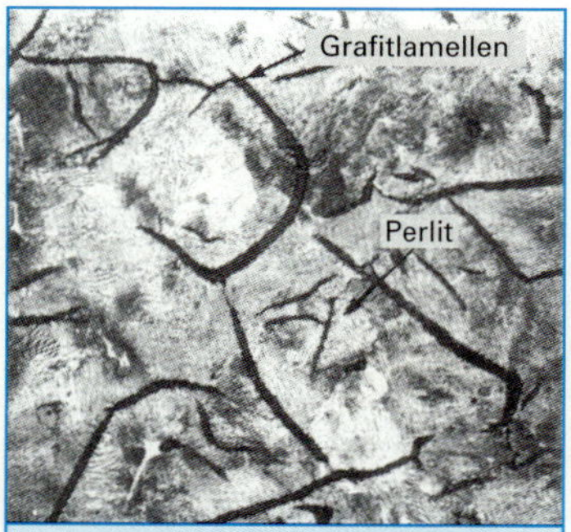

10 Grauguss EN-GJL-200 (GG-20) M 200 : 1

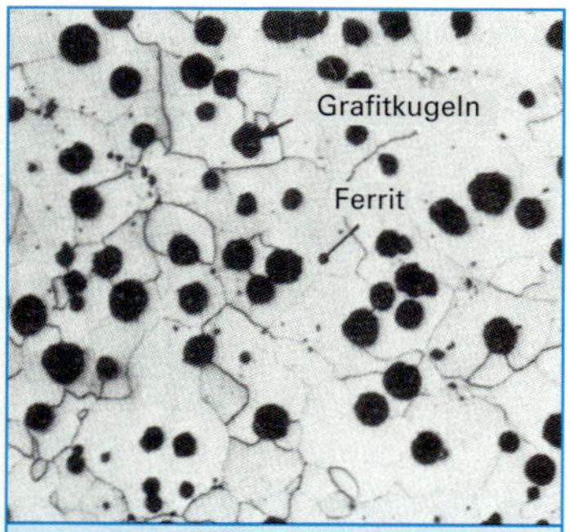

11 Sphäroguss EN-GJS-400 (GGG-40) M 200 : 1

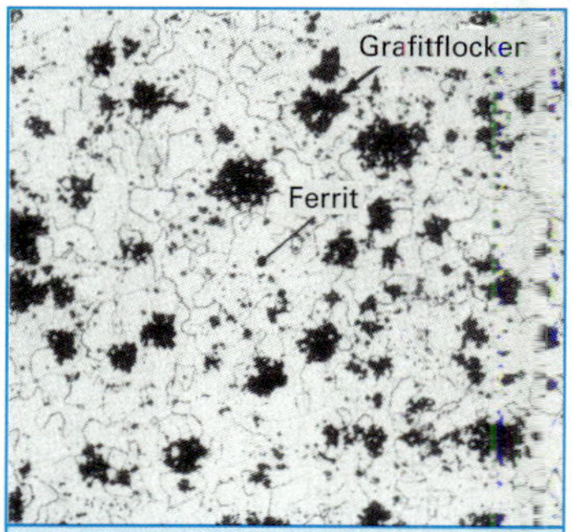

12 Nichtentkohlend geglühter Temperguss (Schwarzer Temperguss) M 100 :

3.11 Wärmebehandlung der Stähle

Um die mechanischen Eigenschaften der Stähle, wie Härte, Festigkeit und Zähigkeit zu verbessern, werden sie Wärmebehandlungen unterworfen. Die Veränderung der Stoffeigenschaften wird durch Gefügeänderungen im Werkstoff hervorgerufen, die unter der Wirkung von Wärme erfolgen.

Nach der Art der Wärmebehandlung unterscheidet man verschiedene Wärmebehandlungsverfahren:

Glühen | **Härten** | **Vergüten** | **Randschichthärten** | **Einsatzhärten** | **Nitrieren**

3.11.1 Glühen

Beim Glühen wird das Werkstück langsam erwärmt, zum Durchwärmen auf Glühtemperatur gehalten und anschließend langsam abgekühlt.

Die Werkstücke werden in einen auf Glühtemperatur vorgeheizten Glühofen eingelegt, nach Erreichen der Glühfarbe des Ofeninnenraums für die vorgeschriebene Glühdauer im Ofen gelassen, anschließend herausgenommen und zum langsamen Abkühlen abgesetzt.

Je nach Glühtemperatur und Glühdauer unterscheidet man verschiedene Glühverfahren (Bild 1).

Durch **Spannungsarmglühen** werden innere Spannungen im Werkstück abgebaut, die durch Gießen, Walzen, Biegen, Schmieden oder Schweißen entstanden sind. Die Glühtemperatur beträgt 550 °C bis 650 °C, die Glühdauer 1 bis 2 Stunden.

Rekristallisationsglühen wird eingesetzt, wenn ein durch starke Kaltverformung versprödeter Stahl wieder plastisch verformbar gemacht werden soll. Das verzerrte Gefüge wird beim Rekristallisationsglühen (550 °C bis 650 °C) aufgelöst und es bildet sich ein neues Gefüge (Bild 2).

Durch **Weichglühen** wird der Stahl leichter spanbar gemacht. Dazu erwärmt man untereutektoiden Stahl auf 680 °C bis 720 °C, übereutektoiden Stahl auf 730 °C bis 750 °C und hält ihn dort mehrere Stunden (Bild 1). Dadurch wandelt sich der Streifenzementit in körnigen Zementit um (Bild 2 und Seite 75, Bild 9). Die Werkzeugschneide kann leichter in den Werkstoff eindringen.

Das **Normalglühen**, auch **Normalisieren** oder **Rückfeinen** genannt, wird angewandt, wenn der Werkstoff grobes Korn hat (Bild 2). Bei Normalglühtemperatur (knapp oberhalb der GSK-Linie im Fe-C-Zustandsschaubild von Bild 1) entsteht ein vollständig neues, feinkörniges Gefüge.

Unter **Diffusionsglühen** versteht man ein langzeitiges Glühen bei 1050 °C bis 1250 °C, um Konzentrationsunterschiede (Seigerungen) in Gussstücken wieder auszugleichen.

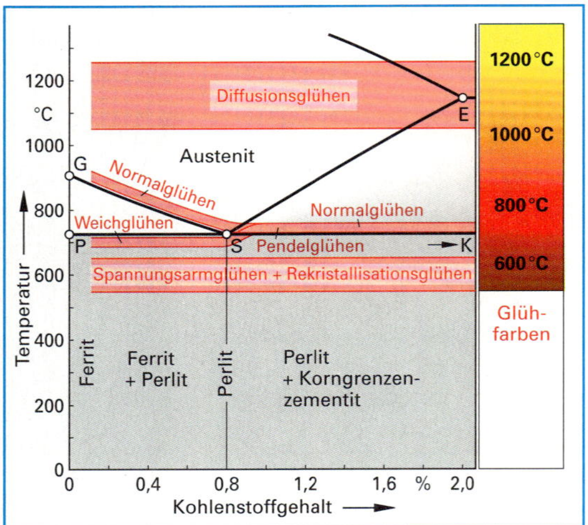

1 Glühtemperaturen und Glühfarben für unlegierte Stähle, dargestellt im Fe-C-Zustandsschaubild

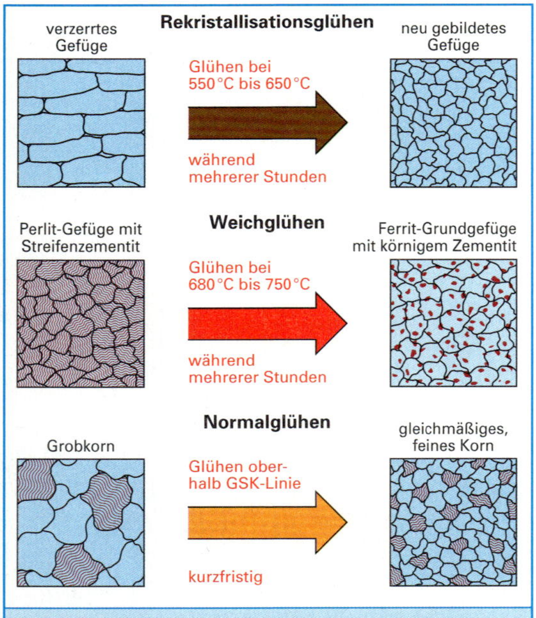

2 Gefügeveränderungen durch verschiedene Glühbehandlungen

3.11.2 Härten

Durch Härten werden Stähle hart und verschleißfest gemacht, z. B. Bohrer, Reißnadeln, Fräser, Gleitbahnen, Laufringe.

Härten erfolgt in vier Arbeitsgängen: Erwärmen, Halten auf Härtetemperatur, Abschrecken und Anlassen.

Das **Erwärmen** geschieht in einem auf Härtetemperatur vorgeheizten Ofen (Bild 1). Hat das Werkstück die gleiche Glühfarbe wie der Ofeninnenraum, wird es noch rund 10 Minuten dort **gehalten**. Dann wird es aus dem Ofen genommen und sofort in einem Abschreckbad **abgeschreckt**. Anschließend wird das Werkstück in einem Ofen mit 200 °C bis 350 °C gelegt. Diesen Arbeitsgang nennt man **Anlassen**. Er vermindert die durch das Härten hervorgerufene Versprödung. Beim Härten muss das Werkstück die vorgeschriebenen Härte- und Anlasstemperaturen durchlaufen (Bild 1).

Richtiges Abschrecken. Durch das Abschrecken sollen die zu härtenden Werkstückbereiche rasch und gleichmäßig abgeschreckt werden. Beim Eintauchen in der Abschreckflüssigkeit müssen die Werkstücke leicht kreisend hin- und herbewegt werden (Bild 2).

- Schlanke Werkstücke, z. B. Bohrer, sind längs einzutauchen.
- Ungleichmäßige Werkstücke werden mit der großen Masse voraus eingetaucht.
- Werkstücke mit Löchern und Durchbrüchen sind mit dem Loch nach oben einzutauchen.

Je nach Stahlsorte wird in verschiedenen **Abschreckmitteln** abgeschreckt: Unlegierte Stähle werden in Wasser abgeschreckt (Wasserhärter), niedrig legierte Stähle in Öl oder Wasser/Öl-Emulsionen (Ölhärter), hoch legierte Stähle ebenfalls in Öl oder an bewegter Luft (Lufthärter).

Die **Härtetemperatur** richtet sich nach der Stahlzusammensetzung. Bei den unlegierten Stählen ist die Härtetemperatur vom Kohlenstoffgehalt abhängig (Bild 3). Sie soll etwa 30 °C bis 60 °C über der GSK-Linie im Eisen-Kohlenstoff-Zustandsdiagramm liegen (rosa gekennzeichneter Bereich). Dadurch ist gewährleistet, dass der Perlit des Stahlgefüges sich vollständig auflöst und in **Austenit** umgewandelt ist.

Beispiel: Ein Stahl mit 0,4 % C hat eine Härtetemperatur von rund 840 °C (abgelesen aus Bild 3).

Gehärtet werden Werkzeugstähle, Federstähle, Wälzlagerstähle und einige Eisen-Gusswerkstoffe.

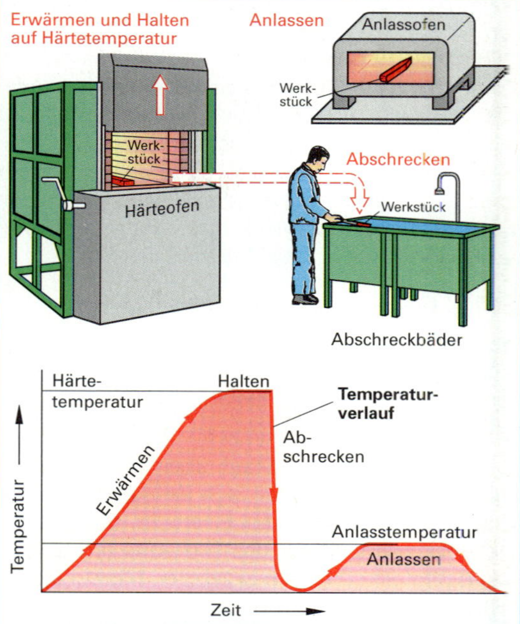

1 Arbeitsgänge und Temperaturverlauf beim Härten

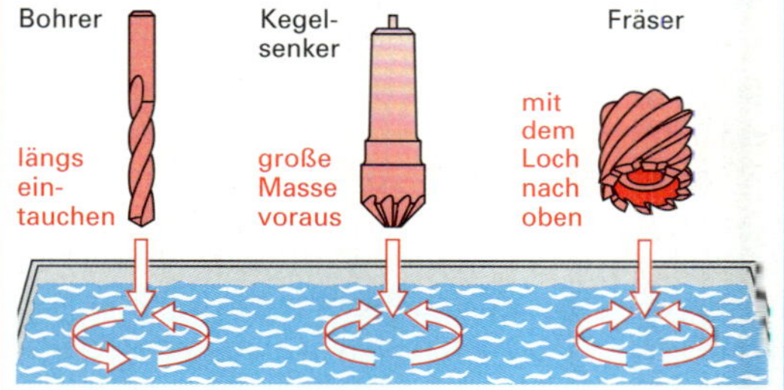

2 Richtiges Eintauchen beim Abschrecken

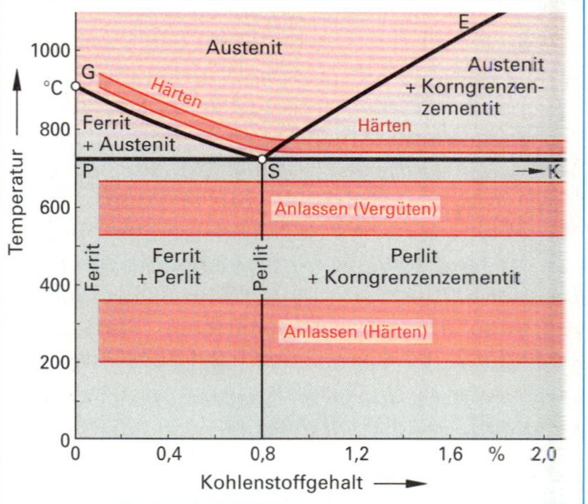

3 Temperaturen zum Härten, Anlassen und Vergütungs-Anlassen im Fe-C-Zustandsschaubild

Unlegierte Stähle härten nur in einer Randschicht von rund 5 mm, man nennt dies die **Einhärtetiefe** (Bild 1). Der Werkstückkern bleibt ungehärtet und damit zäh. Legierte Stähle hingegen härten tiefer oder ganz durch. Für viele Anwendungsfälle ist „nicht durchhärten" erwünscht, wie z. B. für Drehmeißel oder Bohrer, die eine harte Schneide, aber einen zähen Schaft benötigen. In anderen Anwendungsfällen muss das Werkstück vollständig durchgehärtet sein, wie z. B. bei Messern und Federn.

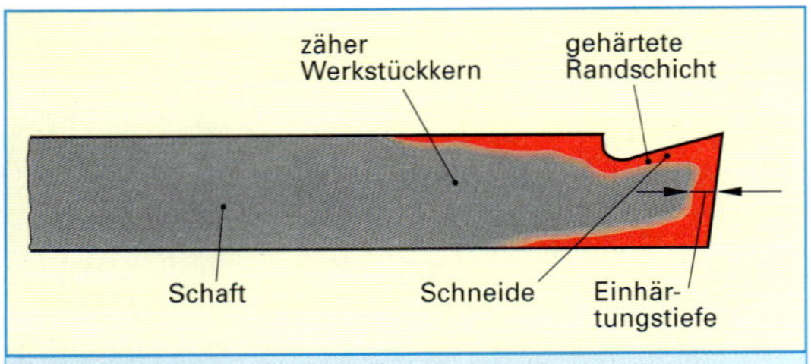

1 Einhärtetiefe bei einem Drehmeißel

3.11.3 Innere Vorgänge beim Härten

Die Ursache der Erhöhung von Härte und Festigkeit beim Härten sind Veränderungen im kristallinen Aufbau und Gefügezustand des Stahls.

Es laufen folgende Vorgänge ab:

Beim **Erwärmen** von Stahl über die GSK-Linie (Bild 3, Seite 77) wandelt sich das kubisch-raumzentrierte Kristallgitter des Eisens in das kubisch-flächenzentrierte Gitter des Austenits um (Bild 2, linker Bildteil). Dadurch wird der Mittelplatz im Kristallgitter frei, der von einem Kohlenstoffatom besetzt wird.

Der Kohlenstoff stammt aus dem Stahlgefügeanteil Streifenzementit (Fe_3C), der sich durch die Erwärmung auflöst (Bild 3, linker Bildteil). Das entstehende Gefüge heißt **Austenit**.

Kühlt man anschließend den austenitisierten Stahl **langsam ab**, so läuft der Vorgang umgekehrt ab: Bei Unterschreiten der GSK-Linie entsteht wieder ein kubisch-raumzentriertes Kristallgitter (Bild 2), das Kohlenstoffatom vom Mittelplatz wandert aus dem Würfel heraus und bildet mit Eisenionen wieder Zementit (Fe_3C), der sich in Form von Streifenzementit ausscheidet. Es entsteht wieder das perlitische Gefüge, wie es vor der Erwärmung vorlag (Bild 3, linker Bildteil).

Wird der austenitisierte Stahl **abgeschreckt** (Bild 2 und 3, rechter Bildteil), dann hat das Kohlenstoffatom keine Zeit, um aus der Würfelmitte herauszuwandern und Zementit zu bilden. Das kubisch-flächenzentrierte Kristallgitter klappt in das kubisch-raumzentrierte Kristallgitter um (Bild 2). Durch das Vorhandensein zweier Atome in der Würfelmitte verzerrt sich das Kristallgitter. Es bildet sich ein feinnadeliges Härtegefüge, der **Martensit**, der sehr hart und spröde ist (Bild 3). Gefügebilder von ungehärtetem und gehärtetem Stahl zeigen die Bilder 2 und 5 bzw. 3 und 6 auf Seite 75.

Voraussetzung für die Härtbarkeit eines Stahls ist ein ausreichend hoher Kohlenstoffgehalt, damit sich Martensit bilden kann.

Nur Stähle mit mehr als 0,2 % Kohlenstoff sind härtbar.

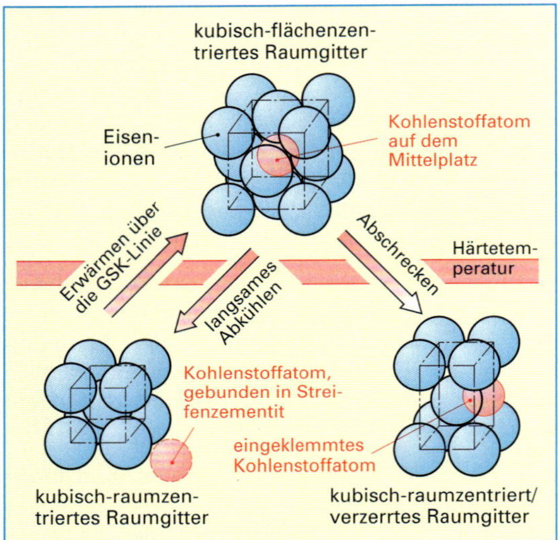

2 Gittervorgänge beim Härten

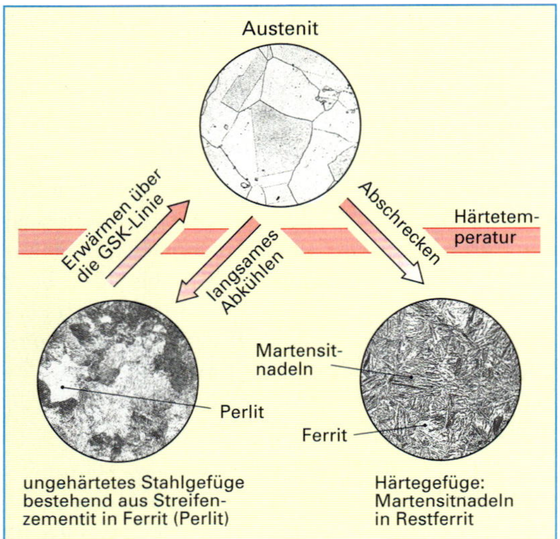

3 Gefügeveränderungen beim Härten

3.11.4 Vergüten

Vergüten ist Härten mit nachfolgendem Vergütungs-Anlassen bei 500 °C bis 700 °C.

Der Arbeitsablauf erfolgt in ununterbrochener Reihenfolge ähnlich wie beim Härten (Bild 1, Seite 77): Erwärmen und Halten auf Härtetemperatur, dann Abschrecken und anschließend nochmals Erwärmen auf Anlasstemperatur (Bild 1).

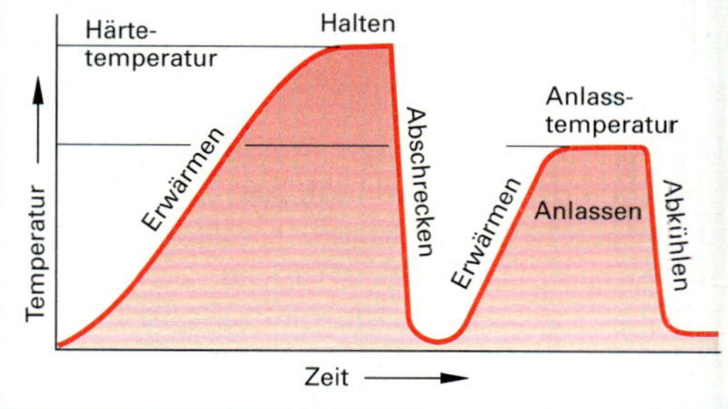

1 Temperaturverlauf beim Vergüten

Zweck des Vergütens ist die Herstellung von Werkstücken mit hoher Festigkeit und Zähigkeit. Durch Härten erhält der Werkstoff zwar Härte und Festigkeit, er ist aber spröde und schlagempfindlich. Das **Vergütungs-Anlassen** bei relativ hohen Temperaturen beseitigt die Sprödigkeit.

Vergütet werden Werkstücke aus Vergütungs- und Automatenstählen.

Die Temperatur beim Vergütungs-Anlassen beträgt 500 °C bis 700 °C, je nachdem ob das Werkstück hohe Festigkeit (niedrige Anlasstemperatur) oder große Zähigkeit (hohe Anlasstemperatur) besitzen soll.

Die erforderliche Anlasstemperatur, um bei einem bestimmten Vergütungsstahl die gewünschte Festigkeit und Zähigkeit zu erzielen, kann aus dem **Anlassschaubild** des Stahls abgelesen werden (Bild 2).

Beispiel: Eine Getriebewelle aus 34Cr4 soll auf 580 N/mm² Streckgrenze vergütet werden. Lösung aus Bild 2: Anlasstemperatur 550 °C.

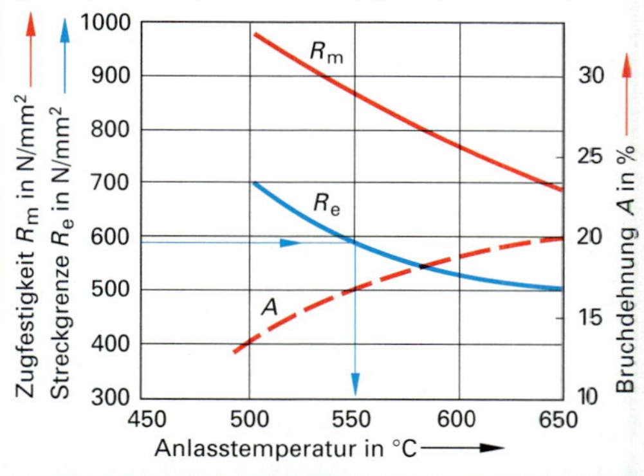

2 Anlassschaubild des Vergütungsstahls 34Cr4

3.11.5 Randschichthärten

Unter Randschichthärten versteht man das Härten einer dünnen Randschicht eines Werkstücks durch schnelles Erwärmen der Randschicht und sofort anschließendes Abschrecken.

Die rasche Erwärmung der Randschicht kann mit einer Gasflamme **(Flammhärten)**, durch eine stromdurchflossene Induktionsspule **(Induktionshärten)** oder durch Tauchen in einer Salzschmelze **(Badhärten)** erfolgen (Bild 3). Abgeschreckt wird mit einer Wasserbrause oder im Wasserbad.

Beim Randschichthärten wird nur eine Randschicht des Werkstücks von rund 5 mm Dicke gehärtet, die auf Härtetemperatur erwärmt war. Der Werkstückkern bleibt ungehärtet und damit zäh. Diese Eigenschaften sind für viele Bauteile wichtig, wie z. B. für Gleitbahnen an Werkzeugmaschinen oder Gelenkbolzen.

Zum Randschichthärten eignen sich spezielle Stähle, wie z.B. Cf 45 oder 42CrMo4.

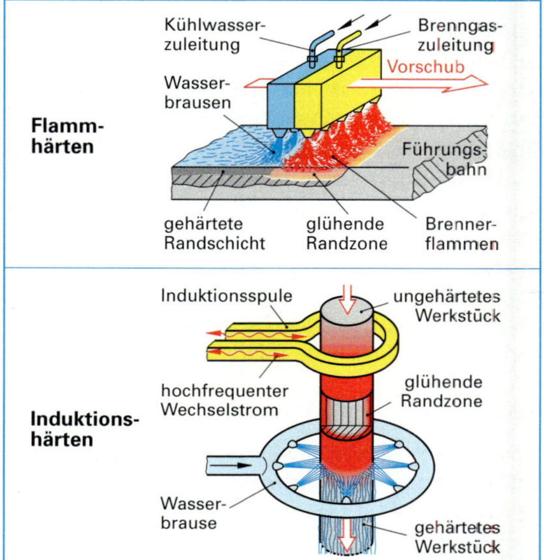

3 Verfahren zum Randschichthärten

3.11.6 Einsatzhärten

Beim Einsatzhärten wird die Randschicht eines Werkstücks aus kohlenstoffarmem Stahl mit Kohlenstoff angereichert und dann gehärtet.

Zum Einsatzhärten werden Stähle mit 0,1 % bis 0,2 % Kohlenstoff verwendet, wie z.B. C10E. Sie sind wegen des niedrigen Kohlenstoffgehalts nicht härtbar. Deshalb wird die zu härtende Randschicht des fertig geformten Werkstücks mit Kohlenstoff angereichert. Damit ist sie härtbar.

Die Zufuhr des Kohlenstoffs, das **Aufkohlen**, erfolgt durch Einbringen der Werkstücke in kohlenstoffabgebende Einsatzmittel und Glühen bei 850 °C bis 930 °C während mehrerer Stunden (Bild 1).

Die Einsatzmittel können fest, flüssig oder gasförmig sein. Dementsprechend heißen die Aufkohlungsverfahren **Pulveraufkohlen, Salzbadaufkohlen** oder **Gasaufkohlen**.

Nach dem Aufkohlen werden die Werkstücke im Härteofen auf Härtetemperatur erwärmt und anschließend abgeschreckt. Nur die aufgekohlte Randschicht wird gehärtet, der kohlenstoffarme Werkstückkern bleibt ungehärtet.

Durch Einsatzhärten werden Werkstücke, die unregelmäßig geformt sind, wie z.B. Zahnräder, Wellen usw., mit einer harten Randschicht versehen.

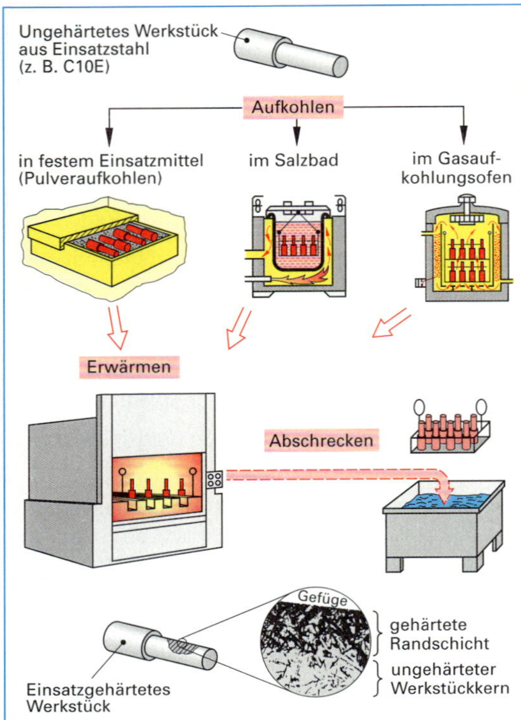

1 Arbeitsschritte beim Einsatzhärten

3.11.7 Nitrieren, Carbonitrieren

Das **Nitrieren** erfolgt in einem Nitrierofen (Bild 2). Bei 500 °C bis 550 °C werden die Werkstücke aus Nitrierstahl in Ammoniakgas 10 bis 100 Stunden geglüht. Dabei dringt Stickstoff in den Werkstoff ein und bildet mit Legierungselementen im Nitrierstahl eine sehr harte und gleitfähige Eisennitrid-Randschicht.

Es braucht nicht abgeschreckt zu werden, die Härte entsteht direkt beim Nitrieren. Nitriert werden z.B. Zylinderbuchsen und Ventilkörper.

Eine Kombination von Einsatzhärten und Nitrieren ist das **Carbonitrieren**. Hierbei werden die Werkstücke im Salzbad oder im Glühofen in einem Medium geglüht, das Kohlenstoff und Stickstoff abgibt. Dadurch reichert sich die Randschicht mit Kohlenstoff und Stickstoff an. Anschließend wird das Werkstück gehärtet. Es erhält dabei eine gehärtete, verschleißfeste Randschicht.

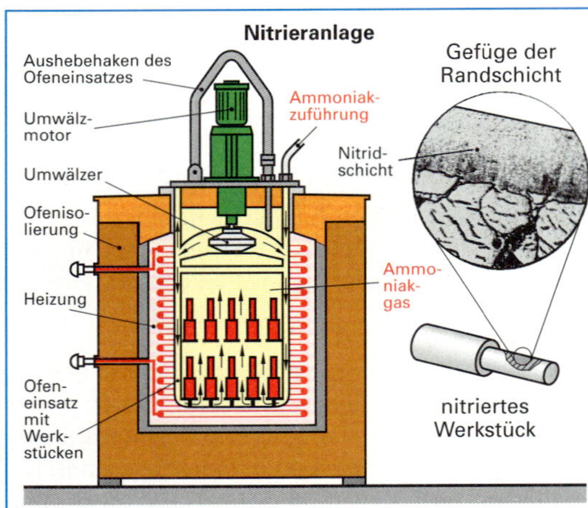

2 Nitrieren in einem Nitrierofen

Überprüfen Sie Ihre Kenntnisse

1 Welche Wärmebehandlungsverfahren gibt es?
2 Was versteht man unter Weichglühen?
3 Wie hoch ist die Härtetemperatur bei unlegierten Stählen?
4 Welche Vorgänge laufen beim Härten im Kristallgitter ab?
5 Warum und wie werden gehärtete Stähle angelassen?
6 Was kann aus dem Anlassschaubild eines Vergütungsstahls abgelesen werden?
7 Wie erfolgt das Flammhärten?
8 Was versteht man unter Einsatzhärten?

3.12 Nichteisenmetalle (NE-Metalle)

Zu den Nichteisenmetallen zählt man:

- alle reinen Metalle, außer Eisen
- sowie alle Legierungen, bei denen Eisen nicht den größten Anteil besitzt.

Nach ihrer Dichte unterteilt man die NE-Metalle in Schwermetalle und Leichtmetalle. Schwermetalle haben eine Dichte größer als 5 g/cm^3, Leichtmetalle kleiner als 5 g/cm^3.

Nichteisenmetalle (NE-Metalle)

Schwermetalle (ϱ > 5 g/cm^3)		**Leichtmetalle** (ϱ < 5 g/cm^3)	
zum Beispiel		**zum Beispiel**	
Kupfer (Cu)	ϱ = **8,9 g/cm^3**	**Aluminium (Al)**	ϱ = **2,7 g/cm^3**
Zink (Zn)	ϱ = **7,1 g/cm^3**	**Magnesium (Mg)**	ϱ = **1,7 g/cm^3**
Blei (Pb)	ϱ = **11,3 g/cm^3**	**Titan (Ti)**	ϱ = **4,5 g/cm^3**

Benennung und Kurzbezeichnung

Die **Benennung der unlegierten NE-Metalle** erfolgt nach dem Reinheitsgrad oder ihrer Vorgeschichte.

Das nach der Herstellung in der Hütte vorliegende, unreine Metall erhält die Vorsilbe *Roh-* oder *Hütten-*, wie z. B. Rohkupfer oder Hüttenaluminium. Den gereinigten Metallen stellt man die Vorsilben *Fein-*, *Rein-* oder *Elektrolyt-* vor, wie z. B. Reinaluminium, Elektrolytkupfer.

Aus dem Erz hergestellte Werkstoffe haben die Vorsilbe *Primär-*, wie z. B. Primärzink.

Werden die Metalle aus Schrott erschmolzen, dann haben sie den Zusatz *Recycling-*, wie z. B. Recycling-Aluminium.

Die **Benennung der NE-Metall-Legierungen** besteht aus dem Basismetall und dem Zusatz *Guss-* oder *Knetlegierung,* wie z. B. Aluminium-Knetlegierung oder Kupfer-Gusslegierung.

Nach dem Basismetall können noch ein oder zwei Hauptlegierungsbestandteile genannt werden, wie z. B. Kupfer-Zink-Knetlegierung.

Unlegierte NE-Metalle	
Rohmetalle	**Veredelte Metalle**
Vorsilben: Roh-, Hütten-	Vorsilben: Fein-, Rein-, Elektrolyt-

Hergestellt aus Erz	**Hergestellt aus Schrott**
Vorsilbe: Primär-	Vorsilbe: Recycling-

NE-Metall-Legierungen	
Gusslegierungen	**Knetlegierungen**
z.B. Aluminium-Gusslegierungen	z.B. Kupfer-Knetlegierungen
Anwendung: kompliziert geformte Gussbauteile	Anwendung: Profile, Rohre, Bleche, Schmiedeteile, Hohlprofile

Das **Kurzzeichen der NE-Metall-Werkstoffe** sind uneinheitlich aufgebaut, da zur Zeit eine Umstellung der deutschen DIN-Normen auf die europäischen DIN EN-Normen erfolgt. Teilweise ist die Umstellung abgeschlossen, für manche Werkstoffe, wie z.B. die Kupferwerkstoffe, sind beide Kurzbezeichnungen gültig. Beispiele für die Kurzzeichen von NE-Metall-Werkstoffen sind bei den einzelnen Werkstoffen aufgezeigt.

3.12.1 Kupfer und Kupferlegierungen

Kupfer (unlegiert)

Eigenschaften: Kupfer hat eine lachsrote Farbe, die an frischen Oberflächen metallisch glänzt, an alten Flächen braunrot aussieht. Es ist ein Schwermetall: ϱ = 8,93 g/cm^3. Kupfer ist ursprünglich weich und leicht umformbar. Durch Walzen wird es verfestigt, sodass es dann hart und schwer umformbar ist. Durch Glühen wird es wieder weich.

Dichte: 8,93 g/cm^3;	Schmelztemperatur: 1083 °C
Zugfestigkeit:	
weichgeglüht:	200 bis 360 N/mm^2
kaltverfestigt:	bis 600 N/mm^2
Bruchdehnung:	weichgeglüht: bis 50 %
kaltverfestigt:	rund 10%

Die **Verwendung** von Kupfer erfolgt aufgrund einiger besonderer Eigenschaften des Kupfers:

- der sehr guten elektrischen Leitfähigkeit → Kabel, Stromschienen, Stromleitungen, Kontakte
- der guten Wärmeleitfähigkeit → Wärmetauscher, Heiz- u. Kühlschlangen, Lötkolben
- der Korrosionsbeständigkeit, dem Aussehen → Behälter, Rohrleitungen, Regenrinnen, Dächer

Die wichtigste **Kupfersorte** für die metallverarbeitenden Berufe ist **Cu-DHP-R220** (SF-CuF22). Es ist ein sauerstofffreies Kupfer, das wegen seiner Schweiß- und Lötbarkeit im Apparatebau und Gerätebau sowie in der Rohrinstallation eingesetzt wird. Für elektrische Kupferleitungen verwendet man die Kupfersorte Cu-ETP1 **(E-Cu57)**.

Bearbeitbarkeit. Der überwiegende Teil des Kupfers kommt als Lang- und Flacherzeugnisse in den Handel. Daraus fertigt man durch spanlose und spanende Formung Werkstücke und Bauteile. Bei der spanenden Formung sind Schneidwerkzeuge mit großem Spanwinkel zu wählen. Die sauerstofffreien Kupfersorten können gelötet und geschweißt werden. Kupfer ist schlecht gießbar.

Die **Kurzzeichen der unlegierten Kupferwerkstoffe** bestehen nach DIN EN aus dem Symbol Cu, drei Buchstaben für die Kupfersorte (z.B. DHP = **D**esoxidiertes d. h. sauerstofffreies Kupfer mit **h**ohem Rest-**P**hosphorgehalt) und einer R-Ziffer für die Festigkeit (z. B. R220 = 220 N/mm² Mindestzugfestigkeit). Daneben gibt es noch das Kurzzeichen nach DIN. Es enthält ein Kennzeichen für die Kupfersorte (z.B. SF-Cu für sauerstofffreies Kupfer) und einer F-Zahl für die Festigkeit. Siehe Beispiel, rechts.

Das **Kurzzeichen der Kupferlegierungen** besteht aus dem Symbol Cu und den Symbolen der Hauptlegierungselemente mit Prozentangaben ihrer Gehalte. Siehe Beispiel, rechts. Kupfer-Gusslegierungen enthalten ein vorangestelltes G.

Kurzzeichen eines unlegierten Kupferwerkstoffs

Beispiel: Sauerstofffreies Kupfer mit 220 N/mm² Mindestzugfestigkeit.

nach DIN EN 1976	nach DIN 1787
Cu-DHP-R220	**SF-CuF22**

Kurzzeichen einer Kupferlegierung

Beispiel: Kupfer-Knetlegierung mit 38 % Zink und 1 % Blei.

CuZn38Pb1

Kupfer-Zink-Legierungen (Messing)

Kupfer-Zink-Legierungen enthalten 5 % bis 40 % Zink (Zn), haben eine dekorative, gold-gelbe Farbe und ähnlich gute Korrosionsbeständigkeit wie Kupfer.

Die Festigkeit von Kupfer-Zink-Legierungen steigt mit dem Zinkgehalt (Bild 1). Weichgeglüht haben sie Zugfestigkeiten von 200 N/mm² bis 350 N/mm².

Kupfer-Zink-Legierungen sind **nicht** durch Abschrecken härtbar.

Durch **Kaltverfestigung** kann die Zugfestigkeit jedoch stark erhöht werden (Bild 1). Die Dehnbarkeit vermindert sich mit steigender Festigkeit von 50 % auf bis zu 10 %.

Kupfer-Zink-Knetlegierungen werden zu Blechen und Bändern, Rund-, Vierkant-, Sechskant- und Flachstangen,Drähten, Rohren und Profilen verarbeitet. Typische Kupfer-Zink-Knetlegierungen sind z. B. **CuZn10, CuZn30, CuZn40**.

Zur Steigerung der Festigkeit können geringe Zusätze anderer Legierungselemente zugesetzt sein, z. B. **CuZn37Al1**.

CuZn-Knetlegierungen, aus denen Massendrehteile gefertigt werden, enthalten geringe Zusätze an Blei, wie z. B. **CuZn40Pb2**. Sie bilden Bröckelspäne.

Man fertigt aus Kupfer-Zink-Knetlegierungen Blechteile, Hülsen, Zahnräder, Buchsen (Bild 2, rechts).

Kupfer-Zink-Gusslegierungen (Gussmessing) lassen sich nach allen Gießverfahren gut gießen. Eine typische CuZn-Gusslegierung ist z. B. **G-CuZn35**. Die Gussstücke können mit allen Verfahren spanend bearbeitet werden.

Aus Kupfer-Zink-Gusslegierungen werden komplizierte Bauteile, wie Armaturengehäuse, Feinmechanik- und Elektro-Bauteile, gefertigt (Bild 2, links).

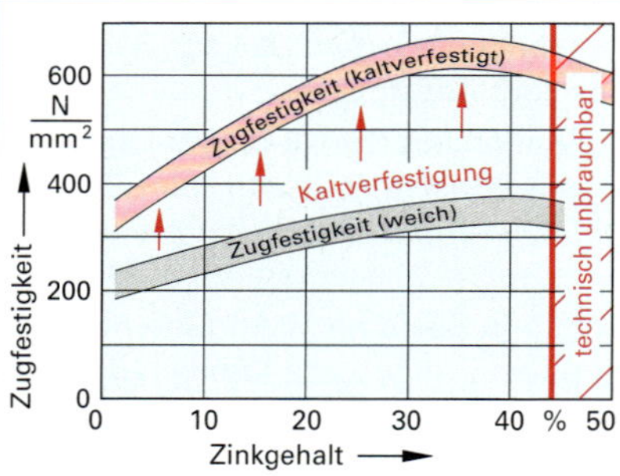

1 Zugfestigkeit von Kupfer-Zink-Legierungen

Bürstenträger aus G-CuZn38Al | **Lagerbuchsen aus CuZn37Al1**

2 Bauteile aus Kupfer-Zink-Legierungen (Messinge)

Kupfer-Zinn-Legierungen (Zinnbronzen)

Kupfer-Zinn-Legierungen enthalten 2 % bis 15 % Zinn (Sn), sowie teilweise geringe Zusätze anderer Legierungselemente. Sie haben die typische Bronzefarbe, sind korrosionsbeständig und besitzen hohe Zugfestigkeit, Verschleißfestigkeit und gute Gleiteigenschaften.

Kupfer-Zinn-Knetlegierungen (Zinnbronze) werden zu Blechen, Bändern, Drähten, Rohren und Stangen warm- oder kaltgewalzt. Die Zugfestigkeit und die Dehnung können durch Kaltumformen und Erholungsglühen dem jeweiligen Verwendungszweck angepasst werden. So haben z. B. Bleche aus **CuSn6** im weichgeglühten Zustand eine Zugfestigkeit von 350 N/mm^2 bis 410 N/mm^2 bei einer Bruchdehnung von 55 %. Federhart gewalzte Bleche aus derselben Legierung besitzen 750 N/mm^2 Zugfestigkeit und nur 5 % Bruchdehnung. Kupfer-Zinn-Knetlegierungen verarbeitet man z. B. zu Gleitlagerbuchsen und elektrischen Kontakten (Bild 1).

Kupfer-Zinn-Gusslegierungen (Guss-Zinnbronze) und **Kupfer-Zinn-Zink-Gusslegierungen** (Rotguss) sind gut gießbar, beständig gegen Meerwasser und eignen sich aufgrund ihrer guten Gleiteigenschaften für Gleitlagerschalen, Spindelmuttern, Schneckenräder, Pumpen- und Ventilgehäuse (Bild 1). Die Gussstücke lassen sich gut spanend nachbearbeiten.

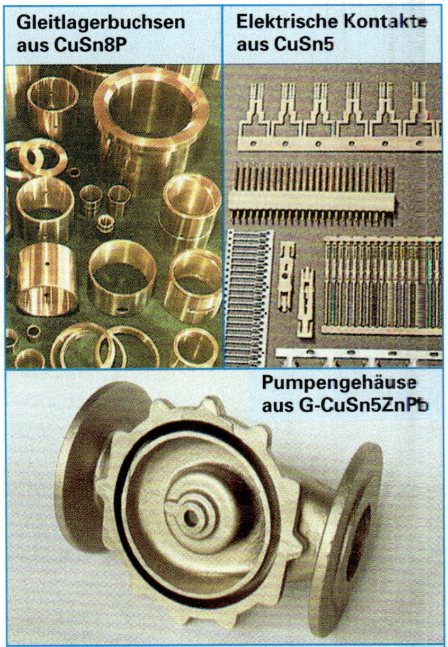

1 Teile aus Kupfer-Zinn-Legierungen (Zinnbronze)

3.12.2 Aluminium und Aluminiumlegierungen

Aluminium (unlegiert)

Eigenschaften: Aluminium ist ein silberhell glänzendes Metall, dessen Oberfläche im Laufe der Zeit matthell wird. Es besitzt eine dünne, fest haftende Oxidschicht und ist deshalb relativ korrosionsbeständig. Es ist ein Leichtmetall: Seine Dichte hat nur rund $^1/_3$ des Wertes von Stahl, nämlich 2,7 g/cm^3.

Die Zugfestigkeit von reinem Aluminium beträgt je nach Walzzustand zwischen 65 N/mm^2 und 190 N/mm^2. Die Bruchdehnung ist im weichgeglühten Zustand oder vergossen groß, hartgewalzt aber sehr niedrig. Außerdem besitzt Aluminium eine gute elektrische Leitfähigkeit.

Dichte: 2,7 g/cm^3;
Schmelztemperatur: 658 °C
Zugfestigkeit:
weich geglüht: 65 N/mm^2
hart gewalzt: 125 N/mm^2...190 N/mm^2
Bruchdehnung: weich geglüht: bis 35 %
hart gewalzt: 3 %...5 %

Verwendung: Wegen seiner geringen Festigkeit ist die Verwendung von reinem Aluminium begrenzt. Seine Korrosionsbeständigkeit und gesundheitliche Unbedenklichkeit nutzt man bei Lebensmittelverpackungen und Getränkedosen. Aufgrund der guten elektrischen Leitfähigkeit wird es zu elektrischen Leiterbändern und Freileitungsseilen verarbeitet (Bild 2).

2 Elektrische Leitungsseile aus EN AW-Al 99,5

Ein gebräuchlicher Werkstoff aus unlegiertem Aluminium ist z. B. **EN AW-Al 99,5**. Er hat einen Aluminiumgehalt von mindestens 99,5 %.

Die **Kurzzeichen für unlegierte Auminiumwerkstoffe und Al-Legierungen** bestehen aus den Buchstaben EN AW und einer Bezeichnung, die die chemischen Elemente und gegebenenfalls deren prozentuale Anteile enthält. Siehe Beispiel rechts. Anstatt der Angaben über die chemische Zusammensetzung kann das Kurzzeichen auch eine numerische Bezeichnung enthalten, wie z. B. EN AW-Al 7020.

Kurzzeichen eines Aluminiumwerkstoffs

Beispiel: Aluminium-Knetlegierung mit 4,5 % Zink und 1 % Magnesium

EN AW-Al Zn4,5Mg1

oder **EN AW-Al 7020**

Aluminiumlegierungen

Durch Legieren können vor allem die mechanischen Eigenschaften des Aluminiums wesentlich verbessert werden (bis 450 N/mm² Zugfestigkeit). Je nach beigegebenen Legierungselementen erhält man aushärtbare bzw. nicht aushärtbare Al-Knet- bzw. Gusslegierungen.

Aluminiumlegierungen sind **Leichtbauwerkstoffe.**

Verwendung: Aluminiumlegierungen werden wegen ihrer günstigen Werkstoffeigenschaften eingesetzt: geringe Dichte, gute Korrosionsbeständigkeit, dekoratives Aussehen, Zähigkeit und eine Festigkeit fast wie die unlegierter Stähle. Besonders im Automobil- und Flugzeugbau, wo es auf geringes Gewicht ankommt, werden Aluminiumlegierungen verwendet (Bild 1).

Bearbeitung: Al-Werkstoffe können durch Walzen, Schmieden und Strangpressen umgeformt werden. Gespant wird mit hohen Schnittgeschwindigkeiten; Schweißen ist gut möglich.

Knetlegierung EN AW-Al MgSi (aushärtbar)

EN AW-Al MgSi (EN AW-6060) ist der Standardwerkstoff für preiswerte, stranggepresste Aluminiumprofile (Bild 2). Man fertigt daraus Fenster- und Türrahmen, Gerüste, Beschläge und Tragkonstruktionen.

Knetlegierung EN AW-Al Zn4,5Mg1 (selbst aushärtend)

Diese Al-Legierung ist besonders für mechanisch-hochbelastete Schweißkonstruktionen geeignet (Zugfestigkeit bis 350 N/mm²). Nach dem Schweißen nimmt die Schweißzone wieder die ursprüngliche Festigkeit des ausgehärteten Werkstoffs an. Man fertigt aus EN AW-Al Zn4,5Mg1 (EN AW-Al 7020) Leichtbau-Tragwerke, Flugzeugteile, Pkw-Karosserien (Bild 3).

Gusslegierung EN AC-Al Si12 (aushärtbar)

Die Gusslegierung EN AC-Al Si12 (EN AW-AL 44200) lässt sich sehr gut vergießen, ist korrosionsbeständig und spanend gut bearbeitbar. Sie eignet sich zur Herstellung kompliziert geformter, auch dünnwandiger Gussteile, wie Motorblöcke, Pumpen-, Getriebe- und Apparategehäuse sowie Pkw-Felgen (Bild 4).

Aushärten von Al-Legierungen

Durch Aushärten kann die Festigkeit aushärtbarer Al-Legierungen auf den doppelten Betrag gesteigert werden, z. B. von 200 N/mm² auf 400 N/mm² Zugfestigkeit. Aushärtbar sind Al-Legierungen, die die Legierungselemente Magnesium-Silicium, Zink oder Kupfer enthalten.

Das Aushärten erfolgt in drei Arbeitsgängen: Lösungsglühen bei 500°C, Abschrecken in Wasser und Auslagern.

1 Schmiedeteile aus Aluminiumlegierung

2 Profile aus EN AW-Al MgSi

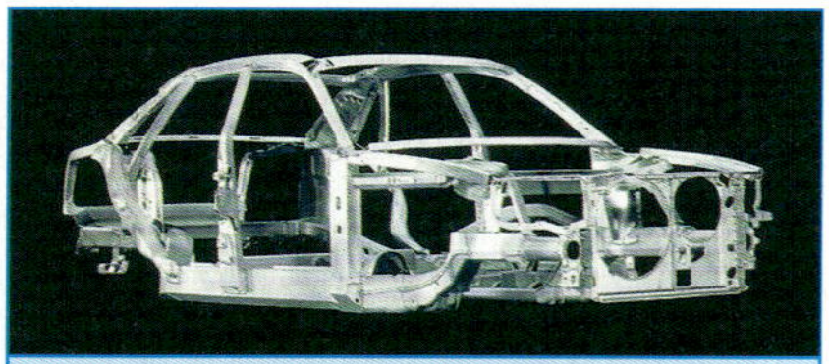

3 Karosserierahmen aus EN AW-Al Zn4,5Mg1

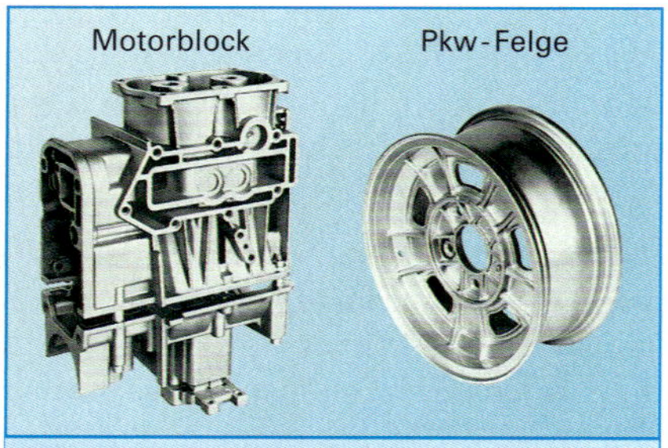

4 Gegossene Bauteile aus EN AC-Al Si12

Überprüfen Sie Ihre Kenntnisse

1 **Worin besteht der Unterschied zwischen Schwermetallen und Leichtmetallen?**

2 **Woraus besteht das Kurzzeichen der NE-Metall-Legierungen?**

3 **Welche Eigenschaften hat Kupfer?**

4 **Welches sind die gebräuchlichsten Kupfer-Legierungen?**

5 **Welche Kupferlegierungen bezeichnete man früher als Messing bzw. Bronze?**

6 **Wegen welcher besonderer Eigenschaften werden Aluminium-Legierungen verwendet?**

7 **Warum ist die Legierung EN AW-Al Zn4,5Mg1 als Leichtbauwerkstoff für Schweißkonstruktionen geeignet?**

8 **In welchen Arbeitsgängen erfolgt das Aushärten von Al-Legierungen?**

9 **Welche Verwendung haben die folgenden Metalle?**
a) Blei b) Zink c) Nickel d) Chrom

3.12.3 Weitere technisch wichtige Metalle

Neben Kupfer und Aluminium sowie deren Legierungen werden noch zahlreiche andere Metalle und Metalllegierungen in der Technik verwendet. Sie erfüllen aufgrund besonderer Eigenschaften meist ganz spezielle Aufgaben oder dienen als Legierungselemente für Stähle und andere Metall-Legierungen.

Eigenschaften und Verwendung technisch wichtiger Metalle

Metall Kurzzeichen	**Dichte** in g/cm³	**Schmelztemperatur** in °C	**Besondere Eigenschaften**	**Verwendung**
Niedrig schmelzende Metalle				
Zinn Sn	7,3	232	gut gießbar gut spanlos formbar	Überzüge auf Stahlblech (Weißblech) Legierungselement für CuSn-Legierungen Zinnlegierungen: Lote, z. B. L-Sn 60 Pb
Blei Pb	11,3	327	beständig gegen Schwefelsäure, absorbiert Röntgenstrahlen	Strahlenschutz, Plattierungen, Bleiakkus, Legierungselement für Automatenlegierungen Bleilegierungen: z. B. LgPbSn9Cd (Lagermetall)
Zink Zn	7,1	419	korrosionsbeständig im Freien	Korrosionsschutz (Verzinken), Legierungselement für Al-Legierungen Zinklegierungen: Druckguss, z. B. GD-ZnAl4Cu1
Leichtmetalle				
Magnesium Mg	1,8	650	leichtestes, technisch verwendetes Metall, in Pulverform leicht entzündbar	Legierungselement für Al-Legierungen Mg-Legierungen: Leichtbauteile im Geräte-, Fahrzeug- und Flugzeugbau
Titan Ti	4,5	1727	hohe Festigkeit, zäh, korrosions- und temperaturbeständig, teuer	Mechanisch hochbelastete Leichtbauteile wie Triebwerksschaufeln, Chemieapparate Ti-Legierungen: Hochleistungs-Leichtbauteile
Legierungsmetalle				
Mangan Mn	7,3	1250	hart, spröde	Legierungsmetall für zähharte Stähle
Nickel Ni	8,9	1455	heller Metallglanz, korrosionsbeständig	Schutzüberzüge (Vernickeln), Legierungselement für korrosionsbeständige Stähle
Cobalt Co	8,8	1490	zäh, korrosionsbeständig	Legierungselement für Schnellarbeitsstähle, Bindemetall für Hartmetalle
Vanadium V	6,0	1720	hart, spröde	Legierungselement für zähharte Stähle und Schnellarbeitsstähle
Chrom Cr	7,1	1900	brillanter Metallglanz, korrosionsbeständig	Schutzüberzüge (Verchromen), Legierungselement für nichtrostende Stähle
Hochschmelzende Metalle				
Molybdän Mo	10,2	2600	korrosionsbeständig	Heizleiter, Legierungselement für hitzebeständige Stähle und Schnellarbeitsstähle
Tantal Ta	16,6	3000	zähhart, korrosionsbeständig gegen Säuren	Spezielle Chemieapparate und Geräte Legierungselement für warmfeste Stähle
Wolfram W	19,3	3380	zähhart, warmkorrosionsbeständig gegen Säuren, höchste Schmelztemperatur	Spezielle Chemieapparate, Glühfäden für Glühlampen, Legierungselement für warmfeste Stähle und Schnellarbeitsstähle
Edelmetalle				
Silber Ag	10,5	960	höchste Leitfähigkeit für Elektrizität, Glanz	Elektrische Leitungen und Kontakte Reflektoren, Spiegelbeschichtungen
Gold Au	19,3	1063	dekoratives Aussehen, korrosionsbeständig	Schmuck, Schutzüberzüge für Chemieapparate, Elektrokontakte
Platin Pt	21,5	1773	äußerst korrosionsbeständig gegen Säuren	Tiegel und Kleingeräte für das Chemielabor, Schmuck, Thermoelemente

3.13 Sinterwerkstoffe

Sinterwerkstoffe werden in einem mehrschrittigen Herstellungsprozess durch Pressen von Metallpulver zu Rohlingen und anschließendem Sintern (Zusammenbacken) zu Formteilen gefertigt.

Die Herstellung erfolgt in mehreren Schritten (Bild 1).

1. Zusammenstellen der Pulvermischung
2. Pressen der Rohlinge
3. Sintern der Rohlinge im Sinterofen bei 800 °C bis 1200 °C zu Formteilen.

Es können Formteile mit dichtem Gefüge, aber auch mit offenen oder geschlossenen Poren hergestellt werden. Nach dem Sintern haben die Teile ihre endgültige Form.

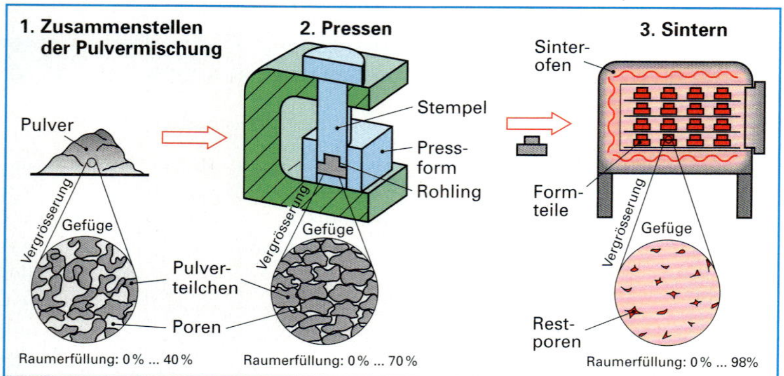

1 Herstellung von Sinterteilen

3.13.1 Sintermetalle

Metallische Sinterwerkstoffe sind **Sinterstahl, Sinterbronze** (CuSn), **Sintermessing** (CuZn) und **Sinteraluminium**.

Neben der Zusammensetzung der Sintermetalle spielt die Raumerfüllung des Gefüges für die Einsetzbarkeit die entscheidende Rolle.

Die **Normung** der Sintermetalle erfolgt nach der Verwendung in Sinterwerkstoffklassen von **AF, A, B** usw. bis **F** (Tabelle 1). Die Raumerfüllung reicht von rund 50 % (AF) bis über 95,5 % (E, F).

Das **Kurzzeichen** der Sintermetalle besteht aus der Kennsilbe **Sint-**, einem Kennbuchstaben für die Werkstoffklasse und einer zweistelligen Kennziffer (siehe rechts). Die erste Zahl der Kennziffer gibt die Zusammensetzung an: Sintereisen hat 0, Sinterstahl 1, 2 oder 3, Sinterkupfer 5 und Sinteraluminium 7.

Beispiele:
Sint-A 10 Sinterstahl für Gleitlager
Sint-D 52 Sintermessing (CuZn) für Formteile

Tabelle 1: Werkstoffklassen der Sintermetalle

Sinterwerkstoffklasse	Verwendung	Raumerfüllung
AF	Filter	< 73 %
A	Gleitlager	rund 75 %
B C	Gleitlager und Formteile	rund 80 % rund 85 %
D, E	Formteile	87 % bis 97 %
F	geschmiedete Formteile	> 95,5 %

Sinterwerkstoff-Kurzzeichen

Sintermetalle für Filter: Sint-AF

Filter aus Sintermetall werden z. B. aus nichtrostendem Sinterstahl (z. B. X5CrNi18-10) sowie aus Sintermessing (z. B. CuZn30) hergestellt. Die Filter haben rund 30 % offene Poren (Bild 2, oben).

Sintermetalle für Gleitlager: Sint-A, -B, -C

Zu Gleitlagern verarbeitet wird Sinterstahl mit eingesintertem Grafit sowie Sinterbronze, wie z. B. Sint-B 50 (Bild 2, unten). Der Porenanteil beträgt 15 % bis 25 %. Vor dem Einbau werden die Lagerteile mit Schmiermittel getränkt, das bei Erwärmung (Notlauf) aus den Poren austritt und für Schmierung sorgt.

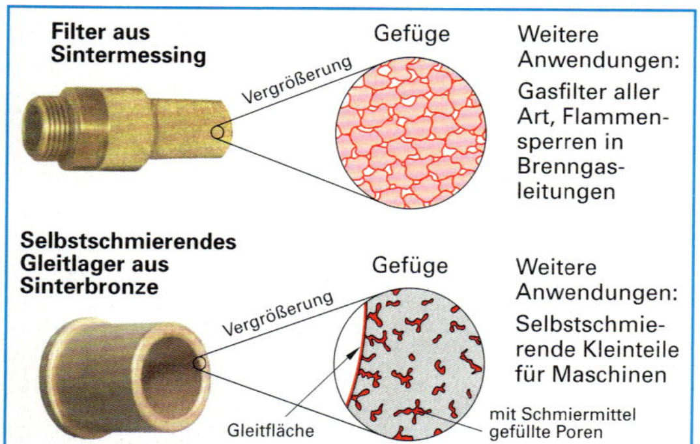

2 Bauteile aus Sintermetallen

Sintermetalle für Formteile: Sint-D, Sint-E, Sint-F

Formteile fertigt man je nach Verwendungszweck aus den verschiedenen Sintermetallen. Der Restporenanteil beträgt 2 % bis 10 %, wobei die Festigkeit des Sintermetalls mit zunehmender Raumerfüllung steigt. Hoch belastbare Formteile, wie z. B. Zahnräder, werden nach dem Sintern geschmiedet (Bild 1).

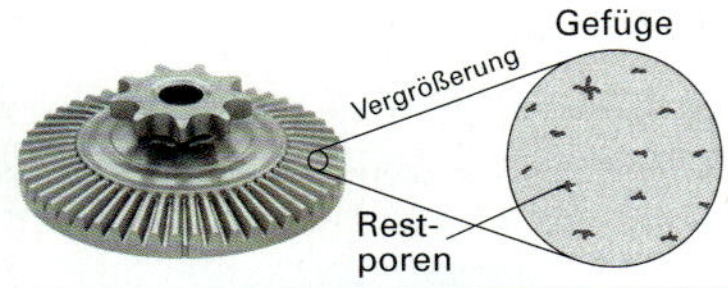

Weitere Anwendungen: Kleine bis mittelgroße Kraftübertragungsteile

1 Zahnrad aus geschmiedetem Sinterstahl

3.13.2 Hartmetalle und Schneidkeramik

Hartmetalle sind Sinterwerkstoffe, die zu einem Anteil aus harten Carbidteilchen und zum anderen Teil aus einem zähelastischen Bindemetall, wie z. B. Cobalt, bestehen.

Sie werden durch Pressen einer Pulvermischung aus Carbiden (Wolframcarbid WC, Titancarbid TiC, Tantalcarbid TaC) sowie aus Cobaltpulver zu Formteilen gepresst und durch anschließendes Sintern bei 1400 °C bis 1600 °C fertiggestellt. Im gesinterten Formteil bildet das Cobalt eine zähelastische Grundmasse, in die die harten Carbidteilchen eingebettet sind. Mit steigendem Carbidanteil werden die Hartmetalle härter, die Zähigkeit nimmt ab. Hartmetalle sind warmhart, sehr verschleißfest und temperaturbeständig bis 900 °C. Gegen Schläge und rasche Temperaturwechsel sind sie jedoch empfindlich.

Man fertigt aus ihnen die Schneidplatten der Werkzeuge für die spanende Formung (Bild 2, links und Bild 3). Drehmeißel, Fräser und Bohrer mit Hartmetall-Schneidplatten ermöglichen mehrfach höhere Schnittgeschwindigkeiten und Spanleistungen gegenüber Werkzeugen aus Schnellarbeitsstahl.

Bauteile aus Hartmetall für starke Verschleißbeanspruchung, wie z. B. Schnecken, Ventilteile und Gleitringe (Bild 2, rechts), erreichen eine rund 100-fache Standzeit gegenüber Bauteilen aus Stahl.

Schneidplatte eines Drehmeißels | **Bauteile für starke Verschleißbeanspruchung**

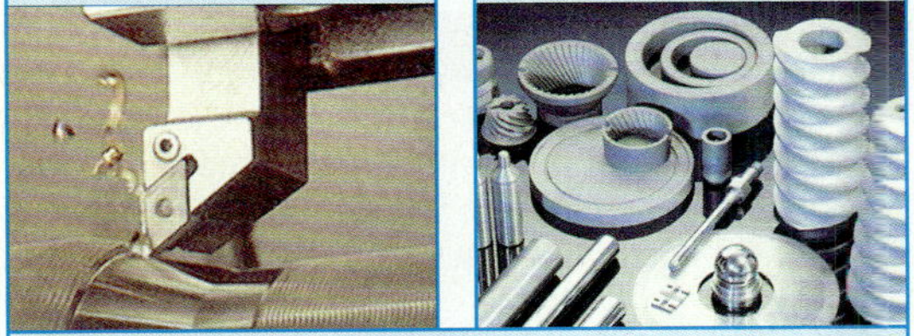

2 Bauteile aus Hartmetall

Normung der Hartmetall-Schneidstoffe

Die Zusammensetzung der Hartmetalle wird durch Kennbuchstaben angegeben:

HW = Hartmetall, vorwiegend aus Wolframcarbid,
HT = Hartmetall, vorwiegend aus Titancarbid,
HC = beschichtetes Hartmetall

Ihre Hauptanwendung ist durch 3 **Zerspanungs-Hauptgruppen** gekennzeichnet: **P**, **M**, **K** (Tabelle 1). Eine Anhängezahl unterteilt weiter. Kleine Anhängezahl bedeutet hohe Verschleißfestigkeit, große Anhängezahl große Zähigkeit.

Beispiel: **HW-P20** ist ein Wolframcarbid-Hartmetall der Zerspanungsgruppe P20.

Durch eine Beschichtung der Hartmetall-Schneidplatten mit Hartstoffschichten kann die Verschleißfestigkeit zusätzlich gesteigert werden (Bild 3).

Tabelle 1: Zerspanungs-Hauptgruppen

P Kennfarbe blau	**M** Kennfarbe gelb	**K** Kennfarbe rot
01 10 20 30 40	10 20 30 40	01 10 20 30 40
für langspanende Werkstoffe: Stahl, Stahlguss	für lang- und kurzspanende Werkstoffe	für kurzspanende Werkstoffe: Gusseisen, NE-Metalle
← zunehmende Verschleißfestigkeit ←		
→ zunehmende Zähigkeit →		

Keramische Schneidstoffe

Schneidkeramiken sind Sinterwerkstoffe aus Korund (Al_2O_3), aus Mischoxiden oder aus Siliciumnitrid. Schneidkeramiken sind noch härter, temperaturbeständiger und verschleißfester als Hartmetalle, jedoch stoßempfindlich. Man fertigt daraus Schneidplatten für Schneidwerkzeuge (Bild 3).

3 Schneidplatten aus Hartmetallen
(grau = unbeschichtet, gold = beschichtet) und Schneidkeramik (weiß, schwarz)

3.14 Korrosion und Korrosionsschutz

Metallische Werkstoffe verändern im Laufe der Zeit ihr Aussehen, insbesondere bei Verwendung im Freien und in aggressiver Umgebung. Die zuerst blanke Oberfläche frischer Schnittflächen wird stumpf und überzieht sich mit einer Schicht, z. B. bei Stahl mit braunem Rost. Der Werkstoff reagiert dann weiter mit den Stoffen der Umgebung und kann völlig zerstört werden. Diesen Vorgang nennt man Korrosion.

Unter Korrosion versteht man die von der Oberfläche ausgehende Zerstörung metallischer Werkstoffe durch chemische und elektrochemische Reaktionen.

3.14.1 Korrosionsursachen

Elektrochemische Korrosion

Die übliche Korrosion von Bauteilen aus Metall, z. B. das Rosten von Stahlbauteilen im Freien, beruht auf dem Vorhandensein von Feuchtigkeit auf den Metallflächen. Es genügt ein hauchdünner Feuchtigkeitsfilm, der mit bloßem Auge nicht sichtbar ist.

In der dünnen Wasserschicht laufen chemische Vorgänge mit elektrisch geladenen Werkstoffteilchen (Ionen) ab. Deshalb nennt man die Korrosion, die unter dem Einfluss von Feuchtigkeit abläuft, **elektrochemische Korrosion.**

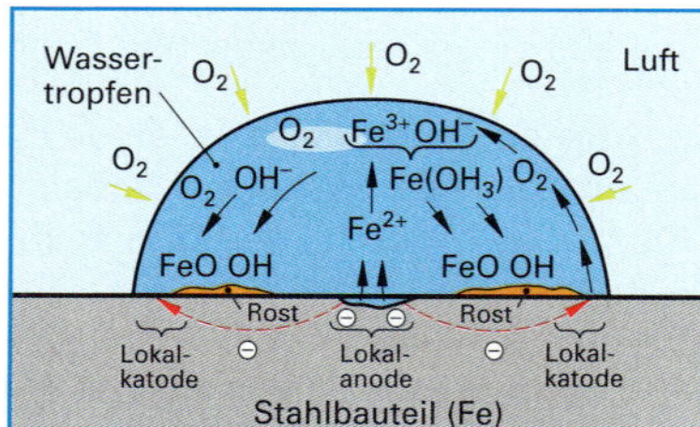

1 Elektrochemische Vorgänge an feuchten Stahloberflächen

Elektrochemische Korrosion feuchter Stahloberflächen

Sie wirkt z. B. an Stahlbauteilen im Freien. Die dabei ablaufenden Vorgänge kann man anschaulich an einem Tropfen auf einer Stahloberfläche darstellen (Bild 1), Im Zentrum des Tröpfchens löst sich Eisen als Fe^{2+}-Ionen auf. Sie reagieren mit OH^- -Ionen im Wasser, die aus gelöstem Sauerstoff entstanden sind, und bilden nach einer Reaktionskette Rost FeOOH.

$$\underset{\text{Eisen}}{Fe} \dashrightarrow Fe^{2+} \dashrightarrow Fe^{3+} \dashrightarrow Fe^{3+} + OH^- \dashrightarrow \underset{\text{Rost}}{FeOOH}$$

2 Korrodierte Stahloberfläche

Dieser Vorgang findet auf einem korrodierenden Stahlbauteil an unzähligen Stellen statt und führt zuerst zu Rostflecken und im weiteren Verlauf zu einer geschlossenen Rostschicht (Bild 2). Die gebildete Rostschicht ist porös und saugt Wasser auf, sodass der Korrosionsvorgang unter der Rostschicht fortschreitet.

Elektrochemische Korrosion durch Elementbildung

Ursache dieser Korrosionsart ist die Bildung eines galvanischen Elements an einer Stelle eines Bauteils und die dort ablaufende Elektrolyse (Bild 3). Ein galvanisches Element besteht aus zwei verschiedenen Metallstücken (Elektroden), die miteinander verbunden sind und in eine elektrisch leitende Flüssigkeit, den Elektrolyt, tauchen. In solch einer Anordnung löst sich das unedlere Metall auf. Dies ist bei der Metallkombination Zink/Eisen in Bild 3 Zink, das als Zn^{2+} in Lösung geht.

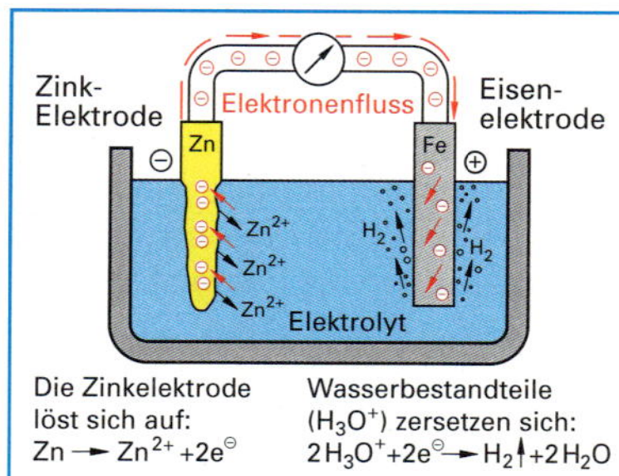

3 Galvanisches Element

Welches Metall in einem galvanischen Element das unedlere ist und damit zerstört wird, kann aus der **Spannungsreihe der Metalle** abgelesen werden (Bild 4). Das weiter links stehende Metall löst sich auf.

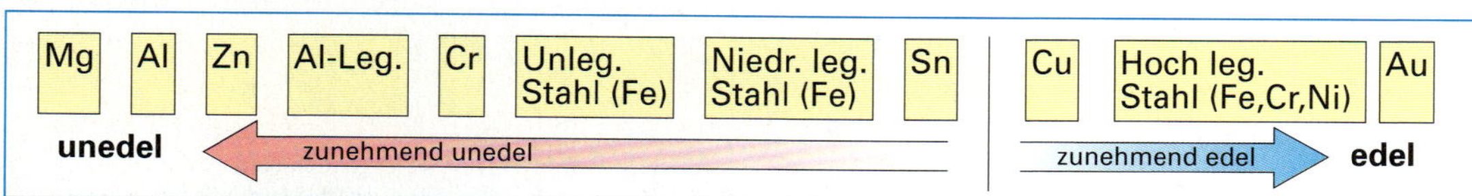

4 Spannungsreihe der Metalle

Beispiele für das Auflösen in galvanischen Elementen:
Galvanisches Element Zn/Unleg. Stahl: → Zink geht in Lösung
Galvanisches Element Cu/Unleg. Stahl: → Unleg. Stahl geht in Lösung

Die Bedingungen eines galvanischen Elements herrschen an zahlreichen Stellen bei Maschinen und Bauteilen. Man nennt diese Stellen **Korrosionselemente**. Sie liegen vor, wo zwei verschiedene Metalle sich berühren und etwas Flüssigkeit vorhanden ist. Dabei genügt als Flüssigkeit ein dünner Feuchtigkeitsfilm.

Typische **Korrosionselemente** an Bauteilen sind:

- Schadstellen an Zinküberzügen auf Stahl (Bild 1, oben)
  - → Die Zinkschicht löst sich auf. Sie schützt das Stahlbauteil, solange noch Reste der Zinkschicht vorhanden sind.
- Berührungsstellen zweier Bauteile aus unterschiedlichem Werkstoff, z. B. Messinglagerbüchse in Stahlgehäuse (Bild 1, unten).
  - → Das Stahlgehäuse wird an der Berührungsstelle angelöst.

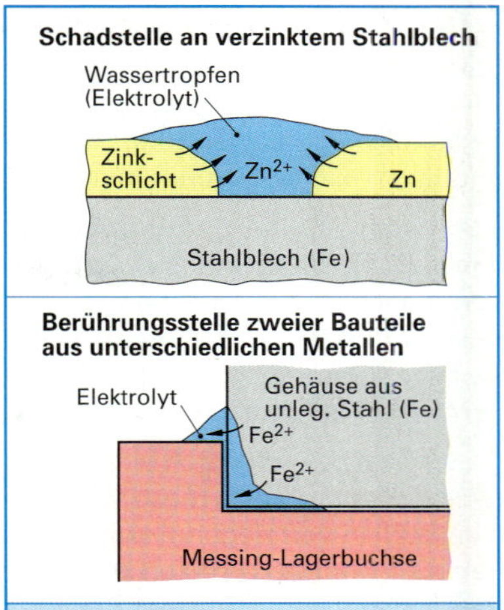

1 Korrosionselemente

Korrosion bei hohen Temperaturen

Bei hohen Temperaturen kommt es zur direkten chemischen Reaktion des Werkstoffs mit dem Sauerstoffanteil der Luft. Man nennt diese Korrosionsart deshalb auch **chemische Korrosion** oder **Hochtemperaturkorrosion**. Sie setzt erst bei Temperaturen ab etwa 600 °C ein und tritt z. B. beim Warmwalzen, Schweißen oder Schmieden von Stahlbauteilen auf (Bild 2). Auf dem Stahl bildet sich Zunder (chemisch Eisenoxid Fe_2O_3).

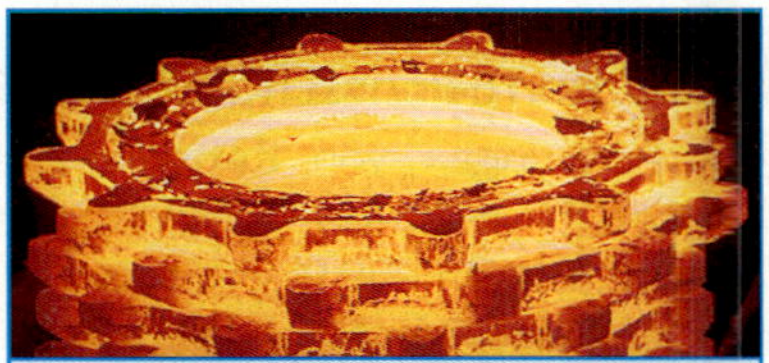
2 Verzundertes Schmiedestück

3.14.2 Erscheinungsformen der Korrosion

Die Korrosion kann zu unterschiedlichen Erscheinungsbildern auf dem Bauteil führen (Bild 3):

Bei der **gleichmäßigen Flächenkorrosion** wird der Werkstoff überall gleich stark korrodiert. Sie tritt z. B. bei der Korrosion von Baustahl im Freien auf.

Muldenkorrosion und Lochfraß führen zum tiefen Eindringen der Korrosion in den Werkstoff. Sie tritt z. B. auf, wenn nichtrostender Stahl mit salzhaltigem Wasser (enthält Chloride) in Berührung kommt.

Zur **Kontaktkorrosion** kommt es an Stellen, wo sich zwei Bauteile aus unterschiedlichen Werkstoffen berühren (Korrosionselement).

Bei der **kristallinen Korrosion** verläuft die Korrosion durch oder zwischen den Gefügekörnern. Es entstehen haarfeine Risse, die äußerlich nicht erkennbar sind. Bei Belastung geht das Werkstück jedoch zu Bruch.

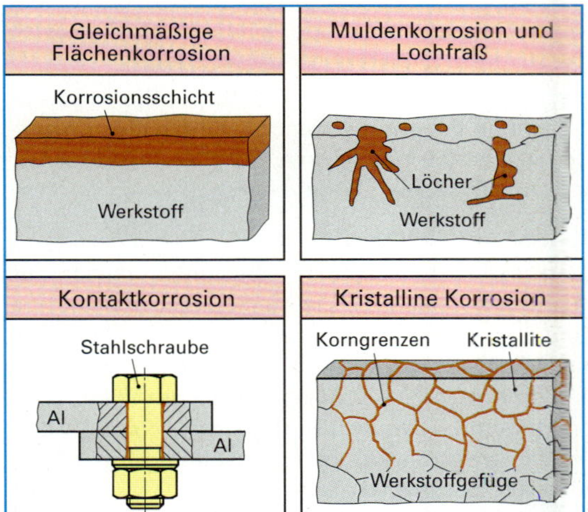

3 Korrosionsformen

3.14.3 Passivierung der Metalloberflächen

Einige Metalle verhalten sich nicht so, wie es aus der Spannungsreihe der Metalle zu erwarten ist. Aluminium, Zink und Chrom z. B. stehen in der Spannungsreihe weiter links als unlegierter Stahl (Bild 4, Seite 88), d.h. sie sind elektrochemisch unedler als Eisen. In der Praxis jedoch sind Aluminium, Zink und Chrom korrosionsbeständiger als unlegierter Stahl. Der Grund hierfür ist die Anlagerung von Sauerstoff, d.h. die Bildung von Oxiden an der Oberfläche von Al, Zn und Cr. Die Oberflächen sind dadurch geschützt, man sagt gegen Korrosion passiviert. Bei Aluminium verstärkt man die natürliche Al_2C_3-Schicht durch anodisches Oxidieren (Eloxieren). Zink- und Chrombeschichtungen benutzt man zum Korrosionsschutz (Seite 90). Bei den nichtrostenden Stählen (CrNi-Stähle) wirkt der Chromanteil passivierend.

3.14.4 Einflüsse auf die Korrosionsbeständigkeit eines Bauteils

Einen großen Einfluss auf die Korrosionsbeständigkeit eines Bauteils hat die **Auswahl des geeigneten Werkstoffs**. Unlegierte Stähle und nicht eloxiertes Aluminium sind nur in trockenen Innenräumen beständig. Für Anwendungen im Feien und in aggressiver Umgebung sind nichtrostende Stähle und anodisch oxidiertes Aluminium geeignet (Tabelle 1).

Auch die den Werkstoff **umgebenden Medien**, wie z. B. Reinluft, Industrieluft, Wasser, Säurelösungen usw., haben einen entscheidenden Einfluss auf das Korrosionsverhalten eines Werkstoffs. Aggressive Umgebungsmedien sollten vermieden oder ferngehalten werden.

Außerdem können durch eine **korrosionsschutzgerechte Konstruktion** besonders anfällige Korrosionsstellen vermieden werden. Beispiele: Vermeiden von Kontaktkorrosion durch die Verwendung gleicher Werkstoffe in einer Bauteilgruppe oder die Vermeidung von Wasseransammlungen durch Verwendung geschlossener Profile.

Tabelle 1: Korrosionsverhalten der Werkstoffe

Werkstoffe	Korrosionsverhalten	Raumluft	Industrieluft	Säuren
Unlegierte und niedrig legierte Stähle	Wenig beständig. Ohne Schutz nur in trockenen Räumen	●	◐	○
Nichtrostende Stähle, z. B. X5CrNi18-10	Gut beständig, gefährdet durch aggress. Chemikalien	●	◕	◐
Aluminium und Al-Legierungen	Im Freien gut beständig, Ausnahme: AlCu-Legierungen	●	◕	◐
Kupfer und Cu-Legierungen	Gut beständig, insbesondere die CuNi-Legierungen	●	◕	◐

Zeichenerklärung: ● praktisch beständig, ◕ ziemlich beständig, ◐ unbeständig, ○ unbrauchbar

3.14.5 Korrosionsschutz durch Beschichten

Das Aufbringen von Korrosionsschutzschichten kann einen ansonsten unbrauchbaren Werkstoff für eine Anwendung geeignet machen.

Blanke Maschinenteile, wie z. B. Spindeln oder Führungen bei Werkzeugmaschinen, werden mit einer Hartchromschicht beschichtet. Werkzeuge, die länger gelagert werden, müssen mit einem **Korrosionsschutzfett** oder einem **Klarlackanstrich** bis zu ihrem Einsatz geschützt werden.

Ein dauerhafter Korrosionsschutz für Stahlbauteile im Freien wird entweder mit einem Korrosionsschutzanstrich oder einem metallischen Überzug, z. B. aus Zink oder Chrom erreicht.

Korrosionsschutzanstriche

Korrosionsschutzanstriche bestehen meist aus mehreren Schichten, die aufeinander abgestimmt und nacheinander aufgebracht werden. Eine typische Beschichtung besteht z. B. nach dem Reinigen und Entfetten der Oberfläche aus dem Voranstrich mit einem Haftvermittler (Phosphatschicht), einer Korrosionsschutz-Grundschicht und einer Deckschicht aus Acrylharzfarbe (Bild 1).

Metallüberzüge

Stahlbau-Konstruktionen werden häufig durch **Feuerverzinken** mit einer Zinkschicht überzogen. Dazu werden die Bauteile in eine Zinkschmelze getaucht (Bild 2). Die Zinkschicht ist fest mit dem Stahl verwachsen und schützt je nach Atmosphäre für 10 bis 40 Jahre gegen Korrosion.

Als weitere metallische Überzüge für Bauteile aus Stahl kommen Cadmium und Zink, z. B. für Schrauben, Zink und Zinn für Bleche sowie kombinierte Schichten aus Kupfer-Nickel-Chrom für Zierteile zur Anwendung.

1 Spritzen einer Korrosionsschutzbeschichtung

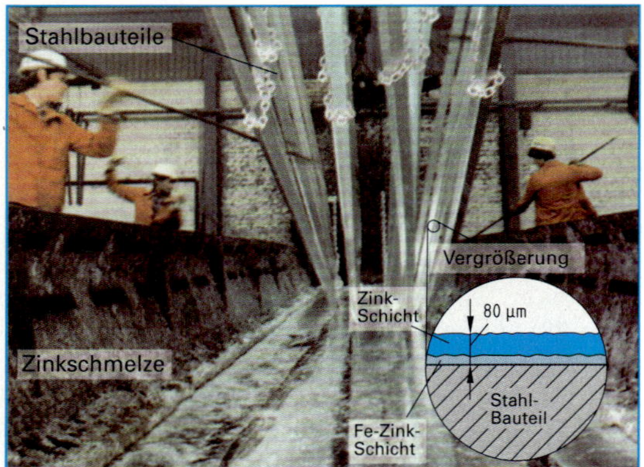

2 Feuerverzinken von Stahlbauteilen

3.14.6 Korrosionsschutz bei Maschinen

Maschinen in der Werkstatt sind durch feuchte Luft von Korrosion bedroht. Verkleidungen und nicht bewegte Maschinenteile sind mit einer Lackierung geschützt. Bewegte Maschinenteile müssen metallblank bleiben, um ihre Funktion zu erfüllen. Der Korrosionsschutz dieser Teile erfolgt durch regelmäßiges Reinigen und Einfetten oder Ölen nach einem Wartungs- und Pflegeplan (Bild 1). Führungen, Gleitbahnen, Spindeln, Zahnräder und Wälzlager werden mit einem Korrosionsschutzfett eingerieben bzw. geschmiert. Gewinde, Schraubenverbindungen und lösbare Teile werden durch Ölen vor dem Festrosten geschützt.

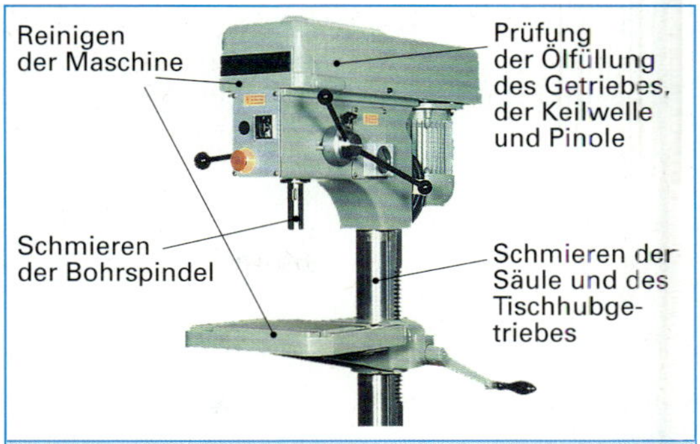

1 Korrosionsschutz bei einer Bohrmaschine

3.14.7 Katodischer Korrosionsschutz

Beim **katodischen Korrosionsschutz mit Opferanoden** ist das zu schützende Bauteil, z.B. ein erdverlegtes Rohr, leitend mit Magnesiumplatten verbunden. Mit der Bodenfeuchtigkeit entsteht ein galvanisches Element, wobei die unedlen Magnesiumplatten (Opferanoden) sich auflösen. Das Rohr ist Katode und damit geschützt.

Beim **katodischen Korrosionsschutz mit Fremdstromanoden** ist das Bauteil als Katode an den negativen Pol einer Batterie angeschlossen, während Grafitanoden am positiven Pol hängen **(Bild 2)**. Das Bauteil ist dadurch Katode und somit gegen Korrosion geschützt.

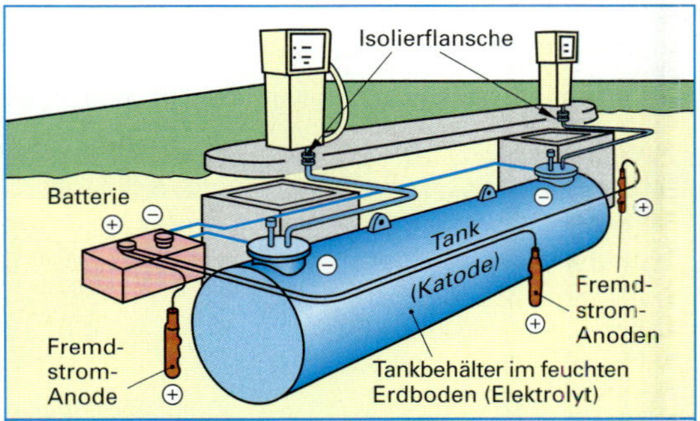

2 Korrosionsschutz mit Fremdstromanoden

3.14.8 Korrosionsschutz von Al-Bauteilen

Aluminium bildet auf seiner Oberfläche von Natur aus eine sehr dünne (rund 1 µm), aber dichte und passivierende Al_2O_3-Schicht. Sie schützt Al-Bauteile für kurze Zeit vor Korrosion.

Eine wesentliche Steigerung der Korrosionsbeständigkeit lässt sich durch **anodische Oxidation,** auch **Eloxieren** genannt, erzielen (Bild 3). Die Al-Bauteile werden dazu in ein schwefelsaures Eloxierbad gehängt und als Anode (+) geschaltet. Unter der Wirkung der angelegten Spannung bildet sich auf der Al-Oberfläche eine etwa 30 µm dicke, korrosionsschützende und verschleißfeste Al_2O_3-Schicht, die auch eingefärbt werden kann. Al-Bauteile für Freiluftanwendung, z.B. Pkw-Felgen, Fensterrahmen, Antennen, werden in der Regel anodisch oxidiert.

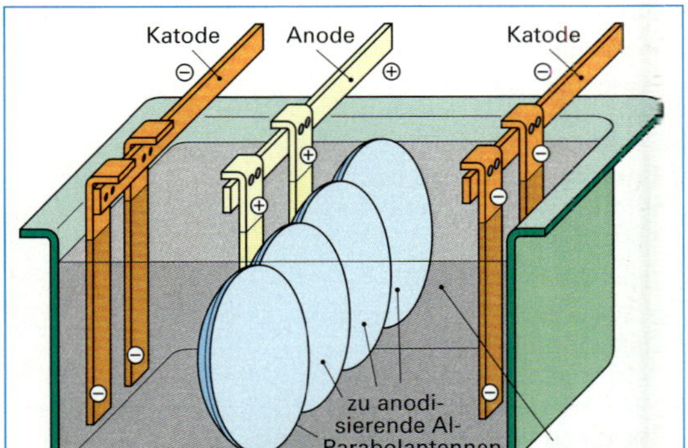

3 Anodische Oxidation (Eloxieren) von Al-Bauteilen

Überprüfen Sie Ihre Kenntnisse

1. **Beschreiben Sie das Herstellungsverfahren für Sinterwerkstoffe.**
2. **Wozu werden Sintermetalle verarbeitet?**
3. **Welche Eigenschaften haben die Hartmetalle?**
4. **Beschreiben Sie die Ursachen der Korrosion feuchter Baustahloberflächen.**
5. **Was gibt die Spannungsreihe der Metalle an?**
6. **Was versteht man unter einem Korrosionselement?**
7. **Beschreiben Sie die Kontaktkorrosion.**
8. **Welche Korrosionsschutz-Beschichtungen gibt es?**
9. **Beschreiben Sie den Korrosionsschutz eines Erdtanks mit Fremdstromanoden.**

3.15 Kunststoffe (Plaste)

Kunststoffe sind synthetisch hergestellte, organische Werkstoffe mit breitem Anwendungsspektrum.

Sie werden aus den Hauptrohstoffen Erdöl oder Erdgas sowie weiteren Rohstoffen durch **Synthese** (chemische Umwandlung) hergestellt. Sie heißen **organische** Stoffe, weil sie aus organischen d.h. naturverwandten Kohlenstoff- oder Siliciumverbindungen bestehen.

3.15.1 Eigenschaften und Verwendung

Kunststoffe haben heute in der Technik als Werkstoffe eine große Bedeutung erlangt. Ihre vielseitige Verwendbarkeit beruht auf den besonderen Eigenschaften der Kunststoffe sowie der Möglichkeit, die Eigenschaften in weiten Grenzen zu variieren. So ist es z. B. möglich, ein und denselben Kunststoff durch chemische Behandlung hart und fest oder weich und gummielastisch zu machen.

Allen Kunststoffen gemeinsam sind **typische Eigenschaften:** geringe Dichte, veränderbare mechanische Eigenschaften, elektrisch nichtleitend, wärme- und kälteisolierend, Korrosionsbeständigkeit gegenüber vielen Chemikalien und aggressiven Umwelteinflüssen, gut formbar und bearbeitbar sowie einfärbbar.

Außerdem sind die meisten Kunststoffe recht preiswert.

Typische Eigenschaften und Verwendungen der Kunststoffe

Niedrige Dichte: 0,9 g/cm³ bis 2,2 g/cm³

Typische Verwendungen:

Transportbehälter, Tanks, Kanister, Kfz- und Flugzeugteile, Leichtbauelemente, Folien

Werkzeugkasten

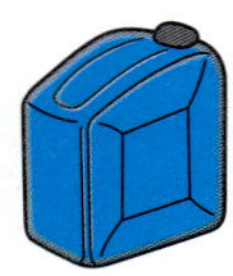
Kanister

Folie

Variable, mechanische Eigenschaften:

Von hart bis fest und zäh bis weich, sowie leder- oder gummiartig

Gut formbar und bearbeitbar

Typische Verwendungen:

Maschinenteile, Gehäuse, Polsterungen, Autoreifen

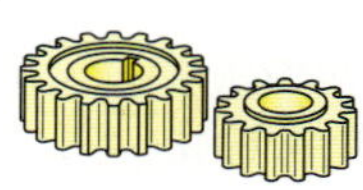
Zahnräder

Maschinengehäuse

Schaumstoffe

Elektrisch isolierend (nichtleitend), wärme- und kälteisolierend

Typische Verwendungen:

Isolierungen für Werkzeuge, Elektro-Bauteile, Wärmedämmmaterial

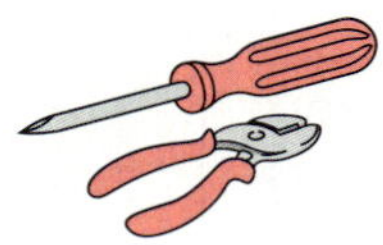
Isoliergriffe

Elektro-Isolierteile

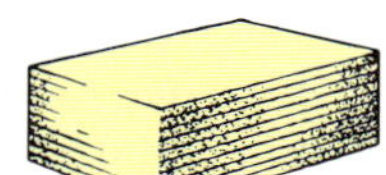
Wärmedämmplatten

Korrosionsbeständig gegenüber vielen Chemikalien und aggressiven Umwelteinflüssen

Typische Verwendungen:

Schutzhandschuhe, Stiefel, Tanks, Rohrleitungen und Gefäße für Chemikalien, Schutzanstriche, Beschichtungen

Schutzhandschuhe

Kraftstofftank

Beschichtungen

Grenzen der Verwendbarkeit von Kunststoffen

Kunststoffe besitzen jedoch auch Eigenschaften, die ihre Einsetzbarkeit begrenzen: **geringe Wärmebeständigkeit**, überwiegend **niedrige Festigkeit** und zum Teil **Unbeständigkeit gegenüber organischen Lösungsmitteln.** Deshalb dürfen Kunststoff-Bauteile nicht auf Dauer Temperaturen über 150 °C ausgesetzt sein (Ausnahme Polytetrafluorethylen PTFE), keinen besonders hohen mechanischen Belastungen unterliegen und nicht für längere Zeit mit Lösungsmitteln in Berührung kommen.

3.15.2 Herstellung und innerer Aufbau

Die Herstellung der Kunststoffe erfolgt in zwei Teilschritten (Bild 1):

1. Der Synthese von reaktionsfähigen Vorprodukten aus den Rohstoffen z. B. von Ethylen C_2H_4 aus Erdgas. Das Vorprodukt besteht aus einzelnen Molekülen und wird **Monomer** genannt.
2. Der Verknüpfung tausender Einzelmoleküle zu **Makromolekülen** (Riesenmolekülen), z. B. von Ethylenmolekülen zu Polyethylenmolekülen. Substanzen aus Makromolekülen nennt man **Polymere**.

Die Zusammenlagerung der Einzelmoleküle zu Makromolekülen kann nach verschiedenen chemischen Verfahren ablaufen:

Bei der **Polymerisation** entstehen langgestreckte, fadenförmige Makromoleküle.

Wichtige Polymerisate sind: Polyethylen, Polyvinylchlorid und Polystyrol.

Durch **Polykondensation** und **Polyaddition** entstehen Makromoleküle, die miteinander an vielen Stellen zu einem räumlichen Netz verknüpft sind.

Polykondensate sind Polyesterharz, Polyamid.
Polyaddukte sind Epoxidharz, Polyurethanharz.

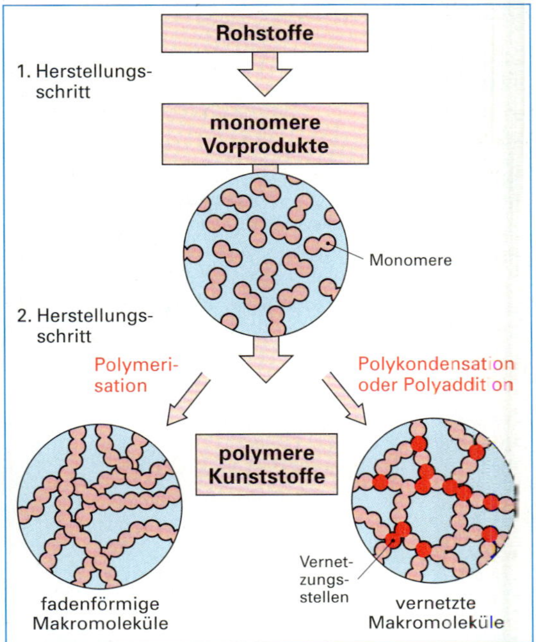

1 Herstellung und innerer Aufbau der Kunststoffe (schematisch)

3.15.3 Einteilung

Nach ihrem inneren Aufbau und dem Verhalten bei Erwärmung unterteilt man die Kunststoffe in drei Gruppen: Thermoplaste, Duroplaste und Elastomere.

Thermoplaste bestehen aus nicht vernetzten, fadenförmigen Makromolekülen. Bei Raumtemperatur sind sie fest und hart. Bei Erwärmung auf über 100 °C werden sie weich und leicht umformbar, bei weiterer Erwärmung teigig und schließlich flüssig (Bild 2, oben). Durch Abkühlen wird die ursprüngliche Härte und Festigkeit wieder erlangt.

Thermoplaste erweichen bei Erwärmung. Sie sind warm umformbar und schweißbar.

Duroplaste bestehen aus engmaschig vernetzten Makromolekülen. Sie sind bei Raumtemperatur fest und hart und ändern ihre mechanischen Eigenschaften bei Erwärmung nur geringfügig (Bild 2, Mitte).

Duroplaste erweichen in der Wärme nicht. Sie sind nicht warm umformbar und nicht schweißbar.

Elastomere, auch Elaste genannt, haben weitmaschig vernetzte Makromoleküle (Bild 2, unten). Unter Krafteinwirkung können sie sich um mehrere hundert Prozent dehnen und nehmen nach Entlastung wieder ihre ursprüngliche Form an.

Elastomere sind gummielastisch.

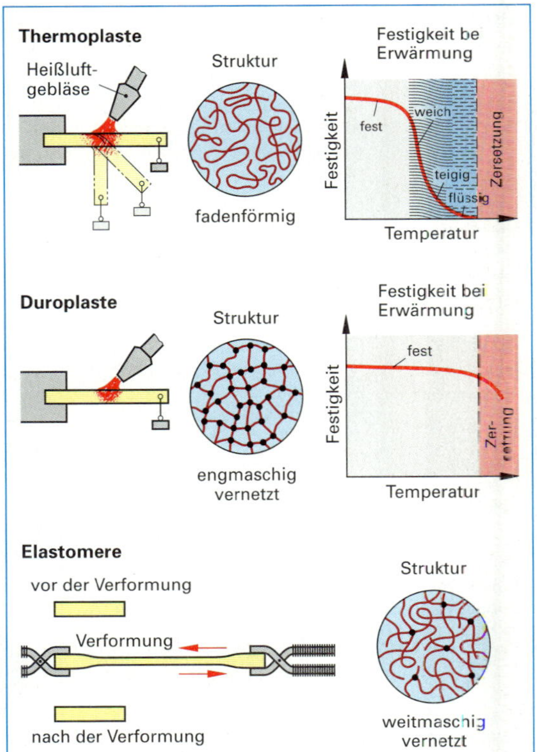

2 Struktur und Eigenschaften der Kunststoffe

3.15.4 Thermoplaste

Name **Kurzzeichen** Handelsnamen	**Eigenschaften**	**Typische Verwendung**		
Polyethylen **PE** **Polypropylen** **PP** Lupolen Hostalen Vestolen Supralen	Farblos bis milchig weiß, Gleitfähige Oberfläche Dichte: rund 0,92 g/cm^3 **Weich-PE:** weich und flexibel **Hart-PE:** steif aber flexibel Beständig gegen Waschmittel, Öle, Fette, Säuren und Laugen.	 **Behälter**	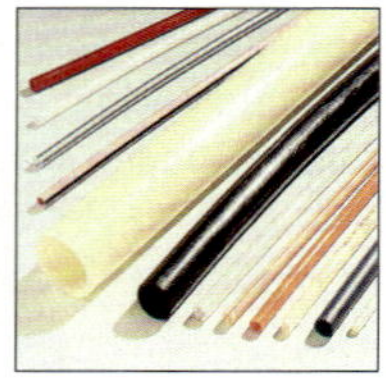 **Biegsame Rohre**	**Weich-PE:** Chemikalienflaschen, flexible Rohre, Folien **Hart-PE:** Rohre für Hausabwässer, Behälter, Folien, Haushaltswaren
Polyvinylchlorid **PVC** Vinoflex Hostalit Vestolit Vinnol	Farblos, durchsichtig, Dichte: 1,35 g/cm^3 **Hart-PVC:** hart, unzerbrechlich **Weich-PVC:** weichgummiartig Beständig gegen Öle, Fette, Säuren und Laugen. Löst sich in den Kaltreinigern Trichlorethylen (Tri) und Tetrachlorkohlenstoff (Tetra).	 **Abwasserrohre**	 **Fensterprofile**	**Hart-PVC:** Apparateteile, Rohre, Behälter, Platten, Profile **Weich-PVC:** Kunstleder, Schläuche, Dichtungen
Polystyrol **PS** Polystyrol Hostyren Vestyren Styropor	Farblos, durchsichtig, glasklar, Hart, splittert beim Bruch. Dichte: 1,05 g/cm^3 Beständig gegen verdünnte Säuren, Laugen und Salzlösungen. Unbeständig gegen Lösungsmittel Zu einem steifen Hartschaum mit einer Dichte von 20 kg/m^3 aufschäumbar.	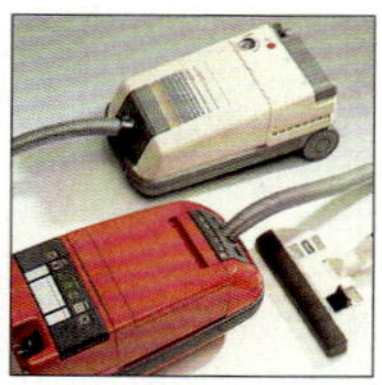 **Gerätegehäuse**	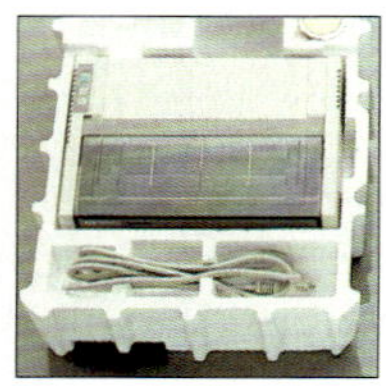 **Verpackung**	Trinkbecher, Verpackungen, Gehäuse *Polystyrolschaum:* Verpackungen, Wärme- und Kälteisolierungen
Polyamide **PA** Durethan Ultramid Vestamid Degamid Trogamid Perlon, Nylon	Milchig weiß, gleitfähige und verschleißfeste Oberfläche, schall- und schwingungsdämpfend Dichte: 1,14 g/cm^3 Hohe Festigkeit: bis 70 N/mm^2 Beständig gegen schwache Säuren und Laugen, Salzlösungen, Öle, Lösungsmittel, Benzin Läßt sich zu Fasern verspinnen.	 **Maschinengehäuse**	 **Zahnräder**	Zahnräder Lagerschalen Gleitschienen Kurvenscheiben Führungsrollen Maschinengehäuse Kraftstofftanks *Polyamidfasern:* Reißfeste Seile, Schnüre, Gewebe
Acrylglas **(Polymethylmethacrylat)** Plexiglas Plexidur Resartglas	Glasklar, lichtecht, durchlässig für ultraviolettes Licht, Oberflächenglanz Hart, zäh, schwerzerbrechlich, witterungsbeständig Dichte: 1,18 g/cm^3 Beständig gegen schwache Säuren, Laugen sowie Salzlösungen, Öle und Benzin	 **Leuchtenabdeckung**	 **Schutzbrille**	Schutzgläser, Schutzbrillen, Splitterschutz an Werkzeugmaschinen, Durchsichtige Gehäuse, Sicherheits-Verglasungen, Sanitärartikel
Polytetrafluorethylen **PTFE** Teflon Hostaflon TF Fluon	Milchig weiß, wachsartig anzufühlende, gleitfähige Oberfläche Flexibl und zäh, abriebfest Dichte: 2,2 g/cm^3 **Äußerst chemikalienfest** gegen Säuren, Laugen, Lösungsmittel, Salzlösungen **Temperaturbeständig** von – 150 °C bis + 280 °C	 **Bratpfannen-Beschichtung**	 **Chemiepumpen-Auskleidung**	Schalen und Buchsen für wartungsfreie Lager, Pumpengehäuse, Ventilringe, Dichtungen, Beschichtungen. In Pulverform als Schmiermittel.

3.15.5 Duroplaste

Name Kurzzeichen Handelsnamen	Eigenschaften	Typische Verwendung	
Phenolharz PF **Harnstoffharz UF** **Melaminharz MF** (Diese Harze werden auch Formaldehydharze genannt)	Farblos bis gelbbraun Bilden glatte Oberflächen Hart und spröde Dichte: rund 1,5 g/cm^3 Beständig gegen kochendes Wasser und Lösungsmittel Unbeständig gegen starke Säuren und Laugen	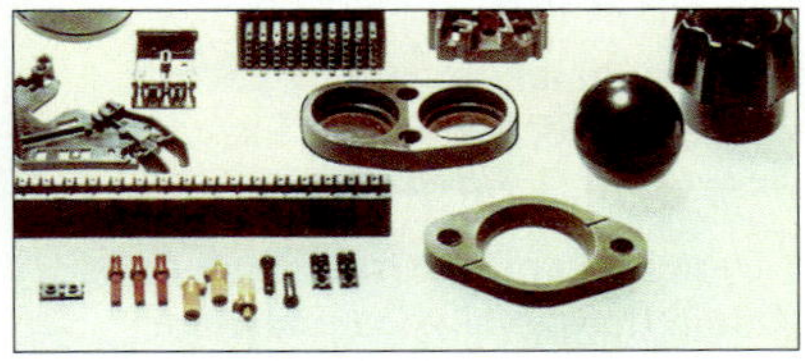 **Kleinteile für Pkw's und Elektrik**	*In reiner Form:* Bindemittel für Holz und Lack *Mit Füllstoffen verstärkt:* Kleinteile für Pkw Elektroteile Laminat-Holz-beschichtungen
Ungesättigtes Polyesterharz UP Palatal Vestopal Legural Polyleit Trevira, Diolen	Farblos, glasklar, gute Haftfähigkeit, gut vergießbar Je nach Herstellung hart-elastisch bis weich-elastisch Dichte: 1,2 g/cm^3 Beständig gegen verdünnte Säuren, Laugen, Salzlösungen und viele Lösungsmittel Zu Fasern verspinnbar	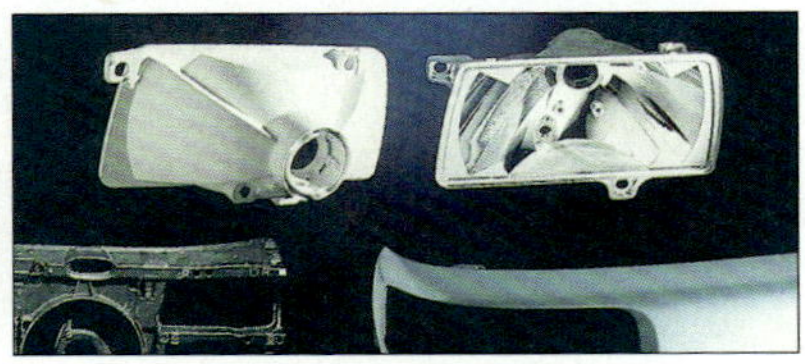 **Pkw-Bauteile**	*In reiner Form:* Klebeharz und Lackharz *Bindeharz für glasfaserverstärkte Kunststoffe* *Als Fasern:* Gewebe, Schnüre, Seile
Epoxidharz EP Epoxin Araldit Lekutherm Epikote	Farblos bis honiggelb, durchscheinend Gute Haftfähigkeit mit fast allen Werkstoffen, gut vergießbar Hart, zäh, schwer zerbrechlich Dichte: 1,2 g/cm^3 Beständig gegen Säuren, Laugen, Salzlösungen und Lösungsmittel	 **Zweikomponenten-Kleber**  **ICE-Bugnase**	*In reiner Form:* Klebeharz und Lackharz *Bindeharz für hochbeanspruchte glasfaserverstärkte Kunststoffe:* Karosserieteile Flugzeugteile
Polyurethanharz PU Moltopren Vulkollan Bayflex Desmodur Lycra	Farblos bis honiggelb, durchscheinend Gute Haftfähigkeit Dichte: 1,26 g/cm^3 Beständig gegen schwache Säuren, Laugen, Salzlösungen und viele Lösungsmittel Je nach Vernetzungsgrad: hart und zähelastisch bis weich und gummielastisch Zu elastischen Fasern verspinnbar	 **Lenkradverkleidung**  **Isolier-Formteile**	*In reiner Form:* Laufrollen, Puffer, Stoßstangen Kleber, Lacke *Als Schaumstoff:* Polster- und Isolierschaum *Als Fasern:* Elastische Gewebe und Seile

3.15.6 Elastomere (Gummi, Kautschuk, Elaste)

Synthese-kautschuk z.B. Styrol-Butadien-Gummi SBR Buna Perbunan Cariflex	Gelb bis dunkelbraun, meistens mit Ruß (schwarz) eingefärbt Je nach Schwefelgehalt hartgummielastisch bis weich-gummielastisch Schwingungs- und erschütterungsdämpfend. Abriebfest, hochelastisch	 **Autoreifen**  **Gummihammer**	Fahrzeugreifen Radialdichtungen Manschetten Schläuche Schutzkappen Gummifedern Maschinefüße Faltenbälge Dichtungen
Silicon-kautschuk SIR Silicone Silopren Silastic	Milchig weiß, wasserabstoßend, klebstoffabweisend Temperaturbeständig bis + 180 °C Dichte: 1,2 g/cm^3...2,3 g/cm^3 Beständig gegen Öle, unbeständig gegen Säuren, Laugen, Lösungsmittel. Je nach Herstellung: steif-elastisch bis weich und gummielastisch	 **Dichtungen**  **Fugendichtmasse**	Wasserbeständige Isolatoren Gießformen Ölbeständige Dichtungen Elastische Fugenfüllmasse Isolierlacke wasserabstoßende Anstriche

3.15.7 Verarbeitung der Kunststoffe

Urformen

Die Kunststoffe fallen beim Herstellungsprozess als Pulver, Granulat (Körner) oder Flüssigkeit an. Durch Urformen erhalten sie ihre ursprüngliche Gestalt, die häufig die Endform ist.

Thermoplaste formt man vor allem durch *Extrudieren* und *Spritzgießen*, Duroplaste und Elastomere durch *Formpressen* und *Spritzgießen*.

Durch **Extrudieren** (Strangpressen) werden Profile, Rohre, Bahnen und Tafeln hergestellt. Der Extruder ist eine kontinuierlich arbeitende Schneckenstrangpresse (Bild 1). Die im Extruder erwärmte, teigige Kunststoffmasse wird von der Schnecke durch die Profildüse gepresst, erhält dort ihre Form und erstarrt in einer Kühlstrecke.

Hohle Formteile, wie z. B. Tanks, Kanister, Flaschen usw. stellt man durch **Blasformen** her. Dabei wird das aus dem Extruder austretende teigige Schlauchstück in einer Hohlform aufgeblasen, sodass es deren Gestalt annimmt (Bild 2).

Zur Fertigung von Folien wird das aus dem Extruder austretende teigige Kunststoffrohr zu einem dünnwandigen Foliensack aufgeblasen und anschließend auf einer Walze aufgewickelt.

Das **Spritzgießen** wird mit einer Spritzgussmaschine durchgeführt (Bild 3). Das Kunststoffgranulat erwärmt sich im Plastifizierzylinder und wird mit einem Druckstoß von der Schnecke durch eine Düse in das gekühlte Werkzeug gepresst, wo es erstarrt. Dann öffnet das Spritzwerkzeug und wirft das fertige Werkstück aus. Danach schließt das Spritzwerkzeug und es beginnt ein neuer Fertigungszyklus.

Das **Formpressen** dient zur Formgebung von Duroplasten und Elastomeren (Bild 4). Diese Kunststoffe härten durch Zugabe eines Härters und durch Wärme aus. Zum Formpressen wird die mit Härter gemischte, pulvrige, körnige oder teigige Kunststoffmasse in die beheizte Hohlform gefüllt und vom heruntergehenden Stempel in die Hohlräume gedrückt. Der sich erwärmende Kunststoff härtet rasch aus, das Werkstück hat seine Endform.

Umformen

Warm umgeformt werden können nur thermoplastische Kunststoffe: Biegen, Richten, Tiefziehen.

Spanen

Kunststoffe können mit besonderen Werkzeugen handwerklich gesägt und gefeilt sowie maschinell gebohrt, gedreht und gefräst werden.

Fügen

Bauteile aus Kunststoffen werden mit Schnapp- oder Schraubverbindungen sowie durch Kleben gefügt. Thermoplaste können auch geschweißt werden.

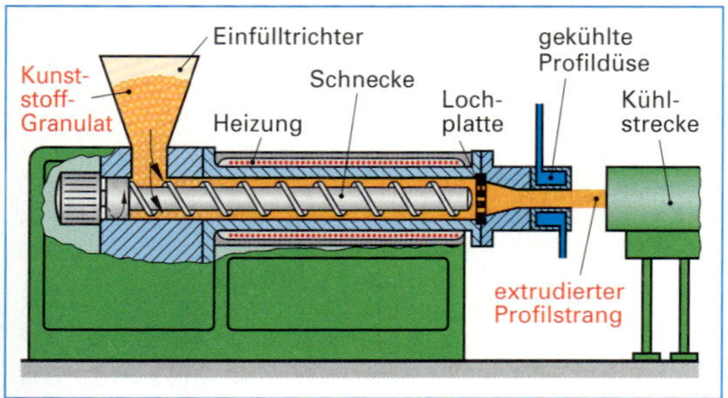

1 Extrudieranlage

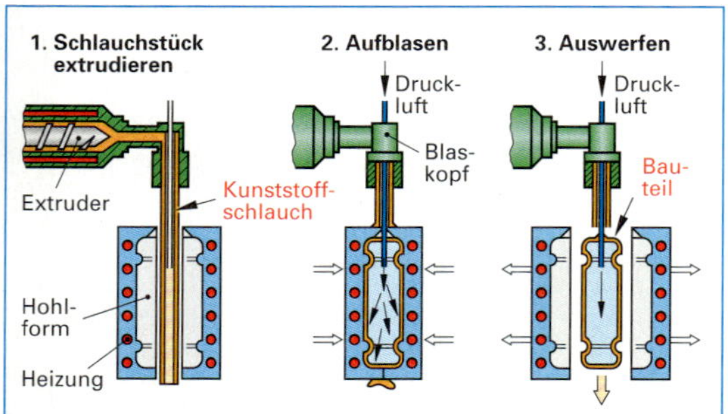

2 Blasformen von Behältern

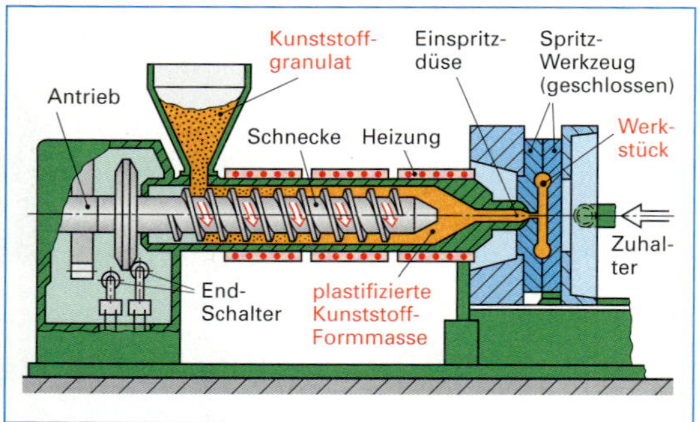

3 Spritzgießen

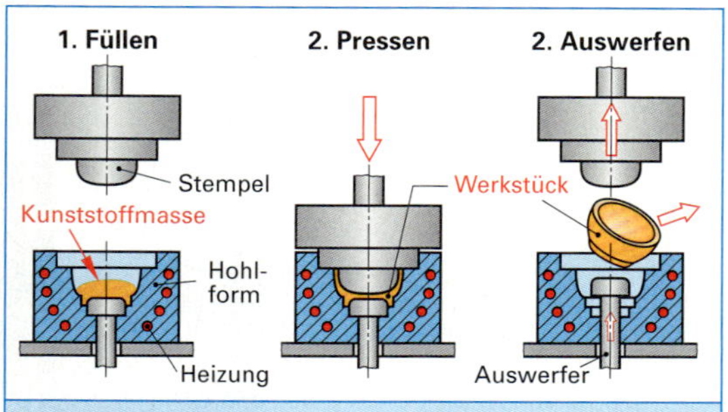

4 Formpressen

3.16 Verbundwerkstoffe

Verbundwerkstoffe sind Werkstoffe, die aus mehreren Einzelwerkstoffen zusammengesetzt sind.

Die Einzelwerkstoffe mit den passenden Eigenschaften sind so zusammengefügt, dass ein **Verbundwerkstoff**, mit den guten Eigenschaften beider Einzelwerkstoffe entsteht (siehe rechts).

Häufig eingesetzte Verbundwerkstoffe sind glasfaserverstärkte Kunststoffe (GFK), verstärkte Kunststoff-Formmassen, Hartmetalle und Schleifkörper.

Man unterteilt die Verbundwerkstoffe nach der Form der Einzelwerkstoffe im Verbund (Bild 1):

Faserverstärkte Verbundwerkstoffe bestehen aus einer zähen Grundmasse, in die hochfeste Fasern eingebettet sind (z. B. glasfaserverstärkte Kunststoffe, kohlenstofffaserverstärkte Kunststoffe).

Teilchenverstärkte Verbundwerkstoffe besitzen eine zähe Grundmasse, in der unregelmäßig geformte Körner verteilt sind (z. B. Hartmetalle, Schleifkörper).

Schichtverbundwerkstoffe sind aus zwei oder mehr Schichten verschiedener Werkstoffe zusammengefügt (z. B. Verbundplatten, plattierte Bleche).

Glasfaserverstärkte Kunststoffe, Kurzname **GFK**, bestehen aus einem Kunststoff, in den Glasfasern eingearbeitet sind (Bild 2). GFK besitzen stahlähnliche Festigkeit und Steifigkeit bei einer geringen Dichte von rund 2,0 g/cm^3.

Kunststoff-Formmassen sind Gemische aus einer Kunststoff-Grundmasse und Füllstoffteilchen (z. B. Gesteinsmehl). Gegenüber reinen Kunststoffen haben sie verbesserte Festigkeitseigenschaften.

Schleif- und **Trennscheiben** bestehen aus körnigen Korund- oder Siliciumkarbidteilchen (Schleifmittel), die mit einer Bindung aus Kunststoff, Keramik oder Metall zusammengeklebt sind.

Hartmetalle bestehen aus harten Karbidteilchen und einer weichzähen Metallbindung, meist Cobalt. Bei der **Schneidkeramik** sind harte Korundteilchen mit einer Keramikbindung zusammengefügt. Hartmetalle und Schneidkeramik werden zu Schneidplatten und Bohrerspitzen verarbeitet (Bild 2).

Kombination der vorteilhaften Eigenschaften in Verbundwerkstoffen

Glasfaser	+	**Kunststoff**	→	**GFK**
hochfest spröde		nicht hochfest zäh		hochfest zäh
Hartstoff	+	**Bindemetall**	→	**Hartmetall**
hart spröde		weich zäh		hart zäh

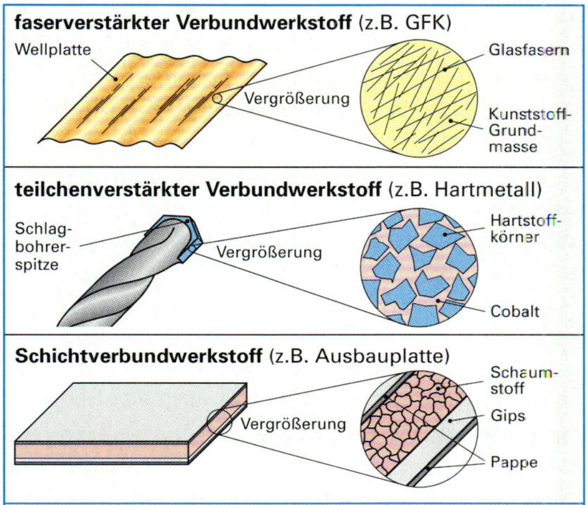

1 Verbundwerkstoffarten

Tanks aus GFK

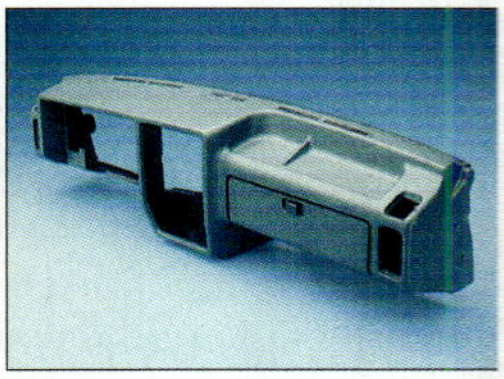

Pkw-Armaturenträger aus Kunststoff-Formmasse

Trenn- und Schleifscheiben

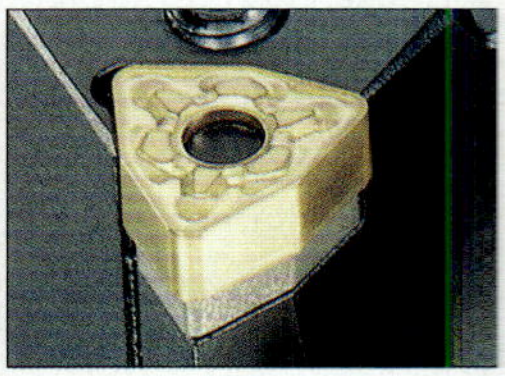

Hartmetall-Schneidplatte

2 Bauteile aus Verbundwerkstoffen

Überprüfen Sie Ihre Kenntnisse

1. **Welche typischen Eigenschaften haben die Kunststoffe (Plaste)?**
2. **Welche unterschiedlichen Eigenschaften haben Thermoplaste, Duroplaste, Elastomere (Elaste)?**
3. **Nennen Sie 5 thermoplastische Kunststoffe.**
4. **Wozu wird ungesättigtes Polyesterharz verwendet?**
5. **Welche Kunststoffe bezeichnen die folgenden Kurznamen: PE, PVC, PA, UP, PU?**
6. **Aus welchen Kunststoffen können Schaumstoffe hergestellt werden?**
7. **Beschreiben Sie das Spritzgießen von Bauteilen.**
8. **Was bedeutet der Kurzname GFK?**
9. **Aus welchen Stoffen bestehen Schleifscheiben?**

3.17 Hilfsstoffe

Hilfsstoffe benötigt man zum Betrieb von Maschinen und zur Durchführung der Fertigungsverfahren. Sie gehen nicht in das Endprodukt ein.

3.17.1 Schmierstoffe

Schmierstoffe haben die Aufgabe, die Reibung und den Verschleiß zwischen sich bewegenden Bauteilen zu vermindern.

Unter **Reibung** versteht man die Widerstandskraft, die zur Bewegung aufeinander gleitender Flächen überwunden werden muss. Jede noch so fein bearbeitete Oberfläche hat mikroskopisch kleine Vertiefungen und Erhöhungen, die sich bei direkter Berührung ineinander verzahnen (Bild 1, oberer Bildteil).

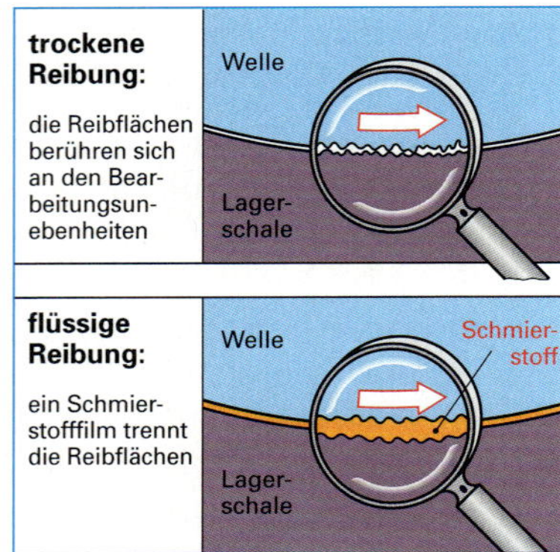

1 Reibungsarten

Sollen sich berührende Bauteile gegeneinander bewegt werden, so tritt die mit hoher Widerstandskraft verbundene **trockene Reibung** auf: Die Unebenheiten an den Berührungsstellen verformen sich unter Wärmeentwicklung. Die Folge ist starker Verschleiß und im ungünstigen Fall das Verschweißen der hocherhitzten Gleitflächen, das gefürchtete „Fressen" der Gleitflächen.

Durch Einbringen von Schmierstoff zwischen die sich gegeneinander bewegenden Bauteile wird die Berührung der Metallflächen vermieden. Bei der dann vorliegenden **flüssigen Reibung** trennt sie ein zusammenhängender Schmierstofffilm (Bild 1, unterer Bildteil). Reibung und Wärme entstehen nur in geringem Maß durch die Verformung des Schmierfilms, der Verschleiß ist sehr niedrig.

Von **halbflüssiger Reibung** oder **Mischreibung** spricht man, wenn der Schmierstofffilm unvollständig ausgebildet ist. Damit die Bauteile eine lange Lebensdauer erreichen, muss flüssige Reibung vorliegen.

Die Schmierstoffe unterteilt man nach ihrem Aggregatzustand in *Schmieröle* (flüssig), *Schmierfette* (pastenförmig) und *feste Schmierstoffe*.

Schmieröle

Es gibt eine Vielzahl unterschiedlicher Schmieröle, die sich aufgrund unterschiedlicher Eigenschaften für verschiedene Anwendungsfälle eignen. Ihre wichtigste Eigenschaft ist die **Viskosität**, d.h. die Leicht- oder Zähflüssigkeit (Bild 2). Sie wird mit einer Kennzahl angegeben, die bei niedriger Viskosität (wasserähnlich) klein und bei hoher Viskosität (honigartig) groß ist.

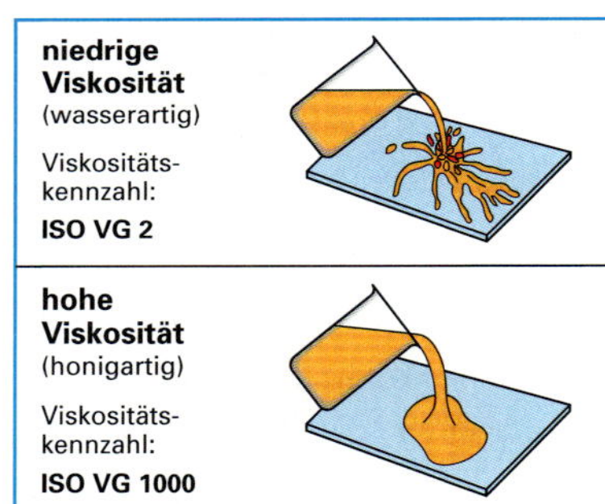

2 Viskosität von Schmierölen

Damit auch bei wechselnden Betriebszuständen und Außentemperaturen eine einwandfreie Schmierfilmbildung erfolgt, soll sich die Viskosität des Schmieröls möglichst wenig mit der Temperatur ändern. Außerdem soll das Schmieröl chemisch beständig sein und nicht unter der Wirkung von Wärme und Druck zerfallen oder verharzen.

Die **Mineralöle** sind die technisch wichtigsten Schmieröle. Sie sind Bestandteil des Erdöls und werden durch Destillation und anschließende Reinigung gewonnen. Zur Verbesserung ihrer Eigenschaften werden ihnen sogenannte *Additive*, d.h. Zusätze, zugegeben.

Die **Syntheseöle** kommen wegen ihres hohen Preises nur in Sonderfällen zum Einsatz, obwohl sie eine gleichbleibendere Viskosität und eine bessere chemische Beständigkeit besitzen.

Für jede Schmierstelle ist das vom Maschinenhersteller empfohlene Schmieröl zu verwenden. Die Schmieröle besitzen ein **Kennzeichen.** Es ist am Schmierstoffbehälter und an den Schmierstellen angebracht. Dieses Kennzeichen besteht aus einem Symbol, in das Kennbuchstaben und die Viskositätskennzahl eingetragen sind (Bild 3).

Schmieröle auf Mineralölbasis
Symbol: Quadrat

Beispiel:
Normalschmieröl (**N**)
Viskositätskennzahl **150**

N 150

Syntheseöle
Symbol: zweizeiliges Rechteck

Beispiel:
Esteröl (**E**)
Viskositätskennzahl **68**

E 68

3 Kennzeichen der Schmieröle

Schmierfette

Schmierfette sind pastenartige Gemische aus Schmieröl und Seife. Sie werden eingesetzt, wenn keine fortlaufende Schmierung über ein Schmierkanalsystem erfolgt, sondern wenn eine einmalig vorgenommene Schmierung für lange Zeit vorhalten muss (Wartungsfreiheit). Dazu ist die Schmierstelle so ausgebildet, dass der gesamte Schmierbereich und ein Schmierfettreservoir über einen Schmiernippel mit Schmierfett gefüllt werden können (Bild 1). Während des Betriebs erwärmt sich die Lagerstelle und damit das angrenzende Schmierfett. Dadurch tritt Schmieröl aus dem Schmierfett aus und dient zur Schmierung.

Die Konsistenz der Schmierfette wird mit einer **Konsistenzzahl** angegeben, die von 000 (sehr weich) über 00, 0, 1 bis 6 (zäh) reicht.

Das **Kennzeichen** der Schmierfette besteht aus einem Symbol (Dreieck oder Rhombus), in das Kennbuchstaben und die Konsistenzzahl eingetragen sind (Bild 2).

Es ist das vom Maschinenhersteller empfohlene Schmierfett zu verwenden. Sein Kennzeichen ist an der Schmierstelle angebracht.

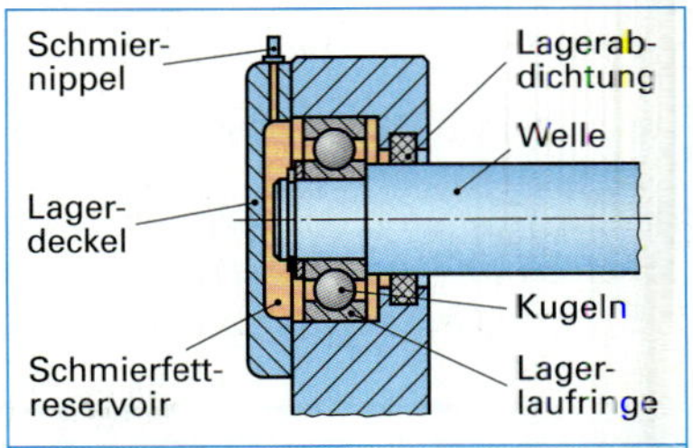

1 Fettschmierung

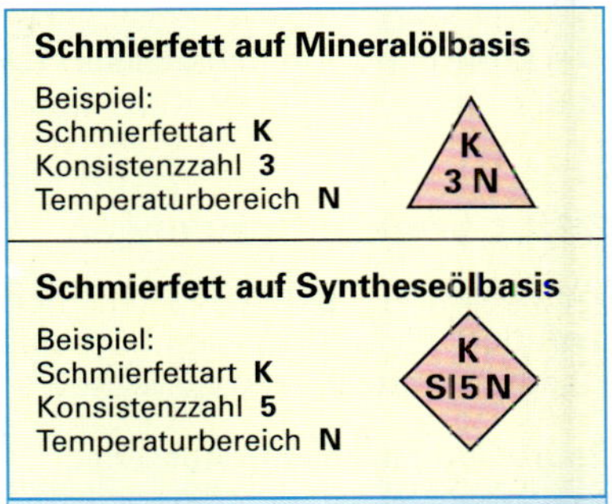

2 Kennzeichen der Schmierfette

Feste Schmierstoffe

Als Festschmierstoffe dienen Pulver aus

- **Grafit** (einer besonderen Kohlenstoffart),
- **Molybdändisulfid** (chemisch MoS_2) oder
- **Polytetrafluorethylen** (einem Kunststoff).

Die Festschmierstoffpulver bestehen aus feinen, gleitfähigen Plättchen, die Unebenheiten im Schmierspalt ausgleichen und wie Spielkarten aufeinander abgleiten (Bild 3).

Feste Schmierstoffe werden an Schmierstellen verwendet, die sehr niedrigen oder hohen Temperaturen ausgesetzt sind. Außerdem setzt man sie den flüssigen Schmierstoffen zu, um bei nicht ausreichender flüssiger Schmierung (man spricht von Notlauf) eine direkte Berührung der Bauteile zu verhindern.

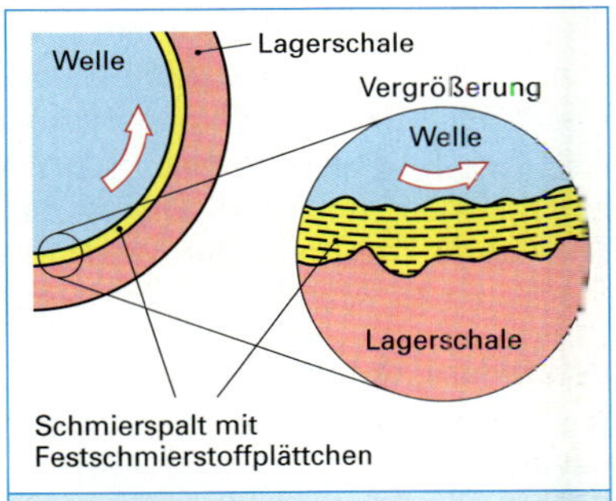

3 Schmierwirkung bei Festschmierstoffen

3.17.2 Kühlschmierstoffe

Kühlschmierstoffe dienen zur Verminderung der Reibung zwischen Spanwerkzeug und Werkstück sowie zum Abtransport der beim Spanen entstehenden Wärme.

Bei allen spanabhebenden Verfahren entsteht durch Reibung und Werkstoffverformung Wärme (Bild 4). Sie muss abtransportiert werden, da sich sonst das Werkzeug stark erwärmt und unbrauchbar wird. Zu diesem Zweck wird während des Spanens ein Kühlschmierstoffstrom über die Spanfläche geleitet.

Kühlschmieremulsionen sind Mischungen aus Mineralöl, Zusätzen und Wasser, die zu einer milchartig aussehenden Flüssigkeit verquirlt werden. Sie werden beim Bohren, Drehen und Sägen eingesetzt, wenn gute Kühlwirkung erzielt werden soll.

Schneidöle sind Mineralöle mit Zusätzen. Sie werden zur Kühlschmierung verwendet, wenn die Verminderung der Reibung besonders wichtig ist. Dies ist z. B. beim Gewindeschneiden sowie beim Fräsen und Räumen erforderlich.

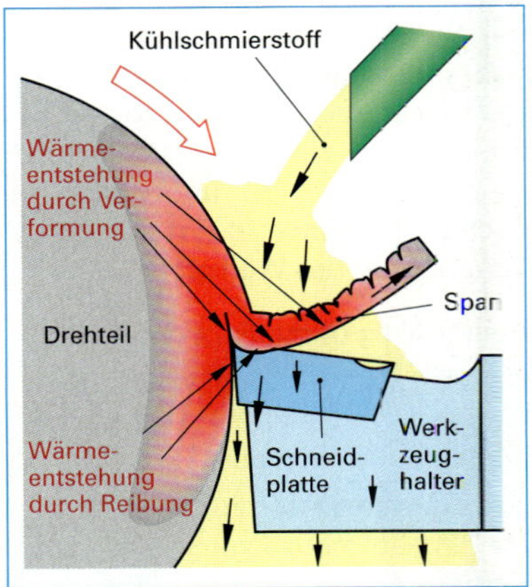

4 Kühlen und Schmieren durch Kühlschmierstoffe

3.18 Werkstoffprüfung

Die Werkstoffprüfung hat vor allem drei Aufgaben, deren Ergebnisse wichtige Hinweise ergeben:

Die **Bestimmung** der **technologischen Eigenschaften** und der **Werkstoff-Kennwerte**, z. B. Festigkeit, Härte, Umformbarkeit	Sie ergeben Hinweise für die Verwendbarkeit und Belastbarkeit der Werkstoffe.
Die **Kontrolle der fertigen Bauteile** auf Materialfehler, wie Risse und Einschlüsse	Fehlerhafte Bauteile werden aussortiert, Schadensfälle werden vermieden.
Die **Ermittlung von Schadensursachen**, z. B. zu hohe Belastung, Korrosionsschäden	Geeignete Werkstoffe werden eingesetzt, Schadensfälle werden vermieden.

3.18.1 Werkstattprüfungen

Werkstattprüfungen sind einfache Prüfungen ohne spezielle Geräte und Maschinen, die in jeder Werkstatt durchgeführt werden können. Sie liefern kein zahlenmäßiges Ergebnis (Genauwert), sondern nur Ungefährwerte (Schätzwerte) sowie Hinweise für die Verwendbarkeit.

Beurteilung nach dem Aussehen

Vom Hüttenwerk angelieferte Erzeugnisse sind meistens mit Kurznamen oder Werkstoffnummern nach DIN-Norm gekennzeichnet. Sind die Erzeugnisse nicht benannt, so erlaubt das Aussehen in den meisten Fällen eine grobe Bestimmung. Hierzu ist ein kleines Stück der Werkstückoberfläche durch Anfeilen freizulegen. Nach den verschiedenen Metallfarben und der Dichte lassen sich die Werkstoffe meistens der Werkstoffart zuordnen, z. B. Baustahl, Aluminium oder Kupfer.

Verschiedene Metallfarben: stahlblank, rot, hellsilber, gelb	→	**Metalle:** Stahl, Cu, Al, Messing
Verzunderte Oberfläche, runde Kanten, gewölbte Flächen	→	**Baustahl** warm gewalzt
Matte Oberfläche, scharfe Kanten, ebene Flächen	→	**Baustahl** kalt gewalzt
Glatte, silbrige Oberfläche, exakte Querschnitte	→	**Werkzeugstahl** gezogen
Schwarzgraue, raue Oberfläche, runde Kanten	→	**Gusseisen** z. B. Sandguss

Beurteilung durch Klangprobe

Zur Klangprobe wird das Werkstück an einer Schnur aufgehängt und mit einem leichten Hammer angeschlagen. Unterscheiden lassen sich harte, weiche und rissige Werkstücke.

Heller Klang	→	Harter Werkstoff
Dunkler Klang	→	Weicher Werkstoff
Klirrender Ton	→	Werkstoff mit Rissen

Beurteilung durch Biege/Bruch-Probe

Zur Biege/Bruch-Probe wird ein Prüfstück in den Schraubstock gespannt und gebogen. Harte Werkstoffe zerbrechen beim Versuch sie zu biegen. Weiche und zähe Werkstoffe brechen erst nach mehrmaligem Hin- und Herbiegen. Die Bruchfläche gibt Hinweise auf die Art und die Wärmebehandlung des Werkstoffs.

Grobkörnige, faserige Bruchfläche	→	Ungehärteter Stahl
Feinkörnige, samtartige Bruchfläche	→	Gehärteter Stahl
Grober, faseriger Kern und feinkörnige Randschicht	→	Randschicht- oder einsatzgehärteter Stahl

Beurteilung durch Funkenprobe

Der zu prüfende Stahl wird in einem abgedunkelten Raum mit leichtem Druck gegen eine rotierende Schleifscheibe gedrückt (Bild 1).

Das Aussehen der Funkenspur gibt Hinweise auf die Zusammensetzung des Stahls. Unlegierte Stähle z. B. haben kleine Blitze in der Funkenspur. Durch Vergleich mit Funkenbilder-Farbtafeln (Seite 101) kann die Stahlsorte grob bestimmt werden.

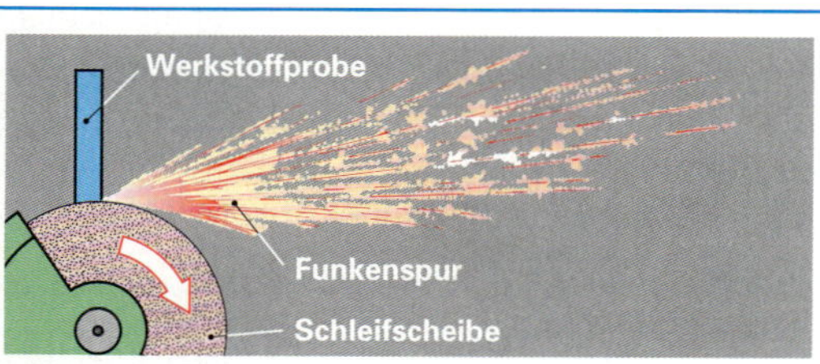

1 Funkenprobe

Funkenbilder-Farbtafel	
Werkstoff Legierungsanteile in %	**Funkenbild**
Einsatzstahl C15E 0,15 C; 0,22 Si; 0,37 Mn Glatter Strahl, wenig C-Explosionen Hervorgerufen durch C-Gehalt	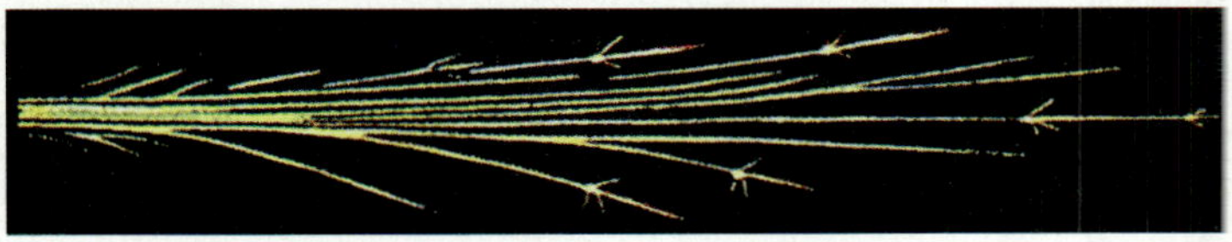
Vergütungsstahl C45 0,45 C; 0,25 Si; 0,65 Mn Viele stachelförmige C-Explosionen Hervorgerufen durch C-Gehalt	
Werkzeugstahl C100W 1,0 C; < 0,25 Si; < 0,25 Mn Viele C-Explosionen, stark verästelt Hervorgerufen durch C-Gehalt	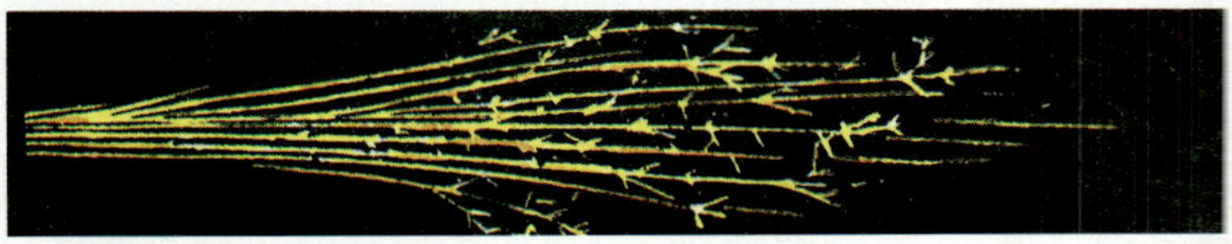
Leg. Werkzeugstahl 60MnSi4 0,6 C; 1,0 Si; 1,0 Mn Viele C-Explosionen, vor diesen helle Anschwellungen Hervorgerufen durch C und Si	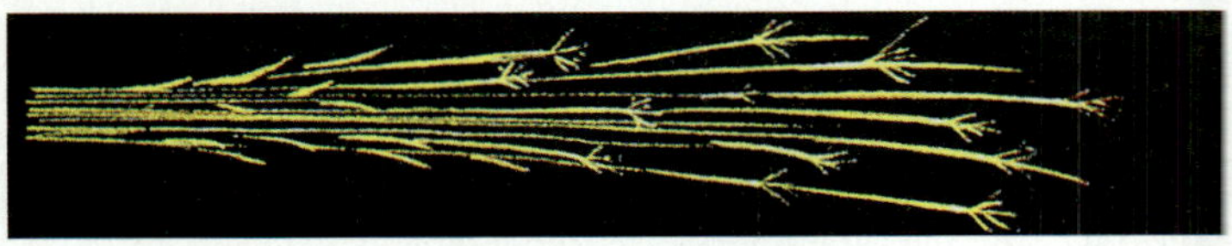
Federstahl 45CrMoV6-7 0,45 C; 0,25 Si; 0,7 Mn; 1,7 Cr; 0,7 Mo; 0,3 V Dünne Strahlen mit Lanzenspitzen Hervorgerufen durch C und Mo	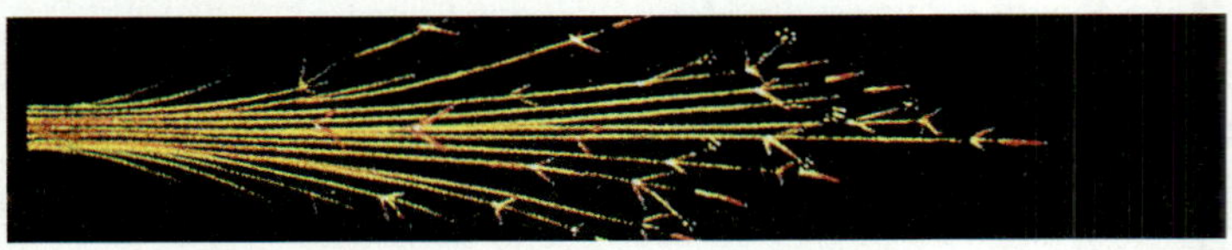
Leg. Werkzeugstahl 105WCr6 1,05 C; 0,25 Si; 1,0 Mn; 1,0 Cr; 1,2 W Dünne Strahlen mit zungenförmigen Enden Hervorgerufen durch W	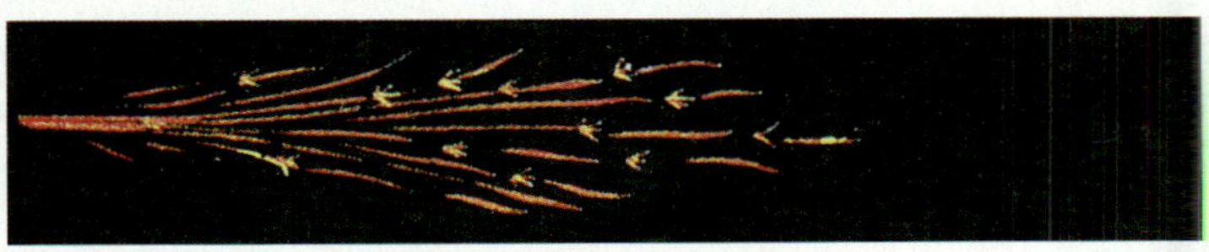
Warmarbeitsstahl 45WCrV7 0,45 C; 1,0 Si; 0,3 Mn; 1,1 Cr; 0,2 V; 2,0 W Wenig C-Explosionen mit anschließender heller Keule Hervorgerufen durch W und Si	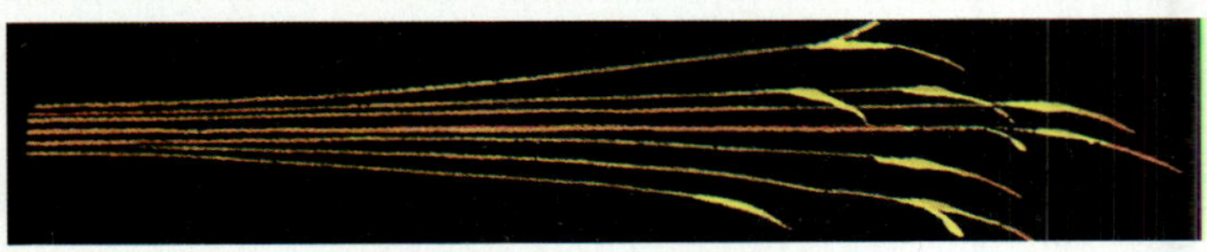
Kaltarbeitsstahl X210CrW12 2,1 C; 0,3 Si; 0,3 Mn; 12 Cr; 0,7 W Kurze Garbe, in gehärtetem Zustand viele C-Explosionen Hervorgerufen durch W und C	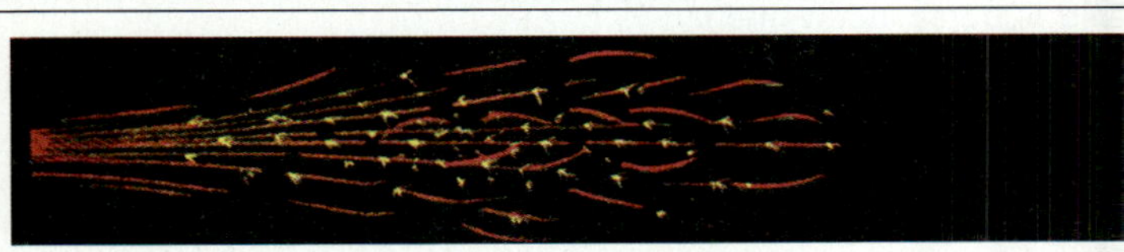
Schnellarbeitsstahl HS18-0-1 0,75 C; 18 W; 1,1 V; 4,2 Cr Unterbrochener Strahl; nur vereinzelt C-Explosionen Hervorgerufen durch W und C	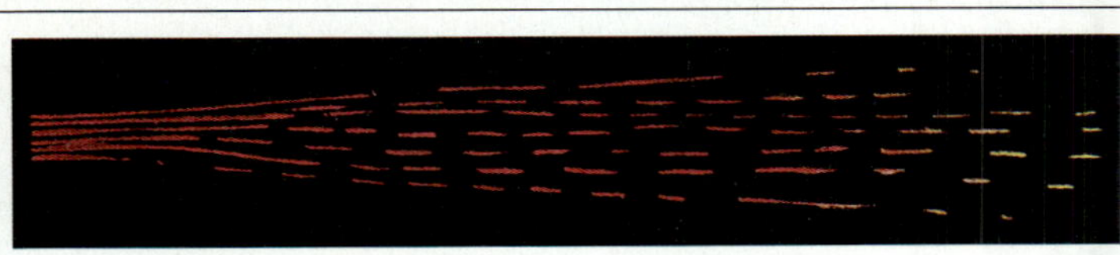

3.18.2 Zugversuch

Der Zugversuch dient zur Bestimmung der mechanischen Kennwerte eines Werkstoffs bei Zugbeanspruchung.

Versuchsdurchführung: Eine genormte Zugprobe wird an den Enden in die Spannköpfe einer Prüfmaschine eingespannt (Bild 1). Dann wird die Maschine in Gang gesetzt: Das Joch mit dem oberen Spannkopf bewegt sich langsam und stetig nach oben, wodurch die Zugprobe mit einer wachsenden Zugkraft belastet wird. Unter ihrer Wirkung verlängert sich die Zugprobe zuerst ohne sichtbare Querschnittsänderung. Nach einer Weile schnürt sie sich an einer Stelle ein und zerreißt schließlich (Bild 2, oben). Während des Zugversuchs wird mit Messeinrichtungen die auf den Probestab wirkende Zugkraft F und seine Verlängerung ΔL fortlaufend gemessen.

Mit den Abmessungen der Zugprobe (L_0, S_0) wird in der Auswerteeinheit der Prüfmaschine nach der Formel $\sigma = F/S_0$ die Zugspannung σ und nach $\varepsilon = \Delta L/L_0$ die Dehnung ε berechnet.

Auf dem Monitor werden die Spannungswerte und die dazugehörenden Dehnungswerte fortlaufend in einem Schaubild dargestellt. Man erhält das **Spannungs-Dehnungs-Schaubild** (Bild 2, unten).

Werkstoff-Kennwerte. Bei ungehärtetem Stahl steigt die Spannung im Anfangsbereich proportional mit der Dehnung an. Dieser proportionale Zusammenhang zwischen Spannung σ und Dehnung ε wird **Hooke´sches Gesetz** genannt: $\boldsymbol{\sigma = E \cdot \varepsilon}$.
Der konstante Faktor $\boldsymbol{E}$ heißt **Elastizitätsmodul**. Er ist ein Maß für die Steifheit eines Werkstoffs.

Hinter dem Punkt S schwankt die Kurve um einen Mittelwert. Die Zugprobe verlängert sich hier bei gleichbleibender Spannung, sie wird „gestreckt". Diese Spannung heißt **Streckgrenze R_e**. Sie kann aus dem Schaubild abgelesen werden oder aus der Zugkraft beim Strecken F_e und dem Zugprobenquerschnitt S_0 berechnet werden.

$$R_e = \frac{F_e}{S_0}$$

Den Höchstwert der Spannung in der Spannungs-Dehnungs-Kurve bezeichnet man als **Zugfestigkeit R_m**. Sie kann aus dem Schaubild abgelesen oder aus der maximalen Zugkraft F_m und dem Probenquerschnitt S_0 berechnet werden.

$$R_m = \frac{F_m}{S_0}$$

Die bleibende Dehnung, die die Probe nach dem Bruch aufweist, heißt **Bruchdehnung A**.

$$A = \frac{\Delta L_{Br}}{L_0} \cdot 100\ \%$$

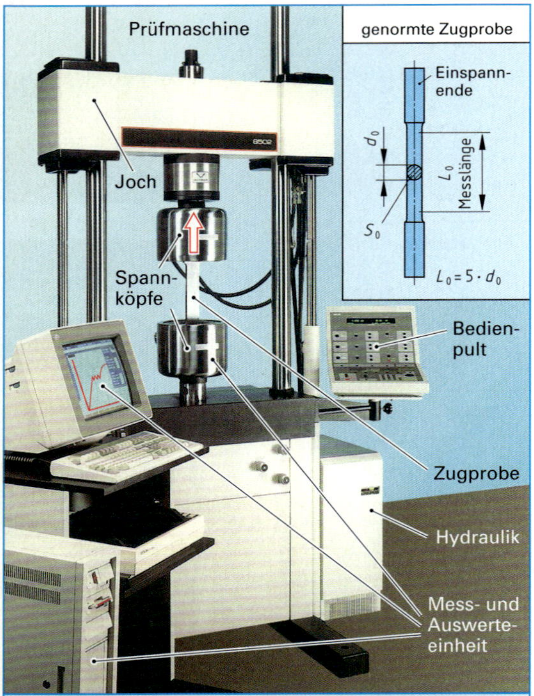

1 Zugversuch mit einer Universalprüfmaschine

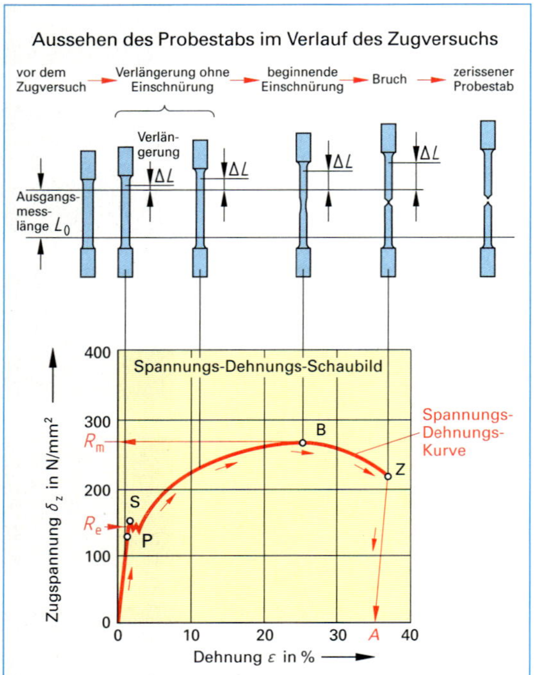

2 Zugversuch und Spannungs-Dehnungs-Schaubild eines ungehärteten Stahls

Beispiel: Eine Zugprobe aus Stahl mit einem Querschnitt S_0 = 176,7 mm² beginnt sich bei einer Kraft von 41 528 N zu strecken und zerreißt bei einer Kraft von 74 214 N. Die bleibende Verlängerung der Probe mit einer Anfangsmesslänge von L_0 = 75 mm beträgt ΔL_{Br} = 19,5 mm.

Zu berechnen sind die Streckgrenze, die Zugfestigkeit und die Bruchdehnung des Stahls.

Streckgrenze: $R_e = \frac{F_e}{S_0} = \frac{41\,528\ \text{N}}{176{,}7\ \text{mm}^2} = \mathbf{235\ \frac{N}{mm^2}}$; **Zugfestigkeit:** $R_m = \frac{F_m}{S_0} = \frac{74\,214\ \text{N}}{176{,}7\ \text{mm}^2} = \mathbf{420\ \frac{N}{mm^2}}$

Bruchdehnung: $A = \frac{\Delta L_{Br}}{L_0} \cdot 100\,\% = \frac{19{,}5\ \text{mm}}{75\ \text{mm}} \cdot 100\,\% = \mathbf{26\,\%}$

3.18.3 Kerbschlagbiegeversuch nach Charpy

Mit dem Kerbschlagbiegeversuch wird die verbrauchte Kerbschlagarbeit beim Durchtrennen einer Probe gemessen. Sie ist ein Maß für die Zähigkeit bzw. Sprödigkeit eines Werkstoffs.

Beim Versuch wird eine genormte Probe von einem herunterfallenden Pendelhammer entweder durchgeschlagen, oder durch die Widerlager gezogen (Bild 1). Der Pendelhammer wird dabei umso mehr abgebremst, je zäher der Werkstoff der Probe ist. An einem Anzeigegerät kann die dabei verbrauchte Kerbschlagarbeit K abgelesen werden. Sie wird unter Nennung der verwendeten Probenform in der Einheit Joule (J) angegeben.

Beispiel: KU = 32 J (Schlagarbeit 32 J, gemessen an einer Normalprobe mit U-Kerbe)

Eine ausreichende Kerbschlagarbeit ist z. B. bei unlegierten Baustählen wichtig. Die Buchstaben JR im Kurznamen, z. B. bei S235JR, garantieren einen Mindestwert (Seite 60 oben).

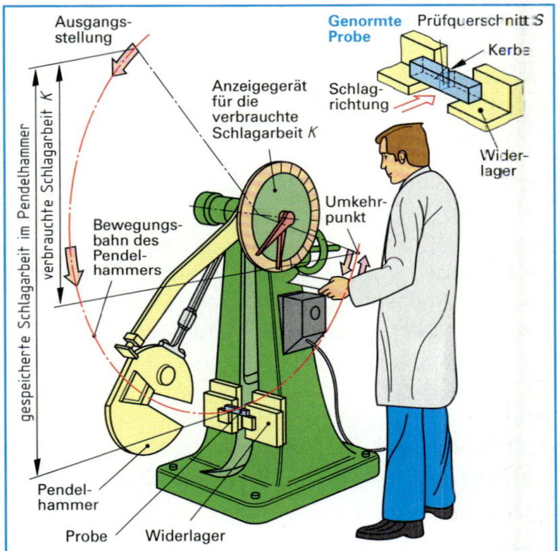

1 Kerbschlagbiegeversuch nach Charpy

3.18.4 Technologische Prüfungen

Technologische Prüfungen dienen zum Nachweis der Eignung eines Werkstoffes für einen Verwendungszweck oder für ein Fertigungsverfahren.

Mit dem **technologischen Biegeversuch (Faltversuch)** prüft man die Umformbarkeit von Blechen (Bild 2). Die Probe wird entweder nur gebogen (a) oder gebogen und gefaltet (b). Als Kennwert dient der erreichte Biegewinkel α bis zum ersten Anriss.

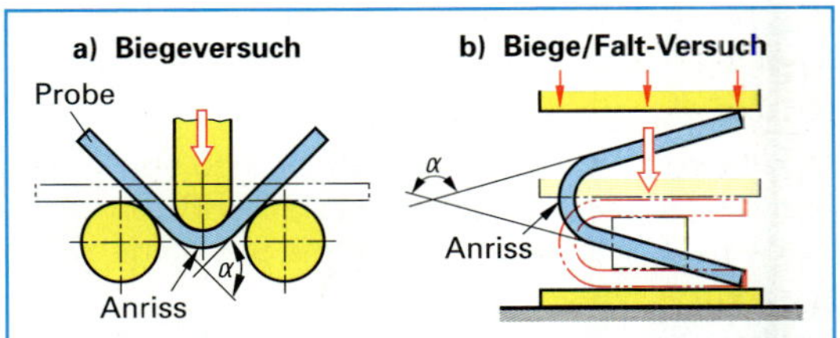

2 Technologischer Biegeversuch (Faltversuch)

Beim **Tiefungsversuch nach Erichsen** wird die Tiefziehfähigkeit von Blechen geprüft (Bild 3). Ein Stempel wird langsam in das Blech gedrückt, bis es einreißt. Die erreichte Eindringtiefe *IE* in mm wird als Gütemaßzahl verwendet.

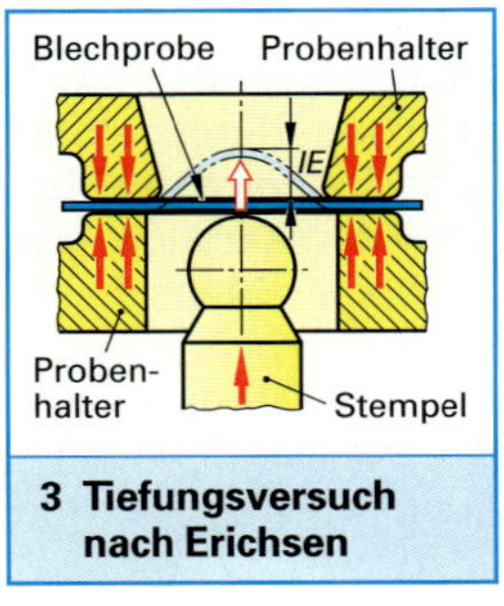

3 Tiefungsversuch nach Erichsen

Die **Schweißnahtprüfung** liefert Hinweise für die Eignung des Schweißzusatzwerkstoffes und des Schweißverfahrens. Die Schweißnaht wird gebrochen und das Bruchgefüge beurteilt (Bild 4).

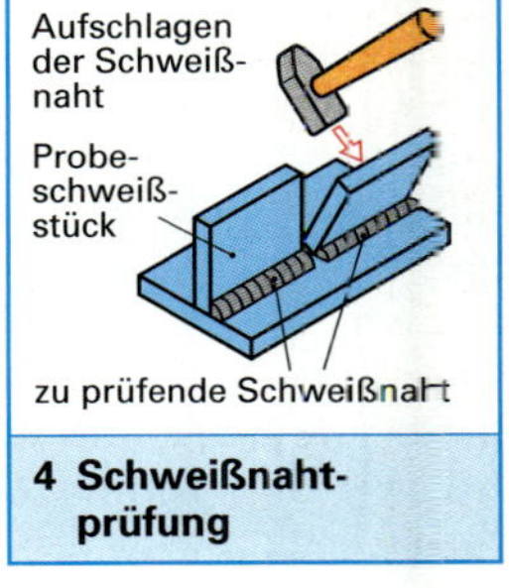

4 Schweißnaht-prüfung

3.18.5 Härteprüfungen

Die Härteprüfungen dienen zur Bestimmung der Härte der Werkstoffe. Unter Härte versteht man den Widerstand, den ein Werkstoff dem Eindringen eines Prüfkörpers entgegensetzt.

Härteprüfung nach Brinell

Bei der Härteprüfung nach Brinell wird eine Kugel aus gehärtetem Stahl oder Hartmetall 10 bis 15 Sekunden in die Probe eingedrückt und der Durchmesser des entstandenen Kugeleindrucks gemessen (Bild 1).

Daraus wird der Härtewert mit Hilfe von Tabellen abgelesen. Moderne Maschinen zeigen den Härtewert auf einem Display an (Bild 4).

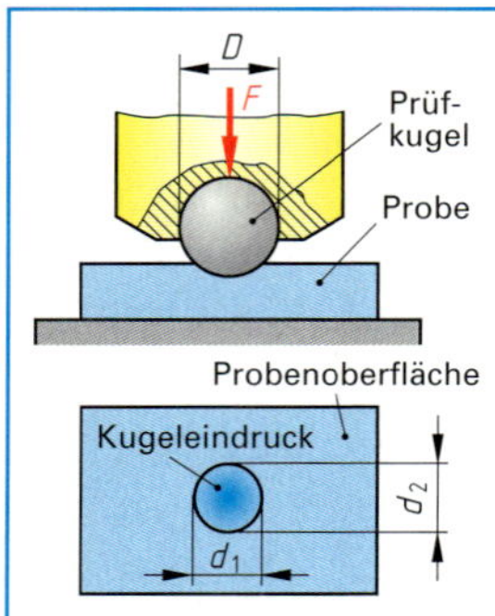

1 Brinell-Härteprüfung

Der Härtewert nach Brinell wird mit einem *Kurzzeichen* angegeben. Es besteht aus dem Härtewert, den Kennbuchstaben HB und den Prüfbedingungen (siehe Beispiel).

320 HB 2,5/187,5/30

Härtewert – Härte nach Brinell – Kugeldurchmesser in mm – Prüfkraft in N · 0,102 – Einwirkdauer in sec

- Mit Brinell können weiche und mittelharte Werkstoffe geprüft werden.

Härteprüfung nach Vickers

Bei der Härteprüfung nach Vickers wird die Spitze einer vierseitigen Pyramide aus Diamant (Spitzenwinkel 136°) 10 bis 13 Sekunden in die Probe eingedrückt und die Diagonalen des entstandenen Pyramideneindrucks gemessen (Bild 2). Der Härtewert wird mit dem errechneten Mittelwert der Diagonalen d_1 und d_2 errechnet und angezeigt.

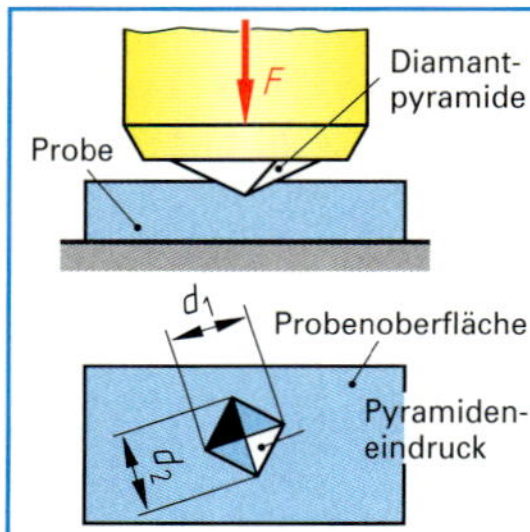

2 Vickers-Härteprüfung

Das *Kurzzeichen* der Vickershärte besteht aus dem Härtewert, den Kennbuchstaben HV sowie den Prüfbedingungen (siehe nebenstehendes Beispiel).

860 HV 50/30

Härtewert – Härte nach Vickers – Prüfkraft in N · 0,102 – Einwirkdauer in sec

- Mit Vickers können weiche und harte Werkstoffe geprüft werden.

Härteprüfung nach Rockwell

Bei der Härteprüfung nach Rockwell wird ein kegel- oder kugelförmiger Prüfkörper mit einer bestimmten Kraft in die Probe eingedrückt und danach die Kraft weggenommen (Bild 3). Der Prüfkörper ist dann um die „bleibende Eindringtiefe" eingedrungen. Sie wird mit einer im Prüfgerät eingebauten Messuhr (Bild 4) gemessen, daraus die Rockwellhärte ermittelt und digital angezeigt.

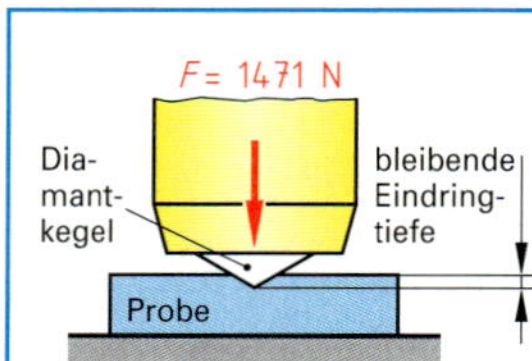

3 Rockwell-Härteprüfung

- Für harte Werkstoffe verwendet man als Prüfkörper einen Diamantkegel mit einem Spitzenwinkel von 120° (HRC- und HRA-Verfahren). Für weiche Werkstoffe dient eine gehärtete Stahlkugel (HRB- und HRF-Verfahren).

Das *Kurzzeichen* der Rockwellhärte besteht aus dem Härtewert und den Kennbuchstaben HRB, HRC usw.

62 HRC

Härtewert – Härte nach Rockwell C

Härteprüfmaschinen

Die verschiedenen Härteprüfungen werden meist auf Universal-Härteprüfmaschinen durchgeführt (Bild 4). Sie bestehen aus einer höhenverstellbaren Probenauflage, der Prüfkörperhalterung und dem Kraftaufgabesystem. Auf einer Mattscheibe können die vergrößerten Prüfkörpereindrücke nach dem Brinell- und Vickers-Verfahren ausgemessen werden. Sie werden am Gerät eingegeben; die Härtewerte werden intern errechnet und digital angezeigt.

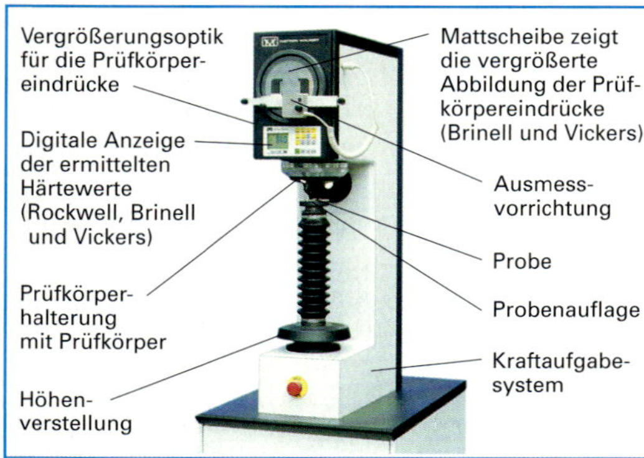

4 Universal-Härteprüfmaschine

3.18.6 Untersuchungen des inneren Aufbaus der Werkstoffe

Ultraschallprüfung

Die Ultraschallprüfung dient zur Prüfung auf innere Werkstofffehler wie Risse, Lunker und Schlackeneinschlüsse, die äußerlich am Werkstück nicht erkennbar sind.

Das Ultraschall-Prüfgerät ist tragbar und besteht aus einem Schallkopf und einem Auswertegerät mit Bildschirm (Bild 1).

Zur Prüfung wird der Schallkopf auf das Werkstück gesetzt. Er sendet Ultraschallwellen durch das Werkstück, deren Schwingungsfrequenz so hoch ist, dass sie vom menschlichen Ohr nicht wahrgenommen werden. Die Schallwellen werden von der Vorder- und Rückfläche des Werkstücks sowie von vorhandenen Fehlern zurückgeworfen. Sie erreichen nach einigen Mikrosekunden erneut den Schallkopf, der einen Empfänger enthält und die zurückkommenden Schallwellen in elektrische Impulse umwandelt. Sie werden auf dem Bildschirm als Ausschlag sichtbar gemacht.

Bei der Ultraschall-Prüfung bleibt das Bauteil unversehrt, man spricht deshalb von **zerstörungsfreier Werkstoffprüfung**.

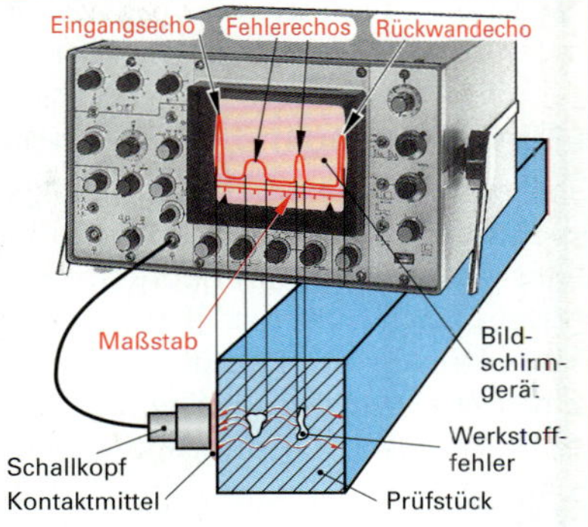

1 Ultraschallprüfung

Metallografische Untersuchungen

Metallografische Untersuchungen haben die Aufgabe das Gefüge der Werkstoffe sichtbar zu machen.

Zur metallografischen Prüfung wird ein Stück des zu prüfenden Werkstücks abgetrennt und die Schnittfläche zuerst geschliffen, danach poliert und anschließend mit einer säurehaltigen Flüssigkeit geätzt. Man erhält Schliff-Gefügebilder.

Der sogenannte **Faserverlauf** im Werkstück ist bei Anwendung eines geeigneten Ätzmittels mit bloßem Auge erkennbar (Bild 2 links). Er ist besonders bei kalt- und warmverformten Werkstücken von Bedeutung.

Das **Mikrogefüge** des Werkstoffs mit den einzelnen Körnern, Korngrenzen und unterschiedlichen Gefügebestandteilen ist nur bei Betrachtung unter dem Metallmikroskop sichtbar (Bild 2, rechts). Mikroskopische Untersuchungen dienen z. B. zur Kontrolle von Gefügeänderungen bei der Wärmebehandlung der Stähle. Weitere Schliffbilder auf Seite 75.

Faserverlauf in einem Schmiedestück (natürliche Größe)

Gefügebild eines wärmebehandelten Stahlguss (100 fach vergrößert)

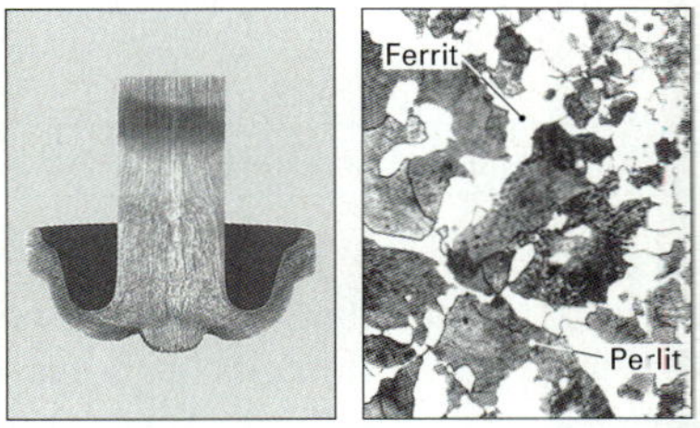

2 Metallografische Untersuchungen

Überprüfen Sie Ihre Kenntnisse

1 **Was versteht man unter flüssiger Reibung?**

2 **Welche Eigenschaft beschreibt bei einem Schmieröl die Viskosität?**

3 **In welchen Fällen verwendet man zur Schmierung von Lagern Schmierfette?**

4 **Wann setzt man feste Schmierstoffe ein?**

5 **Welche Aufgabe haben die Kühlschmierstoffe?**

6 **Woraus besteht eine Kühlschmieremulsion?**

7 **Welche Aufgaben hat die Werkstoffprüfung?**

8 **Was kann mit der Funkenprobe geprüft werden?**

9 **Wozu dient der Zugversuch?**

10 **Nennen Sie die Gleichungen zur Berechnung der Streckgrenze und der Zugfestigkeit.**

11 **Welche Kennwerte können aus dem Spannungs-Dehnungs-Schaubild abgelesen werden?**

12 **Mit welchem Prüfversuch kann die Zähigkeit eines Werkstoffs beurteilt werden?**

13 **Wie wird die Schweißnahtprüfung durchgeführt und welche Ergebnisse bringt sie?**

14 **Für welche Werkstoffe eignen sich die Brinell-, die Vickers- und die Rockwell-Härteprüfungen?**

15 **Was kann mit der Ultraschallprüfung und was mit dem Biegeversuch festgestellt werden?**

3.19 Umweltschutz und Gesundheitsvorsorge im Metallbetrieb

Auch der metallverarbeitende Betrieb ist von den allgemeinen Problemen eines Industrielandes betroffen:

- der kostengünstigen und sicheren Versorgung mit Rohstoffen und Energie,
- der Umweltbelastung durch die Produktion und den Betrieb von technischen Anlagen,
- der Gesundheitsgefährdung durch Schadstoffe und den Umgang mit giftigen Stoffen.

Durch verantwortungsbewusstes Handeln kann jeder Mitarbeiter zur Bewältigung dieser Probleme beitragen und die Umwelt sowie seine Gesundheit vor Schädigung schützen.

3.19.1 Umgang mit Werk- und Hilfsstoffen

Eine gesicherte und kostengünstige Versorgung mit den benötigten Werk- und Hilfsstoffen ist die Voraussetzung für die Produktion in einem metallverarbeitenden Betrieb. Für eine Reihe von Werk- und Hilfsstoffen gibt es nur begrenzte Rohstofflager, sodass ein sparsamer Verbrauch und eine Wiederverwertung nach Gebrauch **(Recycling)** geboten sind. Dadurch wird nicht nur ein Beitrag zur Schonung der Rohstoffreserven geleistet, sondern es werden auch die Materialkosten des Betriebes gesenkt und damit seine Konkurrenzfähigkeit verbessert. Zudem wird die Umwelt geschont, da die bei der Herstellung dieser Stoffe ansonsten entstehenden Umweltbelastungen entfallen.

Möglichkeiten zum Stoffrecycling bestehen im Metallbetrieb an vielen Stellen (Bild 1).

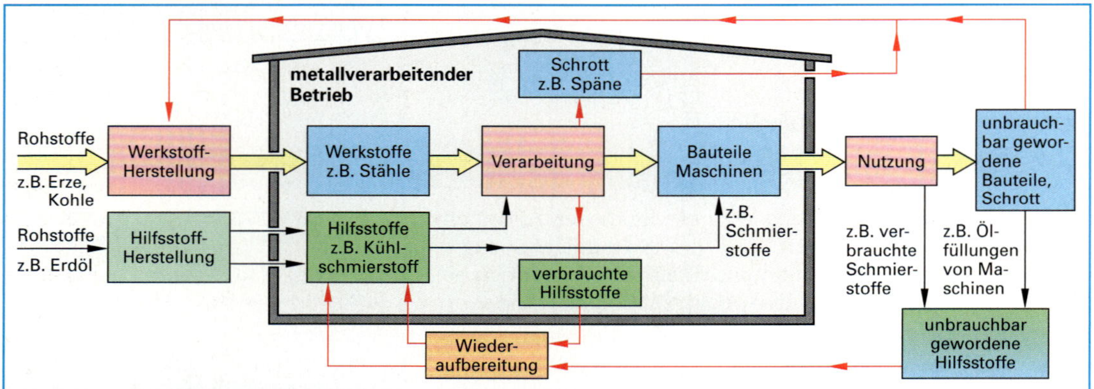

1 Stoffwege und Recycling in einem metallverarbeitenden Betrieb

Metall-Abfälle, wie z.B. Verschnitt, Späne und Ausschuss sowie unbrauchbar gewordene Bauteile (Schrott), werden durch Sammeln und Verkauf an Schrotthändler dem Werkstoffkreislauf wieder zugeführt. Dabei ist es sinnvoll, bei entsprechenden Mengen, den Schrott getrennt zu sammeln:

Allgemeiner Stahlschrott – Nichtrostender Stahlschrott – Aluminiumschrott – Kupferschrott.

Für die vorsortierten Schrottsorten lassen sich wesentlich höhere Verkaufspreise erzielen.

Verbrauchte Kühlschmierstoffe fallen bei der spanenden Fertigung an. Sie müssen gesammelt und einem darauf spezialisierten Unternehmen zur Wiederaufbereitung bzw. Entsorgung übergeben werden.

Verbrauchte Altöle und **Lösungsmittel**, wie z.B. Schmieröle, Schneidöle, ölgetränkte Putzlappen usw., müssen ebenfalls gesammelt und zur Wiederaufarbeitung bzw. Entsorgung einem Entsorgungsunternehmen übergeben werden. Sinnvoll ist hierbei eine getrennte Sammlung nach Sorten. Dadurch lassen sich die Abgabekosten vermindern.

Verbrauchte Kühlschmierstoffe und Altöle dürfen nicht in die Kanalisation, in Gewässer und den Erdboden geschüttet werden. Sie müssen gesammelt und recycelt werden.

Beim Gebrauch und Umgang mit den Werk- und Hilfsstoffen gilt folgende Reihenfolge der Maßnahmen:

1. **Vermeiden:** Durch intelligente Auswahl und Gebrauch der Stoffe und Maschinen ist die Menge des Abfalls und der verbrauchten Hilfsstoffe so gering wie möglich zu halten.
2. **Recycling:** Abfälle und verbrauchte Hilfsstoffe sammeln und der Wiederverwertung zuführen.
3. **Entsorgen:** Nicht wiederverwertbare Abfälle der sachgerechten Entsorgung übergeben.

3.19.2 Vermeiden von Schadstoffen

Die beste „Entsorgung" ist die Vermeidung von Schadstoffen durch Umstellen auf umweltschonende Verfahren. Das schont nicht nur die Umwelt, sondern spart dem Betrieb auch die sehr hohen Kosten für die Schadstoff-Entsorgung. Möglichkeiten zum Vermeiden von Schadstoffen bestehen bei vielen Verfahren:

Entfetten von Metallteilen. Vor der Oberflächenbehandlung, wie z.B. dem Lackieren oder Feuerverzinken (Seite 90), müssen die Metallteile entfettet werden. Dies geschieht teilweise noch mit sogenannten Kaltreinigern. Das sind **chlorierte Kohlenwasserstoffe** (CKW), wie Trichlorethylen (Tri), Perchlorethylen (Per) und Tetrachlorkohlenstoff (Tetra). Sie sind stark umweltschädigend und gesundheitsschädlich. Meistens lässt sich das Entfetten der Metallteile auch mit **alkalischen Waschlösungen** in Sprühwaschanlagen durchführen. Die Waschlösungen bestehen aus Wasser mit waschaktiven Substanzen (Tenside) und können wie Haushalts-Waschlaugen in einer nachgeschalteten Kläranlage abgebaut werden. In den Fällen, in denen eine Entfettung mit CKW unumgänglich ist, muss durch eine geschlossene Waschanlage ein Freisetzen der Schadstoffe in die Umwelt ausgeschlossen werden.

Beschichten von Metall-Bauteilen. Viele Bauteile aus Metall müssen zum Schutz gegen Korrosion beschichtet werden (Seite 90). Hierzu gibt es eine Reihe von Beschichtungsverfahren, die auch unter Umweltschutz-Gesichtspunkten ausgewählt werden müssen. Beim **Lackieren** wird die Umwelt durch verdunstendes Lacklösungsmittel und durch die anfallenden Lackschlämme (Seite 108) stark belastet. Umweltschonende Beschichtungsverfahren sind das **elektrostatische Pulverbeschichten** und das **Wirbelsintern.** Hierbei wird Kunststoffpulver auf das Bauteil aufgebracht und durch Erwärmen zur Beschichtung zusammengeschmolzen. Es entsteht keine Umweltbelastung durch verdunstendes Lösungsmittel und kein Lackschlamm-Abfall. In Fällen, wo Lackieren nicht zu vermeiden ist, kann durch die Umstellung von lösungsmittelhaltigen Lacken auf **wasserhaltige Lacke** eine Belastung der Luft mit Lösungsmitteln vermieden werden.

Aufkohlen beim Einsatzhärten. Werkstücke aus Einsatzstahl müssen vor dem Härten durch Aufkohlen der Randschicht härtbar gemacht werden (Seite 80). Das Aufkohlen kann in Kohlegranulat, in Cyankali-Salzschmelzen oder in Gasaufkohlungsöfen durchgeführt werden. Die **Cyankali-Salzbadaufkohlung** ist technisch das günstigste Verfahren. Es ist jedoch mit dem Anfall von giftigen Waschwässern und hochgiftigen Cyankali-Altsalzen verbunden. Durch Umstellung auf **Gasaufkohlung** können die Umweltbelastungen und die hohen Kosten für die Entsorgung der Cyansalze vermieden werden.

3.19.3 Recycling und Entsorgung in metallverarbeitenden Betrieben

Der Betrieb von Werkzeugmaschinen und Fertigungsanlagen verursacht Abfälle und Schadstoffe. Zum Schutz der Gesundheit der Mitarbeiter und dem Erhalt einer unbeschädigten Umwelt dürfen Grenzwerte der Schadstoffgehalte in Luft und Abwasser nicht überschritten werden. Die Schadstoffe selbst müssen nach den Richtlinien des Abfallbeseitigungsgesetzes sachgemäß entsorgt werden.

Recycling und Entsorgung in spanenden Fertigungsanlagen (Bild 1).

- Unbrauchbar **gewordene Schmieröle** müssen gesammelt und einem Entsorger übergeben werden.
- Die **Späne** werden zum Abtropfen gesammelt und in einer Zentrifuge entölt.
- Der **Kühlschmierstoff** wird gereinigt, aufbereitet und im Kreislauf geführt. Unbrauchbar gewordener Kühlschmierstoff wird gesammelt und einem Entsorgungsunternehmen zur Aufarbeitung übergeben.
- **Kühlschmierstoffnebel** wird abgesaugt und in Emulsionsnebelfiltern abgeschieden.

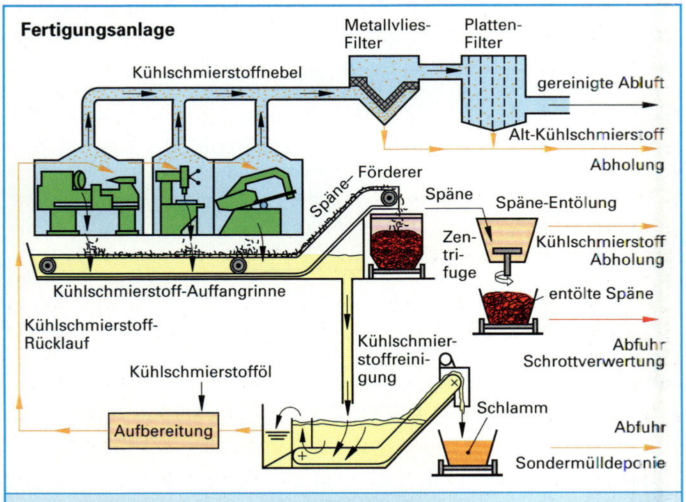

1 Entsorgung bei spanenden Fertigungsanlagen

Recycling und Entsorgung in Lackieranlagen

Herkömmliche Lacke bestehen zu etwa 50 % aus Lackfestkörper (Harz + Pigmente) und zu 50 % aus organischen Lösungsmitteln. Beim industriellen Spritzlackieren trifft nur etwa die Hälfte der aus der Spritzpistole austretenden Lacktröpfchen das Bauteil, der Rest geht als fehlverspritzter Lack (Overspray) am Bauteil vorbei und wird durch einen Wasserschleier an den Kabinenwänden und aus der Abluft in einem Nassauswascher ausgeschieden (Bild 1).

Die im Waschwasser enthaltenen Lacktröpfchen müssen ausgeschieden werden. Dies geschieht in einem Klärbecken durch Zugabe von Koagulationsmittel zum Waschwasser. Dadurch ballen sich die Lacktröpfchen zu Klümpchen zusammen (sie koagulieren) und schwimmen auf. Sie können durch Abschöpfen getrennt werden.

Der Lackschlamm muss auf einer Sondermülldeponie abgelagert werden. Das geklärte Abwasser wird im Kreislauf als Waschwasser in die Spritzkabine zurückgeführt.

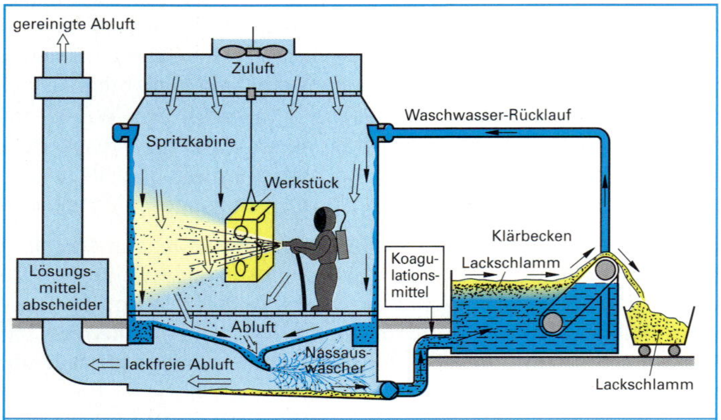

1 Entsorgung beim Betrieb einer Spritzlackieranlage

Beim Verspritzen des Lacks und auf dem Werkstück verdunstet ein Teil des Lösungsmittels aus dem Lack. Es gelangt in die Abluft und muss aus ihr abgeschieden werden. Dies erfolgt durch Kondensation oder Adsorption in Lösungsmittelabscheidern. Das abgeschiedene Lösungsmittel wird zur Lackaufbereitung wiederverwendet.

Reinigung der Abwässer aus metallverarbeitenden Betrieben

In metallverarbeitenden Betrieben entstehen stark verschmutzte Abwässer, z. B.:

- verbrauchte Kühlschmieremulsionen aus der spanenden Fertigung;
- Öl- und Kaltreiniger-verschmutztes Waschwasser aus der Werkstück-Entfettung;
- mit giftigen Salzen und Säuren beladenes Abwasser aus Galvanisierungsanlagen, Feuerverzinkereien, Beizereien, Härtereien, Phosphatierungsanlagen;
- Belastetes Waschwasser aus Lackierungsanlagen.

Aufgrund gesetzlicher Vorschriften (Abfallbeseitigungsgesetz) müssen diese Abwässer gereinigt werden. Für kleinere Betriebe ist die Abfuhr des Schmutzwassers durch Entsorgungsunternehmen die kostengünstigste Entsorgung. Bei mittleren und großen Betrieben ist eine betriebseigene **Entsorgungsanlage** sinnvoll (Bild 2). Sie besteht aus einer Reinigungsstufe für ölhaltige Abwässer und der nachgeschalteten Ausfällung von gelösten Salzen und Säuren. Die Abtrennung des feinverteilten Öls (Emulsion) erreicht man durch Spalten der Emulsionen mit einem Trennmittel sowie Abscheiden des Öls in einer Zentrifuge und Ultrafiltrationsanlage. Die gelösten Salze und Säuren werden durch Zugabe von Ausfäll- und Flockungsmitteln als Schlamm abgesetzt, der zusammen mit den anderen Schlämmen in einer Presse entwässert wird. Der Filterkuchen muss auf einer Sondermülldeponie gelagert werden. Das Abwasser durchläuft dann noch einen Ionenaustauscher, wo letzte Salze festgehalten werden und kann dann als vorgereinigtes Abwasser einer öffentlichen Kläranlage zugeführt werden.

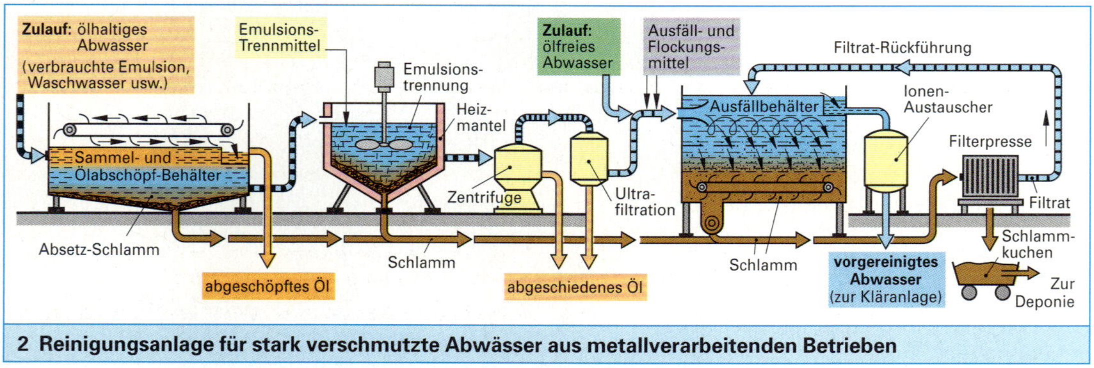

2 Reinigungsanlage für stark verschmutzte Abwässer aus metallverarbeitenden Betrieben

Reinigung stark belasteter Abluft aus metallverarbeitenden Betrieben

In einigen Fertigungsbereichen entsteht Abluft mit starker Staub- und Schadstoff-Belastung:

Beim **Schweißen** und **Löten**: schwermetallhaltiger Staub sowie Kohlenmonoxid-Gas.

In **Gießereien** in der Gussputzerei und an Entgratungsplätzen: schwermetall- und rußhaltiger Staub.

In **Härtereien**: staub- und härtesalzhaltige Abluft.

Gesetzliche Vorschriften (z. B. die Technische Anleitung Luft) schreiben eine Entstaubung der Abluft vor. Sie erfolgt durch Abscheideapparate (Bild 1).

Im Zyklon wird der Abluftstrom auf eine Kreisbahn gezwungen. Die groben Staubteilchen werden durch die Fliehkraft an die Zyklonwand geschleudert und fallen nach unten aus. Der Feinstaub wird zuerst in einem Schlauchfilter und dann in einem Elektrofilter abgeschieden. In einem nachgeschalteten Abscheider, z. B. mit Aktivkohle, werden giftige Gase festgehalten.

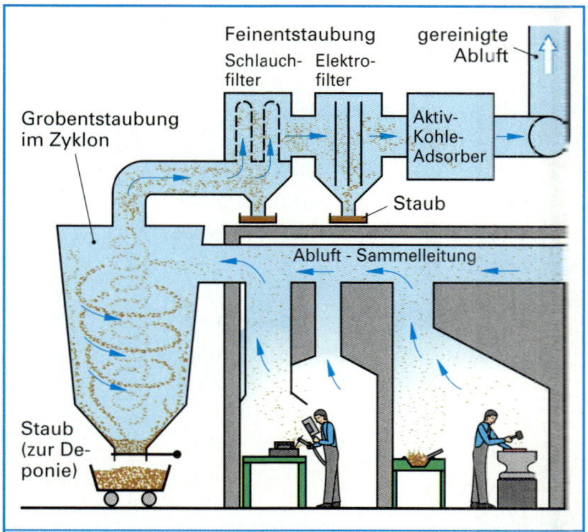

1 Abluft-Reinigung im metallverarbeitenden Betrieb

3.19.4 Gesundheitsgefährdende Stoffe im Metallbetrieb

In metallverarbeitenden Betrieben werden auch gesundheitsgefährdende Stoffe verwendet. Um eine Gesundheitsgefährdung beim Umgang mit diesen Stoffen zu vermeiden, ist Vorsicht geboten und es sind die Richtlinien der Berufsgenossenschaften zu beachten.

Sofortgifte

Sie führen sofort nach der Einnahme oder der Berührung zu Vergiftungen bzw. Gesundheitsschädigungen.

Härtesalze (Cyansalze). Sie werden als Härte-Salzbäder verwendet und sind hochgiftig. Beim Arbeiten darf nicht gegessen oder getrunken werden. Der Arbeitsraum muss Absaugvorrichtungen besitzen.

Säuren und Laugen zum Metallbeizen. Hautkontakt führt zu Verätzungen, Einatmen der Dämpfe zu Reizungen der Atemwege. Schutzkleidung, Schutzbrille und Atemschutz tragen. Für ausreichende Belüftung sorgen.

Schweißerei-Abgase und Stäube. Sie können giftige Gase, wie z. B. Kohlenmonoxid **CO** und Schwermetallstäube enthalten. Für gute Durchlüftung oder Absaugung am Arbeitsplatz ist zu sorgen (Bild 1).

Langzeitgifte

Sie entwickeln ihre gesundheitsschädliche Wirkung erst nach langer Einwirkdauer, jedoch bereits in sehr geringen Konzentrationen. Deshalb gibt es für diese gesundheitsgefährdenden Stoffe höchstzulässige Konzentrationen in der Luft am Arbeitsplatz, die **MAK-Werte** (Maximale Arbeitsplatz-Konzentration):

Chlorierte Kohlenwasserstoffe (CKW) zur Metallentfettung, wie z. B. Trichlorethylen (Tri), Perchlorethylen (Per), Tetrachlorkohlenstoff (Tetra) sowie **organische Lösungsmittel** in Lacken, z. B. Nitroverdünner. Der MAK-Wert von Tri und Per z. B. darf 50 ppm nicht überschreiten. 50 ppm bedeutet, dass in der Luft am Arbeitsplatz nur 50 Schadstoffteilchen pro 1 Million Luftteilchen vorhanden sein dürfen. CKW nicht zum Werkstück-Entfetten verwenden (Seite 107)!

Nebel von **Schmieröl und Kühlschmieremulsionen.** Sie enthalten neben dem Ölanteil eine Reihe von Zusätzen (Additive), z. B. zur Vermeidung von Korrosion, Verharzung, Schaumbildung, Stabilisierung usw. Durch Absaugvorrichtungen muss der beim Spanen entstehende Nebel abgesaugt werden (Seite 107).

Asbesthaltige Arbeitsstoffe vermeiden. Beim Bearbeiten asbesthaltiger Stoffe Atemschutz tragen.

Überprüfen Sie Ihre Kenntnisse

1 Welche Stoffe können in einem metallverarbeitenden Betrieb durch Recycling verwertet werden?

2 Warum sollte man bei der Werkstück-Entfettung möglichst auf CKW verzichten?

3 Welche Stoffe müssen in einem Betrieb mit spanender Fertigung entsorgt werden?

4 Welche im Metallbetrieb verwendeten Stoffe sind gesundheitsgefährdend?

3.20 Gesamtwiederholungsaufgaben zur Werkstofftechnik

1. Aus welchen Werkstoffen sind die mit Nummern bezeichneten Bauteile gefertigt?

2. Begründen Sie Ihre Werkstoffwahl mit den Gebrauchseigenschaften der gewählten Werkstoffe.

3. Geben Sie jeweils einen Kurznamen (Beispiel) für die von Ihnen gewählte Werkstoffgruppe der Bauteile
   Nr. 5
   Nr. 7
   Nr. 8

4. Welches Gefüge hat der Werkstoff von Bauteil Nr. 8?

5. Warum kann man das Bauteil Nr. 11 nicht aus Aluminium fertigen?

   Begründen Sie Ihre Anwort.

6. Das Bauteil Nr. 3 ist gebrochen. Es muss ein Ersatzteil gefertigt werden. Von welchem Stahlerzeugnis ist für die Anfertigung des Ersatzteils auszugehen?

7. Das Bauteil Nr. 8 soll auf Härte und Gefüge geprüft werden. Welche Prüfverfahren sind einzusetzen?

8. Der Bohrer (Nr. 7) ist durch Heißlaufen unbrauchbar geworden.

   Welche Arbeitsschritte sind auszuführen, um den Bohrer wieder gebrauchsfähig zu machen?

9. Wie muss das Bauteil Nr. 6 gegen Korrosion geschützt werden?

   Begründen Sie die Korrosionsschutzmaßnahmen.

10. Welche Hilfsstoffe benötigt man zum Betrieb der Bohrmaschine?

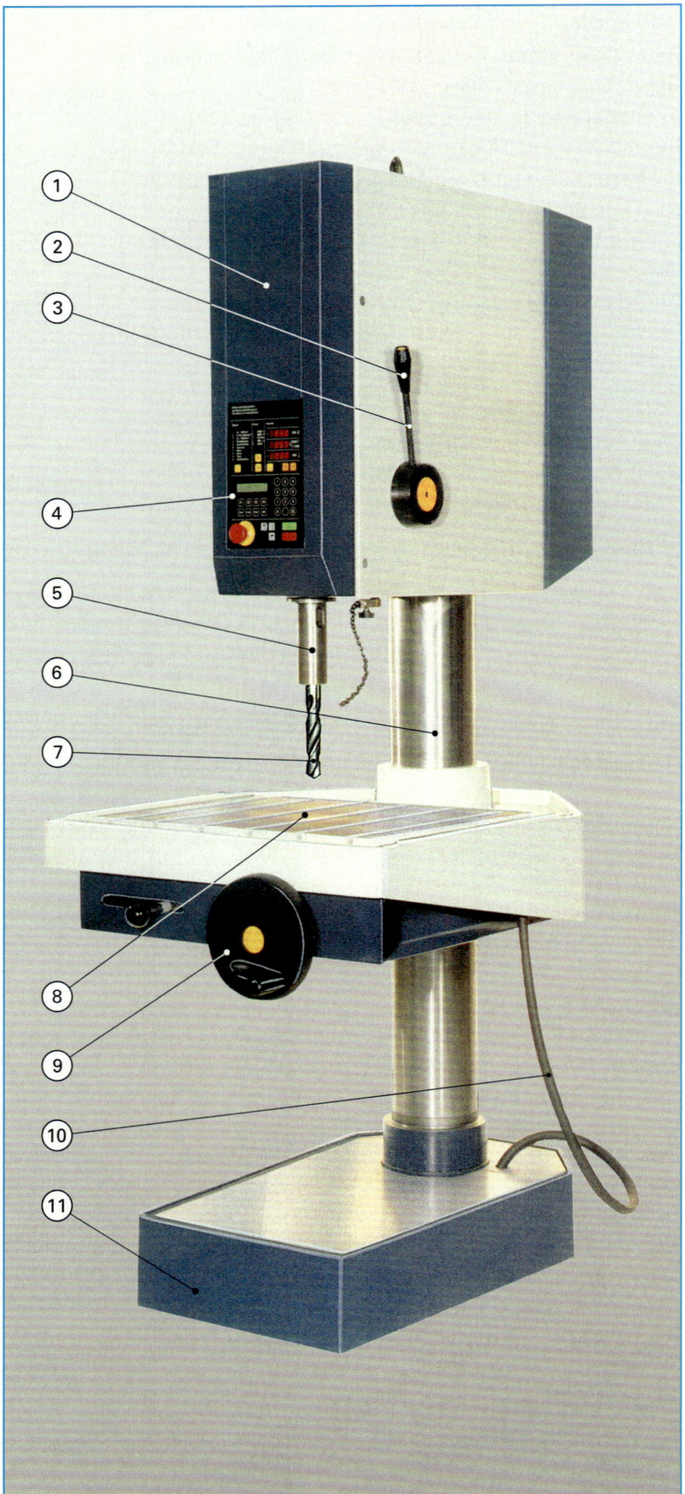

Säulenbohrmaschine

4 Maschinen, Anlagen und Geräte

4.1 Systemtechnische Grundlagen

Im Verlaufe des Berufslebens und in der Freizeit müssen wir alle mit einer großen Anzahl von Maschinen und technischen Geräten umgehen. Dabei sind wir oft auf die Hilfe einer dürftigen Bedienungsanleitung angewiesen. Auch der Metallfacharbeiter in Handwerk und Industrie ist gezwungen, sich auf neue Maschinen, Anlagen und Geräte sowie neue Werkzeuge und Vorrichtungen einzustellen.

Verallgemeinert gelten Maschinen, Anlagen und Geräte als **„Technische Systeme"**.

Wichtig beim ersten kennen lernen solcher Technischer Systeme ist es, sich nicht von den verwirrenden Einzelheiten ablenken zu lassen, sondern zuerst die Hauptfunktion des jeweiligen Technischen Systems zu begreifen.

4.1.1 Funktionen Technischer Systeme

Eine **Drehmaschine** (Bild 1) gilt in oben genanntem Sinne als Technisches System. Ihre **Hauptfunktion** ist es, einen Werkstoff, in den meisten Fällen Stahl, zu bearbeiten oder mit anderen Worten **Stoff umzusetzen**. Ein entsprechendes Rohteil wird eingespannt und nach der Bearbeitung als Fertigteil entnommen. Lediglich als **Nebenfunktionen** erscheinen die **Energieumsetzung** für den Antrieb und die **Informationsumsetzung** für die genaue Werkstückgeometrie.

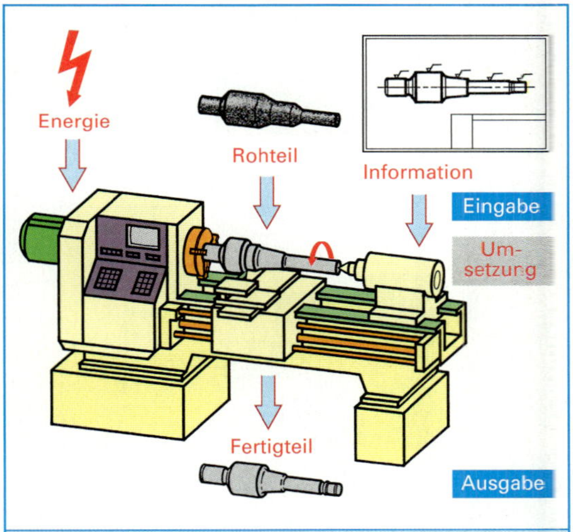

1 Drehmaschine als Technisches System

Allgemein gesagt, wird einem Technischen System etwas zugeführt, dort wird es nach bestimmten „Anweisungen" umgesetzt und hinterher in neuer Form ausgegeben.

Die **Hauptfunktion eines Technischen Systems** ist es, **Energie oder Information** oder **Stoff umzusetzen** (Bild 2).

Das Technische System erscheint als **„Schwarzer Kasten"** (engl.: **black box**), dessen innere Abläufe für den Benutzer von geringer Bedeutung sind. Energie, Information und Stoff bezeichnet man als Eingangs- oder Ausgangsgrößen.

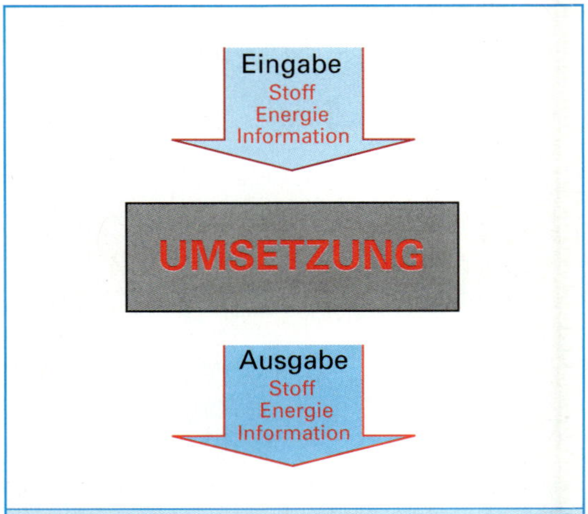

2 Arbeitsprinzip Technischer Systeme

Von der eigentlichen Funktion eines Technischen Systems ist die Zielsetzung bzw. der Zweck des Technischen Systems zu unterscheiden. So ist z. B. der Zweck einer Heizungsanlage, die Auskühlung eines Gebäudes oder von einzelnen Räumen zu verhindern. Ihre Funktion ist es, zugeführte Energie in Wärme umzuwandeln und in die zu beheizenden Räume zu transportieren.

Das Umsetzen von Energie, Information und Stoff kann auf unterschiedliche Arten erfolgen. Die folgende Übersicht zeigt einige Beispiele hierfür. Die Beispiele sind in den Längsspalten nach ihren jeweiligen Hauptfunktionen: Stoffumsetzung, Energieumsetzung und Informationsumsetzung geordnet. In den Querspalten sind die Umsetzungsvorgänge noch weiter untergliedert.

Im Wesentlichen gelten **Umwandeln, Umformen, Transportieren** und **Speichern** von Energie, Information und Stoff als die **wichtigsten Umsetzungsvorgänge**.

Beispiele für Technische Systeme zur Umsetzung von Energie, Information und Stoff

	Stoff	Energie	Information
Umwandeln	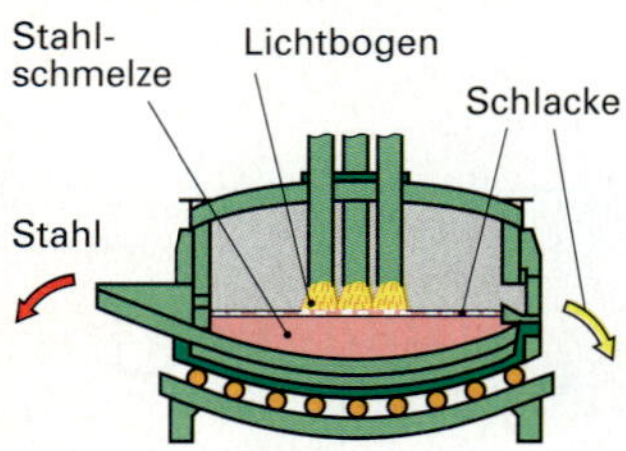 **Edelstahlerzeugung**	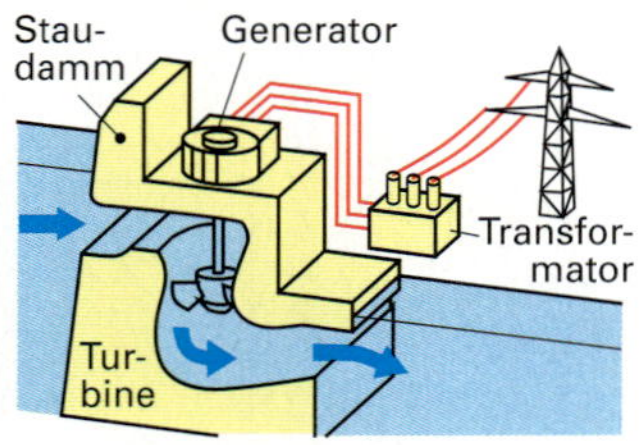 **Wasserkraftwerk**	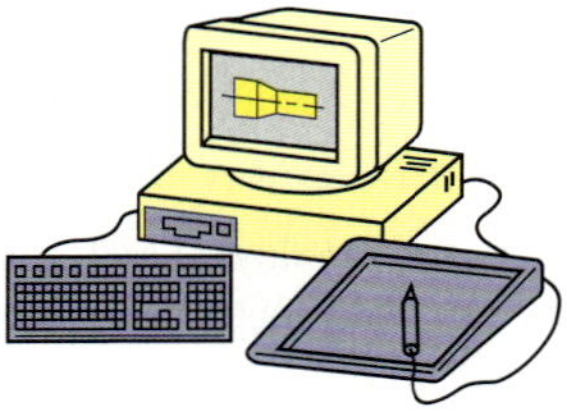 **CAD-Anlage**
Umformen	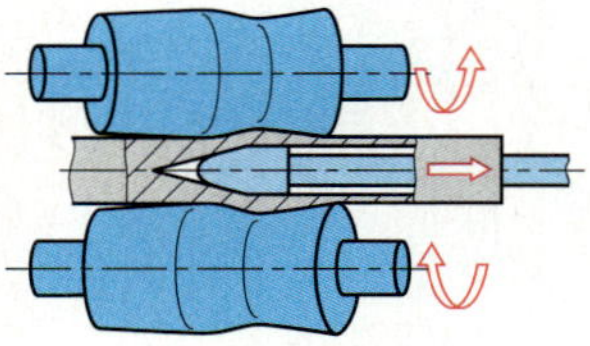 **Rohrwalzen**	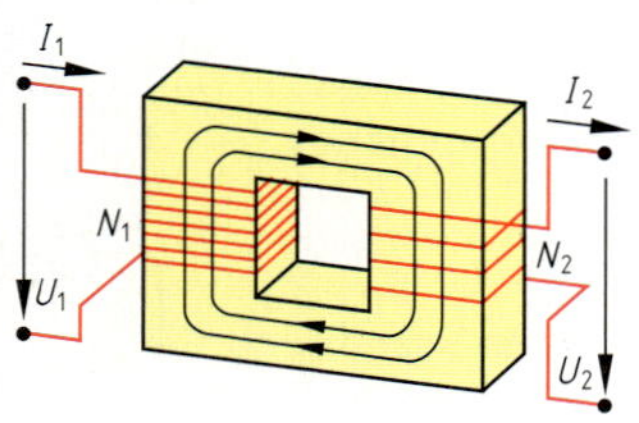 **Prinzip des Transformators**	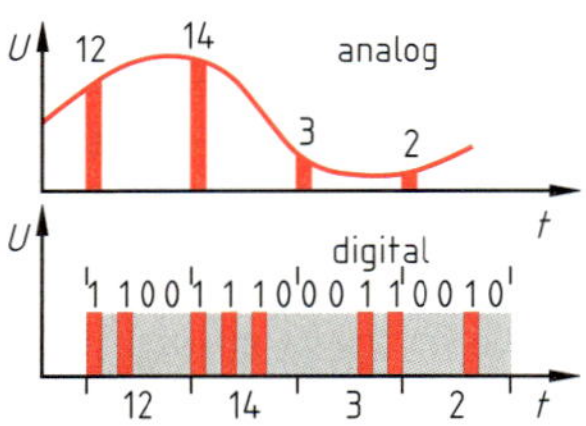 **Signalumformung**
Transportieren	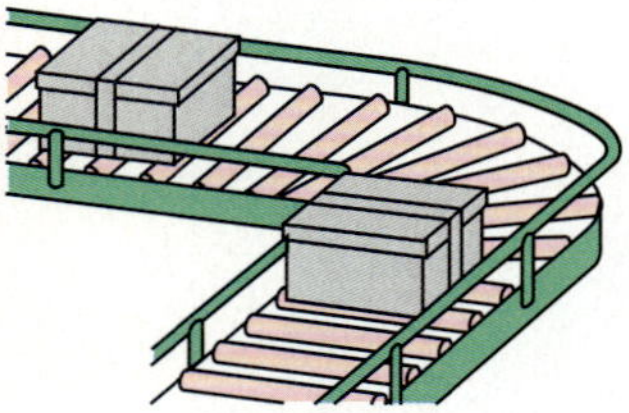 **Stückgut-Förderanlage**	 **Hochspannungs-Fernleitung**	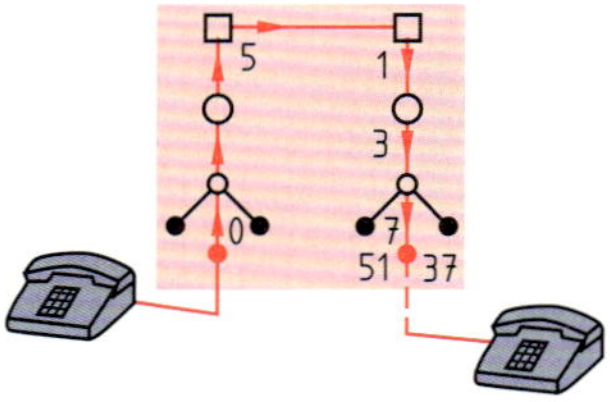 **Schema der Fernvermittlung**
Speichern	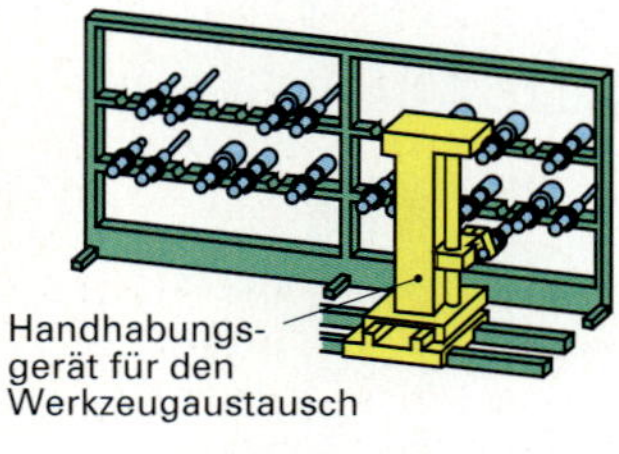 **Werkzeuglager**	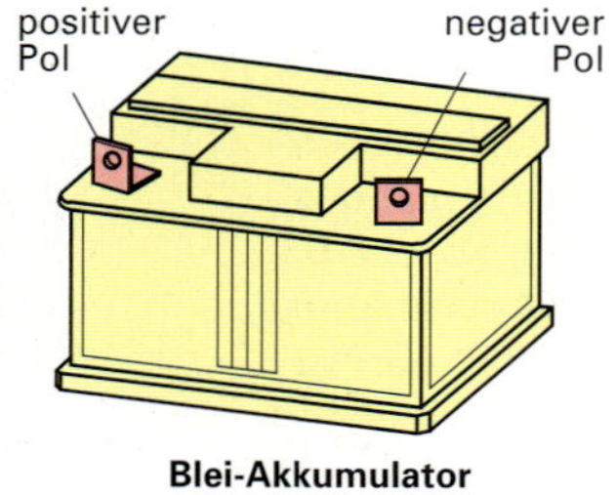 **Blei-Akkumulator**	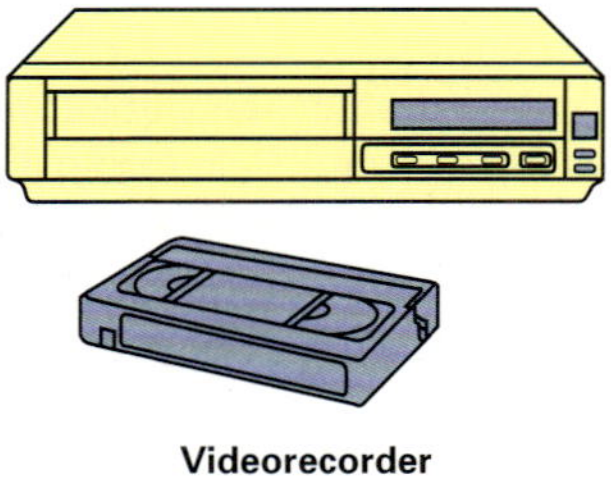 **Videorecorder**

4.1.2 Struktur Technischer Systeme

Bei der Betrachtung einer konventionellen Drehmaschine (Bild 1, Seite 111) lassen sich die hier (nicht vollständig) skizzierten Strukturen erkennen (Bild 1). Das **Technische System** ist die Drehmaschine selbst. Sie ist, wie jedes Technische System, eine in ihrer Bauweise, Wirkweise und Funktion abgegrenzte Einheit

Neben verschiedenen anderen **Einrichtungen**, welche die Drehmaschine notwendigerweise aufweist um ihre Funktion zu erfüllen, verfügt sie über Einrichtungen, a) zur Erzeugung der Hauptbewegung (Rotation des Werkstücks), b) zum Halten des Werkstücks, usw.

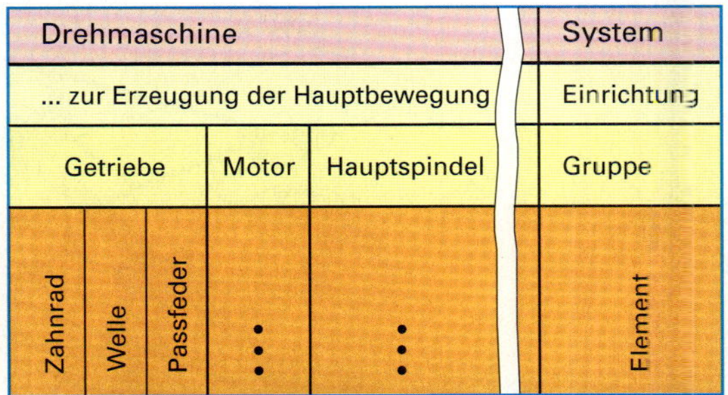

1 Gliederung einer Drehmaschine (unvollständig)

Die Einrichtung a) setzt sich aus den **Gruppen** Motor, Getriebe und Hauptspindel zusammen, welche wiederum in einzelne **Elemente** untergliedert sind. Das Getriebe z. B. in Zahnräder, Wellen und Passfedern.

Die Einrichtung b) gliedert sich für übliche Dreharbeiten in die **Gruppen** Dreibackenfutter und Reitstock. Einzelne **Elemente** des Reitstocks sind z. B. Reitstockspitze, Reitstockspindel, Handrad, ...Ohne Anspruch auf Vollständigkeit wird deutlich:

Technische Systeme gliedern sich in Einrichtungen, Gruppen und Elemente. Hierbei besteht in der Regel das Technische System aus mehreren Einrichtungen, die Einrichtung aus mehreren Gruppen usw. (Bild 2).

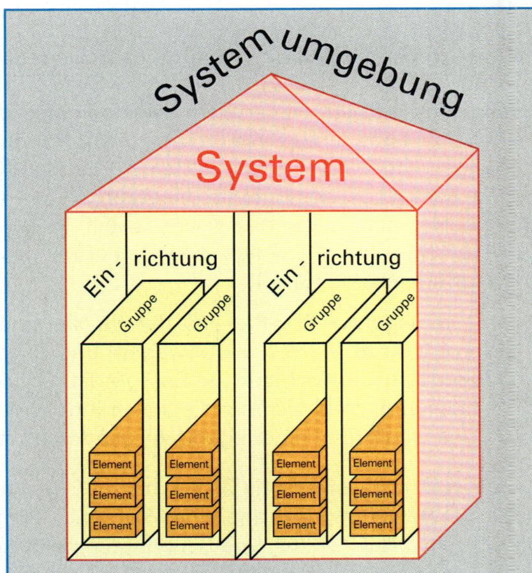

2 Allgemeine Struktur Technischer Systeme

Eine notwendige Unterscheidung führt in diesem Zusammenhang zu den Begriffen Bau- und Funktionseinheit. Beide Begriffe können für ein und dasselbe Objekt stehen. Der oben schon erwähnte Reitstock ist Baueinheit, weil er ein reales Objekt aus verschiedenen Einzelteilen ist und er ist Funktionseinheit, weil er z. B. die Funktion hat, ein langes Werkstück beim Drehen abzustützen.

Der Begriff **Funktionseinheit** lässt also auf eine bestimmte Funktion eines Objektes schließen (gedankliche Verknüpfung), während der Begriff **Baueinheit** das reale Objekt meint.

Bei der Beurteilung von Technischen Systemen ist wichtig, welchen Standpunkt der Betrachter einnimmt. So kann für den Facharbeiter an der Werkbank der Schraubstock ein System zum zuverlässigen Halten des Werkstücks sein. Für jemanden, der einer Bauschlosserei den Auftrag für eine Umfriedung gibt, ist die ganze Werkstatt das System, der Schraubstock nur ein Element unter vielen. Der Betrachter oder Benutzer ist nicht Teil des Systems, sondern kommt aus seiner Umgebung.

Überprüfen Sie Ihre Kenntnisse

1 Welche Umsetzungsvorgänge können als Hauptfunktion eines Technischen Systems gelten?

2 Zeigen Sie an Hand eines Beispieles, weshalb es sinnvoll ist, den Zweck Technischer Systeme von ihrer Funktion zu unterscheiden.

3 Nennen Sie jeweils ein weiteres Beispiel zu den Hauptfunktionen der Übersicht auf Seite 112.

4 Erläutern Sie den Unterschied zwischen Funktions- und Baueinheiten.

4.2 Energieumsetzung in Technischen Systemen

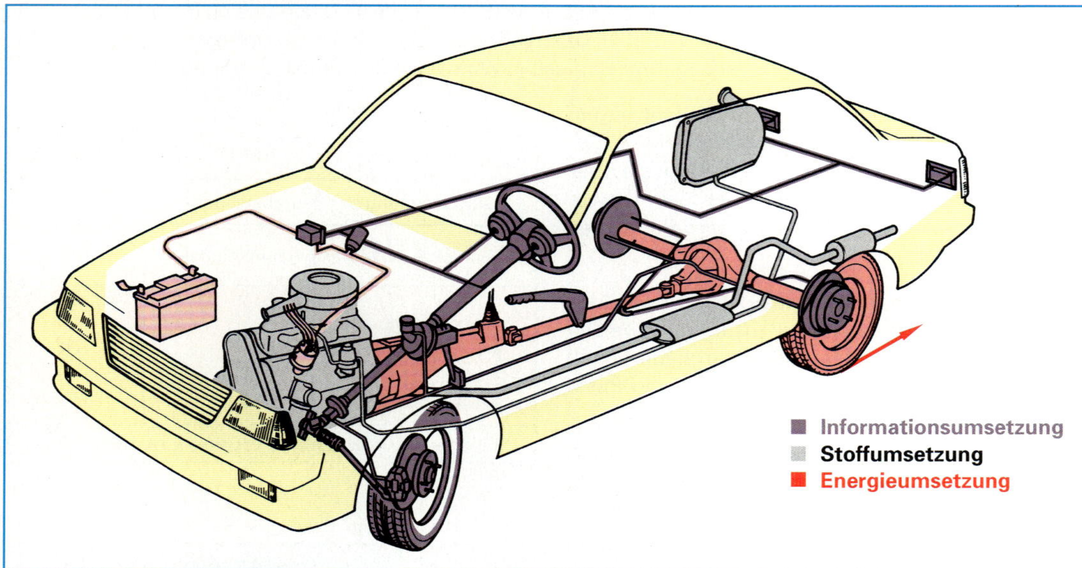

1 Teilsysteme und Umsetzungsvorgänge in einem Personenkraftwagen (Pkw)

Personenkraftwagen dienen dem **Zweck, Personen und Güter zu transportieren.** Um dies zu verwirklichen, ist ein komplexes System von Funktionseinheiten notwendig, in welchem mehrere Umsetzungsvorgänge miteinander gekoppelt sind. Die **Hauptfunktion** des Technischen Systems Personenkraftwagen besteht in der **Energieumsetzung**. Die im Kraftstoff (meist Benzin) vorhandene chemische Energie wird über mehrere Zwischenstufen in Bewegungsenergie für die Antriebsräder umgewandelt. Ebenso notwendig um seinen Zweck zu erfüllen, sind für den Pkw die Nebenfunktionen Informations- und Stoffumsetzung (Bild 1).

Zwei grundlegende Begriffe aus der Physik sind hier angesprochen und bedürfen einer weiteren Erläuterung, **Kraft** (Personenkraftwagen) und **Energie** (Energieumsetzung). Kraft, wie auch die auf ihr aufbauende physikalische Größe Energie, ist nicht leicht erkennbar und, was unsere Vorstellung von ihr noch erschwert, nicht sichtbar. Lediglich ihre Wirkung ist für uns augenfällig; ein Personenkraftwagen bewegt sich aufgrund einer irgendwie gearteten „Antriebskraft".

Kraft ist eine physikalische Größe, die man an ihren Wirkungen erkennt. Unter ihrer Wirkung ändern sich der Bewegungszustand eines Körpers oder seine Form, in manchen Fällen beides. Die **Einheit** der Kraft ist **Newton (N)**, ihre **Benennung** in Formeln ein ***F*** (aus dem Englischen für **force**).

Der Begriff Energie hängt eng mit dem Begriff der Kraft zusammen und klärt sich über den Umweg der physikalischen Arbeit.

4.2.1 Arbeit, Energie, Leistung

Je schwerer ein Personenkraftwagen ist (Bild 2) bzw. je länger die Strecke ist, die er zurücklegt, umso mehr Kraft wird für den Antrieb benötigt. Die erforderliche Energie wird in der Physik mit dem Begriff der **Arbeit** (***W***, engl. work) beschrieben. Arbeit (mechanische) wird verrichtet, wenn eine Kraft entlang einer Strecke wirkt.

Mechanische Arbeit = Kraft · Weg

$$W = F \cdot s$$

1Nm = 1N · 1m
1J = 1Nm

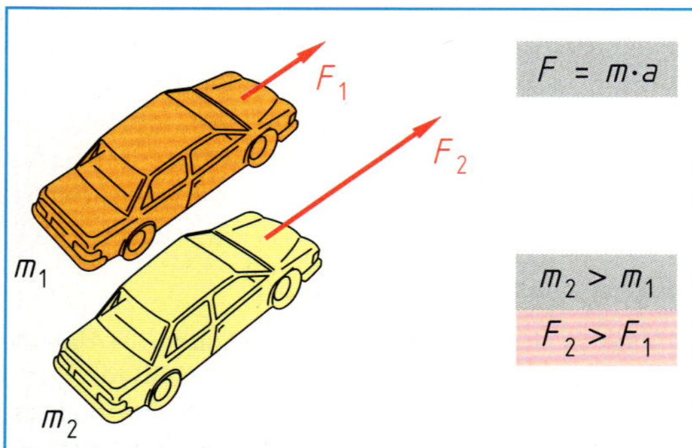

2 Masse und Antriebskraft

Energie und Arbeit sind nahe verwandt. Beide haben in der Physik das gleiche Formelzeichen W und werden mit Hilfe derselben Formel berechnet, denn: *Energie* ist die Fähigkeit, Arbeit zu verrichten, oder anders ausgedrückt:

Energie = gespeicherte Arbeit.

Für eine bestimmte Arbeit, beispielsweise das Bewegen eines Autos von einem Ort zu einem anderen, ist unter normalen Umständen eine bestimmte Zeit nötig (Bild 1). Nimmt man diese weitere Dimension mit in den Blick, so ergibt sich der physikalische Begriff der **Leistung** (***P***, engl. power).

Leistung ist Arbeit bezogen auf die zu ihrer Verrichtung benötigte Zeit.

Während früher für Leistung gerade im Bereich der Kraftfahrzeuge die Einheit PS gebräuchlich war, wird heute auch hier die Einheit Watt bzw. Kilowatt verwendet.

$$\textbf{Leistung} = \frac{\textbf{Arbeit}}{\textbf{Zeit}} \qquad P = \frac{W}{t} \qquad 1\,\text{W} = \frac{1\,\text{J}}{1\,\text{s}}$$

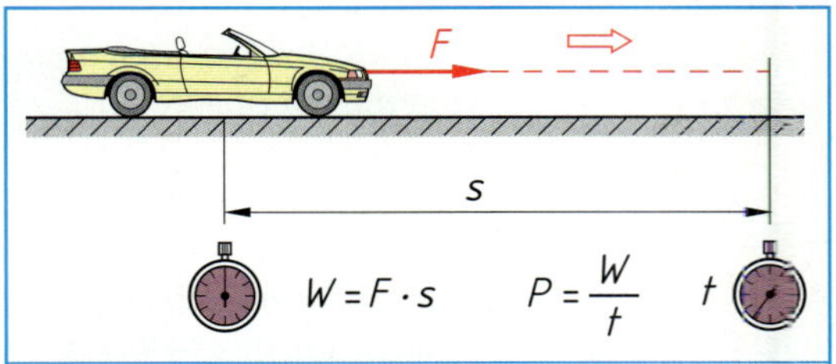

1 Mechanische Arbeit und Leistung

4.2.2 Kräfte, Darstellung und Addition

Wie eingangs schon erwähnt, sind Kräfte nicht sichtbar. Um eine Kraft trotzdem zu verdeutlichen; wird sie in der Physik durch einen **(Kraft-)Pfeil** dargestellt.

Dies soll an einem einfacheren Beispiel als dem Personenkraftwagen, nämlich an einem Fahrrad, verdeutlicht werden (Bild 2). Auch in diesem Technischen System wird Energie umgesetzt, um eine Bewegung des Fahrzeugs zu erreichen. Der Fahrer dieses „Kraftfahrzeugs" beeinflusst die Geschwindigkeit seines Fahrzeugs durch die Muskelkraft seiner Beine (Pfeile auf die Pedale) und die Muskelkraft seiner Hände (Pfeile auf die Bremshebel).

2 Kräfte am Fahrrad

Die **Größe, Lage** (des Pfeilanfangs) und **Richtung** (der Pfeilspitze) **der Pfeile** symbolisieren die entsprechende Kraft.

Die nach beiden Pfeilseiten verlängert gedachte Linie bezeichnet man als **Wirkungslinie** der Kraft. Auf ihr kann eine Kraft beliebig verschoben werden ohne ihre Wirkung zu ändern.

Kräfte und ihre Addition

Der einfachste Fall ist, dass zwei Kräfte auf einer Wirkungslinie in gleicher Richtung wirken. Solche Kräfte können addiert werden, indem die Pfeile hintereinander gezeichnet werden. Die Summe der Kräfte kann dann als ein Pfeil dargestellt werden. Bei der Subtraktion von Kräften auf einer Wirkungslinie verfährt man entsprechend umgekehrt (Bild 3).

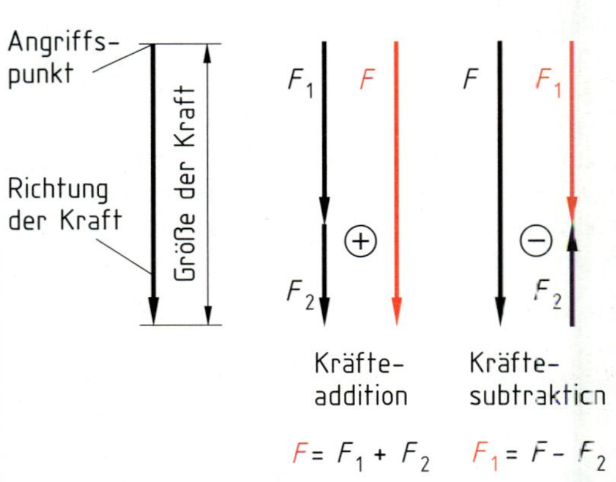

3 Darstellung von Kräften, Kräfteaddition, Kräftesubtraktion

Komplizierter wird es schon, wenn mehrere Kräfte, die in verschiedene Richtungen wirken, einen gemeinsamen Kraftangriffspunkt haben. Ein solcher Fall tritt an unserem Beispiel Fahrrad bei der Felgenbremse auf (Bild 1).

Hier können die wirkenden Kräfte nicht einfach mathematisch addiert werden. Sie müssen mit Hilfe einer **geometrischen Addition** ermittelt werden (Bild 2).

Kräfte lassen sich mit Hilfe **eines Kräfteparallelogramms** zusammensetzen oder zerlegen.

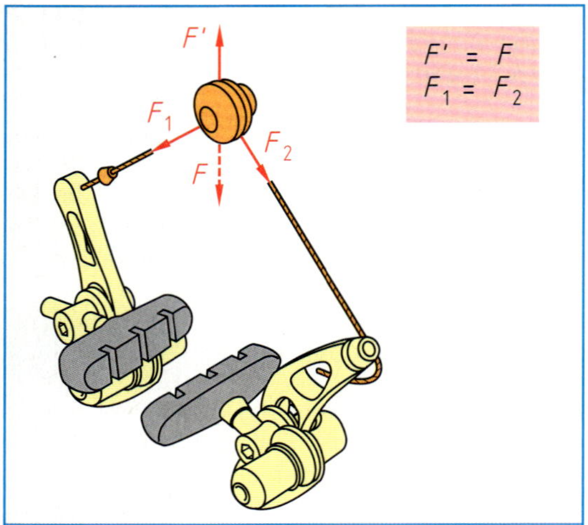

1 Felgenbremse

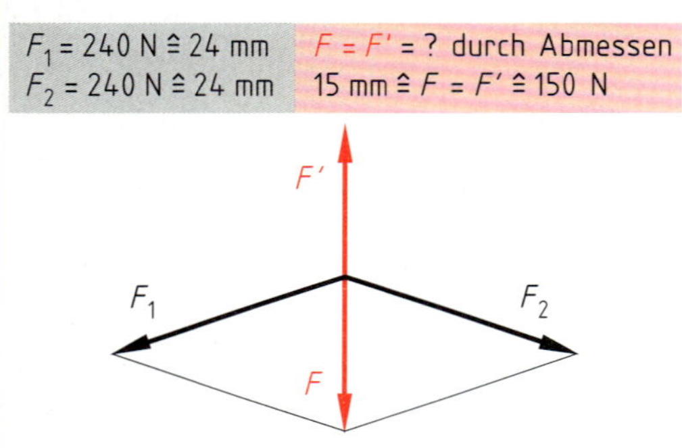

2 Kräfteparallelogramm

4.2.3 Gewichtskräfte

Alle materiellen Körper, auch unsere Beispiele Personenkraftwagen und Fahrrad, verfügen über eine Masse. Während die Masse des Körpers an jedem beliebigen Ort gleich bleibt, ändert sich die von ihm ausgehende Gewichtskraft mit seinem Standort. Beispielsweise beträgt die Gewichtskraft eines „Mondmobils" auf der Mondoberfläche nur etwa $^1/_6$ seiner Gewichtskraft auf der Erdoberfläche.

Man unterscheidet die **Masse** eines Körpers („Stoffmenge") von seiner **Gewichtskraft** als der Kraft, die durch seine Masse verursacht wird.

Außer der **Masse**, welche üblicherweise in **Kilogramm** (kg) angegeben wird, ist für die Bestimmung der Gewichtskraft noch eine weitere physikalische Größe von Bedeutung, nämlich die Beschleunigung, üblicherweise die Erdbeschleunigung. Unter **Beschleunigung** versteht man die Geschwindigkeitsänderung eines Körpers innerhalb einer bestimmten Zeit. Dies wird in der Einheit m/s^2 (Meter/Sekunde^2) zum Ausdruck gebracht.

Beispiel: Zwei Autos mit gleicher Masse starten im selben Augenblick. Nach wenigen Sekunden ist das erste dem anderen um einige Meter voraus. Das bedeutet, dass die Geschwindigkeit des Fahrzeugs 1 in der gleichen Zeit mehr zugenommen hat als die Geschwindigkeit des Fahrzeugs 2. Also hat das Fahrzeug 1 eine größere Beschleunigung erfahren (Bild 3).

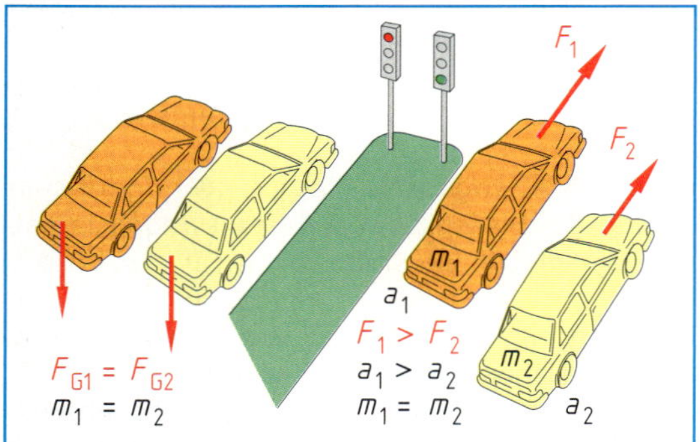

3 Antriebskraft und Beschleunigung

Ein ähnlicher (Beschleunigungs-)Vorgang passiert mit einem Körper, der von einer Unterlage heruntergeschoben wird. Er fällt, d.h. er erfährt eine (Fall-)Beschleunigung bis zu dem Punkt, an dem er auf den Boden trifft. Die Beschleunigung ist abhängig von der Größe der jeweils anziehenden Massen. Auf unserem Planeten ist die Fallbeschleunigung also von der Erdanziehung abhängig und beträgt 9,81 m/s^2.

Die Gewichtskraft F_G eines Körpers entspricht der Masse m, die er hat, multipliziert mit der Erdbeschleunigung.

$$F_G = m \cdot g$$

$$10\,\text{N} = 1\,\text{kg} \cdot 10\,\frac{\text{m}}{\text{s}^2}$$

$$g = 9{,}81\,\frac{\text{m}}{\text{s}^2} \approx 10\,\frac{\text{m}}{\text{s}^2}$$

4.2.4 Reibungskräfte

Ein wichtiges technisches Anwendungsbeispiel von Reibungskräften ist die Fahrzeugbremse in ihren verschiedenen Bauarten. Hier sind Reibungskräfte erforderlich und erwünscht, um die Geschwindigkeit der Fahrzeuge an die jeweilige Fahrsituation anzupassen, wie beispielsweise bei der dargestellten Felgenbremse eines Fahrrades (Bild 1).

Bei anderen technischen Anwendungen sind **Reibungskräfte** oft auch **unerwünscht**. Sie brauchen z. B. als Rollwiderstand einen nicht unbedeutenden Teil der Kräfte auf, die eigentlich für die Bewegung der Fahrzeuge bereitgestellt werden. In Teilsystemen (Lager, Kupplung, Getriebe) führen sie zu Verlusten in der Energieübertragung und stehen so der Funktion Energieumsetzung in Technischen Systemen entgegen.

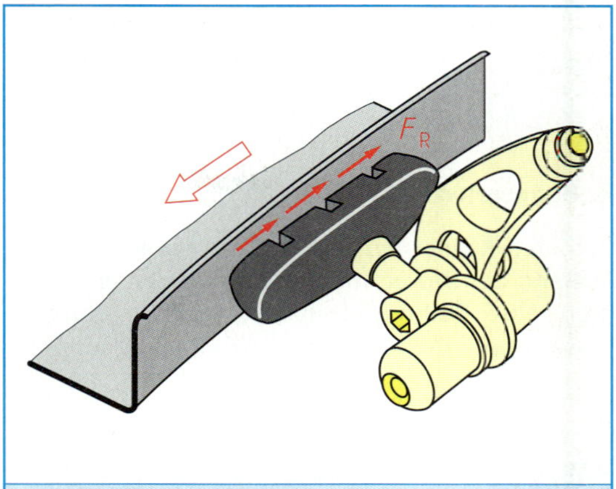

1 Reibungskräfte an der Felgenbremse

Reibung entsteht immer dann, wenn ein Körper auf einer Unterlage verschoben wird. Um den Körper zu verschieben, muss ein bestimmter Widerstand überwunden und dafür eine bestimmte Kraft aufgewendet werden.

Der **Widerstand, der einer Bewegung entgegenwirkt**, heißt **Reibungskraft.**

Die Reibungskraft ist nicht, wie fälschlicherweise vermutet werden könnte, von der Größe der Reibflächen abhängig. Die Größe der Bremsbeläge an Fahrzeugen ist für die Bremswirkung folglich nicht von entscheidender Bedeutung. Vielmehr beeinflussen andere Faktoren die Reibungskraft, nämlich die Normalkraft F_N und die Reibungszahl μ (griech. mü).

Die **Normalkraft F_N** ist die senkrecht zur Unterlage wirkende Kraft. Auf einer waagerechten Unterlage ist sie identisch mit der Gewichtskraft. Bei einer schiefen Ebene lässt sie sich mittels Kräfteparallelogramm aus der senkrecht zum Erdmittelpunkt gerichteten Gewichtskraft F_G ermitteln (Bilder 2 und 3).

Durch Versuche wurde festgestellt, dass die Reibungskraft F_R sich auf einer waagerechten Fläche proportional zur Normalkraft F_N verhält. Eine Verdopplung der Normalkraft hat auch eine Verdopplung der Reibungskraft zur Folge. In nebenstehendem Bild wird dies so dargestellt, dass sich die Zugkraft F_Z, die nötig ist, um den Körper zu bewegen, verdoppelt. Die Zugkraft ist auf einer waagerechten Unterlage (Bild 2) genau so groß wie die Reibungskraft F_R. Am Hang wirkt noch die Abtriebskraft (Bild 3).

In der **Reibungszahl μ** werden Einflüsse zusammengefasst, die sich aus Oberflächengüte, Schmierung, Werkstoffpaarung und der Reibungsart ergeben. Sie wird durch Versuche ermittelt und ist für die jeweiligen Anwendungsfälle aus Tabellen zu entnehmen.

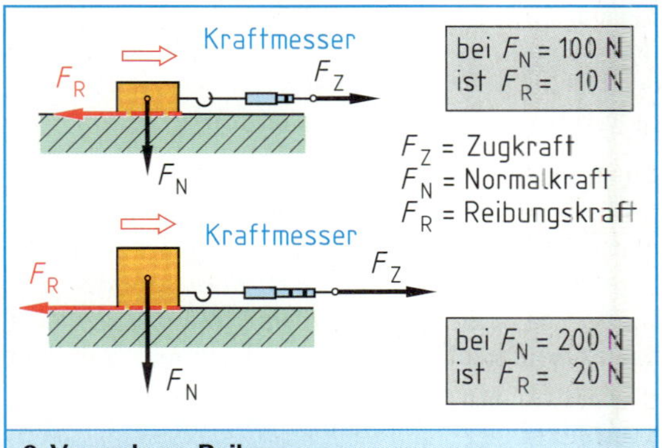

2 Versuch zur Reibung

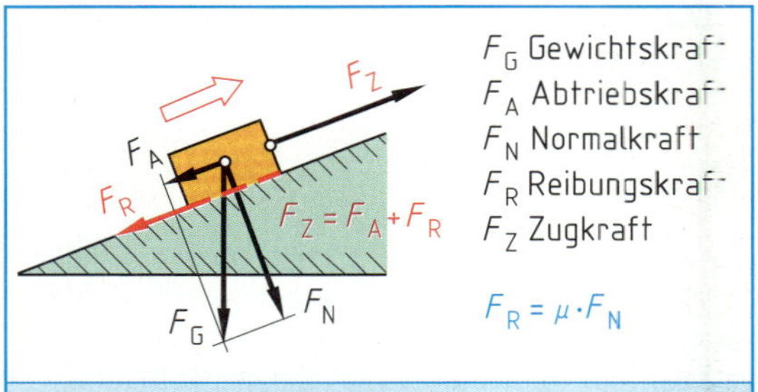

3 Reibung auf der schiefen Ebene

Dieser im Vorstehenden dargestellte Zusammenhang lässt sich in einer Formel zusammenfassen:

Reibungskraft	=	Reibungszahl	·	Normalkraft
F_R	=	μ	·	F_N

Reibungsarten (Bild 1)

Soll ein Körper aus der Ruhe heraus in den Zustand der Bewegung versetzt werden, so muss dazu eine Reibungskraft überwunden werden. Diese Art der Reibung wird **Haftreibung** genannt.

Die Widerstandskraft, die ein sich schon bewegender Körper einem weiteren Verschieben entgegensetzt, heißt **Gleitreibung**. Sie ist kleiner als die Haftreibung.

Schließlich gibt es noch eine dritte „Reibungsart", nämlich die **Rollreibung**. Mit diesem Begriff bezeichnet man die Widerstandskraft, die ein zylinder- bzw. kugelförmiger (Wälz-)Körper dem Abrollen entgegensetzt. Sie ist wesentlich kleiner als die Gleitreibung, was diesen Bereich für manche technische Anwendungen, wie z. B. Führungen im Werkzeugmaschinenbau, sehr interessant macht.

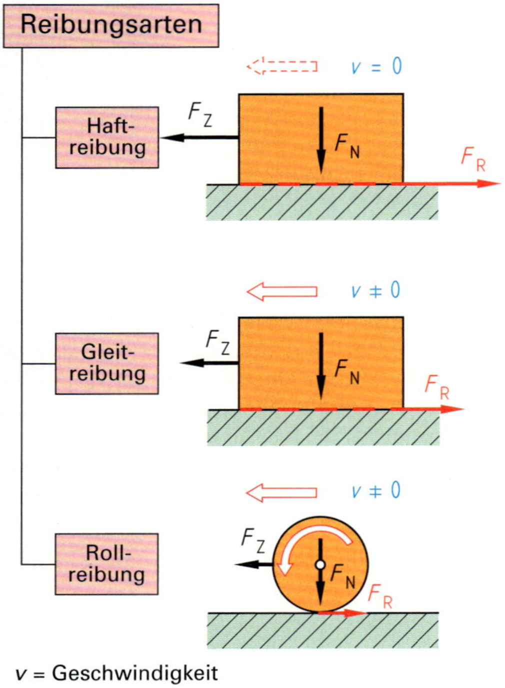

1 Übersicht der Reibungsarten

4.2.5 Kräfte am Hebel

Bei der Übertragung und Wandlung von Kräften und Bewegungen wird immer wieder das Prinzip des Hebels genutzt, z. B. beim Handhebel der Fahrradbremse und bei der Fahrradtretkurbel.

Alle Bauteile, an denen der Angriff einer Kraft eine Drehung bewirkt oder verursachen könnte, werden als Hebel bezeichnet. Der Abstand zwischen dem Kraftangriffspunkt und dem (möglichen) Drehpunkt heißt **Hebelarm**. Die Drehwirkung heißt **Drehmoment *M***. Sie kann, bezogen auf den Drehpunkt, entweder im Uhrzeigersinn erfolgen **(rechtsdrehendes Moment)**, oder gegen den Uhrzeigersinn **(linksdrehendes Moment)**. Es gilt:

Drehmoment	=	Kraft	·	Hebelarm
M	=	F	·	r
1 Nm	=	1 N	·	1 m

Die wichtigsten Arten der Hebel sind der einseitige Hebel (Beispiel: Fahrradbremshebel) und der zweiseitige Hebel (Beispiel: Fahrradtretkurbel). Ein zweiseitiger Hebel kann auch als Winkelhebel auftreten (Bilder 2 und 3).

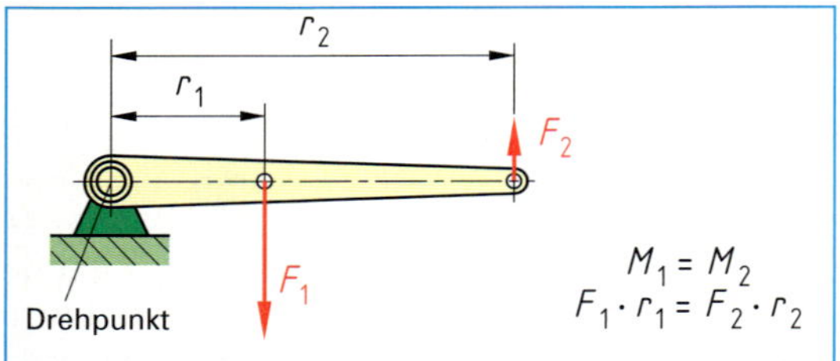

2 Einseitiger Hebel

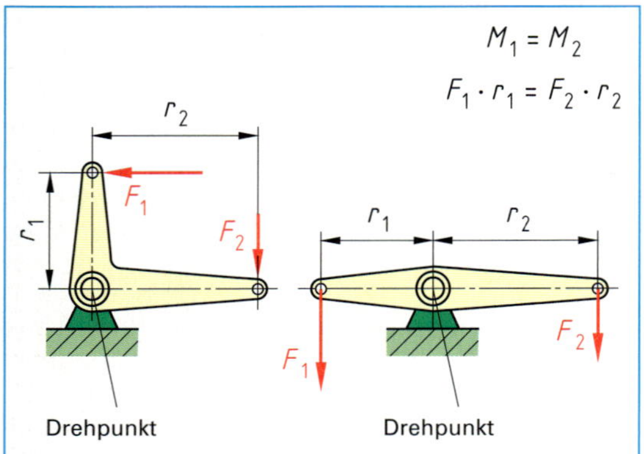

3 Zweiseitiger Hebel

Will man am Hebel eine unbekannte Kraft errechnen, benutzt man das **Hebelgesetz**. Es besagt:

Die Summe aller linksdrehenden Momente ist gleich der Summe aller rechtsdrehenden Momente.

$$\Sigma \overset{\curvearrowleft}{M} = \Sigma \overset{\curvearrowright}{M}$$

In der Regel dient diese Gleichgewichtsbedingung dazu, die Kraft zu berechnen, welche zur Überwindung einer Gegenkraft nötig ist. Beispielsweise ist beim Ziehen des Fahrradbremshebels die Reibkraft der Bremskörper auf ihren Lötsockeln die Gegenkraft, welche durch die (zu berechnende) Handkraft überwunden werden muss.

Eine wichtige **Anwendung des Hebels** sind die **mechanischen Getriebe**. Im abgebildeten Fall sind dies zwei Zahnräder mit unterschiedlichem Durchmesser, die über eine Kette miteinander in Verbindung stehen (Bild 1). Die unterschiedlichen Durchmesser der Zahnräder haben eine entsprechende Übersetzung des Drehmomentes zur Folge. So erzeugt die Kraft des treibenden Rades (1) mit kleinem Durchmesser an einem getriebenen Rad (2) mit großem Durchmesser ein größeres Drehmoment.

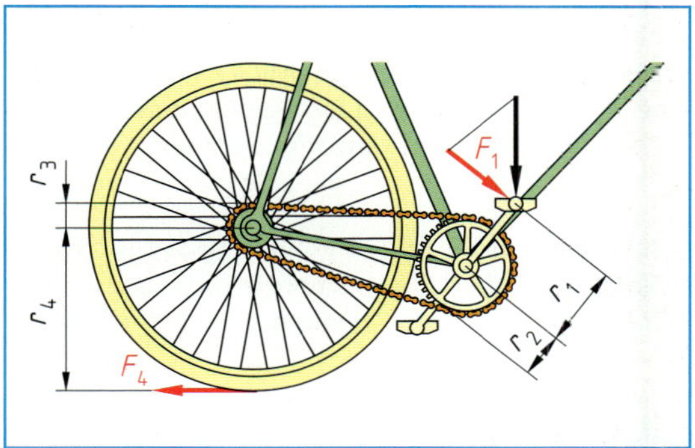

1 Kraftübersetzung beim Fahrradgetriebe

4.2.6 Gesetz von der Erhaltung der Energie

In den bisher behandelten Technischen Systemen Personenkraftwagen und Fahrrad werden die Kräfte (oder auch die Energie), welche vom Pkw-Motor bzw. vom Fahrradfahrer zur Verfügung gestellt werden, zuerst einmal genutzt, um eine Bewegung zu erzielen.

In nebenstehendem Schema eines ganz anderen Technischen Systems, der „Energieversorgung" (Bild 2), sind unter anderem ein Wasserkraftwerk und ein Kohlekraftwerk skizziert. Beide werden benötigt, um in den Haushalten elektrische Energie zur Verfügung zu stellen.

Man könnte nun meinen, dass in diesen Technischen Systemen Energie erzeugt wird. Bei genauem Hinsehen wird allerdings deutlich, dass im Grunde eben keine Energie „erzeugt" wird, denn:

Energie kann weder geschaffen noch vernichtet werden.

Die verschiedenen **Energiearten**, wie beispielsweise die chemische Energie der Kohle oder diejenige des strömenden Wassers, lassen sich lediglich in andere Energiearten, wie z. B. elektrische, mechanische oder thermische Energie, umwandeln. Da-

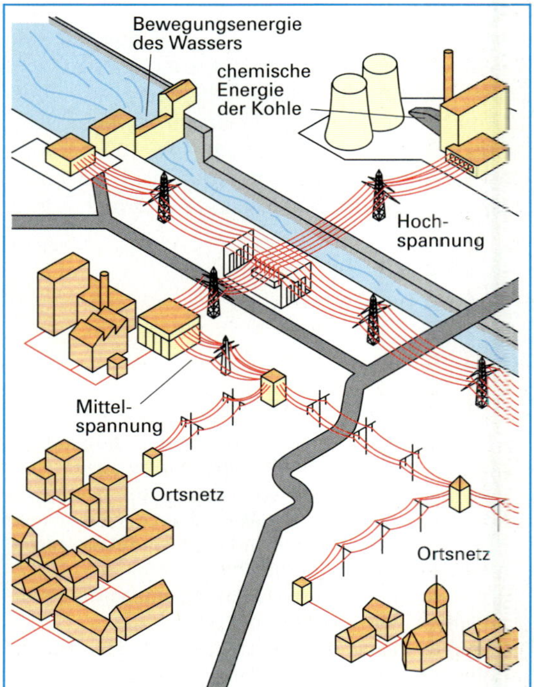

2 Schema eines elektrischen Energieversorgungsnetzes

bei ist jeder dieser Umwandlungsvorgänge mit einem Verlust an **nutzbarer Energie** verbunden (Bild 1).

Dass diese Verluste an nutzbarer Energie beträchtlich sein können, zeigt unser Beispiel Energieversorgung. Hier kommt von der ursprünglich in der Kohle vorhandenen chemischen Energie nur ca. ein Drittel als nutzbare Energie beim Verbraucher an (Bild 2).

Um solche **Verluste an nutzbarer Energie** abschätzen zu können, wurde der Begriff des Wirkungsgrades eingeführt. Mit seiner Hilfe kann eine Aussage über die „Leistungsausbeute" eines Technischen Systems getroffen werden.

Der **Wirkungsgrad** η ist das **Verhältnis von zugeführter zu abgegebener Energie** (bzw. Leistung) in einem Technischen System.

$$\eta = \frac{P_{ab}}{P_{zu}} \cdot 100\,\% \qquad \text{und} \qquad \eta = \frac{W_{ab}}{W_{zu}} \cdot 100\,\%$$

Das bedeutet, dass sich für den Wirkungsgrad immer eine Zahl im Bereich $0 \leq 1$ ergibt. In manchen Fällen erweist es sich als anschaulicher, den jeweiligen Wirkungsgrad in Prozent anzugeben. Dann muss die ermittelte Zahl noch mit 100 % multipliziert werden. Je näher der jeweilige Wirkungsgrad bei der Zahl 1 (oder bei 100 %) liegt, umso geringer ist der Anteil der nicht nutzbaren Leistung in diesem Technischen System.

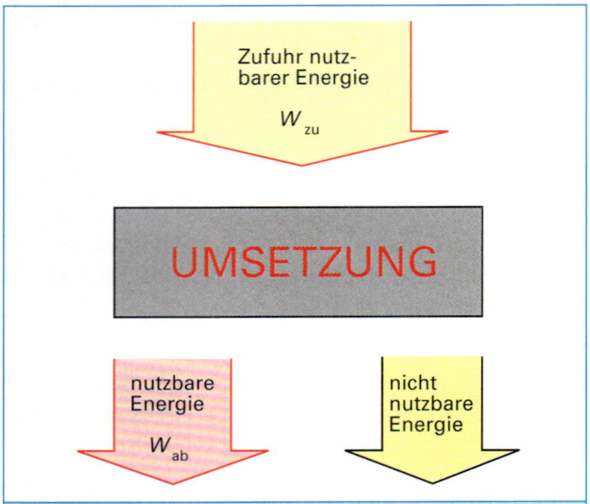

1 Energieflussschema eines Technischen Systems

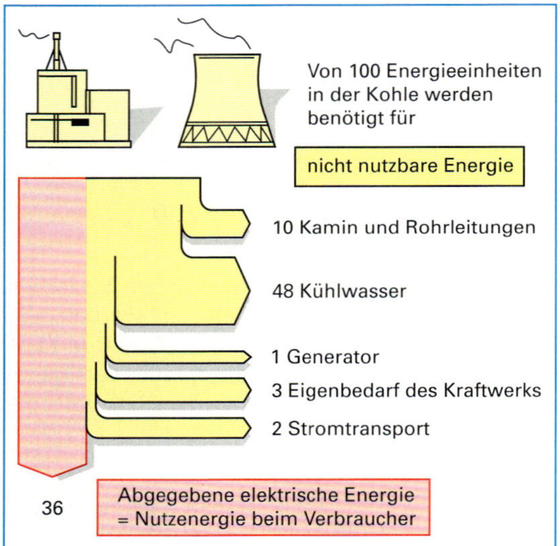

2 Anteil der Nutzenergie bei den Vorgängen der Energieumwandlung in einem Kraftwerk

Überprüfen Sie Ihre Kenntnisse

1. **Beschreiben Sie stichpunktartig den Vorgang der Stoffumsetzung beim Personenkraftwagen.**
2. **Nennen Sie jeweils zwei Beispiele für Technische Systeme, bei denen der Mensch an den jeweiligen Umsetzungsvorgängen beteiligt ist und für solche, die selbsttätig funktionieren.**
3. **Von welchen Faktoren ist die auf einen Körper wirkende Reibungskraft F_R abhängig?**
4. **Nennen Sie die drei verschiedenen Reibungsarten und ordnen Sie drei Beispiele, die an den Technischen Systemen Pkw und Fahrrad zu finden sind, richtig zu.**
5. **Was versteht man unter dem Hebelgesetz?**
6. **Ein Auszubildender will für sein Mountain-Bike neue Tretkurbeln kaufen. Es gibt sie in den Längen 170 mm, 175 mm und 177,5 mm. Mit welchen Tretkurbeln lässt sich das höchste Drehmoment aufbringen und wie groß ist dies bei einem Krafteinsatz von 1200 N?**
7. **Weshalb sind die Ausdrücke „Erzeuger", „Verbraucher" und „Energieverlust" irreführend?**
8. **Was versteht man in einem Technischen System unter dem Wirkungsgrad? Nennen Sie mindestens drei Beispiele für nicht nutzbare Energie in den beschriebenen Technischen Systemen.**

4.3 Stoffumsetzung in Technischen Systemen

4.3.1 Das Technische System Werkzeugmaschine

Die drei Funktionen Technischer Systeme, Stoff umsetzen, Energie umsetzen und Informationen umsetzen, lassen sich auch bei der Betrachtung von Werkzeugmaschinen erkennen.

Die **Hauptfunktion** jeder Werkzeugmaschine ist die Stoffumsetzung.

Aus einem Rohteil wird, z. B. durch Fräsen und Bohren, das Fertigteil. Hierbei wird Werkstoff zerspant bzw. Stoff umgesetzt.

Lediglich als **Nebenfunktionen** erscheinen bei einer Werkzeugmaschine die Umsetzung von Energie und Informationen.

(Elektrische) Energie muss in eine bestimmte Bewegung des Werkzeugs bzw. des Werkstücks (mechanische Energie) umgesetzt werden um eine Spanabnahme zu ermöglichen. Informationen, etwa technologischer Art (Werkstoff, Schnittgeschwindigkeit, ...) beziehungsweise über die Bewegungen des Werkzeugs bzw. Werkstücks sind für den Zerspanungsprozess ebenso unerlässlich. Diese werden vom Facharbeiter, zunehmend auch von Steuer- und Regeleinrichtungen (CNC-Technik), an der Maschine „umgesetzt".

Auch bei einer Werkzeugmaschine bedarf es wie schon beim Technischen System Personenkraftwagen einer Vielzahl von Funktionseinheiten, um die genannten Funktionen gewährleisten zu können.

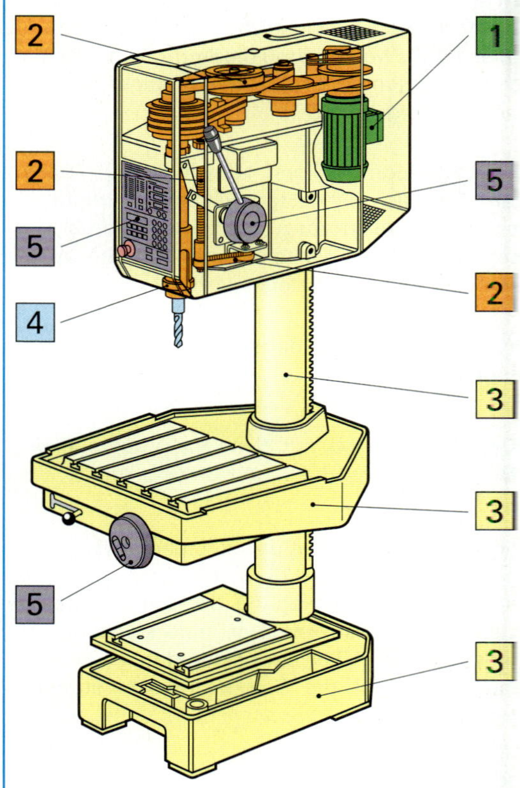

1 Funktions- und Baueinheiten einer Säulenbohrmaschine

Einen ersten Überblick über die Funktions- und Baueinheiten von Werkzeugmaschinen vermitteln, ohne dabei einen Anspruch auf Vollständigkeit zu erheben, das obenstehende Bild einer Säulenbohrmaschine und die nachfolgende Übersicht. In der Übersicht wird das Bild 1 erläutert (Teile 1...5) und die einzelnen Baueinheiten werden ihren jeweiligen Funktionen zugeordnet.

Übersicht: Funktions- und Baueinheiten von Werkzeugmaschinen

Antriebe	**Bewegungsenergie übertragende und wandelnde Bauteile**	**Tragende und stützende Bauteile**	**Halte- und Spannvorrichtungen**	**Informationsumsetzende Bauteile**	**Zusatzeinrichtungen**
1	**2**	**3**	**4**	**5**	
Elektromotor	Getriebe; Spindel; Werkzeugschlitten; Support.	Grundplatte; Säule; Bett; Gestell; Ständer.	Kegelschaft; Spannfutter; Dreibackenfutter; Spannzange; Maschinenschraubstock.	CNC-Steuerung; Technologierechner; Vorschubhebel; Tischsteuerung von Hand.	Kühlmitteleinrichtung; Einrichtung zur Späneabfuhr (hier nicht vorhanden).

4.3.2 Antriebe

Die Antriebe der meisten Werkzeugmaschinen arbeiten heute elektrisch. Weiterhin sind die verschiedenen Antriebe meist voneinander getrennt. Am Beispiel der nebenstehend skizzierten CNC-Fräsmaschine ist ersichtlich, dass der Antrieb für die Schnittbewegung und die Antriebe für die Vorschubbewegung mit Hilfe unabhängiger Antriebsquellen erfolgen (Bild 1).

Bei Werkzeugmaschinen konventioneller Bauart steht für alle Werkzeug-/Werkstückbewegungen nur ein Antriebsmotor zur Verfügung (Bild 2), dessen Energie über verschiedene Getriebe an die jeweilige Wirkstelle geleitet wird.

Unabhängig von der Bauart der jeweiligen Werkzeugmaschine gilt:

Der **Hauptantrieb** mit dem Hauptgetriebe erzeugt die eigentliche **Schnittbewegung**.

Bei der Antriebseinheit der vorstehend skizzierten Bohrmaschine (Seite 123, Bild 1) dient als Antrieb für die Rotationsbewegung der Bohrspindel ein eintouriger Drehstrommotor (eine konstante Antriebsdrehzahl). Über ein nachfolgendes Riemenregelgetriebe ist die Spindeldrehzahl stufenlos einstellbar.

Zunehmend werden Maschinen mit Hauptantrieben ausgestattet, die selbst stufenlos einstellbar sind (variable Antriebsdrehzahl). Solche Hauptantriebe werden wegen der besseren Steuer- und Regelbarkeit mit Gleichstrommotoren oder mit hydraulischem Antrieb ausgerüstet.

Auch Nebenantriebe sind an heutigen Werkzeugmaschinen weitgehend stufenlos regelbar. Als Antrieb werden deshalb Gleichstrommotoren, Schrittschaltmotoren oder Hydraulikmotoren eingesetzt.

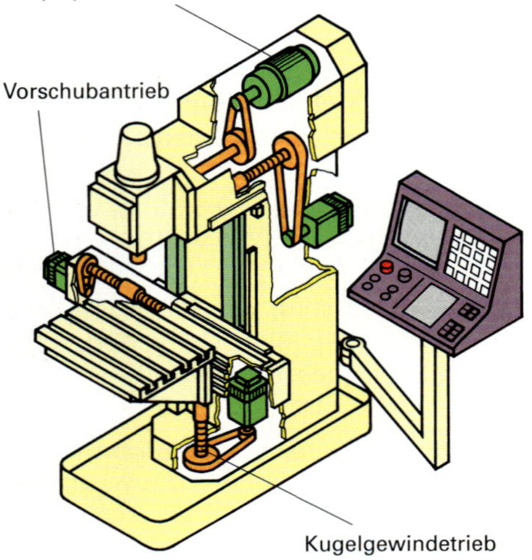

1 Antriebe an Werkzeugmaschinen Beispiel: CNC-Fräsmaschine

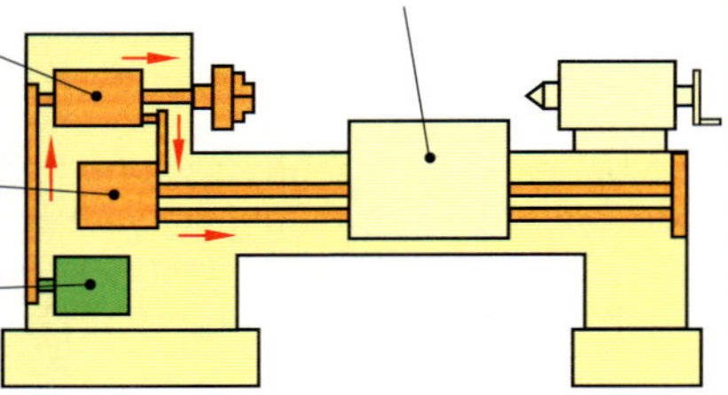

2 Antriebe an Werkzeugmaschinen Beispiel: Drehmaschine

Nebenantriebe und daran anschließende Getriebe erzeugen die **Vorschub- und Zustellbewegung**.

An der Antriebseinheit der Bohrmaschine (folgende Seite, Bild 1) ist die Vorschubbewegung (Vertikalbewegung der Bohrpinole/-spindel) über einen Schrittmotor mit nachfolgendem Kurbelgewindetrieb realisiert.

Bei einigen Fertigungsaufgaben, z. B. beim Herstellen von Gewinden auf einer Bohr- oder Drehmaschine, ist es notwendig die Antriebsdrehzahl und die Vorschubgeschwindigkeit genau aufeinander abzustimmen. Für solche Anwendungen lassen sich Haupt- und Nebenantrieb elektronisch koppeln. Dabei wird die Vorschubgeschwindigkeit in mm/Umdrehung angegeben.

4.3.3 Bewegungsenergie übertragende und/oder wandelnde Bauteile

Die Energie, welche die Antriebe zur Verfügung stellen, wird an der Wirkstelle oft in anderer Bewegungsform als vom Antrieb herkommend benötigt. Außerdem ist die jeweilige Wirkstelle vom Haupt- bzw. Nebenantrieb örtlich getrennt. Deshalb sind **Funktionseinheiten** notwendig, welche die Energie transportieren und/oder in eine andere Bewegungsform überführen. Solche Funktionseinheiten sind Getriebe und ihre Bauteile, wie z. B. Spindeln.

Getriebe haben die Funktion, Drehbewegungen zu übertragen und/oder umzuwandeln.

Dabei können die Umdrehungsfrequenz (Drehzahl), das Drehmoment und die Drehrichtung geändert werden.

An der Bohrmaschine werden diese Funktionen wie nebenstehend skizziert ausgeführt (Bild 1). Das **Hauptgetriebe** der Bohrmaschine transportiert Energie, wobei die Drehbewegung des Motors beibehalten und auf das Werkzeug übertragen wird. Im ersten Teil besteht es aus einem stufenlosen Riemenregelgetriebe mit einem Regelbereich bis 1 : 100, welcher in Verbindung mit dem zweiten Getriebeteil, einem zweistufigen Schaltgetriebe, eine Bandbreite der Drehzahlen von 35 U/min bis 3500 U/min ermöglicht. Da die Energieübertragung ausschließlich über Riemen erfolgt, ist der Antrieb weitgehend wartungsfrei und im Vergleich zu Zahnradgetrieben geräuscharm.

Das **Vorschubgetriebe** der Bohrmaschine überträgt die Antriebsenergie des Schrittmotors mit Hilfe eines Zahnriemens auf eine Kugelgewindespindel. Auf der Gewindespindel sitzt eine entsprechende Mutter, welche direkt mit der Bohrpinole verbunden ist und sowohl die Energie weiterleitet als auch die Drehbewegung der Spindel in eine geradlinige Abwärts- bzw. Aufwärtsbewegung der Bohrpinole umwandelt.

Über diese Beispiele hinaus werden an Werkzeugmaschinen verschiedene andere Getriebebauarten, wie z. B. Kettentrieb, Zahnrädergetriebe, Umschlingungsgetriebe und Wälzgetriebe verwendet.

Grundsätzlich unterscheidet man Getriebe nach der Veränderbarkeit der Drehzahl (Bild 2):

- **nicht verstellbare Getriebe,** z. B. Keilriemengetriebe
- **gestuft verstellbare Getriebe,** z. B. Schieberadgetriebe
- **stufenlos verstellbare Getriebe,** z. B. Umschlingungsgetriebe.

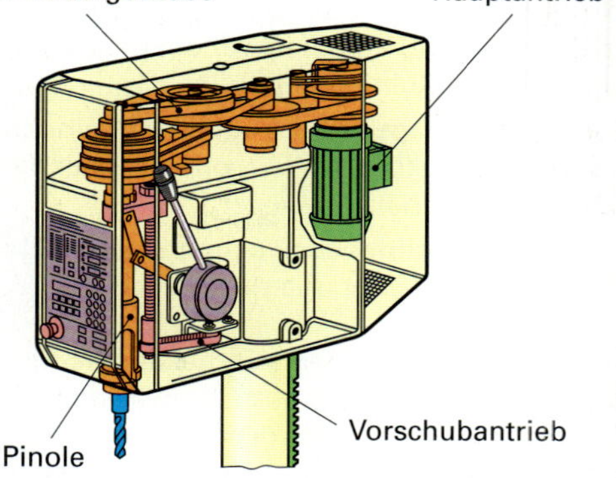

1 Antriebe und Getriebe

Nicht verstellbare Getriebe	Keilriementrieb 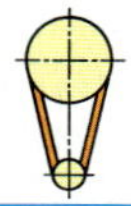	Kraftschlüssig Zugmittelgetriebe Achsabstand beliebig
	Zahnriementrieb 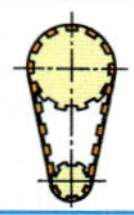	Formschlüssig Zugmittelgetriebe Achsabstand beliebig
	Zahnradgetriebe 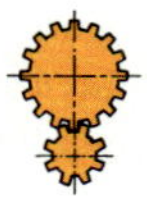	Formschlüssig Kein Übertragungsmittel Schmierung erforderlich Achsabstand festgelegt
Gestuft verstellbare Getriebe	Schieberadgetriebe 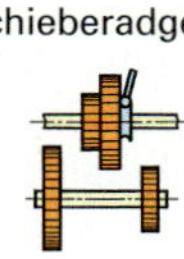	Nur Zahnräder, die Drehmoment übertragen, sind im Eingriff
	Kupplungsgetriebe 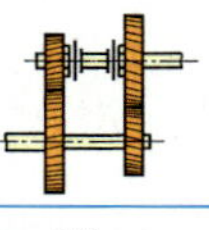	Ständig sind alle Zahnräder im Eingriff
Stufenlos verstellbare Getriebe	Umschlingungsgetriebe 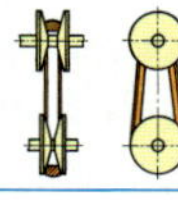	Kraftschlüssig Zugmittelgetriebe Achsabstand beliebig
	Wälzgetriebe 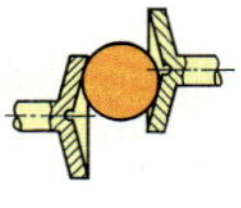	Kraftschlüssig Übertragungsmittel Wälzkörper (Kugel) Achsabstand festgelegt

2 Getriebearten

Weitere Unterscheidungsmerkmale sind:

- die **Art der Kraftübertragung:** formschlüssig (z. B. über Kette, Zahnriemen) oder kraftschlüssig (z. B. über Keilriemen);
- das **Übertragungsmittel:** Zugmittel (Keilriemengetriebe), Wälzkörper (Wälzgetriebe) oder direkt (Zahnradgetriebe);
- die **Art der Abtriebsbewegung:** gleichförmig, ungleichförmig oder unterbrochen.

Keilriemengetriebe eignen sich besonders für die Verbindung Motor – Hauptgetriebe, weil durch den Keilriemen Schwingungen des Motors gedämpft und so nicht auf die übrigen Teile der Werkzeugmaschine übertragen werden. Außerdem ist eine räumliche Trennung von Motor und Antriebsspindel problemlos möglich.

Ein **Zahnriementrieb** ermöglicht zusätzlich eine schlupffreie Bewegungsübertragung, da er eine formschlüssige Verbindung zwischen der An- und Abtriebswelle herstellt.

Zahnrädergetriebe werden vorwiegend als Stufengetriebe für mehrere Drehzahlstufen verwendet. Bei konventionellen Maschinen mit Handbedienung sind Schieberadgetriebe (Bild 1), bei CNC-Maschinen Kupplungsgetriebe (Bild 2) üblich.

In den dafür notwendigen Fällen werden stufenlose Getriebe, wie z. B. ein Umschlingungsgetriebe (Bild 3), eingebaut. Die Umschlingungsgetriebe haben eine Lamellenkette als Übertragungsmittel.

Spindeln sind wichtige Bauteile eines Getriebes und sollen hier wegen der zunehmenden Bedeutung von **Kugelgewindespindeln** im modernen Werkzeugmaschinenbau erwähnt werden. Zur Verbreitung gerade dieses Spindeltyps haben die steigenden Anforderungen an Maß-, Form- und Lagegenauigkeit in der heutigen Fertigung geführt. Alle Bauteile, die Arbeitsbewegungen der Werkzeugmaschine übertragen und/oder umwandeln, wie z. B. Getriebe und Spindeln, müssen deshalb möglichst spielfrei miteinander verbunden sein, da die Positionen von Werkzeug und Werkstück die Genauigkeit des gefertigten Werkstücks beeinflussen. Diesen Forderungen entsprechen in hohem Maße spielfreie Kugelgewindespindeln (Bild 4).

Die **Spindel** hat die Funktion, die Drehbewegung von Motor und Getriebe in eine Längsbewegung (z. B. des Maschinentischs) umzuwandeln.

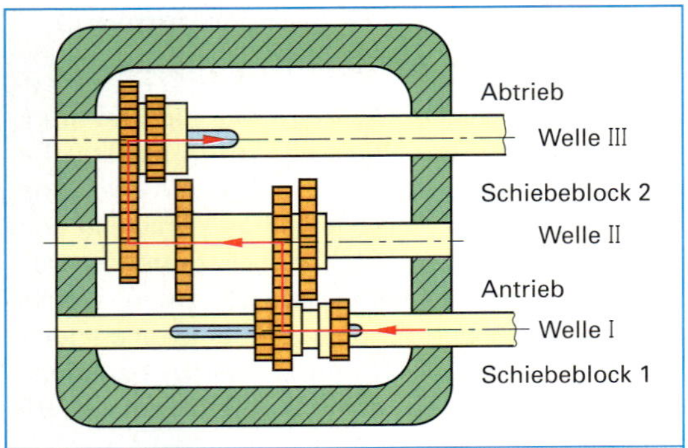

1 Schieberadgetriebe

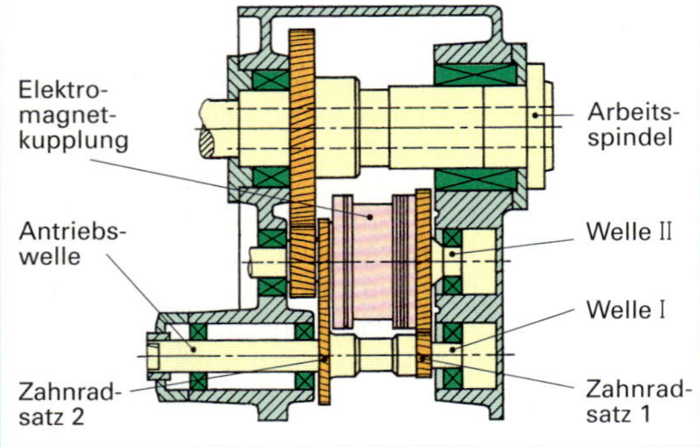

2 Kupplungsgetriebe

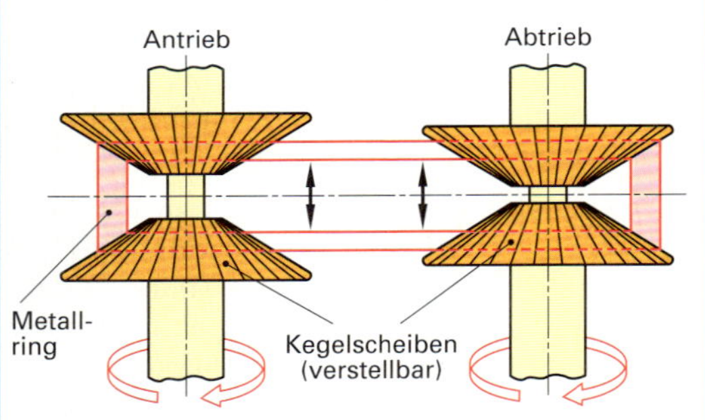

3 Umschlingungsgetriebe

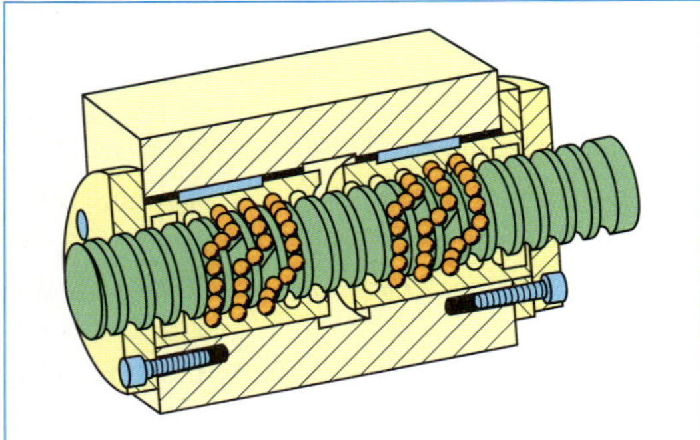

4 Kugelgewindespindel

4.3.4 Tragende und stützende Bauteile

Tragende und stützende Bauteile an Werkzeugmaschinen nehmen alle auftretenden Kräfte auf und leiten sie in das Fundament ab.

Zu den auftretenden Kräften gehören die Gewichtskräfte aller Bauteile und der Werkstücke sowie die beim Zerspanungsprozess auftretenden Schnittkräfte und die Schwingungen der bewegten Bauteile.

An der eingangs dieses Kapitels beschriebenen Bohrmaschine sind solche tragenden Bauteile: die Grundplatte, die Führungssäule, der Maschinentisch und der Bohrkopf (Bild 1). Die genannten Bauteile müssen eine hohe Steifigkeit der Bohrmaschine gewährleisten und Vibrationen, die in Folge der verschiedenen Bewegungen auftreten, weitestgehend dämpfen. Diese Anforderungen werden durch entsprechende Konstruktionen erfüllt, aber auch durch die Auswahl geeigneter Werkstoffe.

Ein Beispiel hierfür ist der abgebildete Bohrkopf. Er ist aus Grauguss gefertigt um die Schwingungen weitestgehend zu dämpfen. Außerdem ist die Führung der Bohrpinole sehr lang ausgeführt, um deren Schrägstellen beim Bohren zu vermeiden (konstruktive Optimierung).

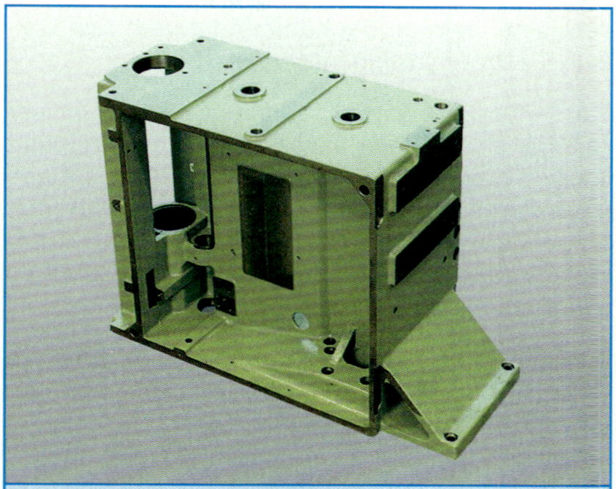

1 Bohrkopf als tragendes Bauteil

An anderen Werkzeugmaschinen können über die für die Bohrmaschine typischen Bauteile hinaus noch weitere tragende und stützende Bauteile auftreten. An einer Drehmaschine beispielsweise ein Maschinenbett, an einer Fräsmaschine ein Ständer. Werkzeugmaschinen für sehr breite Werkstücke haben oft zwei Ständer (ein Portal) um das Werkzeug genau führen zu können.

Führungen – Lager

Führungen und Lager sind Bindeglieder zwischen festen und beweglichen Bauteilen.

Sie erfüllen zwei Funktionen:

- Aufnahme der Gewichtskraft (tragende Funktion)
- Führung in einer vorgegebenen Bahn

Bei geradlinigen Bewegungen werden **Rundführungen, Flachführungen, Prismenführungen, Schwalbenschwanzführungen** und zunehmend auch **Wälzführungen** verwendet. Bei Drehbewegungen werden die bewegten Teile durch **Gleit-** oder **Wälzlager** geführt und getragen.

Rundführungen sind einfach herstellbar. Sie werden zur Führung von Wellen oder Naben bei Längsbewegungen verwendet, wie z. B. bei dem nebenstehend skizzierten Bohrmaschinentisch. (Die Zahnstange an der Rückseite der Säule dient lediglich der Tischhöhenverstellung. Sie hat mit der Führung des Tisches nichts zu tun.)

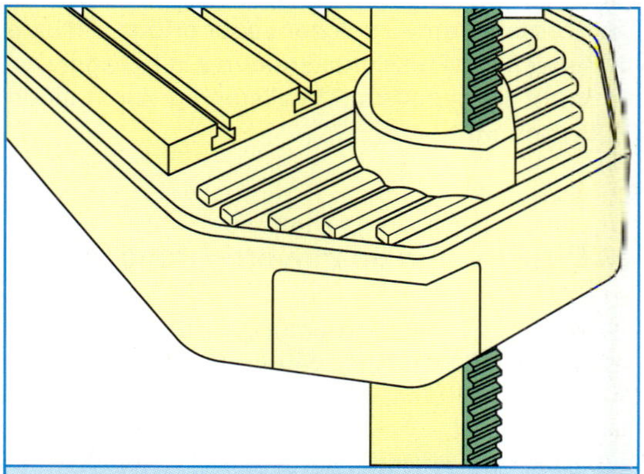

2 Rundführung am Bohrmaschinentisch

Flachführungen sind ebenfalls einfach aufgebaut (Bild 3). Über eine Nachstellleiste wird ein Nachstellen der Führung bei Abnutzung ermöglicht, eine Schließleiste verhindert das Abheben, z. B. des Schlittens.

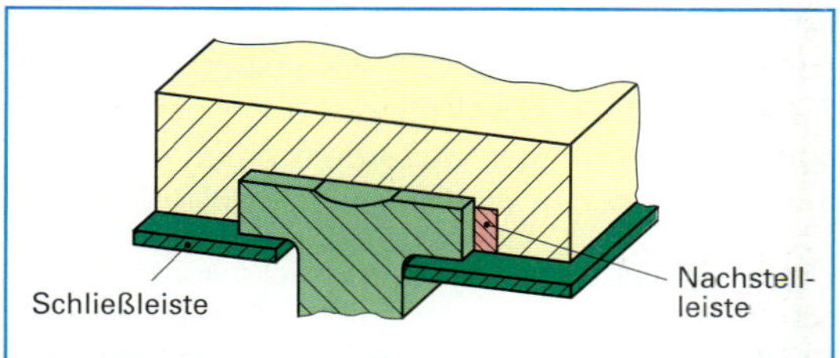

3 Flachführung

Prismenführungen (Bild 1) stellen sich bei Abnutzung durch die Anordnung der Führungsflächen selbsttätig nach. Besonders häufig findet man bei Werkzeugmaschinen eine Kombination aus Flachführung und Prismenführung.

Die **Schwalbenschwanzführung** braucht nicht gegen Abheben gesichert zu werden. Sie hat außerdem eine niedrige Bauhöhe und eignet sich deshalb für Drehmaschinenschlitten (Bild 2).

Bei CNC-Maschinen stört in den Führungen der Übergang von der Haftreibung zur Gleitreibung wegen der dadurch verursachten ruckartigen Bewegungen bei niedrigen Geschwindigkeiten (Stick-Slip-Effekt). Deshalb verwendet man dort **Wälzführungen** (Bild 3). Hierbei laufen zwischen gehärteten Führungsbahnen Nadeln oder Rollen.

Wälzlager sind wegen der geringen Tragfläche der Wälzkörper weniger belastbar. Sie werden aber bei CNC-Maschinen wegen der geringen Reibung bevorzugt. Je nach Form der Wälzkörper unterscheidet man Kugel-, Kegelrollen-, Tonnen-, Zylinderrollen- und Nadellager.

Gleitlager sind besonders geeignet um **hohe Belastungen** aufzunehmen. Sie benötigen dazu allerdings eine Ölversorgung. Beim Anlaufen eines Lagers tritt zunächst **trockene Reibung** (ohne Ölfilm) auf, dann **Mischreibung** (der Lagerzapfen und die Lagerschale berühren sich noch teilweise). Beide führen zu starkem Verschleiß des Lagers. Der normale Betrieb solcher Lager erfolgt deshalb im Bereich der **Flüssigkeitsreibung**, d.h. Lagerzapfen und Lagerschale sind vollständig durch einen Ölfilm getrennt.

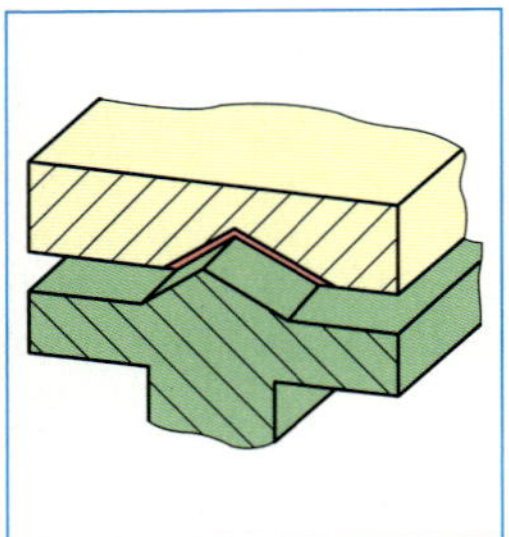

1 Prismenführung

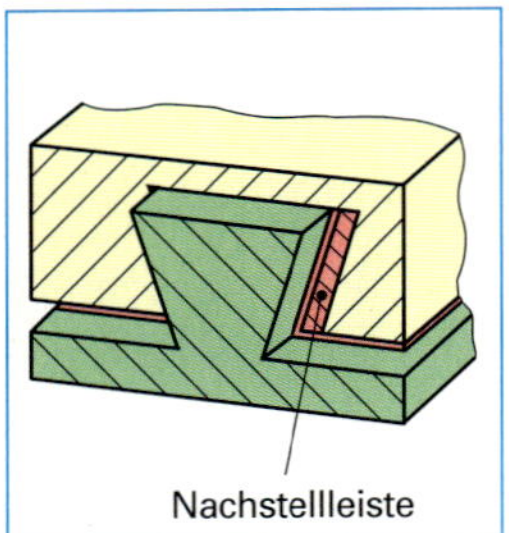

2 Schwalbenschwanzführung

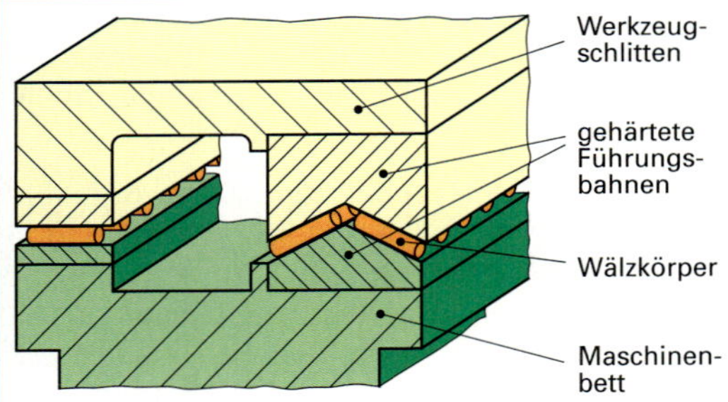

3 Wälzführung

4.3.5 Halte- und Spannvorrichtungen

Halte- und Spannvorrichtungen dienen dazu, das Werkstück in einer definierten Lage zu halten und die bearbeitungsspezifischen Bewegungen auf das Werkzeug zu übertragen.

Die Bohrwerkzeuge können an Bohrmaschinen, beispielsweise mit einem **Schnellwechsel-Bohrfutter** oder mit Einsätzen und **Einsatzhülsen**, gespannt werden (Bild 4). Diese Spannzeuge übertragen die Dreh- und Hubbewegung der Arbeitsspindel. Sie erlauben außerdem einen einfachen und somit raschen Werkzeugwechsel.

Für die Befestigung des Werkstücks auf dem Maschinentisch kommen je nach Werkstückgröße Spanneisen, flexible Spannsysteme oder auch ein **Maschinenschraubstock** (Bild 5) in Betracht.

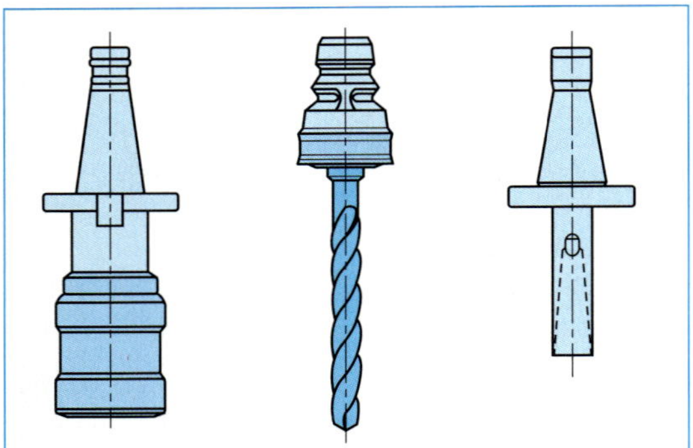

4 Spannmittel für Bohrwerkzeuge

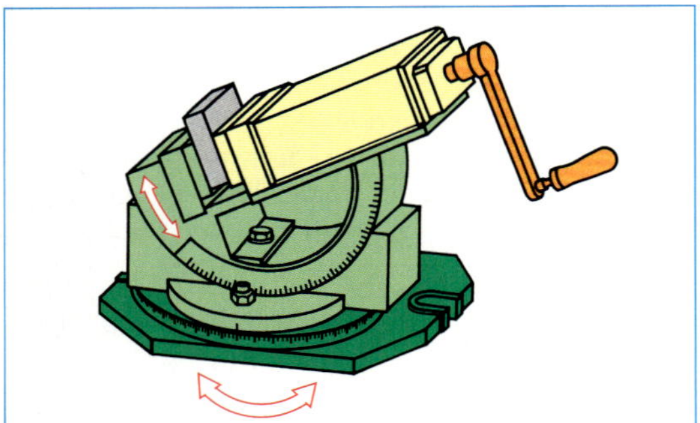

5 Dreh- und schwenkbarer Maschinenschraubstock

Flexible Spannsysteme mit einer Grundplatte sowie Spann- und Stützelemente halten kompliziert gestaltete Werkstücke fest (Bild 1).

Allgemein lässt sich für die Arbeit mit Halte- und Spannvorrichtungen formulieren:

- Die Form der Spannvorrichtung richtet sich nach der Form des Werkstücks,
- die jeweilige Spannkraft ist abhängig von der einwirkenden Kraft.

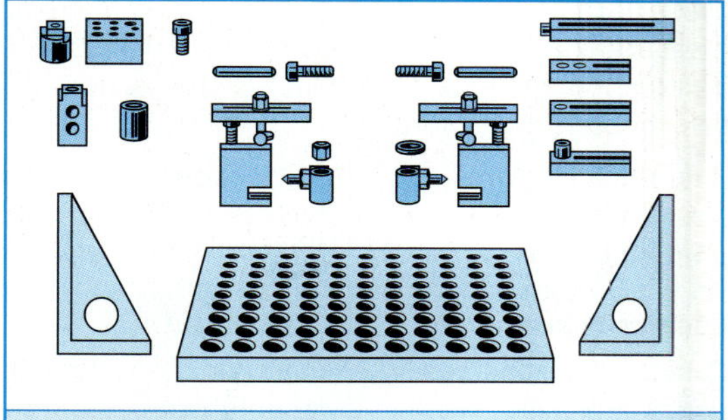

1 Flexibles Spannsystem

Für andere spanende Fertigungsverfahren sind auch andere Halte- und Spannvorrichtungen typisch. Für das Drehen beispielsweise das **Drei-** und das **Vierbackenfutter**. Mit dem Dreibackenfutter (Bild 2) lassen sich kurze zylindrische Werkstücke sowie regelmäßige Drei- und Sechskantstücke spannen; mit dem Vierbackenfutter (Bild 3) ebenfalls runde, darüber hinaus vier- und achteckige Werkstücke.

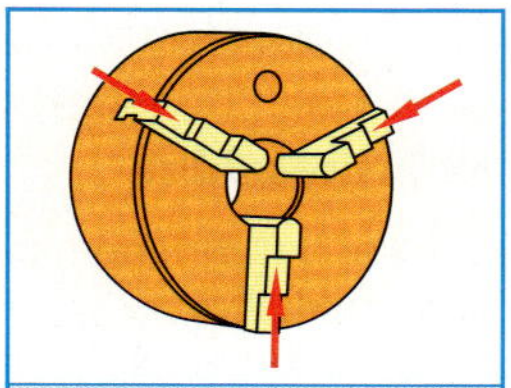

2 Dreibackenfutter

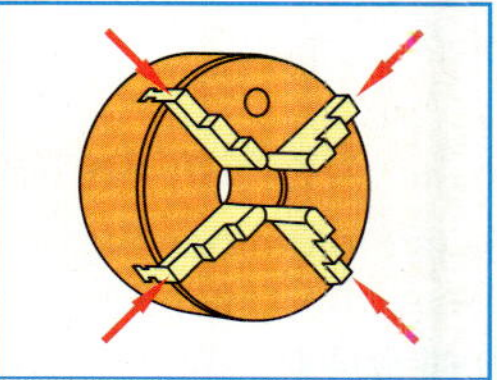

3 Vierbackenfutter

Bei Maschinen, an denen sehr hohe Bearbeitungskräfte wirken, z.B. bei großen Maschinen der spanenden Bearbeitung oder auch der spanlosen Bearbeitung (z.B. Biegen und Schmieden) reichen mechanische Halte- und Spannvorrichtungen oft nicht aus, um die Werkstücke sicher zu halten. Deshalb kommen hier Halte- und Spannvorrichtungen zum Einsatz, welche magnetische, hydraulische und/oder pneumatische Kräfte nutzen.

4.3.6 Informationsumsetzende Bauteile

Um ein fertiges Werkstück entsprechend den konstruktiven Vorgaben zu erhalten, müssen schon bei dem relativ einfachen Fertigungsverfahren Bohren vielerlei Informationen verarbeitet werden; zum Beispiel: Informationen über die an der Bearbeitung beteiligten Werkstoffe, den Werkzeugdurchmesser, den Verfahrweg der Bohrpinole, usw.

Während bei der konventionellen Fertigung der Mensch (Facharbeiter) diese Informationen aufnahm, verarbeitete und die Maschine entsprechend steuerte, werden neuere Maschinen dazu teilweise selbst in die Lage versetzt. Sie benötigen dazu informationsumsetzende Bauteile, in der Regel einen Computer.

Informationsumsetzende Bauteile erlauben es, sowohl die Kontur des Werkstücks (geometrische Daten) als auch die Bearbeitungsbedingungen (technologische Daten) in Bewegungen von Werkzeug und Werkstück umzuwandeln.

Der Bearbeitungsprozess erfolgt also nach Aufnahme der Ausgangsdaten automatisch.

An der Bohrmaschine ist ein solches informationsumsetzendes Bauteil ein Minicomputer (Bild 4).

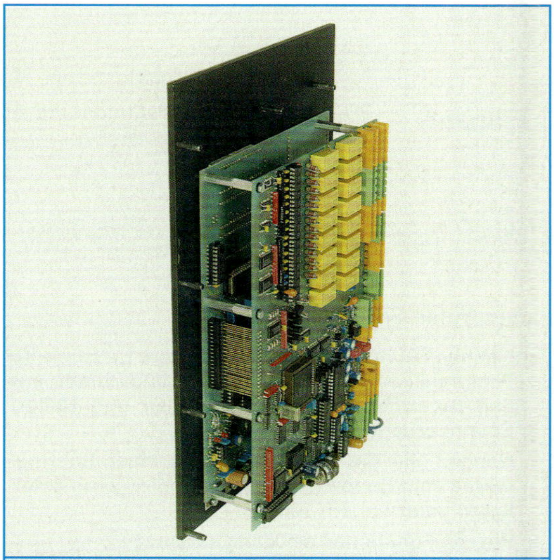

4 Minicomputer einer Bohrmaschine

Dieser ermittelt nach Eingabe der Materialart, des Bearbeitungsprozesses und des Werkzeugdurchmessers (Ausgangsdaten) den erforderlichen Vorschub und die optimale Drehzahl. Er ist außerdem Bestandteil einer Regeleinheit, welche während des Bearbeitungsprozesses für die Einhaltung dieser errechneten Werte sorgt.

Zusätzlich ist es hiermit möglich, Informationen nicht nur sofort umzusetzen, sondern auch zeitlich versetzt, indem der Computer als Speicher genutzt wird. Verschiedene Bohrvorgänge lassen sich so zeitlich unabhängig wiederholen.

Zusatzeinrichtungen

Zusätzlich zu den beschriebenen Funktionseinheiten kommen an der Bohrmaschine weitere Einrichtungen zum Einsatz, die den Zerspanungsprozess grundsätzlich verbessern oder aber der Arbeitssicherheit dienen. Beispiele hierfür sind: die Bohrtiefeneinstellung, der Spritzschutz, die Beleuchtung der Wirkzone, der Not-Aus-Schalter und die Kühlmitteleinrichtung. Diese Zusatzeinrichtungen sind nicht an jeder Werkzeugmaschine in dieser Form zu finden, sondern sie sind dem jeweiligen Bearbeitungsprozess angepasst.

4.3.7 Systemübersicht Bohrmaschine

In der folgenden Skizze wurden die beschriebenen Funktionseinheiten zu einer Übersicht zusammengefasst. Um eine leichte Überschaubarkeit zu gewährleisten, wurde auf die Darstellung der Zusatzeinrichtungen verzichtet. Außerdem ist von einem automatisierten Bohrprozess ausgegangen worden und der Mensch als Überträger von Energie (an die Halte- und Spannvorrichtungen) ist vernachlässigt worden.

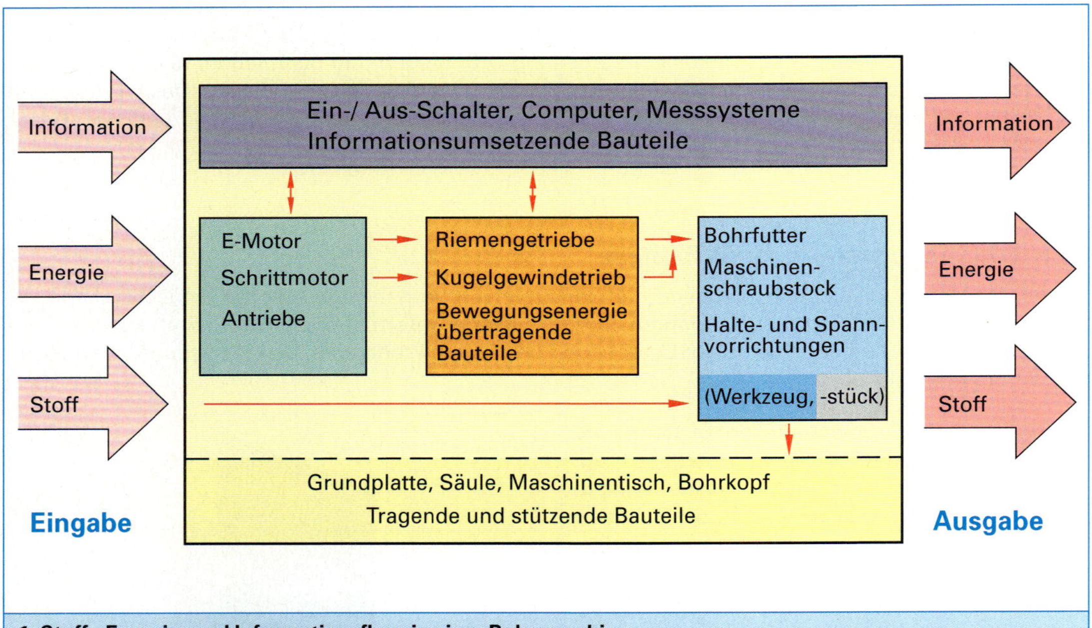

1 Stoff-, Energie- und Informationsfluss in einer Bohrmaschine

Überprüfen Sie Ihre Kenntnisse

1. **Nennen Sie mindestens zwei weitere Beispiele für Funktionseinheiten von Werkzeugmaschinen aus den Bereichen Zusatzeinrichtungen und Halte-/ Spannvorrichtungen.**
2. **Nennen Sie die am Energiefluss einer Bohrmaschine vom Hauptantrieb bis zum Werkzeug beteiligten Baugruppen/-teile.**
3. **Welche Funktionen erfüllen Getriebe?**
4. **Welche Vorteile bieten Riemengetriebe?**
5. **Welche Anforderungen werden an tragende und stützende Bauteile gestellt und welche Maßnahmen werden hierzu getroffen?**
6. **Nennen Sie drei Führungsarten und ihre jeweiligen Vorteile.**
7. **Welche Regeln gelten für das Arbeiten mit Halte- und Spannvorrichtungen?**
8. **Welche Vorteile bietet der Einsatz eines Computers an einer Bohrmaschine?**

5 Trennen

Bei allen Werkstücken, die durch Fertigungsverfahren der dritten Hauptgruppe, das Trennen, hergestellt werden, ist die Form des Fertigteils im Rohteil enthalten. Das heißt, dass bei diesen Verfahren überflüssige Teile abgetrennt werden, bis die gewünschte Endform entstanden ist. Je nach der Art und Weise, wie das Material abgetrennt wird, unterscheidet man die folgenden Gruppen von **Trennverfahren**:

Trennen						
Zerteilen	Spanen		Abtragen	Zerlegen	Reinigen	Evakuieren
– Schneiden – Lochen – Brechen – Reißen	– Meißeln – Sägen – Bohren – Hobeln – Räumen – Honen	– Feilen – Schaben – Drehen – Stoßen – Schleifen – Läppen	– Erodieren – Elysieren – Brennschneiden – Elektronenstrahl-abtragen	– Auseinander-schrauben	– Bürsten – Strahlen – Waschen	– Auspumpen – Entleeren

5.1 Grundlagen der mechanischen Trennverfahren

Beim **Zerteilen** entsteht ein Werkstoffrest in vorher festgelegter Form. Dagegen ist beim **Spanen** die Form des Werkstoffrestes, des Spans, nicht festgelegt. Der unnötige Werkstoff wird mechanisch abgetrennt. Verfahren, bei denen auf nicht mechanischem Weg Werkstoff entfernt wird, gehören in die Gruppe des **Abtragens**.

Sowohl beim Zerteilen als auch beim Spanen wird ein **Werkzeug** benötigt, dessen Schneide oder **Schneiden** den Werkstoff abtrennen und damit den ursprünglichen Zusammenhalt der Moleküle des Werkstoffs zerstören. Bei aller Vielfalt der Gestalt und Funktion haben diese Werkzeuge eine geometrische Eigenschaft gemeinsam:

Die Grundform jedes mechanischen Trennwerkzeuges ist der Keil.

Schon das erste künstliche Werkzeug, das zu Beginn der menschlichen Kulturgeschichte benutzt wurde, hatte diese Keilform (Bild 1). Nach dem Prinzip der Schiefen Ebene (s. S. 117) wird dadurch die Kraft der Hand oder der Maschine umgelenkt und vergrößert, wie auf der folgenden Seite dargestellt wird. Außerdem müssen zwei weitere Bedingungen erfüllt werden, bevor die keilförmige Schneide in den Werkstoff eindringt:

- Die Werkzeugschneide muss härter sein als der Werkstoff des Werkstücks.
- Die über das Werkzeug wirkende Trennkraft muss größer sein als die Zusammenhaltskraft der Moleküle des Werkstoffs.

Diese Regeln begreift jeder, der versucht hat, mit einem Messer Holz oder Stein zu schneiden.

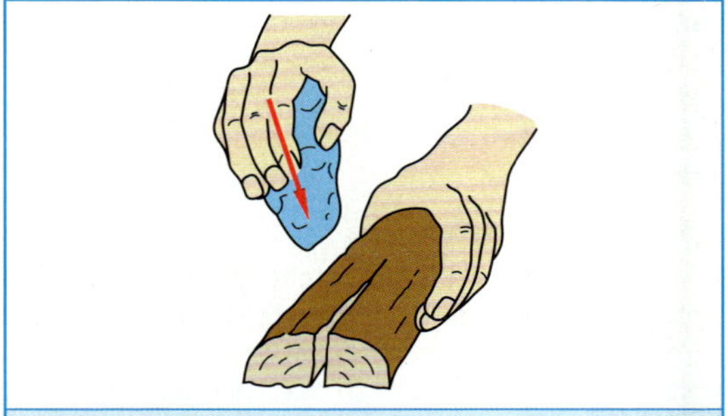

1 Zerteilen mit dem Faustkeil

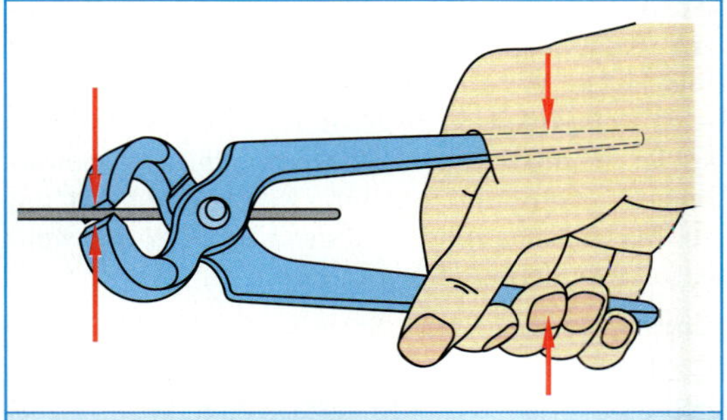

2 Zerteilen mit einer Kneifzange

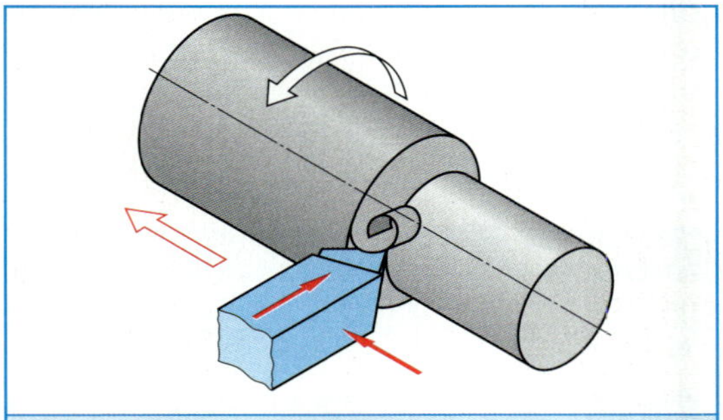

3 Spanen mit dem Drehmeißel

5.2 Zerteilen

Bei dem Verfahren des Zerteilens entsteht das Fertigteil durch spanloses Trennen aus dem Rohteil:

- mit einer Schneide
  → **einschneidiges Keilschneiden**
- mit zwei gegeneinanderlaufenden Schneiden
  → **zweischneidiges Keilschneiden**
- mit zwei aneinandervorbeilaufenden Schneiden
  → **Scherschneiden**

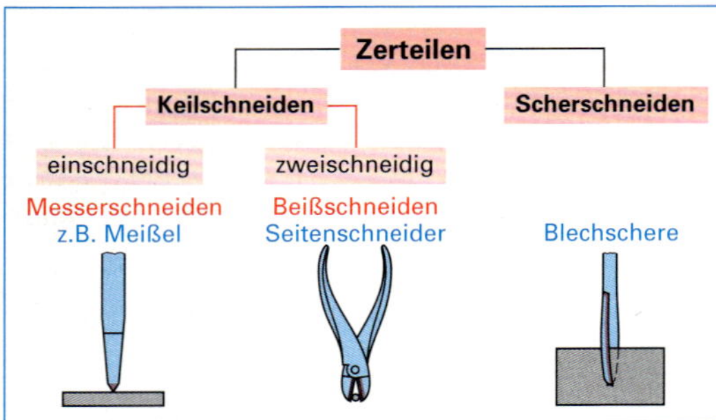

1 Zerteilverfahren

5.2.1 Keilschneiden

Der Keil dringt in den Werkstoff ein und schiebt die Werkstoffteilchen auseinander. Zuerst erhält das Werkstück eine Einkerbung und verformt sich durch Wulstbildung. Dringt der Keil weiter ein, bildet sich ein Riss, der immer vor dem Keil weiterwandert bis zum Durchbrechen des Werkstückes (Bild 2).

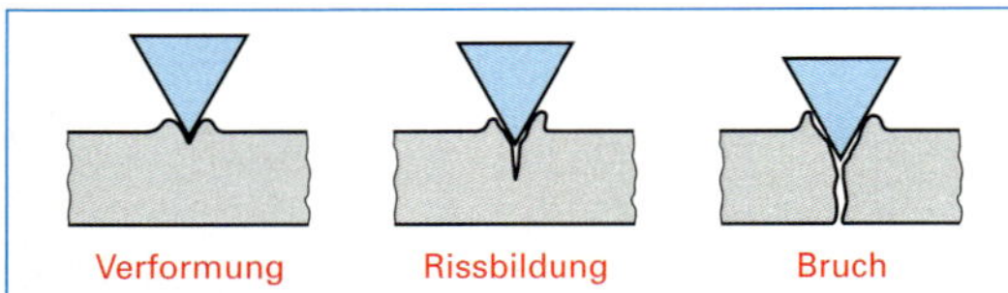

2 Trennvorgang

Kräfte am Schneidkeil

Wird der Schneidkeil senkrecht in das Werkstück gedrückt wie beim Trennen mit dem Meißel, so wird die senkrecht aufgebrachte Kraft *F* in zwei Komponenten senkrecht zu den Keilflächen aufgeteilt. Diese beiden Kräfte F_T schieben die Werkstoffteilchen auseinander.

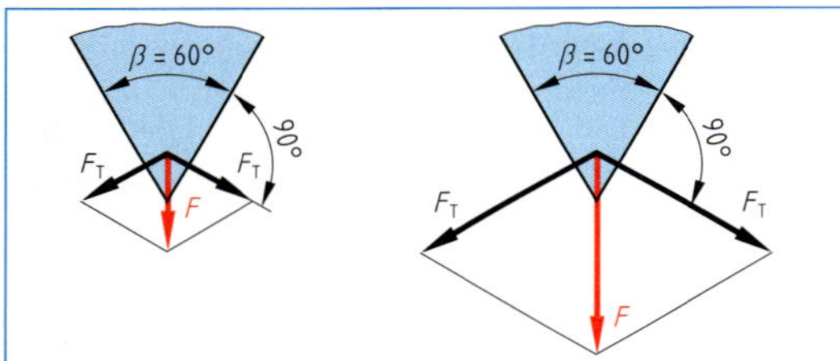

3 Zusammenhang Schlagkraft – Trennkraft

Mit zunehmender Schlagkraft werden bei konstantem Keilwinkel auch die Trennkräfte größer (Bild 3). Der Winkel, den die Keilspitze einschließt, heißt **Keilwinkel** β (Beta). Bei kleinem Keilwinkel ist die Trennkraft groß, bei gleichgroßer aufgebrachter Kraft und großem Keilwinkel wird die Trennkraft klein (Bild 4). Deshalb sollte der Keilwinkel möglichst klein sein.

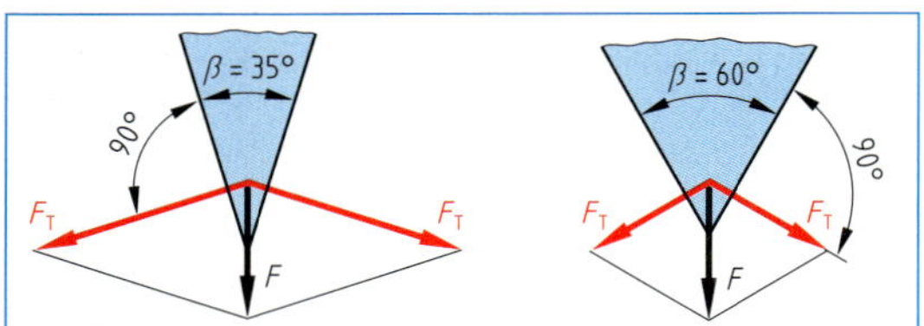

4 Zusammenhang Keilwinkel – Trennkraft

Umgekehrt aber ist **die Standfestigkeit des Werkzeuges umso größer, je größer der Keilwinkel ist**. Deshalb werden weiche Werkstoffe wie Kupfer und Aluminium mit einem kleinen Keilwinkel bearbeitet, dabei ist die Trennkraft groß; harte Werkstoffe wie Stahl werden mit einem großen Keilwinkel bearbeitet, die Trennkraft ist bei gleichbleibender Zerspankraft kleiner (Bild 5).

- Harter Werkstoff → großer Keilwinkel
- Weicher Werkstoff → kleiner Keilwinkel

Übliche Werte für Keilwinkel:	
weiche Werkstoffe wie Aluminium	β = 35°...40°
mittelweiche Werkstoffe wie Kupfer	β = 50°...60°
mittelharte Werkst. wie weicher Stahl	β = 65°...70°
harte Werkstoffe wie hochfester Stahl	β = 75°...85°

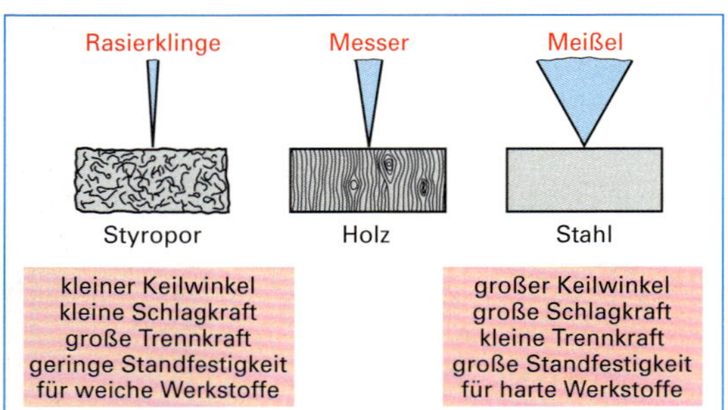

5 Zusammenhang Keilwinkel – Werkstoffhärte

Keilschneidwerkzeuge

Einschneidige Keilschneidwerkzeuge zerteilen den Werkstoff von einer Seite aus. Das Werkstück muss auf einer festen Unterlage liegen. Zu den einschneidigen Keilschneidwerkzeugen gehören der **Flachmeißel**, der **Aushaumeißel**, das **Schneideisen** (Locheisen) und das **Rundmesser**, das zum Rohrschneiden und Glasschneiden verwendet wird (Bild 1).

Weiche Werkstoffe, wie Leder oder Gummi, werden maschinell mit **Messerschneidwerkzeugen** zerteilt. Das Formwerkzeug wird in einer Presse durch das Werkstück hindurch gegen eine Unterlage gedrückt. Messerschneidwerkzeuge sind von allen Seiten zugänglich. Die Gefahr von Verletzungen durch das niedergehende Messer ist sehr groß. Aus Sicherheitsgründen darf der Pressenhub nur maximal 8 mm betragen.

Zweischneidige Keilschneidwerkzeuge sind die **Kneifzange**, der **Seitenschneider** und der **Hebelvornschneider**. Der Werkstoff wird dabei mit zwei gegeneinander arbeitenden Keilschneiden zerteilt.

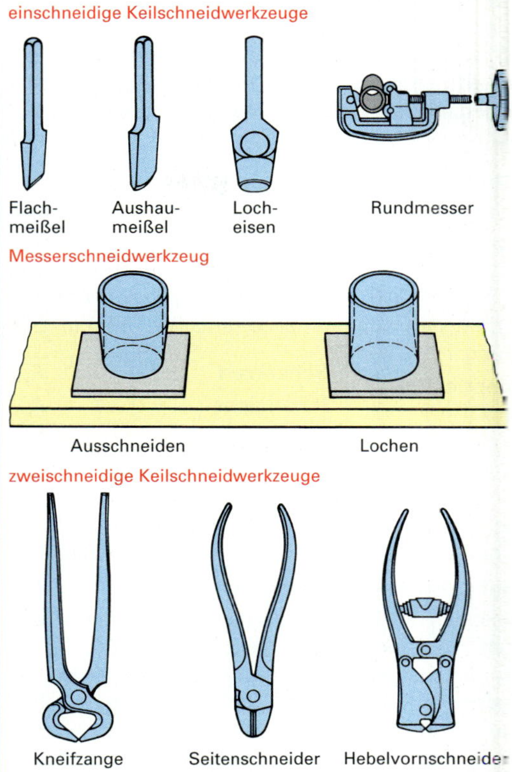

1 Keilschneidwerkzeuge

5.2.2 Scherschneiden

Während sich beim Keilschneiden die Schneiden aufeinander zu bewegen, gleiten die Schneiden beim Scherschneiden aneinander vorbei. Daraus ergibt sich auch die unsymmetrische Form des Schneidkeils.

Ist der Verlauf der Schnittlinie offen, wie bei einem gradlinigen Schnitt, spricht man von **Offen-Schneiden**, die Werkzeuge sind **Scheren**. Werkstücke mit geschlossener Schnittlinie (z. B. Kreis, Dreieck oder Rechteck) werden durch **Geschlossen-Schneiden** mit Hilfe von Schneidplatten und Schneidstempeln hergestellt (Bild 2).

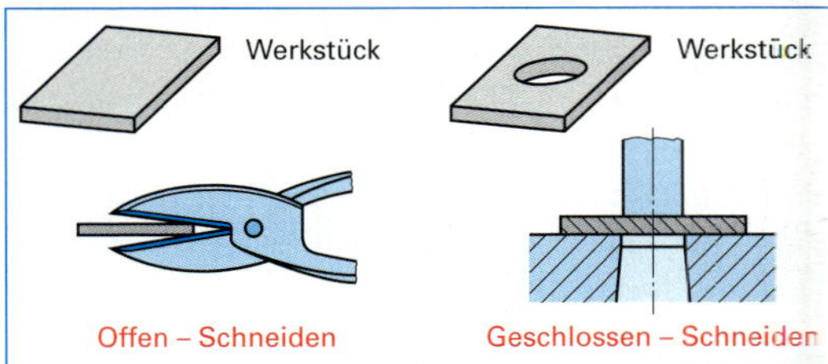

2 Scherschneiden

Schneidvorgang

Zwei Schneiden bewegen sich dicht aneinander vorbei. Die Schnittkräfte verlaufen nicht auf einer Linie (Bild 3). Die Folge: das Werkstück wird zwischen den Schneiden gedreht. Um ein Kippen zu verhindern, muss ein Niederhalter das Werkstück auf dem feststehenden Messer festhalten. Bei Handscheren geschieht dies ebenfalls mit der Hand.

Da eine rechtwinklige Schneide nur mit großem Kraftaufwand in das Werkstück eindringt, hat das Schneidwerkzeug einen Freiwinkel von etwa 2° bis 3° und einen Winkel zwischen Schneide und Werkstück von 2°...15°. Dadurch dringt das Werkzeug zunächst wie ein Keil in das Werkstück ein und verdrängt in einer ersten Verformungsphase den Werkstoff (Bild 1 der folgenden Seite). Bei weiterer Belastung beginnt der eigentliche Schneidvorgang, der Werkstoff fließt.

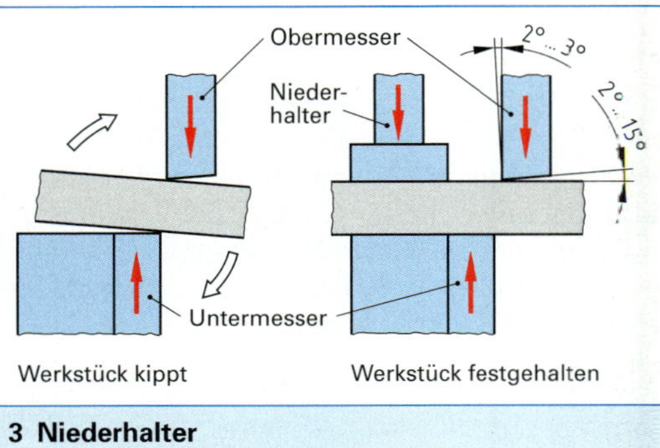

3 Niederhalter

Während des Schneidens werden die Werkstoffteile auseinandergedrückt (Bild 1). Durch die Schwächung des Querschnittes kommt es dann in der dritten Phase zum Bruch. An der Schnittkante sind diese drei Phasen des Schneidens deutlich erkennbar (Bild 2).

Schneidkraft

Beim Schneidvorgang muss die **Scherfestigkeit τ_B** des Werkstoffes überwunden werden. Die Scherfestigkeit τ_B ist immer niedriger als die Zugfestigkeit R_m ($\tau_B \approx 0{,}8\ R_m$). Die Kraft, die für den Abschervorgang erforderlich ist, ergibt sich aus der Gleichung:

$$\textbf{Scherfestigkeit} = \frac{\textbf{Scherkraft}}{\textbf{Scherfläche}} \qquad \boldsymbol{\tau_B = \frac{F_s}{A_s}}$$

und Scherkraft = Scherfestigkeit · Scherfläche

$$F_s = \tau_B \cdot A_s$$

Die Scherfläche erhält man aus dem Produkt der Schnittlänge l und der Werkstückdicke s (Bild 3).

Schneidspalt – Schneidspiel

Zwischen den beiden Schneiden muss ein **Schneidspalt** vorhanden sein (Bild 4). Die Größe des Schneidspaltes ist abhängig von den **Werkstoffeigenschaften des Werkstückes**, der **Blechdicke *s*** und der **Standzeit des Werkzeuges**. Nur ein richtiger Schneidspalt ergibt eine saubere Schnittkante. Ist der Schneidspalt zu groß, wird das Werkstück zwischen die Schneiden gezogen. Es entstehen ein großer Grat und eine unsaubere, brüchige Schnittfläche.

Beim Geschlossen-Schneiden ist am Umfang des Werkstückes ein Schneidspalt notwendig. Die Differenz zwischen dem Durchmesser der Schneidplatte und dem Durchmesser des Schneidstempels nennt man **Schneidspiel**, es entspricht dem doppelten Schneidspalt. Das Schneidspiel beträgt 4 %...8 % der Blechdicke.

Scherschneidwerkzeuge

Zum **Offen-Schneiden** werden Handscheren – Hebelscheren – Maschinenscheren verwendet.

Beim **Geschlossen-Schneiden** sind **spezielle Schneidwerkzeuge** und Pressen erforderlich.

Handscheren

Bei den Handscheren wird wie beim Seitenschneider und der Kneifzange die Schneidkraft durch Hebelwirkung übertragen und verstärkt. Die **Schneidkraft F_s** ist umso größer je näher die Schneidstelle am Drehpunkt der beiden Scherenteile liegt (Bild 1 der folgenden Seite). Dies ergibt sich aus dem Hebelgesetz (Bild 1 der folgenden Seite):

Drehmoment = Kraft · Hebelweg $\quad M = F \cdot l$

$$\Sigma M_{links} = \Sigma M_{rechts} \longrightarrow F_S \cdot l_S = F_H \cdot l_H \quad \text{oder} \quad \boldsymbol{F_S = \frac{F_H \cdot l_H}{l_S}}$$

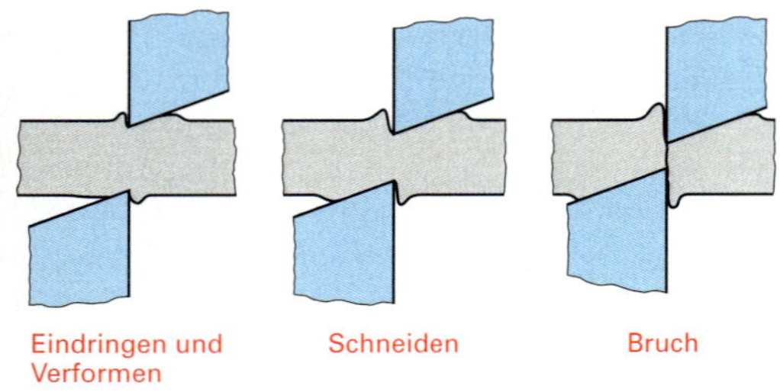

1 Schneidvorgang

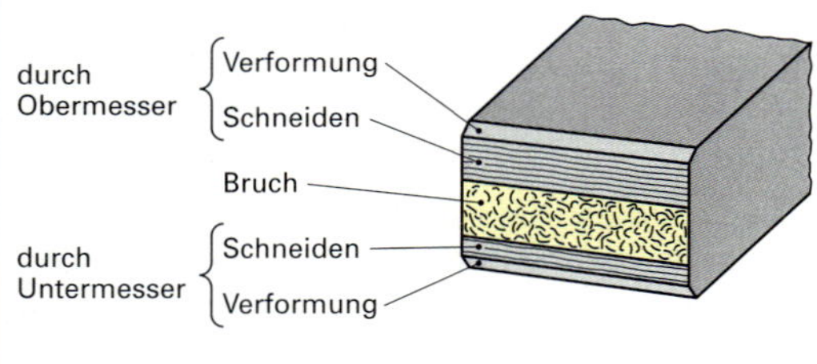

2 Schnittbild

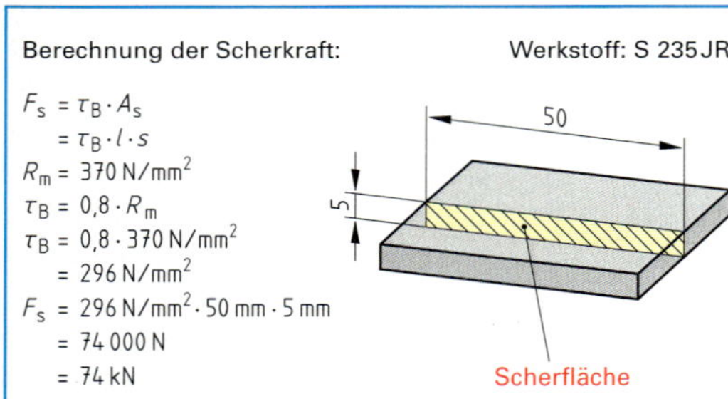

3 Scherfläche – Scherkraft

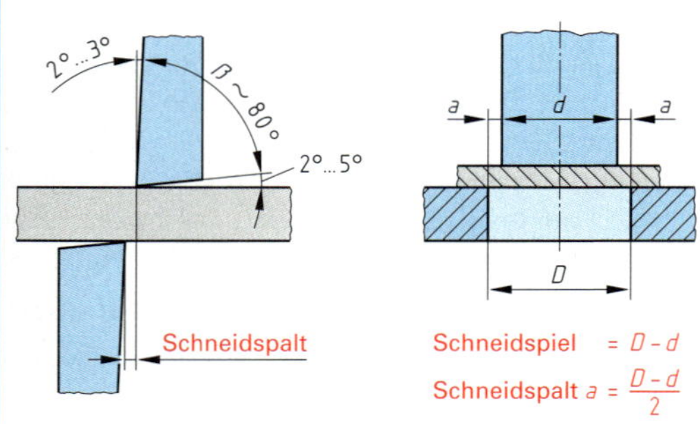

4 Schneidspalt – Schneidspiel

Es ist deshalb vorteilhaft, nur mit dem letzten Drittel der Schneide zu arbeiten. Wird der Öffnungswinkel allerdings zu groß, wird das Werkstück von den Schneiden weggeschoben. Günstig ist ein Öffnungswinkel von 10°...20° (Bild 1).

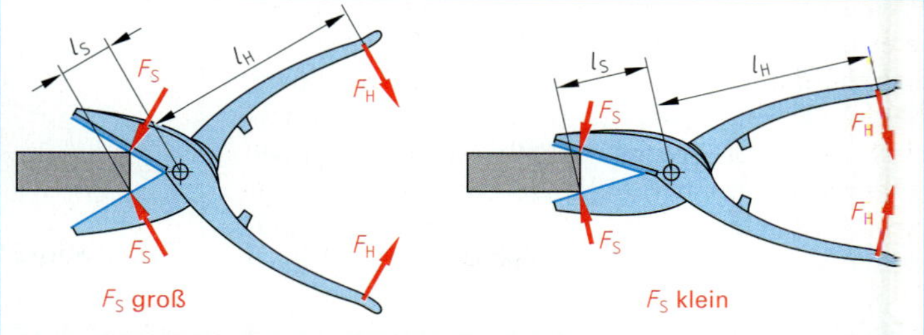

1 Stellung der Schneiden bei Handscheren

Handscheren, mit denen man in der Regel Bleche bis 1 mm Dicke schneidet, sollen **kein Schneidenspiel** haben, da sich sonst sehr leicht ein starker Grat bildet. Zu diesem Zweck sind die Schneiden in Längsrichtung gegeneinander gebogen (Bild 2). Am Drehpunkt werden sie unter einer Vorspannung fest zusammengedrückt. So gleiten die Schneiden immer spielfrei aneinander vorbei. Zu jedem Zeitpunkt ist immer nur ein Berührpunkt vorhanden.

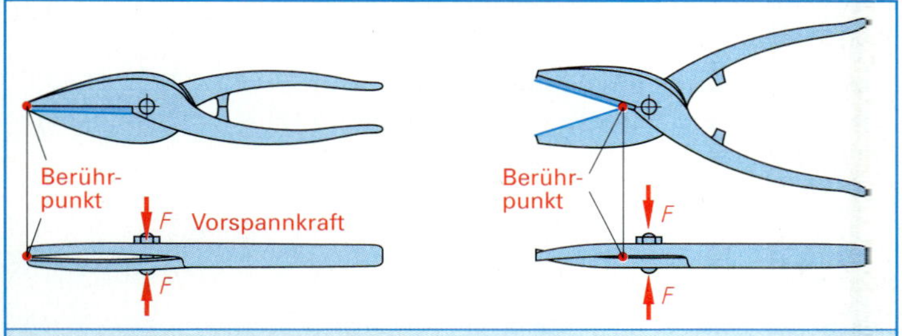

2 Schneidenform – Vorspannung

Die bekannteste Handschere ist die **Blechschere** (Bilder 1 und 2). Sie eignet sich besonders für kurze Schnitte. Bei der linken Blechschere liegt das zu fertigende Werkstück links, der Verschnitt rechts; bei der rechten Blechschere entsprechend umgekehrt. Bei langen Schnitten wird die **Durchlaufschere** verwendet. Ihr Drehpunkt liegt oberhalb des Werkstückes. So genügt ein kleiner Spalt zwischen den Werkstückteilen, um die Schere weiterzuführen. Runde Teile werden mit der **Lochschere** bearbeitet.

Mit der **Elektrohandschere** können mit kurzen Schnitten beliebige Formen ausgeschnitten werden. Das Untermesser ist über einen Bügel fest mit dem Gehäuse verbunden, das Obermesser bewegt sich ständig auf und ab.

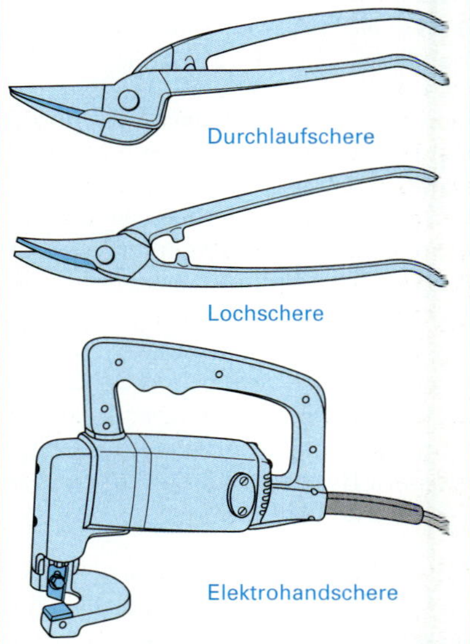

3 Besondere Handscheren

Maschinenscheren

Während die Schneiden der Handscheren sich berühren, benötigen Maschinenscheren zwischen den Schneiden ein Spiel, das von der Werkstückdicke abhängig ist. Dieses Spiel ist erforderlich, um Reibung und Verschleiß möglichst gering zu halten und ein Aufeinandertreffen der beiden Schneiden auszuschließen. Die Schneiden selbst sind nicht rechtwinklig, sondern sie haben zwischen Werkstück und Schneide einen kleinen Freiwinkel von 2°...3°, um die Reibung zu vermindern, und einen Keilwinkel von 75°...85°.

Bei den Maschinenscheren ist eine Schneide, meist das Untermesser, fest mit dem Maschinenaufbau verbunden und somit nicht beweglich (Bild 4).

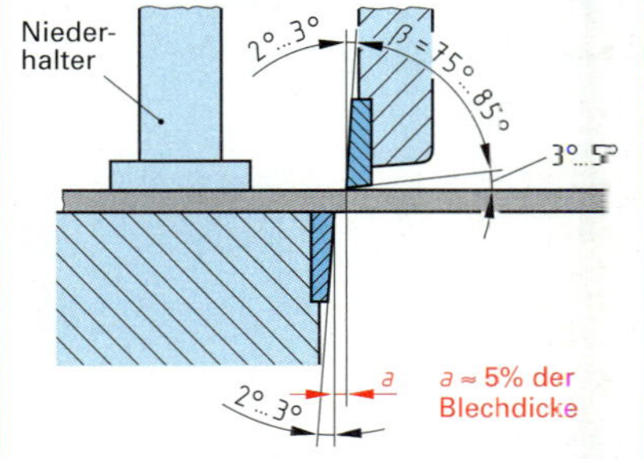

4 Schneidspiel bei Maschinenscheren

Bei den Hebelscheren dreht sich das Obermesser um einen festen Drehpunkt, dadurch verändert sich der Öffnungswinkel während des Schneidens (Bild 2). Einen konstanten Öffnungswinkel erreicht man bei einer bogenförmigen Schneide. Hebelscheren haben einen ziehenden Schnitt. Bei Scheren mit Parallelführung ist je nach Form des Obermessers auch ein **trennender Schnitt** möglich (Bild 3). Dabei trifft das Obermesser gleichzeitig über die gesamte Werkstückbreite auf und trennt das Werkstück schlagartig ab. Eine schräge, nicht senkrecht zur Führung verlaufende Schneide ergibt auch bei Parallelführungen einen **ziehenden Schnitt**.

Maschinenscheren mit Parallelführung haben zum Teil zusätzliche Schneiden (entsprechende Profilöffnungen im Obermesser) für Rund-, Rechteck- oder Profilmaterial (Bild 4).

Bauarten

Die **Schlagschere** (Hebeltafelschere) besitzt nur eine einfache Hebelübersetzung. Damit das Obermesser nicht herabfällt und auch von Hand angehoben werden kann, ist ein Gegengewicht notwendig.

Bei den übrigen **Hebelscheren** wird die Hebelwirkung des Messers durch eine weitere Übersetzung verstärkt. Dadurch können Bleche bis etwa 10 mm Dicke geschnitten werden. Die große Übersetzung kann durch einen zweiten Hebel erfolgen oder durch eine Zahnradübersetzung: der Handhebel ist mit einem Zahnsegment fest verbunden. Dieses Zahnsegment wälzt sich an einer Gegenverzahnung, die fest mit dem Gestell verbunden ist, ab. Die Hebelscheren werden auch mit Parallelführung hergestellt (Bild 4). Das Obermesser ist so mit dem Hebel verbunden, dass es in Führungen parallel nach unten läuft.

Für große Blechtafeln bis 4000 mm Schnittlänge und für Bleche mit Dicken bis etwa 30 mm werden **Maschinentafelscheren** mit elektromechanischem oder hydraulischem Antrieb verwendet.

Runde Blechteile werden mit der **Kreismesserschere** (Bild 1) hergestellt.

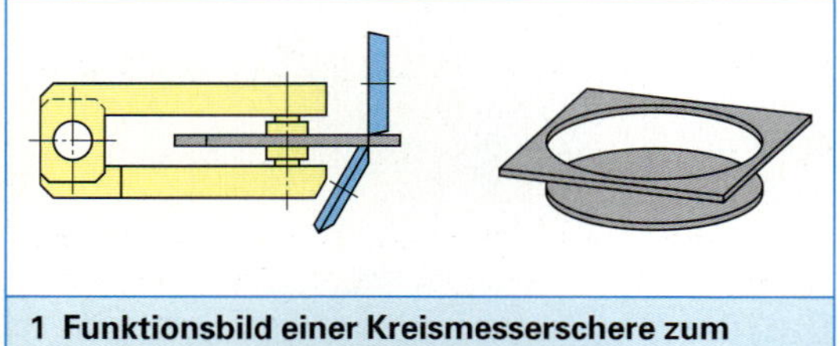

1 Funktionsbild einer Kreismesserschere zum Schneiden von Ronden und Ringen

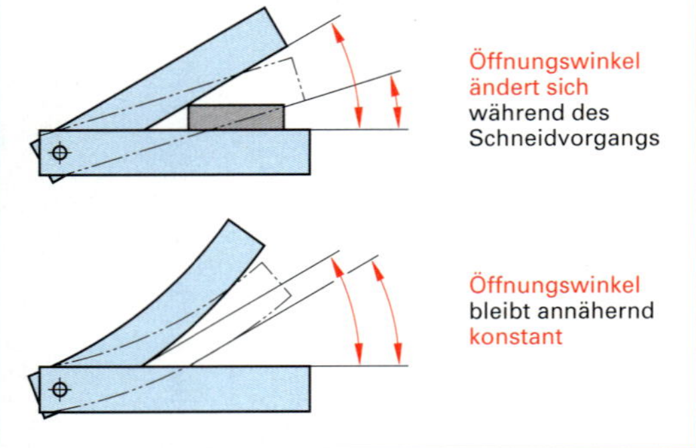

2 Schneidmesserformen bei Hebelscheren

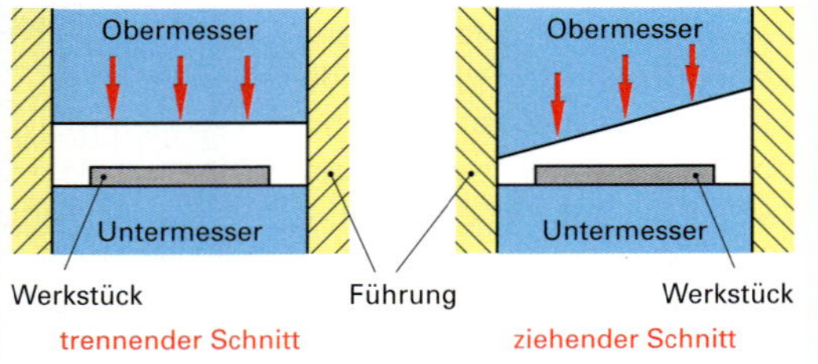

3 Parallelführungen

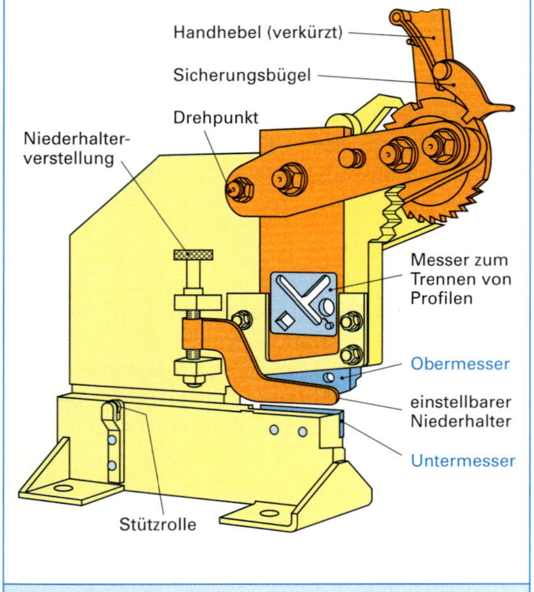

4 Hebelschere mit Parallelführung und Einrichtung zum Trennen von Profilstäben

Schneidwerkzeuge zum Geschlossen-Schneiden

Handwerkzeuge zum Geschlossen-Schneiden sind das **Schneideisen** (Locheisen) und der **Durchtreiber**. Das Schneideisen trennt das Werkstück durch Keilschneiden, der Durchtreiber schert das Werkstück ab.

Serienteile werden mit speziellen **Schneidwerkzeugen** auf Pressen hergestellt. Die Schneidwerkzeuge bestehen aus einem Oberteil mit Einspannzapfen, Stempelplatte und Stempel sowie einem Unterteil mit Schneidplatte und Grundplatte.

Soll aus einem Werkstück ein Teil entfernt werden, spricht man vom **Lochen**. Das ausgeschnittene Teil ist Verschnitt. Im umgekehrten Fall, wenn das Werkstück ausgeschnitten wird, spricht man von **Schneiden**.

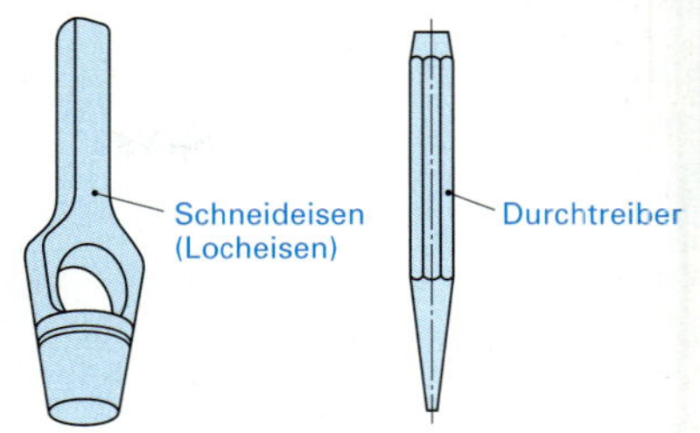

1 Handwerkzeuge zum Geschlossen-Schneiden

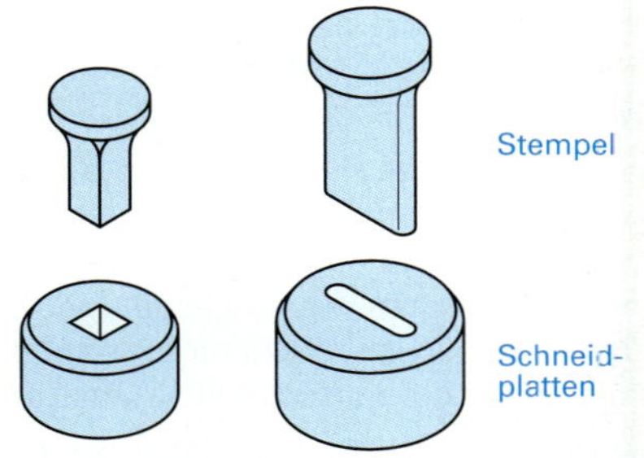

2 Schneidwerkzeug

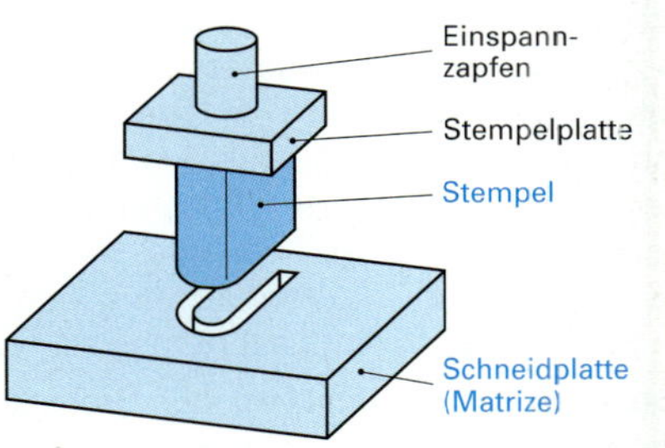

3 Lochwerkzeuge: Stempel und Matrizen

Unfallverhütung

- Beim Zerteilen von Blechen entstehen scharfe Kanten und Grate, deshalb nie ohne Handschuhe arbeiten und Werkstücke entgraten.
- Nur einwandfreie Meißel ohne Bart verwenden.
- Gehärtete Unterlagen haben Rückschlagwirkung, deshalb darf beim Keilschneiden mit einer Schneide nur auf relativ weichen Unterlagen gearbeitet werden.
- Zangen und Handscheren sind für die Handkraft konstruiert. Größere Kräfte zerstören das Werkzeug. Deshalb nie Zangen in den Schraubstock spannen oder den Hebelarm durch aufgesteckte Rohre vergrößern.
- Maschinen nicht durch zu dicke Werkstücke überlasten.
- Niemals mit der Hand oder den Fingern in die Nähe der Schneidmesser kommen.
- Bei Hebelscheren den Hebel gegen Herunterfallen sichern.
- Beim Scheren wird das Werkstück zwischen die Schneiden gezogen, deshalb Niederhalter verwenden und richtig einstellen.
- Bei langen Werkstücken geeignete Auflagen unterstellen, um ein Hochschnellen oder Herunterfallen des Werkstückes nach dem Schnitt zu verhindern.

Überprüfen Sie Ihre Kenntnisse

1 **Erklären Sie den Trennvorgang mit einer Keilschneide!**
2 **Welche Kräfte wirken beim Trennen am Schneidkeil?**
3 **Von welchen Einflussgrößen ist die Trennkraft abhängig?**
4 **Welche Werkstoffe werden mit großem Keilwinkel bearbeitet?**
5 **Nennen Sie vier Keilschneidwerkzeuge!**
6 **Erklären Sie den Scherschneidvorgang!**
7 **Wie wird die erforderliche Kraft für den Abschervorgang berechnet?**
8 **Nennen Sie drei Handscherbauarten!**
9 **Welche Maschinenscheren kennen Sie?**
10 **Warum hat das Obermesser bei manchen Hebelscheren eine gebogene Form?**
11 **Welche Gefahr besteht, wenn bei einer Hebelschere der Hebel mit einem Rohr verlängert wird?**
12 **Welche Aufgabe hat der Sicherungshaken bei Hebelscheren?**
13 **Unterscheiden Sie zwischen dem trennenden und dem ziehenden Schnitt!**
14 **Welche Vorteile haben Schneidwerkzeuge in der Serienfertigung?**
15 **Warum werden Stempel und Schneidplatten häufig über Führungen miteinander verbunden?**
16 **Wie wirkt sich das Weglassen des Niederhalters aus?**

5.3 Thermisches Trennen – Brennschneiden

Nach der systematischen Einteilung der Fertigungsverfahren gehört das Brennschneiden zur Hauptgruppe **Trennen**. Technologisch ist es jedoch dem Gasschmelzschweißen sehr ähnlich.

Durch dieses Verfahren können unlegierte und niedrig legierte Stähle thermisch getrennt werden. Brennschneiden ist nur bei Metallen möglich, deren **Verbrennungstemperatur** bei Sauerstoffzufuhr **unterhalb ihres Schmelzpunktes** liegt. Außerdem muss der Schmelzpunkt der Verbrennungsprodukte wie Schlacke und Metalloxide niedriger sein als der des Metalls. Diese Eigenschaften zeigen im Wesentlichen nur Stähle bis ca. 1,6 % Kohlenstoffgehalt. Bei ihnen liegt die Verbrennungstemperatur mit ca. 1200 °C unter ihrem Schmelzpunkt von etwa 1500 °C.

Für das Brennschneiden wird ein **Schneidbrenner** verwendet. Er verfügt wie der Schweißbrenner über ein Brenngas- und ein Sauerstoffventil, mit denen die Heizflamme eingestellt wird. Zusätzlich befindet sich an dem Schneidbrenner ein Schnellschlussventil für den Schneidsauerstoffstrahl.

Der **Handschneidbrenner** lässt sich häufig als Schneideinsatz mit einer Überwurfmutter auf das Griffstück eines Schweißbrenners schrauben (Bild 1). Je nach Art der Trennarbeit können verschiedene **Schneiddüsen** eingesetzt werden. Sehr oft wird die universell einsetzbare Ringdüse verwendet (Bild 2). Durch entsprechende Vorrichtungen (z.B. Führungswagen) kann dafür gesorgt werden, dass der Düsenabstand zur Werkstückoberfläche konstant bleibt (Bild 3). Durch diesen Abstand werden die Vorwärmung und die Form der Schnittfuge beeinflusst (Bild 4).

Zum Brennschneiden wird der Stahl an der Anschnittstelle mit dem Schneidbrenner auf Zündtemperatur erwärmt. Durch Öffnen des Schneidsauerstoffventils wird auf die erwärmte Stelle ein gebündelter Sauerstoffstrahl geleitet. Dabei verbrennt der Stahl unter großer Wärmeentwicklung. So erreichen auch die darunterliegenden Zonen Zündtemperatur und verbrennen mit Hilfe des Sauerstoffs. Es entsteht eine schmale Trennfuge, die sich durch den Strahl frisst. Damit die zum Schneiden erforderliche Zündtemperatur immer vorhanden ist, wird der Sauerstoffschneidstrahl von einer meist ringförmigen Vorwärmflamme umgeben (Bild 2).

Für größere Schneidaufgaben wurden **Schneidmaschinen** entwickelt. Durch Brennschneiden mit normalen Schneidbrennern können Stahlplatten bis 300 mm Dicke getrennt werden. Da sich auch genaue Arbeiten ausführen lassen, kann das Verfahren eine wirtschaftliche Alternative zu den spanenden Trennverfahren sein.

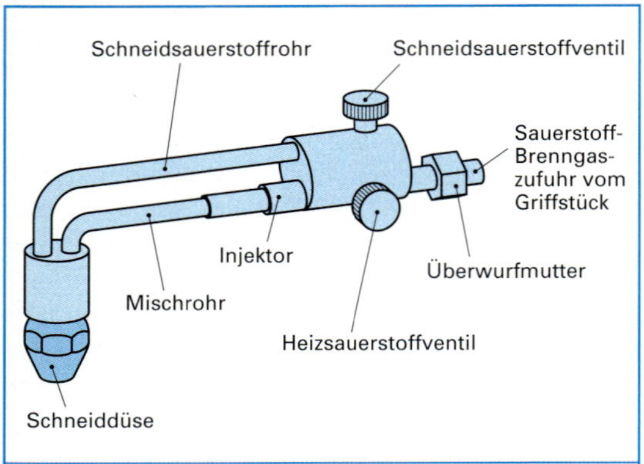

1 Schneideinsatz für einen Handschneidbrenner

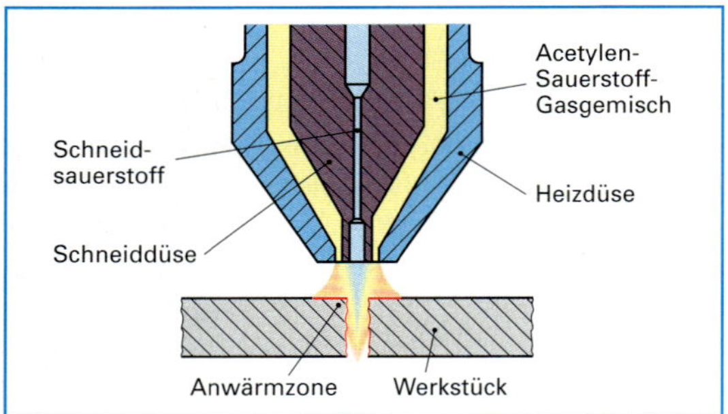

2 Ringdüse

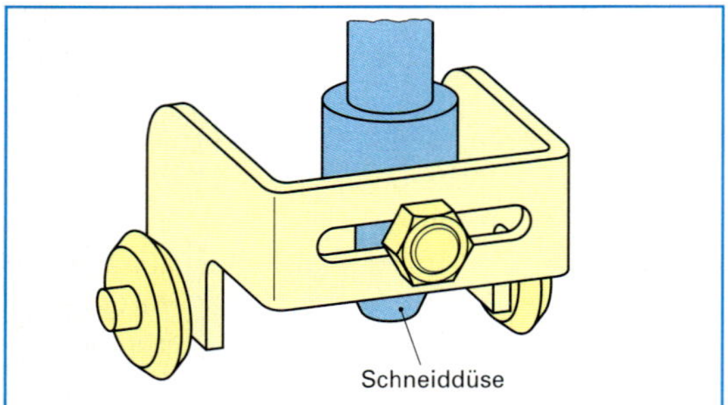

3 Führungswagen

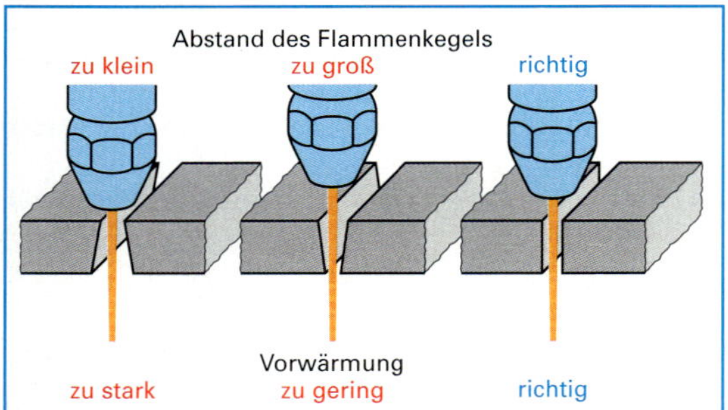

4 Abstand des Flammenkegels von der Bauteiloberfläche

5.4 Spanen

Beim Spanen werden Werkstoffteilchen mit einer Schneide vom Werkstückrohteil abgetragen. Der Zerspanungsvorgang kann mit **geometrisch bestimmter Schneidenform** durchgeführt werden. Die Form der Schneide ist dann genau festgelegt. Die einzelnen Schritte des Abtragvorgangs sind so exakt bestimmbar.

Bei den Spanverfahren mit **geometrisch unbestimmten Schneiden** kann sich die Schneidenform auch während des Bearbeitungsvorgangs verändern.

mit geometrisch bestimmter Schneide		mit geometrisch unbestimmter Schneide
– Meißeln	– Räumen	– Schleifen
– Sägen	– Drehen	– Honen
– Feilen	– Bohren	– Läppen
– Schaben	– Senken	– Strahlspanen
– Hobeln	– Fräsen	
– Stoßen		

Spanen, die wichtigsten Verfahren

Winkel und Flächen an der Werkzeugschneide

Die Grundform jeder Werkzeugschneide ist der **Keil**.

Der **Keilwinkel** β (beta) bestimmt das Eindringverhalten in den Werkstoff und die Stabilität der Schneide (Bild 1). Ein großer Keilwinkel dringt schlecht in das Werkstück ein, ermöglicht dafür aber eine große Standzeit. Die Standzeit ist die Zeit, in der das Werkzeug den Werkstoff bearbeitet, bis es nachgeschliffen werden muss. Werkzeuge mit großem Keilwinkel eignen sich für harte Werkstoffe.

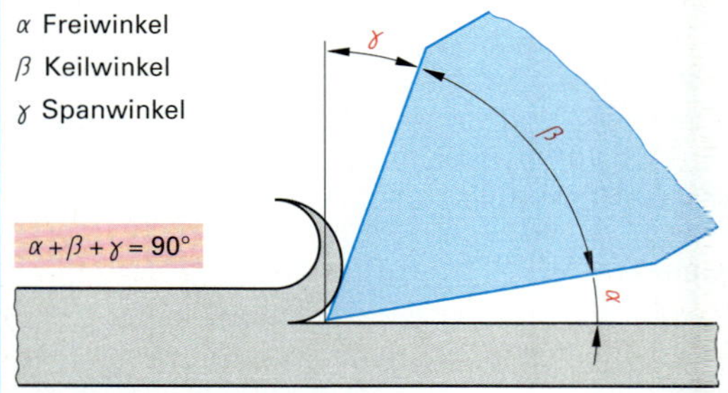

1 Winkel an der Werkzeugschneide

Durch die Stellung der keilförmigen Schneide zum Werkstück ergeben sich noch weitere Winkel. Der Winkel zwischen Keil und Schnittfläche (neu bearbeitete Fläche) ist der **Freiwinkel** α (alpha). Er vermindert die Reibung zwischen Werkzeug und Werkstück. Der Werkstoff wölbt sich durch den Bearbeitungsvorgang auf und federt nach, harte Werkstoffe entsprechend weniger als weiche. Bei harten Werkstoffen ist daher die Reibung geringer, der Freiwinkel kann hier klein gehalten werden. Die Fläche am Schneidkeil, die den Freiwinkel begrenzt, wird als **Freifläche** bezeichnet (Bild 2).

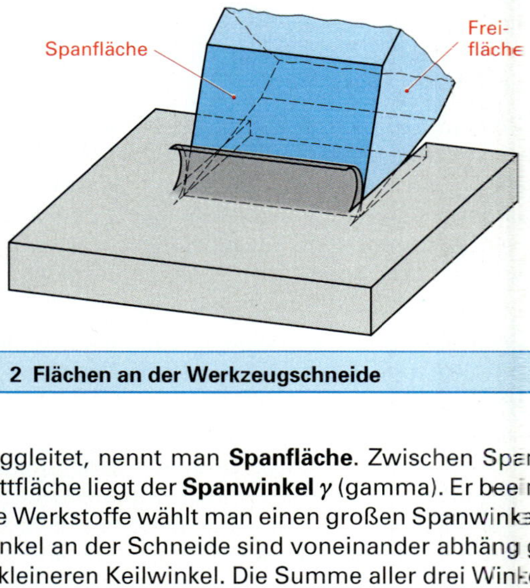

2 Flächen an der Werkzeugschneide

Die Fläche am Werkzeugkeil, an der der Span entlanggleitet, nennt man **Spanfläche**. Zwischen Spanfläche und einer gedachten Ebene senkrecht zur Schnittfläche liegt der **Spanwinkel** γ (gamma). Er beeinflusst die Spanbildung und die Spanabfuhr. Für weiche Werkstoffe wählt man einen großen Spanwinkel. Dadurch wird die Spanabfuhr verbessert. Alle drei Winkel an der Schneide sind voneinander abhängig. So ergibt ein großer Spanwinkel einen entsprechend kleineren Keilwinkel. Die Summe aller drei Winkel am Werkzeugkeil ist immer 90°.

Wirkung des Schneidkeils

Durch die Größe des Spanwinkels wird die Wirkung des Schneidkeils festgelegt. Schließt sich der Spanwinkel an den Keilwinkel an und ergänzt ihn zusammen mit dem Freiwinkel zu einem rechten Winkel, so bezeichnet man den Spanwinkel als positiv. Der **Schnittwinkel** δ (delta) = $\alpha + \beta$ ist in diesem Fall kleiner als 90° (Bild 1 der folgenden Seite). Die Schneide dringt unter diesen Gegebenheiten leicht in das Werkstück ein und schert den Span nach oben ab. Dieses Werkzeug hat eine **schneidende Wirkung**.

Ist dagegen der Schnittwinkel δ größer als 90° und überdeckt somit den Spanwinkel, so wird der Spanwinkel negativ (Bild 1): die Werkzeugschneide schabt kleine Späne von der Werkstückoberfläche ab. Das Werkzeug hat also eine **schabende Wirkung**. Werkzeuge mit schneidender Wirkung können viel Werkstoff abtragen, schabende Werkzeuge eignen sich besonders für die Feinbearbeitung.

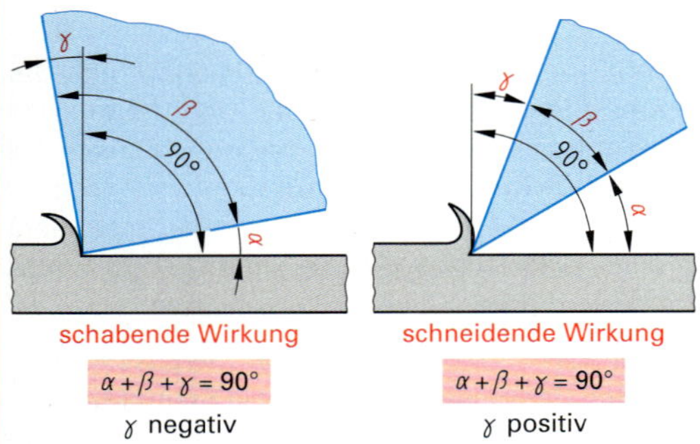

1 Wirkungen am Schneidkeil

Spanbildung

Der Spanungsvorgang beginnt zunächst damit, dass der Schneidkeil den Werkstoff anstaucht, es kommt zu einer plastischen Verformung. Dringt das Werkzeug weiter in den Werkstoff ein, entsteht vor der Schneide ein voreilender Riss. Das jetzt entstehende Spanteilchen wird vom Werkzeug abgeschert und anschließend hochgeschoben. Das nächste Spanteilchen schließt sich an, es entsteht ein Span (Bild 2).

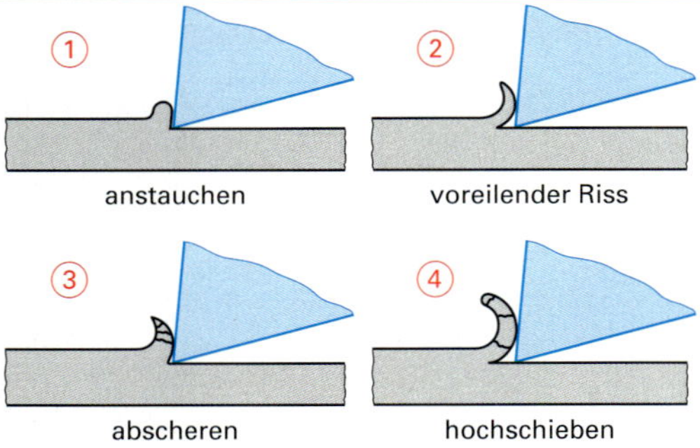

2 Spanvorgang

Spanarten

Je nach Werkstoffart des Werkstückes und Größe des Spanwinkels entstehen verschiedene Spanarten (Bild 3). Bei kleinem Spanwinkel wird das Werkstück stark angestaucht, es ist ein hoher Kraftaufwand erforderlich und es bildet sich ein tiefer Riss. Der entstehende Span wird **Reißspan** genannt, er bröckelt leicht ab und es entsteht eine raue Oberfläche. Besonders bei harten und spröden Werkstoffen bildet sich dieser Span. Er ist meist unerwünscht.

Bei einem Spanwinkel von 5° bis 25° und zähen Werkstoffen entsteht ein **Scherspan**. Meist sind es kleine, glatte, abgescherte Späne. Wegen der dadurch bedingten geringen Unfallgefahren wird dieser Span bevorzugt. Mit zunehmender Schnittgeschwindigkeit beginnt der Scherspan zu fließen, dabei wird die Oberflächenqualität verbessert.

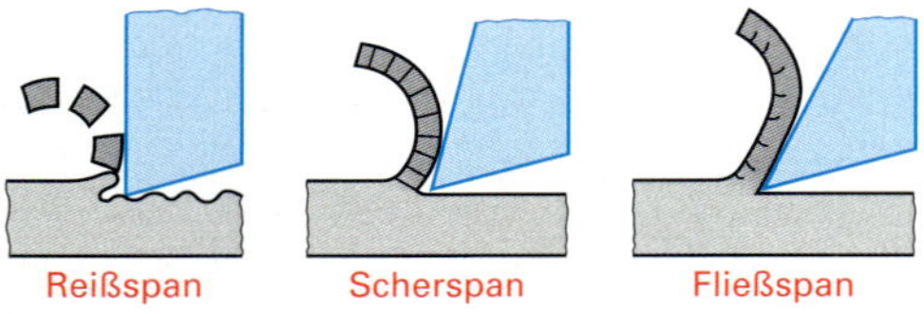

3 Spanarten

Weiche Werkstoffe wie Kupfer, Aluminium oder Blei werden mit einem kleinen Keilwinkel, einem großen Spanwinkel und oft auch mit hoher Schnittgeschwindigkeit bearbeitet. Dabei bildet sich ein **Fließspan**. Das Werkstück wird nur geringfügig angestaucht, es ist wenig Kraftaufwand erforderlich und es entsteht nur ein kleiner voreilender Riss. Die bearbeitete Oberfläche ist glatt. Der Fließspan ist endlos und deshalb wegen der möglichen Beschädigung der Maschine und des Werkzeughalters sowie der Verletzungsgefahr ungünstig.

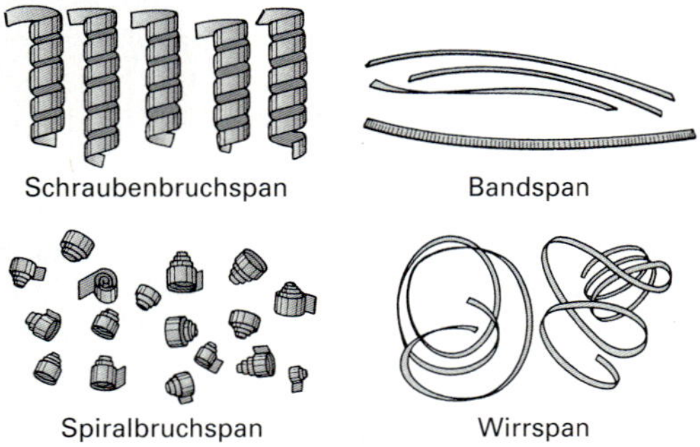

4 Spanformen

Spanformen

Besonders Fließspäne bilden unterschiedliche Formen (Bild 4). Bandspäne und Wirrspäne sind wegen ihres hohen Raumbedarfs unerwünscht. Durch Schraubenspäne werden in der Nähe stehende Personen gefährdet. Günstige Spanformen haben Schraubenbruchspäne und Spiralbruchspäne. Besonders geformte Werkzeuge, niedrige Schnittgeschwindigkeiten oder Automatenlegierungen führen zum Abbrechen der Späne.

5.4.1 Spanen mit dem Meißel

Meißeln ist Spanen mit geometrisch bestimmter Schneide zur Erzeugung beliebiger Werkstückoberflächen und auch ein Zerteilverfahren.

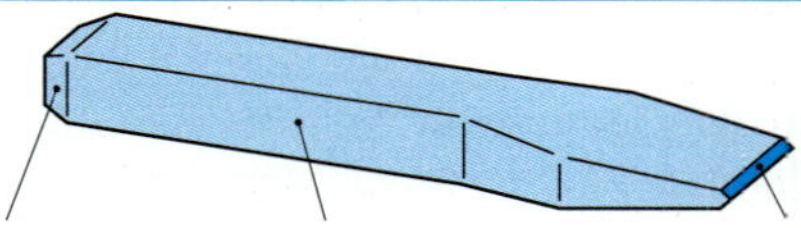

1 Meißelaufbau

Meißelaufbau

Der **Meißelkopf** ist ballig und weich, damit beim Aufschlagen mit dem Hammer keine Teile abspringen oder der Hammer zurückgeschleudert wird. Der **Schaft** dient zum Festhalten des Meißels, er ist deshalb griffig, zäh und knickfest ausgeführt. Die **Schneide** ist gehärtet, damit sie schnitthaltig bleibt, und je nach zu bearbeitendem Werkstoff im entsprechenden Winkel zugeschliffen (Tabelle Abhängigkeit der Winkel vom Werkstoff).

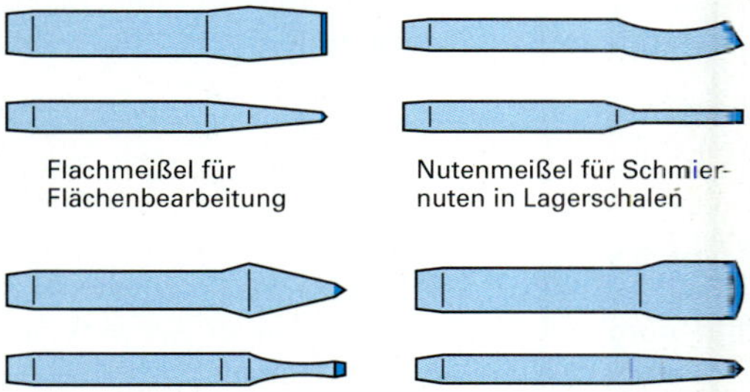

2 Meißelarten

Meißelarten

Bild 2 zeigt die wichtigsten Meißelarten. Der **Flachmeißel** eignet sich besonders zur Flächenbearbeitung. Er besitzt eine breite, gerade Schneide. Für schmale, ungewölbte Nuten eignet sich der **Kreuzmeißel** mit seiner kurzen, geraden Schneide. Mit dem **Nutenmeißel** werden vor allem gewölbte Schmiernuten in Lagerschalen angebracht. Der **Aushaumeißel** dient zum Aushauen von Blechteilen.

Abhängigkeit der Winkel vom Werkstoff

Werkstoff	Keilwinkel β	Freiwinkel α	Spanwinkel γ
Stahl	70°	8°	12°
Grauguss	75°...80°	6°...10°	0°...8°
Aluminium	40°...50°	10°...20°	30°
Kupfer	50°	15°	25°
Kunststoff	60°...70°	10°...15°	10°...15°

Meißelhaltung

Keilwinkel und Meißelhaltung bestimmen den **Spanvorgang** und die **Oberflächengüte**. Um eine ausreichende Standzeit zu erhalten, wird der Keilwinkel β bei harten Werkstoffen groß gewählt, etwa 50° bis 70°. Auch die übrigen Winkel, Freiwinkel α und Spanwinkel γ, die durch die Meißelhaltung verändert werden können, sind werkstoffabhängig. Bei weichen Werkstoffen werden der Freiwinkel und der Spanwinkel größer gewählt als bei harten Werkstoffen (siehe Tabelle).

Unfallverhütung

- Nach längerem Arbeiten mit dem Meißel bildet sich am weichen Meißelkopf ein Grat (Bart). Davon können sich Teile lösen und in die Hand eindringen. Deshalb ist der Meißelkopf regelmäßig nachzuschleifen (Bild 3).
- Zusätzlich sollen Handschuhe getragen werden.
- Zum Schutz vor umherspritzenden Spänen wird eine Schutzbrille getragen und eventuell ein Schutz für den benachbarten Arbeitsplatz aufgestellt.
- Das Werkstück muss immer fest eingespannt sein.

3 Unfallgefahr durch Gratbildung beim Meißeln

Überprüfen Sie Ihre Kenntnisse

1 **Bezeichnen Sie die Winkel und Flächen an der Schneide!**
2 **Wie groß ist die Summe von Freiwinkel, Keilwinkel und Spanwinkel?**
3 **Wodurch kann die Wirkung des Schneidkeils beeinflusst werden?**
4 **Erklären Sie die vier Phasen der Spanbildung!**
5 **Welche Spanart wird bevorzugt (Begründung)?**
6 **Warum sind Band- und Wirrspäne unerwünscht?**
7 **Erklären Sie den Aufbau eines Meißels!**
8 **Mit welchem Meißel werden Schmiernuten für Lagerschalen hergestellt?**
9 **Wovon ist die Meißelhaltung abhängig?**

5.4.2 Sägen

Sägen ist Spanen mit einem vielzahnigen Werkzeug geringer Schnittbreite und geometrisch bestimmten Schneiden mit kreisförmiger oder gerader Schnittbewegung.

Es wird zum Abtrennen sowie zum Herstellen von Nuten und Schlitzen angewendet. Die Säge besitzt ein Sägeblatt, an dem die Zähne hintereinander angeordnet sind (Bild 1). Während beim Meißeln nur mit einer Schneide gearbeitet wird, sind beim Sägen mehrere Zähne gleichzeitig im Eingriff. Dadurch können die Späne während des Sägeschnittes nicht abgeführt werden. Es muss ein entsprechend großer Spanraum vorhanden sein (Bild 3).

Zahnform

Die Grundform des Sägezahns entspricht der Keilform des Meißels. Die Winkel der Schneiden sind abhängig vom zu bearbeitenden Werkstoff. Für harte Werkstoffe benötigt man einen großen Keilwinkel (50°). Dafür wird der Freiwinkel und der Spanraum kleiner. Maschinensägeblätter haben meist einen positiven Spanwinkel. Bei Handsägeblättern besteht durch die stets wechselnden Schnittkräfte die Gefahr des Einhakens. Deshalb wird hier ein Spanwinkel von 0° gewählt.

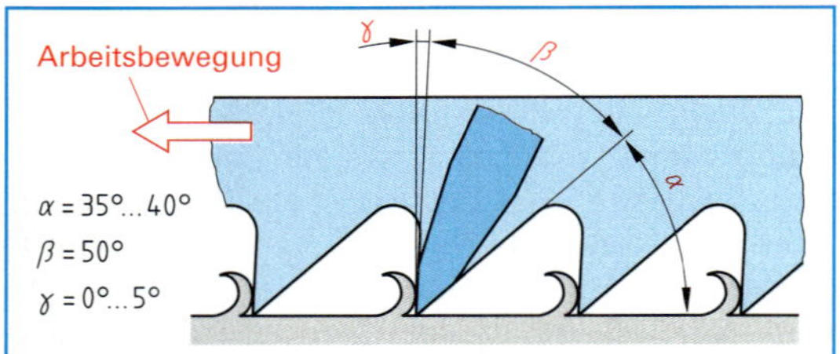

1 **Winkel am Sägezahn**

Grundsätzlich unterscheidet man zwei Zahnformen: **Winkelzähne** mit ebenen Zahnflächen und **Bogenzähne** mit gebogenen Zahnflächen (Bild 2). Beide Zahnformen werden bei Hand- und Maschinensägeblättern verwendet. Die Wahl der vorteilhaftesten Zahnform ist abhängig von dem zu bearbeitenden Werkstoff. Bogenzähne erreichen eine höhere Schnittleistung und können größere Kräfte aufnehmen als Winkelzähne.

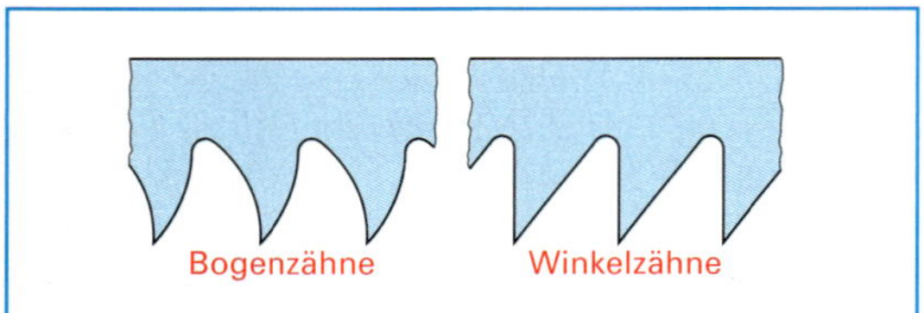

2 **Zahnformen**

Zahnteilung

Die Größe des Spanraumes ist abhängig von der Zahnform, den Winkeln an der Schneide und vom Abstand der Zähne zueinander. Je dichter die Zähne beieinander sind, desto kleiner wird der Spanraum. Den Abstand zwischen zwei Zahnspitzen nennt man Zahnteilung. Sie berechnet sich:

$$\textbf{Zahnteilung} = \frac{\textbf{Bezugslänge}}{\textbf{Zähnezahl}}$$

Die Bezugslänge ist bei Sägen meist 1 inch = 25,4 mm.

Für **weiche Werkstoffe** verwendet man Sägen mit großer Zahnteilung, da ein großer Spanraum zur Späneabfuhr erforderlich ist.

Harte Werkstoffe werden von Sägen mit kleiner Zahnteilung bearbeitet (siehe Tabelle).

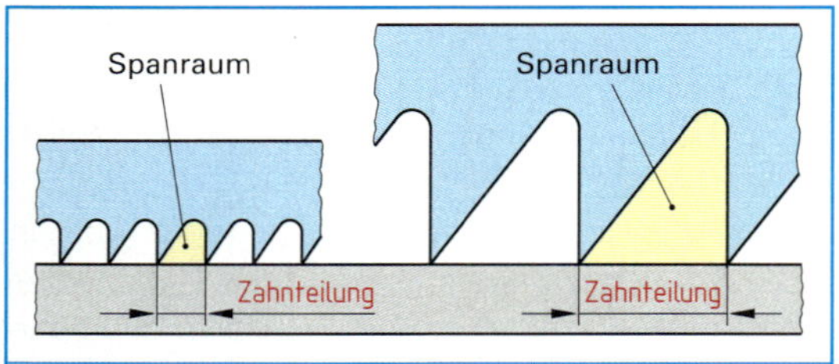

3 **Zahnteilung**

Neben der Härte des Werkstoffes muss auch die **Werkstückdicke** bei der Auswahl des richtigen Sägeblattes berücksichtigt werden. Sind weniger als drei Zähne im Eingriff, hakt die Säge vor allem bei Handsägen leicht ein. Mit kombinierten Sägeblättern (Sägeblätter mit zunehmender Teilung) wird das Einhaken beim Anschneiden verhindert. Häufig beginnt die Teilung bei 32 Zähnen und vergrößert sich bis zum Blattende auf 20 Zähne pro inch (≈ 25,4 mm) Sägeblattlänge.

Einteilung der Sägen

Einteilung	Zähnezahl	Zahnteilung	Anwendung
grob	16	$\frac{25\text{ mm}}{16} = 1{,}56$ mm	Kupfer, Aluminium
mittel	22	$\frac{25\text{ mm}}{22} = 1{,}14$ mm	Stahl
fein	32	$\frac{25\text{ mm}}{32} = 0{,}78$ mm	dünnwandige Rohre, Hartguss

Freischneiden

Beim Sägen erwärmen sich die Säge und das Werkstück durch Reibung. Wäre der Sägespalt genau so breit wie das Sägeblatt, so würde die Säge nach kurzer Zeit durch die Wärmedehnung und durch die entstandenen Späne festklemmen. Deshalb muss die Säge **frei schneiden**, das heißt: der Sägespalt muss breiter sein als das Sägeblatt (Bild 1). Handsägeblätter für harte Werkstoffe sind meist gewellt: das Sägeblatt wird auf der Zahnseite wellenlinienförmig gebogen. Bei Bandsägeblättern werden die Zähne geschränkt: ein Zahn wird vom Sägeblatt aus nach links gebogen, der nächste nach rechts. Kreissägeblätter sind nur für weiche Werkstoffe geschränkt. Sie werden häufig hinterschliffen oder es werden Zähne aus Hartmetall eingesetzt, die breiter sind als das Sägeblatt.

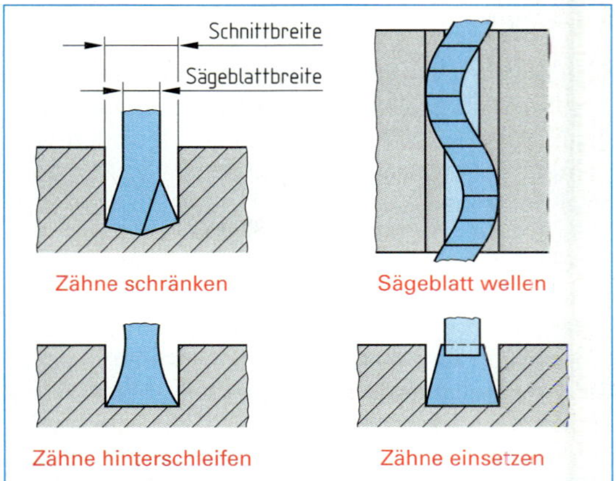

1 Freischneiden

Handsägen

Im Maschinenbau werden vorwiegend **Bügelsägen** verwendet. Sie bestehen aus dem Spannbügel, dem zwischen Heftkloben und Spannkloben eingespannten Sägeblatt und dem Heft (Bild 2).

Die Sägeblätter lassen sich einfach auswechseln. Zum Teil sind sie beidseitig verzahnt, sodass sie gewendet werden können.

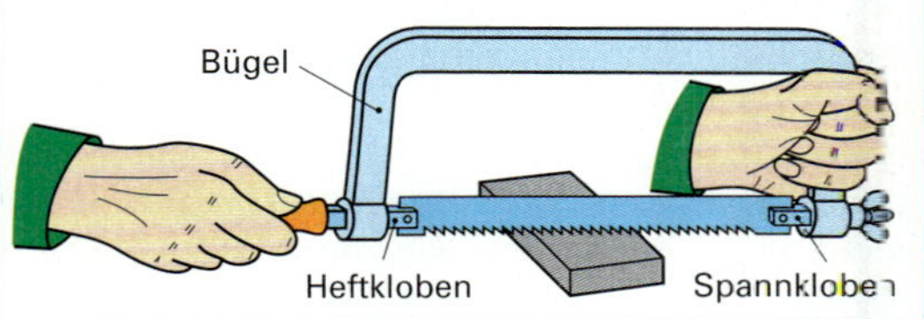

2 Bügelsäge

Maschinensägen

Mit der **Maschinenbügelsäge** und der **Maschinenkreissäge** werden Profile, Rohre und Stangenmaterial auf die entsprechende Länge zugeschnitten. Sie eignen sich für Einzel- und Serienfertigung.

Die **Kreissäge** (Bild 3) hat eine hohe Umfangsgeschwindigkeit und keinen Leerhub und erreicht daher hohe Zerspanleistungen. Allerdings können größere Werkstücke nur mit sehr großen Sägeblattdurchmessern auf entsprechenden Maschinen bearbeitet werden. Formschnitte und Einzelarbeiten werden mit der **Bandsäge** ausgeführt. Ein endlos verschweißtes Sägeband ermöglicht wie bei der Kreissäge einen kontinuierlichen Schnitt.

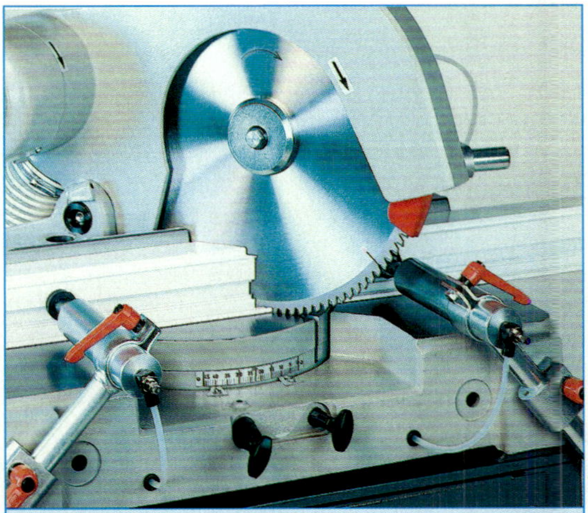

3 Kreissäge

Überprüfen Sie Ihre Kenntnisse

1. **Welche Maße müssen verändert werden, um den Spanraum zu vergrößern?**
2. **Warum benötigt man beim Sägen einen großen Spanraum?**
3. **Wie bestimmt man die Zahnteilung einer Säge?**
4. **Wodurch wird das Klemmen des Sägeblattes verhindert?**
5. **Wann besteht die Gefahr, dass die Sägezähne einhaken?**
6. **Bei welchen Sägen entfällt der Leerhub?**

Unfallverhütung

- Sägeblätter immer fest einspannen.
- Maschinensägeblätter vor dem Einbau auf Risse prüfen. Besonders bei Kreissägen können lose Teile weggeschleudert werden.
- Keine Maschinenabdeckungen entfernen.
- Beim Handsägen gegen Ende des Schnittes Druck verringern um ein Abgleiten zu verhindern.

5.4.3 Feilen

Feilen ist Spanen mit wiederholter meist geradliniger Schnittbewegung. Das Werkzeug besitzt eine Vielzahl dicht hinter- und nebeneinanderliegender geometrisch bestimmter Schneidzähne.

Gefeilt wird vor allem im handwerklichen Betrieb und bei Reparaturen. Die Feile besteht aus dem **Feilenheft**, der **Angel** und dem **Feilenblatt** (Bild 1). Feilenzähne können gefräst oder gehauen werden. **Gefräste Feilen** haben einen positiven Spanwinkel und somit schneidende Wirkung (Bild 2). Sie werden vorwiegend für weiche Werkstoffe verwendet, weil sie einen großen Spanraum und einen kleinen Keilwinkel haben. Bei harten Werkstoffen entstehen kleinere Späne. Man benötigt Feilen mit großem Keilwinkel und kleinem Spanraum. Diese Eigenschaften erfüllen **gehauene Feilen**. Sie haben einen negativen Spanwinkel und dadurch schabende Wirkung. Gehauene Feilen (Bild 3) werden mit dem Aufhaumeißel hergestellt. Dabei wird der Werkstoff im Zahngrund verdrängt und zur Zahnspitze geschoben. In der Praxis spricht man nicht von Feilenzähnen, sondern vom **Hieb** einer Feile. Nach dem Hauen oder Fräsen der Feile wird das Feilenblatt gehärtet und die Angel angelassen.

Hiebanordnung und Hiebarten

Einhiebige Feilen (Bild 4) haben zur Spanabfuhr einen schrägen Hieb, das heißt, alle Feilenzahnreihen stehen unter einem Winkel zur Feilachse. Spanbrechernuten reißen den entstehenden Span ab, sodass nur kurze Späne entstehen, die besser weggeführt werden. Durch den schrägen Hieb neigt die Feile dazu, seitlich zu verlaufen. Beim **gebogenen Hieb** werden die Späne nach beiden Seiten geführt. Auch hier sind Spanbrechernuten eingefräst.

Gehauene Feilen haben einen **Kreuzhieb** oder **Doppelhieb** (Bild 4). Der Oberhieb (der zweite Hieb) hat hierbei eine kleinere oder größere Hiebteilung als der Unterhieb und ist unter einem anderen Winkel aufgebracht, damit keine Riefen entstehen. Die Kreuzhiebfeilen greifen leichter als einhiebige Feilen.

Hiebteilung

Die **Schlichtfeile** wird zur Herstellung maßgenauer Werkstücke mit glatter Oberfläche verwendet. Der Abstand der Hiebe zueinander ist bei der Schlichtfeile geringer als bei der Schruppfeile. Die **Schruppfeile** eignet sich besonders für große Spanabnahme bei gleichzeitig geringer Anforderung an die Oberflächenqualität. Die Hiebteilung ist ein Maß für den Abstand der einzelnen Hiebe.

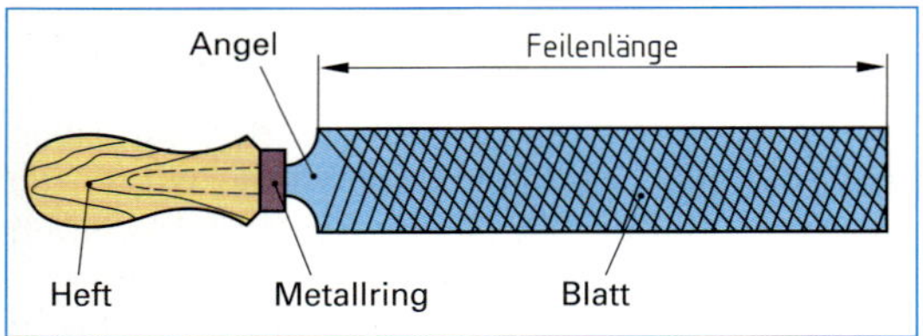

1 Aufbau der Feile

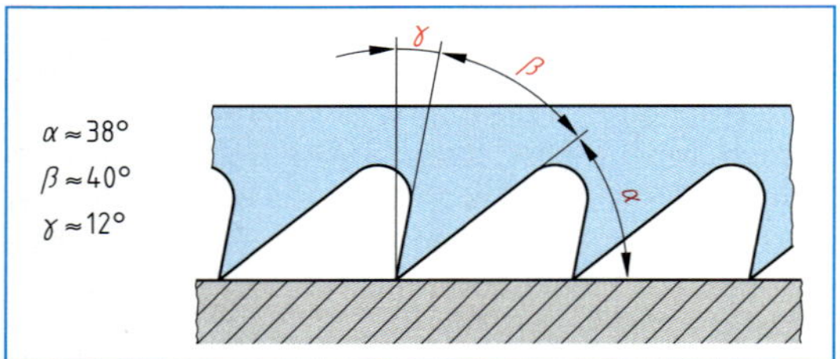

2 Zahnform der gefrästen Feile

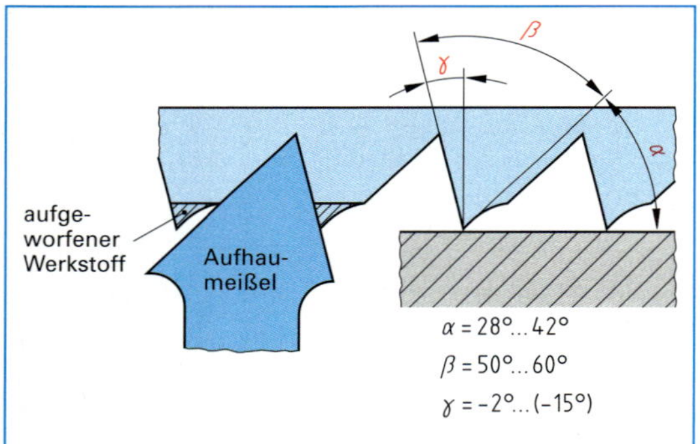

3 Zahnform der gehauenen Feile

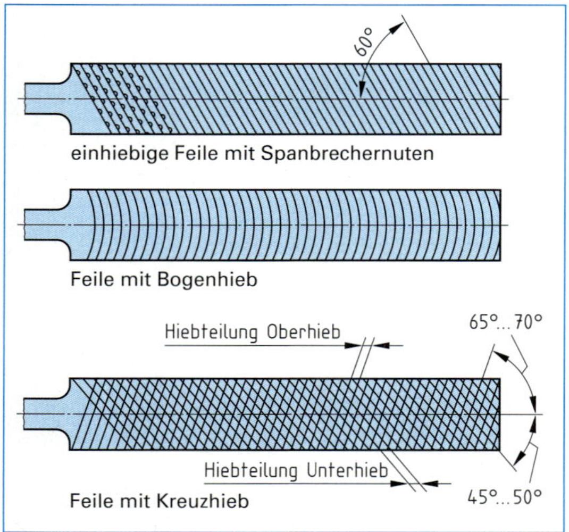

4 Hiebanordnung und Hiebarten

Die **Hiebteilung** ist gleich der Anzahl der Hiebe pro Bezugslänge.

Bei Feilen beträgt die Bezugslänge im Allgemeinen 1 cm. Je nach Hiebteilung und Länge des Feilenblattes werden die Feilen nach Hiebnummern eingeteilt. Die Tabelle zeigt den Zusammenhang zwischen Oberflächenqualität, Hiebteilung und Feilenlänge.

Bei einer **langen Feile** ist bei gleicher Hiebnummer die Hiebteilung kleiner als bei einer **kurzen Feile**.

Tabelle 1: Hiebteilung

Oberflächenangaben in der Zeichnung nach DIN 3141	Schruppen ▽		Schlichten ▽▽	Feinschlichten ▽▽▽
Nach DIN ISO 1302	25 . . . 3,2		6,3 . . . 0,8	1,6 . . . 0,2
Hieb-Nr.	1	2	3	4
Hiebteilung bei Feilenlänge 100 mm	17	23	28	34
Hiebteilung bei Feilenlänge 250 mm	8	13	17	21

Tabelle 2: Feilenformen

Feilenbezeichnung	Kurzbezeichnung	Querschnittsform	Werkstück
Flachstumpfe Werkstattfeile	A	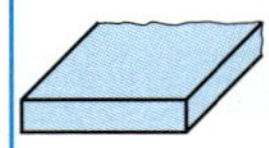	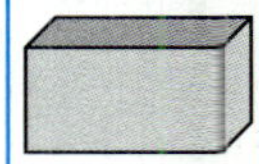
Flachspitze Werkstattfeile	B	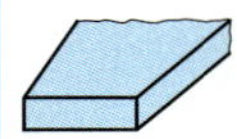	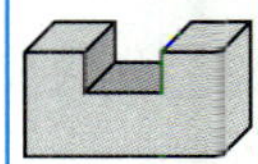
Dreikant-Werkstattfeile	C	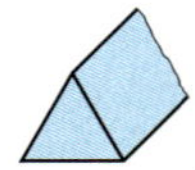	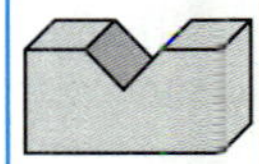
Vierkant-Werkstattfeile	D	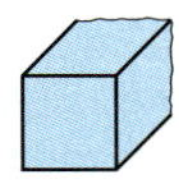	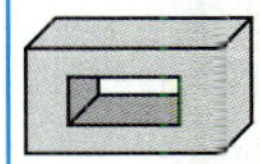
Halbrunde Werkstattfeile	E	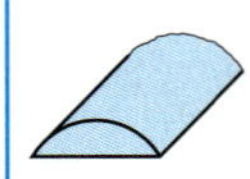	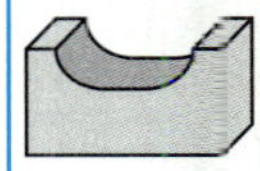
Runde Werkstattfeile	F		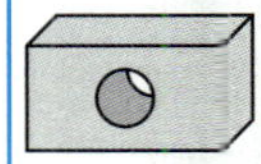

Feilenformen

Es gibt eine Reihe von verschiedenen Feilenformen. Am häufigsten wird die flachstumpfe Werkstattfeile eingesetzt. Zur Herstellung besonderer Werkstückformen werden Feilen mit dazu passenden Querschnitten verwendet. Bild 1 zeigt eine Übersicht einiger Werkstattfeilen. Neben den Handfeilen kommen auch Sonderfeilen zum Einsatz: Bei den **Feilscheiben** wird das Werkstück gegen die rotierende Scheibe gedrückt. **Schaftfeilen** werden von einem kleinen Handmotor oder über eine biegsame Welle angetrieben. Mit ihnen lassen sich vor allem Nuten und Vertiefungen herausarbeiten.

Normung

Die Feilenformen (DIN 8389) sowie die Feilenbezeichnungen (DIN 7261) sind genormt. Zur genauen **Bezeichnung einer Feile** benötigt man folgende Angaben: **Länge, Hiebnummer** und **Querschnittsform**.

Bezeichnungsbeispiel: Eine halbrunde Werkstattfeile mit 250 mm Länge und 13 Hieben/cm (Hiebnummer 2) erhält zum Beispiel die Normbezeichnung: Werkstattfeile E 250-2 DIN 7261.

Feilwerkzeuge

Neben den bekannten Handfeilen werden heute auch Druckluft- und Elektrofeilgeräte verwendet. Sie eignen sich besonders für Entgratarbeiten an Stahl-, Leichtmetall- und Kunststoffteilen. Im Werkzeug- und Vorrichtungsbau erleichtern Feilmaschinen die Herstellung genauer Aussparungen.

Unfallverhütung

- Feilenheft mit dem Holzhammer aufschlagen.
- Vor der Verwendung prüfen, ob das Feilenheft fest sitzt.
- Werkstücke fest spannen.
- Feilwerkzeuge an Maschinenfeilen während des Betriebes nicht mit der Hand berühren.

Überprüfen Sie Ihre Kenntnisse

1 Mit welchen beiden Verfahren werden Feilen hergestellt?

2 Warum spricht man bei Feilen vom Hieb?

3 Warum werden weiche Werkstoffe nicht mit gehauenen Feilen bearbeitet?

4 Wie kann man bei der gefrästen Feile durch die Hiebanordnung die Spanabfuhr verbessern?

5 Welche Bedeutung haben die Hiebnummern?

6 Warum haben Feilen einen relativ großen Freiwinkel?

5.5 Spanende Fertigung mit Werkzeugmaschinen

Nahezu alle Werkstücke werden heute mit Maschinen gefertigt. Dadurch werden gegenüber dem Spanen von Hand die Herstellungsgenauigkeit und die Arbeitssicherheit erhöht, die Kosten durch Verkürzung der Bearbeitungszeit erheblich reduziert. Die Vielzahl der verschiedenen Werkstückformen und Werkstoffarten erfordert viele unterschiedliche Fertigungsverfahren mit entsprechenden Maschinen. Die nebenstehende Übersicht nennt die wichtigsten Verfahren.

Übersicht: Maschinelle Spanungsverfahren

mit geometrisch bestimmten Schneiden		mit geometrisch unbestimmten Schneiden
• Bohren	• Fräsen	• Schleifen
• Senken	• Hobeln	• Honen
• Reiben	• Stoßen	• Läppen
• Drehen	• Räumen	• Gleitspanen

5.5.1 Bewegungen an Werkzeugmaschinen

Wie beim Spanen von Hand sind bei den maschinellen spanenden Fertigungsverfahren verschiedene Bewegungen erforderlich (Bild 1).

Man unterscheidet vier Arten von Bewegungen an Werkzeugmaschinen: **die Schnitt- oder Hauptbewegung, die Vorschubbewegung, die Zustellbewegung** und die **Anstellbewegung.**

Schnittbewegung (Hauptbewegung)

Die Spanabnahme erfolgt durch die Schnittbewegung. Sie kann **kreisförmig** sein wie beim Drehen oder **gradlinig** wie beim Stoßen. Sie wird entweder vom Werkzeug wie beim Stoßen oder vom Werkstück wie beim Drehen ausgeführt. Die Größe der Schnittbewegung wird durch die **Schnittgeschwindigkeit** v_c angegeben.

Die Geschwindigkeit gibt an, welcher Weg in einer bestimmten Zeiteinheit zurückgelegt wurde.

$$\text{Geschwindigkeit} = \frac{\text{Weg}}{\text{Zeit}} \quad \boldsymbol{v} = \frac{\boldsymbol{s}}{\boldsymbol{t}}$$

$$1\,\frac{\text{m}}{\text{s}} = \frac{1\ \text{m}}{1\ \text{s}}$$

Die Einheit der Geschwindigkeit ist km/h, m/min oder m/s.

Die Schnittgeschwindigkeit ist die Geschwindigkeit, mit der der Span vom Werkstück abgetrennt wird. Sie wird im Allgemeinen in m/min gemessen, beim Schleifen in m/s, da hier sehr große Schnittgeschwindigkeiten erreicht werden. Die Wahl der Größe der Schnittgeschwindigkeit ist abhängig von Werkzeug, Werkstück, Kühlmittel, Leistung und Aufbau der Werkzeugmaschine. Die geeigneten Werte können aus Tabellen abgelesen werden.

Durch die Schnittbewegung allein würde nur eine einmalige Spanabnahme erfolgen. Für die fortwährende Zerspanung ist eine zweite Arbeitsbewegung erforderlich, die Vorschubbewegung.

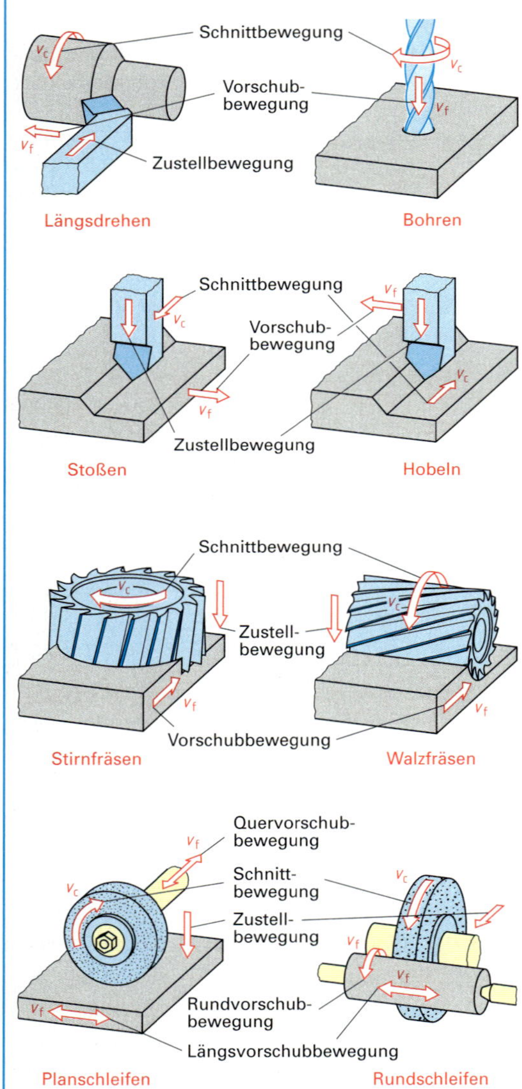

1 Bewegungen an Werkzeugmaschinen

Vorschubbewegung

Die Vorschubbewegung sorgt für eine stetige oder schrittweise Spanabnahme. Sie kann kontinuierlich erfolgen, wie beim Drehen, Fräsen, Bohren oder in Schritten, wie beim Hobeln und Stoßen. Die Vorschubbewegung wird senkrecht zur Schnittbewegung durch das Werkzeug (z. B. beim Drehen) oder durch das Werkstück (z. B. beim Fräsen) ausgeführt. Sie bestimmt die **Spanbreite**.

Die **Größe des Vorschubs *f*** ist von der geforderten Oberflächenqualität, der Zerspanungsmenge und der Leistung der Maschine abhängig. Sie wird in mm pro Umdrehung oder Hub und als **Vorschubgeschwindigkeit v_f** in mm/min gemessen.

Wenn die Leistung der Maschine vergrößert wird, wird auch die **Zerspanungskraft** an der Werkzeugschneide, mit der der Span abgenommen wird, größer. Dann kann unter sonst gleichen Bedingungen auch der Vorschub vergrößert werden, was wiederum zu einer größeren **Zerspanungsmenge** führt.

Zustellbewegung

Die Zustellbewegung bestimmt die **Schnitttiefe**, das heißt, wie tief das Werkzeug in das Werkstück eindringt. Sie verläuft senkrecht zur Vorschubbewegung. Die **Zustellung *a***, gemessen in mm, ist abhängig von Werkzeug, Werkstück, geforderter Oberflächenqualität, Art der Einspannung und Leistung der Maschine (Bild 1, folgende Seite).

Anstellbewegung

Die Anstellbewegung führt vor dem Zerspanvorgang das Werkzeug an das Werkstück heran. Sie wird in der Regel im Eilgang durchgeführt.

5.5.2 Einflussgrößen der Zerspanung

Vor jedem maschinellen Bearbeitungsvorgang steht die Frage nach dem günstigsten **Bearbeitungsverfahren** und den besten **Einstellwerten** für Spantiefe, Vorschub und Schnittgeschwindigkeit. Deshalb ist es wichtig, alle Einflussgrößen der Zerspanung zu kennen (folgende Übersicht).

Einflussgrößen beim Zerspanen

Der **Spanungsvorgang** wird beeinflusst von

Bearbeitungsverfahren	Werkzeugmaschine	Werkzeug	Werkstück
• **Fräsen** • **Hobeln** • **Stoßen** • **Bohren** • **Senken** • **Reiben** • **Drehen** • **Schleifen**	• Größe • Antriebsart • Antriebsleistung • Starrheit • Maßgenauigkeit • Einstellwerte des Zerspanungsvorgangs	• Schneidenwerkstoff • Zahl der Schneiden • Form • Standzeit	• Werkstoff • Abmessungen • Oberflächenbeschaffenheit

Bearbeitungsverfahren

Die Form und der Werkstoff des Werkstückes sowie die im Betrieb vorhandenen Anlagen und Maschinen bestimmen, mit welchem Bearbeitungsverfahren ein Werkstück gefertigt wird. Bei der Endbearbeitung sind die geforderte Genauigkeit und die Oberflächenqualität mitentscheidend.

Ein wichtiger Faktor bei der **Auswahl der Bearbeitungsmaschine** ist die Wirtschaftlichkeit. So kann ein Werkstück durchaus auf einer älteren und leistungsschwächeren Hobelmaschine gefertigt werden, wenn das günstigere CNC-Bearbeitungszentrum schon voll ausgelastet ist.

Werkzeugmaschine

Die Werkzeugmaschine wirkt durch veränderbare und feste Einflussgrößen auf den Zerspanvorgang ein. Die Größe, Antriebsart, Antriebsleistung, Starrheit der tragenden Teile und die erreichbare Maßgenauigkeit sind jeder Maschine durch die Konstruktion vorgegeben und somit nicht veränderbar.

Die einstellbaren Größen, die **Schnittbedingungen**, sind **Schnitttiefe a_p, Vorschub f** und **Schnittgeschwindigkeit v_c**. Sie bestimmen vor allem die Oberflächengüte, die Schnittleistung und die Standzeit des Werkzeuges.

Das Produkt aus Schnitttiefe und Vorschub ergibt den **Spanungsquerschnitt**. Größe und Form des Spanungsquerschnittes beeinflussen vor allem die Standzeit. Ein schmaler, langer Spanungsquerschnitt entsteht aus einem kleinen Vorschub und einer großen Schnitttiefe. Diese Form ist günstiger als ein flächengleicher, breiter und kurzer Spanungsquerschnitt (Bild 1). Dort ist der Schnittdruck größer. Dadurch entsteht mehr Wärme, die wegen der kleineren Kontaktfläche schlechter abgeführt wird.

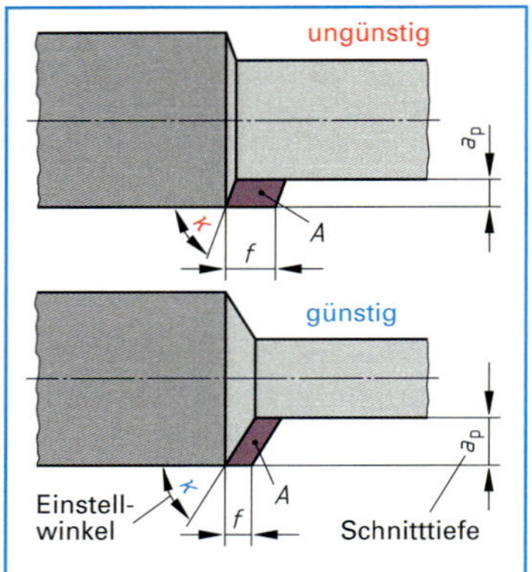

1 Flächengleiche Spanungsquerschnitte

Eine geringe Oberflächenrauheit wird erzielt durch kleinen Vorschub, geringe Schnitttiefe und hohe Schnittgeschwindigkeit, allgemein **Schlichten** genannt. Großer Vorschub, große Schnitttiefe und geringe Schnittgeschwindigkeit erzeugen eine raue Oberfläche, diese Spanabnahme heißt **Schruppen**.

Werkzeug

Für Werkzeuge werden unterschiedliche **Schneidstoffe** verwendet: unlegierter Werkzeugstahl, Schnellarbeitsstahl, Hartmetall, Oxidkeramik und Diamant. Schneidstoffe für sehr hohe Schnittgeschwindigkeiten, wie Oxidkeramik, sind teuer; unlegierter Werkzeugstahl dagegen ist billig, hat jedoch eine geringere Standzeit. Das bedeutet: Die Wahl des optimalen Werkzeugmaterials wird oft nach wirtschaftlichen Gesichtspunkten getroffen.

Durch den Einsatz von **Kühlschmiermitteln** können die Schnittleistung und die Standzeit des Werkzeugs erhöht werden. Aber nicht nur auf die Schneidstoffe kommt es an, auch Form, Abmessungen, Winkel an der Schneide, Einstellwinkel und die Schnittgeschwindigkeit beeinflussen die Zerspanung (Seiten 137 und 144).

Werkstück

Zu den wichtigsten Einflussgrößen des Zerspanvorganges gehören die **Eigenschaften des Werkstoffes**. Harter Werkstoff und Werkstoffe mit großer Festigkeit erfordern einen sehr harten Schneidstoff und eine große Schnittkraft. Weiche Werkstoffe, wie z. B. Aluminium, werden mit hoher Schnittgeschwindigkeit bearbeitet.

Auch die **Abmessungen** des Werkstücks beeinflussen die Zerspanung: lange Teile federn leicht und müssen besonders aufgespannt werden. Oft entstehen durch die Bearbeitung Schwingungen, die zu einer mangelhaften Oberfläche führen. Außer einer geeigneten Aufspannung wird dies durch kleine Schnitttiefe, kleine Schnittkraft und hohe Schnittgeschwindigkeit vermieden.

Überprüfen Sie Ihre Kenntnisse

1 Unterscheiden Sie Hauptbewegung, Vorschubbewegung, Zustellbewegung und Anstellbewegung.

2 Welches Bauteil (Werkzeug oder Werkstück) führt beim Drehen, Bohren, Walzfräsen oder Rundschleifen jeweils die Schnittbewegung aus und welches Bauteil die Vorschubbewegung?

3 In welchen Einheiten wird die Schnittgeschwindigkeit gemessen?

4 Welche Größen beeinflussen den Zerspanungsvorgang?

5 Beschreiben Sie den Einfluss des Verhältnisses der Härten von Schneidstoff und Werkstoff auf die Zerspanungsmenge und die Spangröße.

6 Erläutern Sie anhand Ihrer Kenntnisse der Reibung, welchen Einfluss Kühlschmiermittel auf die Schnittleistung und die Standzeit der Werkzeuge haben.

7 Erklären Sie den Begriff Anstellbewegung.

8 Welche Schneidstoffe kennen Sie?

5.6 Bohren

Durch Bohren werden spanend zylindrische Löcher (Bohrungen) hergestellt oder erweitert.

Dabei bezeichnet man das Herstellen von Bohrungen als **Vollbohren** und das Erweitern schon vorhandener Bohrungen als **Aufbohren**. Auch das Senken und Reiben zählen zu den Bohrverfahren.

5.6.1 Bohrvorgang

Zwei Bewegungen bewirken beim Bohren die Spanabnahme (Bild 1). Der Bohrer wird über Motor, Getriebe und Bohrspindel in Drehung versetzt und führt infolgedessen die kreisförmige **Schnittbewegung** (Hauptbewegung) aus. Zur Erzeugung des Schneidendrucks, welcher erst zur Spanbildung führt, wird die Bohrspindel über Handhebel, Zahnrad und Zahnstange in Richtung Bohrerachse gedrückt, wobei die Drehachse des Bohrers und die Achse der erzeugten Innenfläche fluchten. Diese Bewegung ist die geradlinige **Vorschubbewegung**.

Da beide Arbeitsbewegungen gleichzeitig stattfinden, dringen beide Keilschneiden des Spiralbohrers spanabhebend in den Werkstoff ein (Bild 2).

Bohren ist Zerspanen mit kreisförmiger Schnittbewegung. Die Vorschubbewegung verläuft geradlinig in Richtung der Bohrungsachse.

5.6.2 Bohrwerkzeug

Der **Spiralbohrer**, eigentlich ein Wendelbohrer, ist das am häufigsten verwendete Bohrwerkzeug. Seinen Aufbau kann man sich folgendermaßen verdeutlichen:

In einen zylindrischen Rohling aus Schnellarbeitsstahl werden zwei wendelförmige Nuten gefräst. Die Steigung der Nut legt den Drallsteigungswinkel und damit den wirksamen **Spanwinkel** γ fest (Bilder 2 und 3). Bezogen auf das Werkzeug heißt er Seitenspanwinkel γ_f. Der genutete Rohling würde bei Drehung in einer Bohrung starke Reibung verursachen. Deshalb erzeugt man durch Hinterfräsen längs der Spannuten die (relativ schmalen) Führungsfasen mit den **Nebenschneiden**, wodurch sich die Reibung verringert. Außerdem führen die Fasen den Bohrer in der Bohrung. An ihnen wird der Bohrerdurchmesser gemessen (Bild 1, nächste Seite).

Die **Hauptschneiden** am Bohrer entstehen durch kegelförmiges Anschleifen des genuteten Rohlings. Der dadurch gebildete **Spitzenwinkel** σ (sigma) bestimmt die Länge L der Schneiden. Die Hauptschneiden werden gleichzeitig hinterschliffen, damit sie in den Werkstoff eindringen können. So entstehen die **Freiflächen** (Bild 3).

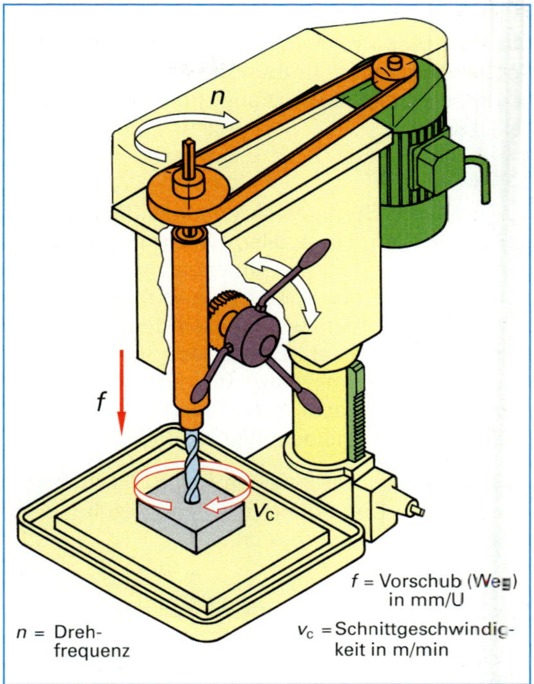

1 Bohrvorgang

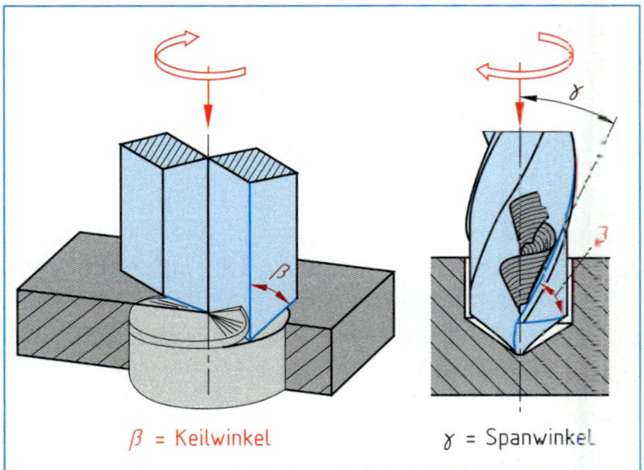

2 Entstehung der Keilschneiden am Spiralbohrer

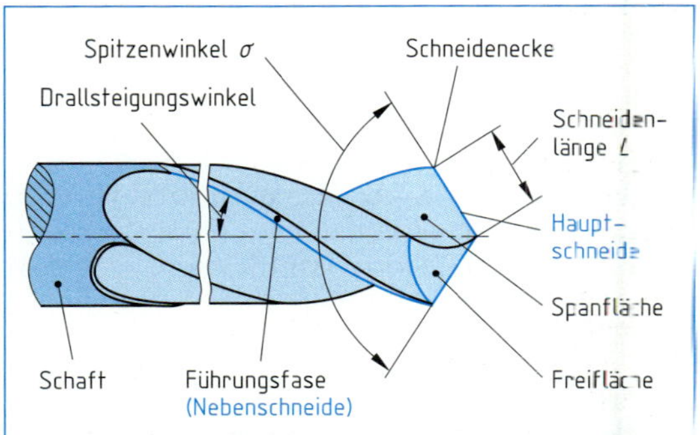

3 Bohreraufbau

Der **Freiwinkel** α legt die Neigung der Freiflächen fest, der **Keilwinkel** β begrenzt die Größe des Schneidenwinkels. Bezogen auf das Werkzeug heißen sie Seitenfreiwinkel α_f und Seitenkeilwinkel γ_f (Bild 1).

Spitzenwinkel

Bei größerem Spitzenwinkel σ eines Bohrers sind die Schneidenkeile stabiler, da die Hauptschneiden kürzer werden. Die Bruchgefahr vermindert sich. Die Größe des Spitzenwinkels hängt von der Härte und der Wärmeleitfähigkeit des zu bearbeitenden Werkstoffs ab. Die bei der Spanabnahme entstehende Wärme wird mit den Spänen und dem Kühlmittel, aber auch über das Werkstück und die Hauptschneiden (Bild 2) abgeleitet.

Lange Werkstückschneiden leiten die Wärme besser ab. Die Gefahr der Überhitzung der Hauptschneiden verringert sich.

5.6.3 Querschneide und Vorschubkraft

Die Freiflächen bilden mit den Hauptschneiden eine Querschneide, deren Länge von der Kerndicke *k* (Seele) des Bohrers und dem Winkel ψ (psi = 55°) zwischen Quer- und Hauptschneide abhängig ist (Bild 1).

Mit zunehmendem Bohrerdurchmesser nimmt die Länge der Querschneide zu, die nötige Vorschubkraft erhöht sich stark.

Dies ist auf den negativen Querschneidenspanwinkel zurückzuführen, der lediglich eine schabende Schneidenwirkung zulässt. Die Folge ist, dass etwa 60 % der gesamten Vorschubkraft darauf verwendet werden müssen, die Schneiden in das Werkstück eindringen zu lassen.

Daher wird zur **Verringerung der Vorschubkraft** bei Bohrungen über 10 mm Durchmesser entweder vorgebohrt, die Querschneide ist dann nicht mehr im Eingriff oder die Bohrerspitze erhält einen speziellen Anschliff (Bild 3) um die Querschneide zu verkleinern.

5.6.4 Spiralbohrertypen

Durch Änderung des Drallnutenwinkels und damit des Spanwinkels γ ändert sich auch der Keilwinkel β. Bei weichen Werkstoffen wird ein kleiner Keilwinkel (Typ W), bei harten Werkstoffen werden ein großer Keilwinkel und ein kleiner Spanwinkel benötigt (Typ H in Bild 4).

Mit zunehmender Härte des zu bohrenden Werkstoffs wählt man Bohrer mit kleinerem Drallnutenwinkel und damit größerem Keilwinkel.

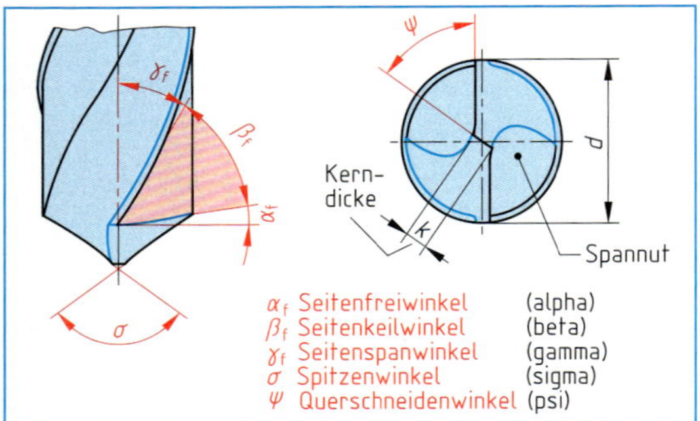

1 Winkel am Spiralbohrer

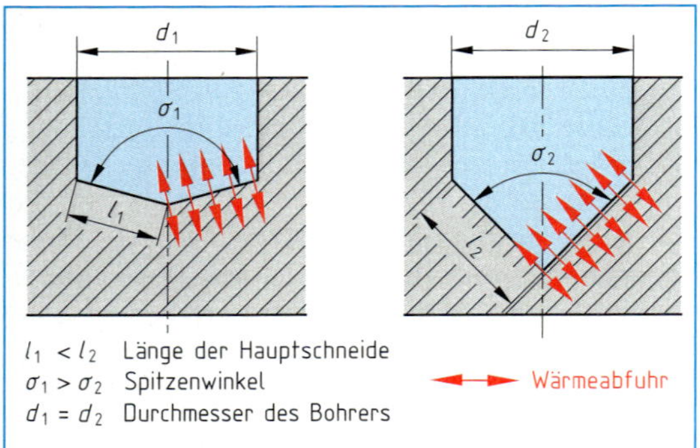

2 Wärmeabfuhr bei unterschiedlichen Spitzenwinkeln

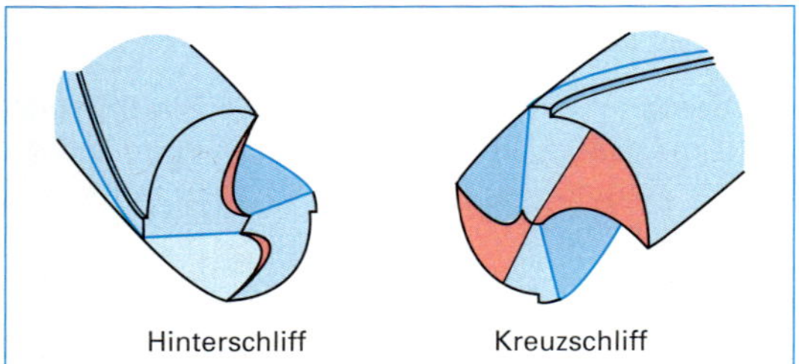

3 Verkleinern der Querschneide

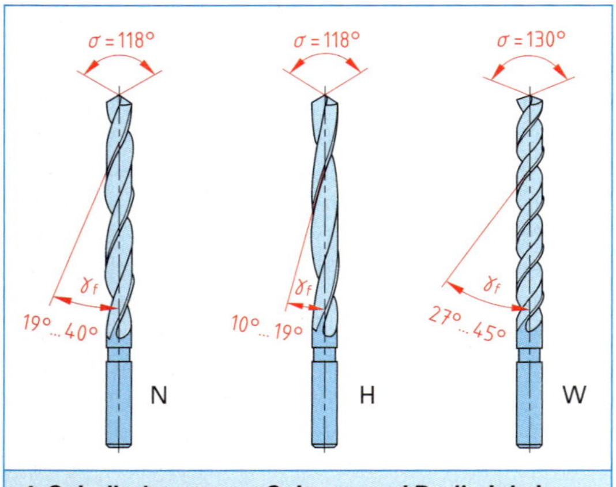

4 Spiralbohrertypen, Spitzen- und Drallwinkel

5.6.5 Bohrerarten

Einsatzmöglichkeiten	Bohrertyp		Werkstoff
Festlegen von Bohrungsmitten mit engen Lagetoleranzen, Zentrieren von Wellenmitten, Aufnahmezentrierungen von Exzentern	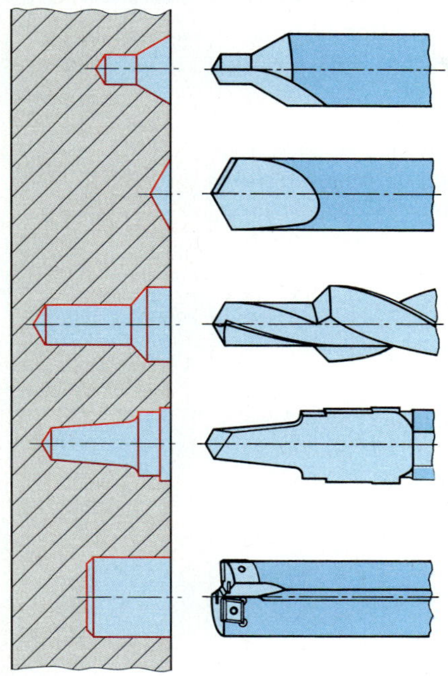	**Zentrierbohrer** (DIN 333)	HSS
		NC-Anbohrer	HSS HM
Bohrungen mit verschiedenen Ansätzen in einem Arbeitsgang (z.B. ansenken und entgraten).		**Stufenbohrer** (DIN 8374)	HSS HM
		Flachformbohrer	HSS HM
Wirtschaftliches Bohren mit hoher Zerspanleistung, guter Standzeit und einfachem Schneidenwechsel. Außerdem ist kein Vorbohren mehr nötig, da keine Querschneide vorhanden ist.		**Wendeplattenbohrer**	HM

5.6.6 Schneidstoffe der Bohrer

Der Bohrvorgang setzt wie jeder Zerspanungsprozess bestimmte Eigenschaften des Werkzeugs voraus, ohne die eine Zerspanung unmöglich wäre. Außerdem werden durch die Art der Bohrarbeiten weitere Anforderungen gestellt, denen das Werkzeug, nämlich der Bohrer, genügen muss.

- Er muss härter sein als der zu bearbeitende Werkstoff und ohne Abstumpfen viele Bohrvorgänge aushalten (Standweg bzw. Standzeit). **Anforderungen: Härte und Verschleißfestigkeit!**
- Gehärteter Stahl hat die Eigenschaft, bei hohen Temperaturen wieder weich zu werden. Bei längeren Bohrarbeiten entstehen trotz Kühlung hohe Werkzeugschneidentemperaturen, die der Bohrerwerkstoff ohne Härteverluste aufnehmen muss. **Anforderung: Warmfestigkeit!**
- Durchbrüche, tiefe Bohrungen und Werkstoffunregelmäßigkeiten, z. B. Lunker, erzeugen Schläge, Verbiegungen und Verdrehungen im Bohrer. Der Bohrer muss trotz seiner Härte zäh sein. **Anforderungen: Biegefestigkeit und Zähigkeit!**

Hochleistungsschnellschnittstahl (HSS) und **Hartmetall (HM)** erfüllen diese Anforderungen.

Beim Bohren sehr harter Werkstoffe (Stahl mit hoher Festigkeit, Stein, ...) wird wegen der höheren Verschleißfestigkeit möglichst mit Hartmetall gebohrt. Dieser teurere Schneidstoff hat eine deutlich höhere Warmfestigkeit als HSS, ist jedoch empfindlich gegen Schlag, Stoß und Temperaturschwankungen. Hartmetallschneiden sind als Bohrerspitze eingelötet oder als Wendeschneidplatte mit Hilfe von Schrauben festgeklemmt.

Um den oben genannten Anforderungen noch besser gerecht zu werden, gibt es mittlerweile verschieden **beschichtete Bohrwerkzeuge**. Die Beschichtungen bestehen aus Titannitrid (TiN, gold-

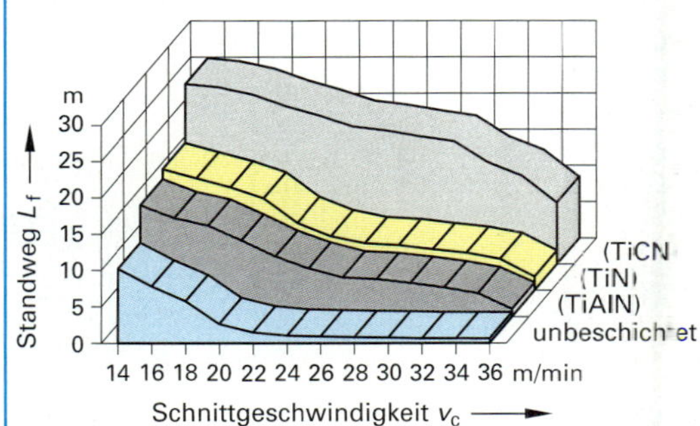

1 Vergleich unterschiedlicher Beschichtungen

farben), Titanaluminiumnitrid (TiAlN, schwarz-violett) und Titancarbonitrid (TiCN, grau-violett). Sie werden jeweils in einer Dicke von wenigen µm auf das Grundwerkzeug (meist aus HSS) aufgebracht. In erster Linie dienen diese Beschichtungen einer deutlichen **Steigerung der Verschleißfestigkeit**, was eine Verlängerung des Standweges und/oder eine Erhöhung der Schnittleistung zur Folge hat (Bild 1, Seite 149). Nachteilig ist bei solchen Werkzeugen, dass die hoch verschleißfeste Beschichtung durch Nachschleifen natürlich verloren geht und der Bohrer somit in seiner Schnittleistung stark nachlässt bzw. mit einer Nachbeschichtung versehen werden muss.

5.6.7 Verschleiß und Anschliff am Spiralbohrer

Alle Schneiden am Spiralbohrer verschleißen im Laufe der Arbeiten je nach Belastung mehr oder weniger stark (Bild 1). Treten jedoch starke Abnutzungserscheinungen schon nach kurzen Standzeiten auf, so sind dafür Fehler bei der Auswahl des Bohrers, fehlerhafte Einstellung/en beim eigentlichen Bohrprozess oder Fehler beim Anschleifen des Bohrers ursächlich.

Bohrer sollten maschinell auf einer Spiralbohrerspitzenschleifmaschine angeschliffen werden. Nur so kann ein absolut **mittiger Spitzenschliff** erreicht werden. Er ist Voraussetzung für maßgenaue Bohrungen, gleichbleibende Qualität und eine gute Ausnutzung von Werkzeug und Maschine.

Steht eine solche Maschine nicht zur Verfügung, muss der Bohrer von Hand geschliffen werden. Das ist billig und bei genügender Geschicklichkeit sind die Bohrer wieder gebrauchsfähig zu machen. Mit einer Bohrerschleiflehre (Bild 2) lässt sich nachprüfen, ob der Spitzenwinkel und die Schneidenlänge L (Symmetrie erforderlich), der Keilwinkel und der Querschneidenwinkel stimmen.

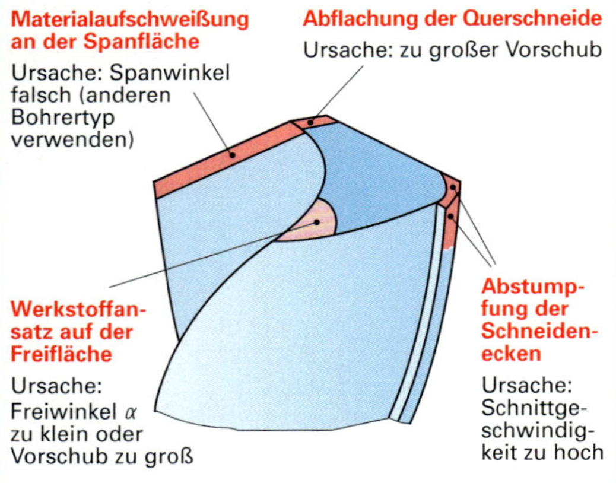

1 Verschleißstellen und ihre Ursachen am Spiralbohrer

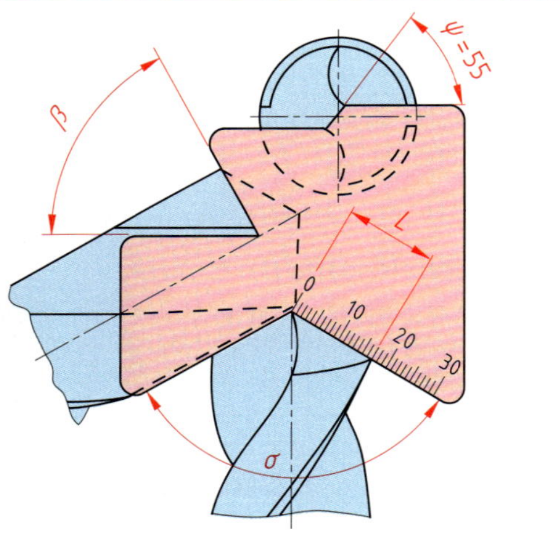

2 Bohrerschleiflehre

Beim Anschleifen der Bohrer von Hand treten durch falschen Anschliff häufig folgende Fehler auf:

Schleiffehler	Auswirkungen am Bohrer	Auswirkungen – Bohrungsfehler
1. Der Spitzenwinkel ist zu klein bzw. zu groß.	Die Hauptschneiden verlaufen nicht mehr gerade, sondern als gekrümmte Linien.	Die Schnittwirkung des Werkzeugs ist nicht optimal.
2. Der Spitzenwinkel ist nicht symmetrisch (unterschiedliche Schneidenwinkel).	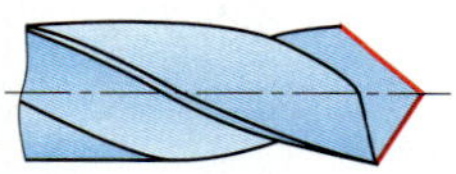	Der Bohrungsdurchmesser ist zwar gut, allerdings ist nur eine Schneide spanend im Einsatz. Der Bohrer wird rasch stumpf.
3. Die Schneidenlänge L ist ungleich.	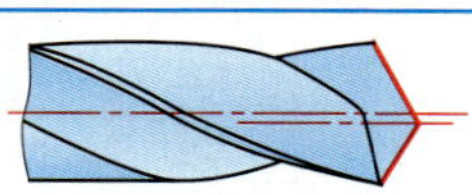	Der Bohrungsdurchmesser wird zu groß, da sich die Bohrerspitze in der Bohrung außermittig verschiebt.
4. (2. + 3.) Die Schneidenlänge L ist ungleich und die Schneiden winkel sind unterschiedlich.	Kombination aus 2. + 3.	Der Bohrungsdurchmesser wird zu groß und der Bohrer wird rasch stumpf.

5.6.8 Schnittgeschwindigkeit beim Bohren

Die Drehfrequenzen dürfen an einer Werkzeugmaschine nicht willkürlich eingestellt werden. Die günstigste Drehfrequenz hängt vom Bohrerdurchmesser, dem Werkstoff des Werkzeugs und des Werkstücks ab. Zur Berechnung der Drehfrequenz benötigt man die für den Bohrer zulässige Schnittgeschwindigkeit, die sichert, dass der Bohrer nicht frühzeitig verschleißt und trotzdem noch wirtschaftlich bohrt.

Die Geschwindigkeit der Schneidenecke in Richtung der Schnittbewegung bezeichnet man als **Schnittgeschwindigkeit v_c** (Bild 1).

Der zurückgelegte Weg ist

bei 1 Umdrehung $s = \pi \cdot d \cdot 1$ in m,

bei n Umdrehungen $s = \pi \cdot d \cdot n$ in m.

Auf die Zeiteinheit bezogen ergibt sich die Drehfrequenz (Drehzahl n in $\frac{1}{\text{min}}$ oder min^{-1}).

Aus dem Produkt $\pi \cdot d \cdot n$ ergibt sich die Schnittgeschwindigkeitsformel beim Bohren:

$$v_c = \pi \cdot d \cdot n \qquad \text{in } \frac{\text{m}}{\text{min}}$$

Die zulässigen Schnittgeschwindigkeiten sind für die verschiedenen Werkstoffe in Versuchen ermittelt worden (Tabelle). Ist die **zulässige Schnittgeschwindigkeit** einer Tabelle entnommen worden, lässt sich die günstigste Drehfrequenz mit Hilfe der Schnittgeschwindigkeitsformel errechnen:

$$n = \frac{v_c}{\pi \cdot d} \qquad \text{in } \frac{1}{\text{min}}$$

Zur Bestimmung der richtigen Drehfrequenz des Bohrers benötigt man immer die zulässige Schnittgeschwindigkeit und den Bohrerdurchmesser.

Kann die errechnete Drehfrequenz nicht am Getriebe der Bohrmaschine eingestellt werden, wird immer mit der nächst niedrigeren Drehfrequenz gebohrt.

Meistens ermittelt man jedoch die Drehfrequenz aus einem Schnittgeschwindigkeitsdiagramm (siehe Diagramm 2).

Bei kleinem Bohrerdurchmesser wird eine große Drehfrequenz eingestellt!

Bei großem Bohrerdurchmesser wird eine kleine Drehfrequenz eingestellt!

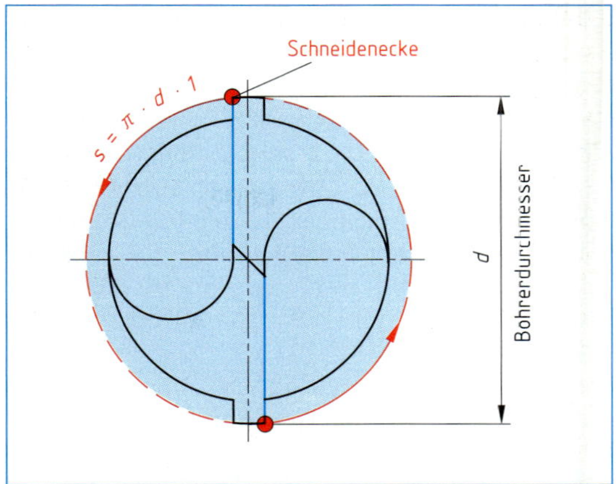

1 Weg der Schneidenecke bei 1 Umdrehung

Schnittgeschwindigkeit und Vorschub

Werkstoff	Schnittgeschwindigkeit v_c in m/min HSS	HM	Vorschub f in mm
St bis R_m = 400 N/mm²	25	80	0,04 ... 0,3
= 600	22	60	
= 800	18	40	0,03 ... 0,6
GG, GT, GS	15 ... 25	40 ... 70	0,05 ... 1,0
Werkzeugstahl	5 ... 10	20 ... 30	0,025 ... 0,5
Cu-Zn-Legierung	30 ... 80	80 ... 125	0,05 ... 1,0
Al-Legierung	35 ... 150	100 ... 200	0,05 ... 1,0

Beispiel: Vorschubeinstellung: Bohrerdurchmesser 10 mm, Werkstoff Fe360 B, ergibt sich v_c = 25 m/min, f = 0,04 mm...0,8 mm; gewählt 0,04 mm.

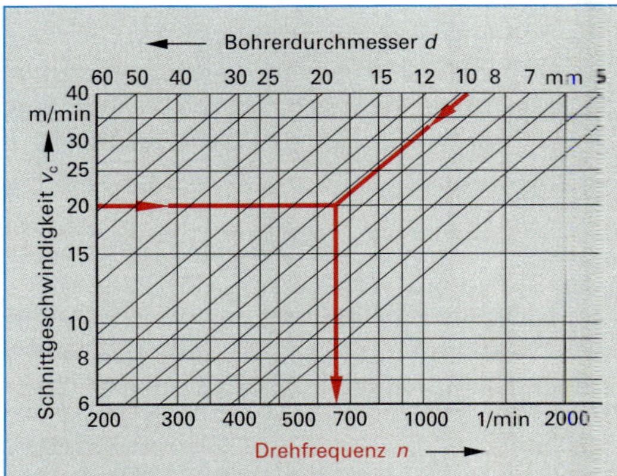

Beispiel: v_c = 20 m/min, d = 10 mm ermittelt: $n \approx 630 \frac{1}{\text{min}}$

2 Schnittgeschwindigkeitsdiagramm

5.6.9 Spannen der Werkzeuge

Der Einspannschaft des Spiralbohrers ist bis zum Bohrerdurchmesser von ca. 10 mm zylindrisch. Ist der Durchmesser größer, werden die Werkzeuge mit einem kegeligen Einspannschaft versehen.

Die Kraftübertragung erfolgt bei zylindrischem Schaft kraftschlüssig über ein Dreibacken- oder ein **Schnellspannfutter**. Genaue Bohrungen werden dabei nur erreicht, wenn der Bohrer auf dem Grund des Bohrfutters aufsitzt und fest und zentrisch gespannt wird (Bild 1).

Bohrer mit kegeligen Schäften übertragen das Drehmoment kraftschlüssig. **Reduzierhülsen** mit Morseschäften 2-6 (d.h. mit genormten Kegelwinkeln) passen den Bohrer an die jeweilige Bohrspindel an. Beim Spannen mit Kegelschäften ist darauf zu achten, dass der Austreiblappen nicht verkantet und sich keine Späne zwischen Hülse und Bohrer befinden (Bild 2). Bohrer mit Morsekegelschäften können auch auf Werkzeugmaschinen mit Steilkegel durch den Einsatz von Zwischenhülsen gespannt werden.

5.6.10 Spannen der Werkstücke

Ab 8 mm Bohrungsdurchmesser sind Werkstücke gegen Herumreißen zu sichern. Dies geschieht bei kleineren Werkstücken mit dem **Maschinenschraubstock**. Er wird, wenn nötig, auf dem Bohrmaschinentisch befestigt (Bild 3).

Große Werkstücke sind mit Hilfe von **Spanneisen**, **Spannschrauben** und **Spannunterlagen** direkt auf den Bohrmaschinentisch zu spannen.

Runde Werkstücke werden in ein **Bohrprisma** gelegt und mit einem Bügelspanneisen fixiert (Bild 3).

Spannfehler und deren Folgen:

- Die Durchgangsbohrung hat keinen Auslauf; der Bohrtisch wird beschädigt.
- Das Werkstück biegt sich beim Bohren durch; die Bohrung wird unrund (Bild 4).
- Die Winkligkeit wird nicht beachtet; die Bohrungsachse befindet sich nicht im rechten Winkel zur Oberfläche (Lagetoleranzfehler, Bild 5).

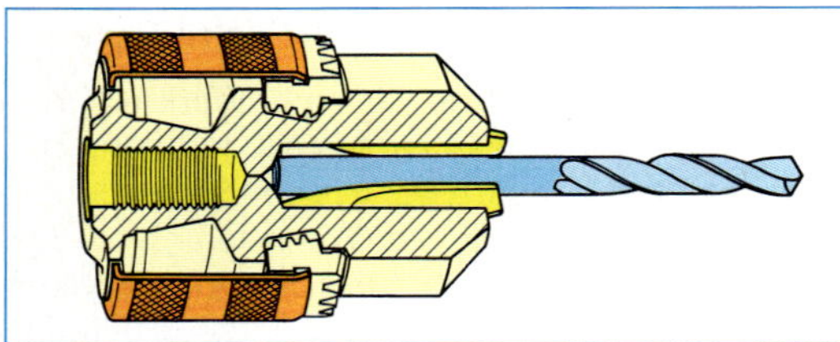

1 Dreibackenbohrfutter

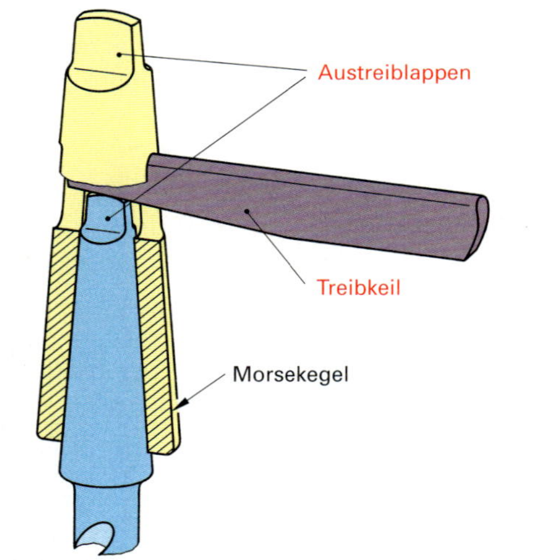

2 Bohrer mit Kegelschaft und Kegelhülse
Lösen mittels Treibkeil

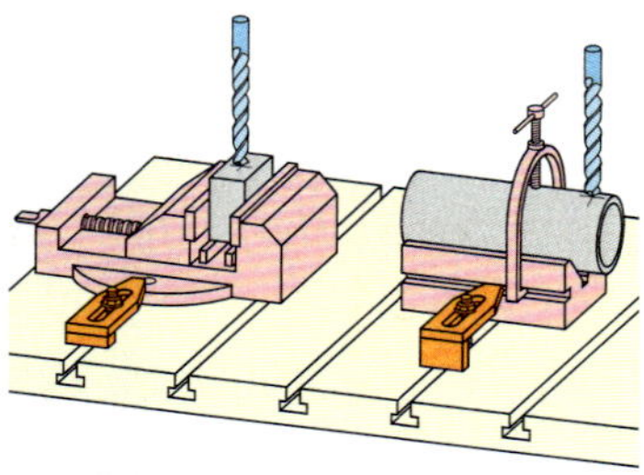

3 Bohren im Maschinenschraubstock und mit Bohrprisma

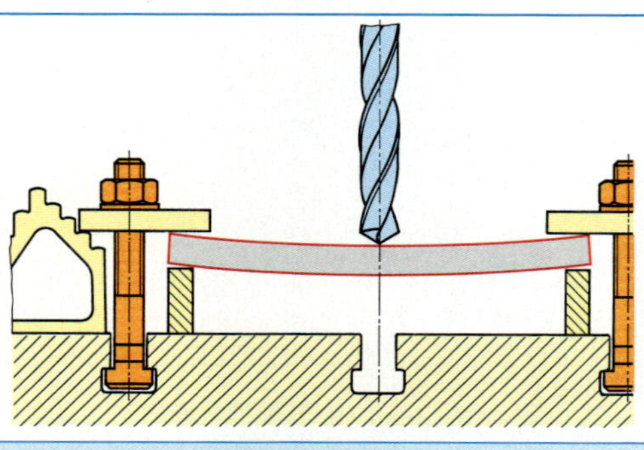

4 Spannfehler: Durchbiegung

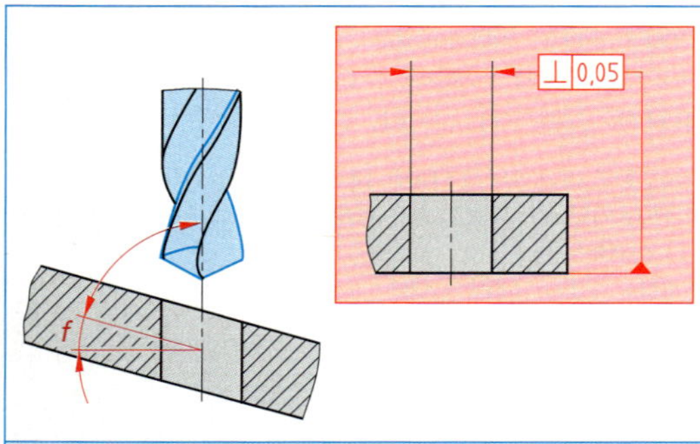

5 Lagetoleranzfehler

5.6.11 Arbeitsregeln – Unfallverhütung

Genaue Bohrungen werden nur durch die Einhaltung der wesentlichen Arbeitsregeln erzielt:

- Genaues Anreißen und Körnen.
- Richtige Auswahl des Bohrers (N, H oder W).
- Sicheres Einspannen und genaues Ausrichten des Werkzeugs und Werkstücks.
- Einstellen der notwendigen Drehfrequenz und des Vorschubs (siehe Seite 151).
- Falls nötig, geeignetes Kühlschmiermittel verwenden.
- Lochstiche nach Anbohren prüfen und gegebenenfalls korrigieren.
- Alle Bohrungen entgraten.

Unfallverhütung

Auch bei den sichersten Bohrmaschinen können durch Unachtsamkeit schwere Unfälle passieren. Darum ist Folgendes zu beachten:

- Kleidung mit engen Ärmeln tragen. Bei langen Haaren Kopfbedeckung aufsetzen!
- Keiltreiber aus der Bohrspindel und Schlüssel auf dem Bohrfutter nach Gebrauch sofort herausnehmen!
- Flache und kurze Werkstücke gegen Herumreißen sichern. Ab 8 mm Bohrerdurchmesser alle Werkstücke festspannen (Bild 1).
- Schutzvorrichtungen müssen während des Arbeitens angebracht sein. Riemen nur bei Stillstand umlegen!
- Bohrspäne mit dem Pinsel entfernen!
- Beim Bohren spröder Werkstoffe Schutzbrille tragen!
- Fehler an Teilen der elektrischen Ausrüstung sofort melden (nicht selber reparieren)!

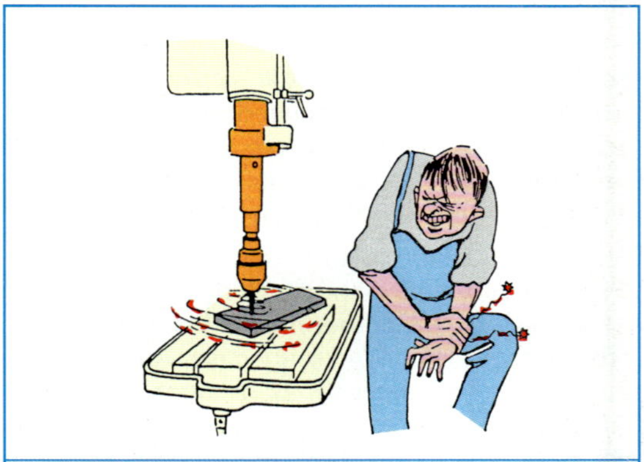

1 Unfallverhütung beim Bohren

5.6.12 Bohrmaschinen

Die Auswahl der geeigneten Bohrmaschinen richtet sich nach der Größe des Werkstücks, dem Umfang und der Art der Bohrarbeiten.

In der Einzel- und Kleinserienfertigung werden die meisten Bohrarbeiten auf Tisch-, Säulen- und Ständerbohrmaschinen (Bild 2) ausgeführt. In der Serienproduktion wird das Bohren weitestgehend automatisiert. Eingesetzt werden Mehrspindelbohrmaschinen und CNC-Bohr-Bearbeitungszentren.

Handbohrmaschinen benutzt man vor allem bei Montagearbeiten, die nicht ortsgebunden sind. Der Antrieb ist elektrisch oder pneumatisch. Für spezielle Materialien (Stein, Beton) ist die Handbohrmaschine mit einem Schlagwerk ausgerüstet. Der Bohrer schlägt sich bei gleichzeitiger Drehung axial ins Material.

Tischbohrmaschinen werden für kleinere Bohrungen und Werkstücke eingesetzt. Die Drehmomentübertragung erfolgt über einen Riementrieb. Der Vorschub wird von Hand ausgeführt.

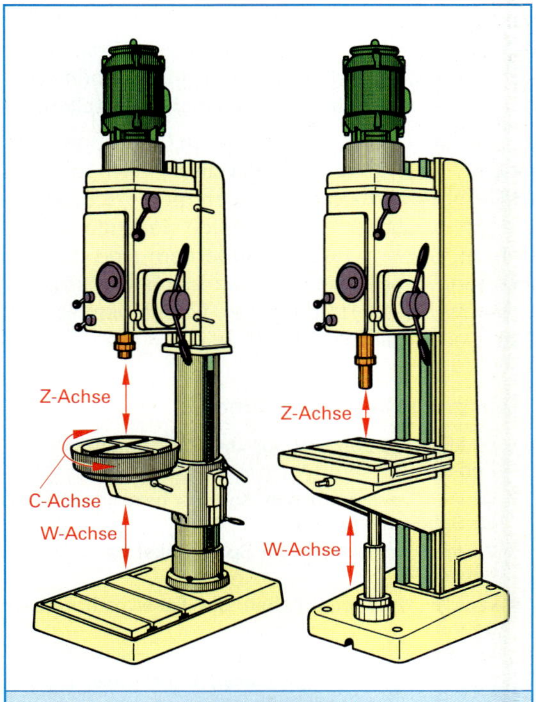

2 Säulen- und Ständerbohrmaschine

Bei einer **Säulenbohrmaschine** besteht das Gestell aus einem stabilen Rohr. Die Drehfrequenz kann oft stufenlos oder aber über ein Zahnradgetriebe eingestellt werden. Der Vorschub lässt sich von Hand oder über ein Getriebe (automatisch) betätigen. Der Bohrtisch ist höhenverstell- und schwenkbar.

Die **Ständerbohrmaschine** ist in ihrem Aufbau einer Säulenbohrmaschine ähnlich. Ihr Gestell ist ein steifer Kasten, welcher auf der Vorderseite mit einer Schlittenführung versehen ist. Durch diesen Aufbau ist die Aufnahme von schweren Werkstücken möglich. Die Drehfrequenz und der Vorschub lassen sich wie bei der Säulenbohrmaschine einstellen.

Zur Herstellung von Bohrungen bei großen und sperrigen Werkstücken eignet sich die **Auslegerbohrmaschine** (auch Radialbohrmaschine). Sie kann verschiedene Werkstückpunkte in einer Einspannung anfahren, wobei der Bohrkopf mit dem Werkzeug jeweils verstellt wird (Bild 1).

Wenn es im Verhältnis zum Bohrungsdurchmesser um besonders tiefe Bohrungen geht (Bild 2), eignet sich eine **Tieflochbohrmaschine** mit waagerecht angeordneter Werkzeugachse. An einer solchen Maschine werden Bohrungen, z. B. für Kühlkanäle, mit Hilfe von speziellen Bohrern in die Werkstücke eingebracht.

Eine typische Maschine der Großserienfertigung ist die **Mehrspindelbohrmaschine**, deren Konstruktion des Bohrkopfes den gleichzeitigen Einsatz mehrerer Werkzeuge mit jeweils unterschiedlichen Drehzahlen ermöglicht. Ihre Bohrspindeln können in zwei Achsrichtungen verschoben werden und so verschiedene Lochstiche herstellen.

Durch einen Werkzeugspeicher in Verbindung mit einem Werkzeugwechselsystem ermöglichen **CNC-Bohr-Bearbeitungszentren** mehrere Bearbeitungen in rascher Folge (wenige Sekunden), z. B. Bohren, Senken, Reiben. Außerdem sind die Anwendungsmöglichkeiten einer solchen Maschine dadurch erweitert, dass der Maschinentisch in 3 Achsen verfahrbar ist.

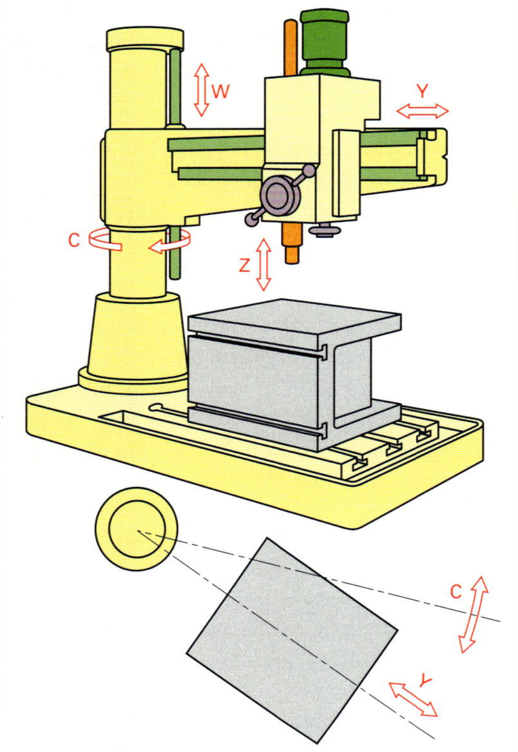

1 Auslegerbohrmaschine

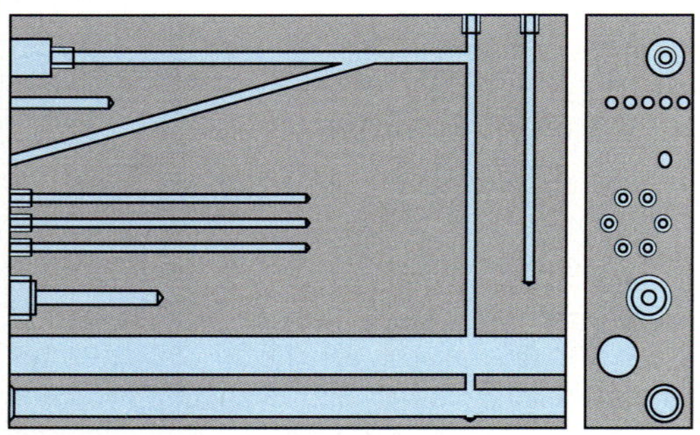
2 Anwendungsbeispiele für Tieflochbohrer

Überprüfen Sie Ihre Kenntnisse

1 **Erklären Sie den Vorgang der Spanabnahme beim Bohren.**

2 **Welche Bewegung des Bohrers bezeichnet man als Schnittbewegung?**

3 **Wonach richtet sich der Spanwinkel beim Spiralbohrer?**

4 **Welche Aufgaben haben die Fasen am Spiralbohrer?**

5 **Skizzieren Sie einen Spiralbohrer und tragen Sie Frei-, Keil- und Spanwinkel, Bohrerfase, Hauptschneide und Spanfläche ein!**

6 **Ordnen Sie den Bohrertypen N, H, W die Drallsteigungswinkel klein, mittel, groß und die zu bearbeitenden Werkstoffe zu!**

7 **Wonach richtet sich der Spitzenwinkel σ beim Spiralbohrer?**

8 **Erklären Sie den Einsatzbereich unterschiedlicher Bohrmaschinen!**

9 **Aus welchen Werkstoffen werden Bohrer hergestellt und welche Vor- bzw. Nachteile haben sie?**

10 **Stellen Sie einen genauen Arbeitsplan für eine fachgerecht ausgeführte Bohrung auf!**

5.7 Senken

Für das Entgraten, Profilsenken (kegelig und zylindrisch) und Planen (Ein- und Ansenken) sind besondere Bohrverfahren entwickelt worden:

Senken entspricht einem Bohrvorgang zur Erzeugung von Zylinder- oder Kegelflächen in Richtung der Bohrungsachse (Bilder 2 und 5) und von Planflächen rechtwinklig zur Bohrungsachse (Bild 3) mit dementsprechenden Werkzeugen.

5.7.1 Arten und Verwendung von Senkern

Das im Beispiel dargestellte Werkstück wird nach dem Vorbohren mit verschiedenen Senkern bearbeitet (Bilder 1 bis 5). Die Werkzeuge bestehen aus HSS-Stahl oder Hartmetall.

Plansenken

Mit dem Plansenker (Flachsenker) wird am Werkstück eine Planfläche angesenkt (Bild 3). Sie dient häufig als Auflagefläche für Schrauben und Muttern bei sonst im Rohzustand belassener Oberfläche. Es gibt Plansenker mit und ohne Führungszapfen.

Aufbohren

Eine vorhandene Bohrung wird mit einem Spiralsenker (Aufbohrer, drei und mehr Schneiden) aufgebohrt (Bild 2). Dabei werden die Maß- und Formgenauigkeit, sowie die Oberflächengüte der Bohrung erhöht.

Planeinsenken

Zylindrische Einsenkungen werden mit dem Flachsenker (Zapfensenker) ausgeführt (Bild 4). Es gibt Flachsenker mit festem und auswechselbarem Führungszapfen.

Profilsenken

Der **Kegelsenker** fertigt kegelige Profilsenkungen (Bild 5). Der Senkwinkel ist für Nieten 75°, 60° oder 45°, für Senkschrauben 90° und 120° und zum Entgraten 60°. Je nach Ausführung kann der Kegelsenker eine, drei oder viele Schneiden besitzen.

Die **Senkarbeiten** lassen sich auf allen Bohr-, Fräs- und Drehmaschinen durchführen.

5.7.2 Arbeitsregeln

- Kleine Drehfrequenzen einstellen (Schnittgeschwindigkeit $v_c = 0{,}2 \cdot v_c$-Bohrer bis $0{,}5 \cdot v_c$-Bohrer), beim Spiralsenker $v_c = v_c$-Bohrer!
- Senker mit zylindrischem Schaft bis auf den Grund des Spannfutters einspannen.
- Gleiche Kühlmittel wie beim Bohren verwenden, jedoch nur bei Auf- und Einsenkungen kühlen!
- Vorschub kann größer als beim Bohren gewählt werden (vor allem beim Aufsenken).

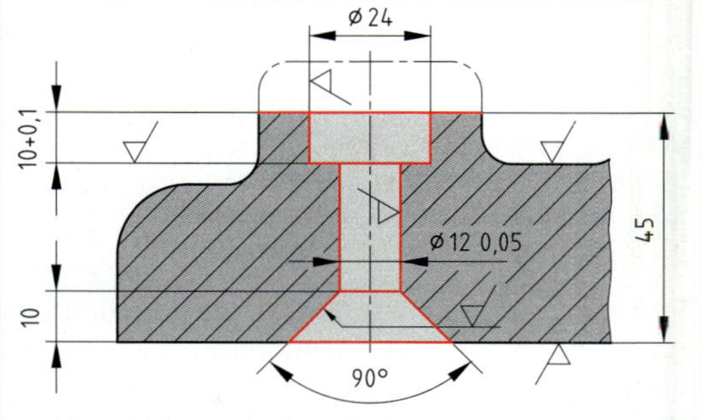

1 Durch Bohren und Senken zu bearbeitendes Werkstück aus Grauguss

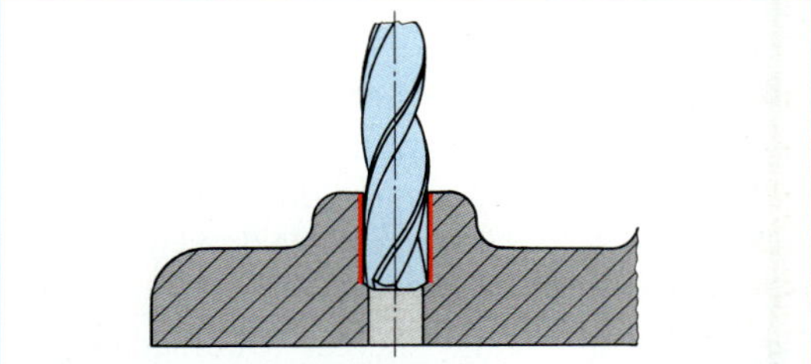

2 Aufbohren mit dem Spiralsenker

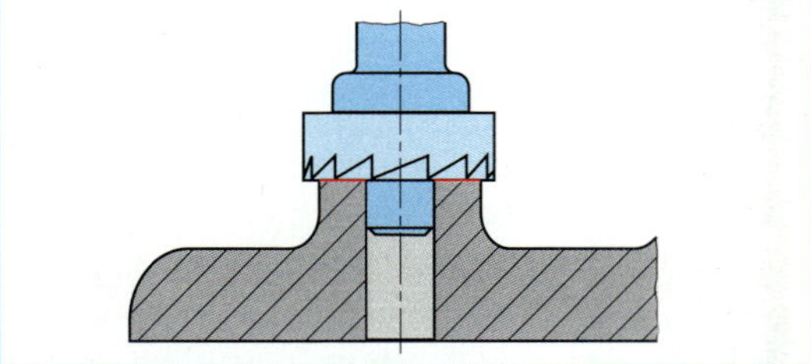

3 Planansenken mit dem Plansenker

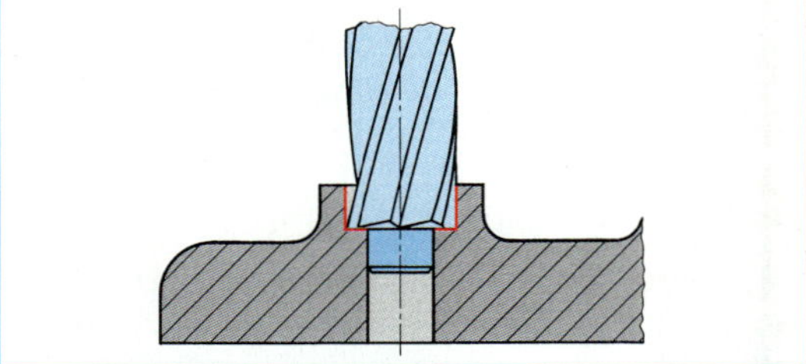

4 Planeinsenken mit dem Flachsenker

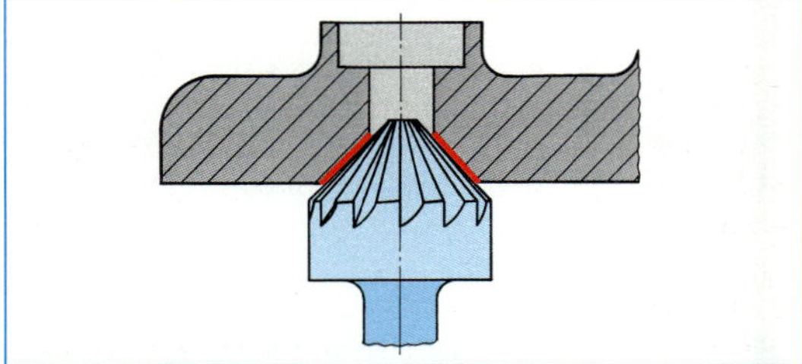

5 Profilsenken mit dem Kegelsenker

5.8 Reiben

Soll eine Bohrung, wie in der nebenstehenden Zeichnung, mit den geforderten Maß- und Formtoleranzen und der hohen Oberflächengüte gefertigt werden, so ist dies durch Bohren allein nicht mehr möglich. Die Bohrung muss durch Reiben feinbearbeitet werden.

Die Bohrungen erhalten durch diese Feinbearbeitung **kleine Maß- und Formtoleranzen** und eine **hohe Oberflächengüte** (Bild 2).

Reiben entspricht einem Bohrvorgang mit sehr geringer Spandicke zwecks Erhöhung der Oberflächengüte mit entsprechenden Werkzeugen.

5.8.1 Die Spanabnahme beim Reiben

Die Spanabnahme beim Reiben geschieht wie beim Bohren und Senken durch die **drehende** (Schnittbewegung) und die **axiale Bewegung** (Vorschubbewegung) des Werkzeugs.

Die Erzeugung einer hohen Oberflächengüte durch Reiben erfordert **niedrige Schnittgeschwindigkeiten** und **kleine Vorschübe** (ca. $^1/_4$ des Wertes vom Bohren, vgl. die Übersicht auf Seite 151). Durch die Verwendung von Schmiermitteln, z. B. Schneidöl, lassen sich die Oberflächen weiter verbessern und der Werkzeugverschleiß vermindern.

5.8.2 Reibwerkzeug

Das Werkzeug zum Reiben wird Reibahle genannt. Der spanende Teil der Reibahle ist der Schneidenteil. Er besteht aus Anschnitt und Führungsteil. Die Spanabnahme erfolgt nur am Anschnitt, der Führungsteil glättet und führt (Bild 3).

Die hohe Oberflächengüte beim Reiben wird auch durch die **schabende Wirkung** der Schneiden erreicht. Es dürfen vom Werkstoff nur dünne Späne abgenommen werden. Der Spanwinkel muss daher 0° oder negativ sein (Bild 4).

Die **Zahnteilung** ist bei der Anordnung der Schneiden am Umfang **ungleich** (Bild 4), dadurch werden Rattermarken vermieden (kein Eingriff der nachfolgenden Schneide an derselben Stelle). Trotzdem stehen sich jeweils zwei Schneiden gegenüber, um den Durchmesser der Reibahle messen zu können.

Nur vorgebohrte Löcher können gerieben werden. Dabei sind die Bearbeitungszugabe und die Schneidenanzahl immer vom Durchmesser der Reibahle abhängig.

Je mehr Schneiden vorhanden sind, desto besser wird die Formgenauigkeit.

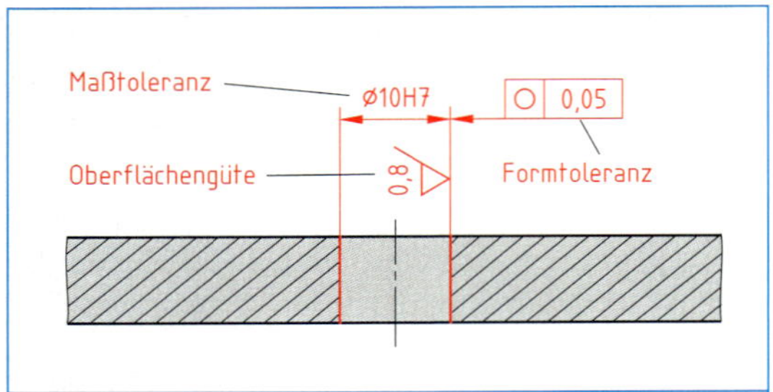

1 Geriebene Bohrung

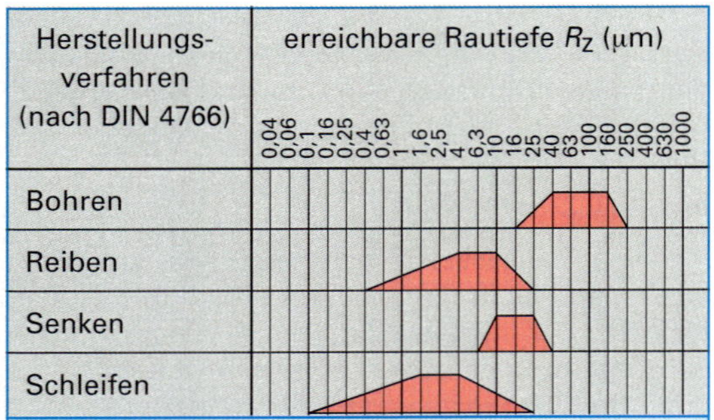

2 Vergleich erreichbarer Rautiefen

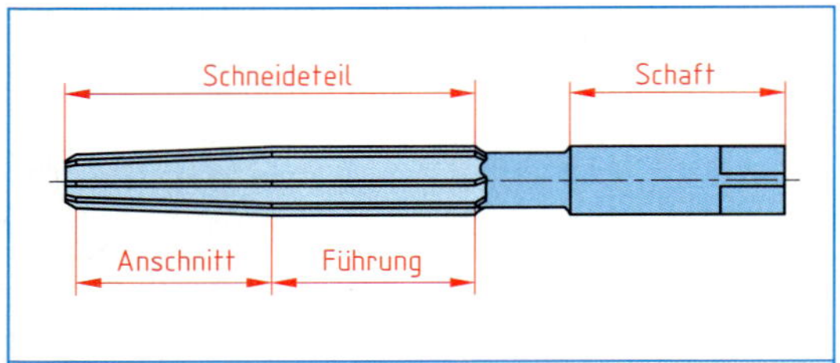

3 Aufbau einer Handreibahle

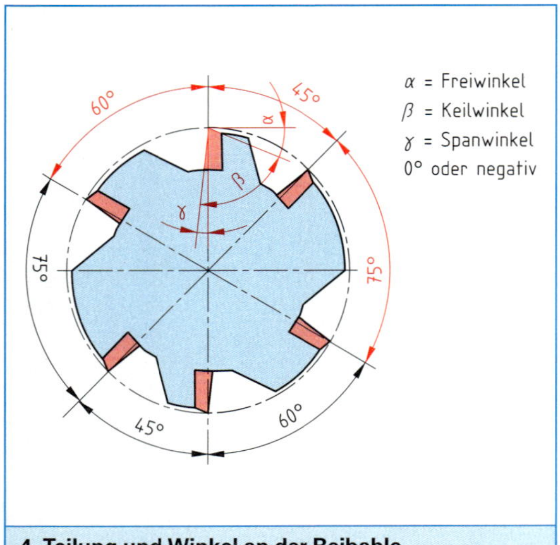

4 Teilung und Winkel an der Reibahle

5.8.3 Arten und Verwendung von Reibahlen

Eine Bohrung kann von Hand oder auf der Bohrmaschine durch Reiben bearbeitet werden. Unterschieden wird zwischen **Hand- und Maschinenreibahle** (Bild 1 und Bild 2).

Handreibahle	Maschinenreibahle
Langer Anschnitt (Selbstzentrierung)	kurzer Anschnitt (Führung durch Maschine)
Schaft zylindrisch mit Vierkant für Windeisen (genormt)	Schaft zylindrisch oder mit Morsekegel zum Einspannen ins Maschinenfutter
Werkstoff: meist HSS-Stahl	Werkstoff: HSS-Stahl, HM und Werkzeugstahl HM-bestückt.

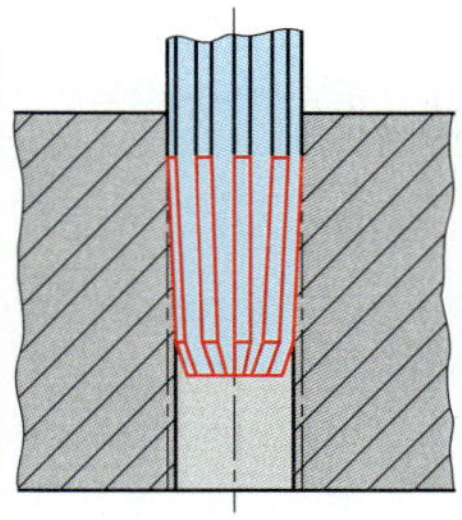

1 Langer Anschnitt Handreibahle

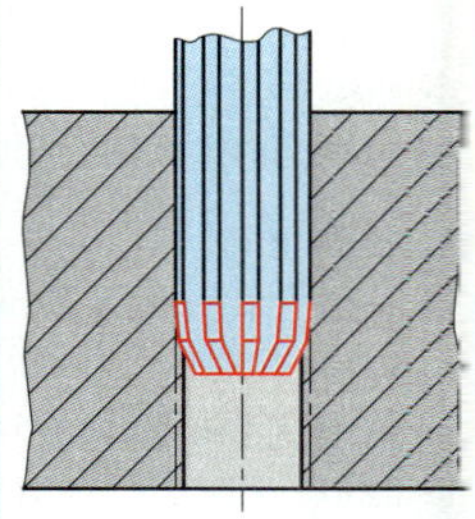

2 Kurzer Anschnitt Maschinenreibahle

Fertigungsaufgabe	Werkzeugart	Begründung der Werkzeugwahl
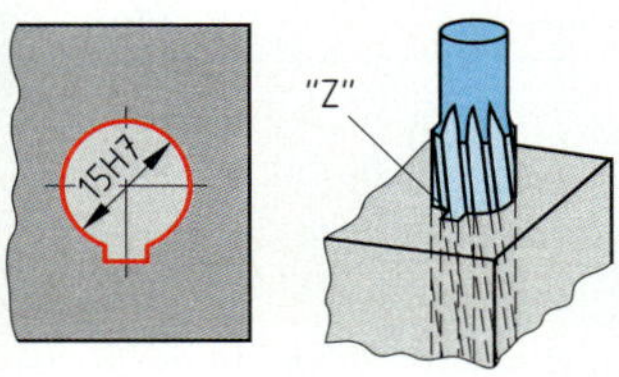	**Drallverzahnte Hand- oder Maschinenreibahle** DIN 206 B Das Werkzeug hat immer Linksdrall, damit sich die Reibahle nicht in die Bohrung zieht. 	Bei gradverzahnten Reibahlen würde ein Haken an der Nutenecke erfolgen („Z"). Die drallgenutete Werkzeugschneide überbrückt die Längsnut, sie verläuft diagonal. Dadurch wird die Schneide immer in der Bohrung geführt.
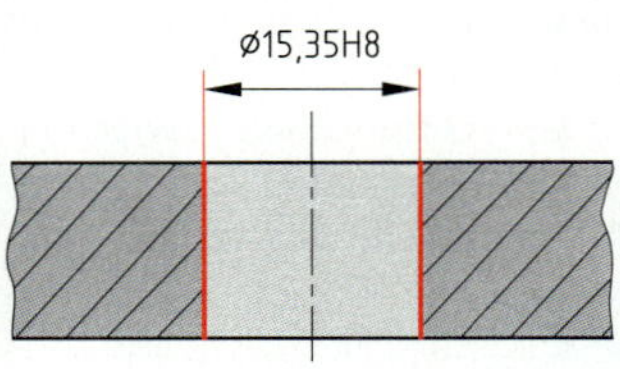	**Nachstellbare Reibahle** DIN 859 Geschlitzte Form oder mit eingesetztem Messer. Verstellbereich je nach Ausführung und Durchmesser: geschlitzt 0,01 mm ... 0,1 mm, mit verstellbarem Messer 1 mm ... 5,5 mm. 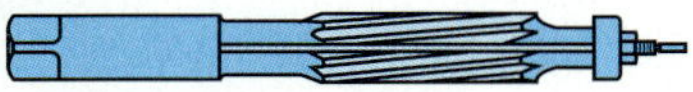	Bohrdurchmesser können beliebig eingestellt werden. Teure Einzelreibahlen z. B. für Ø 15,35 mm, brauchen nicht angeschafft zu werden. Außerdem lassen sich die nachstellbaren Reibahlen, im Gegensatz zu denen mit festem Maß, nachschleifen.
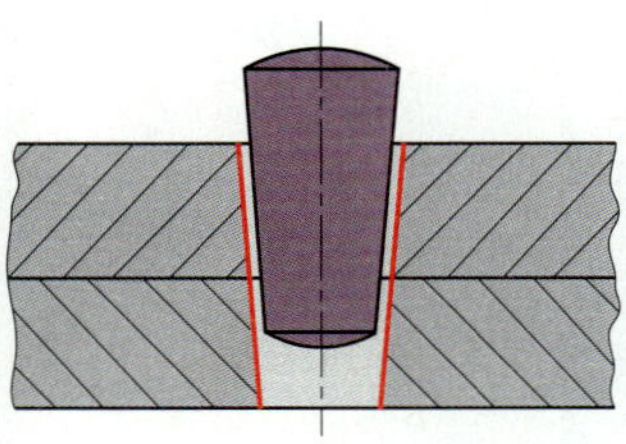	**Kegelreibahle** DIN 9 und DIN 204 Bei Kegel 1 : 50, Aufreiben der Kegelstiftbohrung in einem Arbeitsgang. Bei Werkzeugkegel 1 : 20 in drei Arbeitsgängen aufreiben. 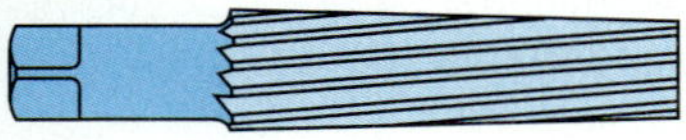	Zylindrische Bohrungen lassen sich durch Aufreiben mit Kegelreibahlen zu Kegelstumpfbohrungen erweitern.
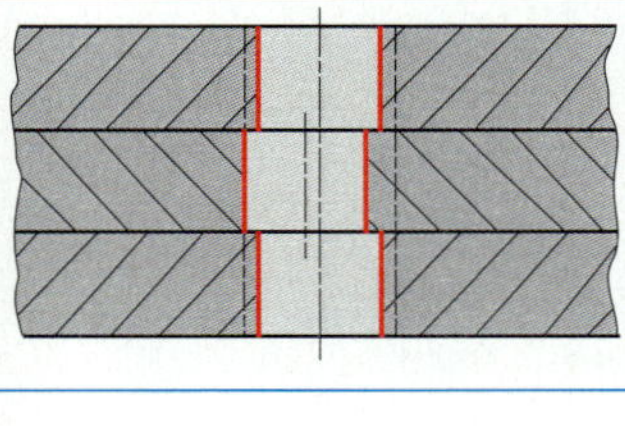	**Nietlochreibahle** DIN 311 Merkmale: Langer Anschnitt und drallgenutet. 	Dient zur Erweiterung grober Bohrungen und um Ungenauigkeiten bei Durchgangslöchern auszugleichen.

5.8.4 Arbeitsregeln – Unfallverhütung

Allgemein

- Beim vorherigen Bohren die nötige Werkstoffzugabe wählen (siehe Tabelle).
- Zur Herstellung von Grundlöchern Grundreibahlen mit kurzem Anschnitt und rechtsgewendelten Schneiden verwenden.

Handreibahle

- Werkzeug mit Windeisen rechtwinklig zum Werkstück einführen und anschneiden.
- Mit gleichmäßigem Druck langsam im Uhrzeigersinn eindrehen.
- Mit Schneidöl schmieren.
- Herausdrehen auch im Uhrzeigersinn, da sonst die Schneiden ausbrechen können.

Maschinenreibahle

- Richtige Drehfrequenz (niedrige Schnittgeschwindigkeit) einstellen.
- Gleichmäßigen Handvorschub oder entsprechend kleinen Maschinenvorschub wählen.
- Kühl-/Schmierstoff ist in der Regel Schneidöl (Werkstoff des Werkstücks beachten).

Unfallverhütung

- ▶ Bohrungen entgraten!
- ▶ Reibspäne nur mit dem Maschinenpinsel entfernen!
- ▶ Richtigen Vorschub wählen (Bruchgefahr)!

Bearbeitungszugaben beim Reiben

Reibahlendurchmesser in mm	Bearbeitungszugabe in mm	Anzahl der Schneiden mindestens
bis 5	0,1	6
5...10	0,1...0,2	6
11...20	0,2...0,3	8
21...30	0,3	10
31...43	0,3...0,4	12
über 43	0,4...0,5	14

Überprüfen Sie Ihre Kenntnisse

1. **Wozu dient das Senken?**
2. **Nennen Sie drei verschiedene Senker und erläutern Sie deren Einsatzmöglichkeiten.**
3. **Aus welchen Werkstoffen werden Senker hergestellt?**
4. **Vergleichen Sie Schnittgeschwindigkeit und Vorschub von Senken und Reiben.**
5. **Warum werden Bohrungen gerieben?**
6. **Erklären Sie den Aufbau einer Reibahle.**
7. **Warum hat eine Reibahle unterschiedliche Schneidenteilung?**
8. **Wodurch wird die schabende Wirkung der Reibahle verursacht?**
9. **Wie werden Handreibahlen aus der Bohrung gedreht?**
10. **Welche Kühl-/Schmiermittel verwendet man beim Reiben?**
11. **Beschreiben Sie den Unterschied zwischen Hand- und Maschinenreibahle.**
12. **Stellen Sie einen Arbeitsplan für eine zu reibende Bohrung auf.**

5.9 Gewindeschneiden

Gewinde werden für unterschiedliche Funktionen benötigt und gefertigt. Sie dienen z. B. bei Schrauben (Außengewinde) und Muttern (Innengewinde, Bild 1) zur Verbindung von Werkstücken oder, z. B. bei Spindeln (meist mit Trapezgewinde), zum Bewegen von Maschinenteilen gegeneinander.

Kennzeichnend für jedes Gewinde sind folgende Größen (siehe auch Seite 210 und Seite 211):

- sein **Profil** (Spitzgewinde, Trapezgewinde, ...),
- seine **Steigung**,
- seine **Gangzahl** (ein- oder mehrgängig) und
- seine **Gangrichtung** (Rechts-/Linksgewinde).

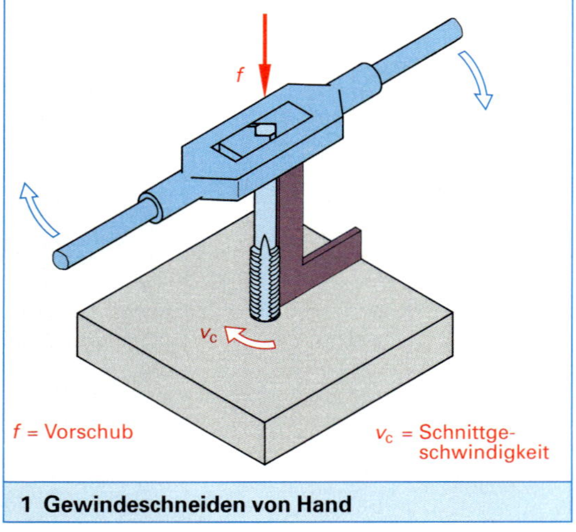

1 Gewindeschneiden von Hand

Unabhängig davon gibt es noch weitere Unterscheidungskriterien (vgl. auch Kap. 8.2 Schraubverbindung, Seite 208), welche bei der Auswahl von Gewinden hilfreich sind, wie die **Lage** des Gewindes (Innen- oder Außengewinde) und die jeweilige **Verwendung** des Gewindes (Befestigungs- oder Bewegungsgewinde).

In der Gewindefertigung gibt es eine kaum noch zu überschauende Anzahl spanender und auch spanloser Herstellverfahren.

Bei der spanenden Gewindeherstellung, dem Gewindeschneiden, werden Gewindegänge auf Bolzen oder in Bohrungen mit ein- oder mehrschneidigen Werkzeugen gefertigt.

Als Beispiele für die Vielzahl der Gewindeherstellverfahren seien hier genannt:

Spanende Gewindeherstellung:

(Drehmaschine) Gewindedrehen, -strehlen (Bild 1),
(Fräsmaschine) Gewindefräsen,
(Schleifmaschine) Gewindeschleifen,
(Bohrmaschine oder von Hand) Gewindebohren.

Spanlose Gewindeherstellung:

(Bohrmaschine) Gewindeformen,
(Gewindewalzmaschine) Gewindewalzen,
(Gewinderollmaschine) Gewinderollen.

Bei Kleinstserien, Einzelteilfertigung und Reparatur werden Innen- und Außengewinde spanend von Hand oder mit der Bohrmaschine hergestellt.

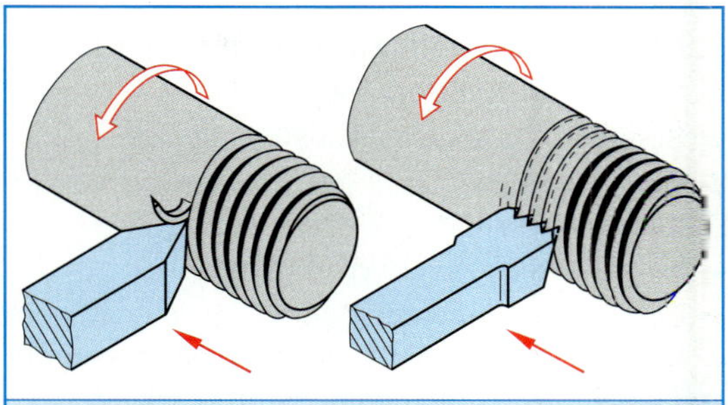

1 Gewindeschneiden und Gewindestrehlen durch Drehen

5.9.1 Innengewindeschneiden von Hand

Die **spanabnehmende Bewegung** setzt sich zusammen aus einer **Drehbewegung** des Gewindebohrers (Hauptbewegung) und einer **Axialbewegung** in die Bohrung hinein (Vorschubbewegung). Der kegelige Anschnitt des Werkzeugs und die Steigung der Gewindegänge bewirken eine allmähliche Vertiefung bis zur endgültigen Profilform (Bild 2).

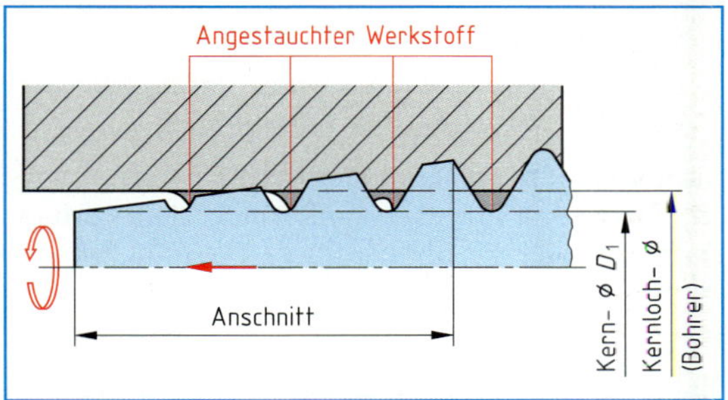

2 Spanungsvorgang Innengewindeschneiden

Beim Innengewindeschneiden wird der Werkstoff durch den Gewindebohrer zum größten Teil geschnitten, es findet also eine überwiegend spanende Bearbeitung statt. Ein Rest des Werkstoffs wird verdrängt (spanlos), er staucht sich auf (Bild 2). Deshalb muss der Durchmesser des **Kernlochbohrers** immer etwas größer (0,2 mm ... 0,4 mm) als der Kerndurchmesser des Gewindes sein.

Je besser der Werkstoff fließt (z.B. Al, Cu), desto größer muss das Kernloch werden.

5.9.2 Gewindebohrer

Satzgewindebohrer (dreiteilig oder zweiteilig für Feingewinde), **Muttergewindebohrer** und **Maschinengewindebohrer** sind die gebräuchlichsten Bohrerarten bei der Gewindeherstellung. Sie bestehen meistens aus HSS-Stahl oder aus Hartmetall.

Beim Satz- und Muttergewindebohrer wird die Schnittbewegung von Hand ausgeführt. Der Satzgewindebohrer schneidet das Gewindeprofil in zwei bzw. drei Arbeitsgängen (Bild 3).

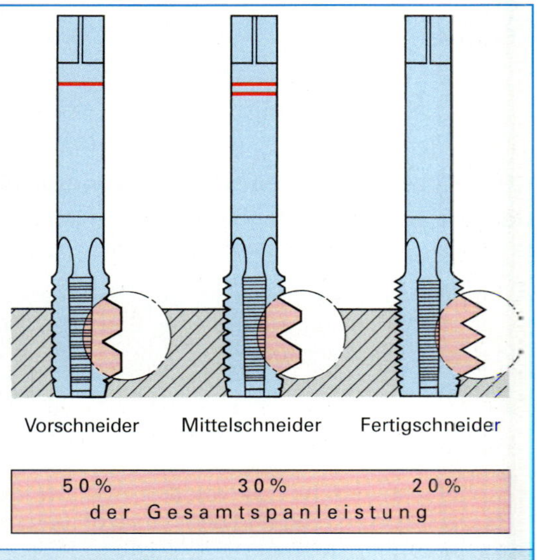

3 Satzgewindebohrer

Der **Muttergewindebohrer** wird für geringe Gewindetiefen (bis 1,5 · Gewindedurchmesser) eingesetzt. Er hat einen langen Anschnitt und schneidet das Gewinde in einem Arbeitsgang (Bild 1).

5.9.3 Winkel an der Schneide

Die Schneidengeometrie wird vom zu bearbeitenden Werkstoff bestimmt. Für weiche, langspanende Werkstoffe (Al, Cu) sind größere Spanbrechernuten erforderlich als für harte, kurzspanende Werkstoffe. Dadurch ändert sich gleichzeitig der Spanwinkel γ (Tabelle 2).

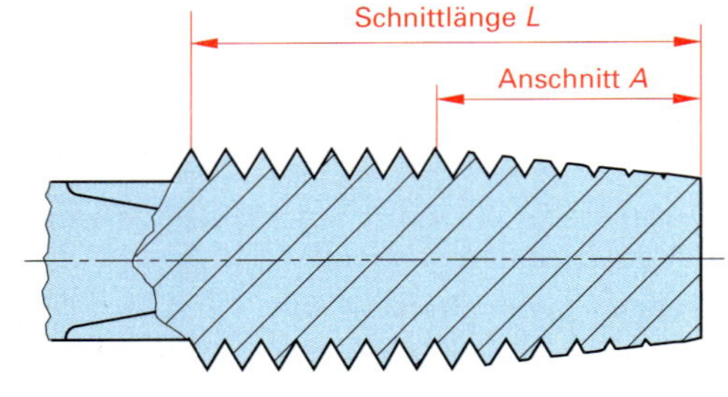

1 Muttergewindebohrer

Werkstoff	Fe360B…Fe690	GG	Al
γ = Spanwinkel	10°…12°	4°…6°	16°…22°

2 Winkel am Gewindebohrer

5.9.4 Arbeitsregeln zum Innengewindeschneiden von Hand

- Bohrloch mit Kegelsenker 90° ansenken.
- Gewindebohrer Nr. 1 ins Bohrloch einsetzen und anschneiden.
- Rechtwinkligkeit zum Werkstück prüfen.
- Den Gewindebohrer unter gleichmäßigem Druck beider Hände mit dem Windeisen drehen.
- Ausreichend Kühl-/Schmierstoff verwenden.
- Bei Schwergängigkeit kurzes Zurückdrehen des Gewindebohrers, damit die Späne brechen.
- Die Reihenfolge der Satzgewindebohrer beachten.
- Bei Grundlöchern Spänestau vermeiden und vorsichtig bis zum Grund drehen.

Die **Gewindetiefe** ist von der Kernlochtiefe abhängig. Sind keine Angaben zur Kernlochtiefe vorhanden, lässt sich die Bohrlochtiefe wie folgt berechnen:

Mindestbohrlochtiefe = Gewindetiefe + 0,7 · Kernlochbohrerdurchmesser

$$l_{min} = l_{Gew} + 0{,}7 \cdot d_{Bohrer}$$

Beispiel:

l_{min} = 15 mm + 0,7 · 6,8 mm

l_{min} = **19,76 mm**

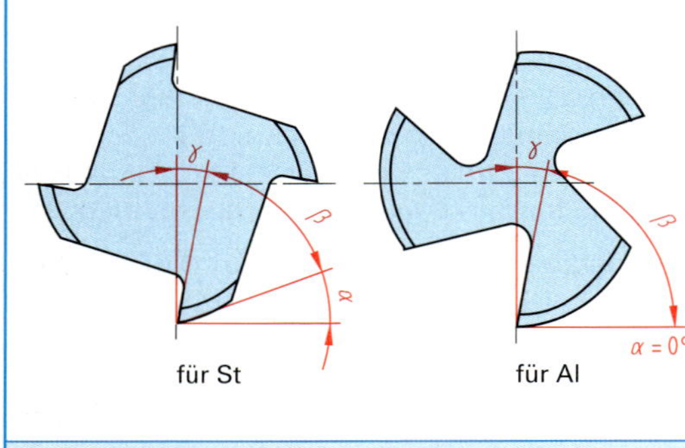

3 Winkel am Gewindebohrer

5.9.5 Arbeitsregeln zum Innengewindeschneiden auf der Bohrmaschine

Innengewinde kann man mit dem Maschinengewindebohrer auf der Bohrmaschine schneiden. Dabei sind folgende **Arbeitsregeln** zu beachten:

- Keinen Vorschub einstellen. Der Gewindebohrer zieht sich aufgrund seiner Steigung von selbst in das Werkstück.
- Die Bohrmaschine muss Rechts- und Linkslauf haben, denn der Bohrer muss wieder zurückgedreht werden.
- Kühl-/Schmiermittel verwenden (Schneidöl). Dabei das Werkzeug und den Werkstoff berücksichtigen (vgl. Bohren).
- Die Schnittkraft muss zur Vermeidung von Bohrerbrüchen möglichst einstellbar sein. Mit einem Gewindeschneidapparat, der in die Bohrspindel gesteckt werden kann, lässt sich die Schnittkraft einstellen und der Rücklauf schaltet sich selbsttätig ein (Grundlöcher!).
- Auf die richtige Schnittgeschwindigkeit achten (Richtwerte: St ≙ 12 $\frac{m}{min}$, GG ≙ 8 $\frac{m}{min}$).
- Den richtigen Gewindebohrer auswählen.

5.9.6 Maschinengewindebohrer

Maschinengewindebohrer unterscheiden sich durch rechts- und linksgedrallte Spannuten (Bilder 1 und 2). **Linksgedrallte Bohrer** führen die Späne nach unten ab (geeignet für Durchgangsbohrungen). **Rechtsgedrallte Bohrer** ziehen die Späne aus der Bohrung heraus (geeignet für Grundlöcher).

Gewindelängen bis maximal 1 · Gewindedurchmesser lassen sich rationell mit einem **Maschinenkombigewindebohrer** herstellen (Bild 3).

Alle Maschinengewindebohrer haben einen **kurzen Anschnitt** und schneiden das Gewinde meistens in einem Arbeitsgang.

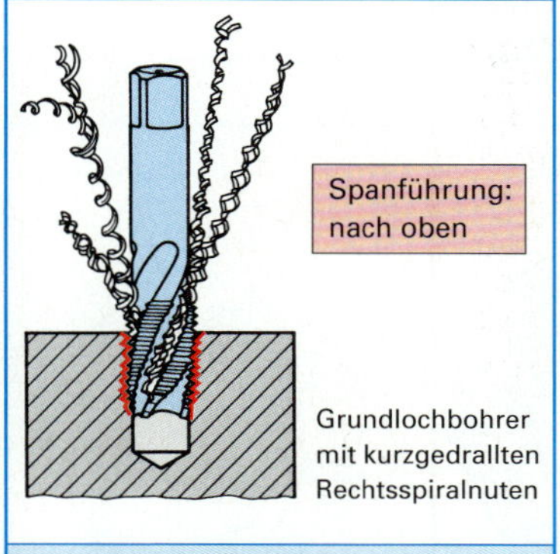

1 Maschinengewindebohrer mit Rechtsdrall

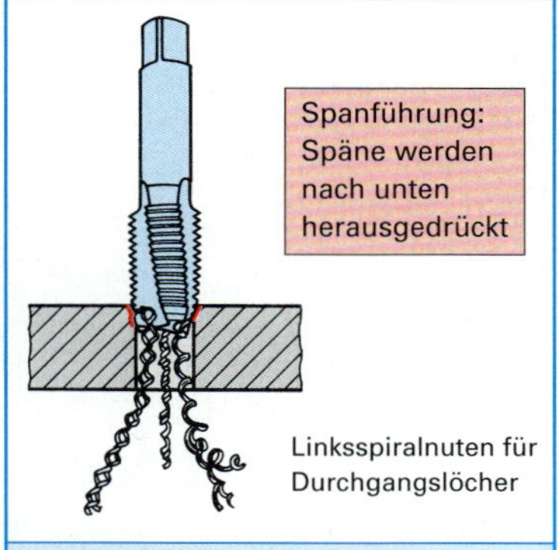

2 Maschinengewindebohrer mit Linksdrall

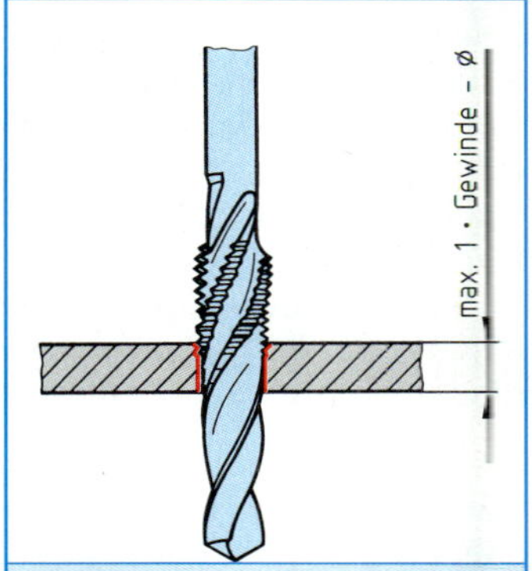

3 Maschinenkombigewindebohrer

War die Gewindeherstellung lange Zeit ein sehr zeitraubendes und damit teures Verfahren, so ist dies mit den neuesten Entwicklungen im Bereich der Gewindebohrer nicht mehr so. Beschichtete Gewindebohrer, teilweise mit Innenkühlung ausgestattet, erlauben sehr hohe Schnittgeschwindigkeiten (bis ca. 50 m/min!) bei gleichzeitig hoher Standzeit (Bild 4). Die Beschichtung besteht wie auch bei den Spiralbohrern aus Titan-Nitrid (TiN), dessen sehr gute Eigenschaften in bestimmten Einsatzgebieten durch Zusätze noch verbessert werden (TiCN, TiAlN).

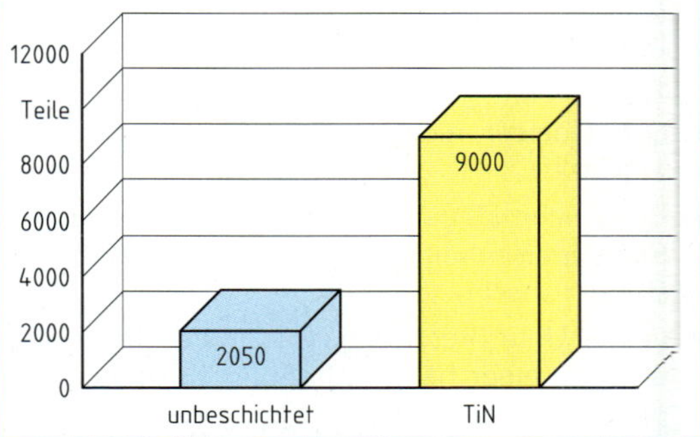

4 Vergleich der Standzeiten

5.9.7 Außengewindeschneiden von Hand

Zum Schneiden der Außengewinde von Hand verwendet man Schneideisen (Bild 5) und Gewindeschneidkluppen.

Wie beim Innengewindeschneiden tritt auch beim Spanen mit dem Schneideisen, nachdem der größte Teil des Gewindeprofils eingeschnitten ist, ein Stauchen des Werkstoffs auf. Der Bolzendurchmesser muss deshalb einen etwas kleineren Durchmesser haben als der zu schneidende Gewindedurchmesser (0,1 mm...0,3 mm). Außerdem muss der Bolzen zum geraden Ansetzen des Schneideisens angefast werden (Bild 1, Seite 162).

Je stärker der Werkstoff aufstaucht (fließt), desto kleiner muss der Bolzendurchmesser im Verhältnis zum Kerndurchmesser sein!

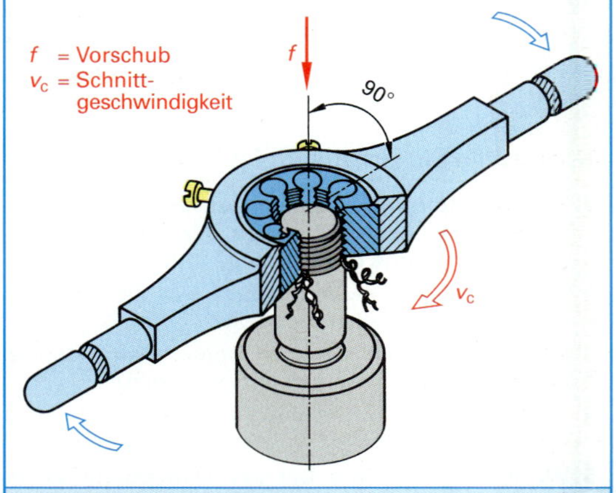

5 Außengewindeschneiden von Hand

5.9.8 Werkzeuge zum Außengewindeschneiden

Bei **Gewindeschneideisen** (Bild 2) wird das vollständige Gewinde in einem Arbeitsgang geschnitten. Die geschlitzte Ausführung (Bild 3) lässt sich zentrisch verstellen. Eine Einflussnahme auf den Gewindedurchmesser ist dadurch in engen Grenzen möglich. Schneideisen sind nur bis ca. 16 mm Gewindedurchmesser einsetzbar, da große Zerspanarbeit geleistet werden muss.

Gewindeschneidkluppen (Bild 4) haben verstellbare Schneidbacken. Die Spanabnahme erfolgt in mehreren Arbeitsgängen. Die Messer werden zum Vor- und Nachschneiden verstellt. Wegen der regulierbaren Spanabnahme werden Gewindeschneidkluppen für größere Gewinde verwendet (ab 12 mm Durchmesser und bei großen Rohrgewinden, z. B. R1$^{1}/_{4}$), sowie bei verschiedenen Gewindedurchmessern mit gleicher Steigung.

Der **Schneidenwerkstoff** für Außengewindeschneideisen ist meistens HSS-Stahl oder Hartmetall.

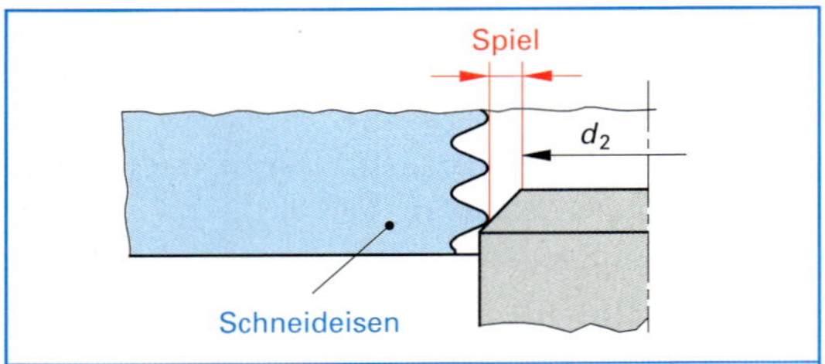

1 Fasendurchmesser am Bolzen

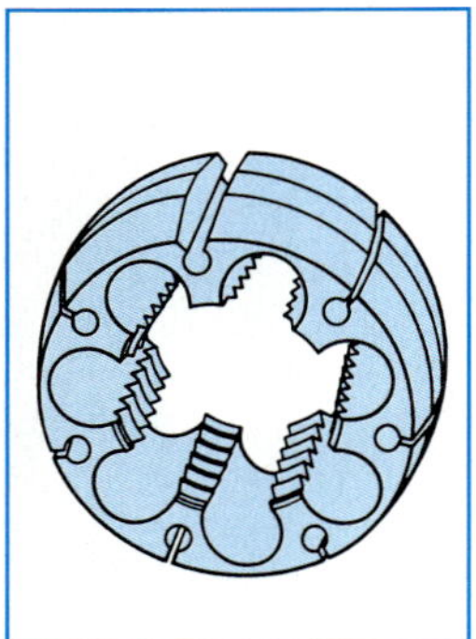

2 Geschlossenes Schneideisen

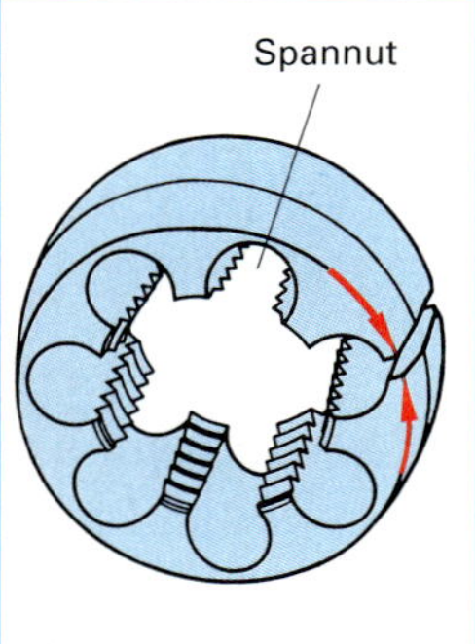

3 Geschlitztes Schneideisen

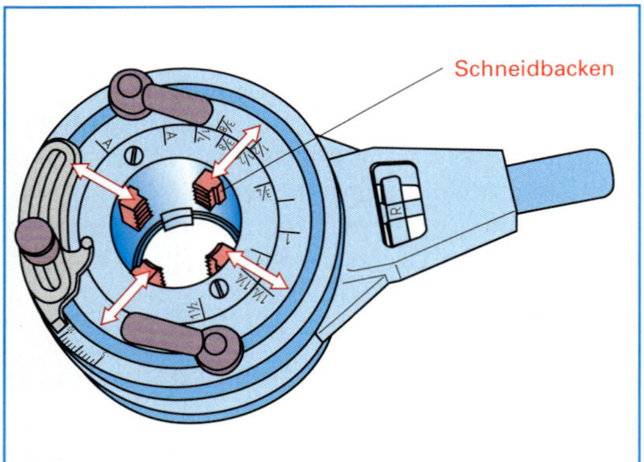

4 Gewindeschneidkluppe

5.9.9 Arbeitsregeln zum Außengewindeschneiden

- Bolzen zum Ansetzen des Schneideisens anfasen.
- Schneideisen rechtwinklig zur Werkstückachse aufsetzen.
- Bei gleichmäßigem Druck beider Hände auf den Schneideisenhalter und unter gleichmäßigem Drehen anschneiden.
- Durch Unterbrechen des Spanungsvorganges und mit einer halben Drehung zurück werden die Späne gebrochen.
- Bis zur angegebenen Gewindelänge schneiden.
- Beim Schneiden mit Schneidöl schmieren (Beachten Sie die zu schneidenden Werkstoffe!).
- Größere Gewinde mit der Gewindeschneidkluppe in mehreren Arbeitsgängen schneiden.

Überprüfen Sie Ihre Kenntnisse

1 **Warum erfolgt beim Innengewindeschneiden mit einem Gewindebohrer neben der Spanabnahme auch eine geringe Umformung?**

2 **Wieso werden Gewindebohrer mit unterschiedlichen Spanwinkeln hergestellt?**

3 **Warum muss ein Kernloch immer tiefer als die nutzbare Gewindetiefe gebohrt werden?**

4 **Beschreiben Sie unterschiedliche Gewindebohrertypen und erklären Sie deren Einsatzbereich!**

5 **Welche Punkte sind bei der Herstellung eines Innengewindes von Hand zu beachten?**

6 **Warum muss beim Außengewindeschneiden der Bolzendurchmesser immer kleiner als der Gewindedurchmesser sein?**

7 **Mit welchen Werkzeugen können Außengewinde von Hand geschnitten werden?**

8 **Welchen Vorteil haben Gewindeschneidkluppen gegenüber Schneideisen?**

9 **Warum verwendet man Schmiermittel beim Gewindeschneiden?**

10 **Wie prüft man das fertig geschnittene Gewinde?**

5.10 Drehen

Durch Drehen können Wellen, Bolzen, Scheiben, Spindeln, Buchsen und auch Gewinde hergestellt werden. Die so gefertigten Werkstücke besitzen kreisförmige oder kreisringförmige Querschnitte. Sie sind zylindrisch, kegelig oder kugelförmig (Bild 1).

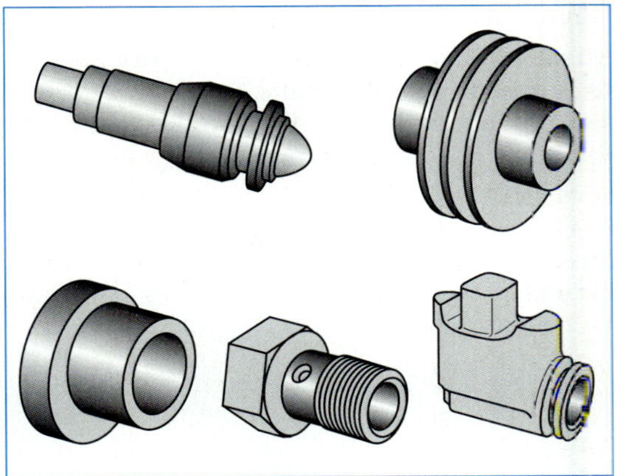

1 Durch Drehen gefertigte Werkstücke

5.10.1 Drehvorgang – Drehverfahren

Drehen ist Spanen mit kreisförmiger Schnittbewegung und quer zur Schnittrichtung liegender Vorschubbewegung.

Dabei werden die **Schnittbewegung (Hauptbewegung) vom Werkstück** und die **Vorschubbewegung(en) vom Werkzeug** ausgeführt (Bild 2).

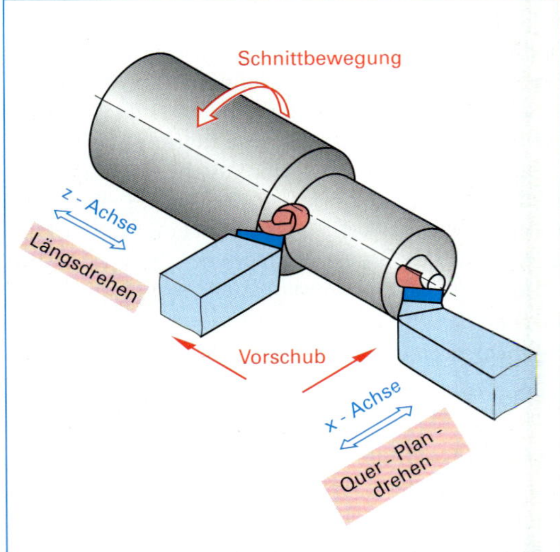

2 Längs- und Quer-Plandrehen

Nach der Vorschubrichtung des Werkzeugs, des Drehmeißels, bezüglich der Werkstückachse unterscheidet man Längs- und Querdrehen, in Bezug auf die Bearbeitungsstelle **Innen- und Außendrehen** (Bild 3).

Das **Längsdrehen** (Längs-Runddrehen) erfolgt in Richtung der Werkstückachse. Die Zustellbewegung geht in Richtung der Werkstückmitte (x-Achse), der Vorschub in Richtung der z-Achse (Bild 2).

Beim **Quer-Plandrehen** (Abdrehen von Stirnflächen) wird quer zur Werkstückachse mit dem Planvorschub gearbeitet. Die Zustellung geschieht in Richtung der z-Achse, der Vorschub in Richtung der x-Achse (Bild 2).

Die gleichen Arbeitsbewegungen wie beim Plandrehen werden auch beim **Einstechen** (Drehen ringförmiger Nuten) und beim **Abstechen** (Abtrennen des Werkstücks) ausgeführt.

Weitere Drehverfahren sind **Formdrehen** (z. B. Kegeldrehen), **Schraubdrehen** (Gewindeschneiden) und **Profildrehen**.

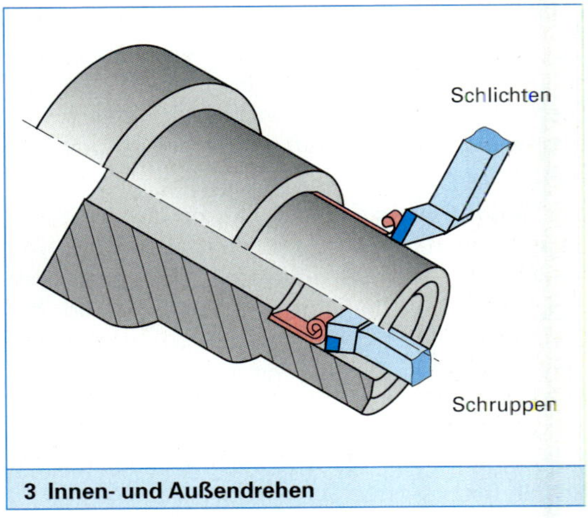

3 Innen- und Außendrehen

Nach Spanabnahme und Oberflächengüte unterscheidet man das **Schruppen**, bei dem mit größtmöglichem Vorschub und hoher Schnittgeschwindigkeit möglichst viel Werkstoff abgespant wird (Ziel: rasche Annäherung an die Werkstückform) und das **Schlichten**. Hierbei wird bei hoher Drehfrequenz und mit kleinem Vorschub nur eine geringe Werkstoffmenge zerspant (Ziel: maßgenaues Herstellen der Werkstückform). Das große Zerspanvolumen beim Schruppen wird mit einer relativ rauen Oberfläche „erkauft“, während beim Schlichten wesentlich glattere Oberflächen entstehen.

5.10.2 Drehwerkzeug

Beim Drehen kommt ein **einschneidiges Werkzeug** mit **geometrisch bestimmter Schneide** zum Einsatz, der **Drehmeißel**.

Die Schneide des Drehmeißels entspricht einer Keilspitze. Der **Keilwinkel** β wird von der (Haupt-) **Freifläche und der Spanfläche** gebildet (Bilder 1 und 2). Seine Größe richtet sich nach dem zu bearbeitenden Werkstoff und der geforderten Oberflächengüte (siehe Tabelle).

> Ein kleiner Keilwinkel erleichtert das Eindringen der Schneide in den Werkstoff, ist aber weniger stabil und birgt die Gefahr des Schneidenbruchs.

Der **Freiwinkel** α verringert die Reibung zwischen Werkstoff und Werkstück. Er ist von 5° bis 12° zu wählen (siehe Tabelle).

Der **Spanwinkel** γ liegt zwischen Spanfläche und der (meist parallel zur Auflageebene in Höhe der Hauptschneide befindlichen) Werkzeugbezugsebene. Er beeinflusst unter anderem den Spanfluss. Bei kleinem und negativem Spanwinkel γ wird der Span angerissen (Reißspan). Bei mittlerem Spanwinkel entsteht ein Scherspan (γ = 5°...25°). Große Spanwinkel (γ > 25°) und hohe Schnittgeschwindigkeiten erzeugen Fließspäne und sind daher zu vermeiden.

Für diese drei Winkel gilt folgender Zusammenhang:

$$\alpha + \beta + \gamma = 90°$$

Dieser Zusammenhang liefert auch die Erklärung dafür, dass man bei einigen Drehmeißeln von einem **„negativen Spanwinkel"** spricht ($\alpha + \beta$ sind in einem solchen Falle zusammen schon größer als 90°; siehe auch Bild 1 auf Seite 138).

Der **Eckenwinkel** ε entsteht zwischen Hauptschneide und Nebenschneide des Drehmeißels. Er ist beim Schruppdrehmeißel 90° und größer (Bild 3).

Der **Einstellwinkel** $\varkappa$ (Bild 3), zwischen Hauptschneide und Werkstückachse, beeinflusst die Form des Spanungsquerschnittes sowie die Größe der Vorschubkraft und die Richtung des Schnittdrucks.

Der **Neigungswinkel** λ bestimmt die Lage der Hauptschneide in Bezug auf das Werkstück und beeinflusst den **Spanablauf.** Bei positivem Neigungswinkel beginnt der Anschnitt an der Schneidenecke, der Spanablauf ist günstig. Bei unterbrochenem Schnitt nimmt man einen ungünstigeren Spanablauf, verursacht durch negative Neigungswinkel an der Hauptschneide, in Kauf. Dafür kommt hier die Schneidenecke zuletzt zum Schnitt und verschleißt deshalb langsamer.

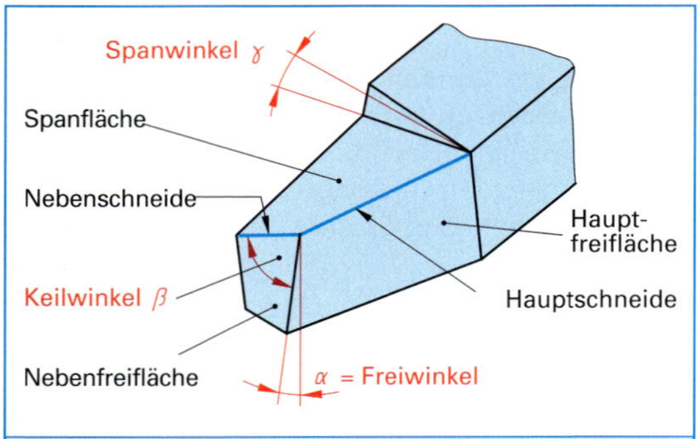

1 Winkel und Flächen am Drehmeißel

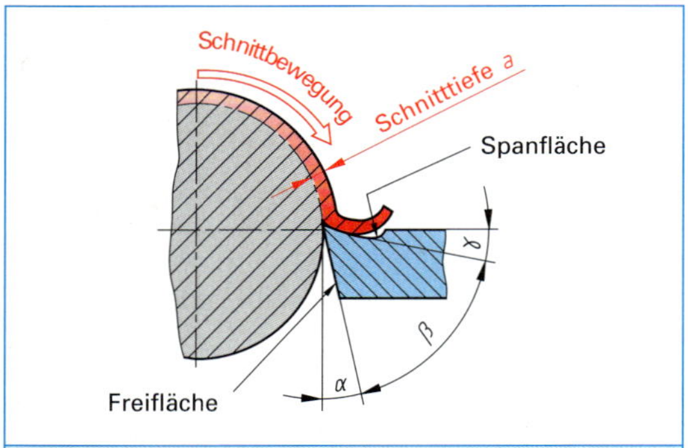

2 Spanabnahme beim Drehen

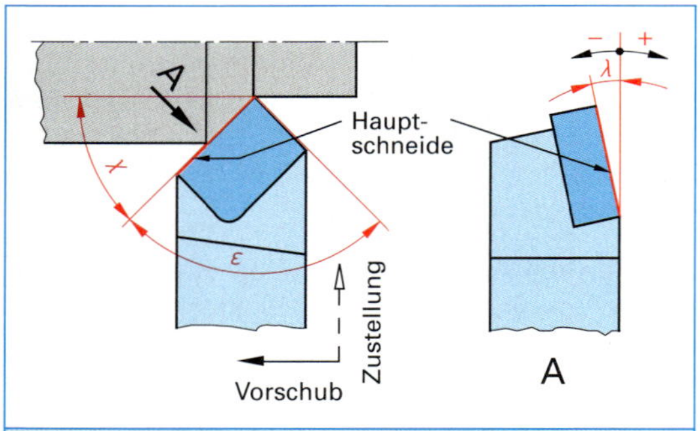

3 Einstellwinkel an der Drehmeißelschneide

Tabelle: Richtwerte für Span- und Freiwinkel am Drehmeißel

Werkstoff	Freiwinkel α	Spanwinkel γ	Schneidstoff
St bis R_m = 500 N/mm²	6°...8°	12°...14°	HSS
	5°...8°	10°...15°	HM
St bis R_m = 900 N/mm²	6°...8°	8°...10°	HSS
	5°...8°	6°...10°	HM
GG	6°...8°	0°	HSS
	5°...8°	0°... 5°	HM
Cu-Zn-Leg.	6°...8°	0°	HSS
	5°...8°	0°...10°	HM
Kunststoffe	10°...12°	8°...12°	HSS
	8°...10°	10°...12°	HM

5.10.3 Drehmeißelarten

Abgesetzter Seitendrehmeißel
ISO 6 DIN 4980
Wird zur Schlichtbearbeitung beim Längs- und Querdrehen eingesetzt.

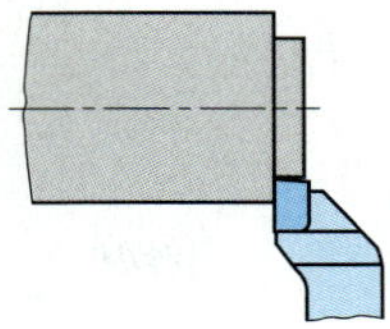

Abgesetzter Stirndrehmeißel
ISO 5 DIN 4977
Dient zur groben Spanabnahme von Stirnflächen (Querdrehen).

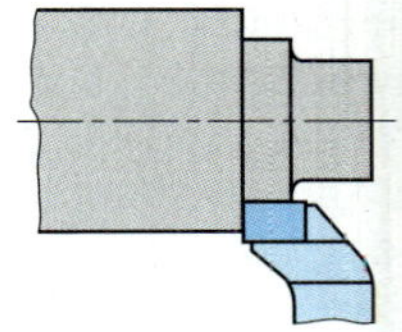

Gerader Drehmeißel
ISO 1 DIN 4971
Eignet sich für Schrupparbeiten beim Längsdrehen.

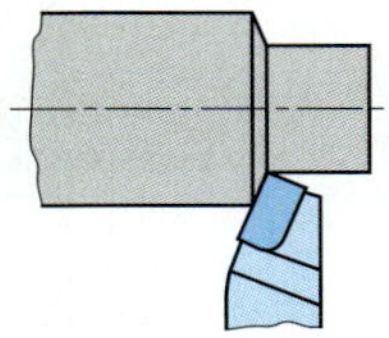

Gebogener Drehmeißel
ISO 2 DIN 4972
Einsatz bei groben Schrupparbeiten zum Längs- und Querdrehen.

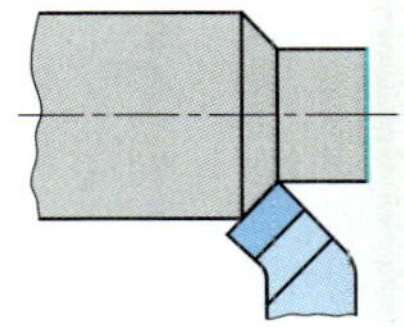

Abgesetzter Eckdrehmeißel
ISO 3 DIN 4978
Wird zur Schlichtbearbeitung von innen nach außen, beim Längsrunddrehen und zum Eckenausdrehen verwendet.

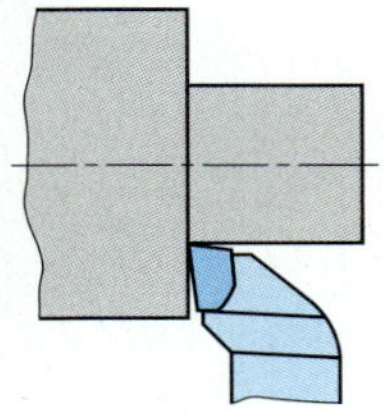

Stechdrehmeißel
ISO 7 DIN 4981
Eingesetzt als Stechdrehmeißel: für Nuten am Umfang. Eingesetzt als Abstechdrehmeißel: zum Abdrehen von Werkstücken.

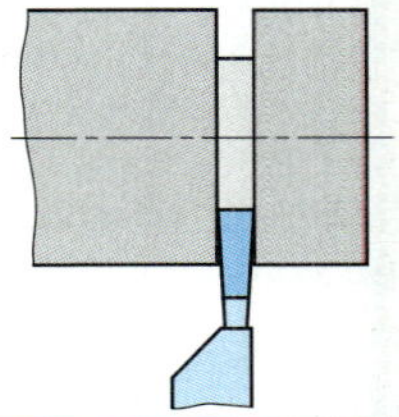

Innen-Eckdrehmeißel
ISO 9 DIN 4974
Eingesetzt zum Ausdrehen und Schlichten von abgesetzten Bohrungen (Plan- und Seitenflächen).

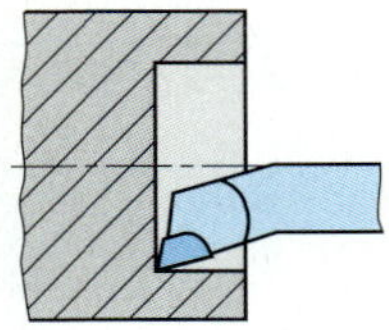

Innen-Drehmeißel
ISO 8 DIN 4973
Einsatz zum Ausdrehen von Bohrungen (Schruppen und Schlichten).

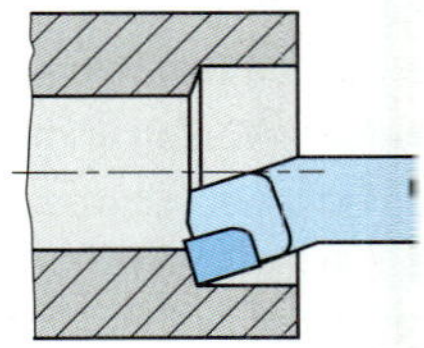

5.10.4 Schneidstoffe der Drehmeißel

Als Schneidstoffe kommen beim Drehen überwiegend Hochleistungsschnellarbeitsstahl (HSS), Hartmetall (HM) und oxidkeramische Schneidstoffe zum Einsatz.

Drehmeißel aus HSS sind zäh und hart und für fast alle Drehaufgaben geeignet. Sie können bei starkem Verschleiß ohne große Mühe nachgeschliffen werden. Allerdings lassen sie eine Bearbeitung der Werkstücke nur mit relativ niedrigen Schnittgeschwindigkeiten zu, da ihre Schnittleistung bei Temperaturen oberhalb 600 °C stark nachlässt (geringe Warmfestigkeit).

Hartmetallbestückte Drehmeißel lassen höhere Schnittgeschwindigkeiten zu. Die Warmfestigkeit dieses Schneidstoffs liegt bei ca. 900 °C. Er wird meist als Wendeschneidplatte auf einen Drehmeißelschaft geklemmt oder durch Hartlöten mit diesem verbunden.

1 Meißelhalter mit Wendeschneidplatte

Oxidkeramische Schneidstoffe (aus AlO_3) sind extrem hart und verschleißfest, aber sehr stoßempfindlich. Bei sehr hohen Schnittgeschwindigkeiten können Schneidentemperaturen bis 1300 °C erreicht werden. Auch diese Schneidstoffe werden als Wendeschneidplatten eingesetzt.

Kühl- und Schmiermittel senken die Reibung und die Standzeit der Werkzeuge lässt sich bei gleicher Schnittgeschwindigkeit erhöhen. Bei Hartmetallwerkzeugen muss allerdings (wenn überhaupt gekühlt wird) eine ununterbrochene Kühlung gewährleistet sein, um Abkühlungsspannungsrisse zu vermeiden.

5.10.5 Schnittgeschwindigkeit beim Drehen

Beim Drehen wird der Span mit der **Schnittgeschwindigkeit** v_c abgetrennt. Die Schnittgeschwindigkeit entspricht der Umfangsgeschwindigkeit des Werkstücks am Eingriffspunkt des Drehmeißels (Bild 1). Sie ist abhängig vom **Werkstückdurchmesser *d*** an der Zerspanstelle und der **Drehfrequenz der Arbeitsspindel *n*** (siehe Beispiel und Diagramm 2) und kann wie folgt berechnet werden:

$v_c = \pi \cdot d \cdot n$	1 m/min = 1 m · 1/min

Sie ist beim Längsdrehen konstant, ändert sich jedoch beim Querdrehen bis auf v_c = 0 m/min im Zentrum des Werkstücks (Bild 1), wenn die Drehfrequenz *n* konstant gehalten wird. Die **zulässige Schnittgeschwindigkeit** beim Spanen des Werkstücks ist aus Tabellen zu entnehmen. Diese ist in Versuchen ermittelt worden.

Die Schnittgeschwindigkeit hängt von folgenden Vorgaben ab:
- dem Werkstoff des Werkzeugs,
- der gewünschten Standzeit des Werkzeugs,
- dem Vorschub,
- der Schnitttiefe,
- dem Werkstoff des Werkstücks,
- der gewünschten Oberflächengüte und
- der Kühlung.

Zu hohe Schnittgeschwindigkeiten überlasten den Drehmeißel. Durch Reibungswärme kommt es zu frühzeitigem Verschleiß.

Vorschub und Spanungsquerschnitt

Der **Vorschub *f*** beeinflusst die Oberflächengüte der Drehfläche beträchtlich. Zum Schlichten werden daher kleine Vorschübe (0,05 mm/U bis 2,2 mm/U), zum Schruppen größere Vorschübe gewählt. Mit größerem Vorschub erhöht sich beim Schruppen auch das Spanvolumen.

Aus dem **Vorschub *f*** und der **Schnitttiefe a_p** ergibt sich der **Spanungsquerschnitt *A*** (siehe Bild 3), der in seiner Form auch durch den Einstellwinkel $\varkappa$ beeinflusst wird (siehe S. 164, Bild 3).

$A = f \cdot a_p$	1 mm² = 1 mm · 1 mm

Der Spanungsquerschnitt und damit das Spanvolumen sind von der Leistungsfähigkeit und der Stabilität der Drehmaschine, außerdem vom Schneidstoff des Drehmeißels abhängig.

Günstige Spanungsquerschnitte werden durch eine große Schnitttiefe bei gleichzeitig kleinem Vorschub (Verhältnis etwa 3 : 1 bis 8 : 1) erzielt.

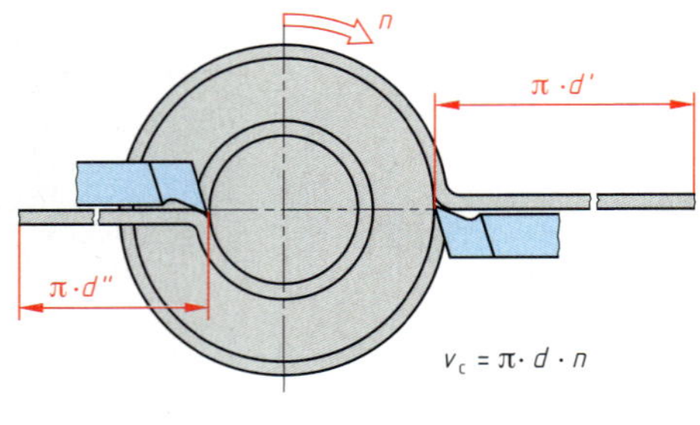

1 Veränderungen der Schnittgeschwindigkeit bei gleichbleibender Drehfrequenz beim Querdrehen

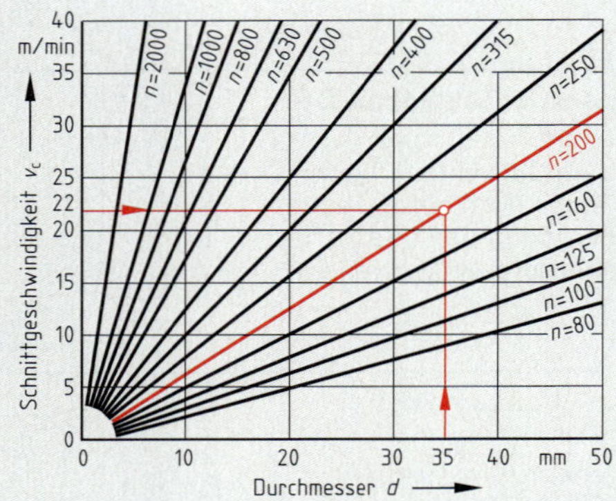

2 Ermittlung der Arbeitsspindeldrehfrequenz *n* in min⁻¹

Beispiel: Die Drehfrequenz der Arbeitsspindel muss eingestellt werden.

Gegeben: v_c = 22 m/min, d = 35 mm

Gesucht: n = ? 1/min

a) Berechnung:

$$n = \frac{v_c}{d \cdot \pi}$$

$$n = \frac{22\ \text{m/min}}{0{,}035\ \text{m} \cdot \pi} = \mathbf{200{,}08\ min^{-1}}$$

b) Aus der Netztafel ermittelt:

$\mathbf{n = 200\ min^{-1}}$

Beachten Sie: Lässt sich die errechnete Drehfrequenz nicht einstellen, so wird die nächst kleinere gewählt!

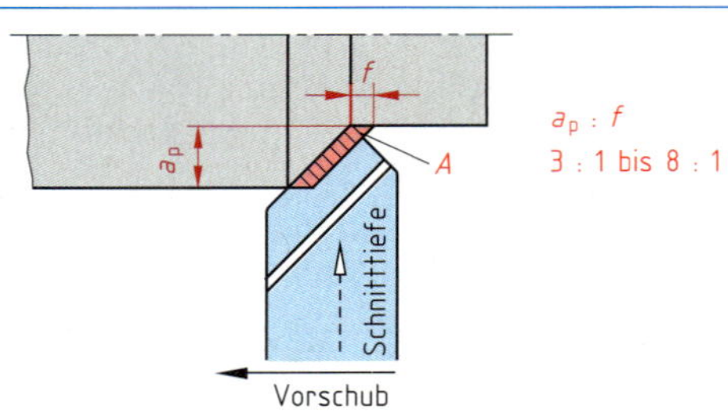

3 Spanungsquerschnitt

5.10.6 Spannen der Werkzeuge

Der Drehmeißel wird in einem Drehstahlhalter eingespannt. Wegen der großen Kräfte, die beim Zerspanen auf den Drehmeißel wirken, muss dieser fest und schwingungsfrei gespannt werden. Die **Hauptschnittkraft F_c** beansprucht den Drehmeißel auf Biegung. Damit er nicht federt, muss die freie Einspannlänge L so kurz wie möglich sein (Bild 1).

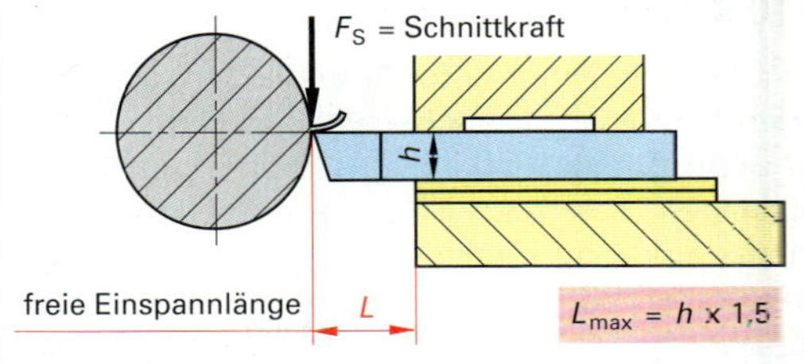

1 Einspannlänge am Drehmeißel

Die richtigen Größen der Winkel α (Freiwinkel) und γ (Spanwinkel) werden nur erreicht, wenn der Drehmeißel **auf Mitte** des Werkstücks ausgerichtet ist (Bild 2a). Zur Einstellung dient das Vergleichen mit der Reitstockspitze. Beim Schruppen größerer Werkstücke kann die Schneide etwas **über Mitte** stehen. (Beachte hierbei h < 1/50 des Werkstückdurchmessers!) Der Spanwinkel γ wird größer und die Schnittleistung erhöht sich (Bild 2b). **Unter Mitte** eingespannte Drehmeißel verkleinern den Spanwinkel γ. Negative Folgen sind Rattermarken und die Gefahr, dass sich der Drehmeißel durch die nun zur Werkstückachse weisende Hauptschnittkraft F_c in das Werkstück zieht (Bild 2c).

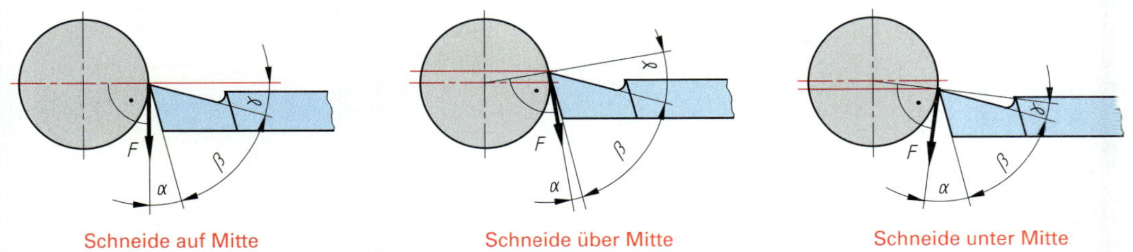

2 Einfluss der Einspannung auf Span-, Keil- und Freiwinkel

5.10.7 Spannen der Werkstücke

Die Werkstücke mit ihren unterschiedlichen Formen müssen fest und rundlaufend („schlagfrei“) in der Drehmaschine gespannt werden. Außer den gebräuchlichsten Spannmitteln, dem Drei- und Vierbackenfutter (Seite 127; Bilder 2 und 3), werden auch die unten dargestellten Spannmittel verwendet.

Spannmittel beim Drehen (Beispiele)

Planscheibe

Vier unabhängig voneinander einzustellende Spannbacken passen sich unregelmäßig geformten Werkstücken (z.B. Gusswerkstücken) an und spannen sie fest.

Spannen zwischen den Spitzen

Längere zylindrische Werkstücke werden zwischen den Spitzen von Arbeitsspindel und Reitstock gespannt. Die Übertragung der Drehbewegung erfolgt durch Mitnehmer (meist Drehherze).

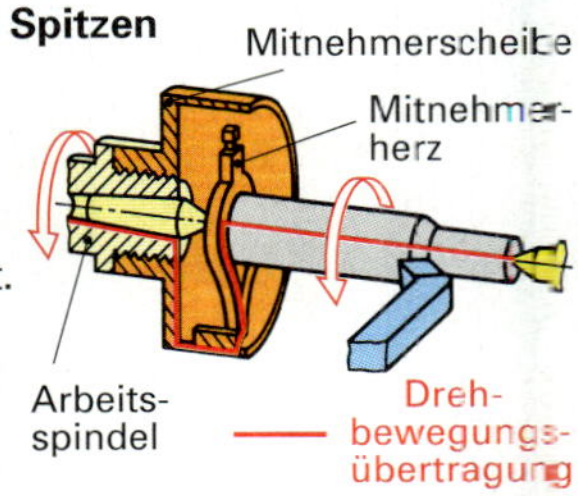

Feststehender Setzstock

Lange Werkstücke biegen sich bei der Bearbeitung durch. Der feststehende Setzstock wird an der Stelle der größten Durchbiegung auf das Drehmaschinenbett geschraubt.

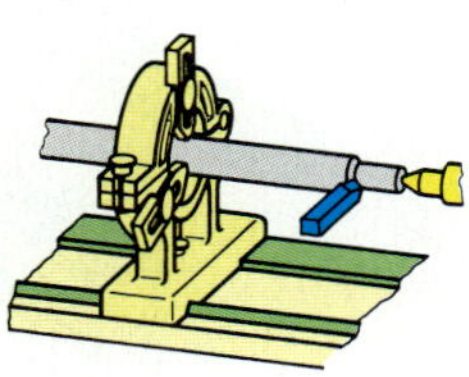

Mitlaufender Setzstock

Der mitlaufende Setzstock wird am Werkzeugschlitten befestigt und läuft mit dem Werkzeug mit. Die Setzstockbacken müssen bei Durchmesseränderung des Werkstücks verstellt werden.

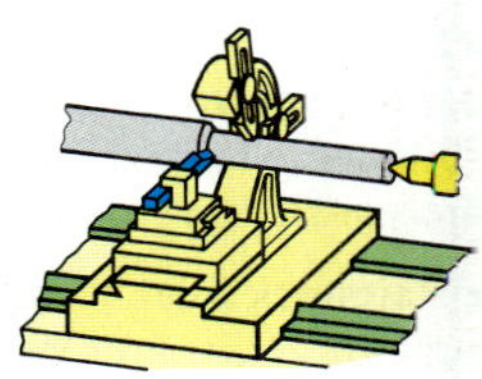

5.10.8 Drehmaschinen

Den verschiedenen Anforderungen entsprechend, die heute in der Fertigung an Drehmaschinen gestellt werden, gibt es unterschiedliche Bauarten, z. B. Spitzendrehmaschinen, kurvengesteuerte Drehautomaten, CNC-Drehautomaten, flexible Drehzellen, Senkrecht-(Karussell-)Drehmaschinen usw. Nach dem jeweiligen Einsatzbereich werden Universal- und Sonderdrehmaschinen unterschieden. Beispielhaft seien hier eine „klassische" Leit- und Zugspindeldrehmaschine (Bild 1) erläutert und deren Weiterentwicklung, eine CNC-Drehmaschine (Bild 1, Seite 169). Beide stehen stellvertretend für **Universaldrehmaschinen**, was bedeutet, dass fast alle Dreharbeiten auf einer solchen Maschine ausgeführt werden können.

Die **Leit- und Zugspindeldrehmaschine** wird für die Einzelteilfertigung und auch für kleine Serien eingesetzt. Sie ist in mehrere Baugruppen gegliedert. Der **Spindelstock** nimmt den Hauptantrieb (Elektromotor) und die Arbeitsspindel auf. Außerdem ist in ihm das Hauptgetriebe, welches der Umwandlung der Drehfrequenz dient, untergebracht. Das Hauptgetriebe treibt gleichzeitig das Nebengetriebe (Vorschubgetriebe) an, das den jeweiligen Dreharbeiten entsprechende Vorschubeinstellungen erlaubt. Über das Vorschubgetriebe wird die **Zugspindel** in Bewegung versetzt, die wiederum über ein Schneckenradgetriebe den automatischen Längs- und Quervorschub antreibt.

Die **Leitspindel** dient dem Gewindeschneiden. Sie wird über eine einrückbare Schlossmutter mit dem Werkzeugschlitten in Eingriff gebracht.

Der **Werkzeugschlitten** (Bild 2) nimmt den Drehmeißel auf und führt ihn. Er ist als Kreuzschlitten ausgeführt und kann von Hand mittels Ritzel und Zahnstange auf dem Drehmaschinenbett (in Richtung der Z-Achse) verschoben werden.

In der Schlossplatte befinden sich die Triebwerkteile zum Bewegen des Werkzeugschlittens in Längs- und Querrichtung.

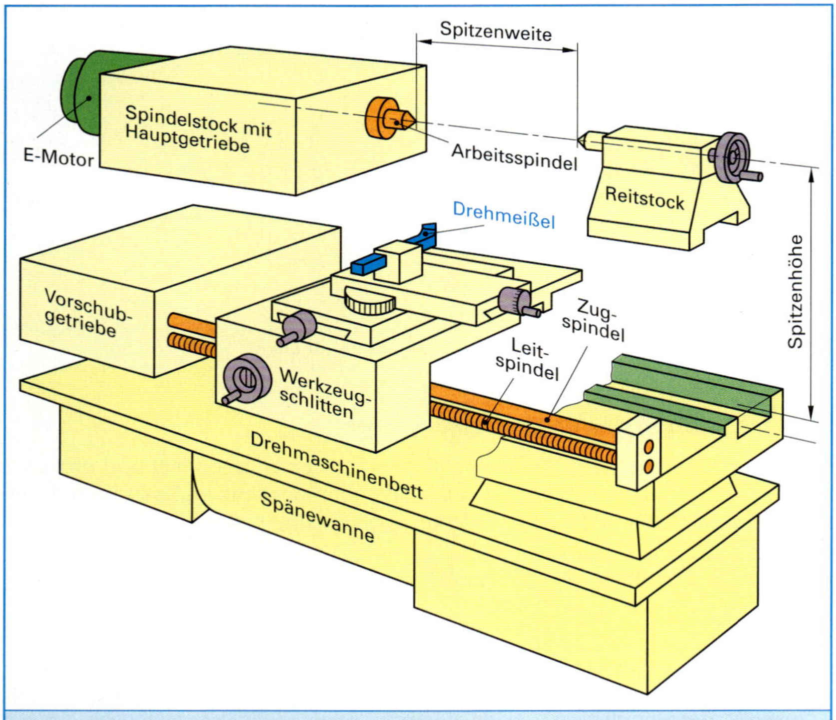

1 Wesentliche Baugruppen der Zug- und Leitspindeldrehmaschine (schematisch)

Der **Querschlitten** wird durch eine Gewindespindel bewegt und führt die Planbewegung aus (X-Achse).

Der **Oberschlitten** nimmt das Werkzeug auf und ist mit dem Querschlitten durch eine Drehscheibe verbunden, sodass er, z. B. zum Kegeldrehen, schräg gestellt werden kann.

Der **Reitstock** (Bild 1) dient als Gegenlager bei der Bearbeitung längerer Werkstücke und zur Aufnahme von Werkzeugen, z. B. Bohrer, Reibahlen und Senker.

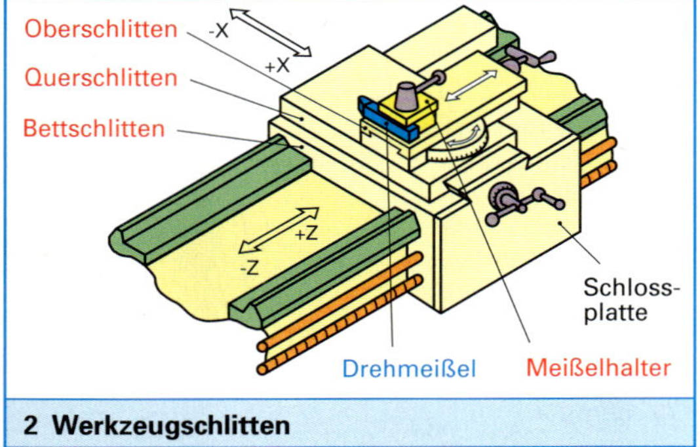

2 Werkzeugschlitten

Die Weiterentwicklung der auf der vorhergehenden Seite abgebildeten Universaldrehmaschine stellt die unten abgebildete **CNC-Universaldrehmaschine** dar. Sie ist in erster Linie für das Bearbeiten von Kleinserien gedacht. Gegenüber der „klassischen" Universaldrehmaschine ergeben sich eine Reihe von baulichen **Änderungen** bzw. **Neuerungen**.

Während vorher der Hauptantrieb über ein Nebengetriebe auch den Vorschubantrieb mit Energie versorgte, sind **Haupt- und Vorschubantrieb** nun **getrennte, eigenständige Einheiten**. Für bestimmte Dreharbeiten, wie z. B. das Gewindeschneiden findet die notwendige Kopplung von Haupt- und Vorschubantrieb elektronisch (über die Steuerung der Maschine) statt.

Eine weitere augenfällige Änderung ist die **Schrägstellung des Drehmaschinenbettes**. Diese konstruktive Maßnahme ermöglicht dem Facharbeiter einen guten Zugang zum Werkstück und zu den Werkzeugen. Außerdem wird der Abtransport der Späne aus dem Arbeitsraum der Maschine erleichtert. Die Späne fallen aus dem Arbeitsraum auf einen **Späneförderer**, welcher automatisch für eine Weiterbeförderung sorgt.

Ebenso offensichtlich ist die **vollständige Verkleidung** der Maschine, welche in hohem Maße dem Schutz des Facharbeiters und der Umwelt dient (Verringerung der Unfallgefahr, Absaugung und Entsorgung von Kühl-Schmierstoffnebel, deutliche Verringerung des Geräuschniveaus).

Neu hinzugekommen ist eine **rechnerkontrollierte (CNC)-Steuerung**, um Dreharbeiten effektiver ausführen zu können. Davon sichtbar ist das Bedienfeld mit dem Monitor.

Des Weiteren wurde die Maschine durch **Zusatzeinrichtungen** ergänzt, die in erster Linie der Verkürzung der Nebenzeiten dienen. Solche Zusatzeinrichtungen sind **hydraulische Spanneinrichtungen** für das Spannen der Werkstücke und der Werkzeuge und ein **Werkzeugrevolver**, um die zum Bearbeiten eines Werkstücks benötigten Werkzeuge schnellstmöglich bereitzustellen.

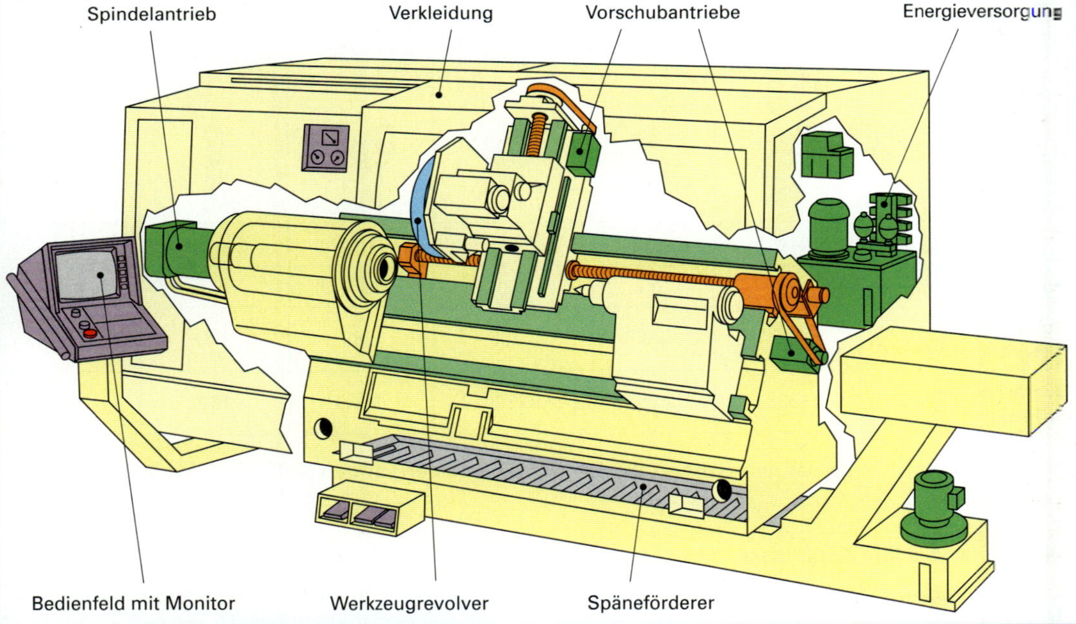

1 CNC-Universaldrehmaschine

Unfallverhütung

An drehenden Teilen kann man sich leicht verletzen, deshalb ist Folgendes zu beachten:

- Vor dem Einschalten der Maschine den Spannschlüssel aus dem Backenfutter ziehen!
- Nicht in umlaufende Werkstücke fassen!
- Immer mit vorschriftsmäßigem Sichtschutz arbeiten!
- Späne nur mit Spanhaken entfernen!
- Eng anliegende Kleidung und bei langen Haaren Kopfbedeckung tragen!

5.10.9 Arbeitsbeispiel DREHEN – Arbeitsregeln

Unter dem Gesichtspunkt der rationellen Fertigung sollte man sich auch in der Einzelteilfertigung und bei Kleinserien einen Fertigungsplan erstellen.

Dabei sind folgende Punkte zu beachten.

- Möglichst wenige Werkzeuge einsetzen.
- Das Werkstück so wenig wie möglich ein- und umspannen.
- Mit optimalen Drehzahl- und Vorschubeinstellungen arbeiten.
- Gute Standzeit der Werkzeuge erreichen.

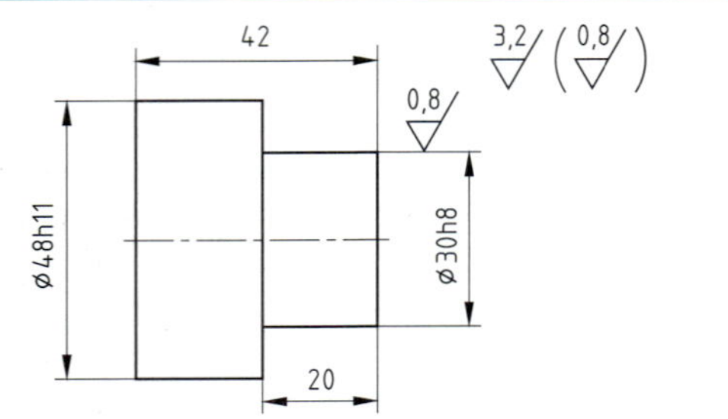

1 Bolzen

Fertigung eines Bolzens	1	2	3	4	5	6
Arbeitsschritte	In das Dreibackenfutter spannen, Stirnfläche planen (Schlichten)	Vordrehen auf Maß Ø 31 mm (Schruppen)	Feindrehen auf Maß Ø 30 h8 mm (Feinschlichten)	Fertigdrehen auf Maß Ø 48 mm (Schlichten)	Bolzen auf Länge 43 mm abstechen (Abstechen)	Stirnfläche auf Länge 42 mm plandrehen (Schlichten)
Arbeitsvorgang (Skizze)	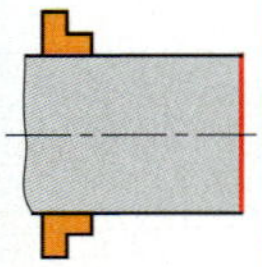	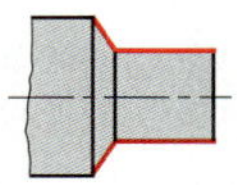	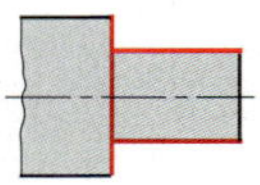	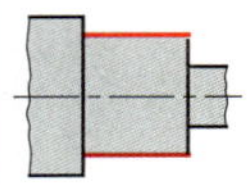	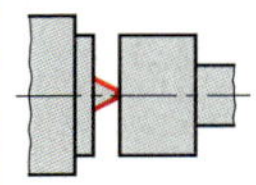	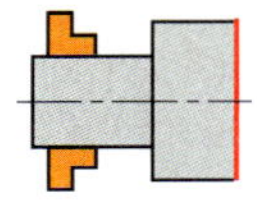
Werkzeug-Form	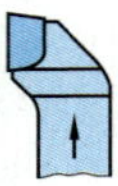		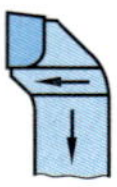	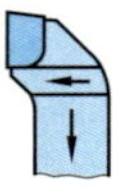		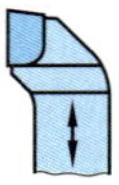
Schneidstoff	HM	HM	HM	HM	HSS	HM
Vorschub ***f*** in mm/U	0,1	0,4	0,05	0,1	0,8	0,1
Schnittgeschwindigkeit v_c in m/min	280	200	280	280	24	280
Drehfrequenz ***n*** in 1/min	1600	1250	2500	1600	160	1600

Vor dem Aus- bzw. Umspannen werden die Durchmesser oder Längen mit den erforderlichen Messzeugen geprüft.

Überprüfen Sie Ihre Kenntnisse

1 Welche Winkel ändern sich, wenn der Drehmeißel nicht auf Mitte steht und welche Folgen ergeben sich daraus?

2 Welche Werte sind zur Ermittlung der Drehfrequenz an einer Drehmaschine notwendig?

3 Wie wählt man Schnittgeschwindigkeit und Vorschub, um eine glatte Oberfläche zu erhalten?

4 Welchen Vorteil bieten Hartmetallschneiden gegenüber HSS-Drehmeißeln?

5 Skizzieren Sie einen Drehmeißel und tragen Sie Frei-, Keil- und Spanwinkel in die Skizze ein!

6 Welche Baugruppen der Leit- und Zugspindel-Drehmaschine sind an der Energieübertragung auf das Werkstück beteiligt?

7 Welche Baugruppen sind an der abgebildeten CNC-Drehmaschine neu hinzugekommen?

8 Inwieweit ist mit einer CNC-Drehmaschine dem Umweltschutz und der Arbeitssicherheit Rechnung getragen?

9 Vergleichen Sie die Informationsumsetzung an einer „klassischen" Drehmaschine mit der einer CNC-Drehmaschine!

10 Stellen Sie einen Arbeitsplan für ein selbstgewähltes Drehteil nach oben ausgeführtem Beispiel auf!

5.11 Fräsen

Durch Fräsen kann man ebene und gekrümmte Flächen, Profile, Zahnräder, Nuten und Gewinde herstellen.

Fräsen ist Spanen mit einem **mehrschneidigen Werkzeug** und **kreisförmiger Schnittbewegung** zur Erzeugung beliebiger Werkstückoberflächen.

5.11.1 Fräswerkzeuge

Das Werkzeug, der **Fräser**, hat die Konturen eines walzenförmigen Körpers (Bild 1).

Die Hauptschneiden sind die **Umfangsschneiden**, sie liegen auf der Mantelfläche des gedachten Zylinders. Die Nebenschneiden, die **Stirnschneiden**, befinden sich auf der Kreisfläche.

Die **Fräserschneide** hat die Form eines Keils (Bild 2). Innerhalb des von der Werkstückoberfläche und der Fräserachse gebildeten rechten Winkels (90°) kann man deutlich den **Keilwinkel** β, den **Freiwinkel** α mit der **Freifläche** und den **Spanwinkel** γ mit der **Spanfläche** erkennen.

Der **Neigungswinkel** λ (Drallwinkel) zeigt die Neigung der Schneidkante gegenüber der Fräserachse (Bild 3). Wenn $\lambda \neq 0°$ ist, dringt die Schneidkante nicht schlagartig, sondern allmählich in die Werkstückoberfläche ein. Die Größe der Winkel α, β und γ richtet sich nach dem zu bearbeitenden Werkstoff.

Die **Schneidenzahl** hängt auch vom Material des Werkstücks ab. Bei weicheren Werkstoffen entstehen große Spanmengen. Deshalb müssen die Zahnlücken, in denen die Späne transportiert werden, größer sein als bei härteren Stoffen. Bei gleichem Fräserdurchmesser gilt:

Weiche Werkstoffe:	Große Zahnlücken kleine Zähnezahl
Harte Werkstoffe:	Kleine Zahnlücken große Zähnezahl

Die Hersteller unterscheiden deshalb die **Typen N** (normal), **W** (weich) und **H** (hart, Bild 4).

Als **Schneidstoff** wird in der Regel **Schnellarbeitsstahl** (Schnellschnittstahl **HSS**) verwendet. Er besitzt die wegen des unterbrochenen Schnittes nötige Zähigkeit und Temperaturwechselbeständigkeit. **Hartmetall (HM)** wird für Schneidplatten an Messerköpfen (Übersicht Seite 173) und Wendeschneidplatten bei Fräsköpfen (Übersicht Seite 173) verwendet.

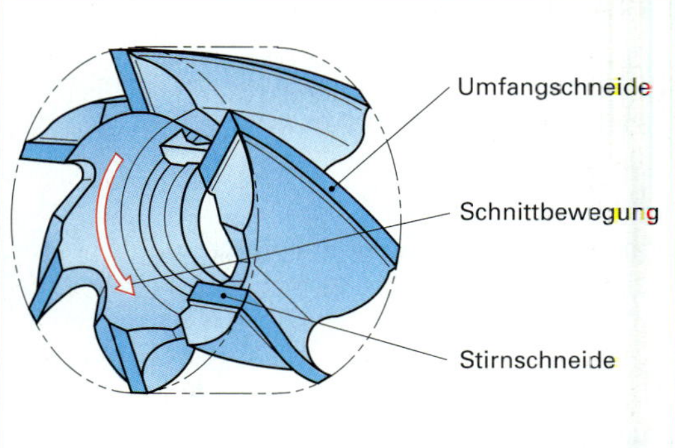

1 Walzenstirnfräser

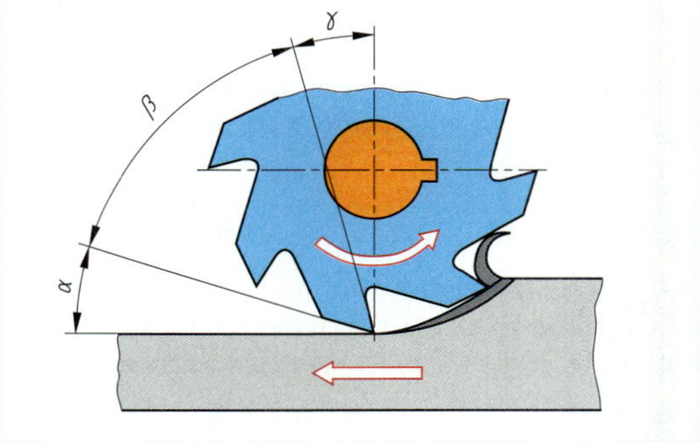

2 Winkel an der Fräserschneide

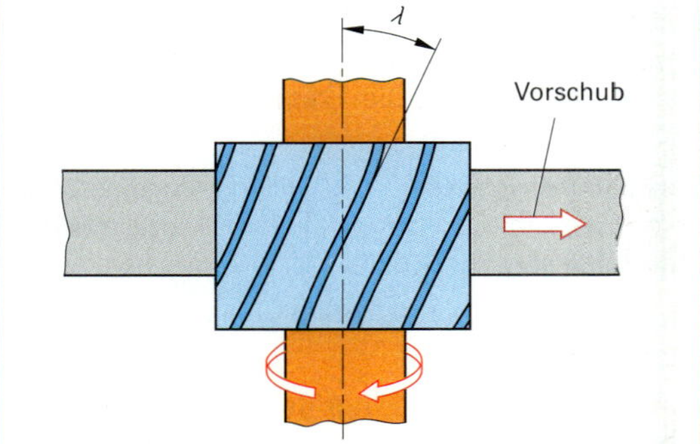

3 Neigungswinkel am drallverzahnten Fräser

4 Fräser Typ N, Typ H und Typ W

5.11.2 Arbeitsbewegungen

Beim Fräsen wird die kreisförmige **Schnittbewegung** vom Werkzeug ausgeführt.

Die **Vorschubbewegungen** erfolgen durch das Werkstück.

Die **Zustellbewegungen** können vom Werkstück und vom Werkzeug durchgeführt werden.

Die **Spanabnahme** durch die nacheinander zum Einsatz kommenden Schneiden erfährt kaum eine Unterbrechung (Bild 1 und Bild 2).

Die **Vorschubbewegung** wird in der Regel in einer Richtung durchgeführt, kann aber auch zugleich längs, quer und senkrecht erfolgen.

Durch die **Zustellung** werden die Dicke (Spanungstiefe) und die Breite (Spanungsbreite) der zu zerspanenden Werkstoffschicht gewählt (Bild 1 und Bild 2), soweit es die Größe des Werkzeugs zulässt.

5.11.3 Einteilung der Fräsverfahren

Die Vielfalt der Fräsverfahren wird nach unterschiedlichen Gesichtspunkten eingeteilt. Nach der **Arbeitsweise des Fräsers** wird unterschieden in:

Umfangsfräsen (Walzfräsen): Die am Umfang liegenden Hauptschneiden erzeugen die Werkstückoberfläche. Die Späne haben einen kommaförmigen Querschnitt (Bild 1). Die Achse des Fräsers liegt parallel zur bearbeiteten Fläche.

Stirnfräsen: Die an der Stirnfläche des Fräsers liegenden Nebenschneiden erzeugen die Werkstückoberfläche (Bild 2). Die Fräserachse steht senkrecht zur Oberfläche.

Stirn-Umfangsfräsen: Die Werkstückoberfläche wird gleichzeitig von den Haupt- und Nebenschneiden erzeugt (Bild 3).

Nach der **Vorschubrichtung** werden unterschieden:

Gleichlauffräsen: Im Eingriffsbereich der Fräserschneiden sind die Drehrichtung des Fräsers und die Vorschubrichtung des Werkstücks gleichgerichtet (Bild 4). Der Werkstoff wird an der Stelle des größten Spanquerschnitts angeschnitten. Weil der Fräser versucht, das Werkstück in Vorschubrichtung zu reißen, darf die Vorschubeinrichtung kein Spiel haben.

Gegenlauffräsen: Im Eingriffsbereich der Fräserschneiden sind die Drehrichtung des Fräsers und die Vorschubbewegung des Werkstücks einander entgegengerichtet. Die Schneiden gleiten leicht auf dem Werkstück, bevor sie in die Oberfläche eindringen (Bild 5).

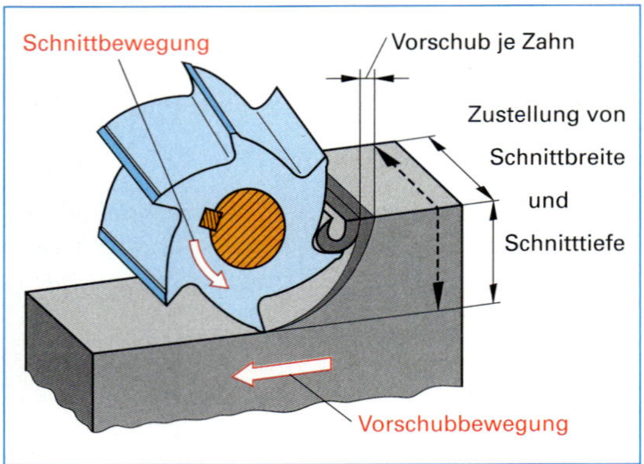

1 Bewegungen beim Umfangsfräsen (Walzfräsen)

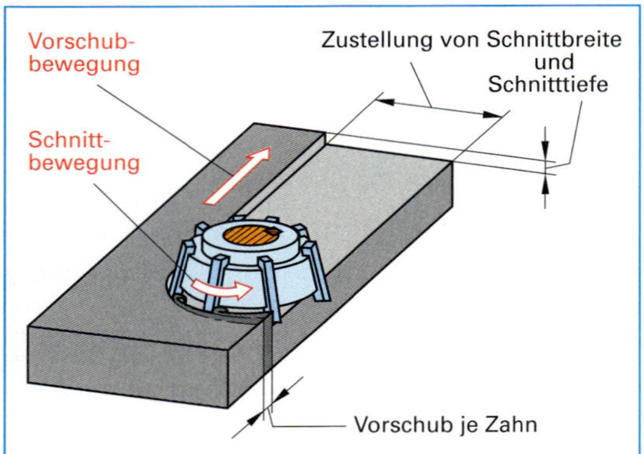

2 Bewegungen beim Stirnfräsen

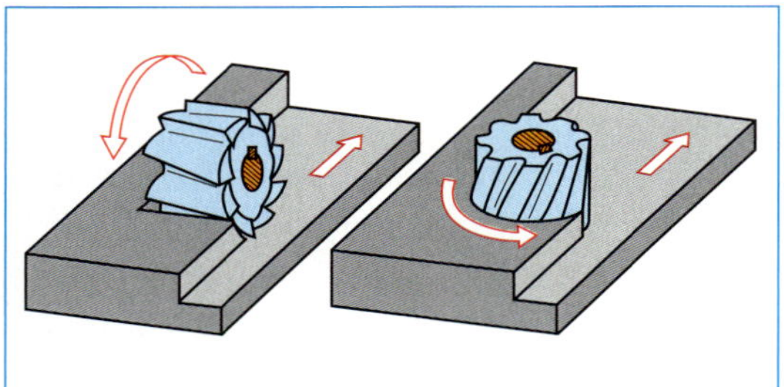
3 Stirn-Umfangsfräsen (Walzstirnfräsen)

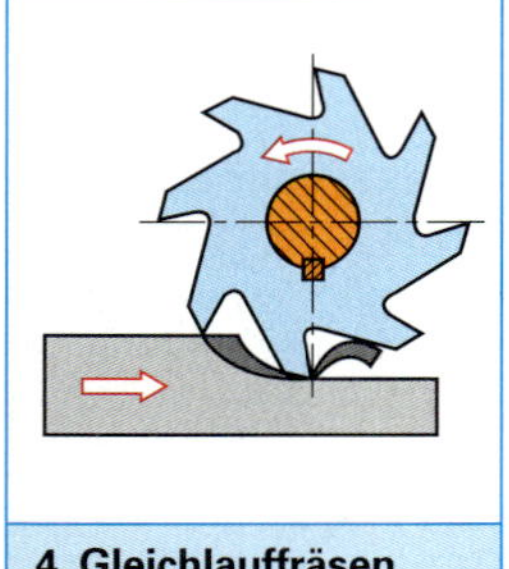
4 Gleichlauffräsen

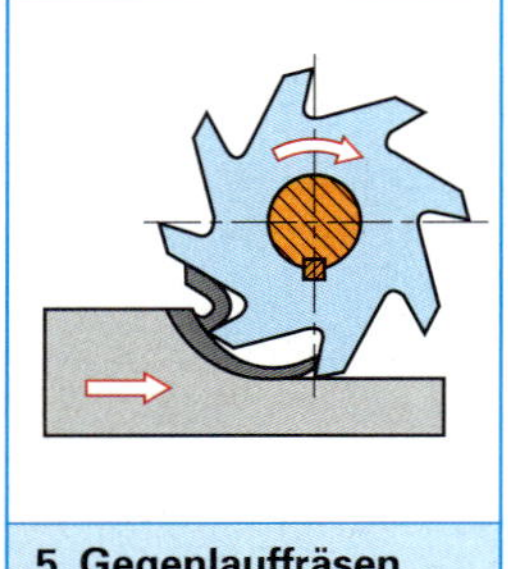
5 Gegenlauffräsen

Beim Gegenlauffräsen werden die Schneiden schneller stumpf als beim Gleichlauffräsen. Am Ende des Spanvorganges ist die Schnittkraft am größten und wird danach schlagartig Null. Das kann zu Schwingungen führen, die sich durch Rattermarken (kleine Furchen) bemerkbar machen. Vorteilhaft ist das Gegenlauffräsen nur, wenn harte Oberflächen (bei Guss- und Schmiedestücken) bearbeitet werden müssen.

Nach der beabsichtigten **Form des Werkstücks** werden unterschieden:

- **Planfräsen** zur Erzeugung ebener Flächen (z. B. Bild 8);
- **Satzfräsen**, wobei mehrere Scheibenfräser (Bild 6) auf einen Dorn gespannt werden (Bild 2, Seite 174);
- **Profilfräsen** (z. B. Bild 4 und Bild 5);
- **Formfräsen**, wobei die Vorschubbewegung durch Steuereinrichtungen gesteuert wird (Bild 12).

5.11.4 Arten der Fräser

Unterscheiden kann man Fräswerkzeuge nach ihrem konstruktiven Aufbau in **Aufsteckfräser** (Bild 1, Bild 2, ...), **Schaftfräser** (Bild 9, Bild 10, ...) und **Messerköpfe** (Bild 8) sowie **Fräsköpfe** (Bild 7). Nach der Herstellungsart werden **spitzgezahnte** (Bild 1, Bild 2), **hinterdrehte** (Bild 4) sowie **Fräser** mit **eingesetzten Schneiden** (Bild 7, Bild 8) unterschieden.

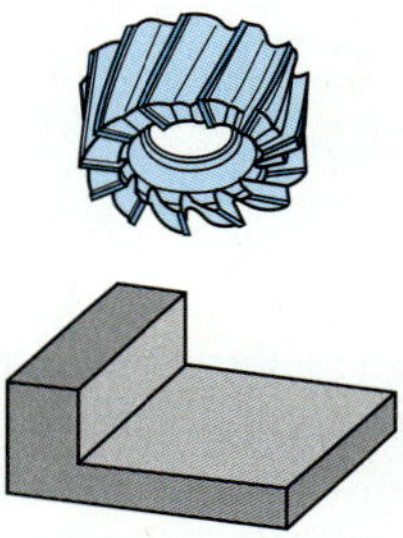

1 Walzenstirnfräser

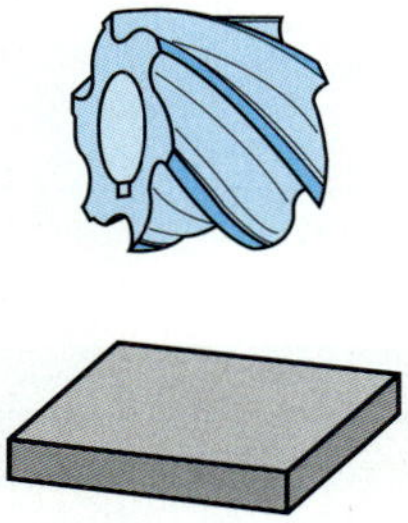

2 Walzenfräser

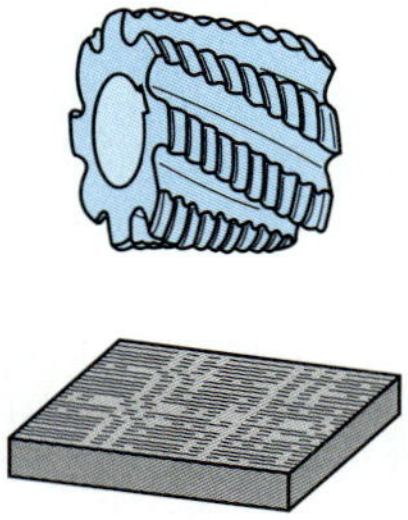

3 Walzenfräser mit Schruppgewinde

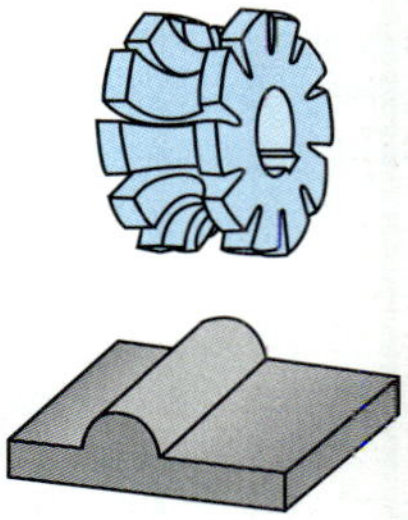

4 Halbkreisformfräser

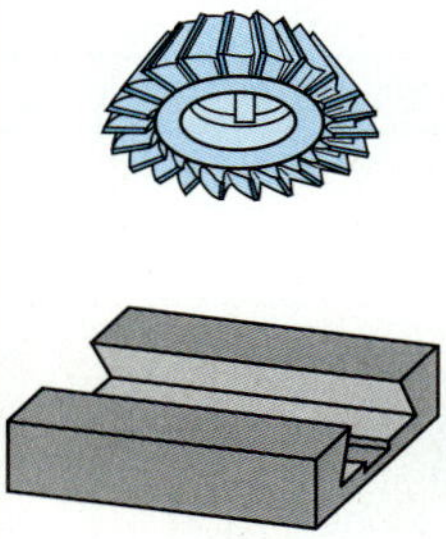

5 Winkelstirnfräser

6 Scheibenfräser kreuzverzahnt

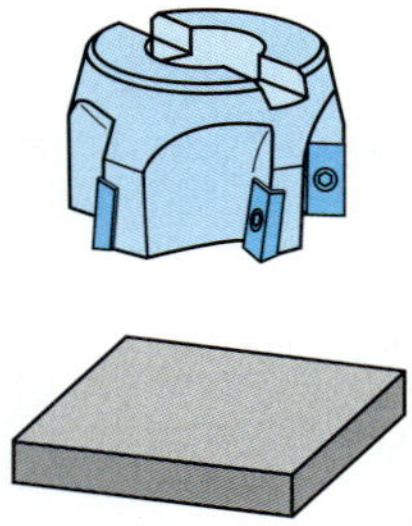

7 Fräskopf mit eingesetzten Wendeschneidplatten

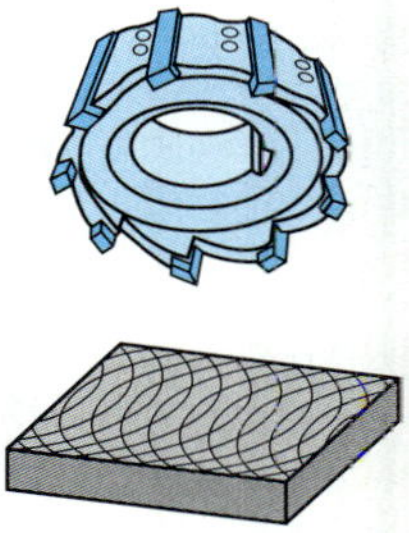

8 Messerkopf

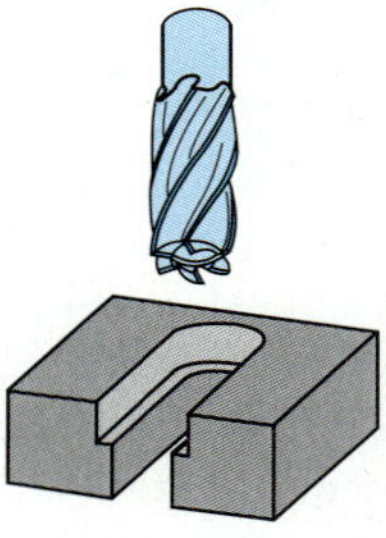

9 Schaftfräser

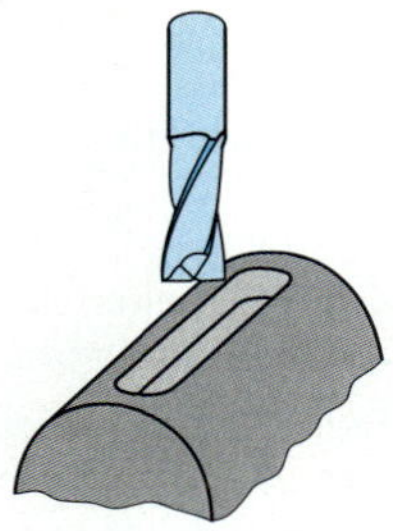

10 Langlochfräser

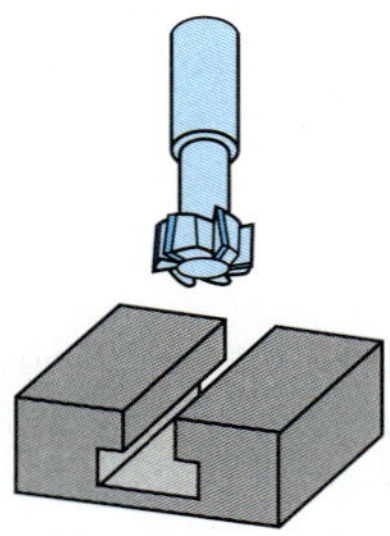

11 Schaftfräser für T-Nuten

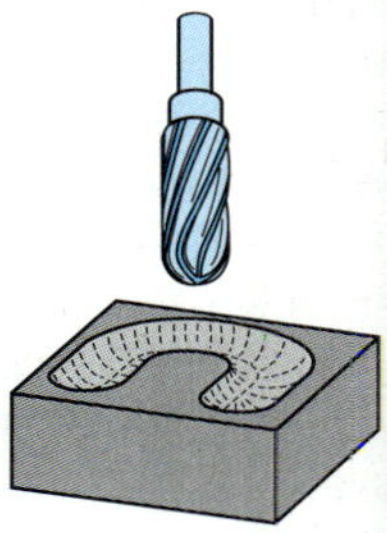

12 Gesenkfräser

5.11.5 Arbeit an Fräsmaschinen

Die am weitesten verbreitete Bauart ist die **Konsolfräsmaschine** (Bild 1).

Je nach Lage der Spindel zum Aufspanntisch unterscheidet man dabei **Waagerechtfräsmaschinen** (zum Umfangsfräsen, Bild 2) und **Senkrechtfräsmaschinen** (zum Stirnfräsen).

Einen **schwenkbaren Spindelkopf** haben **Universalfräsmaschinen** (Bild 1), ausgerüstet mit zwei Spindeln und vielseitig schwenk- und verstellbarem Tisch. **Universalwerkzeugfräsmaschinen** sind außerdem noch zum Bohren und Stoßen ausrüstbar.

Die Schnittgeschwindigkeit

Sie wird in m/min angegeben. Die Standzeit des Werkzeugs sinkt mit steigender Schnittgeschwindigkeit. Die Oberflächengüte wird bei größerer Schnittgeschwindigkeit besser (Tabelle).

Die Schnittgeschwindigkeit ist abhängig vom bearbeiteten Werkstoff, dem Schneidstoff, der Art des eingesetzten Fräsers, der Konstruktion der Maschine und den Schnittbedingungen. Die Angaben der Hersteller von Maschinen und Werkzeugen sind deshalb sorgfältig zu beachten.

Der Vorschub

Er wird in mm pro Fräserzahn angegeben. Der zu wählende Vorschub wie auch die Schnitttiefe sind gleichfalls abhängig vom Schneidstoff des Fräsers, dem bearbeiteten Werkstoff, der Art des Fräsers und der Maschine sowie den Schnittbedingungen. Entscheidend ist die benötigte **Güte der Werkstückoberfläche**.

Beim **Schruppen** soll mit dem größten möglichen Vorschub gearbeitet werden.
Beim **Schlichten** ist ein so kleiner Vorschub zu wählen, dass die geforderte Oberflächenqualität erreichbar ist.

Unfallverhütung

- Beim Einrichten, Einstellen und Reinigen der Maschine ist der Hauptschalter auszuschalten.
- Zum Messen sowie bei Werkstück- und Werkzeugwechsel, ist die Maschine abzuschalten.
- Vor Inbetriebnahme muss kontrolliert werden, ob Spannschlüssel und Handkurbel entfernt wurden, ob Werkstücke und Spannzeuge nicht mit den Werkzeugen zusammenstoßen können.
- Bei laufender Maschine nie mit den Händen in die Nähe der Schneiden kommen, keine Späne mit Pinseln oder ähnlichen Hilfsmitteln entfernen. Keine Schutzvorrichtungen entfernen.

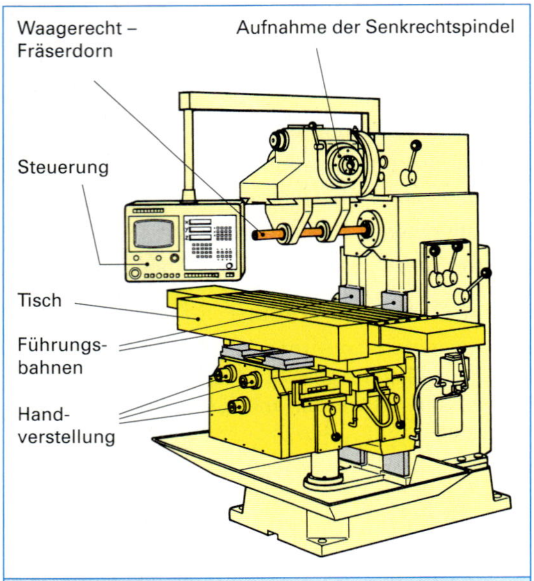

1 Universalfräsmaschine

Richtwerte für v_c und f_z für Fräsköpfe mit Hartmetall-Wendeschneidplatten (Auszug)

Art der Bearbeitung		Unleg. Stahl R_m bis 700 N/mm²	Leg. Stahl R_m bis 1 000 N/mm²	Gusseisen bis 180 HB
Vorfräsen	v_c	100 … 200	60 … 200	70 … 140
	f_z	0,1 … 0,4	0,1 … 0,4	0,1 … 0,5
Fertigfräsen	v_c	100 … 300	80 … 220	90 … 300
	f_z	0,1 … 0,3	0,06 … 0,3	0,1 … 0,25

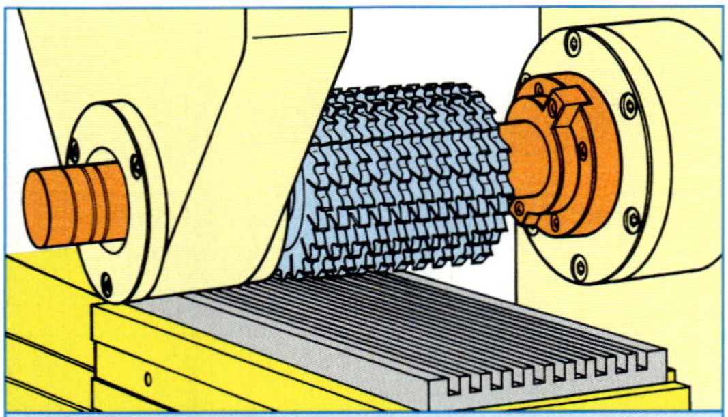

2 Waagerechtfräsen mit Satzfräser

- Beim Arbeiten an Fräsmaschinen muss enganliegende Kleidung getragen werden.
- Beim Fräsen kurzspanender Werkstoffe (z. B. Grauguss) muss man sich gegen umherfliegende Späne durch eine Schutzbrille sichern. Besser sind Schutzhauben und ähnliche Vorrichtungen.

Auswahl des Verfahrens

> Unter wirtschaftlichen Gesichtspunkten ist das Stirn-Umfangsfräsen dem Umfangsfräsen vorzuziehen.

Die Hauptschneiden am Umfang des Werkzeugs nehmen die Späne ab, während die Nebenschneiden die Werkstückoberfläche glätten. Dadurch, dass gleichzeitig Gleichlauf- und Gegenlaufwirkungen entstehen, wird die Maschine gleichmäßig belastet (Bild 1). Die Antriebsleistung kann geringer sein als beim Umfangsfräsen, weil der Fräser durch kurzes Einspannen stärker belastbar ist. Walz-Stirnfräser können sowohl waagerecht als auch senkrecht eingespannt werden.

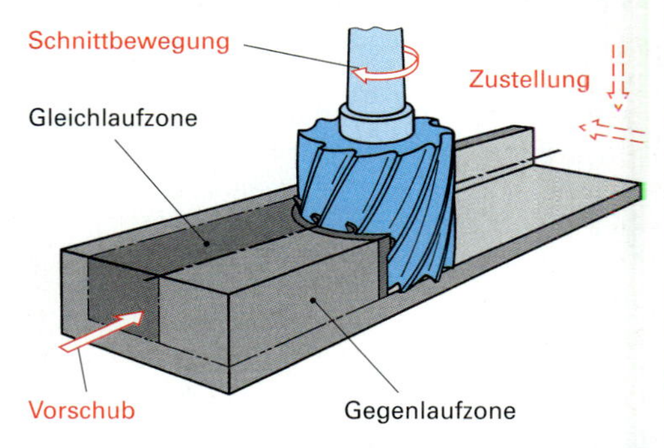

1 Bewegungen beim Stirn-Umfangsfräsen

Auswahl der Fräser

Je kleiner der Außendurchmesser des Fräsers ist, desto geringer wird das erforderliche Drehmoment und somit die Belastung der Frässpindel. Außerdem sind zu berücksichtigen:

- Form und Oberflächengüte des Werkstücks;
- Schneidstoff und Zähnezahl des Fräsers;
- Fräsverfahren und Vorschubrichtung.

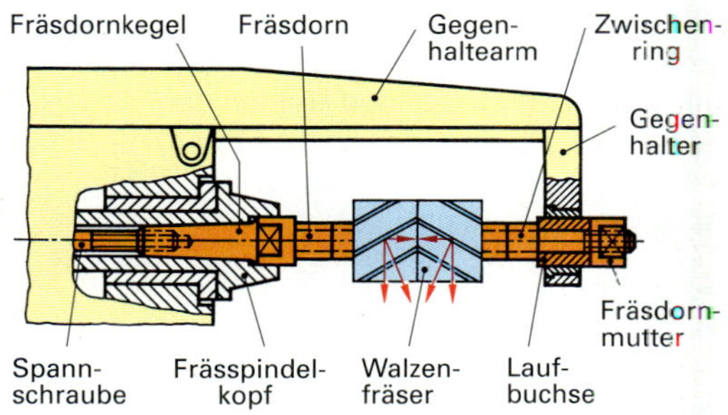

2 Einspannung der Walzenfräser

Aufspannen der Fräser

Zum Ein- und Aufspannen der Fräser verwendet man besondere **Spannzeuge.** Dazu gehören Frässdorne mit Ringen, Aufsteckdorne, fliegende Dorne und Spannfutter (Bilder 2, 3, 4). Um bei Walzenfräsern ein Durchbiegen der Welle zu verhindern, muss der Fräsdorn in einem Gegenhalter gelagert werden (Bild 2).

Drallverzahnte Fräser müssen so aufgespannt werden, dass die auftretende Axialkraft in Richtung der Spindel wirkt (Bild 3, Seite 171). Werden zwei Walzfräser entgegengesetzter Drallrichtung miteinander kombiniert, müssen sie so aufgespannt werden, dass sich die Axialkräfte gegenseitig aufheben.

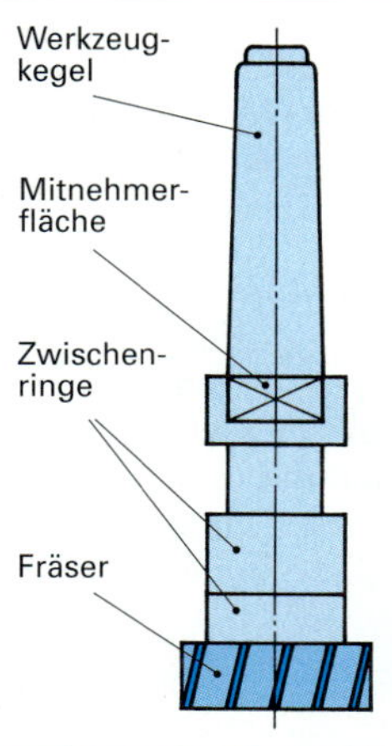

3 Aufsteckdorn für Schaftfräser

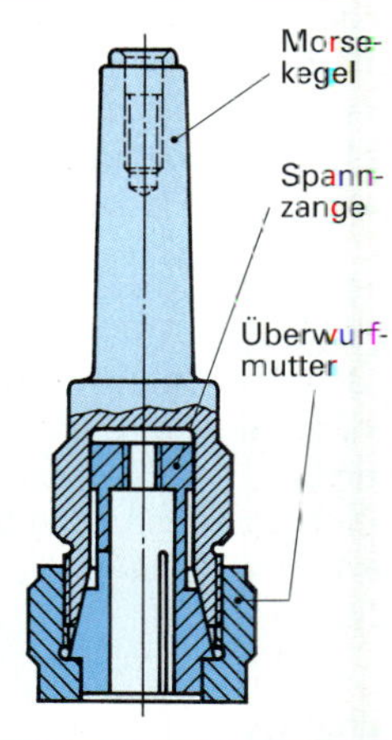

4 Spannfutter für Schaftfräser

Arbeitsregeln

- Vor dem Spannen müssen die Werkstücke entgratet werden, um eine sichere Auflage zu gewährleisten.
- Die Spannmittel müssen der Form und der Größe des Werkstücks entsprechen.
- Die Werkstücke müssen starr, möglichst tief und nahe am Ständer gespannt werden.
- Kleine und kurze Werkstücke werden im Maschinenschraubstock gespannt, größere direkt auf dem Maschinentisch.
- Der Durchmesser des Aufspanndorns ist möglichst groß zu wählen und seine Durchbiegung gering zu halten.
- Beim Aufspannen ist darauf zu achten, dass die Passfedern, die den Fräser auf dem Fräsdorn mitnehmen, sicher gelagert sind.
- Fräser sind rechtzeitig nachzuschleifen.

Kühlen und Schmieren

Kühl-Schmiermittel kühlen die Fräserschneiden und bewirken so eine Verlängerung der Standzeiten und ermöglichen größere Schnittgeschwindigkeiten. Das Schmieren verringert die Reibung und somit die entstehende Reibungswärme und die erforderlichen Schnittkräfte. Es führt dadurch zur Verbesserung der Oberflächenqualität.

Die Flüssigkeit soll die Schnittstelle reichlich umspülen und die Späne abführen.

1 Werkzeugschleifeinrichtung

Schleifen der Fräser

Stumpfe Schneiden vergrößern die notwendigen Schnittkräfte und können den Bruch des Werkzeugs herbeiführen. Deshalb müssen Fräser häufig nachgeschliffen werden.

Wegen der erforderlichen Genauigkeit des Anschliffs dürfen Fräser nur auf **Werkzeugschleifmaschinen** scharf geschliffen werden (Bild 1).

Spitzgezahnte Fräser (z. B. Bilder 1, 2, 6, 9, Seite 173) werden mit Topfscheiben an der Freifläche geschliffen. Geometrische Form und Durchmesser des Fräsers ändern sich dadurch ein wenig. Das beeinträchtigt die Verwendbarkeit nicht (Bild 2).

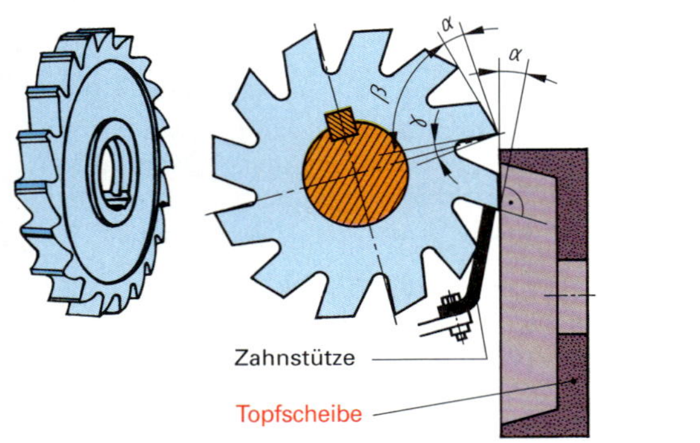

2 Scharfschleifen eines spitzgezahnten Fräsers

Hinterdrehte Fräser sind Formfräser (Profilfräser) (Bild 4, Seite 173 und Bild 3). Ihr Spanwinkel ist $\gamma = 0$. Sie können nur mit besonderen Schleifscheiben an der Spanfläche nachgeschliffen werden (Bild 3). So verändert das Scharfschleifen nicht die geometrische Form.

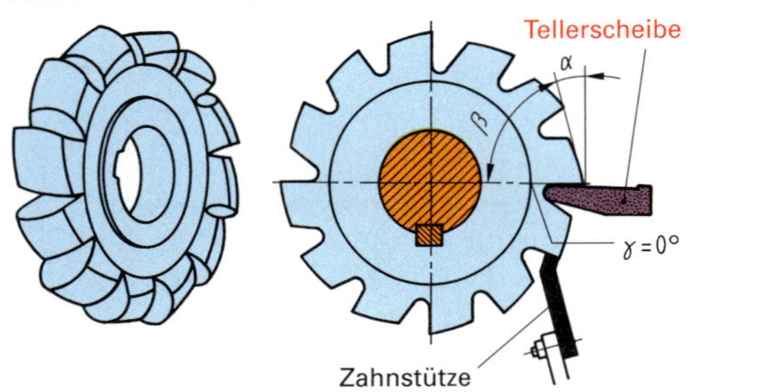

3 Scharfschleifen eines hinterdrehten Fräsers

Überprüfen Sie Ihre Kenntnisse

1 **Vergleichen Sie die spanenden Fertigungsverfahren Bohren, Drehen und Fräsen bezüglich der Arbeitsbewegungen!**

2 **Wie unterscheiden sich Umfangsfräsen (Walzfräsen) und Stirnfräsen?**

3 **Begründen Sie, warum das Stirn-Umfangsfräsen wirtschaftlicher ist als das Umfangsfräsen!**

4 **Unterscheiden Sie Gegenlauf- und Gleichlauffräsen. Beschreiben Sie Vor- und Nachteile!**

5 **Warum gibt es die Fräsertypen H, N und W und worin unterscheiden sie sich?**

6 **Welche Vorteile haben drallverzahnte Fräser gegenüber geradverzahnten?**

7 **Was unterscheidet spitzgezahnte von hinterdrehten Fräsern und wie werden sie angeschliffen?**

8 **Wie wirken sich die Vergrößerung einmal des Vorschubs, zum anderen der Schnittgeschwindigkeit auf die zu fertigende Werkstückoberfläche aus?**

9 **Welche wesentlichen Gesichtspunkte gelten für die Auswahl der Fräswerkzeuge?**

5.12 Schleifen

Durch die verschiedenen Schleifverfahren lassen sich ebene und gekrümmte Flächen sowie regelmäßige und unregelmäßige Profile herstellen und bearbeiten. Das Schleifwerkzeug besteht aus einer Vielzahl kleiner, sehr harter Schleifkörner. Sie haben eine unregelmäßige Gestalt und werden durch ein Trägermaterial, die Bindung, zusammengehalten.

Schleifen ist ein spanendes Fertigungsverfahren mit vielschneidigen Werkzeugen und geometrisch unbestimmten Schneiden zur Erzeugung vielfältiger Werkstückoberflächen.

Häufig ist das Schleifen die abschließende **Feinstbearbeitung** zur Erzeugung von Oberflächen mit sehr kleinen Rautiefen sowie hoher Maß- und Formgenauigkeit, nachdem durch andere spanende Fertigungsverfahren die geometrische Form des Werkstücks erzeugt wurde.

Schleifen dient auch der Wiederherstellung der Zerspanungseigenschaften trennender Werkzeuge durch Scharfschleifen, **Nachschleifen** abgestumpfter Schneiden.

Schleifen ist das wichtigste Verfahren zum **Entgraten** nach vielen Fertigungsverfahren (z. B. Gussputzen, Blechschneiden).

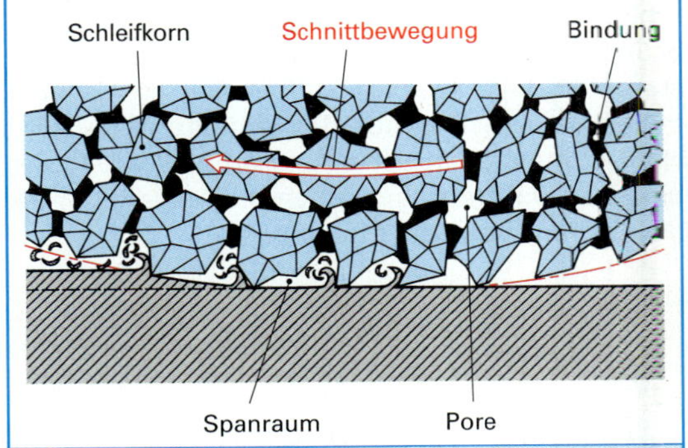

1 Bestandteile des Gefüges von Schleifkörpern

5.12.1 Schleifwerkzeuge

Die Eigenschaften eines Schleifkörpers aus gebundenem Schleifmittel werden durch das **Schleifmittel** und seine **Körnung** sowie die **Bindung** und ihre Festigkeit **(Härte)** und das **Gefüge** bestimmt (Bild 1).

Schleifmittel

Der eigentliche **Schneidstoff** sind die Körner des Schleifmittels, die die Werkstoffspäne abtrennen.

Beim Schleifen geschieht die **Spanabnahme** durch eine große unbestimmte Anzahl unregelmäßig geformter Schneiden dieser Körner. Bei genügender Vergrößerung kann man jedoch auch hier die ungefähre Form eines Schneidkeils erkennen (Bild 2). In der Regel sind der **Keilwinkel** β und der **Freiwinkel** α größer als ein rechter Winkel ($\alpha + \beta > 90°$) und der **Spanwinkel** γ ist **negativ,** sodass sich eine **schabende Wirkung** einstellt.

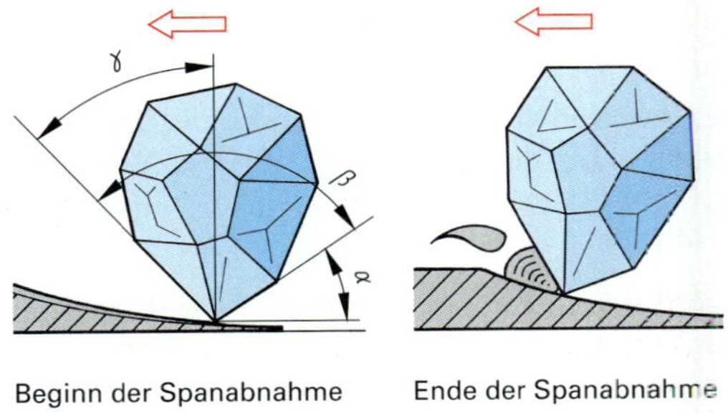

2 Winkel am Schleifkorn bei Spanabnahme

Das **Schleifmittel** muss wesentlich härter sein als der zu zerspanende Werkstoff.

Verwendet werden entweder natürlich vorkommende oder künstlich hergestellte Mineralien. Das sind Korund (Kurzzeichen A), Siliciumkarbid (C), Bornitrid (B) und Diamant (D). Jeder Schleifkörper enthält nur Schleifmittel einheitlicher Korngröße (Tabelle).

Durch die **Korngröße** werden die Zerspanleistung und die Oberflächengüte beeinflusst.

Kennziffern für die Korngröße

Körnung		Einsatz
grob	4 6 8 10 12 14 16 20 24	Schruppen
mittel	30 36 46 54 60	Schlichten
fein	70 80 90 100 120 150 180 220	
sehr fein	230 240 280 320 400 500 600 800 1000 1200	Fein- und Feinstschleifen

Die Bindung

Das Bindemittel hält die Schleifkörner zusammen (Tabelle 1). Wenn diese stumpf geworden sind, sollen sie ausbrechen. Brechen sie zu schnell aus, nutzt sich die Schleifscheibe zu rasch ab. Ist die Bindung zu fest, werden die Körner zu stumpf und die Temperaturen zu hoch.

> Die **Härte** eines Schleifkörpers ist ein Maß für die Kraft, mit der die Schleifkörner durch das Bindemittel festgehalten werden.

Der **Härtegrad** muss bei der Auswahl der Schleifscheibe dem Werkstoff angepasst werden (Tabelle 2). Bei harten und spröden Werkstoffen stumpfen die Schleifkörner schneller ab, deshalb müssen sie leichter aus der Bindung herausbrechen können. Bei weichen und zähen Werkstoffen bleiben die Körner länger scharf. Deshalb gilt für die Auswahl von Schleifscheiben:

> Harte Werkstoffe – weiche Schleifscheiben.
> Weiche Werkstoffe – harte Schleifscheiben.

Tabelle 1: Bindemittel für Schleifkörper

Art der Bindung	Kurzzeichen	Eigenschaften und Anwendung
keramisch	V	Die gebräuchlichste, unempfindlich gegen Wasser, Öl und Wärme, unelastisch und spröde.
Gummi	R	Sehr elastisch und zäh, für hohe Umfangsgeschwindigkeiten, wärmeempfindlich, geeignet für Nassschliff, geringe Leistung.
Gummi faserstoffverstärkt	RF	
Kunstharz	B	Gebräuchlichste elastische Bindung, hohe Festigkeit, Zähigkeit, für dünne Scheiben und hohe Umfangsgeschwindigkeiten.
Kunstharz faserstoffverstärkt	BF	
Metall	M	Hohe mechanische- und Verschleißfestigkeit, wenig stoßempfindlich.

Tabelle 2: Kennbuchstaben für die Härte von Schleifscheiben

A B C D .... M N ....W X Y Z

äußerst weich .... mittel .... äußerst hart

Tabelle 3: Kennziffern für das Gefüge von Schleifkörpern

0 1 2 3 4 5 6 7 8 9 10 11 12 13 14

dichtes geschlossenes Gefüge......offenes Gefüge

kleine Poren .... große Poren

Gefüge

Die räumliche Verteilung von Schleifkörnern, Bindemittel und Poren bildet das Gefüge (die Struktur) des Schleifkörpers (Tabelle 3). Die Kennziffern zeigen die **Porosität**, also ob der Schleifkörper ein geschlossenes oder offenes Gefüge besitzt.

Die **Auswahl des Gefüges** muss die anfallende Spanmenge berücksichtigen (Bild 1, Seite 177). Je mehr Späne anfallen, desto größer müssen die Poren sein.

Beim Nassschliff kann durch größere Poren mehr Kühlflüssigkeit an die Eingriffsstelle transportiert werden. Das erhöht die Zerspanungsleistung.

Dichte Scheiben haben eine größere Härte und nutzen sich nicht so schnell ab. Jedoch können sie sich leichter mit Spänen zusetzen und müssen öfter abgerichtet werden.

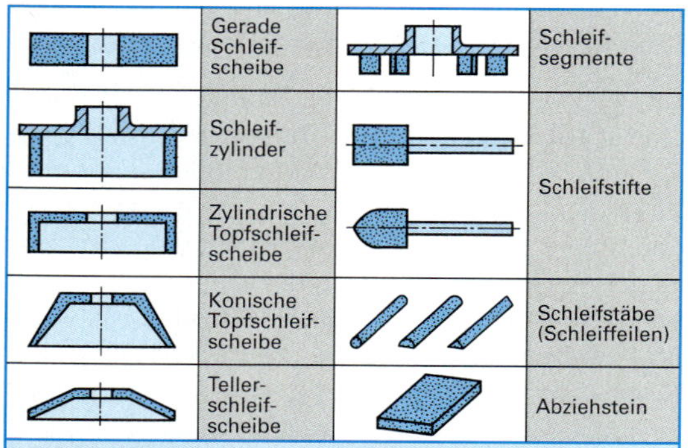

1 Grundformen von Schleifscheiben

Die Form der Schleifkörper

Die Einteilung der Schleifkörper erfolgt nach der geometrischen Grundform und der Art der Einspannung (Schleifscheiben – Bohrung; Schleifstifte – Schaft) (Bild 1).

Am häufigsten werden gerade Schleifscheiben verwendet, die neben der normalen Walzenform auch profiliert sein können (Bild 2).

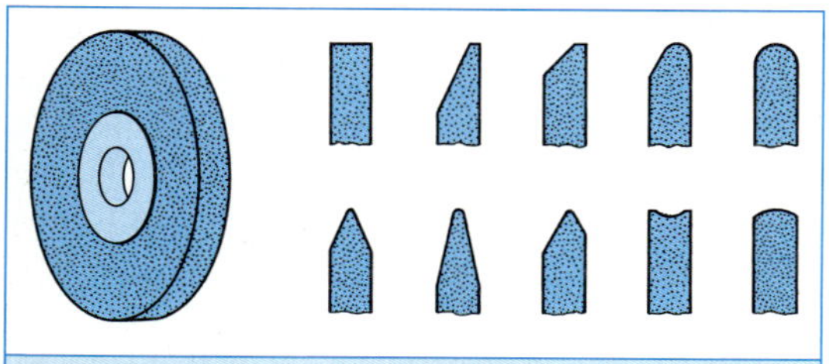

2 Profilformen von Schleifscheiben

Bezeichnung der Schleifwerkzeuge

Einteilung und Bezeichnung der Schleifkörper sind genormt, alle notwendigen Angaben sind auf den Etiketten der Schleifscheiben zu finden. Zunächst wird die Grundform aufgeführt, dann kommen die Abmessungen und dann der Schneidstoff (Tabelle 1).

Für Schleifbänder, Schleifpapier und weitere Schleifmittel gelten ähnliche Regeln.

Tabelle 1: Schema für die Bezeichnung genormter Schleifkörper (Beispiel, Kurzform)

Form	Abmessung	Werkstoff
7	400 x 100 x 127	A 60 K 8 V 35

- 7: ISO-Grundform
- 400: Außendurchmesser d_1 = 400 mm
- 100: Scheibenbreite b = 100 mm
- 127: Bohrungsdurchmesser d_2 = 127 mm
- A: Schleifmittel A (Korund)
- 60: Körnung (Sieb mit 60 Maschen je Zoll)
- K: Härtegrad K = weich
- 8: Gefügekennziffer 8 (mittel)
- V: Bindung V (keramisch)
- 35: Zulässige Umfangsgeschwindigkeit 35 m/s

5.12.2 Zerspanungsvorgang

Die **Schnittbewegung** wird durch das Werkzeug, im Allgemeinen Schleifscheibe genannt, ausgeführt. Die Vorschub- und Zustellbewegung geschehen in der Regel über das Werkstück (Bild 1). Durch die **Zustellung** werden die **Schnitttiefe** bzw. die Schnittbreite festgelegt. Soll durch Schleifen lediglich die Oberflächengüte verbessert werden, braucht die Schleifscheibe die Werkstückoberfläche nur leicht zu berühren.

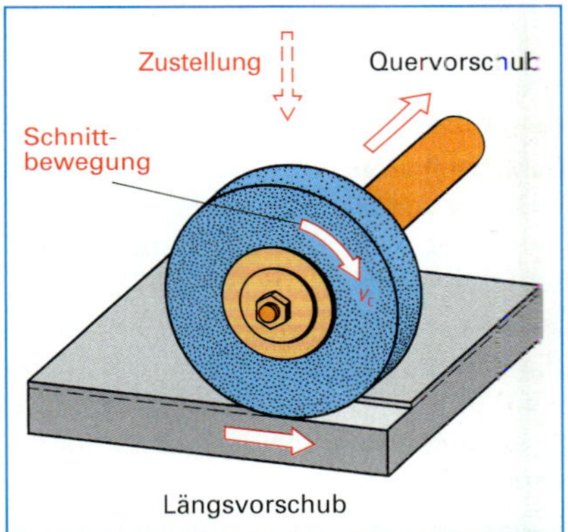

1 Der Zerspanungsvorgang beim Plan-Umfangsschleifen

Die im Vergleich zu anderen spanenden Verfahren wesentlich höhere Schnittgeschwindigkeit führt zu **hohen Temperaturen** während der Spanabnahme. Dabei können die Späne schmelzen und verglühen (Schleiffunken).

5.12.3 Arbeit mit Schleifwerkzeugen

Schleifscheiben besitzen wegen ihrer Struktur eine verhältnismäßig geringe Zugfestigkeit. Damit sie durch die **Fliehkräfte** nicht auseinander gerissen werden, muss die Umfangsgeschwindigkeit begrenzt werden.

Tabelle 2: Zulässige Umfangsgeschwindigkeit von Schleifscheiben

Farbstreifen	blau	gelb	rot	grün
v in m/s	**50**	**63**	**80**	**100**

Auswuchten der Schleifscheiben

Wegen der ungleichmäßigen Massenverteilung (Unwucht) in den Schleifscheiben entstehen ungleichmäßige Fliehkräfte. Sie würden die Lager der Schleifmaschine, die Qualität der Schleifarbeit und den Verschleiß der Scheibe ungünstig beeinflussen. Deshalb wird auf **Auswuchtgeräten** die Lage der Unwucht festgestellt. Dann ordnet man Ausgleichsgewichte in der Ringnut des Flansches an, dass ein labiles Gleichgewicht entsteht (Bild 2) und die Scheibe ruhig läuft.

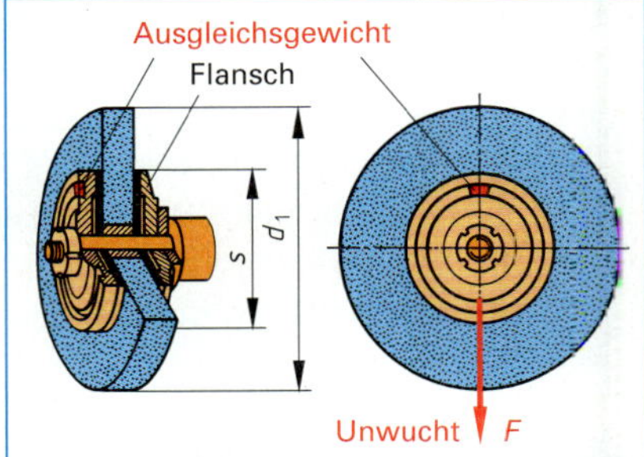

2 Aufspannen und Auswuchten einer Schleifscheibe

Abrichten der Schleifscheiben

Nach einer gewissen Standzeit werden Schleifscheiben stumpf. Die Porenräume haben sich zugesetzt und die Scheibe ist wegen ungleichmäßiger Abnutzung nicht mehr genau kreisförmig. Mit Hilfe eines **Abrichtwerkzeugs** wird die stumpfe Schicht abgetragen und scharfe Körner werden freigelegt (Bild 3).

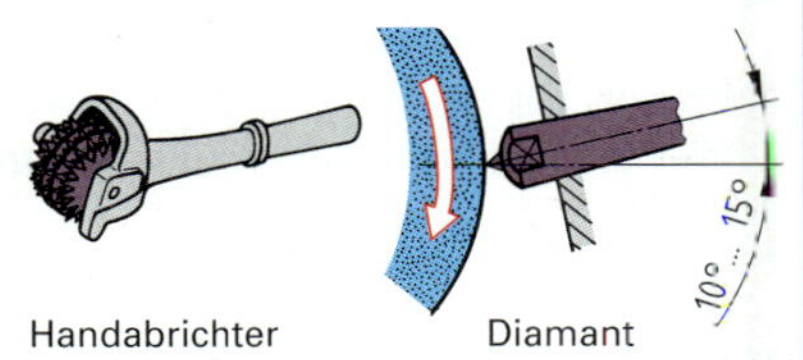

3 Abrichtwerkzeuge

Kühlen und Schmieren

In der Eingriffzone können bei hohen Schnittgeschwindigkeiten Temperaturen bis über 1000 °C auftreten. Das könnte sowohl die Eigenschaften des Werkstücks verändern als auch die Standzeiten der Schleifscheiben herabsetzen. Deshalb müssen Reibung und Erwärmung vermindert werden.

> Beim Schleifen ist unbedingt auf ausreichende Kühlung der Eingriffszone zu achten.

Falls eine Flüssigkeitskühlung nicht möglich ist, z. B. bei Handschleifgeräten, wählt man eine geringere Geschwindigkeit oder unterbricht häufig den Schleifvorgang.

Aufspannen und Prüfen der Schleifscheiben

Wegen der Gefährlichkeit der Schleifarbeiten gibt es hierfür **Regeln der Berufsgenossenschaften**, in denen Art und Verfahren der Aufspannung, Größe der Flansche und die Prüfung festgelegt sind.

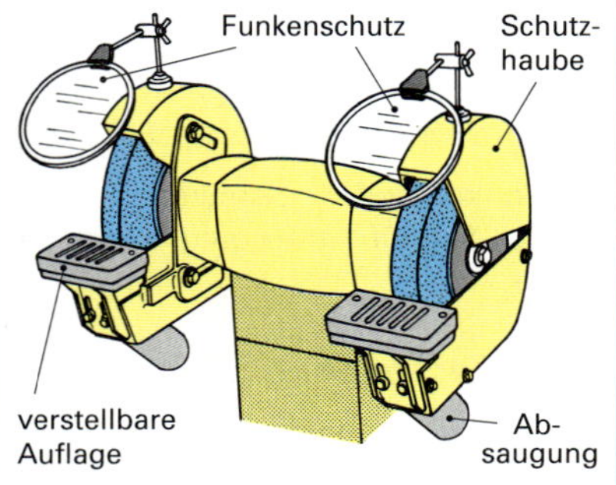

1 Schleifbock

5.12.4 Schleifmaschinen und -verfahren

In der industriellen Fertigung werden sowohl Universalschleifmaschinen als auch Spezialschleifmaschinen eingesetzt. Je nach Gestalt der Werkstückoberfläche unterscheidet man **Rundschleifen, Planschleifen** und **Profilschleifen.**

Scharfschleifen von Werkzeugen ist bei Drehmeißeln oder Bohrern von Hand am Schleifbock möglich (Bild 1). Genauere Werkzeuge müssen an **Werkzeugschleifmaschinen** nachgeschliffen werden (z. B. Seite 176).

Universal-Winkelschleifer sind ein vielseitig einsetzbares Handwerkzeug. Sie werden zum Trennen anstelle von Sägen, zum Entgraten von Gussstücken und Blechrändern, zum Abschleifen von Schweißnähten und ähnlichen Arbeiten verwendet (Bild 2).

2 Trennschleifen mit der Universal-Winkelschleifmaschine

Bandschleifen dient hauptsächlich dem Verbessern der Oberflächengüte, zum Entfernen von Rost und zum Entgraten (Bild 3).

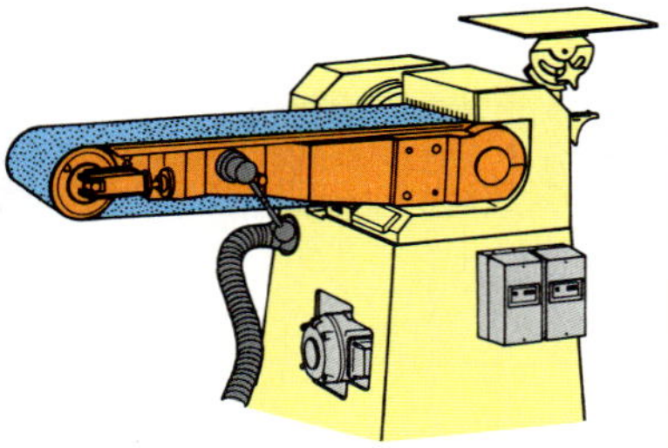
3 Bandschleifmaschine

Unfallverhütung

- Beim Schleifen ohne Maschinenabdeckung immer eine Schutzbrille tragen!
- Werkstückauflage und Schutzhaube dürfen nur bei stehender Maschine nachgestellt werden!
- Spalt zwischen Scheibe, Werkstückauflage und Schutzhaube täglich kontrollieren (Bild 1)!
- Beim Trockenschleifen den anfallenden Staub nach Möglichkeit absaugen!

Überprüfen Sie Ihre Kenntnisse

1 **Beschreiben Sie die Einsatzmöglichkeiten des Schleifens!**

2 **Vergleichen Sie die spanenden Fertigungsverfahren Schleifen und Fräsen!**

3 **Woraus besteht das Gefüge einer Schleifscheibe?**

4 **Welche Aufgabe hat die Bindung? Nennen Sie einige Bindemittel!**

5 **Was versteht man unter der Härte einer Schleifscheibe?**

6 **Was für Schleifscheiben verwendet man für harte Werkstoffe und warum?**

7 **Was ist beim Aufspannen und Einrichten der Schleifscheibe zu beachten?**

8 **Warum müssen Schleifscheiben ausgewuchtet werden?**

9 **Weshalb richtet man Schleifscheiben ab?**

10 **Begründen Sie, warum beim Schleifen die Unfallgefahr besonders hoch ist!**

11 **Warum darf man nur einfache Werkzeuge am Schleifbock nachschärfen?**

6 Urformen

Das Gießen und das Schmieden sind die ältesten schon seit einigen tausend Jahren benutzten Metallbearbeitungsverfahren. Jede Fertigung von Erzeugnissen aus Metallen, Kunststoffen oder Keramik beginnt mit dem Urformen eines Rohteils. Bei der Herstellung von Halbzeugen in modernen Stahlwerken gehen Urformen und Umformen ineinander über (s. S. 54 bis 56).

6.1 Fertigungsablauf beim Urformen

- Herstellung des Ausgangsmaterials (Gegenstand der Verfahrenstechnik, z. B. im Hochofen);
- Bereitstellung des Werkstoffes in urformfähigem Zustand (z. B. durch Schmelzen);
- Herstellung eines Urformwerkzeugs (es enthält die Form des späteren Werkstücks);
- Füllung des Urformwerkzeugs mit dem Werkstoff (z. B. durch Gießen);
- Überführung des Werkstoffs in den festen Zustand, in dem die Moleküle äußeren Einwirkungen widerstehen (z. B. durch Abkühlung und Erstarrung);
- Entnahme des Gusswerkstücks aus dem Urformwerkzeug (z. B. durch Zerstören der Form);
- Nachbearbeitung des Gussstücks (z. B. Abschleifen von Kanten, das sog. Gussputzen).

Die **Vorzüge der Urformverfahren** bestehen darin, dass sie in einem Arbeitsschritt vom Rohstoff zum Fertigteil führen. Sie erlauben eine große Freizügigkeit beim Gestalten, weil durch sie unregelmäßige geometrische Formen möglich sind. Der Werkstoffverbrauch ist wesentlich geringer als bei den spanenden Verfahren.

Der größte **Nachteil der Urformverfahren** sind die hohen Werkzeugkosten, die sich in den meisten Fällen nur bei Serienfertigung oder bei schwierigen Bauteilen lohnen, die sonst nur aufwändig zu fertigen wären.

6.2. Gießen

Die Fähigkeit von Flüssigkeiten, Hohlräume vollständig auszufüllen, ist die physikalische Voraussetzung der Gießverfahren.

6.2.1 Einteilung der Gießverfahren

Nach der Maßgabe der Konstruktionszeichnungen sowie unter Berücksichtigung der Abkühlungs- und Erstarrungsbedingungen des Gusswerkstoffs wird ein Modell des Werkstücks gefertigt. Damit wird dann der Hohlraum eingeformt. Je nach Verwendung der Modelle und der Art ihrer Herstellung unterscheidet man die unterschiedlichen Modelltypen und Gießverfahren:

Gießen		
in verlorenen Formen		in Dauerformen
mit massiven	mit verlorenen	für Kokillenguss
Dauermodellen	Modellen	Druckguss
Formmasken	für Feinguss	Strangguss
Schablonen	Vollformguss	Fliehkraftguss

6.2.2 Feingießverfahren

Zur Modellherstellung werden Wachs oder ähnliche Stoffe in einen Hohlraum gespritzt (Bild 1 a). Die Einzelmodelle werden dann zu einer Modelltraube zusammengesetzt (Bild 1 b), durch Einguss- und Anschnittteile verbunden. Die Modelltraube wird mit einem keramischen Überzug versehen, der die Gießform bildet (Bild 1 c). Nach dem Ausschmelzen oder Auslösen des Modells (Bild 1 d) kann die Form ausgegossen werden (Bild 1 e). Nach der Abkühlung und Erstarrung wird die Form zerschlagen. Die einzelnen Werkstücke werden von der Traube abgetrennt (Bild 1 f). Die Gussstücke haben große Maßgenauigkeit und hohe Oberflächengüte.

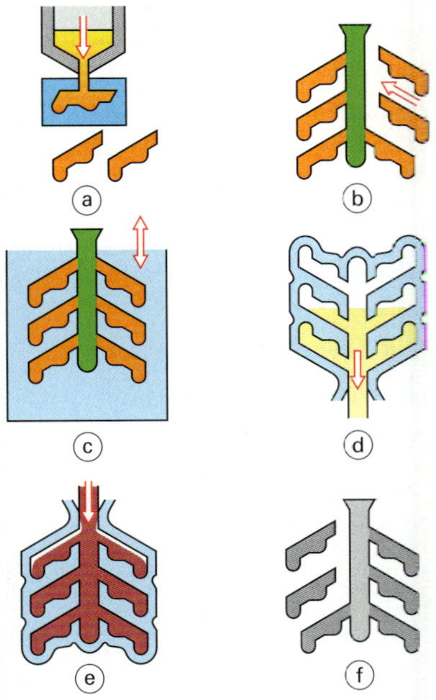

1 Einige Verfahrensschritte beim Feingießen

6.2.3 Sandguss mit Massivmodell

Zur **Herstellung der gießfertigen Form** benötigt man eine **Modellzeichnung**. Sie bezieht sich auf die Konstruktionszeichnung und berücksichtigt die Bearbeitungszugaben für die nachfolgenden spanenden Verfahren sowie das Schwindmaß (siehe folgende Seite).

Auf Grundlage der Modellzeichnung wird dann das Modell angefertigt. Massivmodelle bestehen häufig aus Holz, manchmal auch aus dem teureren Kunststoff oder bei besonderer Beanspruchung aus Metall. Für Hohlräume im Werkstück werden ein oder mehrere **Kerne** aus Spezialsand, der dann verfestigt wird, angefertigt. Modell und Kerne sind oft geteilt (Bild 2).

Das **Einformen** beginnt mit der unteren Modellhälfte, die auf einer Platte im Unterkasten liegt. Formsand wird eingefüllt und festgestampft (Bild 3). Dann wird der Unterkasten zusammen mit dem Modell umgedreht, die Platte wird fortgenommen. Der Oberkasten sowie die andere Modellhälfte werden daraufgelegt und zusammen mit dem Eingusstrichter und den Steigtrichtern eingeformt (Bild 4). Danach trennt man Ober- und Unterkasten wieder, nimmt die Modellteile heraus und schneidet die Verbindungskanäle zwischen Eingusstrichter und dem Werkstückhohlraum in den Formsand. Zum Schluss wird der Kern eingelegt und man verbindet die beiden Kästen wieder miteinander. Zum Schutz gegen den Auftrieb des flüssigen Metalls wird die Form belastet.

Der Eingusstrichter muss so liegen, dass beim **Gießen** das flüssige Metall zuerst in den unteren Teil des Hohlraums läuft und dann nach oben steigt. Der größte Teil der Luft entweicht durch die Steigtrichter.

Beim Abkühlen und **Erstarren**, das von außen nach innen verläuft, verkleinert sich das Volumen des Metalls. Der Steigtrichter dient jetzt als Speiser, aus dem noch flüssiges Metall in den Innenraum nachgespeist wird. Nach der Abkühlung wird die Form zerschlagen (verlorene Form). Die Hilfsteile werden abgeschnitten, die Grate abgeschliffen (Bild 5).

6.2.4 Sonderformverfahren

Beim **Maskenformverfahren** wird auf einem beheizten Modell ein Quarzsand-Kunstharz-Härter-Gemisch verfestigt und bildet eine 8 mm bis 12 mm dicke feste Schicht, die Formmaske. Zwei Maskenhälften zusammen bilden in der Regel die Form.

Formen mit einfachen Konturen können mit **Schablonen** hergestellt werden. Bei symmetrischen Werkstücken wird die Schablone im Formsand um eine Achse gedreht, bei solchen mit gleichbleibendem Querschnitt durch den Formsand gezogen.

Beim **Vollformgießverfahren** wird das verlorene Modell aus Kunststoffschaum gefertigt und verbleibt in der Form. Beim Gießen vergast die Wärme des flüssigen Metalls den Kunststoff (Bild 1 a, Seite 12).

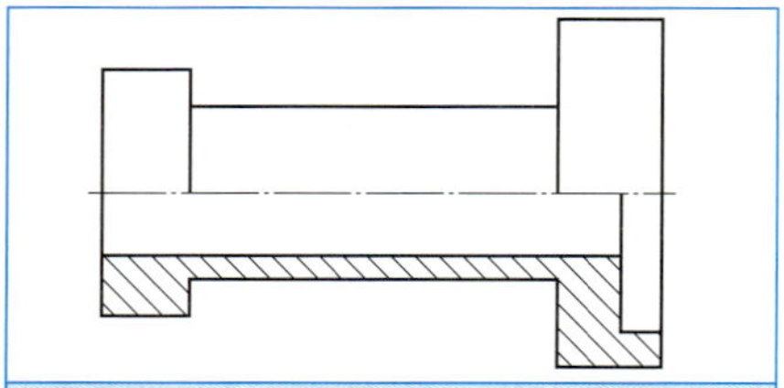

1 Fertigungszeichnung (vereinfacht)

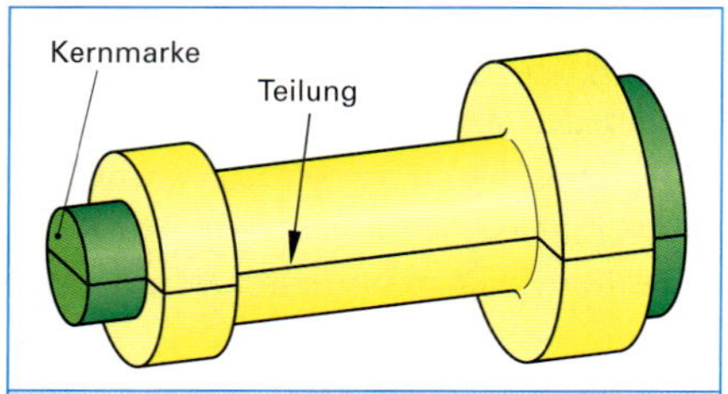

2 Modell

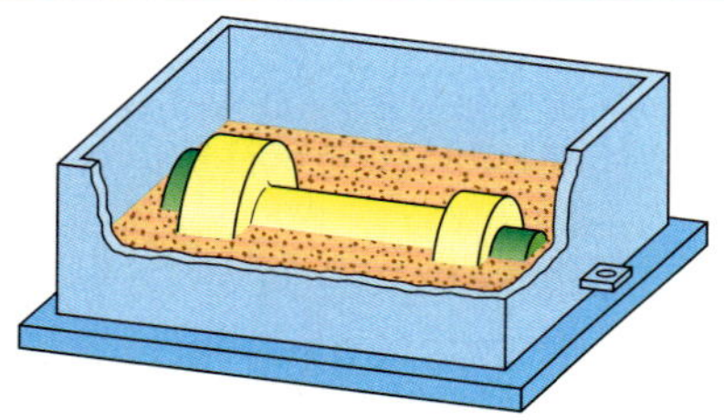

3 Einformen im Unterkasten

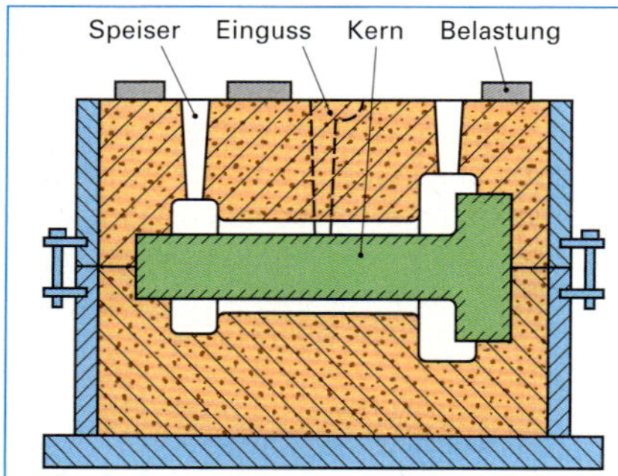

4 Gießfertige Form

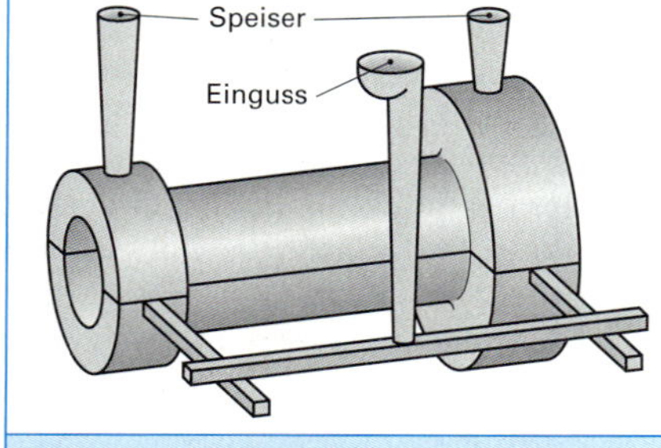

5 Gussstück vor der Nachbearbeitung

6.2.5 Gießen in Dauerformen

Die mehrteiligen Dauerformen, Kokillen genannt, bestehen aus Gusseisen, Spezialstahl oder aus Metallen mit hohem Schmelzpunkt. Sie ertragen ohne Beschädigung Tausende von Abgüssen, sind aber so teuer, dass sie nur für Großserienproduktion in Frage kommen. Bei größeren und unregelmäßig geformten Gussteilen herrscht der Schwerkraftguss vor (Beispiele Seite 182).

Stranggießen erfolgt in der Regel dort, wo der Werkstoff hergestellt wird und dient der Produktion von Halbzeugen (siehe Seiten 54 bis 56).

Fliehkraftgießen wird zur Herstellung von Rotationskörpern genutzt. Das Metall wird in eine von außen gekühlte Kokille gegossen, die sich schnell um ihre Achse dreht. Durch die Fliehkraft wird das Metall gegen die Wände geschleudert, wo es erstarrt. Das Verfahren wird deswegen häufig auch Schleuderguss genannt. Dabei entsteht ein gleichmäßiges feinkörniges Werkstoffgefüge.

Beim **Vertikalfliehkraftgießen** erfolgt der Einguss in der Drehachse. Hergestellt werden z. B. Radkörper oder Zahnräder (Bild 1).

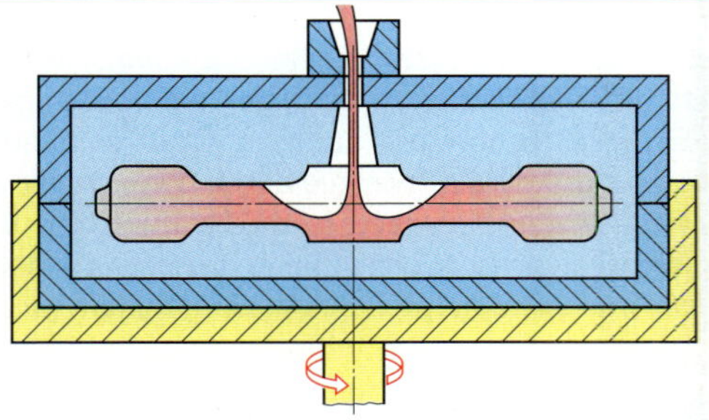

1 **Vertikalfliehkraftgießen eines Radkörpers**

Das **Horizontalfliehkraftgießen** wird zur Herstellung langer Rohre verwendet (Bild 2).

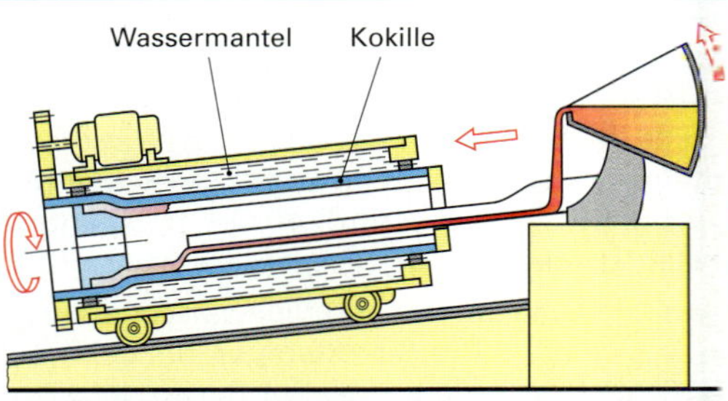

2 **Horizontalfliehkraftgießen eines Muffenrohres**

Druckgießen ist ein Verfahren zur Großserienherstellung dünnwandiger Teile aus Leichtmetallen oder Kunststoffen. Die Gussteile genügen hohen Ansprüchen an Maßhaltigkeit, Oberflächengüte, Festigkeit und gleichmäßiges Werkstoffgefüge. Es können komplizierte Stücke wie z. B. Motorengehäuse mit Kühlrippen gegossen werden. Das dünnflüssige Metall wird in eine mehrteilige Kokille gedrückt. Beim Erstarren bleibt der Druck bestehen. Danach öffnet sich die Form und ein Auswerfer schiebt das Werkstück heraus (Bild 3).

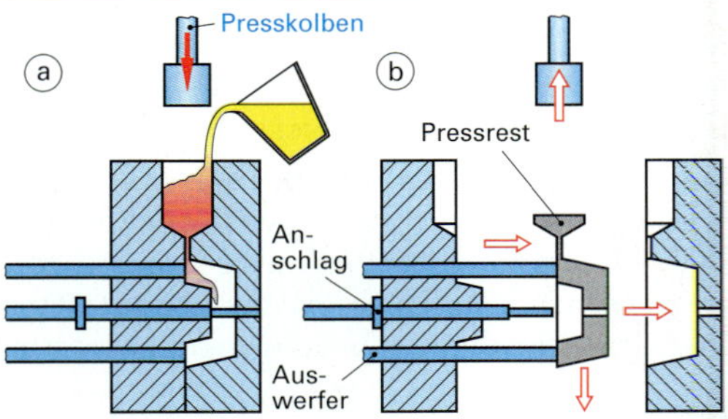

3 **Druckgießen, a) Füllstellung, b) Auswerfen**

6.2.6 Probleme beim Erstarren

Die größten Schwierigkeiten der Gießereitechnik entstehen aus der Tatsache, dass während der Herstellung des Gussstückes der vorher flüssige Werkstoff erstarrt. Dabei schrumpft das Volumen beim Abkühlen der Schmelze, beim Erstarren und auch noch im festen Zustand während der weiteren Abkühlung.

Weil die Abkühlung von außen nach innen erfolgt, können Gussfehler auftreten. Wenn beim Abkühlen Wärmespannungen entstehen, kann es **Verziehungen** sowie **Schwindungs-** und **Spannungsrisse** geben. Innerhalb von Materialanhäufungen bilden sich Hohlräume, Lunker genannt (Bild 4). Entmischt sich eine Legierung, entstehen **Seigerungen**. Auch **Schlacken-** und **Sandeinschlüsse** kommen besonders im unteren Teil des Gussstückes vor.

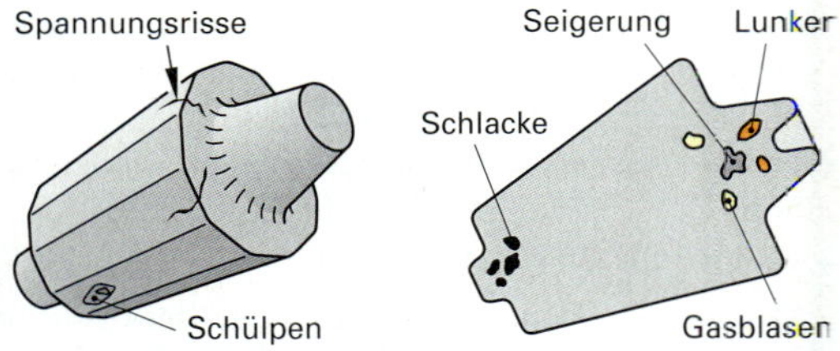

4 **Gussfehler in einem Stahlblock**

Die Volumenverkleinerung beim Erstarren wird bei der Modellherstellung durch das **Schwindmaß** berücksichtigt. Es ist vor allem abhängig vom Gießmetall, aber auch von der konstruktiven Gestaltung des Teils und den Wanddicken. Das Schwindmaß liegt zwischen 0,5% (schwarzer Temperguss) und 2,6% (Manganhartstahl).

6.2.7 Eigenschaften gegossener Werkstücke

Abhängig vom Gießverfahren, dem Werkstoff der Form, dem vergossenen Werkstoff und der Konstruktion des Gussstücks ändern sich die Eigenschaften der durch Gießverfahren hergestellten Werkstücke.

Die **Oberfläche** ist härter als das Innere des Werkstücks. Diese **Gusshaut** entsteht beim Auftreffen des flüssigen Metalls auf die kühlere Wand der Form. Eine so hohe **Oberflächengüte** (geringe Rauigkeit) wie durch spanende Verfahren (z. B. Schleifen) lässt sich auch durch Feingussverfahren nicht erzielen. Diese Gusshaut bietet auch einen guten **Korrosionsschutz**.

Bedingt durch die nicht vollständig kontrollierbare Schwindung ist auch die **Maßhaltigkeit** geringer als nach spanender Fertigung. Gussstücke (besonders dünnwandige) sind empfindlicher gegen Schlag und Stoß als Teile, die durch Umformverfahren (z.B. Schmieden) hergestellt werden. Auch die **Zug-** und **Biegefestigkeit** von Gussstücken erreicht nicht diejenige geschmiedeter Teile. Verhältnismäßig hoch ist dagegen die **Druckfestigkeit**, gering die **Elastizität**.

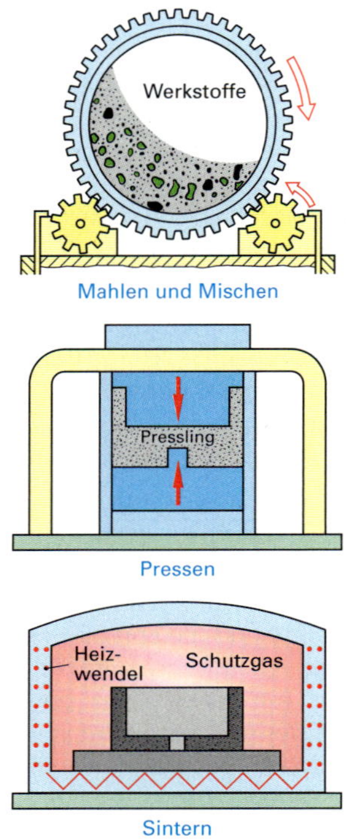

1 Prinzip der Herstellung von Sinterteilen

6.3 Herstellung gesinterter Teile

Es gibt eine Reihe von Metallen oder Metallverbindungen, die sich nicht vergießen lassen oder keine echten Legierungen bilden, aber ihrer Eigenschaften wegen benötigt werden (siehe Seiten 86, 87). Diese Werkstoffe werden durch **Sintern** hergestellt. Zuerst werden die Bestandteile zu feinem Pulver vermahlen und falls nötig vermischt (Bild 1a). Dann wird das Pulver in Presswerkzeugen, deren Hohlformen den späteren Werkstücken entsprechen, durch **Pressen** unter hohem Druck verdichtet. Die Presslinge erhalten dabei eine Gestaltfestigkeit, die den Transport ermöglicht (Bild 1b).

Das eigentliche **Sintern** geschieht anschließend in elektrisch beheizten Spezialöfen. Die Sintertemperatur beträgt etwa 65% bis 80% der Schmelztemperatur des im Pulver vorwiegenden Metalls. Der Vorgang vollzieht sich in einer Schutzgasatmosphäre (Bild 1c).

Beim **Drucksintern** werden Pressen und Sintern in einem Arbeitsgang durchgeführt. Durch **Doppelpressen**, wobei beide Vorgänge wiederholt werden, erzielt man höhere Festigkeiten und Dichten und kleinere Porenräume. Wird höhere Maßgenauigkeit gefordert, erfolgt ein **Kalibrieren** durch Nachpressen in einem Kalibrierwerkzeug.

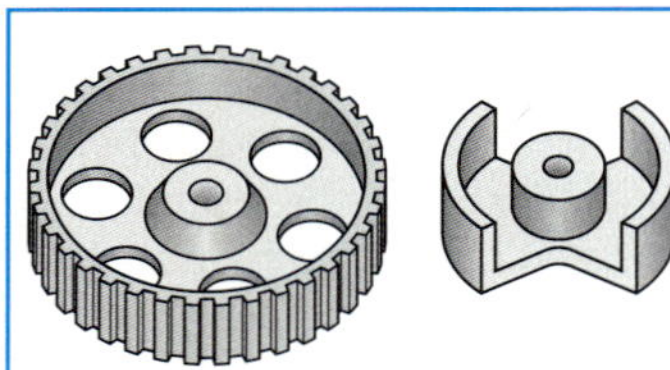
2 Durch Pressen und Sintern hergestellte Teile

Hohe **Werkzeugkosten** und geringe Werkstückgrößen begrenzen die Fertigungsmöglichkeiten. Auch die Formgebung ist Beschränkungen (einfache Konturen) unterworfen. Vorteilhaft gegenüber den spanenden Verfahren ist die **Werkstoffersparnis,** gegenüber dem Schmelzen und Gießen die Energieersparnis.

Zu den Vorzügen dieses Verfahrens gehört auch die Möglichkeit, **poröse Werkstücke**, z. B. für ölgetränkte Lager, herzustellen.

Überprüfen Sie Ihre Kenntnisse

1 Weshalb kann ein kleines Werkstück durch Feingießen mit größerer Maßhaltigkeit angefertigt werden als ein großes durch Sandguss?

2 Warum lassen sich durch Druckgießen keine dickwandigen und großen Werkstücke herstellen?

3 Nennen Sie einige Gussfehler!

4 Was versteht man unter „Gusshaut" und welche besonderen Eigenschaften verleiht sie Gussstücken?

5 Skizzieren Sie das Einformen, wenn das Rohteil für das Klemmstück auf Seite 44 gegossen werden soll!

6 Begründen Sie anhand des Fertigungsablaufs, dass die Festigkeit von Sinterteilen nicht diejenige von Gussteilen aus gleichem Werkstoff erreichen kann!

7 Begründen Sie anhand der Übersicht auf Seite 12 den Begriff „Urformen"!

7 Umformen

Die Fertigungsverfahren des Umformens werden oft auch als „spanlose Formgebung“ bezeichnet, weil bei ihnen kein Werkstoff abfällt. Das Volumen des Rohteils bleibt im Fertigteil erhalten. Die Formgebung geschieht durch Einwirkung äußerer Kräfte, wobei häufig die Form des Werkstücks im Werkzeug enthalten ist. Voraussetzung für die Anwendung der Umformverfahren ist die Eigenschaft der meisten Metalle, sich plastisch (bildsam) verformen zu lassen.

Umformen ist Fertigen durch plastisches Ändern der Form des festen Körpers unter Einwirkung äußerer Kräfte.

Wichtige technologische Merkmale der Umformverfahren:

- Die Anzahl der Arbeitsvorgänge ist geringer als bei den Fügeverfahren.
- Die Werkstoffausnutzung ist besser als bei den spanenden Verfahren. Dies und die kostengünstigere Großserienfertigung machen Umformverfahren wirtschaftlicher.
- Manche Umformverfahren bewirken höhere Werkstückfestigkeiten als jedes andere Verfahren.

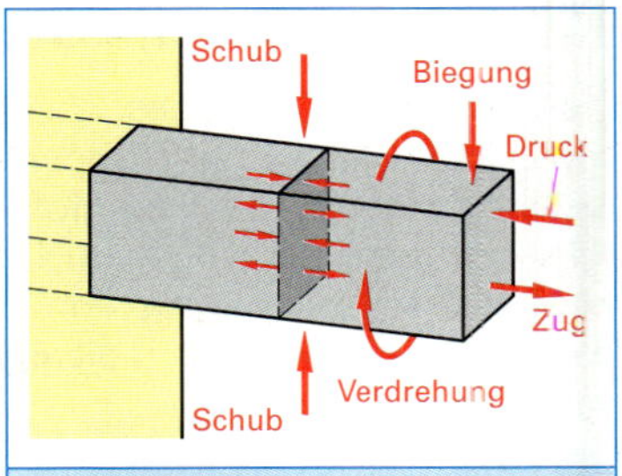

1 Beanspruchungen des Werkstückquerschnitts

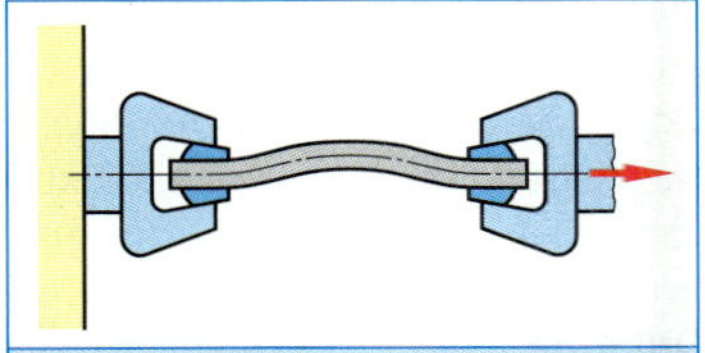
2 Zugumformen: Streckrichten

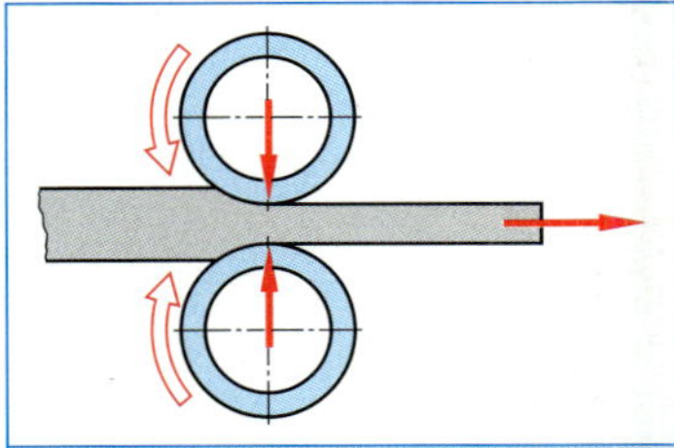
3 Druckumformen: Walzen von Blech

7.1 Einteilung der Umformverfahren

Die wichtigsten Faktoren, von denen das Umformen beeinflusst wird, sind die **Temperatur** (Kaltumformen, Warmumformen), die **Werkstückform** (Massivumformen, Blechumformen) und die Beanspruchungsart im Gefüge des Werkstoffs.

Die genormte Einteilung der Umformverfahren in DIN 8582 richtet sich nach der **Beanspruchung des Werkstückquerschnitts.**

Betrachtet man den gedachten Querschnitt eines Stabstahls, so kann man erkennen, wie sich die Werkstoffteilchen je nach Richtung der aufgebrachten Kraft gegeneinander verschieben (Bild 1):

- **Zugumformen** ist dann gegeben, wenn das gesamte Werkstück in Zugrichtung gedehnt wird. In dieser Richtung verschieben sich auch die Teilchen des Werkstoffs gegeneinander (Bild 2).
- **Druckumformen** findet statt, wenn das gesamte Werkstück in Richtung der Kraft gestaucht wird. Die Teilchen des Werkstücks verschieben sich so gegeneinander, dass es breiter wird (Bild 3).
- **Zugdruckumformen** ist ein komplizierter Vorgang, bei dem durch die Führung des Werkstoffs im Werkzeug Teile des Werkstücks gestaucht und andere gedehnt werden (Bild 4).
- **Biegeumformen** erfolgt dann, wenn die Verformung im Wesentlichen durch eine Biegebeanspruchung bewirkt wird. Eine gedachte Achse des Werkstücks wird dabei um einen bestimmten Winkel abgebogen (Bild 5).
- **Schubumformen** geschieht, wenn zwei benachbarte Querschnitte des Werkstücks unter Schubbeanspruchung gegeneinander verschoben werden. Das kann parallel zueinander erfolgen (Verschieben) oder in einem Winkel zueinander (Verdrehen, Bild 6).

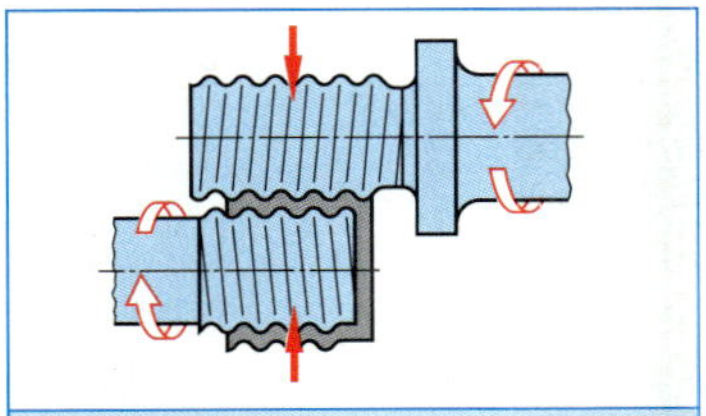
4 Zugdruckumformen: Gewindedrücken

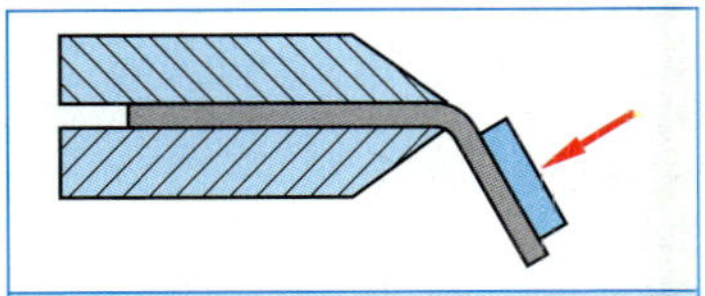
5 Biegeumformen: Schwenkbiegen

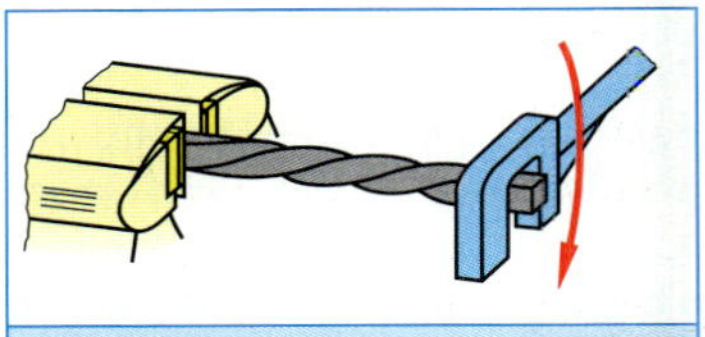
6 Schubumformen: Verdrehen

7.2 Technologische Grundlagen der Umformverfahren

Die zur Verformung eines Werkstücks notwendige Kraft hängt sowohl von der Größe als auch von der Form des Rohteils ab. Außerdem setzen die Werkstoffe der Umformung unterschiedliche Widerstände entgegen. Der spezifische **Formänderungswiderstand** ist abhängig von der Art und vom Gefüge des Werkstoffs. Er kann durch die Erhöhung der Temperatur verringert werden.

7.2.1 Vorgänge im Gefüge

Das Gefüge von Metallen und Metalllegierungen besteht aus einer Vielzahl einzelner Körner, auch Kristallite genannt, die bei der Erstarrung aus der Schmelze entstehen (s. Seiten 70 und 72). Sie haben eine kristalline Struktur, das bedeutet, ihre Atome sind regelmäßig in bestimmten geometrischen Formen angeordnet. Weil sich die negativ geladenen Außenelektronen von der Bindung an einzelne Atomkerne gelöst haben, sind aus den Metallatomen positiv geladene Metallionen entstanden. Zwischen den Elektronen und den Metallionen existieren **Bindungskräfte**, die den Zusammenhalt und die Festigkeit des Gefüges bewirken. Sie sind stärker als die zwischen den positiv geladenen Metallionen wirkenden abstoßenden Kräfte (Bild 1).

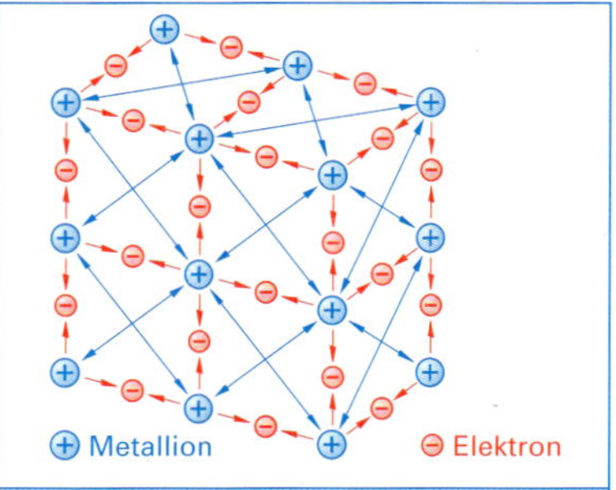

1 Kräfte zwischen den Atomen

Stellt man die Metallionen und die zwischen ihnen wirkenden Bindungskräfte schematisch dar, so entsteht ein **Raumgitter** (Bild 2). Seine kleinste Einheit ist die Elementarzelle. Die technisch wichtigen Metalle lassen sich drei verschiedenen Kristallgittertypen zuordnen (s. Seite 71).

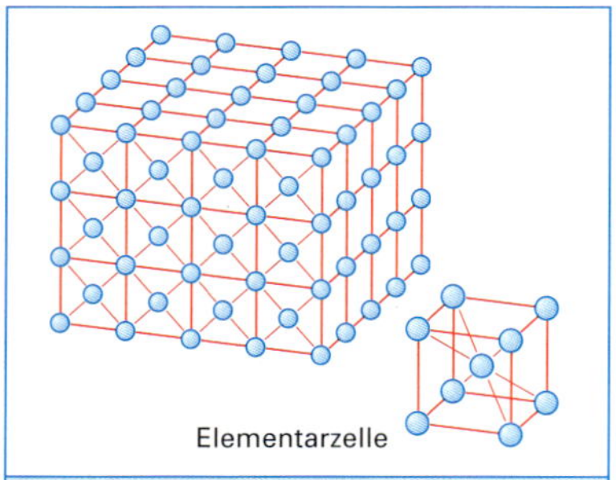

2 Regelmäßige Struktur eines Metallgefüges als Raumgitter

Kräfte beim Umformen

Belastet man einen Biegestab nur wenig, so verformt er sich gering. Nach Entlastung nimmt er seine ursprüngliche Form wieder ein. Es hatte eine **elastische Verformung** stattgefunden.

Ab einer bestimmten stärkeren Belastung bleibt der dadurch erreichte Biegewinkel größtenteils erhalten, es ist eine **bleibende Verformung** eingetreten (Bild 3).

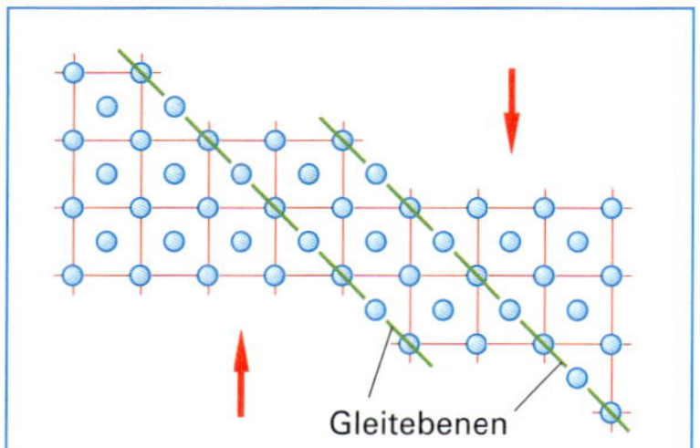

3 Plastische Verformung eines Metalls dargestellt im Raumgitter

Die Größe der dazu nötigen Kräfte bzw. der im Werkstück dabei auftretenden Spannungen kann man in der Praxis für jeden Werkstoff dem von der Zugprüfung bekannten Spannungs-Dehnungs-Schaubild entnehmen (Bild 4 und Seite 102). Die Grenzen, innerhalb derer ein Werkstück umgeformt werden kann, ohne zerstört zu werden, liegen zwischen der **Streckgrenze (R_e)** bzw. der **Dehngrenze ($R_{p0,2}$)** und der Zugfestigkeit R_m.

Um ein Metall bleibend plastisch zu verformen, müssen die aufgebrachten Spannungen oberhalb der Streckgrenze liegen und die Zugfestigkeit deutlich unterschreiten.

Bei vielen Metallen mit stetigem Übergang vom elastischen zum plastischen Bereich wird anstelle der Streckgrenze (R_e) die 0,2-Dehngrenze ($R_{p0,2}$) genommen. Als Obergrenze wird dann die unterhalb der Zugfestigkeit R_m liegende zulässige Umformspannung σ_{zul} gewählt (mittlere Kurve).

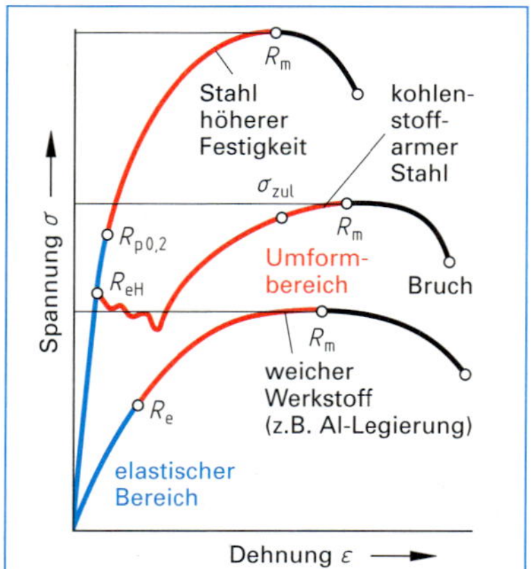

4 Spannungs-Dehnungs-Diagramm verschiedener Metalle

Der in den atomaren Bereich gelegte Ausschnitt aus einem Biegestab (Bild 3, vorherige Seite) lässt erkennen, dass sich die Atome gegeneinander verschoben haben. Unter der Einwirkung äußerer Umformkräfte werden im Raumgitter der Metalle Schubspannungen wirksam. Die Metallionen gleiten jedoch nicht beliebig gegeneinander. Innerhalb des Raumgitters existieren bevorzugte **Gleitebenen**, auf denen der Widerstand gegen die Verformung am geringsten ist. Das sind diejenigen Richtungen innerhalb des Gitters, auf denen die Entfernungen zwischen den Atomen am kleinsten sind. Weil das kubisch-flächenzentrierte Gitter die größte Packungsdichte und damit die meisten Gleitebenen besitzt, lassen sich Metalle, die diese Gitterstruktur besitzen, am besten verformen (Seite 71 und Bild 1). Gut verformen lassen sich auch Metalle mit kubisch-raumzentriertem Gitter; schlecht verformbar sind Metalle mit hexagonaler Gitterstruktur.

Beim Vergleich der theoretisch für das ideale Raumgitter nötigen Umformspannungen mit den in der Praxis beobachteten stellte man fest, dass Letztere sehr viel kleiner sind. Weil man nur unter Laborbedingungen reine Kristalle herstellen kann, gibt es in der Praxis viele Abweichungen davon. Sie unterbrechen den Verlauf der Bindungskräfte und fördern so die Verformung. Die wichtigsten Abweichungen vom idealen Kristallgitter sind **Versetzungen**, die unter der Wirkung von Schubspannungen zu wandern beginnen und so die Umformung erleichtern (Bild 2).

7.2.2 Einfluss der Temperatur

Wärme ist eine Form der Energie. Führt man einem Stoff Wärme zu, so erhöht sich seine Temperatur. Bei ausreichender Wärmezufuhr schmelzen Metalle. Dabei werden die abstoßenden Kräfte zwischen den Atomen so groß, dass sie die Bindungskräfte übersteigen. Während der Erwärmung von der Normal- auf die Schmelztemperatur nimmt allmählich die Festigkeit ab und die Verformbarkeit zu. Viele Umformvorgänge gehen deshalb bei höheren Temperaturen leichter vor sich (Seiten 55, 56 und 188).

Beim Erwärmen vergrößert sich das Volumen der Metalle (Tabelle 1). Dabei treten große Kräfte auf. Wird in einem **Versuch** ein Kupferstab erwärmt, mit einem gusseisernen Bolzen arretiert und anschließend abgekühlt, zerspringt der Bolzen (Bild 3). Dies zeigt, wie gefährlich Spannungen infolge ungleichmäßigen Abkühlens in Werkstücken werden können. Dabei ist auch zu berücksichtigen, dass die Wärmeleitfähigkeit der Metalle vergleichsweise gut ist (Tabelle 2).

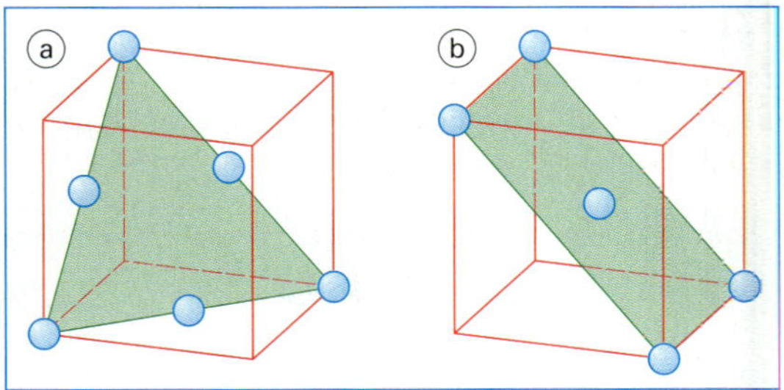

1 Beispiel für je eine Gleitebene in der Elementarzelle des kubisch-flächenzentrierten (a) und des kubisch-raumzentrierten Gitters (b)

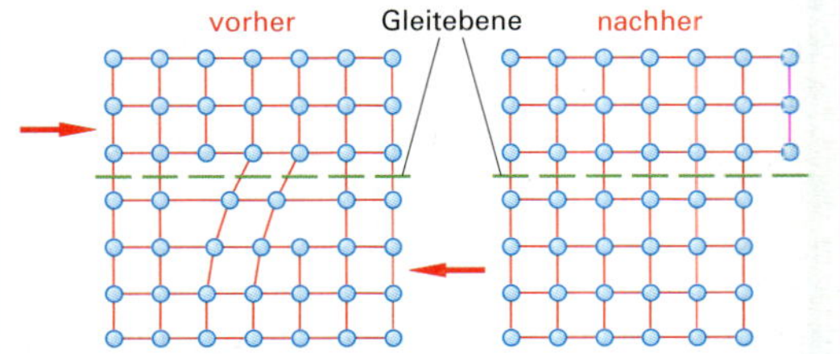

2 Wanderung einer Versetzung im Metallgitter (Schema)

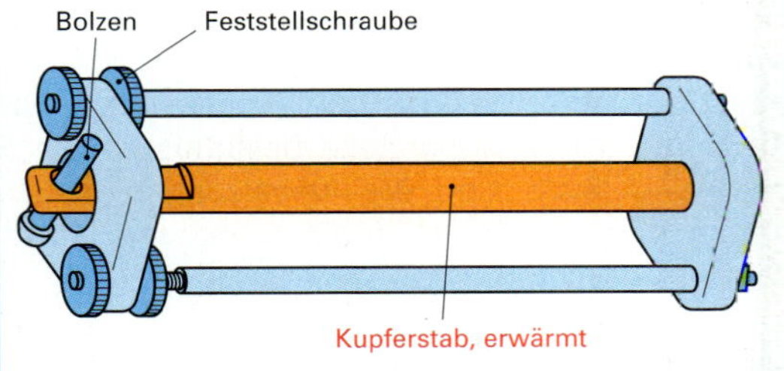

3 Versuchsanordnung zum Beweis der bei der Wärmedehnung der Metalle auftretenden Kräfte

Tabelle 1: Linearer Ausdehnungskoeffizient α in 1/K für 0 °C ... 100 °C

Blei	0,000029	Invar	0,000002
Aluminium	0,000023	Porzellan	0,000004
Kupfer	0,000014	Geräteglas	0,000003
Stahl	0,000011	Quarzglas	0,0000006

Tabelle 2: Spezifische Wärmeleitfähigkeit γ in W/m · K bei 20 °C

Kupfer	384	Beton	ca. 1
Aluminium	204	Wasser	0,06
Stahl	ca. 52	Holz (trocken)	ca. 0,01
Blei	35	Luft	0,026

7.3 Schmieden

Einige Metalle, darunter als Wichtigstes der Stahl, sind in erwärmtem Zustand bildsam (plastisch) und dann durch Druckbeanspruchungen gut umformbar (Bild 1).

Schmieden ist eine Umformung metallischer Werkstücke im warmen bildsamen Zustand.

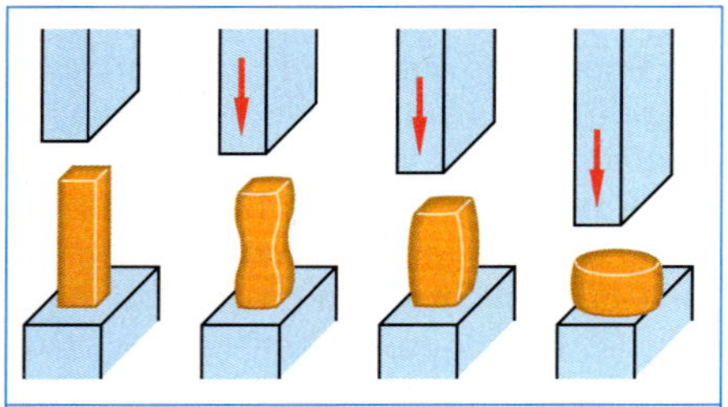

1 Schmieden durch Druckumformen

7.3.1 Vorgänge im Werkstück

Durch die Erwärmung des Werkstoffs sinkt die Streckgrenze soweit, dass ein Formen des Werkstücks durch Verschieben und Verdrängen der Teilchen möglich ist, ohne ihren inneren Zusammenhang zu zerstören. Infolge der gezielten Druckbeanspruchung tritt nach Abkühlung eine **Verfestigung** des Materials ein. Weil außerdem der Faserverlauf im Werkstück nicht unterbrochen wird, ist die Festigkeit geschmiedeter Werkstücke größer als diejenige spanend hergestellter (Bild 2).

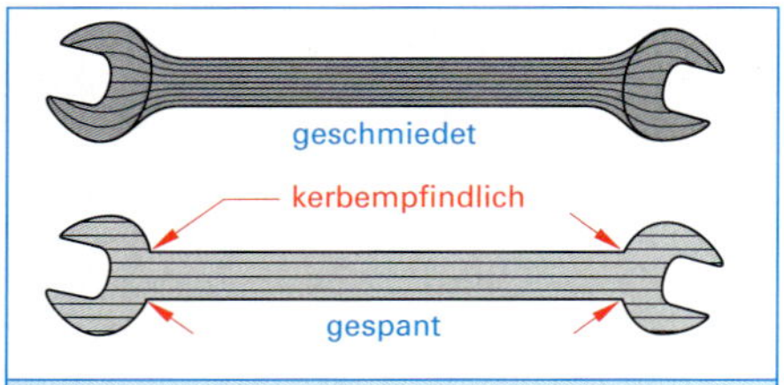

2 Faserverlauf in einem geschmiedeten und einem spanend hergestellten Schraubenschlüssel

Die **Schmiedbarkeit** von Werkstoffen ist auch abhängig von den **Anfangs-** und **Endtemperaturen**, innerhalb derer sie bildsam sind. Sie müssen weit genug auseinanderliegen, um genügend Zeit für einen Schmiedevorgang zuzulassen (Tabelle). Die gesamte Temperaturspanne muss jedoch oberhalb der Rekristallisationstemperatur des Werkstoffs liegen (Seite 76).

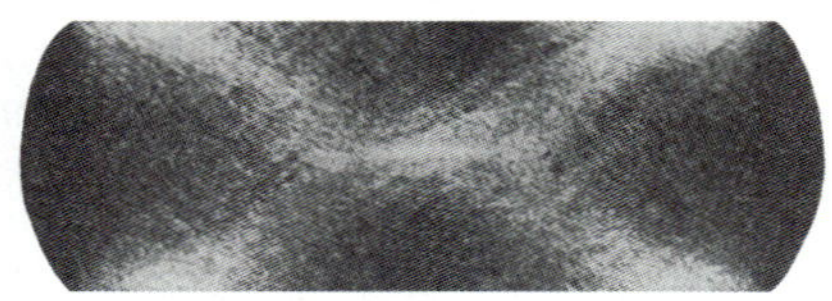

3 Schmiedekreuz im Schliffbild eines massiven geschmiedeten Werkstücks

Schmiedbar sind Aluminium, Kupfer, viele Legierungen, viele Stähle und begrenzt auch Temperguss. Beim **Stahl** wird die Schmiedbarkeit mit steigendem Kohlenstoffgehalt schlechter, bei 1,7 % C ist im Allgemeinen die Obergrenze. Auch Legierungsbestandteile beeinflussen die Schmiedbarkeit. Deshalb sind die Anweisungen der Herstellerfirmen über Schmiedetemperaturen und Anwärmzeiten genau zu beachten.

Beim Stahl ist die Schmiedbarkeit vom Gehalt an Kohlenstoff und Legierungsbestandteilen im Gefüge abhängig.

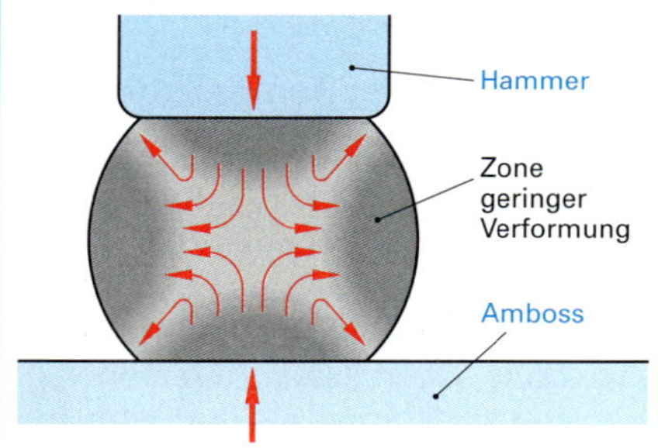

4 Kraftfluss und Verformungsrichtungen in einem massiven Schmiedeteil

Die langsame **Erwärmung** des Werkstücks vor dem Schmieden muss eine gleichmäßige Temperaturverteilung gewährleisten. Erwärmen sich die äußeren Schichten schneller als der Kern, besteht die Gefahr von **Spannungsrissen.**

Wird längere Zeit über die Anfangstemperatur hinaus erwärmt, bildet sich ein grobkörniges Gefüge und der Stahl wird **spröde**. Er muss durch **Normalglühen** wieder verfeinert werden (Seite 76). Der Erwärmungsvorgang geschieht nur noch selten im offenen **Schmiedefeuer**. Geschlossene **Schmiedeöfen,** die eine gleichmäßige Erwärmung garantieren, sind die Regel.

Der **Verformungsgrad** innerhalb des Werkstücks ist ungleichmäßig (Bild 3 und Bild 4). Man muss berücksichtigen, dass die von den Stauchflächen ausgehenden Druckkräfte den Werkstoff unterschiedlich durchkneten.

Schmiedetemperaturen von Stählen

Werkstoff	Schmiedetemperatur		Glühfarbe bei	
	Anfang	Ende	Anfangstemp.	Endtemp.
Baustahl	1250 °C	780 °C	weiß	dunkelkirschrot
Werkzeugstahl, unlegiert	1000 °C	800 °C	gelbrot	hellkirschrot
Schnellarbeitsstahl	1150 °C	900° C	hellgelb	gut hellrot

7.3.2 Schmiedeverfahren

Unterschieden werden die Schmiedeverfahren nach der Art, wie der Werkstoff geformt und wie die Kraft aufgebracht wird in:

- Freiformschmieden oder Gesenkschmieden
- Schmieden von Hand oder mit Maschinen

Freiformschmieden

Beim Freiformschmieden kann der Werkstoff frei zwischen den Wirkflächen von Hammer und Amboss ausweichen.

Werkzeuge des Schmiedes

Die untere Wirkfläche wird durch den **Amboss** gebildet (Bild 1). Die Ambossbahn besteht aus gehärtetem Stahl. Die Löcher in ihr dienen zur Aufnahme von **Hilfswerkzeugen** (Bild 2).

Der **Schmiedehammer** bildet die obere Wirkfläche. Durch ihn wirkt die Umformkraft auf das Werkstück (Bild 3).

Schmiedezangen verschiedener Maulformen dienen zum Festhalten des Werkstücks (Bild 4).

Freiformverfahren

Maßgenaue Werkstücke durch Schmieden frei zu formen, erfordert große Geschicklichkeit, lange Erfahrung und genaue Werkstoffkenntnisse. Der gesamte Fertigungsvorgang eines Schmiedeteils setzt sich in der Regel aus mehreren einfachen Schmiedeverfahren zusammen:

Strecken vergrößert die Länge und vermindert die Höhe (Bild 5).

Breiten vergrößert die Breite und vermindert die Höhe (Bild 6).

Stauchen vergrößert den Querschnitt und verkürzt die Länge des Werkstücks (Bild 5).

Absetzen erzeugt einen scharfkantigen Absatz zwischen zwei Querschnitten (Bild 8).

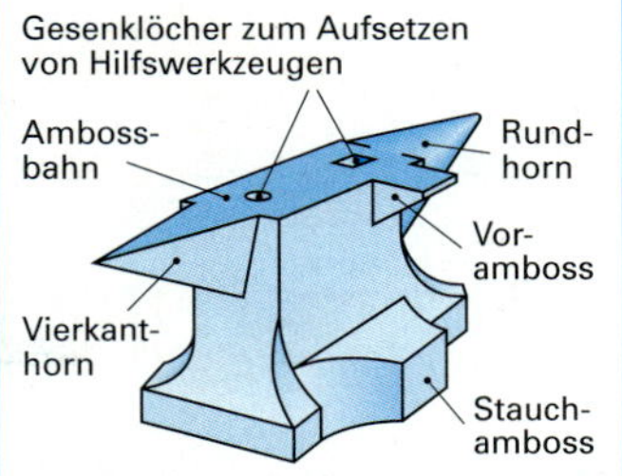

1 Amboss

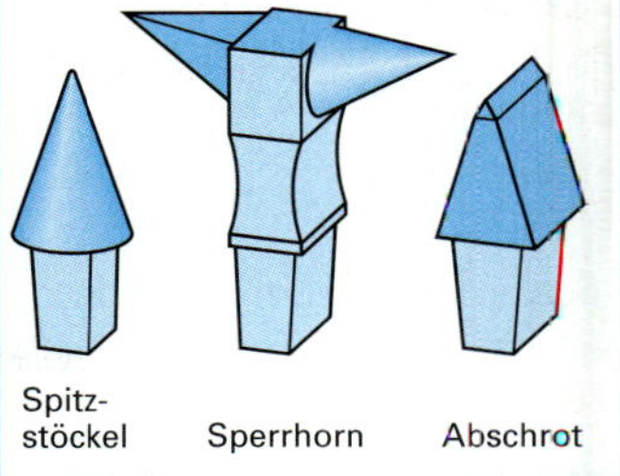

2 Hilfswerkzeuge

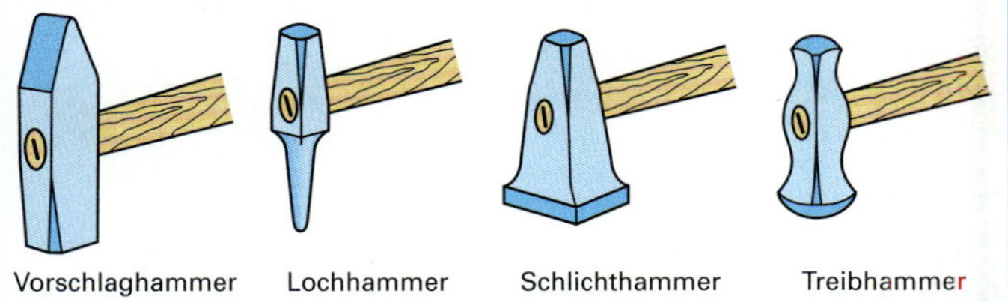

3 Schmiedehämmer

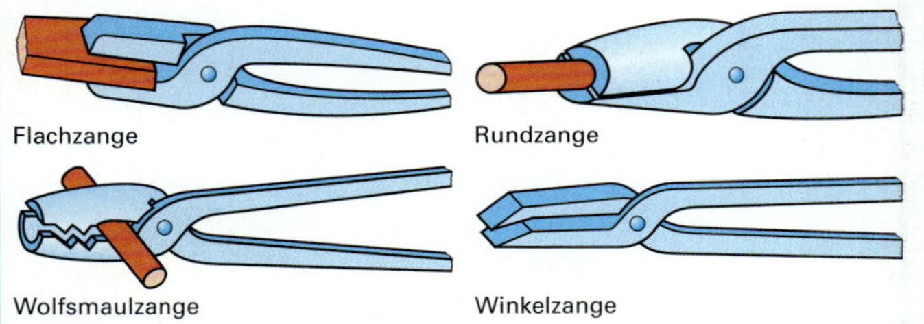

4 Schmiedezangen

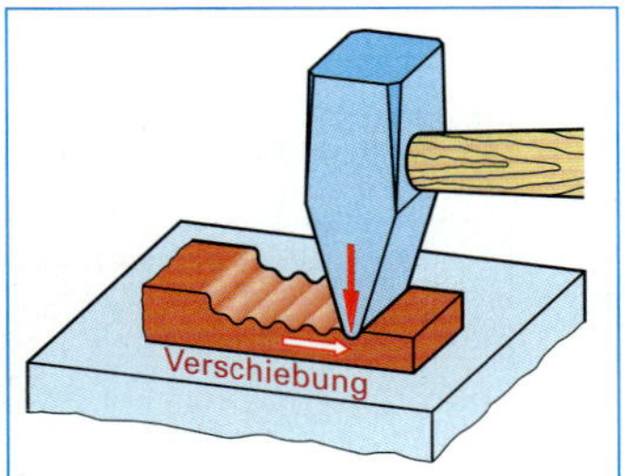

5 Strecken

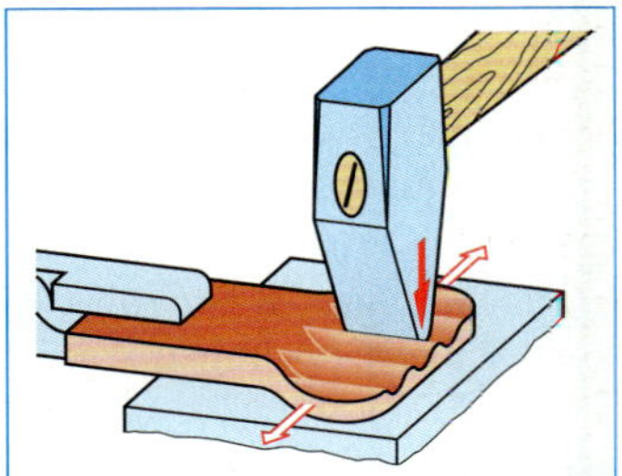

6 Breiten

7 Stauchen

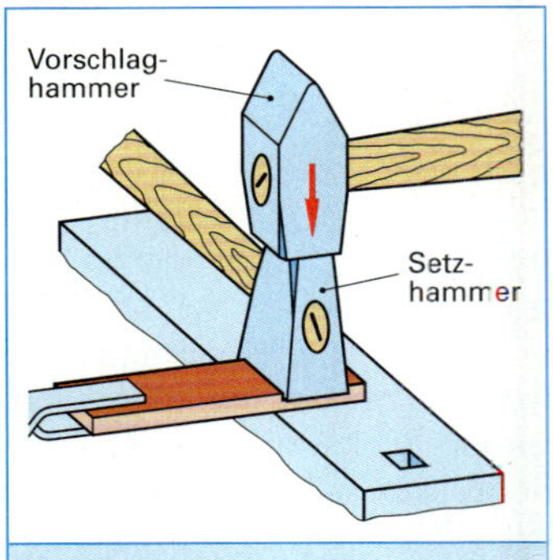

8 Absetzen

Lochen mit dem Lochhammer und danach mit einem Dorn verhilft zu ungeschwächten Querschnitten und hält den Werkstoffverbrauch gering (Bild 1).

Spalten mit einem Hilfshammer ist der Erste von mehreren Arbeitsgängen (Bild 2).

Schroten dient zum Abtrennen des Rohteils oder überflüssigen Materials (Bild 3).

Kehlen erleichtert das Absetzen oder das Ausarbeiten von Vertiefungen (Bild 4).

Torsieren ist das Verdrehen um die Längsachse (Bild 5).

Hohe Temperaturen, große schlagartig auftretende Kräfte und das Arbeiten mit Handwerkzeugen können beim Schmieden zu **Unfällen** führen. Zu beachten ist:

- Schutzkleidung bewahrt vor Verbrennungen und Funken.
- Vorsicht beim Abspringen von Teilen beim Schroten.
- Zangen weit genug vom Körper zum Schutz vor Fehlschlägen halten.
- Vorschlaghammer neben dem Körper führen, gefährliche Rundschläge unterlassen.
- Hämmer müssen einen festverkeilten, unbeschädigten Stiel haben.
- Hilfshämmer sollen einen lose sitzenden Stiel haben.

Schmieden mit Maschinen

Durch **Freiformschmieden** werden Einzelteile oder lange und sperrige Werkstücke geformt (Bild 6). Sobald die Masse des Werkstücks zu groß ist, setzt man Maschinen ein, oft mit Handarbeit kombiniert. Um eine genaue Endform herzustellen, müssen freigeformte Schmiedestücke häufig abschließend noch spanend bearbeitet werden. Maßgenaues Freiformschmieden mit Maschinen erfordert viel Erfahrung sowohl bei der gleichmäßigen Erwärmung des Werkstücks als auch für die Einstellung der richtigen Größe der Kraft.

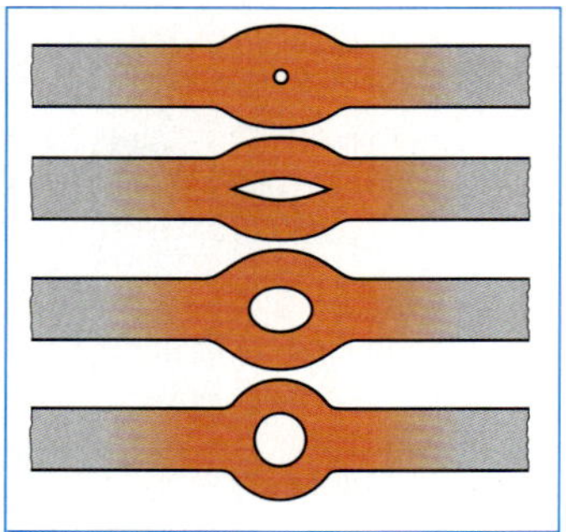

1 Lochen

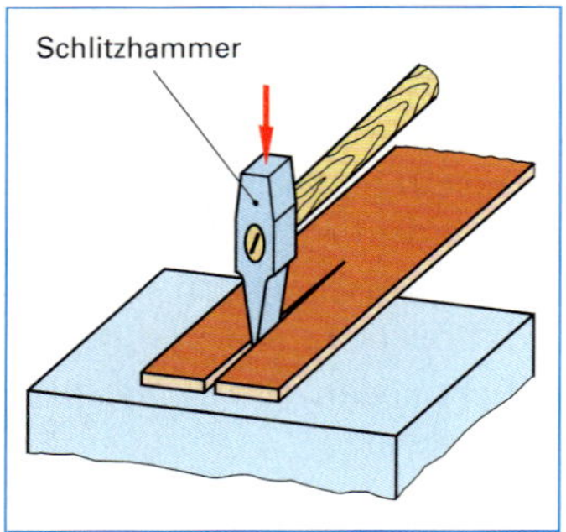

2 Spalten

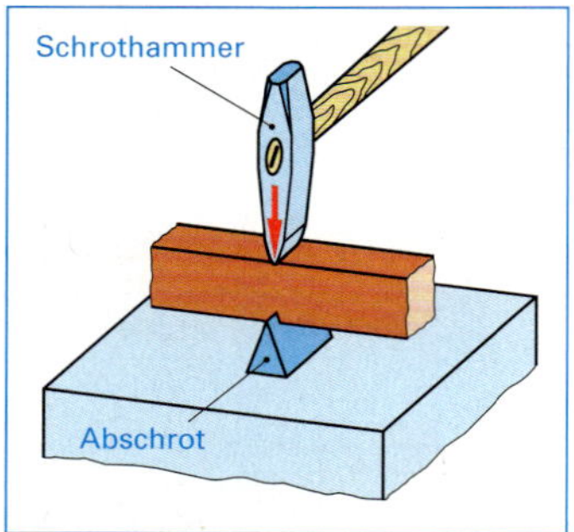

3 Schroten

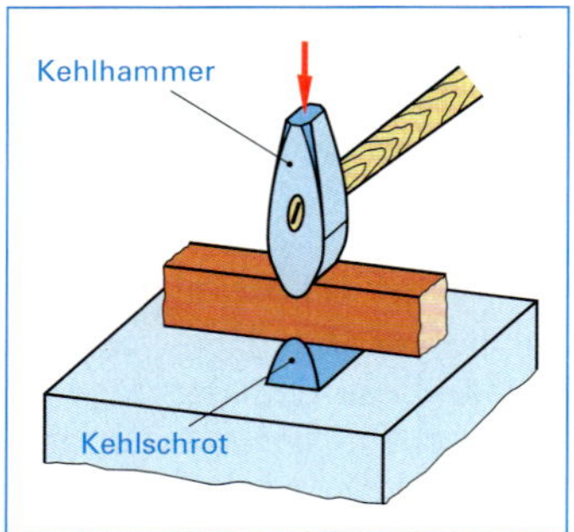

4 Kehlen

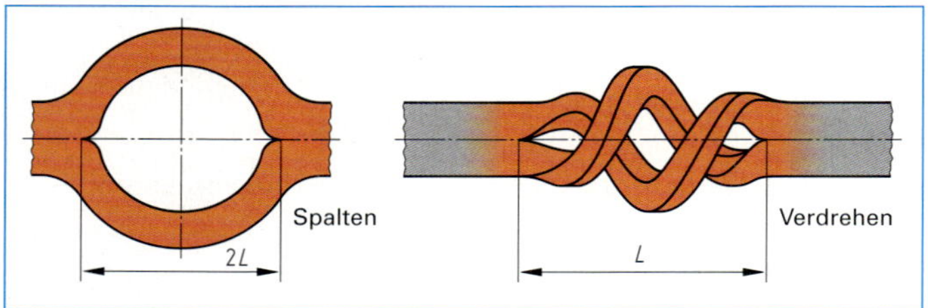

5 Torsieren eines Zierstabes (linker Bildteil verkleinert)

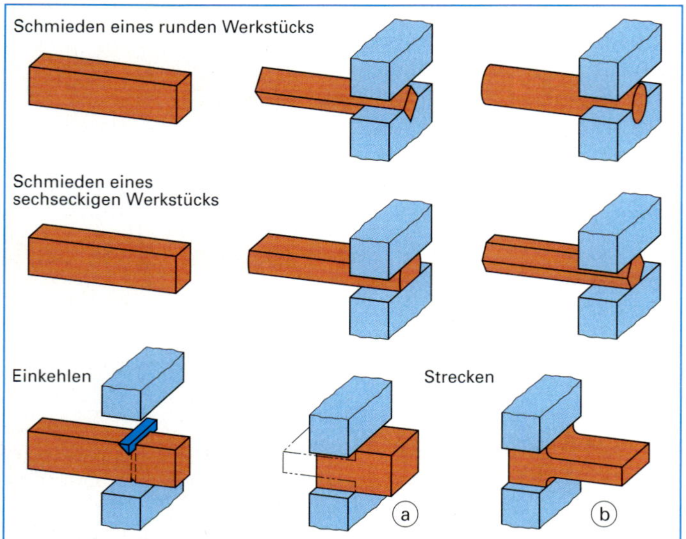

6 Freiformschmiedearbeiten mit Maschinenhämmern

Gesenkschmieden

Bei der Herstellung **großer Stückzahlen,** bei denen die **hohen Werkzeugkosten** lohnen, verwendet man Schmiedeformen. Sie werden in der Technik **Gesenke** genannt. In den ein- oder zweiteiligen Gesenken ist die **Form des Fertigteils** eingearbeitet (Bild 2). Auch beim Schmieden von Hand können zur Herstellung genauer Formen einfache Gesenke verwendet werden (Bild 1).

Beim Gesenkschmieden wird ein erwärmtes Rohstück in eine dem fertigen Werkstück entsprechende Hohlform geschlagen oder gepresst.

Das Volumen des Rohstücks wählt man etwas größer als das der Form. Der überschüssige Werkstoff garantiert das vollständige Ausfüllen der Form und wird als **Grat** herausgepresst (Bild 2). Er wird anschließend abgetrennt. Die Gratlinie wird nachgeschliffen.

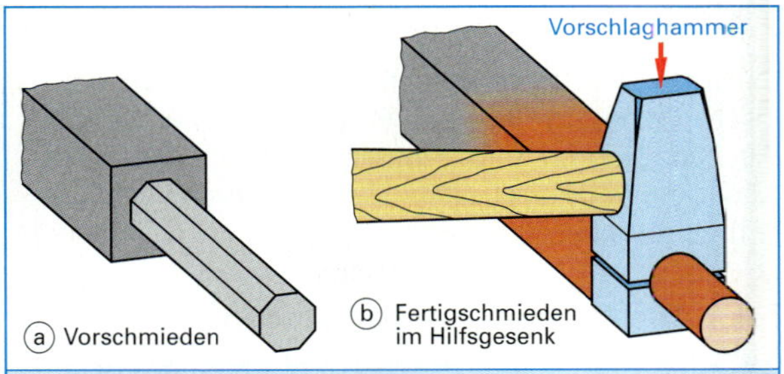

1 Gesenkschmieden von Hand

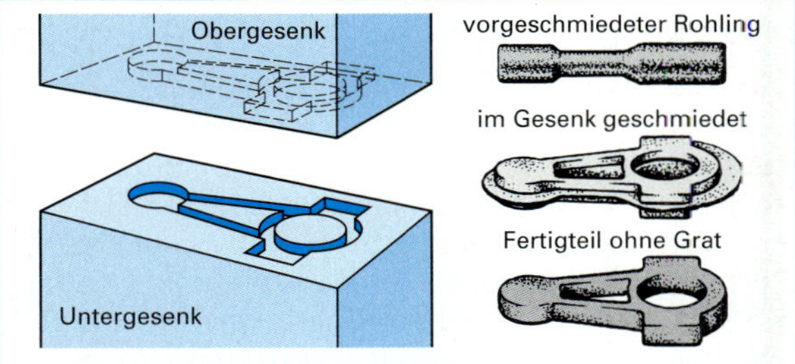

2 Gesenkschmieden in Formen

Maschinenhämmer und Pressen

Hämmer formen durch Schlag.

Das Oberteil, der **Bär**, trifft im freien Fall mit großer Geschwindigkeit auf das Schmiedeteil. Er wird mechanisch, pneumatisch oder hydraulisch gehoben. Bei großen Schmiedeteilen wirkt die Kraft jedoch nicht bis in den Kern.

Pressen formen durch Druck.

Die Presskraft des rotierenden Motors wird über Spindeln, Exzenter (Bild 5), Kurbelgetriebe, Kniehebel (Bild 4) oder hydraulisch (über eine Pumpe) in die auf- und abgehende des Bärs umgewandelt. Weil der Bär mit kleiner Geschwindigkeit das Schmiedeteil trifft, kann der Werkstoff bis in den Kern durchgeknetet werden.

3 Gesenkschmiedestücke

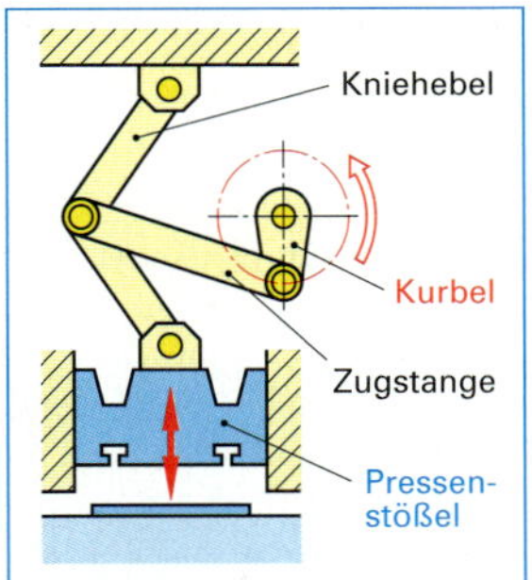

4 Kniehebelpresse (Prinzip)

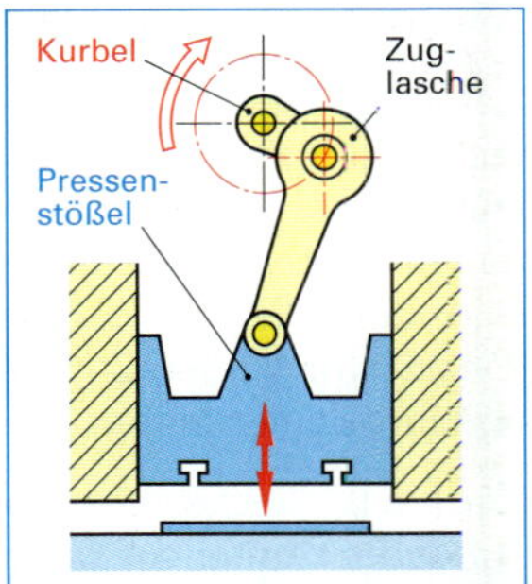

5 Exzenterpresse (Prinzip)

Überprüfen Sie Ihre Kenntnisse

1. **Nennen Sie Unterschiede zwischen den spanenden Verfahren und den Umformverfahren!**
2. **Welche mechanischen Eigenschaften muss ein Werkstoff besitzen, damit er sich gut kaltumformen lässt?**
3. **Vergleichen Sie Kalt- und Warmumformen und schildern Sie die Bedeutung der Temperatur des Werkstoffs!**
4. **Nennen Sie die fünf Hauptgruppen der Umformverfahren; begründen Sie die Einteilung!**
5. **Nennen Sie praktische Beispiele für elastische und plastische Verformung!**
6. **Bei welchen Schmiedearbeiten benötigt man Hilfshämmer, bei welchen nicht?**
7. **Welche Metalle sind schmiedbar?**
8. **Erläutern Sie die Bedeutung von Anfangs- und Endtemperatur beim Schmieden!**
9. **Nennen Sie die wichtigsten Unterschiede zwischen Freiform- und Gesenkschmieden!**

7.4 Biegen

Das am stärksten verbreitete Verfahren der spanlosen Fertigung ist das **Biegeumformen.** Aus Blechen, Rohren und Profilen werden Behälter, Abdeckungen, Konstruktionsteile und vieles andere mehr hergestellt.

7.4.1 Technologische Grundlagen

Während beim Zug- oder Druckumformen das gesamte Werkstück verformt wird, verändert sich beim Biegen nur ein Teil des Werkstücks, die Biegezone.

In einem Versuch wird ein Stab mit quadratischem Querschnitt aus weichem Metall fest eingespannt und durch eine sich langsam vergrößernde Kraft um 90° abgebogen. Die obere Seite dehnt sich ohne zu reißen. Die untere Seite wird gestaucht (Bild 1). Die äußeren Fasern des Werkstoffs werden verlängert, die inneren Fasern verkürzt. Dazwischen liegt eine unveränderte neutrale Zone, die „Neutrale Faser".

Beim Biegen wird ein Teil des Werkstücks auf Zug, das andere auf Druck beansprucht.

Wird ein Blechstreifen eingespannt und durch eine Kraft etwas gebogen, federt er nach Entlastung in die Ausgangslage zurück (Bild 2). Erst nach stärkerer Belastung biegt er sich weiter durch und bleibt abgebogen (Bild 3). Auch hier ist nach Entlastung eine geringe **elastische Rückfederung** eingetreten.

Damit ein Werkstück gebogen werden kann, muss die Elastizitätsgrenze des Werkstoffs überschritten werden, darf seine Bruchgrenze nicht erreicht werden und muss der Werkstoff ausreichend dehnbar sein. Zum Biegen geeignete Werkstoffe sind weicher Stahl, Kupfer, Zink, Aluminium, Magnesium und ihre Legierungen.

Wird ein Blechstreifen um eine scharfe Kante gebogen, können an der äußeren Biegelinie kleine Risse auftreten (Bild 4). Wird das gleiche Blechstück jetzt hochkant eingespannt, wird eine wesentlich größere Kraft zum Umbiegen als vorher benötigt. Auch hier können an der Biegelinie wieder Risse auftreten (Bild 5).

Beim Biegeumformen darf ein bestimmter **Mindestbiegeradius** nicht unterschritten werden.

Die zulässigen Mindestbiegeradien wurden in Versuchen ermittelt (Tabelle auf S. 198). Sie sind abhängig von der Art des Werkstoffs und der Querschnittshöhe. Bei Metallbaukonstruktionen wird Durchbiegung durch Verwendung hoher Querschnitte verhindert (Bild 6).

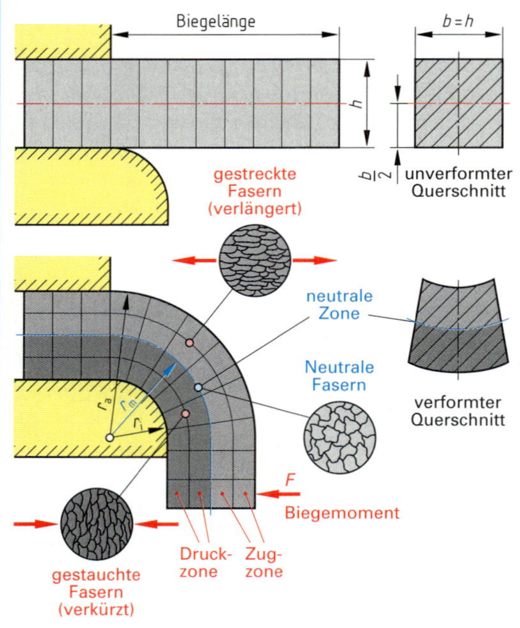

1 Werkstoffbeanspruchung beim Biegen

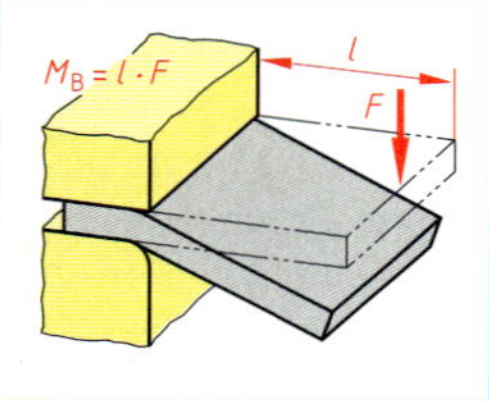

2 Rückfederung im elastischen Bereich

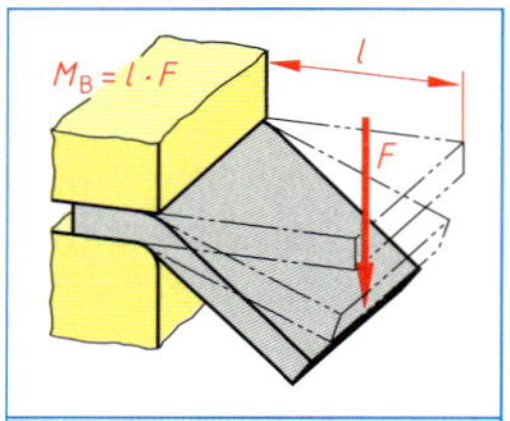

3 Bleibende Verformung im plastischen Bereich

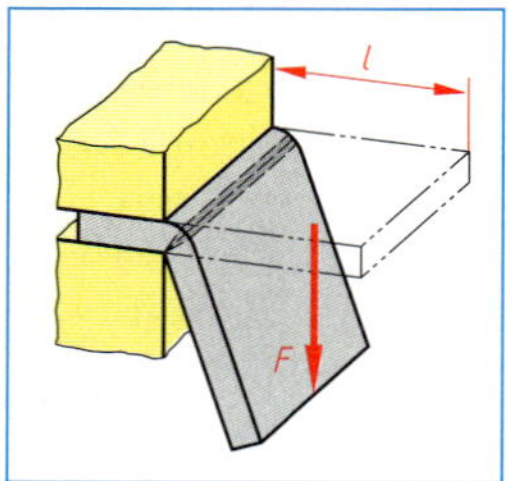

4 Biegen mit kleinem Biegeradius

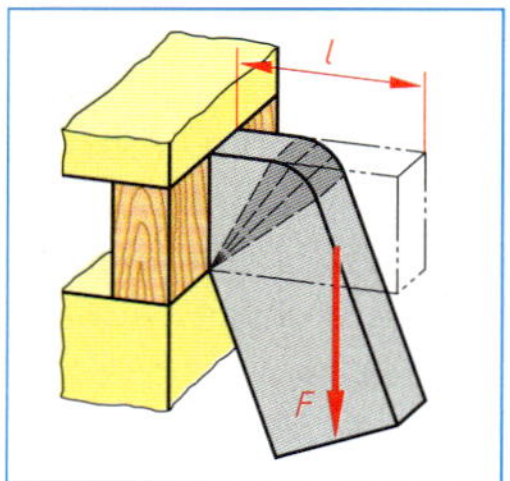

5 Biegen mit hohem Werkstückquerschnitt

6 Biegesteife Profile

7.4.2 Biegen von Rohren

Beim Biegen von Rohren wie auch von anderen **Hohlprofilen** liegen die Streckungszone mit den Zugspannungen und die Stauchungszone mit den Druckspannungen in den vergleichsweise dünnen Wandungen. So kann es zur Verringerung des Rohrquerschnitts und zum Einknicken kommen (Bild 1).

Eine **unzulässig große Verformung des Rohrquerschnitts** erfolgt bei

- zu großem Rohrdurchmesser,
- zu dünnen Rohrwänden,
- zu kleinem Biegeradius,
- zu geringer Dehnbarkeit des Werkstoffs.

Die Verringerung eines Rohrquerschnitts behindert die durchströmende Flüssigkeit und vermindert die Festigkeit eines Rohres.

Einknicken oder Einquetschen des Biegequerschnitts von Rohren lässt sich verhindern durch

- Einhalten eines Mindestbiegeradius, abhängig von Material und Durchmesser,
- Füllen des Hohlraums mit einer nichtzusammendrückbaren Masse, einer Zugfeder oder einem Dorn (Bilder 2 und 4),
- Biegen der Rohre in einer dem Durchmesser entsprechenden Form (Bilder 4 und 5).

Bei **geschweißten Rohren** muss außerdem beobachtet werden, dass die Schweißnaht in der neutralen Zone liegt. So lässt sich verhindern, dass Zug- oder Druckbeanspruchungen die wenig elastische Schweißnaht zerstören können (Bild 3).

Den genauen **Mindestbiegeradius** sollte man den Hinweisen der Hersteller entnehmen. Er beträgt bei Stahlrohren ungefähr das Zehnfache und bei Kupferrohren das Dreifache des Außendurchmessers. Beim **Warmbiegen** kann der Mindestbiegeradius geringer sein. Durch Erwärmung des Rohrs, meist mithilfe eines Schweißbrenners, wird die Dehnbarkeit des Werkstoffs erhöht. Die **Anwärmlänge** entspricht der Biegezone.

Biegevorrichtungen

Freies Biegen von Hand oder im Schraubstock wird nur behelfsmäßig oder bei dünnen Rohren durchgeführt. In Werkstätten oder auf Baustellen werden einfache Biegevorrichtungen eingesetzt (Bilder 4 und 5). Durch einen Handhebel wird das Biegemoment aufgebracht. Der Biegewinkel ist genau einstellbar. Auswechselbare Rollen verhindern die Veränderung des Rohrquerschnitts.

Rohrbiegemaschinen

Die **hydraulische Rohrbiegemaschine** arbeitet mit einer handbetriebenen Pumpe. Ihr Kolben drückt das Biegesegment mit dem Rohr an die Gegenlager (Bild 5).

Höhere Biegekräfte für Rohre mit größeren Wandstärken und Durchmessern liefern **Ringbiegemaschinen** mit angetriebenen Profilwalzen (Bild 4, folgende Seite).

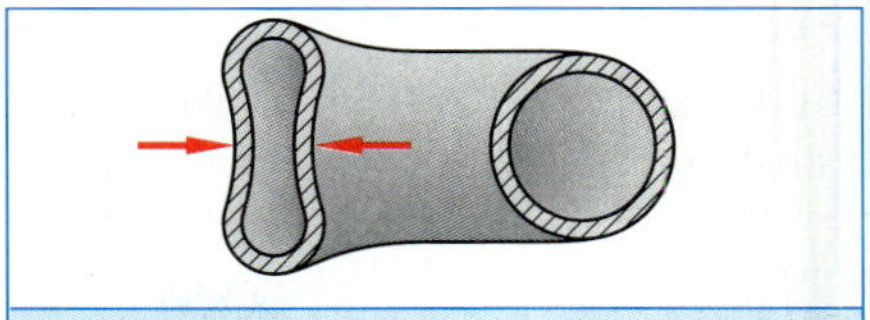

1 Stark verformter Rohrquerschnitt

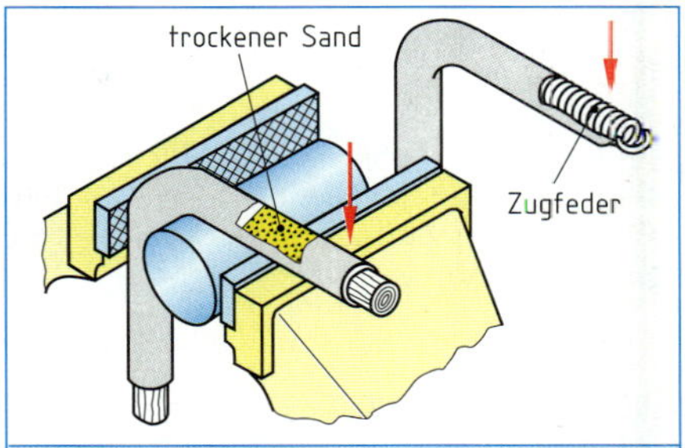

2 Freies Biegen von Rohren mit Füllung

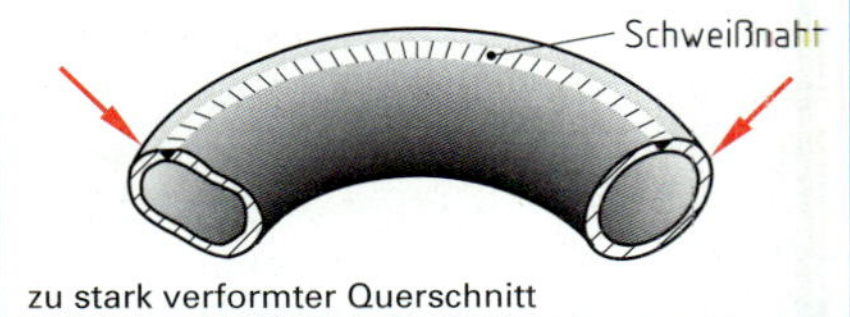

3 Lage der Schweißnaht beim Biegen

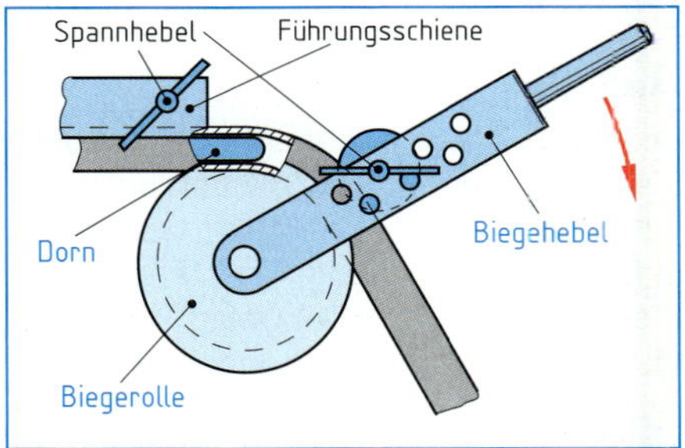

4 Rohrbiegevorrichtung

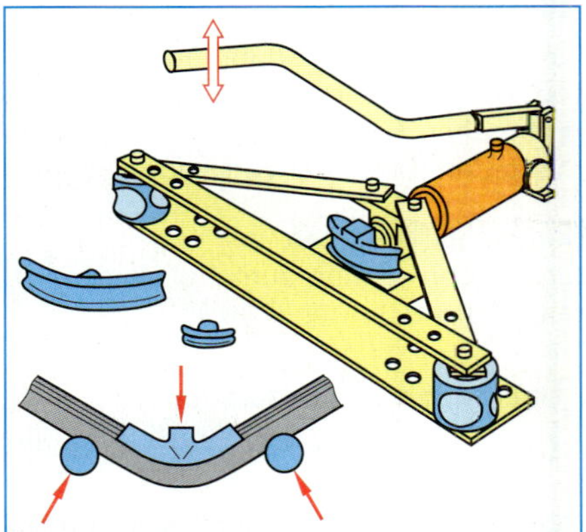

5 Hydraulische Rohrbiegemaschine mit auswechselbaren Segmenten

7.4.3 Biegen von Profilen

Profilierte Stangen sind meistens aus Stahl, manchmal auch als Leichtbauprofile aus Aluminium- und anderen Legierungen (Bild 6, S. 192). Sie sind biegesteif, ihre hohen Stege nehmen die bei Biegebeanspruchung entstehenden Zug- und Druckspannungen auf. Sollen sie zu Rahmen, Ringen oder Winkeln gebogen werden, bereiten die Auflageflächen Schwierigkeiten.

Beim Biegen von Profilen muss stets die ungleichmäßige Verteilung des Werkstoffs im Bereich von Zug-, Druck- und neutraler Faser berücksichtigt werden.

Biegevorrichtungen

Biegearbeiten lassen sich mithilfe von Beilagen im **Schraubstock** durchführen (Bild 1). Biegevorrichtungen verwendet man bei häufigeren Biegearbeiten (Bild 2). Mit auswechselbaren **Biegekernen** arbeitet man, wenn Radien oder Winkel der Biegung häufig wechseln. Eine **Schablone** lohnt sich für häufige gleichartige Arbeiten. Eine einfache Vorrichtung mit auswechselbaren Scheiben und Biegerollen (ähnlich wie beim Rohrbiegen in Bild 4 der vorherigen Seite) erzeugt das Biegemoment über einen Handhebel.

Ausklinken

Beim scharfkantigen Biegen von Profilen werden die Stauchungen in der Druckzone zu stark. Eine vom Biegewinkel abhängige **Gehrung** muss ausgeklinkt werden (Bild 3). Da der Scheitel des Biegewinkels in der Neutralen Faser liegt, wird zur Vermeidung von Stauchungen entweder vor dem Ausklinken eine Bohrung (Bohrerdurchmesser *d*) oder nach dem Ausklinken eine Aussparung nötig.

Biegemaschinen

Für häufiger durchzuführende Biegearbeiten lassen sich die beim Rohrbiegen verwendeten hydraulischen Bieger mit entsprechenden Einlagen ausstatten (Bild 5 der vorherigen Seite).

Ringbiegemaschinen mit entsprechend profilierten Walzen dienen zum Rundbiegen von Profilmaterial und Rohren (Bild 4).

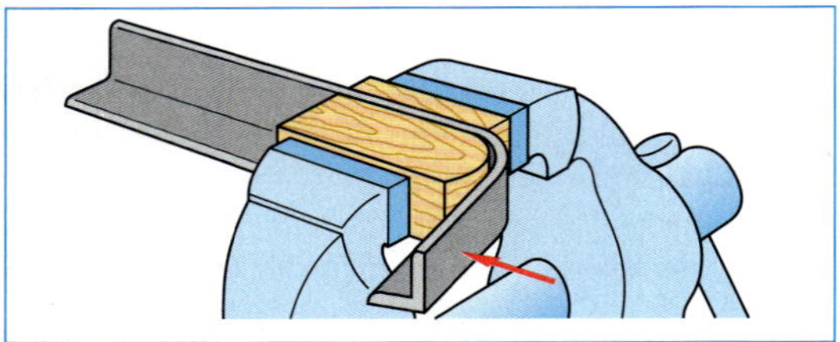

1 Biegen mit Beilage im Schraubstock

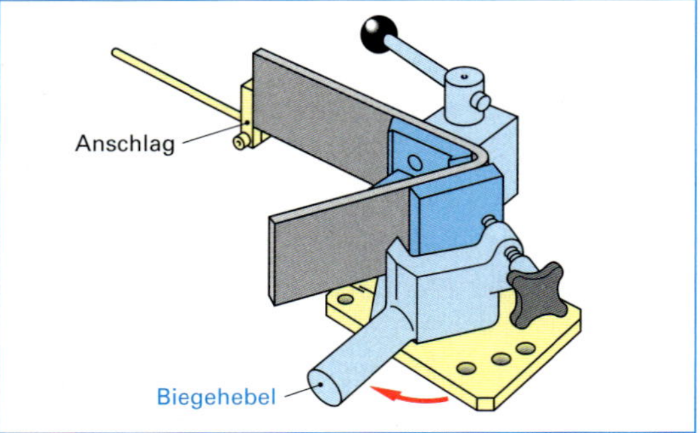

2 Biegevorrichtung

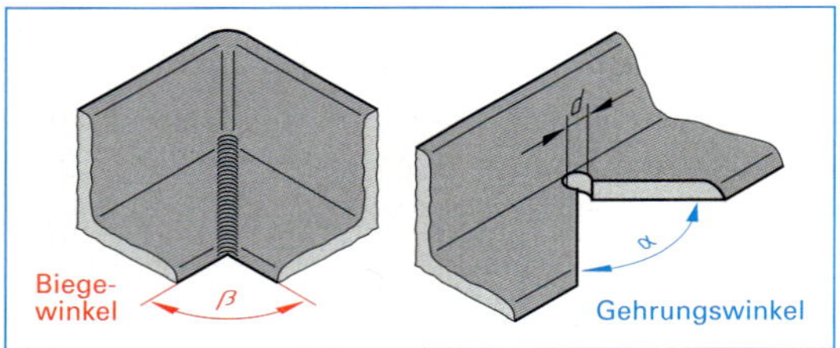

3 Scharfkantiges Biegen von Profilstahl

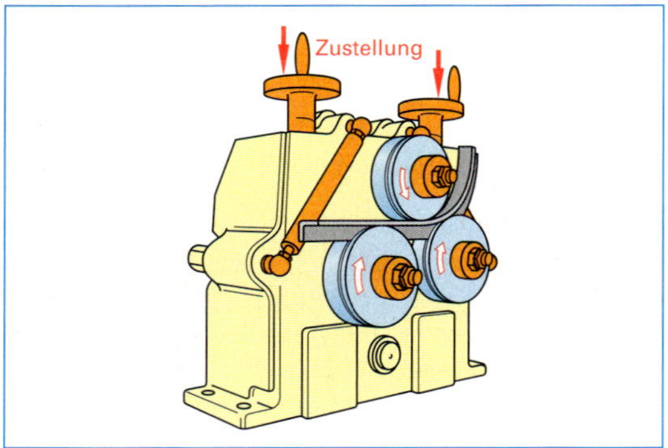

4 Dreiwalzen-Ringbiegemaschine

Überprüfen Sie Ihre Kenntnisse

1. **Von welchen Einflussgrößen ist der Biegewiderstand abhängig?**
2. **Was versteht man unter Biegesteifigkeit?**
3. **Wie kann man beim Rohrbiegen das Einquetschen des Querschnitts vermeiden?**
4. **Warum muss beim Biegen geschweißter Rohre die Lage der Naht berücksichtigt werden?**
5. **Was ist an Biegemaschinen zu ändern, wenn statt eines Rohres ein Profil gebogen werden soll?**
6. **Wann und weshalb muss ausgeklinkt werden?**

7.5 Richten

Walzwerkerzeugnisse können durch unsachgemäßen Transport, schlechte Lagerung oder innere Spannungen im Material wegen ungleichmäßiger Abkühlung oder Kaltverfestigung sich verbiegen oder verziehen. Solche Werkstücke oder Rohteile müssen durch Richten in ihren ordnungsgemäßen Zustand zurückgeführt werden.

Beim Richten ist auf die Ursache der Verformung zu achten. Verzug durch innere Spannungen kann häufig durch Normalglühen beseitigt werden (S. 76). Meistens müssen aber Umformverfahren eingesetzt werden. Manchmal ist außerdem eine vorhergehende Erwärmung des Werkstücks erforderlich.

Richten erfolgt durch Biegen, Strecken, Stauchen oder Verdrehen.

7.5.1 Richten von Hand

Bei einfachen Richtarbeiten werden die Teile auf die **Richtplatte** gelegt und mit dem **Hammer** bearbeitet (Bild 1). Für dünne Bleche und weiche Metalle wird ein Hammer aus weicherem Material genommen. Flachkantig verbogenes Material wird hohlgelegt und mit Schlägen der Hammerbahn auf die Wölbung eingeebnet (Bild 1).

Gegen die Längsachse verbogene Halbzeuge werden durch Strecken gerichtet (Bild 2). Eng nebeneinandergesetzte Hammerschläge mit der Finne treiben die gekrümmte Innenseite in die Länge.

Der Schraubstock kann mithilfe der Spindelkraft zum Richten benutzt werden (Bild 3). Flachstahl, der nicht nur verbogen, sondern auch noch verdreht ist, kann durch ein **Windeisen** gerade gerichtet werden (Bild 4).

Richtpressen arbeiten hydraulisch oder mit Spindelkraft (Bild 5).

Häufig notwendiges Blechspannen sollte auf der **Blechrichtmaschine** durchgeführt werden (Bild 6). Eine größere Anzahl von Walzen streckt und staucht die Verformungszonen gleichmäßig und bewirkt eine plane Fläche. Blechrichtmaschinen gibt es sowohl in kleineren Abmessungen für Werkstätten als auch für die größten Blechbreiten.

Beim **Richten von Wellen** wird das Werkstück zuerst zwischen federnde Spitzen gespannt oder in federnden Rollen aufgenommen. Wenn die Welle von Hand langsam gedreht wird, zeigt die Messuhr den größten Rundlauffehler an. Die zur Beseitigung der Krümmung nötige Durchbiegung wird dann als Richthub an der Maschine eingestellt (Bild 1 der folgenden Seite).

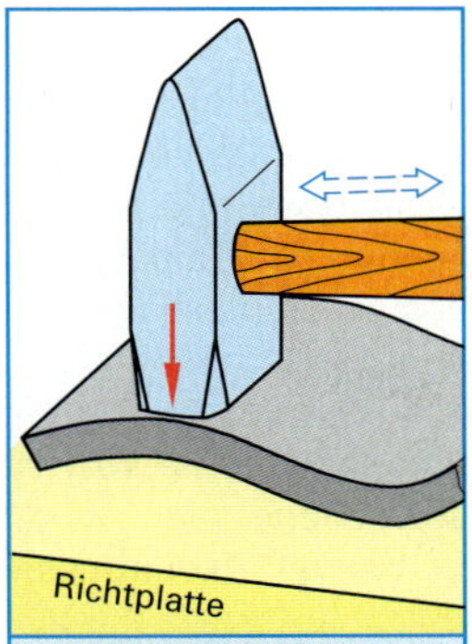

1 Richten von Flachstahl

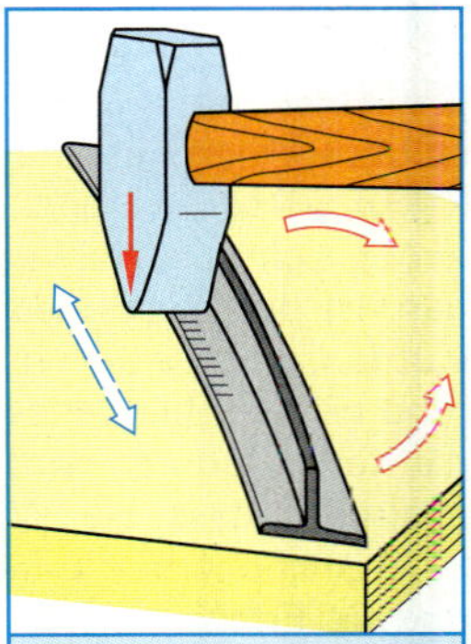

2 Richten eines T-Profils durch Strecken

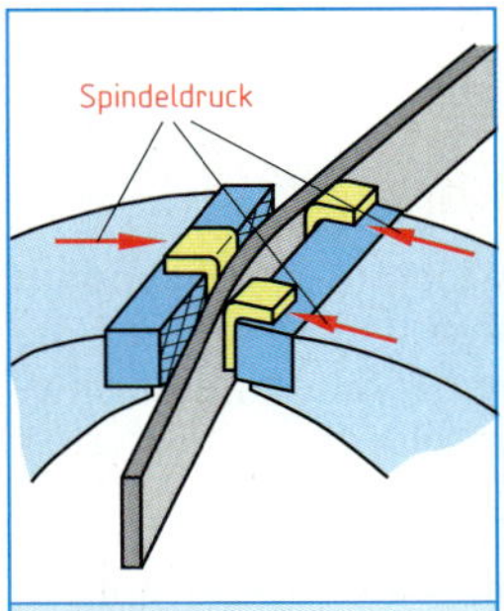

3 Richten im Schraubstock

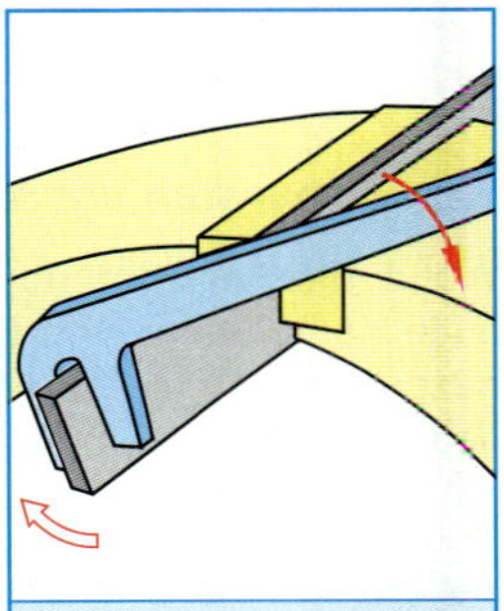

4 Richten mit dem Windeisen

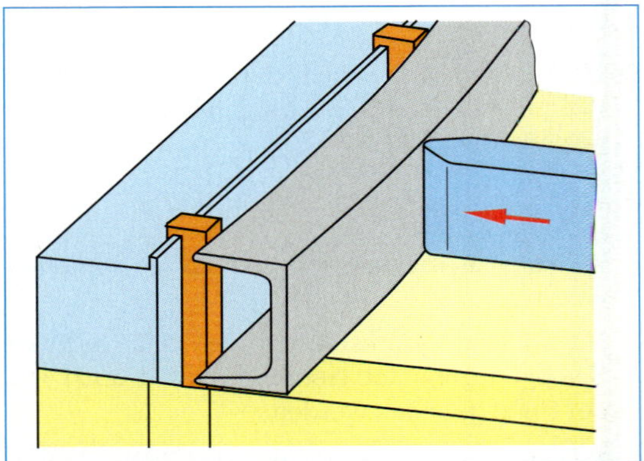

5 Teil einer hydraulischen Richtpresse

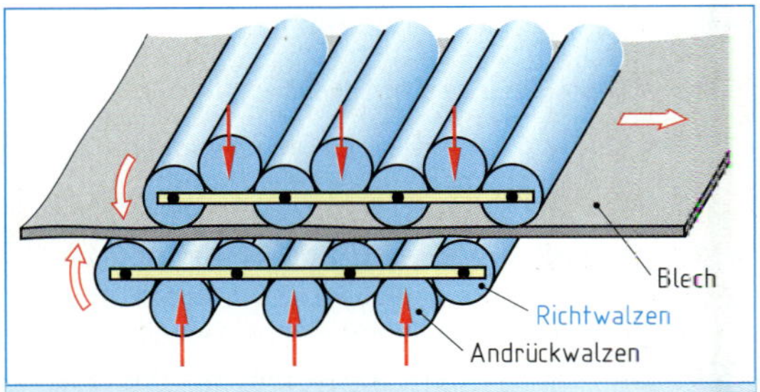

6 Prinzip einer Blechrichtmaschine

7.5.2 Richten durch Wärme

Die gestreckten Fasern des verbogenen Werkstücks werden mit einem oder mehreren **Wärmekeilen** versehen (Bild 2). Das erwärmte Metall dehnt sich aus. Dabei entstehen Druckspannungen. Ist das Metall des Wärmekeils plastisch geworden, wird es davon zusammengedrückt. Während der anschließenden Abkühlung schrumpfen die Keile. Dadurch wird die konkave Seite soweit gestreckt, dass die Werkstückfläche plan wird. Eine solche Arbeit erfordert Werkstoffkenntnisse und viel Erfahrung.

Richten durch Wärmewirkung nutzt Spannungen aus, die bei gezielter Erwärmung von Teilen des Werkstücks auftreten.

7.5.3 Spannen von Blech

Wenn Bleche nicht nur verbogen sind, sondern auch noch **Falten** und **Beulen** haben, müssen sie gespannt werden. Die Oberfläche des ursprünglich ebenen Blechs ist vergrößert, der Werkstoff nach innen hin gestreckt (Bilder 3 und 4).

Beulen und Falten in Blechen werden weggearbeitet, indem der Werkstoff nach allen Richtungen von der Wölbung weg durch Hammerschläge ausgebreitet wird. Bei Beulen beginnt man am Rand und geht langsam nach innen (Bild 3).

Beulen lassen sich auch durch **Wärmepunkte** beseitigen, die in der Mitte beginnend kreisförmig gesetzt werden (Bild 4).

Schutz vor Unfällen beim Richten

- Werkstücke müssen mit der Zange gehalten werden.
- Nur kleine Werkstücke, die mit leichten Schlägen gerichtet werden, können auch mit der Hand gehalten werden.
- Werkstücke müssen auf der Richtplatte aufliegen. Sie könnten zurückfedern.
- Bei größeren oder sperrigen Werkstücken sind Spannvorrichtungen zu benutzen.

Überprüfen Sie Ihre Kenntnisse

1 Was sind die Ursachen für das Verziehen und das Verbiegen von Profilmaterial?

2 Warum ist zum Richten verbogener Teile mehr Kraft erforderlich als zum Biegeumformen?

3 Wie kann man dünne Bleche und weiche Metalle vor Beschädigungen beim Richten bewahren?

4 Beschreiben Sie die Vorgänge im Werkstoff beim Richten mithilfe von Wärme.

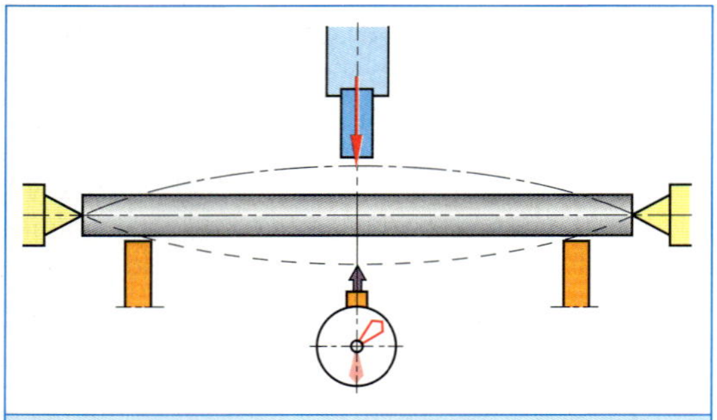

1 Kontrolliertes Genauigkeitsrichten einer Welle

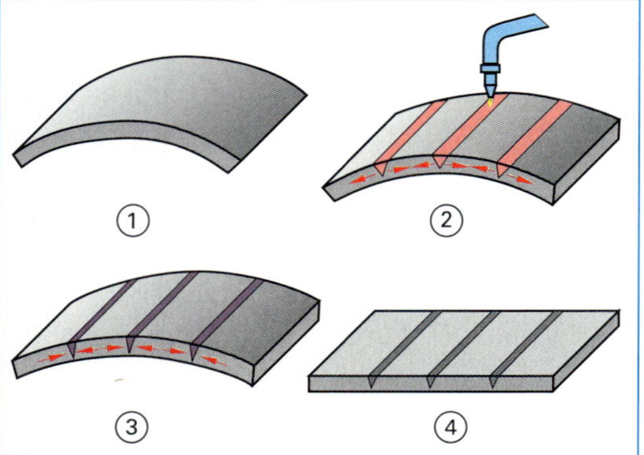

2 Richten durch örtliche Erwärmung

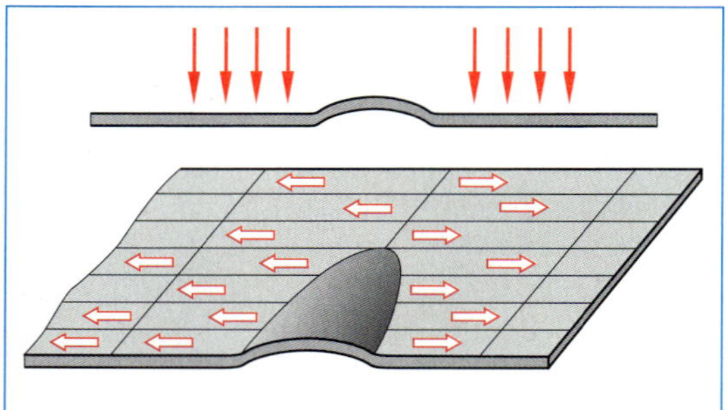

3 Spannen eines Bleches mit Randfalten

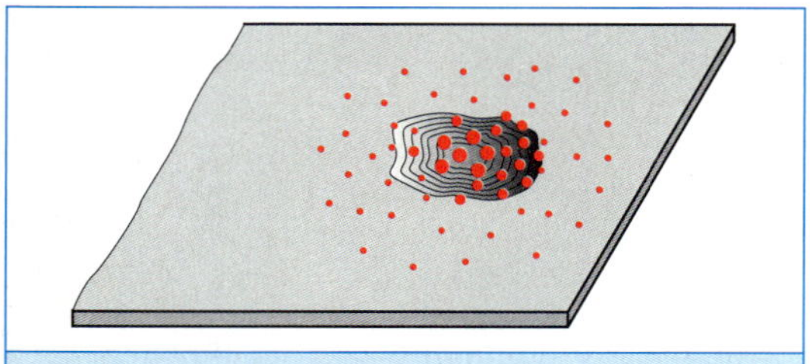

4 Setzen von Wärmepunkten zum Spannen eines verbeulten Bleches

7.6 Blechbearbeitungsverfahren

Neben dem **Biegeumformen** werden zur Verarbeitung von Blechen auch das **Zugumformen, Zugdruckumformen, Druckumformen** und **Schubumformen** angewendet (Seite 185).

7.6.1 Technologische Grundlagen des Biegens von Blechen

Der größte Teil der verarbeiteten Bleche wird gebogen. Als vorgeformtes **Halbfertigprodukt** erlangt Blech durch den Walzvorgang besondere Eigenschaften, die immer zu beachten sind.

Der Einfluss der Walzrichtung

Beim **Kaltwalzen** erhält das Blech ein nach der Walzrichtung ausgerichtetes Werkstoffgefüge.

Für einen **Versuch** werden aus einer Blechtafel drei Rechtecke herausgeschnitten (Bild 1). Man biegt sie im Schraubstock hin und her (Bild 2). Blech (1) zeigt zuerst kleine Risse (Bild 3). Am längsten widersteht der Streifen (2) der Belastung.

Beim Biegen von Blech sollte möglichst senkrecht zur Walzrichtung gebogen werden.

Muss ein Werkstück in mehreren Richtungen gebogen werden, legt man die Biegekante schräg zur Walzrichtung.

Die Rückfederung

Ein Blechstück wird im Schraubstock mithilfe einer Beilage auf einen bestimmten Winkel gebogen. Nimmt man die Biegekraft fort, federt das Blechstück leicht zurück (Bild 4). Diese **elastische Rückfederung** tritt bei allen Kaltverformungsvorgängen auf.

Werden beim Biegen von Blech genaue Biegewinkel verlangt, muss die Rückfederung durch **Überbiegen** ausgeglichen werden.

Der **Rückfederungswinkel** ε beträgt 1 %...3 % des Biegewinkels α. Seine Größe hängt ab von der Blechdicke, dem Biegewinkel, dem Biegeradius (folg. Seite) und der Elastizität des Werkstoffs.

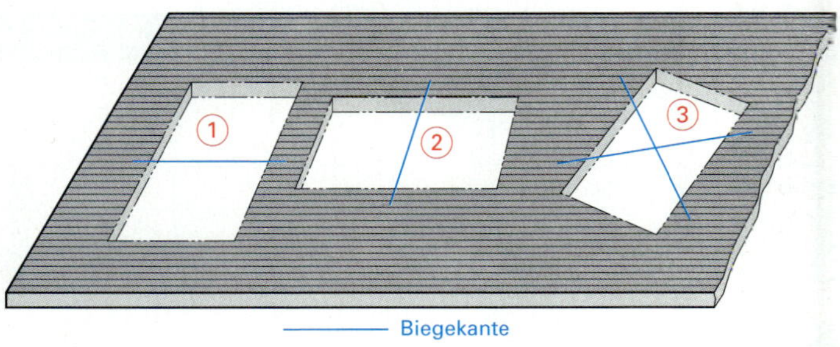

1 Berücksichtigung der Walzrichtung von Blech

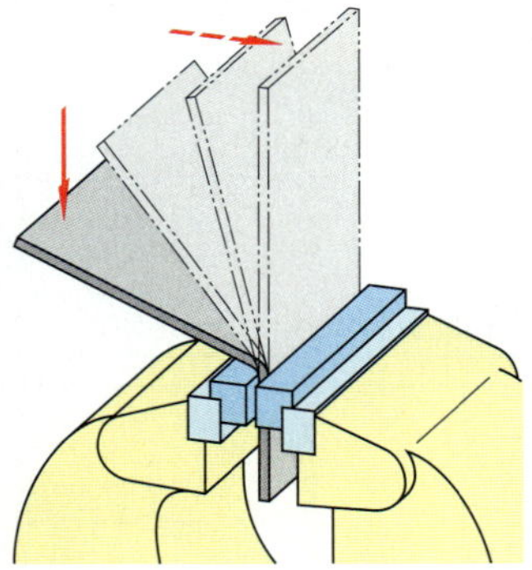

2 Biegeversuch

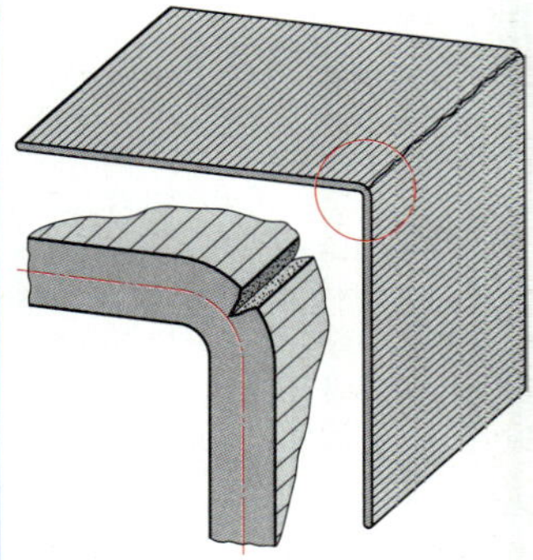

3 Riss in der Biegekante bei falscher Biegerichtung oder zu kleinem Biegeradius

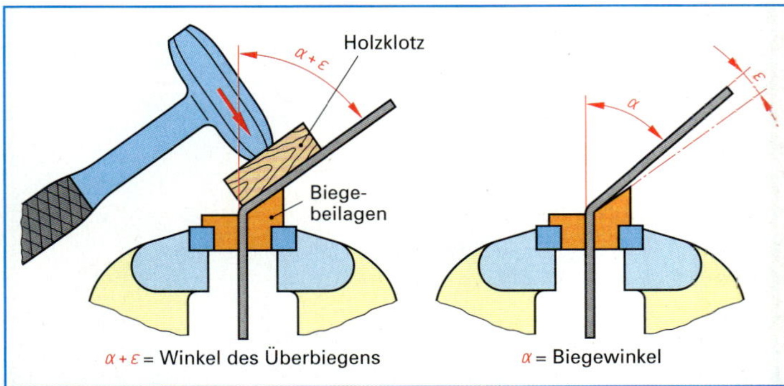

4 Elastische Rückfederung

Der Biegeradius

Wenn Bleche scharfkantig abgebogen werden, besteht stets die Gefahr, dass sie an der Biegekante durch zu starkes Strecken einreißen (Bild 3, vorherige Seite). Deshalb ist zu beachten:

Beim Biegen von Blechen ist ein **Mindestbiegeradius** einzuhalten. Seine Größe ist vom Werkstoff, dessen Festigkeit und Dehnbarkeit sowie von der Walzrichtung und der Blechdicke abhängig.

Die Mindestbiegeradien der wichtigsten Blechsorten sind genormt.

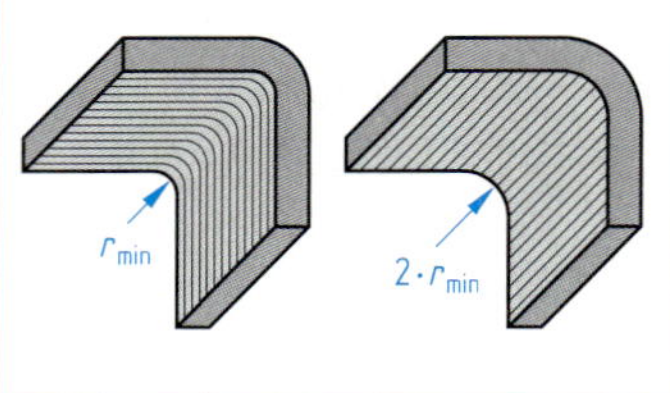

1 Mindestbiegeradius und Walzrichtung

Mindestbiegeradien beim Kaltbiegen von Stahlblech, Beispiele (Auszug aus DIN 6935)

Blechdicke s	Mindestfestigkeit in N/m^2	≦ 1	> 1…1,5	> 1,5…2,5	> 2,5…3	> 3…4	> 4…5
Mindestbiegeradius r_{imin}	bis 390	1	1,6	2,5	3	5	6
	≦ 390 390…490	1,2	2	3	4	6	8

7.6.2 Biegeumformen

Behälter, Profile, Abdeckungen und andere Bauteile aus Blech erhalten ihre Form durch verschiedene Verfahren des Biegeumformens.

Biegen von Hand

Es wird in Werkstätten und auf Baustellen bei **Einzelfertigung** und Reparaturarbeiten durchgeführt. Dünne Bleche und empfindliche Werkstoffe (z. B. Kupfer) werden mit Holz- oder Kunststoffhämmern bearbeitet.

Spannschienen ermöglichen eine genaue Biegelinie auch bei breiten Blechen (Bild 3).

Biegebeilagen sind nötig für genaues Formbiegen und schützen das Blech vor Beschädigungen (Bild 4).

Biegen mit Maschinen

Man unterscheidet Freies Biegen und Gesenkbiegen (Bild 5 und 6). Beim **Freien Biegen** wird die Werkstückform frei ausgeformt. Für kompliziertere Formen, z. B. die Schelle in Bild 5, bedeutet das mehrere Arbeitsgänge.

Beim **Gesenkbiegen** wird das Werkstück zwischen **Biegestempel** und **Gesenk** geformt (Bild 6). So ist nur ein Arbeitsgang nötig.

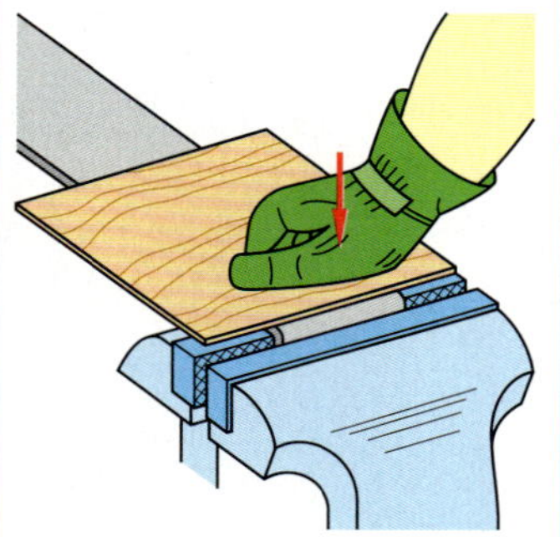

2 Biegen mit Handkraft

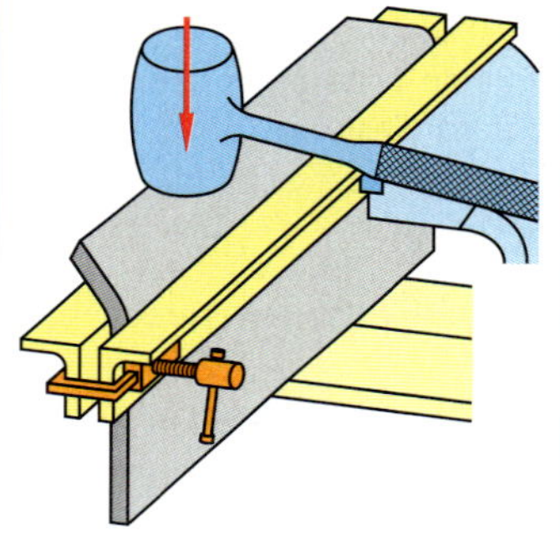

3 Spannschiene

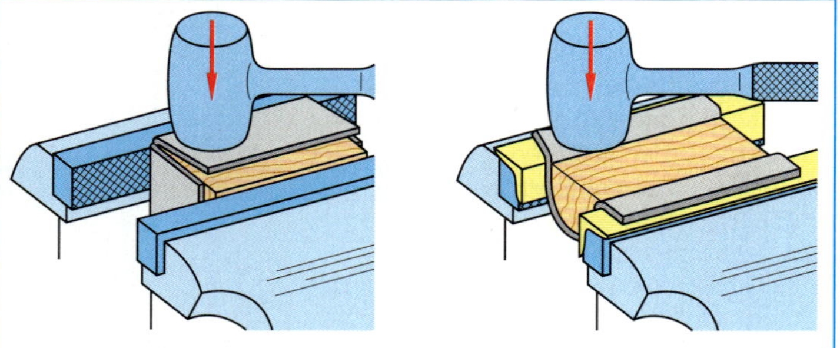

4 Biegebeilagen

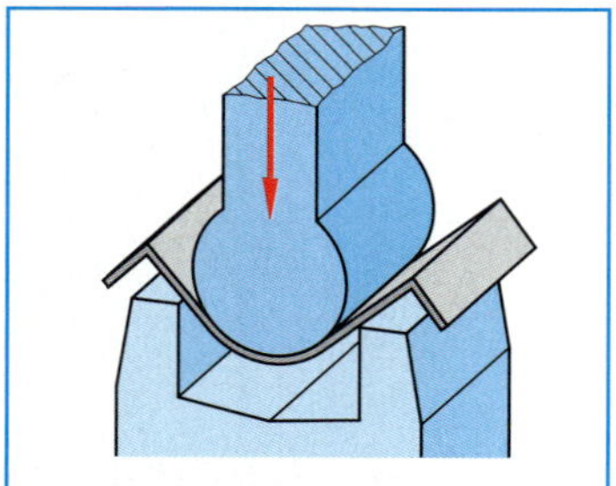

5 Freies Biegen einer Schelle

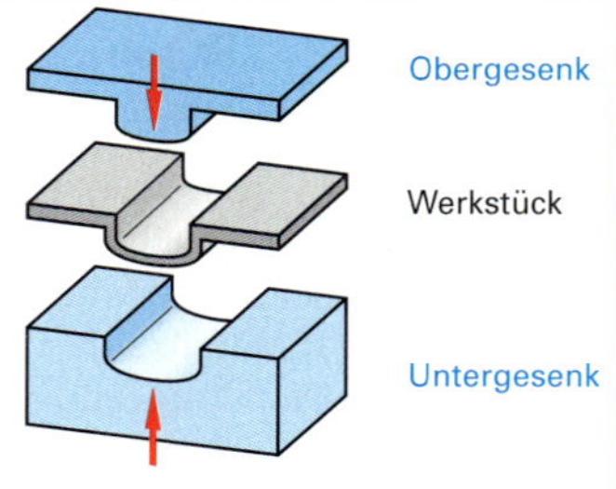

6 Gesenkbiegen einer Schelle

Kanten

Um scharfe Abbiegungen herzustellen, werden Bleche gekantet. Dabei werden sie entlang einer geraden Linie, der Kante, mit sehr kleinem Radius mit oder ohne Gesenk gebogen.

Schwenkbiegemaschinen haben eine schwenkbare **Biegewange**, die den freien Schenkel des Winkels biegt (Bilder 1 und 2). Der Rest des Werkstücks ist zwischen Ober- und Unterwange fest eingespannt. Besondere Einrichtungen und spezielle Biegeschienen ermöglichen auch die Herstellung von Rundungen (Seite 205) und das **Wulsten**.

Der Biegeradius wird durch die auswechselbare **Biegeschiene** in der Oberwange bestimmt. Ein **Tiefenanschlag** sowie ein **Winkelanschlag** in der Biegewange ersparen das Anzeichnen der Biegekante und Winkelmessungen. Bei vielen modernen Schwenkbiegemaschinen können alle Biegedaten durch eine numerische Steuerung verwirklicht werden.

Das Kraftmoment wird bei kleinen Schwenkbiegemaschinen von Hand aufgebracht (Bild 1). Sind größere Biegekräfte erforderlich, werden sie durch Elektromotoren oder hydraulisch erzeugt. Zum Biegen dickerer Bleche wie auch in der industriellen Massenproduktion sind Abkantpressen vorteilhafter.

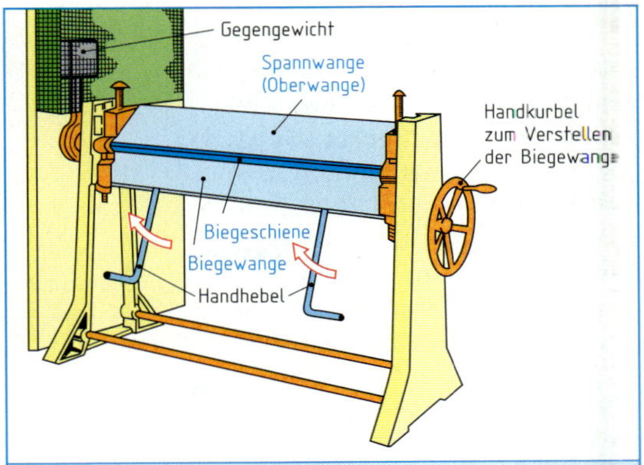

1 Schwenkbiegemaschine

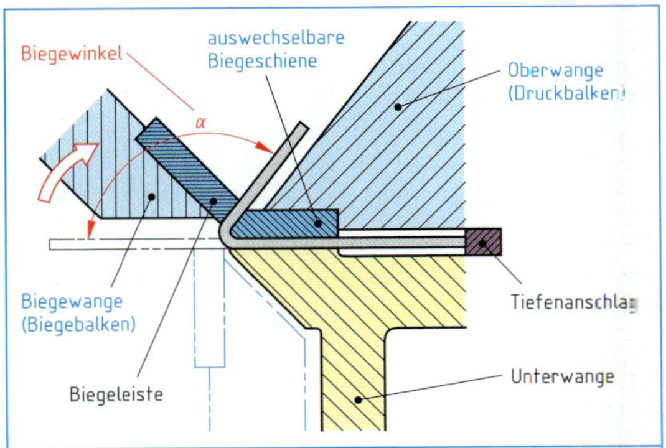

2 Wirkungsweise einer Schwenkbiegemaschine

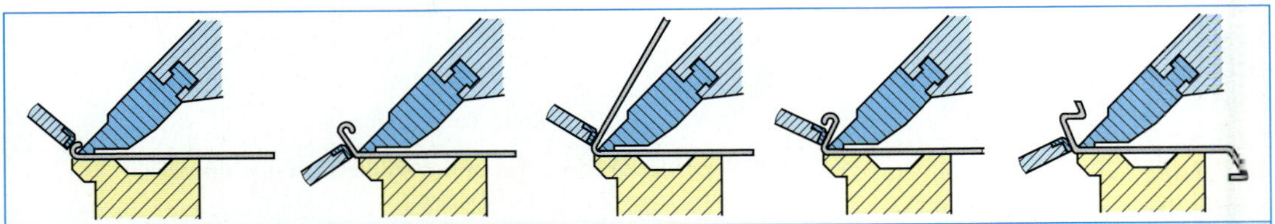

3 Einige Arbeitsvorgänge bei der Herstellung eines Fensterprofils auf einer Schwenkbiegemaschine

Abkantpressen werden in einfachen Ausführungen für Werkstätten von Hand über Spindeln oder Exzenter angetrieben. Zum Kanten stärkerer Bleche sowie in der industriellen Fertigung werden Abkantpressen hydraulisch bewegt oder mechanisch über Elektromotoren angetrieben.

Mit den auswechselbaren Ober- und Unterwerkzeugen (auch Stempel und Matrize genannt), sind die meisten der häufig auftretenden Biegearbeiten ausführbar (Bild 4). Mithilfe besonderer Werkzeuge ist auch das Runden möglich (Bild 5 und Seite 201).

Formen mit vielen Biegungen lassen sich an der Abkantpresse einfacher herstellen als auf Schwenkbiegemaschinen (Bild 5).

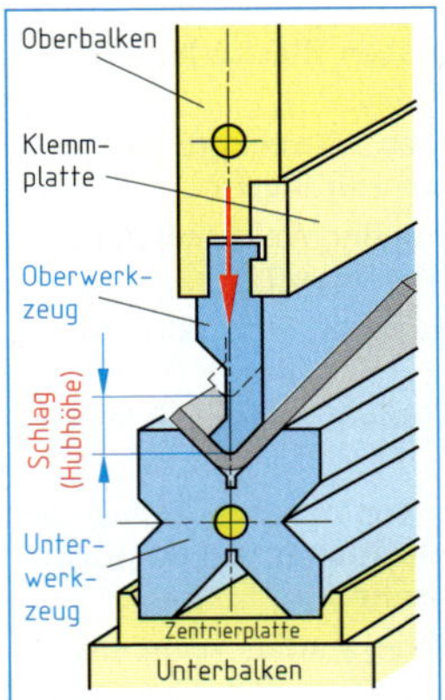

4 Abkantwerkzeug

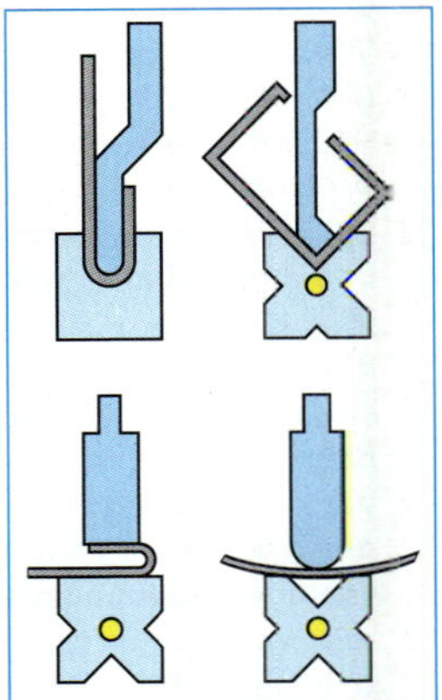

5 Beispiele für Abkantarbeiten

7.6.3 Zuschnittlängen

Bevor ein Werkstück gebogen wird, muss die Länge des Zuschnitts, auch **gestreckte Länge** genannt, errechnet werden. Bei den grundlegenden Überlegungen auf Seite 192 wurde erkannt, dass beim Biegen nur eine neutrale Faser oder Zone unverändert bleibt. Deshalb gilt:

Die Zuschnittlänge ist gleich der Länge der neutralen Faser.

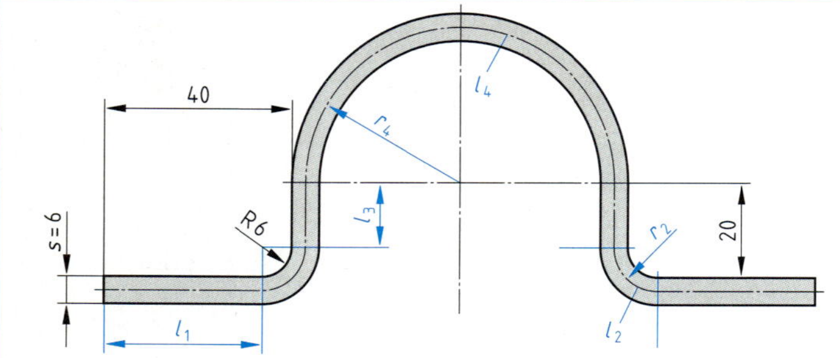

$L = 2l_1 + 2l_2 + 2l_3 + l_4$

$l_1 = 40\,mm - s = 40\,mm - 6\,mm = 34\,mm$

$l_2 = \pi \cdot 2r_2 \cdot 0{,}25 = \pi \cdot 2 \cdot 9\,mm \cdot 0{,}25 = 14{,}1\,mm$

$l_3 = 20\,mm - s = 20\,mm - 6\,mm = 14\,mm$

$l_4 = \pi \cdot 2r_4 \cdot 0{,}5 = \pi \cdot 2 \cdot 33\,mm \cdot 0{,}5 = 103{,}7\,mm$

$L = 34\,mm + 2 \cdot 14{,}1\,mm + 2 \cdot 14\,mm + 103{,}7\,mm$

$L = 193{,}9\,mm$, gewählt: 194 mm

$r_4 = 30\,mm + 3\,mm = 33\,mm$

$r_2 = 6\,mm + 3\,mm = 9\,mm$

1 Berechnung der Zuschnittlänge eines Biegeteils

7.6.4 Tiefziehen

Tiefziehen ist **Zugdruckumformen** eines Blechzuschnitts zu einem Hohlkörper ohne beabsichtigte Veränderung der Blechdicke.

Die Umformkraft wirkt über den **Ziehstempel** und beansprucht den Werkstoff auf Druck und Zug. Die Dehnbarkeit der speziell dafür hergestellten Tiefziehbleche muss sehr groß sein; der Genauigkeit wegen werden sie kalt verformt.

Durch den **Niederhalter** werden die anfangs entstehenden Falten geglättet. Der (geometrisch betrachtet) überschüssige Werkstoff wird durch Stauchung in die Wandung eingearbeitet (Bild 2).

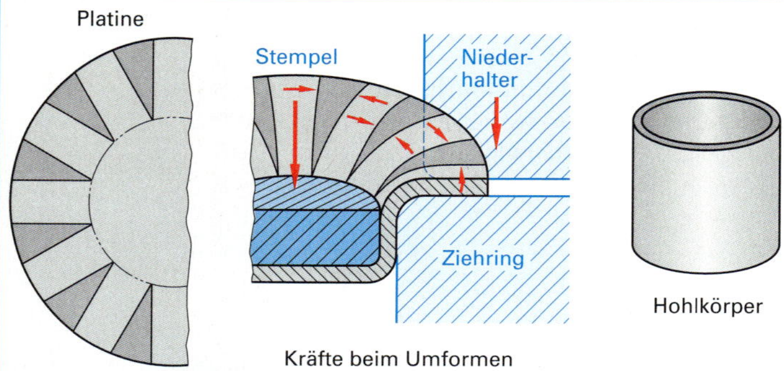

2 Verteilung des Werkstoffs auf die Wandung beim Tiefziehen
(dunkle Segmente = einzuarbeitender Werkstoff)

Überprüfen Sie Ihre Kenntnisse

1. **Welche Eigenschaften müssen Bleche haben, um gut umformbar zu sein?**
2. **Welche Bedeutung haben Streckgrenze und Bruchgrenze für das Biegen von Blech?**
3. **Erklären Sie die Entstehung der Walzfaserstruktur und ihre Bedeutung für das Biegen!**
4. **Was bedeutet die Rückfederung von gebogenem Blech?**
5. **Wie kann man trotz Rückfederung genaue Winkel biegen?**
6. **Erklären Sie die Bildung von Haarrissen an der Außenkante und von Quetschfalten auf der Innenkante falsch gebogener Bleche!**
7. **Warum darf der Mindestbiegeradius nicht unterschritten werden?**
8. **Welche Werkstoff- und Werkstückkenngrößen beeinflussen den Mindestbiegeradius?**
9. **Welche technischen Vorteile besitzt das Gesenkbiegen gegenüber dem freien Biegen?**
10. **Weshalb wird freies Biegen oft dem Gesenkbiegen vorgezogen?**
11. **Was ist bei der Auswahl von Hämmern für die Blechbearbeitung zu beachten?**
12. **Ordnen Sie die einzelnen Verfahren des Blechumformens den Hauptgruppen der Umformverfahren zu!**
13. **Nennen Sie die technologischen Unterschiede beim Kanten eines Blechs auf der Schwenkbiegemaschine und der Abkantpresse!**
14. **Weshalb wird ein Handwerksbetrieb eine Schwenkbiegemaschine einer Abkantpresse vorziehen?**
15. **Welche Eigenschaften muss Tiefziehblech haben?**
16. **Was bewirkt der Niederhalter beim Tiefziehen?**

7.6.5 Runden

Durch Runden erhalten Bleche eine durchgehende gleichmäßige Krümmung. Sie werden dabei längs einer geraden Linie mit großem Radius gebogen.

Durch Runden hergestellt werden zylindrische oder kegelige Rohre und Behälter aus Blech. Die noch offenen Kanten werden danach durch Falzen, Schweißen oder Löten geschlossen.

Runden von Hand kann man kleinere Rohre mit geringem Durchmesser im Schraubstock (Bild 1). Kleine dünne Blechteile können auch mit den Händen über dem **Sperrhaken** oder einer **Rohrstange** gerundet werden (Bild 2).

Walzbiegen auf der **Rundmaschine** ist das am meisten verbreitete handwerkliche Verfahren (Bilder 3 und 4). Die feste **Unterwalze** ① und die verstellbare **Oberwalze** ② transportieren das Blech. Die schwenkbare **Biegewalze** ③ ist auf den gewünschten Radius einstellbar und führt die Biegung aus.

Rundbiegen ist auch auf der Schwenkbiegemaschine mit besonders dafür gestalteten Biegewangen möglich.

Gesenkbiegen von Rohren aus Blech kann mit speziellen Werkzeugen auf der **Abkantpresse** erfolgen (Seite 199).

Zur Produktion großer Stückzahlen bestimmt ist eine Kombination von Rundmaschine und Abkantpresse, die **Rollenpresse**. Hier sind beliebige Durchmesser erzielbar und auch dicke Bleche zu verarbeiten (Bild 5).

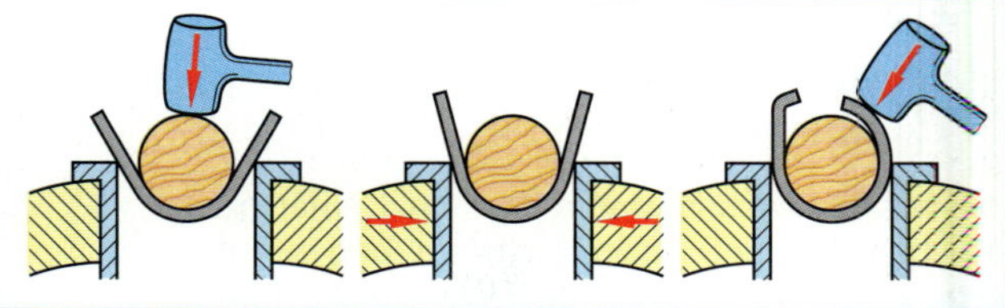

1 Runden mit dem Hammer im Schraubstock

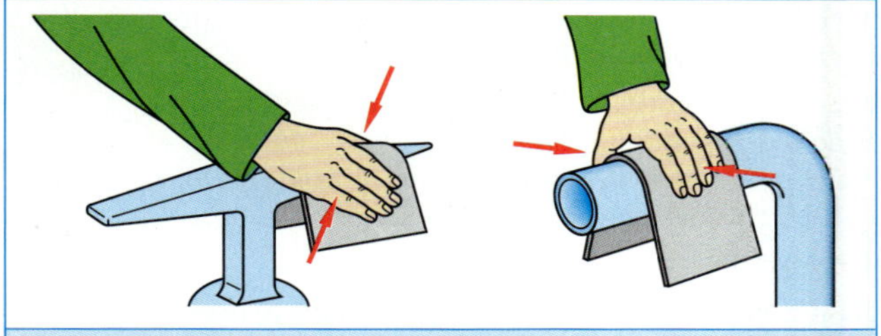

2 Runden dünner Bleche über Sperrhaken und Rohrstange

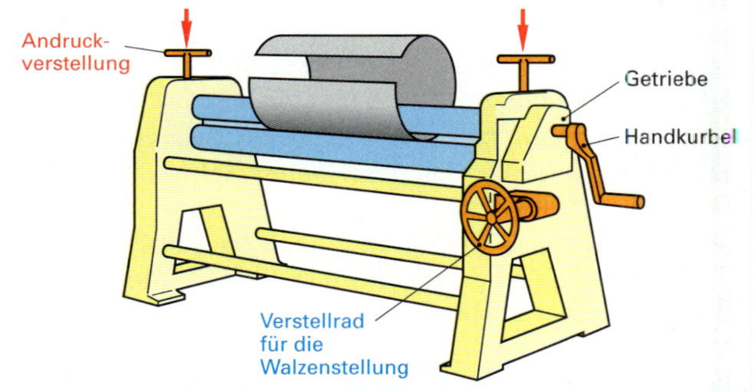

3 Dreiwalzen-Rundmaschine mit Handantrieb

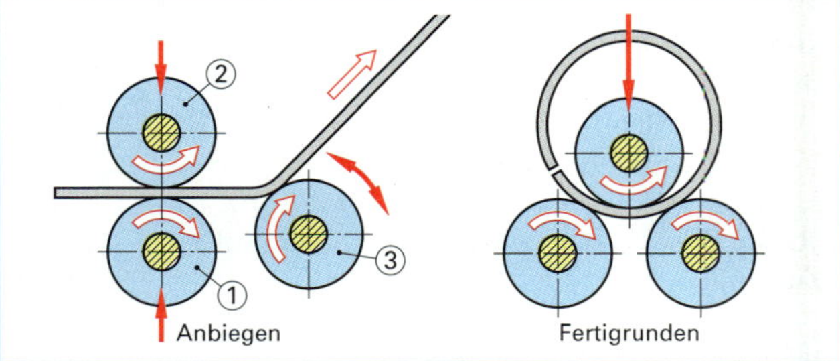

4 Wirkungsweise der Rundmaschine

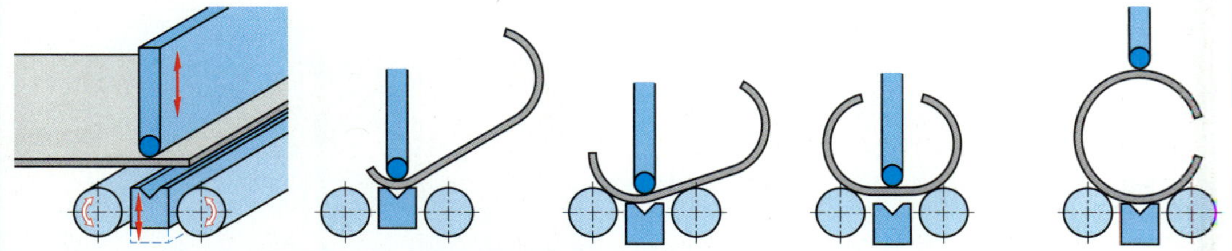

5 Biegen von Rohren auf der Rollenpresse

7.6.6 Schweifen

Beim Schweifen werden bestimmte Teile des Werkstücks durch gezieltes **Strecken** verlängert.

Ziel des Schweifens ist es in der Regel, einen geraden Blechstreifen oder Flachzeug bogenförmig umzuformen. Die Dicke des Werkstücks nimmt zum Außenrand der Krümmung hin ab (Bild 2). Angewendet wird das Schweifen

- zum Runden von Blechprofilen, die beim Biegen einreißen würden (Bild 1),
- zur Herstellung von Außenrändern an zylindrischen Blechbehältern oder Rohren, für Blechflansche, zur Vorbereitung von Mantelfalzen oder Drahteinlagen und Ähnlichem (Bild 3),
- zum Aufweiten von Rohren (Bild 5).

Beim **Schweifen von Hand** wird mit dem **Schweifhammer** gearbeitet. Mit gleichmäßigen, dicht nebeneinanderliegenden Schlägen wird am Außenrand begonnen. Auf allmähliches Strecken des Materials und stufenloses Herumholen des Randes ist zu achten, damit außen keine Risse und innen keine Einschnürungen auftreten (Bilder 1 und 2).

Als **Maschine zum Schweifen** kann die **Sickenmaschine** (Seite 206) mit besonderen Schweifwalzen verwendet werden.

Kraftformmaschinen (Bild 4) und nach dem gleichen Prinzip arbeitende **Handformer** (Bild 1), die hydraulisch oder mit Handkraft betrieben werden, besitzen besondere Schweifwerkzeuge.

Bei diesen Umformmaschinen wird das Blech zwischen einer beweglichen Schlagbacke und einer festen Unterbacke durch eine schlagartig aufgebrachte Druckkraft ein wenig gestreckt. Die Aneinanderreihung dieser Streckungen beim gleichmäßigen Weiterbewegen des Werkstücks bildet den Schweifvorgang (Bilder 1 und 4).

Starke Schweifungen führen zu hohen Spannungen infolge Kaltverfestigung des Werkstoffs. Deshalb empfiehlt sich ein Spannungsarmglühen (Seite 76).

1 Schweifen mit dem Handformer

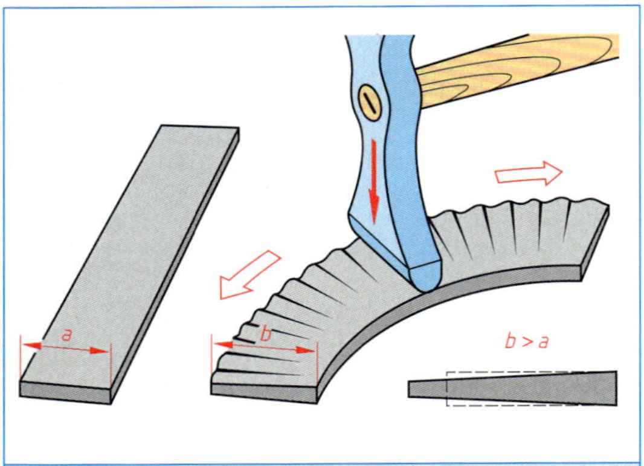

2 Prinzip des Schweifens eines Blechstreifens

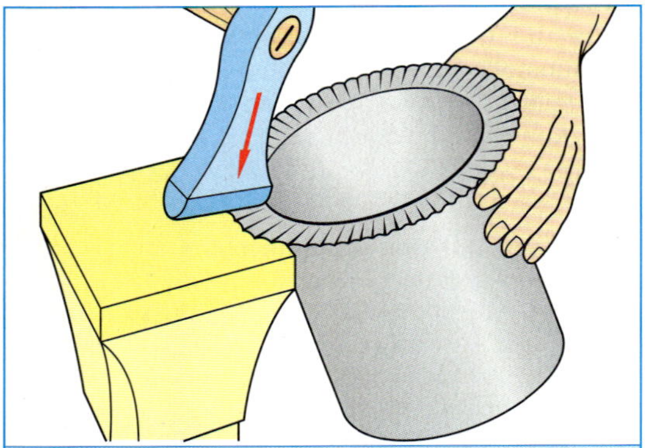

3 Herstellung eines Rohrflansches von Hand
mit Schweifhammer am Polierstock

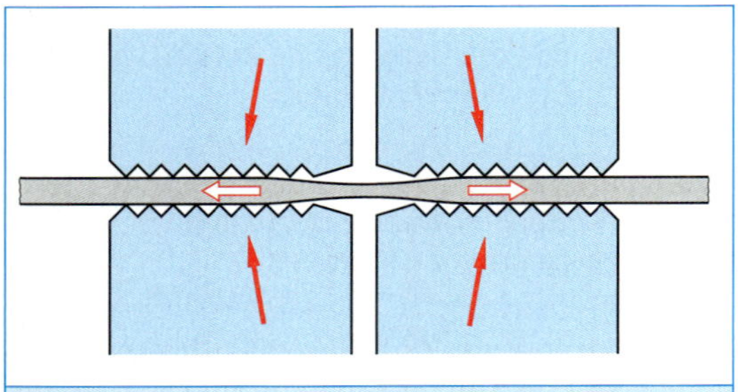

4 Wirkung der Backen einer Kraftformmaschine beim Schweifen

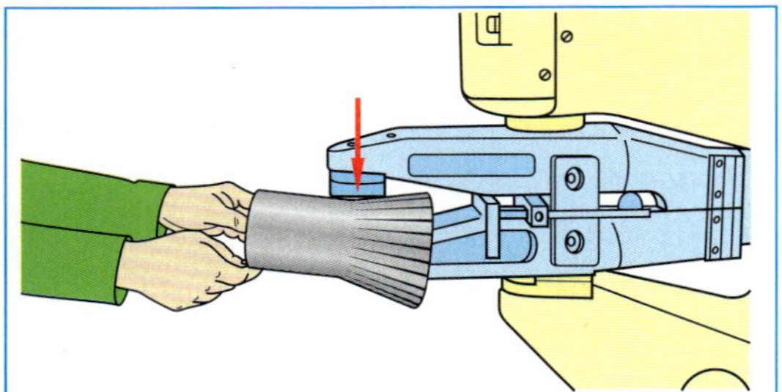

5 Ausschweifen eines Rohres
mit dem Spezialeinsatz des Kraftformers

7.6.7 Einziehen

Beim Einziehen werden bestimmte Teile des Werkstücks durch gezieltes **Stauchen** des Werkstoffs verkürzt.

Einziehen ist also das Gegenteil von Schweifen (vorherige Seite). Angewendet wird das Einziehen

- zum Runden von Blechprofilen, manchmal zusammen mit dem Schweifen;
- beim Bördeln (Innenbördel, Bild 1);
- zum Einziehen von Rohrdurchmessern (allmähliches Verengen des Querschnitts).

Beim **Einziehen von Hand** werden mit dem **Faltenzieher**, der **Rundzange** oder dem **Sickenhammer** (Seite 206) zuerst Falten gelegt, die dann gestaucht werden.

Für die **Sickenmaschine** (Seite 206) gibt es zum Faltenlegen Riffelwalzen.

Handformer oder **Kraftformmaschinen** haben zwei Backenpaare, die durch Druck das Blech stauchen (Bilder 3 und 4).

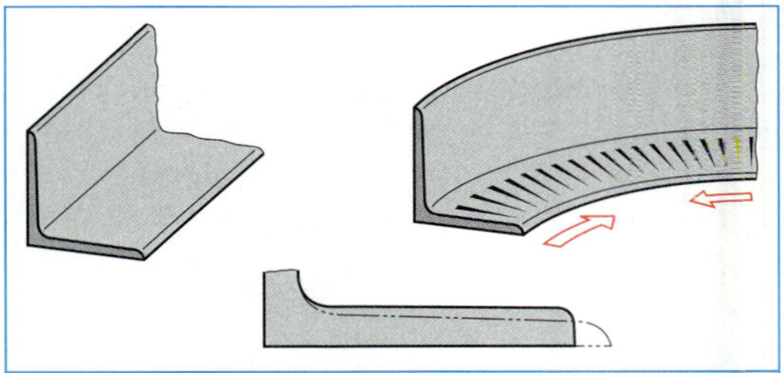

2 Prinzip des Einziehens

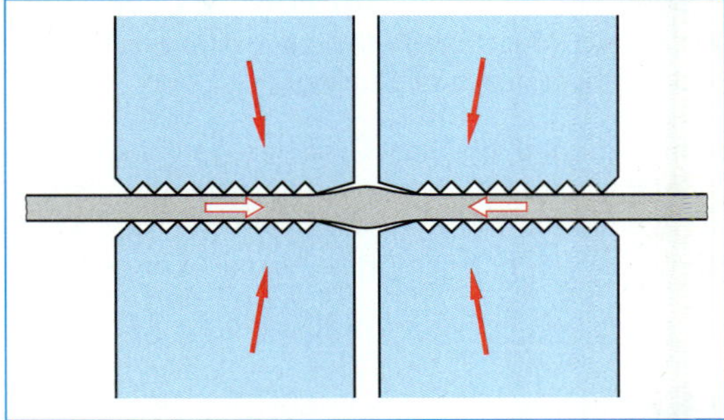

3 Stauchwirkung des Kraftformers beim Einziehen

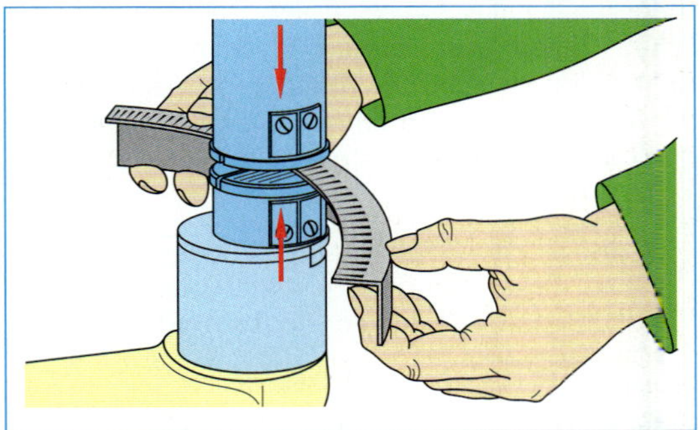

4 Biegen eines Blechprofils durch Einziehen

7.6.8 Bördeln

Bördeln ist das Aufrichten schmaler Ränder an Blechteilen zur Herstellung von Böden.

Zum Bördeln werden je nach der gewünschten Form die Verfahren **Schweifen** (Strecken des Werkstoffs), **Einziehen** oder **Abkanten** benutzt (Bild 5).

Handwerkliches Bördeln erfordert große Geschicklichkeit. Das Blech wird durch die Verformung hart. Es besteht die Gefahr des Verziehens. Der Rand wird deshalb schrittweise in die Senkrechte gebracht. Die Rundung bestimmt die Wahl des entsprechend gekrümmten **Bördeleisens** (Bild 1) oder des Polierstocks (vorige Seite, Bild 3). Als Schlagwerkzeuge dienen Schweif-, Sicken-, Holz- oder Gummihämmer.

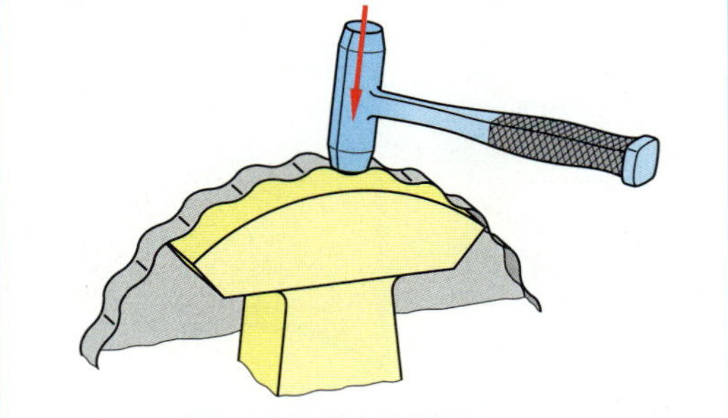

1 Arbeit mit dem Bördeleisen

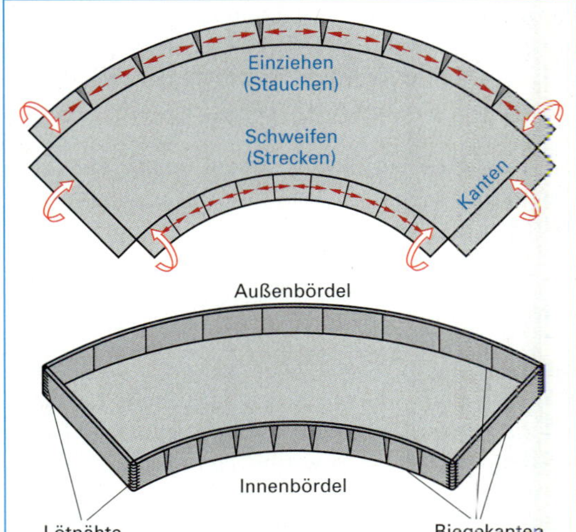

5 Herstellen eines Behälterbodens durch Bördeln

Außenbördel lassen sich gut auf der **Sickenmaschine** (Seite 206) herstellen. Das Blech wird durch die Bördelwalzen gedreht und dabei allmählich angehoben (Bild 1).

Kraftformmaschinen oder **Handformer** können ebenfalls mit besonderen Werkzeugen zum Bördeln versehen werden (Bild 2).

Für die Massenfertigung kann mithilfe von Bördelwerkzeugen auf **Universal-Blechbearbeitungsmaschinen** fest eingespanntes Blech bearbeitet werden. Diese Maschinen sind auch als Beschneide- und Umformmaschinen bekannt.

Behälterböden, die ihrer Größe wegen nicht durch Tiefziehpressen geformt werden können, werden auf besonderen Bördelmaschinen oder auf Kraftformmaschinen mit Spezialeinsätzen hergestellt.

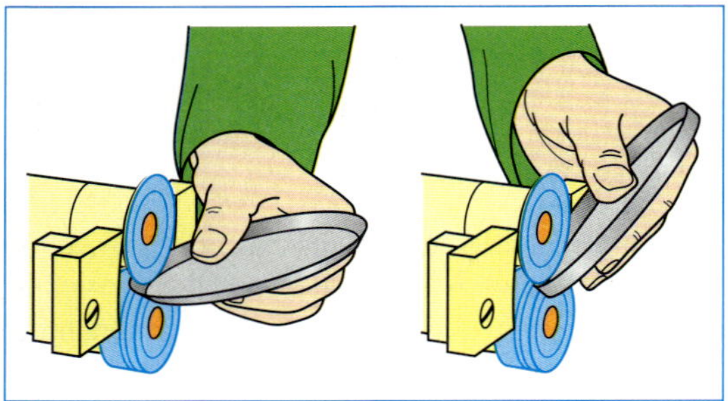

1 Bördeln auf der Sickenmaschine

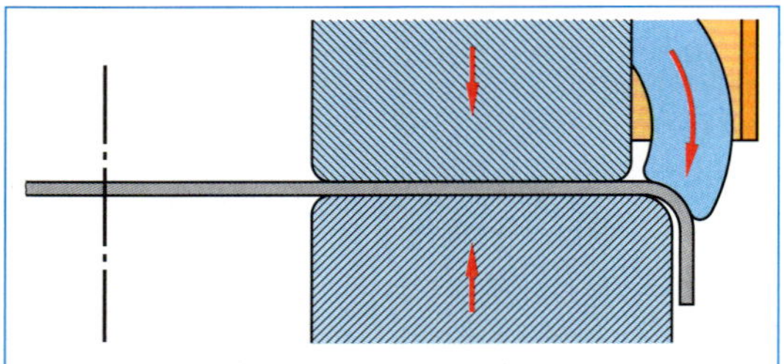

2 Bördelvorrichtung der Kraftformmaschine

7.6.9 Falzen

Bei der Herstellung von Behältern, Rohren, Lüftungskanälen, Dachanschlüssen, Rahmen und ähnlichen Teilen aus dünnen Blechen können die Kanten durch Falze verbunden werden. Falzen gehört zu den Fügeverfahren. Die Falze selbst werden durch Biegen hergestellt (Bild 3).

> **Falzen** dient der Verbindung zweier Blechstücke. Es erfolgt in den vier Arbeitsgängen **Umschlagen – Einhaken – Zusammendrücken – Durchsetzen.**

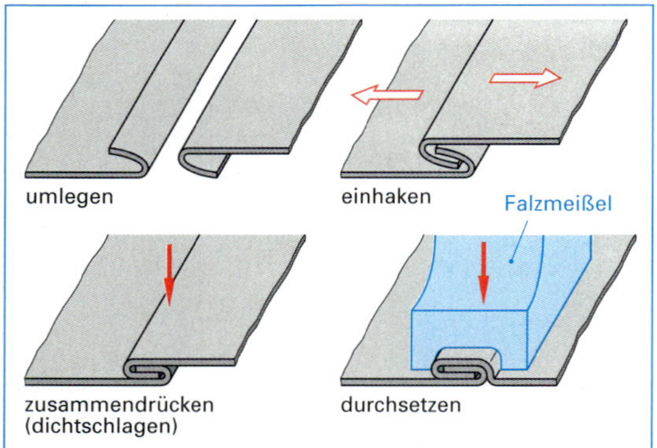

3 Herstellen eines einfachen Liegefalzes

Falzverbindungen versteifen die Konstruktion und können wasserdicht gemacht werden. Beim Falzen wird der Oberflächenschutz des Blechs nicht beschädigt. Deshalb ist Falzen neben Löten die wichtigste Verbindungstechnik für dünne Bleche.

Die **Falzarten** werden nach der Lage, den Umschlägen oder der Verwendung unterschieden (Bild 4).

Die **Herstellung der Falze** kann von Hand mit Hämmern und Falzmeißel erfolgen.

Falzmaschinen: Abkantpressen oder Sickenmaschinen sind für die einzelnen Falzarbeiten einsetzbar. Sollen runde Kanten durch Falzen verbunden werden, müssen sie vorher gebördelt oder geschweift werden. Zur großtechnischen Herstellung gefalzter Bauteile (z. B. Lüftungskanäle) gibt es Maschinen, die den gesamten Falzvorgang kontinuierlich vollziehen.

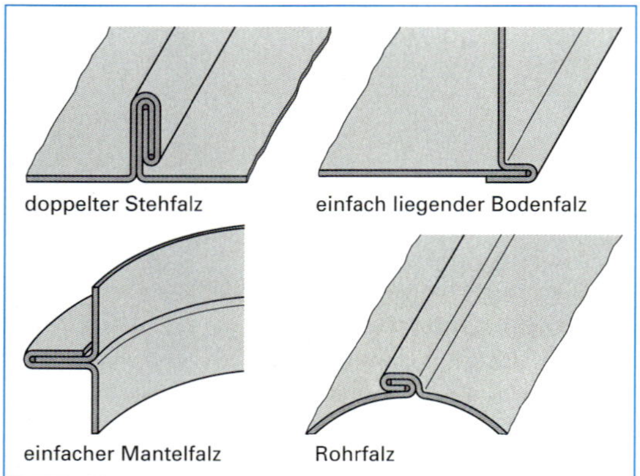

4 Falzarten

7.6.10 Blechversteifungen

Randversteifungen an Blechteilen sollen

- die Biegesteifigkeit vergrößern,
- als Tropfkanten oder Verzierungen dienen,
- scharfe Blechränder vermeiden.

Umschläge

Am einfachsten lassen sich Umschläge herstellen. Sie erhöhen die Steifigkeit nur geringfügig (Bild 1). Sie sollen deshalb nur mit ihrem Schnittrand am Blech anliegen. So entsteht ein **Hohlraum**.

Von Hand können Umschläge an der scharfen Kante einer Biegebeilage mit dem Hammer gefertigt werden. Bei Rundungen muss vorher geschweift werden.

Für das häufige Herstellen von Umschlägen oder größere Arbeiten benutzt man hydraulisch angetriebene Handwerkzeuge, Schwenkbiegemaschinen, Abkantpressen oder Sickenmaschinen mit Zusatzwalzen.

Drahteinlegen

Beim Drahteinlegen wird der Blechrand um einen Draht gebogen.

Bei Ausführung von Hand erfordert diese Arbeit eine gewisse Geschicklichkeit.

An geraden Rändern kann Draht durch Rollbiegen mithilfe eines speziellen Gesenks auf der Abkantpresse eingelegt werden (Bild 4). An gebogenen Rändern ist das Einlegen des Drahts und das Umschlagen in mehreren Arbeitsgängen auf der Sickenmaschine möglich.

Wegen der **Korrosionsgefahr** müssen Draht und Blech aus dem gleichen Werkstoff sein (s. Seite 90).

Wulste

Wulste sind runde oder dreikantige Umschläge mit größerem Durchmesser.

Wegen des größeren Durchmessers können sie nur an geraden Rändern angeformt werden. Für die Fertigung gibt es spezielle Wulstmaschinen (Bild 5). Auch auf Schwenkbiegemaschinen lassen sich Wulste herstellen.

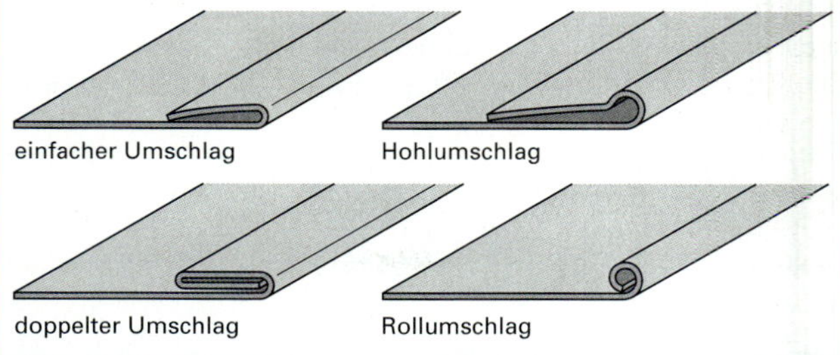

1 Umschläge

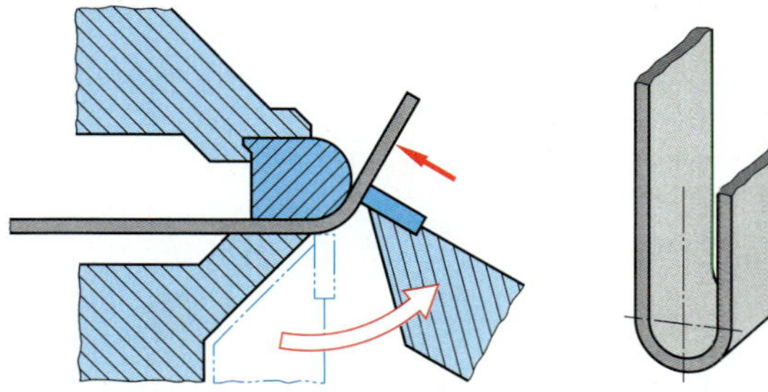

2 Umschlagen auf der Schwenkbiegemaschine

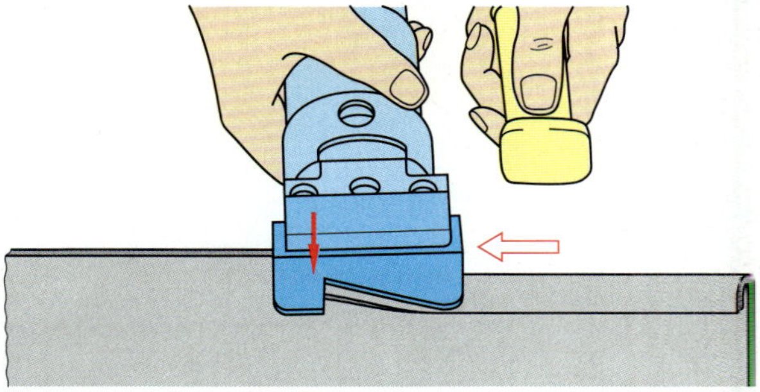

3 Herstellung eines Umschlags mit hydraulischem Handformer

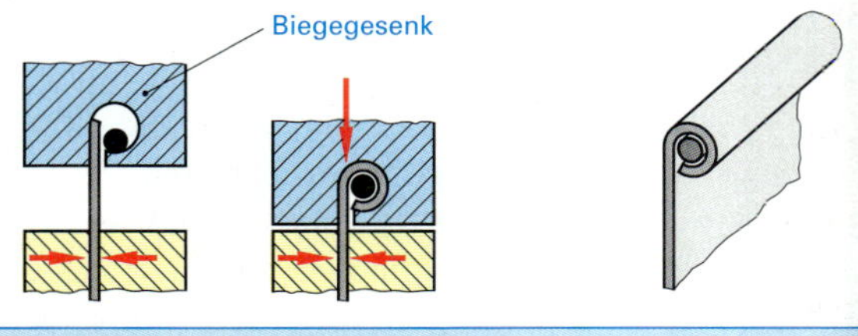

4 Drahteinlegen durch Rollbiegen

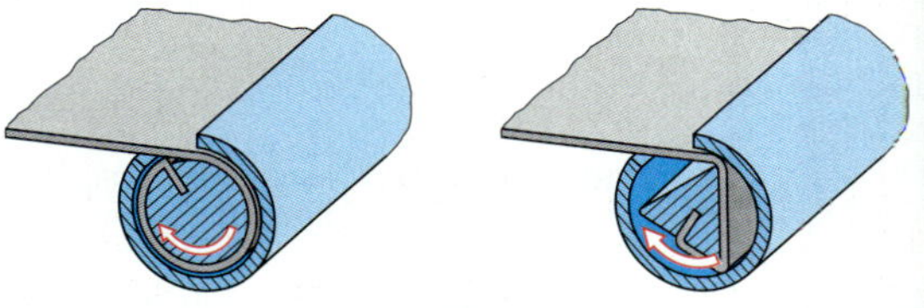

5 Anbiegen von rundem und Dreikantwulst in einer Wulstmaschine

Sicken

Blechwände und -böden biegen sich leicht durch. Das geringe **Widerstandsmoment** dünner Bleche kann man erhöhen, indem Stege (Sicken) eingezogen werden. Ein Beispiel ist das Wellblech (Bild 2).

Beim **Sicken** erhalten Bleche rinnenartige Vertiefungen. Der Werkstoff wird durch die Kaltverformung härter und fester. Durch die Sicken erfolgt eine Versteifung des Werkstücks.

Sicken von Hand ist mit dem Sickenhammer auf dem Sickenstock möglich (Bild 3).

Sickenmaschinen sowohl von Hand betrieben als auch durch Elektromotoren sind durch ihre auswechselbaren Walzen neben dem Sicken auch zum Schweifen, Bördeln, Drahteinlegen und Vorbereiten des Falzens verwendbar (Bild 1).

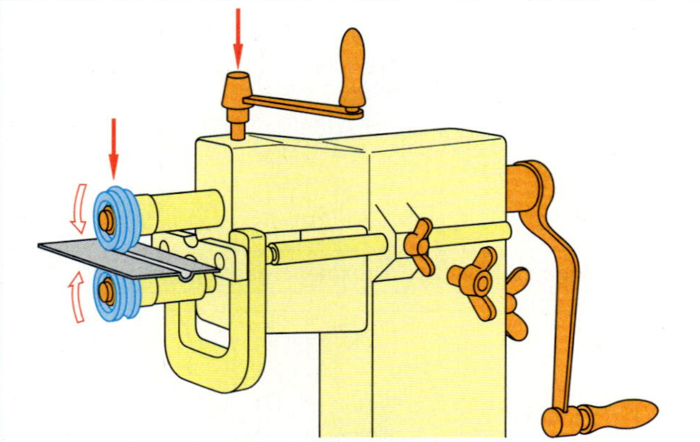

1 Sickenmaschine mit Sickenwalzen

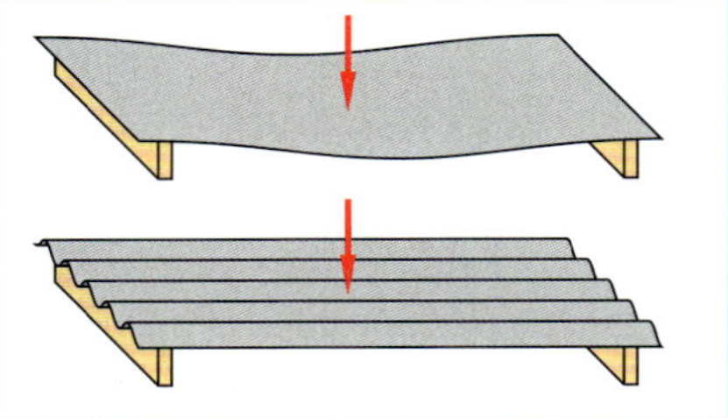

2 Versteifung einer Blechabdeckung durch Sicken

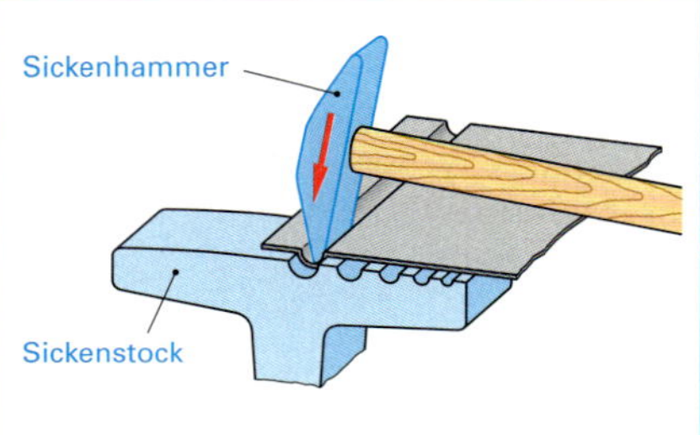

3 Arbeit am Sickenstock

Schutz vor Unfällen bei der Blechbearbeitung

- **Sicherheitseinrichtungen** schützen den Menschen davor, mit den Händen oder anderen Körperteilen zwischen Gesenke und Stempel, in Walzen oder Rollen zu geraten. Dazu gehören:
- Abdeckung aller gefährlichen Maschinenteile;
- Zweihandeinschaltung mit Hebeln oder Druckschaltern,
- Lichtschranken, die bei Unterbrechung eines Lichtstrahls die Maschine sofort ausschalten.
- **Schutzeinrichtungen** an Maschinen verhindern Überlastung und Beschädigungen.
- Beim Transport und Entladen von Blechtafeln Schutzhandschuhe tragen.
- Wenn bei der Blechbearbeitung handwerklich gearbeitet wird, vorher Blechkanten entgraten.
- Bei den meisten Blecharbeiten treten große Kräfte auf, deshalb für sichere Einspannung sorgen.
- Bei Werkstückzuführung mit beiden Händen sollte immer ein Fußschalter vorhanden sein.
- Während der Betriebsbereitschaft dürfen keine Schutzeinrichtungen entfernt werden.

Überprüfen Sie Ihre Kenntnisse

1 Welchen Zweck erfüllen Randversteifungen bei Blechen und Behältern?

2 Nennen Sie drei verschiedene Arten der Randversteifung!

3 Welcher Hauptgruppe der Fertigungsverfahren wird das Falzen, welcher die Herstellung der Umschläge zugeordnet?

4 Weshalb werden beschichtete Bleche vorzugsweise durch Falzen verbunden?

5 Welchen Zweck haben Sicken an Blechfässern?

6 Nennen Sie die Anwendungsmöglichkeiten der Sickenmaschine bei der handwerklichen Blechbearbeitung!

7 Vergleichen Sie durch Runden hergestellte Rohre mit nahtlos gewalzten!

8 Unterscheiden Sie Schweifen und Einziehen!

9 Vergleichen Sie Bördeln und Tiefziehen!

10 Warum darf die Bördelkante nicht mit der Reißnadel angezeichnet werden?

8 Fügen

Einzelne Werkstücke oder Bauteile werden mithilfe der Fügeverfahren zur gewünschten Endform zusammengesetzt. Dadurch entstehen funktionstüchtige Apparate, Baugruppen oder Maschinen (Bild 1).

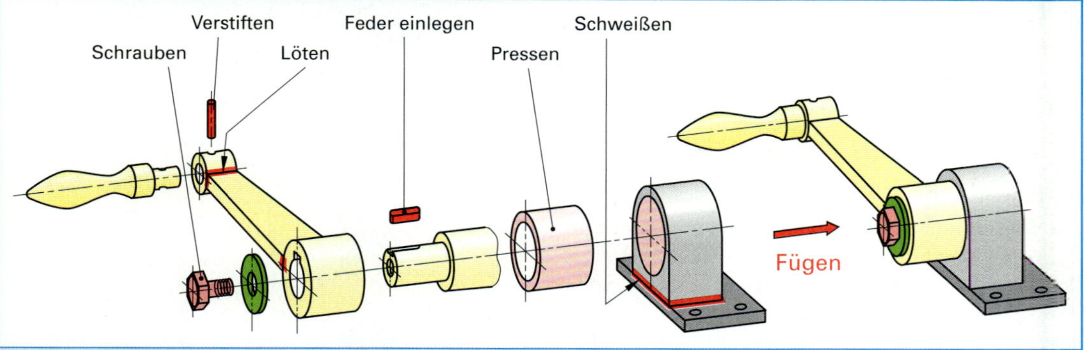

1 Zusammenwirken einzelner Fügeverfahren bei der Herstellung einer Baugruppe

8.1 Einteilung und Wirkweise

Die Bauteile können je nach Verbindungsart beweglich oder fest zusammengehalten werden.

- **Bewegliche Fügeverbindungen**, z. B. Gewindespindeln, ermöglichen ein gegenseitiges Verschieben der Einzelteile oder Baugruppen.
- **Feste Fügeverbindungen** können lösbar oder unlösbar sein. In beiden Fällen wird ein Verschieben der Einzelteile gegeneinander verhindert.
- **Lösbare Verbindungen:** Die verbundenen Teile lassen sich **ohne Zerstörung** des Verbindungsmittels trennen.
- **Unlösbare Verbindungen:** Die verbundenen Teile lassen sich nur **durch Zerstörung** des Verbindungsmittels voneinander trennen (Bild 2).

  Die **Kraftübertragung** zwischen den einzelnen Teilen wird möglich, weil der Kraftfluss durch die Fügeverbindung geschlossen wird.

  Es wird zwischen **Stoffschluss**, **Formschluss** und **Kraftschluss** unterschieden (Bild 3).

- **Stoffschlüssige Verbindungen:** Dabei werden die **Werkstoffe** der zu verbindenden Teile miteinander **vereinigt**.
- **Formschlüssige Verbindungen:** Dazu ist das Ineinanderpassen von Formflächen der Bauteile und der Verbindungselemente erforderlich.
- **Kraftschlüssige Verbindungen:** Sie entstehen durch das Zusammenpressen der Oberflächen.

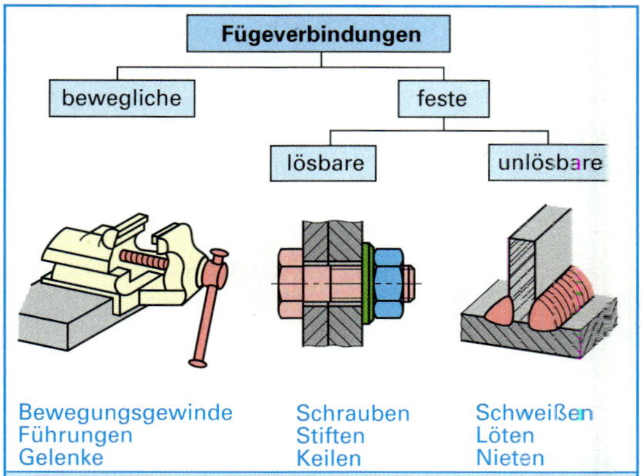

2 Einteilung der Fügeverbindungen

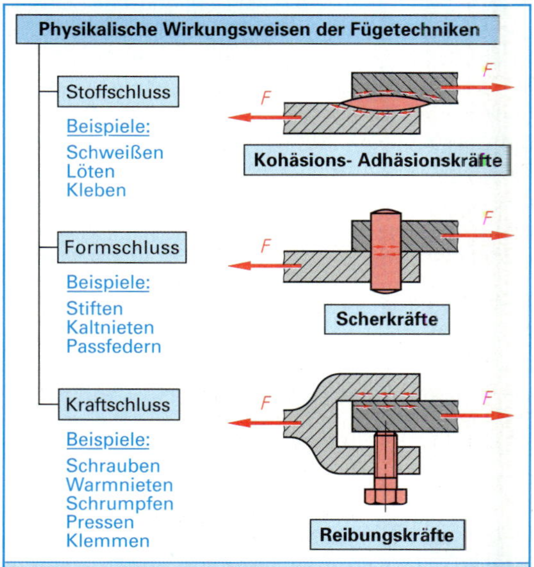

3 Einteilung der Fügetechniken nach Wirkweise

8.2 Schraubverbindung

Sollen sich Einzelteile wieder voneinander lösen lassen, so ist Schrauben oft die beste oder die einzig mögliche Verbindungstechnik.

Durch das Schrauben werden Bauteile durch Kraftschluss lösbar miteinander verbunden.

Die Verbindung wird durch Verschrauben eines Außengewindes mit einem passenden Innengewinde erreicht. Gewinde können in den Werkstücken eingearbeitet sein oder es werden entsprechende Verbindungselemente wie Schraubenbolzen, Unterlegscheiben und Schraubenmuttern verwendet (Bild 1). Fast alle Verbindungselemente sind genormt und können durch Massenproduktion preiswert hergestellt werden.

8.2.1 Wirkweise der Schraubverbindungen

Schraubenlinie

Die Schraubenlinie eines Gewindes entspricht der Linie, die entsteht, wenn man ein rechtwinkliges Dreieck um einen Zylinder wickelt (Bild 2). Seine Hypotenuse stellt die Schraubenlinie dar. Die waagerechte Kathete des Dreiecks entspricht dem Umfang des Zylinders $U = \pi \cdot d$. Die senkrechte Kathete wird die **Steigung *P*** des Gewindeganges genannt. Der vom Kreisumfang und der Schraubenlinie gebildete Winkel ist der Steigungswinkel α des Gewindes.

Das **Gewinde** entsteht, wenn eine Nut entlang der Schraubenlinie in den Zylinder eingeschnitten wird (Bild 3). Die Querschnittsform der Nut muss dem gewünschten Gewindeprofil entsprechen. Nach einer Umdrehung ist das Gewindeprofil um die Steigung *P* weitergerückt. Aus der Schraubenlinie ist ein Schraubengang entstanden. Die Anzahl der Schraubengänge richtet sich nach der gewünschten Gewindelänge.

Keilwirkung des Gewindes

Wird eine Schraubenmutter auf einen Schraubenbolzen gedreht, so gleitet sie entlang der Schraubenlinie. Um die beim Schrauben wirkenden Kräfte zu verdeutlichen, betrachtet man ein kleines Stück aus der Mutter und dem Bolzen. Wird die Schraube gedreht, gleiten zwei schiefe Ebenen gegeneinander (Bild 4). Ohne äußere Kräfte würde das obere Teil wegen der Abtriebskraft an der Schraubenlinie des Schraubenbolzens herabgleiten. Durch die Reibkraft zwischen den Flächen wird diese Abwärtsbewegung jedoch erschwert oder verhindert.

Selbsthemmung des Befestigungsgewindes

Bei einem kleinen **Steigungswinkel** α des Gewindes wird eine Schraubenmutter **nicht selbsttätig** die schiefe Ebene (Schraubenlinie) hinabgleiten. Der kleine Steigungswinkel bewirkt eine im Verhältnis zur Gewichtskraft große Normalkraft und damit eine große Reibkraft. Die Abtriebskraft ist bei diesen Bedingungen klein (Bild 4). Ist die Reibungskraft F_R größer als die Abtriebskraft F_A, so wird eine Abwärtsbewegung verhindert. Das Gewinde ist dann **selbsthemmend**.

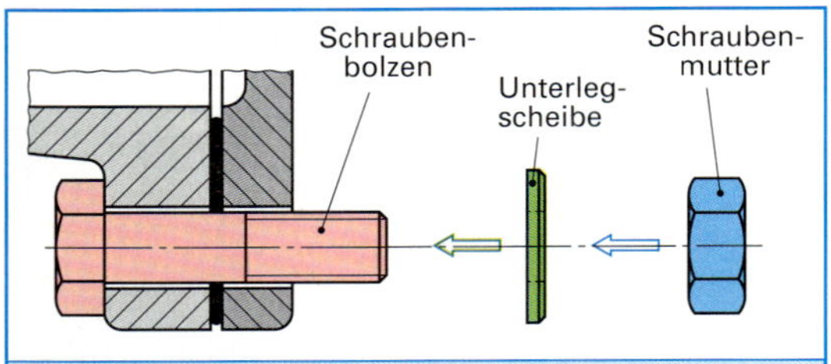

1 Prinzip des Verschraubens

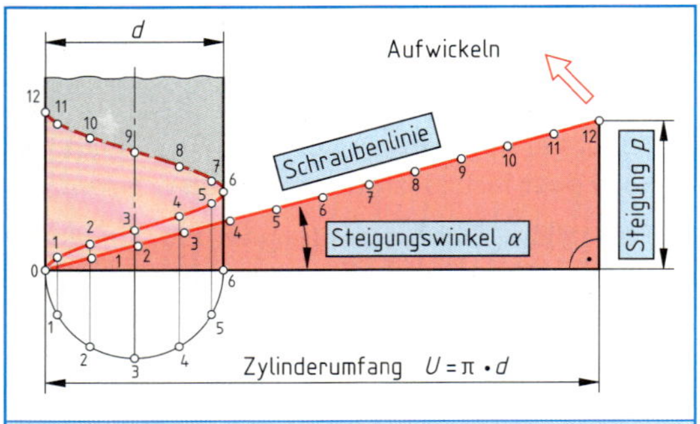

2 Schraubenlinie

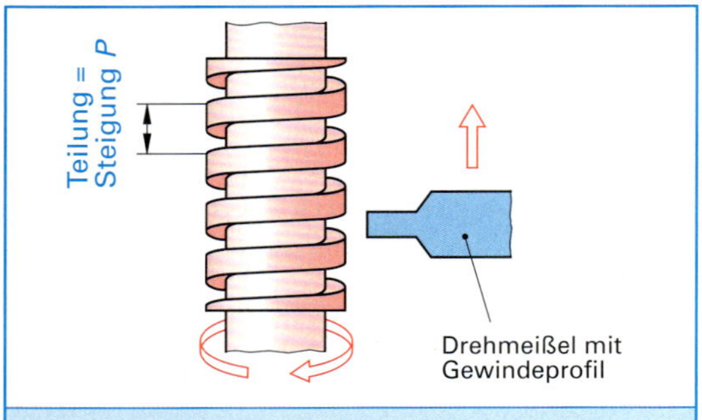

3 Entstehung eines Gewindes

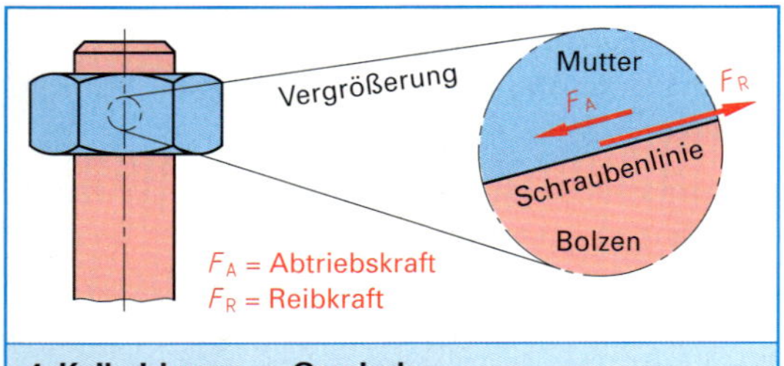

4 Keilwirkung am Gewinde

Befestigungsschrauben sind selbsthemmend, sie haben einen kleinen Steigungswinkel.

Der Steigungswinkel des Gewindes von Befestigungsschrauben beträgt etwa 3°...1°. Unter normalen Bedingungen können sich diese Schrauben nicht von alleine lösen.

Bewegungsgewinde

Wird der Steigungswinkel α der Schraubenlinie größer, so vermindert sich die Normal- und damit die Reibkraft. Die Abtriebskraft wird dagegen größer (Bild 1). Ist die Abtriebskraft F_A größer als die Reibungskraft F_R, so erfolgt eine Abwärtsbewegung. Dieses Gewinde ist **nicht selbsthemmend**.

Bewegungsgewinde haben einen großen Steigungswinkel.

Kraftübersetzung bei Befestigungsschrauben

Durch Befestigungsschrauben werden kraftschlüssige Verbindungen hergestellt. Die Bauteile müssen so stark zusammengepresst werden, dass sie sich nicht gegeneinander verschieben lassen. Die dazu erforderlichen großen Spannkräfte werden mithilfe der Kraftübersetzung nach zwei physikalischen Prinzipien erzeugt: der **Hebelwirkung** und der **schiefen Ebene**.

Kraftübersetzung durch Hebelwirkung

Die Hebelwirkung wird beim Gebrauch eines Schraubenschlüssels ausgenutzt. Mit einem entsprechend langen Hebel können bei geringen Anzugskräften große Spannkräfte erreicht werden.

Kraftübersetzung durch schiefe Ebene

Mithilfe der schiefen Ebene der Schraubenlinie lassen sich große Lasten mit verhältnismäßig kleinen Kräften aufwärts bewegen. Es wird dabei eine mechanische Arbeit verrichtet. Die Anwendung dieser Erkenntnis auf das Schrauben führt zur Berechnung der **Anzugskraft F_2** (Bild 3):

Überprüfen Sie Ihre Kenntnisse

1. **Erklären Sie den Unterschied zwischen lösbaren und unlösbaren Fügeverbindungen! Ordnen Sie den beiden Gruppen je 3 Fügeverfahren zu!**
2. **Was wird jeweils unter einer stoff-, form- und kraftschlüssigen Verbindung verstanden? Ordnen Sie den Gruppen jeweils 3 Fügeverfahren zu!**
3. **Zählen Sie die Einzelteile einer Schraubverbindung auf!**
4. **Wie entsteht die Schraubenlinie?**
5. **Welche unterschiedlichen Merkmale haben Befestigungs- und Bewegungsgewinde?**
6. **Nennen Sie die physikalischen Prinzipien, mit deren Hilfe die Kraftübersetzung erfolgt!**

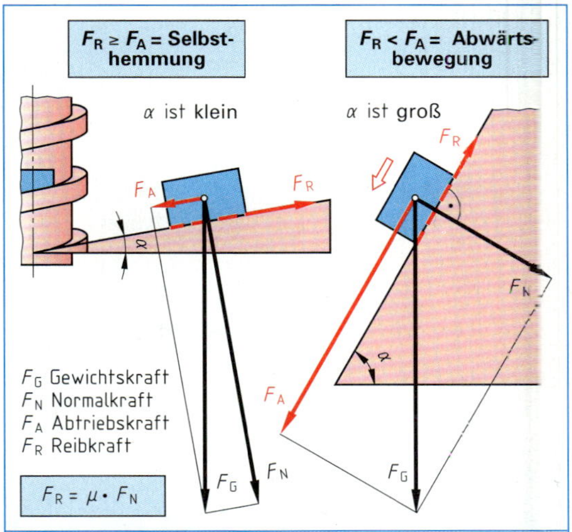

1 Kräfteverteilung

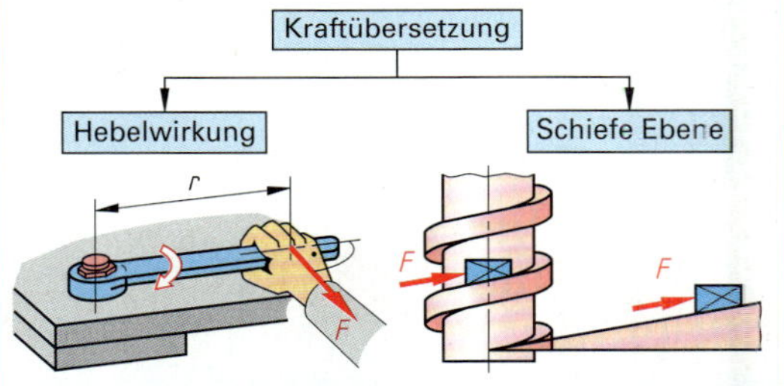

2 Erzeugung der Spannkräfte

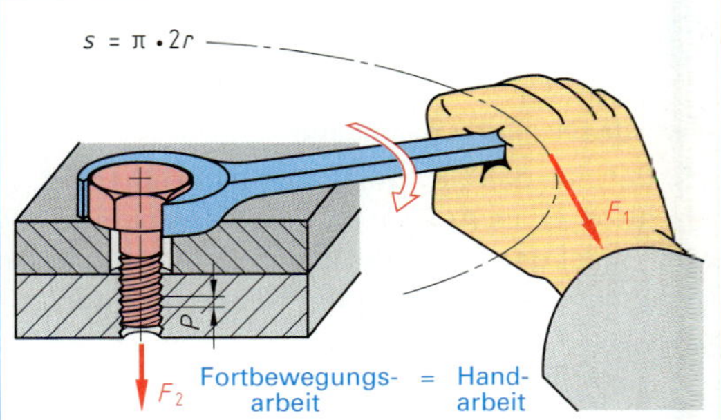

Aus Fortbewegungsarbeit = Handarbeit

ergibt sich Handarbeit = Schraubenarbeit

Handkraft · Handweg bei 1 Umdrehung = Kraft · Steigung in der Schraubenachse

$$F_1 \cdot \pi \cdot 2r = F_2 \cdot P$$

$$F_2 = \frac{F_1 \cdot \pi \cdot 2r}{P}$$

(Reibung nicht berücksichtigt)

3 Festziehen einer Schraube

8.2.2 Einteilung der Gewinde

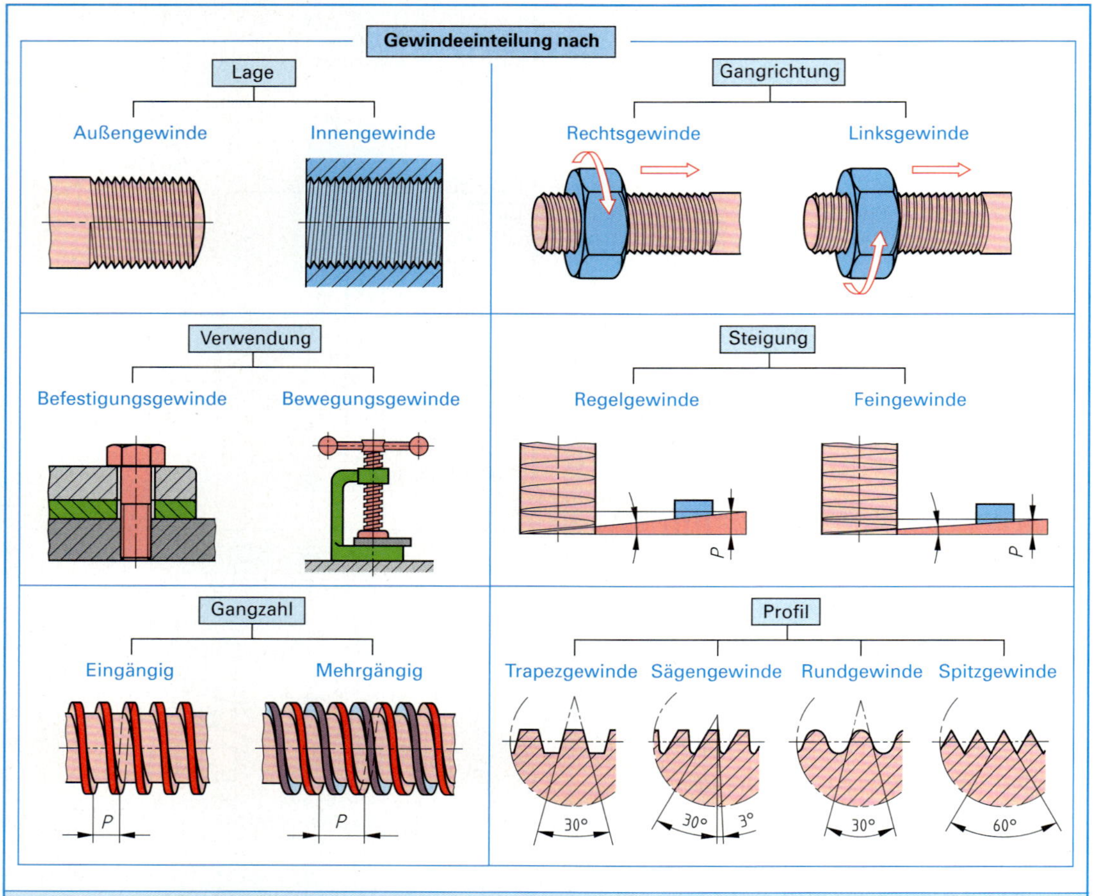

1 Übersicht und Einteilung der Gewindearten

Gewindeeinteilung nach Lage

Befindet sich das Gewinde am Mantel eines Zylinders, wird es als **Außen-** oder **Bolzengewinde** bezeichnet. Ist das Gewinde an der Innenwand einer Bohrung, wird es **Innen-** oder **Muttergewinde** genannt.

Gewindeeinteilung nach Gangrichtung

Im Normalfall ist die Gangrichtung nach rechts gerichtet. **Rechtsgängige Gewinde** werden durch Rechtsdrehung (im Uhrzeigersinn) eingeschraubt.

Linksgängige Gewinde werden durch Linksdrehung eingeschraubt und nur in Ausnahmefällen verwendet. Linksgewinde sind üblich wenn:

- Längsbewegungen bei vorgegebener Drehrichtung erforderlich sind (Spannschloss Bild 3),
- sich ein Rechtsgewinde selbsttätig lösen würde (Schleifscheibenbefestigung),
- Verwechslungen vermieden werden sollen (Anschlüsse von Propangasflaschen).

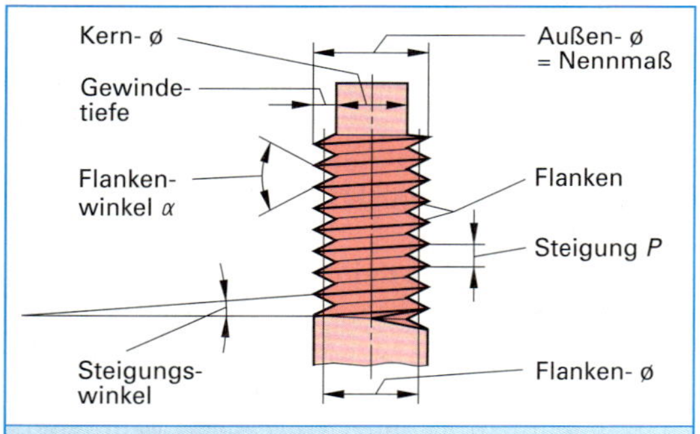

2 Bezeichnungen am Gewinde

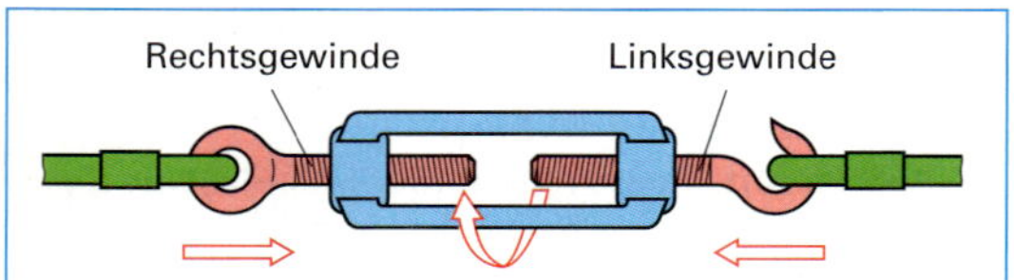

3 Rechts- und Linksgewinde am Spannschloss

Gewindeeinteilung nach Verwendung

Befestigungsgewinde haben Schrauben, mit denen Teile lösbar verbunden werden sollen. Diese Schrauben müssen sich fest anziehen lassen und dürfen sich unter normalen Bedingungen nicht selbsttätig lösen.

Bewegungsgewinde dienen dazu, drehende Bewegungen in geradlinige umzuwandeln. Die Drehbewegung einer Spindel wird z. B. in eine geradlinige Bewegung umgewandelt.

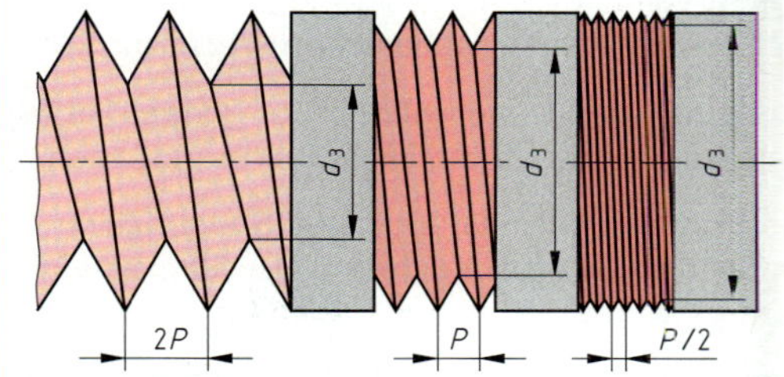

1 **Abhängigkeit der Gewindetiefe von der Gewindesteigung**

Gewindeeinteilung nach der Steigung

Bei gleichbleibendem Flankenwinkel hat die Steigung einen direkten Einfluss auf die Gewindetiefe (Bild 1). Je größer die Steigung ist, desto größer muss die Gewindetiefe sein und umso kleiner ist der Kerndurchmesser d_3. Mit zunehmender Steigung vermindern sich somit der belastbare Querschnitt und die Tragfähigkeit der Schraube. Dieses ist u. a. bei Gewinden auf dünnwandigen Rohren von Bedeutung.

Gewinde mit kleineren Steigungen als beim Regelgewinde werden **Feingewinde** genannt. Der kleinere Steigungswinkel bewirkt, dass sich die Schraube bei Erschütterungen nicht so leicht löst. Deshalb eignet sich dieses Gewinde gut als Befestigungsgewinde. Allerdings hat der kleinere Steigungswinkel je Umdrehung auch einen kürzeren axialen[1)] Weg zur Folge.

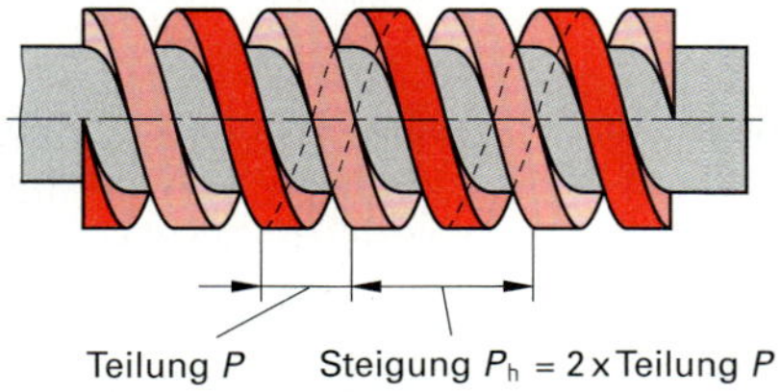

2 **Zweigängiges Gewinde**

Gewindeeinteilung nach der Gangzahl

Sollen bei wenigen Umdrehungen lange axiale Wege erzielt werden, empfiehlt sich ein **mehrgängiges Gewinde**. Es hat mehrere, regelmäßig versetzte Gewindeanfänge. Die Gewindegänge laufen parallel nebeneinander (Bild 2). Je mehr Gänge, desto größer wird die Steigung, ohne dass die Gewindetiefe verändert wird. Mehrgängige Gewinde sind Bewegungsgewinde, z. B. bei Spindelpressen und Schnecken.

Normung der Gewindebezeichnung

Gewindeprofil	Kurzzeichen	Gewindebezeichnung (Beispiele)
Spitzgewinde		
Metrisch **M**	**M 10**	**M 10**
Feingewinde	**M**	**M 10 x 1**
Whitworth-Rohrgewinde	**R**	**R $^3/_4$ DIN 2999**
Trapezgewinde	**Tr**	**Tr 20 x 4**
Sägengewinde	**S**	**S 20 x 2**
Rundgewinde	**Rd**	**Rd 8 x $\frac{1}{10}$**
Linksgewinde	**LH[2)]**	**M 20-LH**
Mehrgängiges Gewinde	**P**	**Tr 30 x 16 P2**

Gewindeeinteilung nach dem Profil

Entsprechend den unterschiedlichen Anforderungen beim Einsatz der Gewinde wurden verschiedene Gewindeprofile entwickelt und genormt. Die genormte Gewindebezeichnung enthält das Kurzzeichen für das Profil und das Nennmaß. Gegebenenfalls werden auch Steigung, Gangrichtung und bei Sondergewinden die DIN-Nummer angegeben. Für ein genormtes Gewinde, von dem Profil, Nenndurchmesser und Steigung bekannt sind, lassen sich die weiteren Gewindemaße berechnen oder Tabellen entnehmen.

Trapezgewinde wird vorwiegend für Bewegungsgewinde verwendet. Sein Gewindeprofil ist trapezförmig ausgebildet und hat einen Flankenwinkel von 30°. Trapezgewinde sind beidseitig axial belastbar. Das Gewinde hat Spitzenspiel und wird an den Gewindeflanken geführt.

Bezeichnungsbeispiel Tr 30 x 16 P2: Dieses mehrgängige Trapezgewinde hat einen Außendurchmesser von 30 mm, eine Gewindesteigung von 16 mm, eine Teilung von 2 mm und ist damit 8-gängig.

[1)] axial: in Richtung der Achse [2)] left hand

Sägengewinde ist besonders für größere einseitig wirkende axiale Belastung geeignet. Die tragende Flankenseite steht annähernd senkrecht zur Schraubenachse.

Rundgewinde ist unempfindlicher gegenüber Beschädigung und Verschmutzung. Daher wird es überwiegend für Armaturen, Eisenbahnkupplungen, Glühlampenfassungen usw. eingesetzt.

Alle **Spitzgewinde** haben kleine Steigungswinkel und dienen als Befestigungsgewinde. Ihr Gewindeprofil ist dreieckig ausgeformt. Der Flankenwinkel beträgt bei Metrischen Gewinden 60° und bei Whitworthgewinden 55°.

Metrisches ISO-Gewinde (ISO = International Organization for Standardization = Internationale Normgemeinschaft). Es ist zwischen Regel- und Feingewinde zu unterscheiden.

Regelgewinde werden durch das Profilkurzzeichen mit dem Nenndurchmesser eindeutig angegeben.

Die Angaben über die Größe der Steigung müssen Tabellen entnommen oder mit Formeln errechnet werden.

Feingewinde haben gegenüber dem Regelgewinde bei gleichem Nenndurchmesser kleinere Steigungen. Diese Steigungen sind in Auswahlreihen festgelegt. Das Steigungsmaß ist in der Gewindebezeichnung in mm zusätzlich mit anzugeben.

Whitworth-Rohrgewinde für **Gewinderohre und Fittings** nach DIN 2999 wird in der Gas-, Wasser- und Heizungs-Installationstechnik verwendet. Es hat eine geringe Steigung und kann als ein Feingewinde angesehen werden. Die Gewindeverbindung besteht aus einem zylindrischen Innengewinde und einem kegeligen Außengewinde (Kegel 1 : 16) (Bild 1).

Durch die Kombination des zylindrischen Innengewindes mit dem kegeligen Außengewinde ist gewährleistet, dass die Rohrverbindung zum größten Teil schon durch die Pressung von Metall auf Metall abgedichtet wird. Ein Dichtungsmittel wird beim Verschrauben mit eingezogen. Es soll kleine Unregelmäßigkeiten der Gewindeoberfläche ausgleichen und zusätzlich abdichten.

Die Maße dieses Gewindes müssen Tabellen entnommen werden. Die Nenngröße des Gewindes bezieht sich nicht auf den Außendurchmesser des Gewindes, sondern auf die Nennweite DN des Rohres. Sie ist nur ungefähr gleich der lichten Weite des Rohres und dient als Kenngröße für zueinander passende Teile.

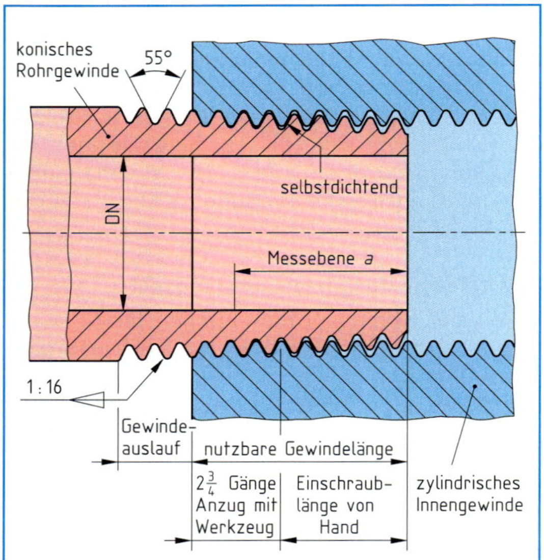

1 Whitworth-Rohrgewindeverbindung

Überprüfen Sie Ihre Kenntnisse

1. **Zählen Sie 6 unterschiedliche Merkmale auf, nach denen Gewinde eingeteilt werden können.**
2. **Formulieren Sie einen Merksatz über den Zusammenhang zwischen Steigung und Gewindetiefe.**
3. **Aus welchem Grund ist die Selbsthemmung bei Feingewinden größer als bei Regelgewinden?**
4. **Wozu werden mehrgängige Gewinde verwendet?**
5. **Nennen Sie die Angaben, die eine Gewindebezeichnung enthalten muss.**
6. **Nennen Sie 3 Gewindeprofile, und geben Sie die jeweiligen Merkmale an.**
7. **Erklären Sie, warum Whitworth-Rohrgewinde für dichte Verbindungen geeignet sind.**

Beispiel zur Schraubenberechnung:

Das Anzugsmoment einer Schraube M10 (1,5 mm Steigung) soll 50 Nm betragen. Der Schraubenschlüssel hat eine wirksame Hebellänge von 150 mm.

Handkraft $F_1 = \frac{M}{r} = \frac{50\ \text{Nm}}{0{,}15\ \text{m}} = \mathbf{333\ N}$

Kraft in der Schraubenachse $F_2 = \frac{F_1 \cdot \pi \cdot 2r}{P}$

$$F_2 = \frac{333\ \text{N} \cdot 3{,}14 \cdot 300\ \text{mm}}{1{,}5\ \text{mm}} = \mathbf{209\ 124\ N}$$

8.2.3 Elemente der Schraubverbindungen

Schraubenformen

Die Anforderungen an das Verbindungselement Schraube sind sehr unterschiedlich. Dementsprechend wurde eine Vielzahl verschiedener Schrauben entwickelt. Sie unterscheiden sich durch Kopfform, Schaftabmessung, Schraubenende, Gewindeart und Gewindeform (Bild 1).

Kopfschrauben

Zu den wichtigsten Kopfschrauben gehören: Sechskant- und Vierkantschrauben, Zylinderschrauben mit Innensechskant, Schlitz- und Kreuzschlitzschrauben.

Sechskantschrauben sind die am häufigsten verwendeten Kopfschrauben (Bild 2 links).

Vierkantschrauben (Bild 2 rechts) benötigen gegenüber Sechskantschrauben kleinere Schlüsselweiten, da die Ansatzflächen für den Gabelschlüssel größer sind. Allerdings vergrößert sich der Verdrehwinkel beim Nachfassen mit dem Schlüssel gegenüber der Sechskantschraube von 60° auf 90°. An schlecht zugänglichen Stellen sind Vierkantschrauben deshalb nur schwer mit einem Gabelschlüssel zu drehen.

Zylinderschrauben mit Innensechskant (Bild 3, rechts) benötigen beim Anziehen und Lösen wenig Platz. Sie können Sechskantschrauben an schwer zugänglichen Stellen ersetzen.

Diese Schrauben werden auch verwendet, wenn kleine Schraubenabstände erforderlich sind. Sie ermöglichen Gewichtsersparnis durch entsprechende konstruktive Gestaltung der Bauteile. Ein Versenken des Kopfes ergibt glatte Werkstückoberflächen. Bei rotierenden Teilen wird dadurch die Verletzungsgefahr vermindert (Bild 3).

Schlitzschrauben gibt es mit verschiedenen Kopfformen. Sie werden mit einem Schraubendreher angezogen. Infolge der kleinen Hebelwirkung sind mit ihnen nur relativ geringe Klemmkräfte zu erzielen.

Kreuzschlitzschrauben lassen sich wegen der größeren Mitnahmeflächen fester anziehen. Sie eignen sich infolge der besseren Schraubendreherführung auch sehr gut für maschinelles Festziehen und Lösen.

Kopfschrauben für Sonderzwecke

Blechschrauben (Bild 5) sind gehärtet und formen sich selbst ihr Muttergewinde beim Einschrauben. Sie eignen sich zum Verbinden von Blechen bis 2,5 mm Dicke. Der Lochdurchmesser soll etwa dem Schraubenkerndurchmesser entsprechen.

Schneidschrauben (Bild 6) sind einsatzgehärtet und schneiden sich ihr Muttergewinde selbst. Sie haben Spannuten wie Gewindebohrer.

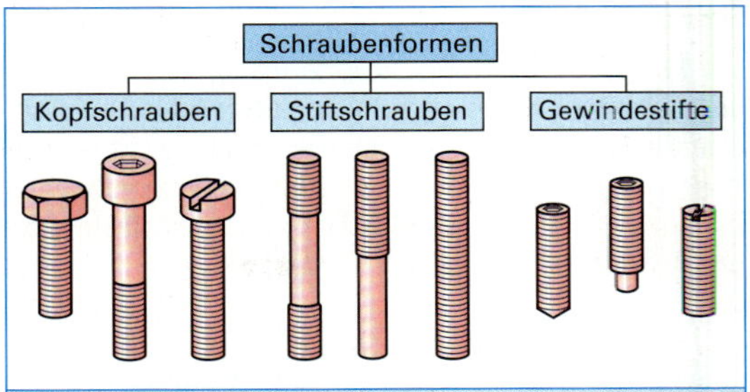

1 Einteilung der Schrauben nach ihrer Form

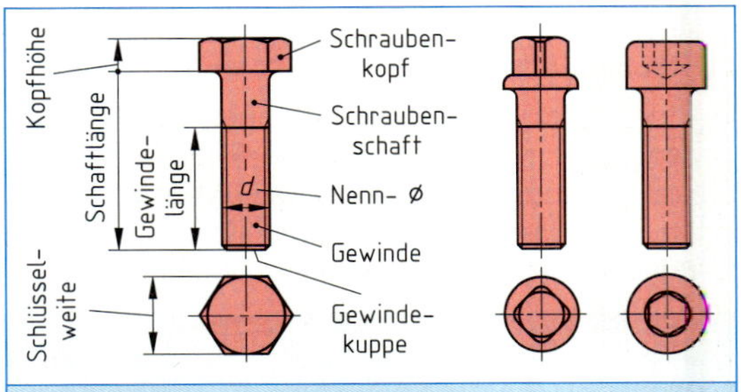

2 Sechskant- und Vierkantschraube
Bezeichnungsbeispiel für eine Sechskantschraube mit Gewinde M12, Schaftlänge 80 mm, Festigkeitsklasse 8.8
Sechskantschraube DIN 931-M12 x 80-8.8

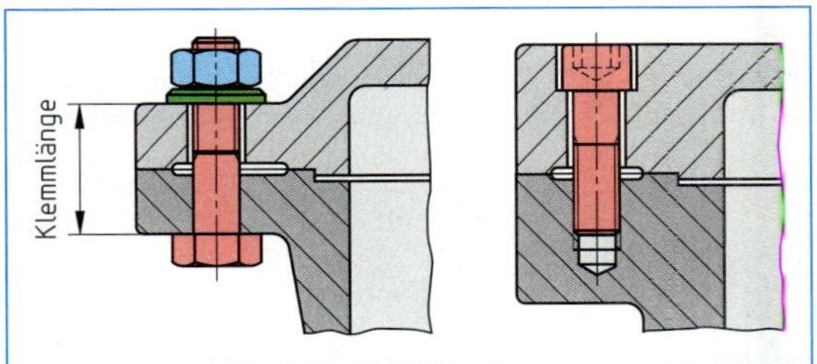

3 Konstruktive Gestaltung

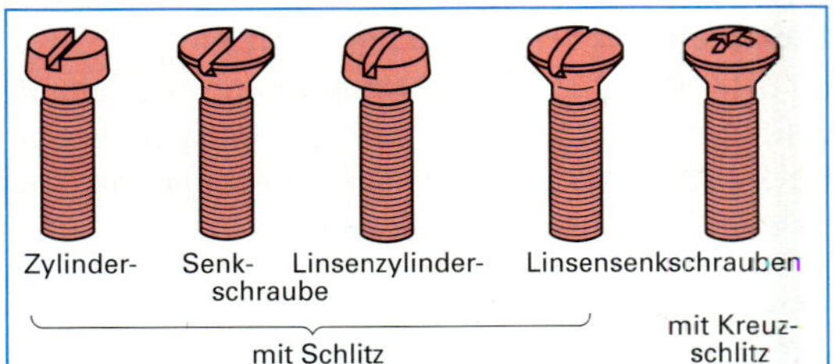

4 Schlitzschrauben

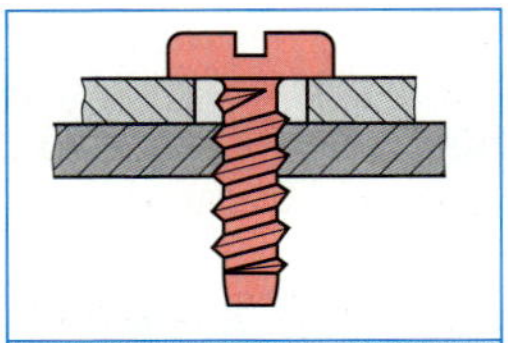

5 Blechschraube

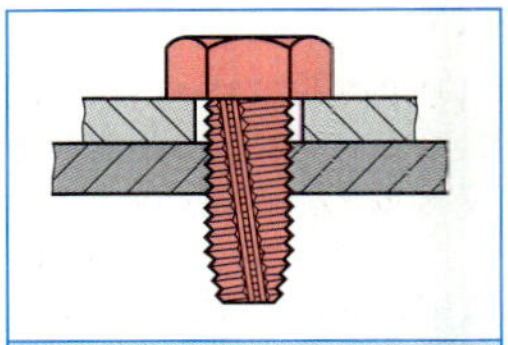

6 Schneidschraube

Stiftschrauben (Bild 1)

Sie können bei häufig zu lösenden Verbindungen anstelle von Kopfschrauben verwendet werden. Das Einschraubende der Stiftschraube bleibt beim Lösen der Verbindung im Bauteil. Dadurch wird dort das Muttergewinde, z. B. beim Auspuffflansch am Automotor, geschont.

Gewindestifte (Bild 2)

Sie haben auf ihrer gesamten Länge Gewinde. Gewindestifte werden hauptsächlich zur Lagesicherung von Stellringen, Lagerbuchsen usw. verwendet.

Schraubenenden (Bild 3)

In der Regel haben Schraubenenden (Bolzenenden) eine Kegel- oder Linsenkuppe. Hat das Schraubenende eine bestimmte Funktion zu erfüllen, z. B. Lagesicherung von Stellringen, so ist es zu diesem Zweck entsprechend ausgebildet.

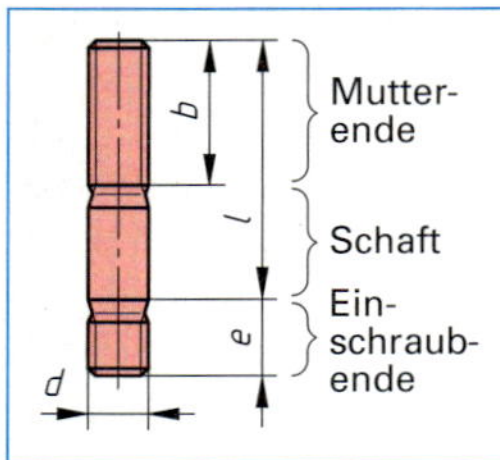

1 Stiftschraube

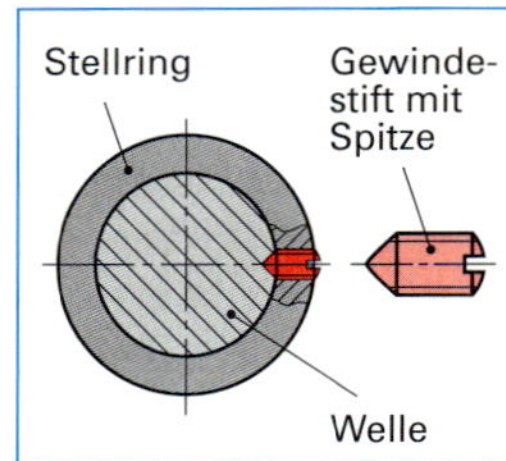

2 Gewindestift

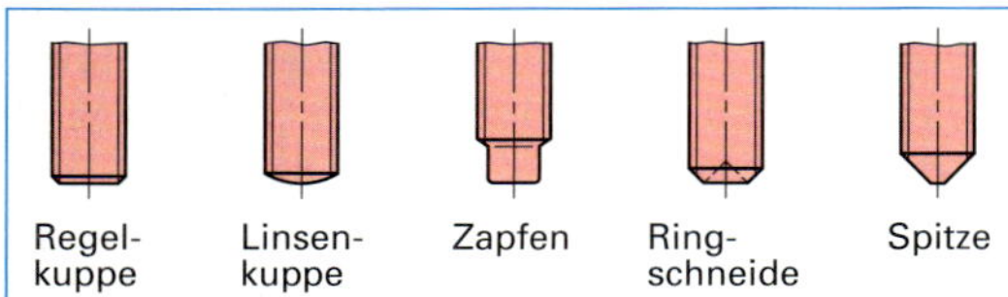

3 Schraubenenden

Übersicht gebräuchlicher Schraubenmuttern

Verbindungs-element	Beschreibung	Verbindungs-element	Beschreibung
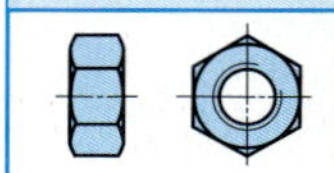 Sechskantmutter DIN 555	**Sechskantmuttern** werden am häufigsten verwendet. Ihre Höhe ist in Normalausführung 0,8 · Nenndurchmesser.	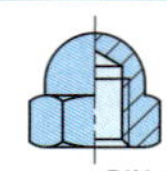 Hutmutter DIN 1587	**Hutmuttern** schützen das Gewinde vor Beschädigungen und vermindern die Verletzungsgefahr.
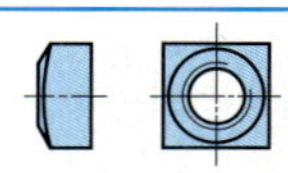 Vierkantmutter DIN 557	**Vierkantmuttern** haben größere Ansatzflächen für den Gabelschlüssel, jedoch einen ungünstigeren Verdrehwinkel.	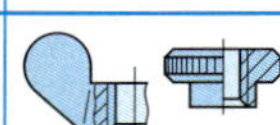 Flügel-, DIN 315, Rändel-mutter DIN 467	**Flügel- und Rändelmuttern** werden von Hand angezogen. Sie eignen sich nur für niedrig belastbare Verbindungen.
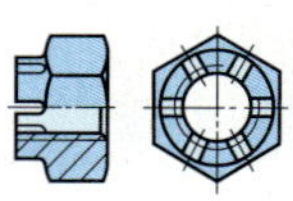 Kronenmutter DIN 935	**Kronenmuttern** werden mit passenden Splinten gegen Verstellung gesichert, z. B. Radlager beim Pkw. Sie werden mit 6 oder 10 Schlitzen, d.h. für 60° oder 36° Nachstellung, verwendet.	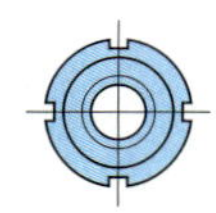 Nutmutter DIN 1804	**Nutmuttern** haben meist Feingewinde und sind besonders zum Einstellen des axialen Spiels von Lagern und Wellen geeignet.

Festigkeit von Schrauben und Muttern

Je nach Verwendungszweck werden unterschiedliche Anforderungen an ihre Festigkeit gestellt. Zur Kennzeichnung erhalten sie verschlüsselte Angaben über ihre Festigkeitsklasse.

Schrauben: Ihre **Festigkeitsklasse** zeigen zwei Zahlen, die durch einen Punkt getrennt sind.

Die **Mindestzugfestigkeit** R_m in N/mm² erhält man, wenn die erste Zahl mit 100 multipliziert wird.

Die **Mindeststreckgrenze** R_e in N/mm² ergibt sich durch Multiplikation der ersten Zahl mit dem 10fachen der zweiten Zahl.

Die **Mindeststreckgrenze** ist der wichtigste mechanische Kennwert der Schraube.

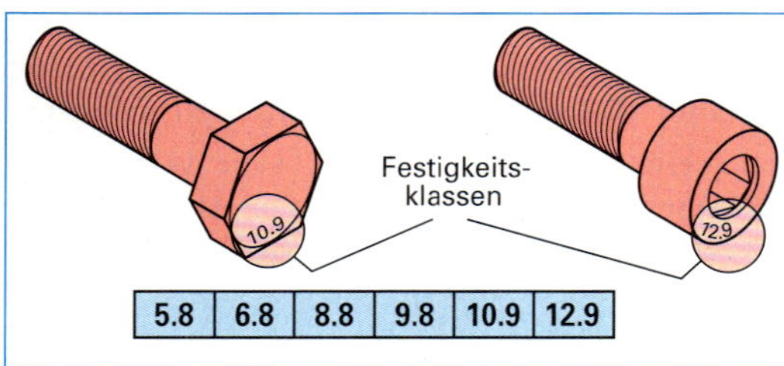

4 Festigkeitsklassen bei Schrauben

Beispiel: Die Mindestzugfestigkeit R_m und die Mindeststreckgrenze R_e einer Schraube mit der Festigkeitsklasse 9.8 sind zu ermitteln.

Lösung: $R_m = 9 \cdot 100 \,\frac{N}{mm^2} = \mathbf{900} \,\frac{\mathbf{N}}{\mathbf{mm^2}}$

$R_e = 9 \cdot 8 \cdot 10 \,\frac{N}{mm^2} = \mathbf{720} \,\frac{\mathbf{N}}{\mathbf{mm^2}}$

Bei Belastung unterhalb der Streckgrenze, innerhalb des elastischen Bereichs, verhält sich die Schraube wie eine starke Zugfeder (Bild 1). Bei Zugbeanspruchung wird sie geringfügig länger. Bei Entlastung nimmt sie ihre ursprüngliche Länge ein.

Wird durch die Zugbeanspruchung die Streckgrenze überschritten, wird die Schraube merklich länger und bleibend verformt. Die Presskraft zwischen den Bauteilen wird geringer und die Schraube kann sich lösen. Der Schraubenquerschnitt muss so groß gewählt werden, dass die maximal auftretende Beanspruchung unterhalb der Streckgrenze bleibt.

Muttern: Sie werden nur durch eine Zahl gekennzeichnet. Aus ihr lässt sich, wie bei Schrauben, die **Mindestzugfestigkeit R_m** ermitteln.

Für besondere Anforderungen gibt es noch hochfeste, warmfeste oder korrosionsbeständige Schrauben und Muttern.

Unterlegscheiben

Unterlegscheiben sollen eine Beschädigung der Werkstückoberflächen verhindern. Bei geschmiedeten, gewalzten oder gegossenen Bauteilen wird durch Scheiben die Auflage der Mutter und des Schraubenkopfes verbessert. Die Anpresskraft wird dadurch gleichmäßiger auf die Unterlage verteilt.

Schräge Flächen müssen durch schräge Unterlegscheiben ausgeglichen werden (Bild 2). Für U-Träger werden Vierkantscheiben mit zwei Rillen, für I-Träger mit einer Rille verwendet.

Schraubensicherungen

Durch Erschütterung, Temperaturschwankung und wechselnde Beanspruchung kann sich eine Schraubverbindung selbsttätig lösen. Sie muss bei diesen Belastungen besonders gesichert werden. Nach der Wirkweise der Schraubensicherung werden diese in kraft-, form- und stoffschlüssig eingeteilt.

Kraftschlüssige Schraubensicherungen (Bild 3) wirken durch Vorspannung eines federnden Teils bei Federring, Zahnscheibe usw., oder infolge erhöhter Reibung. Diese wird z.B. durch Einlegen von Kunststoffringen, veränderte Steigungen oder Verspannung mit Gegenmuttern hervorgerufen.

Formschlüssige Schraubensicherungen stellen ein Hindernis für das selbsttätige Losdrehen dar. Allerdings wird dadurch ein leichtes Lockern der Verbindungen nicht verhindert (Bild 4).

Stoffschlüssige Schraubensicherungen werden in der Regel durch Verkleben des Gewindes mit flüssigem, aushärtbarem Kunststoff erreicht (Bild 5).

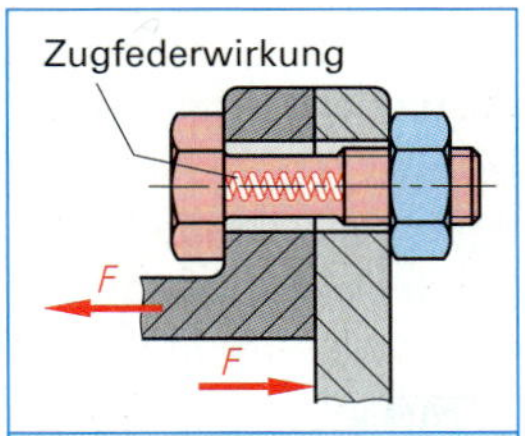

1 Schematische Darstellung der Federwirkung einer Schraubverbindung

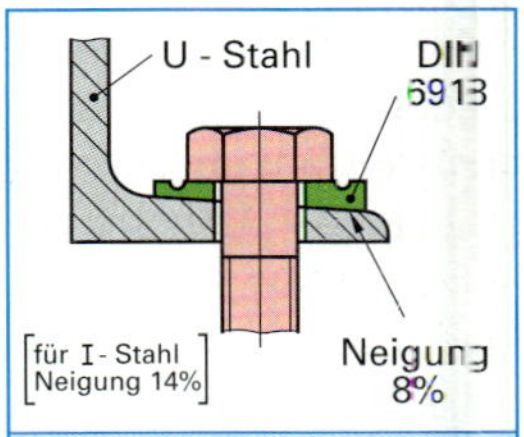

2 Scheibe für U-Stahl

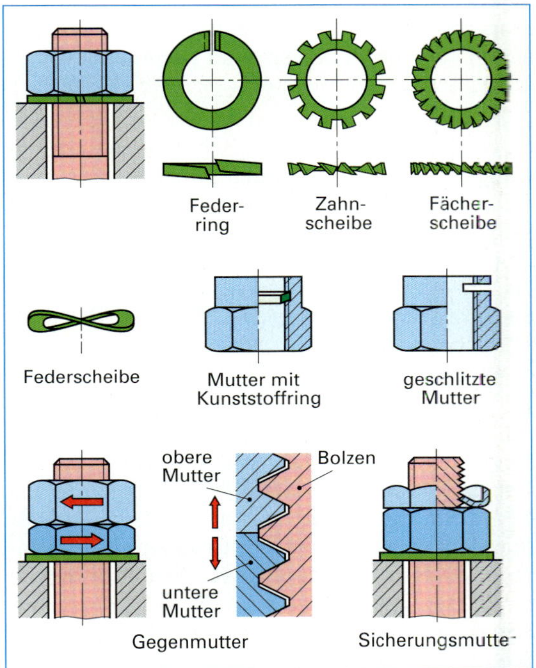

3 Kraftschlüssige Schraubensicherungen

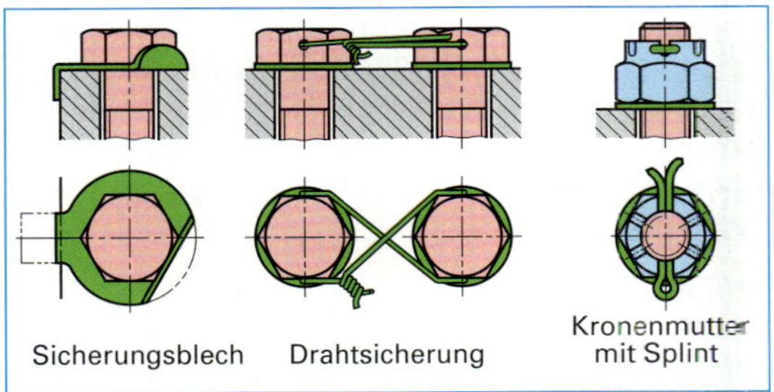

4 Formschlüssige Schraubensicherungen

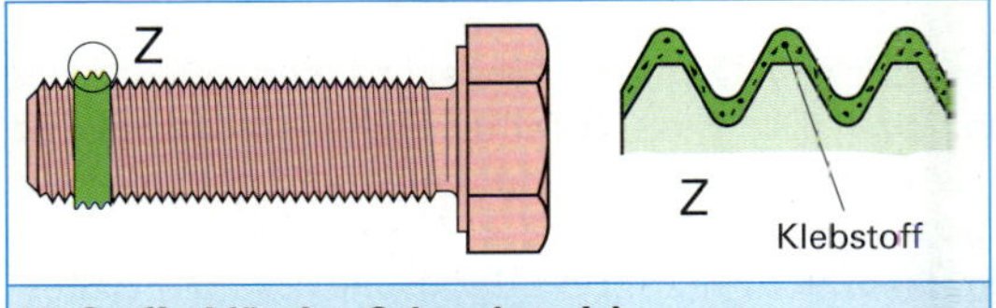

5 Stoffschlüssige Schraubensicherung

8.2.4 Auswahl der Schraubverbindungen

Bauteile lassen sich auf verschiedene Arten durch Schrauben verbinden (Bild 1):

Das einfachste und wirtschaftlichste Verfahren ist die Verwendung von **Durchsteckschrauben**. Die Schraubverbindung besteht aus dem Schraubenbolzen, der Unterlegscheibe und der Schraubenmutter. Die zu verbindenden Werkstücke erhalten Durchgangslöcher.

Ist es aus bestimmten Gründen (Platzmangel usw.) nicht möglich, eine Schraubenmutter zu verwenden, so kann die Verbindung durch eine **Einziehschraube** erfolgen. Dafür muss ein Bauteil mit einem Innengewinde versehen werden. Dieses ist aufwendiger in der Herstellung.

Soll verhindert werden, dass ein Innengewinde durch häufiges Lösen der Schraube beschädigt wird, werden **Stiftschrauben** benutzt. Diese werden mit dem Einschraubende in das Bauteil fest eingeschraubt. Hierzu sind eine Einziehvorrichtung oder eine Mutter mit Gegenmutter notwendig. Die erforderliche Einschraublänge ist von dem Bauteilwerkstoff abhängig (s. Tabelle). Die Stiftschraube bleibt beim Lösen der Werkstücke im Muttergewinde des einen Bauteils.

Bei wechselnder axialer Belastung (d.h. in Achsrichtung), die z.B. bei Pleuellagern oder bei größeren Temperaturschwankungen auftritt, ist der Einsatz von starren Schrauben nicht sinnvoll. Bei ihnen würde durch starke Belastungen der schwächste Querschnitt (im Gewindebereich) gedehnt. Diese Verlängerung der Schraube würde zum Lösen der Verbindung oder zum Bruch des Schraubenbolzens führen. Für diese wechselnden Beanspruchungen ist die durch konstruktive Gestaltung wesentlich haltbarere hochfeste **Dehnschraube** entwickelt worden (Bild 2). Bei den Dehnschrauben hat der lange, dünne Schaft den geringsten Querschnitt (90 % des Gewindekern-Ø). Dieser Schaft wird bei Belastung der Schraube gedehnt und bei Entlastung wieder kürzer. Der Gewindebereich wird so vor einer Überbeanspruchung geschützt.

Dehnschrauben müssen mit einer bestimmten Klemmkraft (Vorspannung) angezogen werden. Deshalb ist die Verwendung des Drehmomentschlüssels erforderlich.

Wenn der Schraubenschaft Scherkräfte aufnehmen oder die Lagesicherung der Bauteile gewährleisten soll, können **Passschrauben** verwendet werden. Die Passschraubverbindung ist infolge der geriebenen Bohrung und der hochwertigen Schraube sehr teuer. Zur Aufnahme der Scherkräfte werden daher oft **Spannhülsen** oder **Scherbuchsen** mit Durchsteckschraube verwendet.

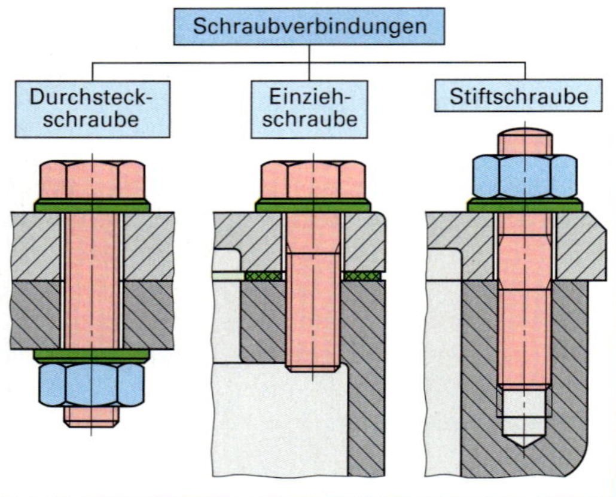

1 Arten der Schraubverbindungen

Einschraublänge *e* bei Stiftschrauben	
Einschrauben in Stahl,	$e \approx d$
Einschrauben in Al-Legierung,	$e \approx 2\,d$
Einschrauben in Gusseisen,	$e \approx 1{,}25\,d$
Einschrauben in Weichmetall	$e \approx 2{,}5\,d$

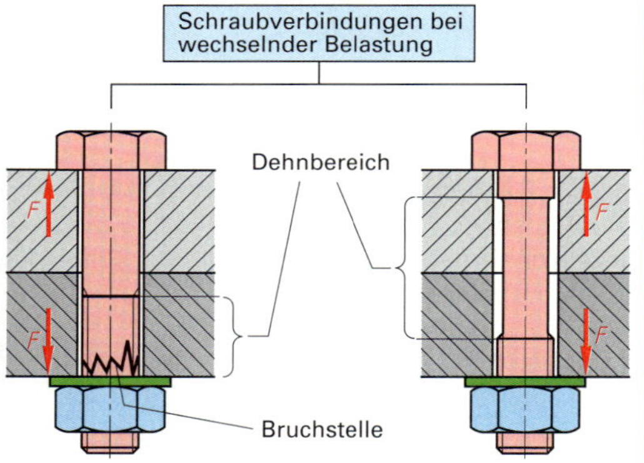

2 Starrschraube und Dehnschraube

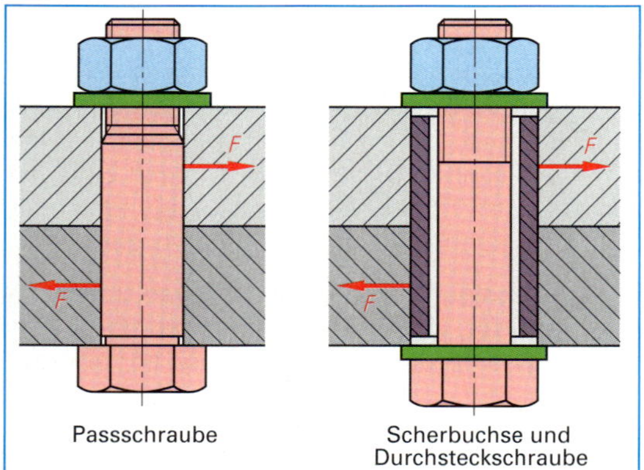

3 Aufnahme von Scherkräften

8.2.5 Schraubwerkzeuge

Je nach Montagemöglichkeit, Zweck der Verbindung oder vorgeschriebener Belastung sind die genau **passenden Werkzeuge** erforderlich.

▶ Durch **fehlerhafte Werkzeuge** können Unfälle verursacht und Schrauben beschädigt werden.

Schraubendreher müssen die zum Schraubenschlitz passende Dicke und Breite haben und dürfen nicht keilförmig angeschliffen sein.

Gabel-, Ring- und Innensechskantschlüssel

Sie müssen in der Größe mit der Schlüsselweite der Schraube übereinstimmen. Die Kraftübersetzung darf nicht durch Verlängerung des Hebelarms vergrößert werden. Dieses würde zum Überdrehen oder zum Abreißen der Schraube führen.

Bei **Gabelschlüsseln** (Maulschlüssel) sind die Gabeln 15° abgewinkelt. Dadurch wird es möglich, auch Schrauben an schlecht zugänglichen Stellen durch Umstecken des Gabelschlüssels zu drehen.

Durch **Steckschlüssel** können teilweise schlecht zugängliche Schrauben angezogen werden. In Verbindung mit einer Ratsche lässt sich das Schrauben wesentlich vereinfachen. Da der Hebelarm der Ratsche gleich bleibt und nicht der Schraubengröße angepasst wird, müssen besonders kleine Schrauben vorsichtig festgezogen werden.

Auf keinen Fall dürfen Schrauben mit Zangen wie Wasserpumpen- oder Rohrzangen „bearbeitet" werden. Durch die Zangen würden die Ansatzflächen für die Schlüssel an der Schraube zerstört.

Bei Serienarbeiten werden Schrauben von Hand aufgesetzt und maschinell angezogen. Hierzu können Druckluft- oder Elektroschrauber verwendet werden.

Mithilfe eines Drehmomentschlüssels lassen sich die Schraubverbindungen mit der vorgeschriebenen Vorspannkraft anziehen.

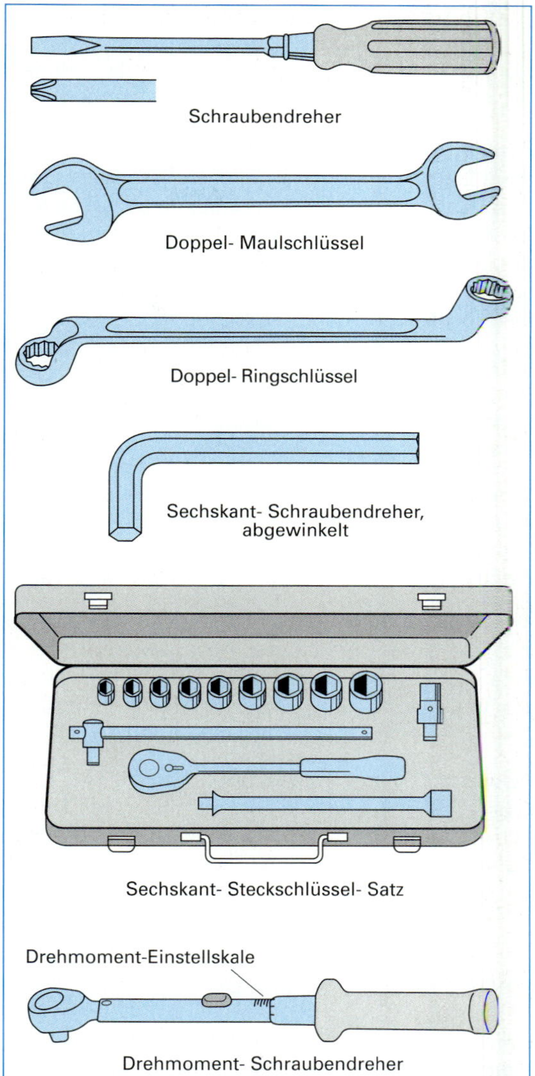

1 Schraubwerkzeuge

Überprüfen Sie Ihre Kenntnisse

1 **Geben Sie die drei Gruppen an, in die Schrauben nach ihrer Form eingeteilt werden.**
2 **Nennen Sie fünf verschiedene Kopfschraubenarten, und geben Sie dazu jeweils einen typischen Einsatzbereich an.**
3 **Erklären Sie die Angabe: Sechskantschraube DIN 931 M8 x 40-8.8.**
4 **Welche Vorteile kann die Verwendung von Zylinderschrauben mit Innensechskant haben?**
5 **In welchen Fällen verwendet man Stiftschrauben?**
6 **Wozu werden Gewindestifte verwendet?**
7 **Welche Aufgaben haben Unterlegscheiben?**
8 **Wozu werden Vierkantscheiben mit einer und mit zwei Rillen benötigt?**
9 **In welchen Fällen sind Schraubensicherungen erforderlich?**
10 **Zählen Sie 6 kraftschlüssige Schraubensicherungen auf und erklären Sie ihre Wirkungsweise.**
11 **Welchen Vorteil haben formschlüssige Schraubensicherungen?**
12 **a) Woran erkennen Sie Dehnschrauben, b) in welche Bauteile werden sie eingesetzt, c) und worauf beruht ihre Wirkung?**
13 **Wie können Schraubenverbindungen gestaltet werden, die auf Abscherung beansprucht sind?**
14 **Was ist bei der Verwendung von Schraubwerkzeugen zu beachten?**
15 **Wozu werden Drehmomentschlüssel benötigt?**

8.3 Stift- und Bolzenverbindung

Durch das Verstiften werden Bauteile mittels Formschluss lösbar miteinander verbunden.

Passstifte verbinden Maschinenteile, die eine genaue Lage zueinander erhalten sollen. Diese Bauteile sind so gegen ein Verschieben gesichert. Auch können sie nach Demontage leicht wieder in die ursprüngliche Position gebracht werden. Die eigentliche Kraftübertragung erfolgt häufig durch eine zusätzliche Schraubverbindung.

Befestigungsstifte können kleinere Kräfte übertragen. Es lassen sich so auf einfache und kostengünstige Art feste und bewegliche Verbindungen herstellen.

Abscherstifte schützen Maschinen bei Überbeanspruchung. Sie werden als Sollbruchstelle z. B. zwischen Antriebs- und Arbeitsspindel eingebaut. Bei Überlastung wird nur der Abscherstift (Sollbruchstelle) zerstört.

Für die unterschiedlichen Anforderungen steht eine große Anzahl verschiedener genormter Stifte zur Verfügung. Die gebräuchlichsten Stifte sind: Zylinder-, Kegel-, Kerb- und Spannstifte (Bild 2).

Zylinderstifte können als Pass-, Befestigungs- und Abscherstifte verwendet werden. Sie unterscheiden sich durch ihre Passmaße, die an der Form der Stiftenden erkennbar sind (Bild 3).

Bezeichnungsbeispiel für einen Zylinderstift von 8 mm Ø und 50 mm Länge mit Linsenkuppe:

Zylinderstift DIN 7-8 m6 x 50

Zylinderstifte in der Ausführung m6 werden hauptsächlich als Passstifte, die in der Ausführung h8 und h11 als Befestigungsstifte verwendet. Für Grundlöcher gibt es Zylinderstifte mit Längsrille (zum Entweichen der Luft) und mit Innengewinde (zum Herausziehen des Stiftes) (Bild 4).

Zylinderstifte erfordern bis auf die Ausführung h11 geriebene Bohrungen. Die zu verbindenden Bauteile müssen im montierten Zustand gebohrt und gerieben werden. Um eine genaue Auflage zu gewährleisten, sind die Bohrungen der einzelnen Teile vor der Fertigmontage zu entgraten. Vor dem Einschlagen sollte der Stift eingefettet werden. Hierdurch wird ein Fressen, d.h. ein Kaltverschweißen, verhindert.

Kegelstifte dienen in erster Linie zur Befestigung. Sie haben ein genormtes Kegelverhältnis von 1 : 50, d.h. auf 50 mm Kegellänge ändert sich der Durchmesser um 1 mm.

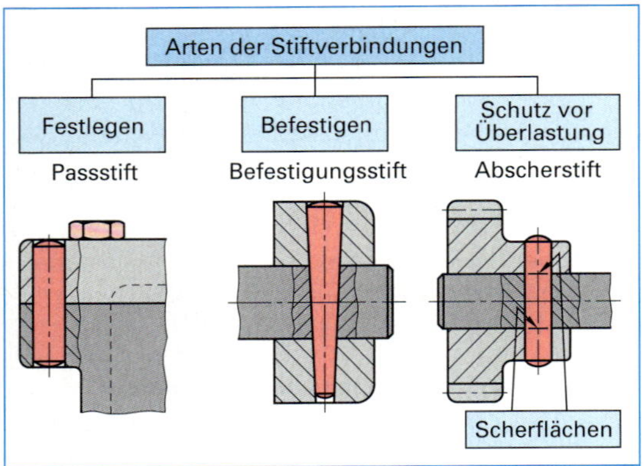

1 Stiftverbindungen

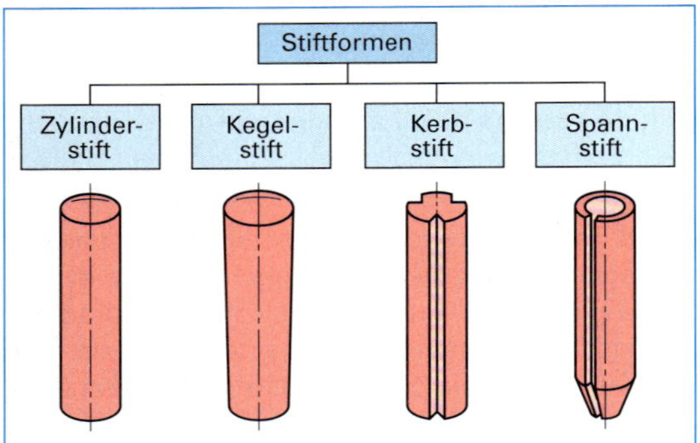

2 Stiftformen

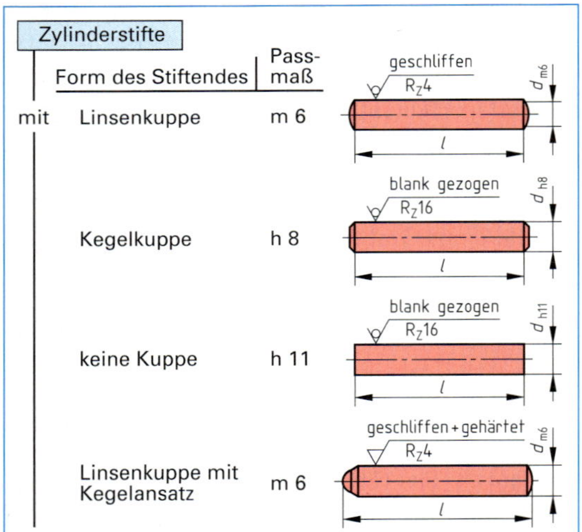

3 Einteilung der Zylinderstifte

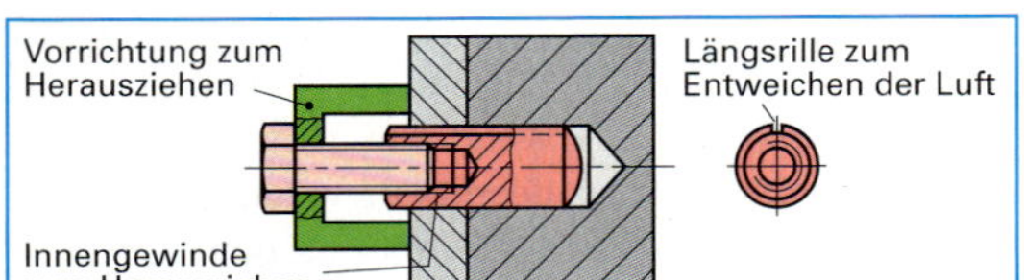

4 Zylinderstift für Grundlöcher

Der kleinere Durchmesser des Kegelstiftes (Nenndurchmesser) ist für die Normbezeichnung maßgebend (Bild 1).

Für Grundlöcher gibt es Kegelstifte mit Innen- oder Außengewinde. Dadurch wird das Herausziehen des Stiftes ermöglicht (Bild 2).

Durch den schlanken Kegel entstehen beim Eintreiben des Stiftes an den Wandungen sehr große Druckkräfte. Die sich daraus ergebenden großen Reibungskräfte führen zu einem festen Sitz des Stiftes.

Kerb- und Spannstifte werden zunehmend als Befestigungsstifte, Passstifte, aber auch als Bolzen verwendet (Bild 6). Ihr Vorzug liegt darin, dass die Bohrungen nicht wie bei den Zylinder- und Kegelstiften aufgerieben werden müssen. Der Einsatz dieser Stifte ist daher kostensparend.

Kerbstifte haben am Umfang drei eingewalzte Längskerben mit kleinen wulstartigen Rändern. Durch die plastisch-elastische Verformung der Wulste wird eine starke Pressung in der Lochwand verursacht. Dieses führt zu einem festen Sitz des Kerbstiftes. Die Kerben erstrecken sich je nach Ausführung über einen Teil oder über die gesamte Länge des Stiftes (Bild 4).

Spannstifte sind aus Federstahl gerollte, in Längsrichtung offene Hülsen. Spiralspannstifte sind spiralförmig aufgewickelt und können stärker belastet werden. Man bezeichnet Spannstifte auch als Spannhülsen (Bild 5). Durch das Eintreiben wird der Stift elastisch zusammengedrückt und legt sich fest an die Lochwandung an.

Bolzen können als abgewandelte Form der zylindrischen Stifte angesehen werden. Mit ihnen lassen sich auf einfache Weise zueinander bewegliche Maschinenteile miteinander verbinden (Bild 7). Bolzen gibt es in unterschiedlichen Ausführungen: z. B. mit Splintlöchern und mit Kopf.

Überprüfen Sie Ihre Kenntnisse

1 Wie unterscheidet man Stifte nach ihrem Einsatzbereich?

2 Wozu dienen Passstifte und Abscherstifte?

3 Welche Stiftformen werden unterschieden?

4 Nennen Sie Gründe, weshalb Zylinderstifte für Grundlöcher mit einer Längsrille und einem Innengewinde vorgesehen sind.

5 An welcher Stelle können Sie den Nenndurchmesser des Kegelstiftes messen?

6 Schildern Sie den Arbeitsablauf für die Herstellung einer Kegelstiftverbindung.

7 Aus welchen Gründen werden Zylinder- und Kegelstifte in vielen Anwendungsbereichen von den Kerb- und Spannstiften verdrängt?

8 Nennen Sie das Hauptmerkmal von Kerbstiften.

9 Worauf beruht die Funktion von Spannstiften?

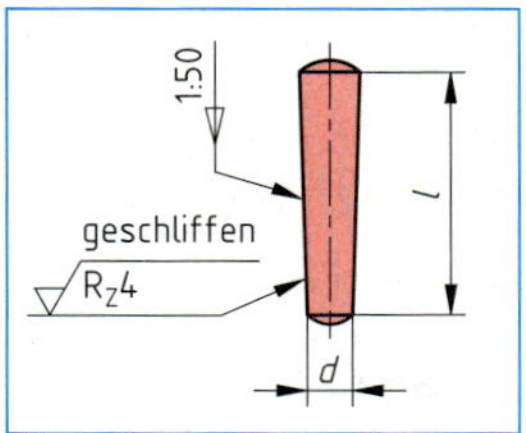

1 Kegelstift

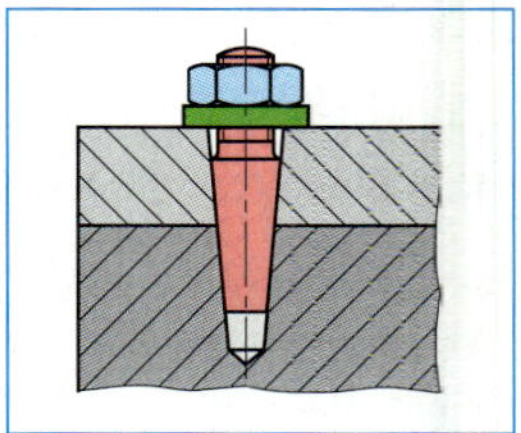

2 Kegelstift für Grundlöcher

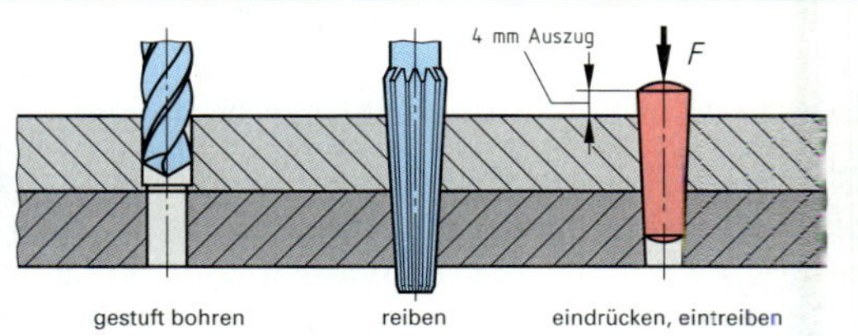

3 Einbaubeispiel für einen Kegelstift

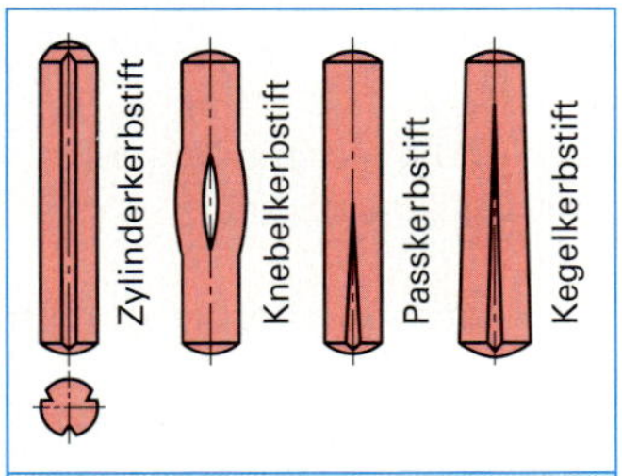

4 Kerbstifte

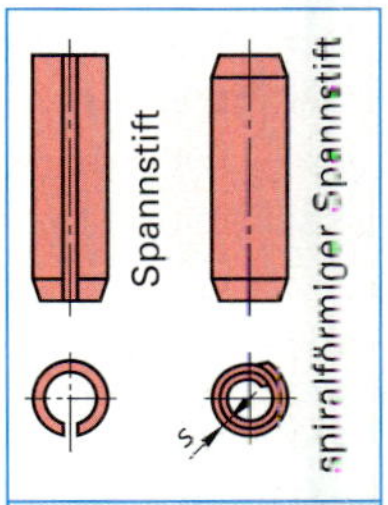

5 Einteilung der Spannstifte

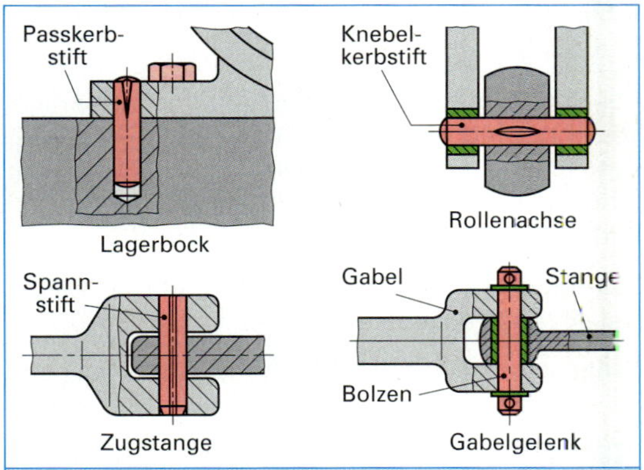

6 Anwendungsbeispiel für Kerb-Spannstift und Bolzen

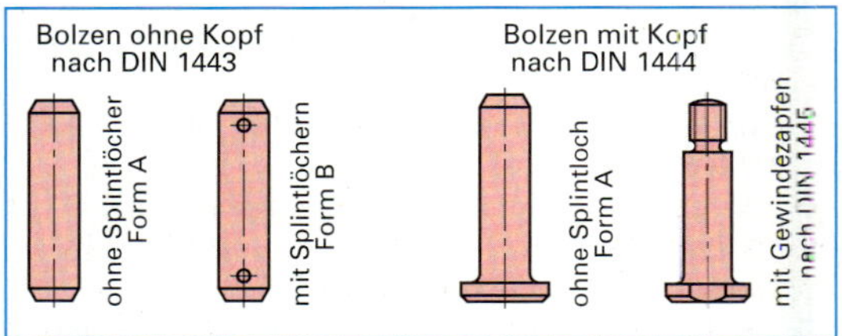

7 Bolzen

8.4 Keilverbindung

Durch das Keilen werden Bauteile mittels Kraftschluss lösbar miteinander verbunden.

Zur Übertragung von größeren Drehmomenten zwischen einer Welle und einer Nabe sind Schrauben und Stifte nicht geeignet. Es können dann Keilverbindungen verwendet werden. Das ist der Fall z. B. bei Landmaschinen und Schwermaschinen. Der Keil wird in die passenden Nuten der zu verbindenden Welle und Nabe eingetrieben. Die Nutentiefen sind genormt. Die Nabennut muss eine dem Keil entsprechende Neigung haben.

Die geringe Neigung des Keils bewirkt, dass aus einer kleinen Eintreibkraft F_1 eine große Normalkraft F_N und damit eine große Reibkraft F_R entsteht (Bild 5).

Zahnräder, Riemenscheiben usw. brauchen bei einer Keilverbindung nicht gegen ein Verschieben gesichert zu werden.

Keile tragen nur unten und oben auf den Reibflächen und haben ein seitliches Spiel.

Das Eintreiben des Keils hat aufgrund der großen Normalkräfte ein Verspannen zwischen Welle und Nabe zur Folge (Bild 6). Dieses Verspannen führt zwar einerseits zu einem festen Sitz der Nabe andererseits aber zu einer geringfügigen Verschiebung der Mittelachsen und damit zur Exzentrizität der Verbindung. Hierdurch kann eine Unwucht entstehen, die Schwingungen bewirken kann.

Bei einer eventuellen Überlastung der kraftschlüssigen Verbindung legt sich der Keil an eine Nutseite an und wird dann zusätzlich auf Abscherung beansprucht. Die Keilverbindung ist dann kraft- und formschlüssig.

Die wichtigsten Keilformen sind Einlege-, Treib-, Nasen- und Tangentkeile (Bilder 1 bis 4).

Tangentkeile eignen sich für hohe, stoßartige, und auch für wechselnde Übertragung von Drehmomenten. Die Verbindung beruht auf zwei versetzten Keilpaaren (Bild 3).

Überprüfen Sie Ihre Kenntnisse

1. **Erklären Sie, weshalb Keilverbindungen kraftschlüssig sind.**
2. **Für welche Anwendungsbereiche eignen sich Keilverbindungen?**
3. **Wie groß ist die genormte Neigung des Keiles?**
4. **Skizzieren Sie die Kraftwirkung und Kraftübertragung an einer Keilverbindung.**
5. **Weshalb ist eine axiale Sicherung gegen Verschieben bei einer Keilverbindung überflüssig?**

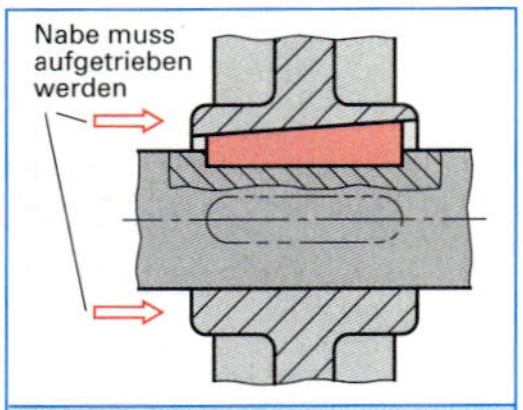

1 Einlegekeil

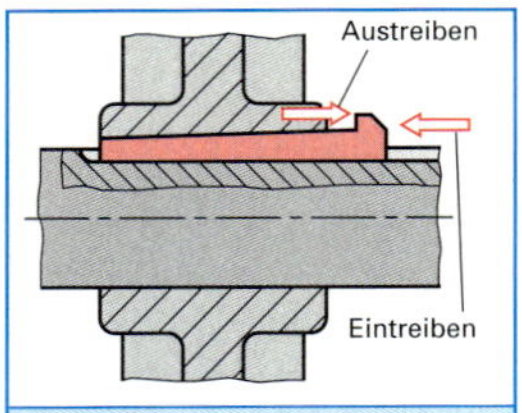

2 Nasenkeil

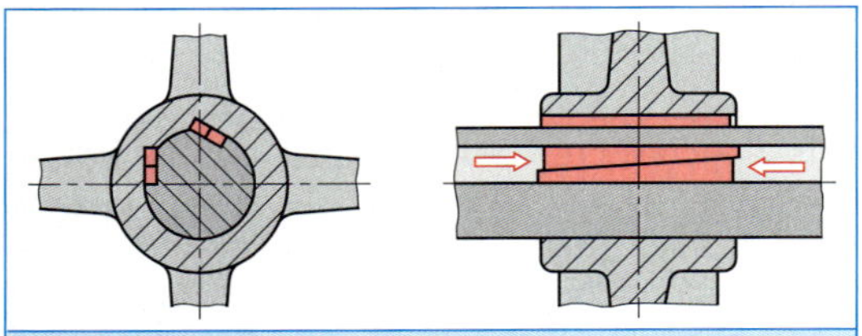

3 Tangentkeile

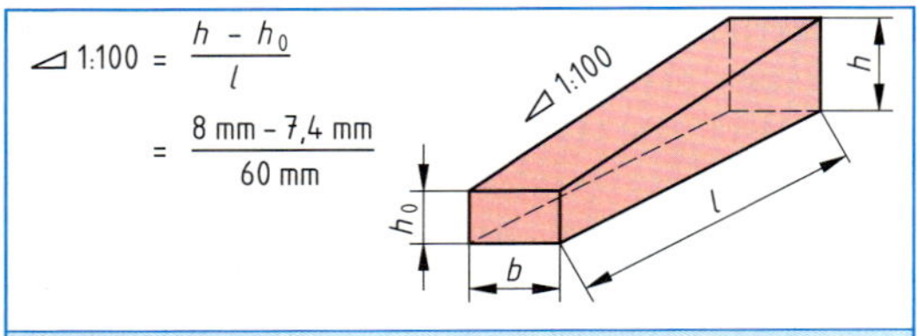

4 Maße am Keil

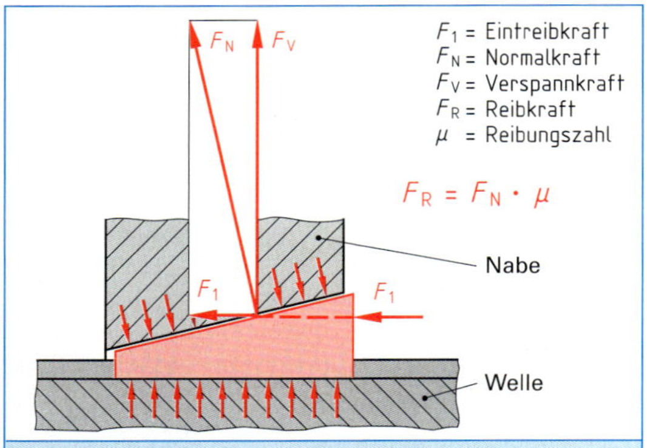

5 Kraftwirkung bei einer Keilverbindung

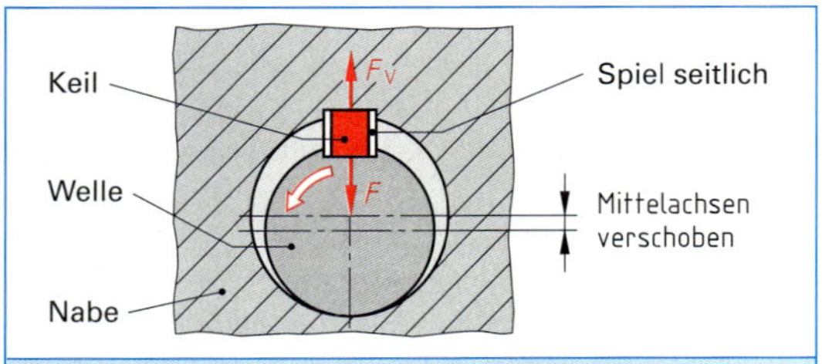

6 Verschiebung der Mittelachse bei der Keilverbindung (übertrieben gezeichnet)

Bezeichnungsbeispiele für Keile von 10 mm Breite, 8 mm Höhe und 60 mm Länge:

Einlegekeil: Keil DIN 6886-A 10 x 8 x 60

Treibkeil: Keil DIN 6886-B 10 x 8 x 60

8.5 Federverbindung

Durch das Einlegen von Federn werden Bauteile mittels Formschluss lösbar miteinander verbunden.

Die Federverbindung wird sehr häufig im Maschinenbau verwendet, da sie auch für schnell drehende Wellen und Naben geeignet ist. Die Passfeder ähnelt im Aussehen dem Keil, sie hat aber keine geneigte Fläche. Die Wirkweisen von Feder und Keil unterscheiden sich deshalb grundsätzlich voneinander. Die Federverbindung wirkt als reine **Mitnehmerverbindung**, da ihre parallen Seitenflächen an denen der Nut anliegen (Bild 2). Die Übertragung der Drehmomente erfolgt durch **Formschluss**, die Feder wird auf Abscherung und Flächenpressung beansprucht. Das übertragbare Drehmoment ist gegenüber der Keilverbindung geringer.

Die Federverbindung trägt an den Seitenflächen und hat in der Höhe Spiel.

Dadurch verhindert man ein gegenseitiges Verspannen von Welle und Nabe und erhält einen gleichmäßigen Rundlauf. Damit die Nabe nicht auf der Welle rutschen kann, benötigt sie eine **Sicherung gegen axiales Verschieben**. Dieses kann durch Stellringe, Stifte usw. erfolgen.

Man unterscheidet vier Federarten (Bild 3).

Die **rundstirnige Passfeder** ist die am häufigsten verwendete Federart.

Die **geradstirnige Passfeder** muss gegen ein axiales Verschieben gesichert werden. Die Wellennut für die geradstirnige Passfeder ist billiger herzustellen als diejenige für die rundstirnige.

Eine Passfeder, die ein Verschieben der Nabe auf der Welle ermöglicht, wird auch **Gleitfeder** genannt (Bild 4). Durch sie wird z. B. eine axiale Bewegung der Zahnräder auf der Welle und damit das Schalten verschiedener Übersetzungen in einem Getriebe möglich.

Die **Scheibenfeder** (Bild 5) eignet sich gut zur Übertragung von Drehmomenten bei kegeligen Wellen, da sie sich selbsttätig auf die Nabennut einstellt. Wegen ihrer Kreissegmentform und der damit erforderlichen tieferen Nut in der Welle ist die Belastbarkeit der Verbindung eingeschränkt.

Profilwellen und Profilnaben stellen eine besondere Ausführungsart der formschlüssigen Federverbindung dar (Bild 6). Bei ihnen wird die Übertragung der Kraftmomente auf den gesamten Umfang verteilt. Dieses erhöht die Belastbarkeit und verbessert die Rundlaufeigenschaft der Bauteile.

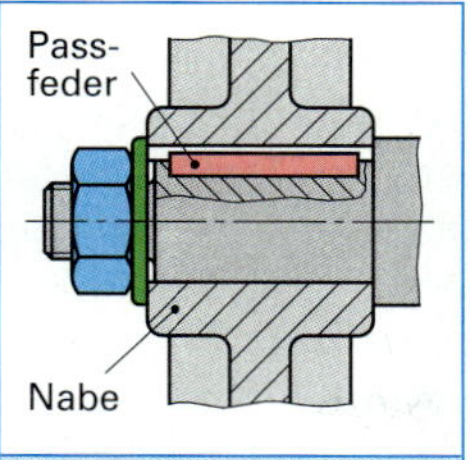

1 Federverbindung

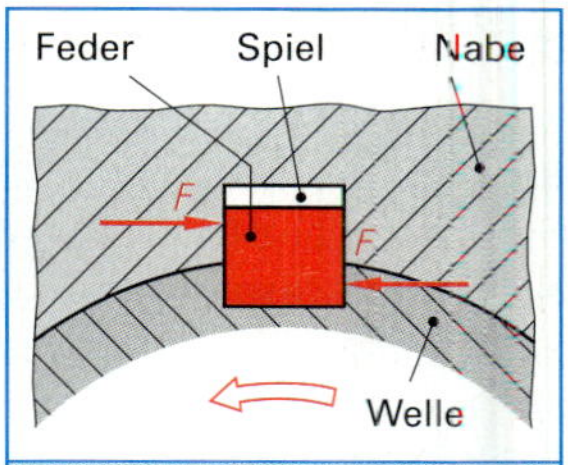

2 Wirkung der Federverbindung

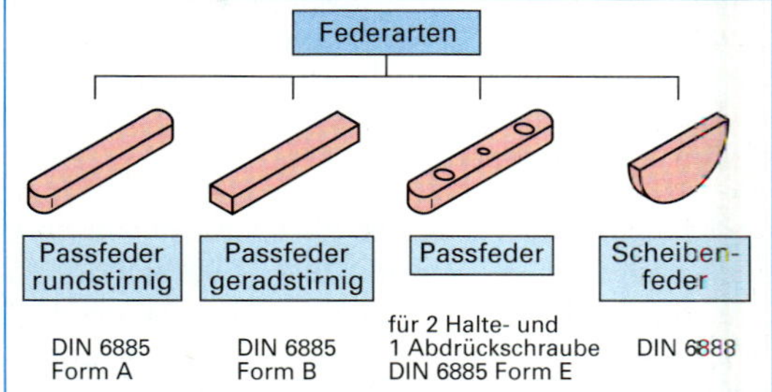

3 Federarten

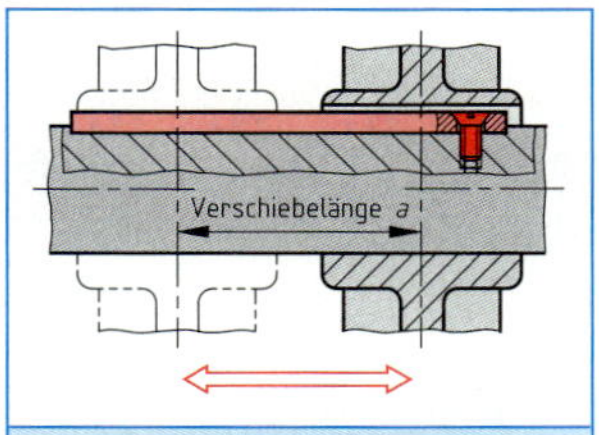

4 Gleitfederverbindung

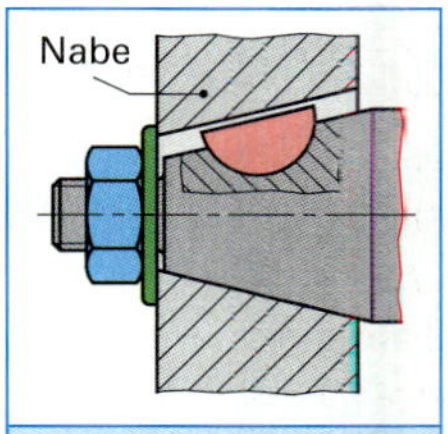

5 Scheibenfederverbindung

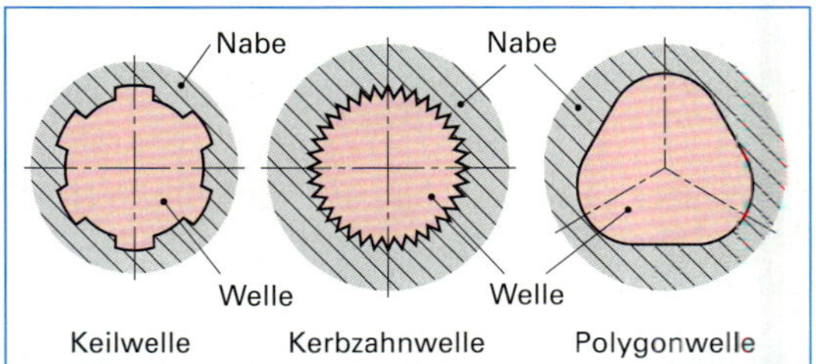

6 Profilwellen

Überprüfen Sie Ihre Kenntnisse

1. **Worin unterscheidet sich die Feder vom Keil?**
2. **Erklären Sie die Kraftübertragung bei einer Federverbindung.**
3. **Vergleichen Sie die Rundlaufeigenschaften bei einer Keil- und einer Federverbindung.**
4. **Weshalb müssen Naben gegen axiales Verschieben auf der Welle zusätzlich gesichert werden?**
5. **Zählen Sie die vier Federarten auf.**
6. **Wozu werden Gleitfedern benötigt?**
7. **Wie können Profilwellen eingeteilt werden?**
8. **Welche Vorteile hat der Einsatz von Profilwellen?**

8.6 Nieten

Nieten hat als unlösbare Verbindung erhebliche Bedeutung. Es wird auch eingesetzt, wenn sich die zu verbindenden Teile nicht oder nur schwer schweißen lassen oder wenn die durch Wärme entstehenden Gefügeänderungen und Schweißspannungen unerwünscht sind.

Das Verbindungselement Niet besteht aus einem **Setzkopf** und einem zylindrischen **Schaft.** Der **Schließkopf** wird durch Umformen (Schlagen) der überstehenden Schaftlänge gebildet (Bild 1). Die Zugabe soll bei halbrunden Schließköpfen 1,5 · Schaftdurchmesser *d* und bei Senkschließköpfen 1 · *d* betragen.

Der Nietwerkstoff muss sich gut umformen lassen. Auch sollten die Niete und die zu verbindenden Bauteile möglichst aus dem gleichen Werkstoff sein, um Korrosion und Verziehen durch unterschiedliche Wärmeausdehnungen zu vermeiden.

8.6.1 Nietarten

Nieten unterscheidet man nach der Form des Nietkopfes (Bild 2) und ihren Aufgaben.

Sonderniete

Für besondere Anforderungen wurden einige spezielle Niete und Nietverfahren entwickelt:

Blindniete: Sie werden mit den entsprechenden Nietverfahren verwendet für Nietungen, bei denen das Nietloch nur von einer Seite zugänglich ist, z. B. beim Fahrzeugbau (Bild 3).

Spreizniete sind am Schaftende geschlitzte Hohlniete. Durch das Einschlagen eines Kerbstiftes wird das Schaftende gespreizt.

Dornniete bestehen aus einem Hohlniet und einem Dorn mit kegeligem Kopf. Der Niet wird mit dem Dorn in das Nietloch eingesetzt. Der Dorn wird anschließend durch ein Spezialwerkzeug hochgezogen. Er weitet dabei den Nietschaft zum Schließkopf auf und reißt an einer Sollbruchstelle ab.

Auf ähnliche Art lassen sich auch **Blindeinnietmuttern** einsetzen. Hierbei wird ein Gewindedorn zurückgezogen und staucht dabei den Nietschaft. Der Dorn kann anschließend ausgeschraubt werden.

Bei den Nietverbindungen ist zwischen den auch in der Wirkweise unterschiedlichen Kalt- und Warmnieten zu unterscheiden (Bild 4).

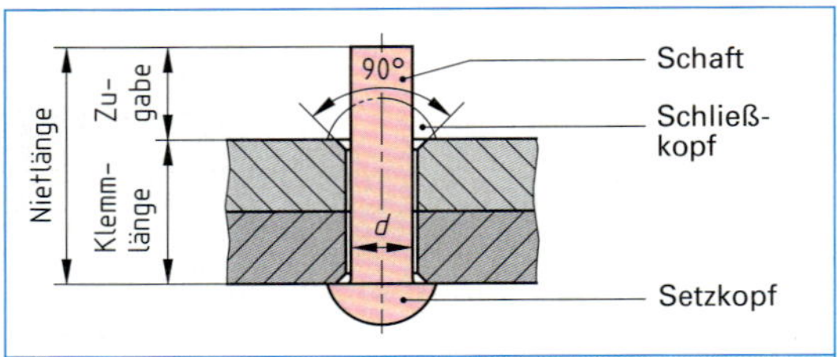

1 Nietbezeichnungen

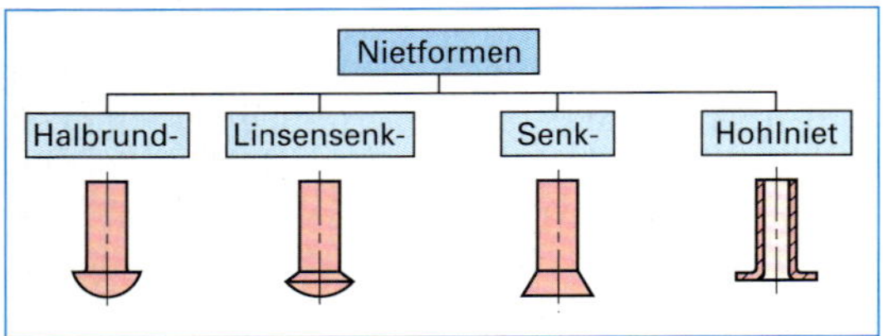

2 Wichtige Nietformen

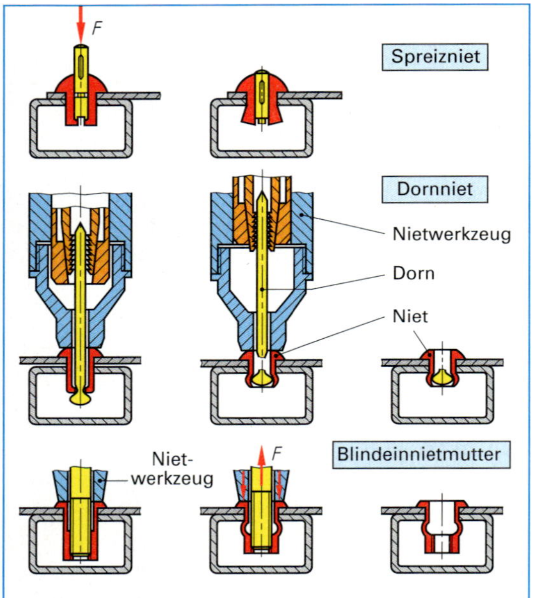

3 Wichtige Blindniete

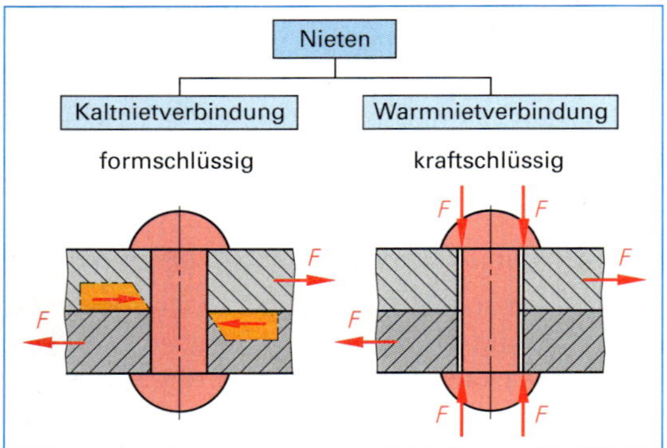

4 Nietverfahren

8.6.2 Kaltnieten

Niete mit einem Durchmesser unter 10 mm werden im Normalfall kalt geschlagen. Der Nietschaftdurchmesser soll etwa die doppelte Blechdicke betragen ($d = 2\ s$).

Die Bohrungen sollen etwa 0,2 mm größer sein als die Schaftdurchmesser der Niete. Um eine genaue Auflage zu ermöglichen und Kerbwirkungen zu vermeiden, sind die Bohrungen zu entgraten.

Die Belastung einer Kaltnietverbindung muss vom Niet übertragen werden. Der Nietquerschnitt wird dabei auf **Abscherung** beansprucht (Bild 1).

Durch das Kaltnieten werden formschlüssige, unlösbare Verbindungen hergestellt.

Bei Belastung wird der Nietschaft auch gegen die Wandung des Nietloches gedrückt. Bei hohem Druck kann sich das Blech verformen und ausgerissen werden. Diese Druckbelastung des Bleches wird als **Lochleibungsdruck** bezeichnet (Bild 1).

Weder die Scherbelastung im Nietschaft noch der Lochleibungsdruck des Bleches dürfen die zulässigen Höchstwerte überschreiten.

8.6.3 Warmnieten

Ist der Nietdurchmesser größer als 10 mm, wird der Niet warm geschlagen. Er wird dafür auf ca. 1000 °C (hellrot) erwärmt, in das vorbereitete Loch gesteckt und umgeformt. Wegen der Wärmeausdehnung müssen die Löcher etwa 0,5 mm bis 1 mm größer als der Nietschaftdurchmesser gebohrt werden. Beim Abkühlen schrumpft der Nietwerkstoff, und der Niet wird dünner und kürzer.

Durch die Verkürzung des Nietschaftes werden die Bauteile durch Setz- und Schließkopf zusammengepresst. Kräfte, die auf die Verbindung wirken, werden durch den Reibungswiderstand zwischen den Bauteilen übertragen (Bild 2).

Durch Warmnieten werden kraftschlüssige, unlösbare Verbindungen hergestellt.

Da beim Abkühlen des Nietes der Schaftdurchmesser schrumpft, berührt er nicht mehr die Lochwand. Es treten keine Beanspruchungen auf Abscherung oder Lochleibungsdruck auf.

Schließen der Nietverbindung

Nach dem Einsetzen des Nietes in die Bohrung und nach dem Auflegen in den Gegenhalter werden die Bleche mit dem Nietzieher zusammengedrückt. Anschließend wird das Schaftende des Nietes mit dem Hammer angestaucht und mit dem Schellhammer (Döpper) zum Schließkopf umgeformt (Bild 3). Der Nietschaft wird dabei so gestaucht, dass er die Bohrung voll ausfüllt.

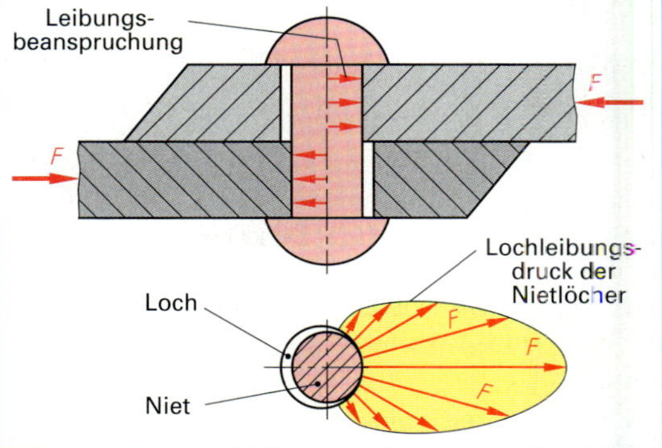

1 Beanspruchung einer Kaltnietverbindung auf Lochleibungsdruck

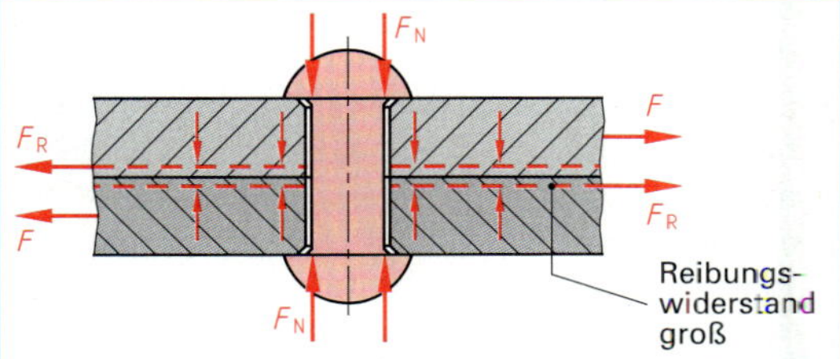

2 Kraftschluss durch Warmnieten

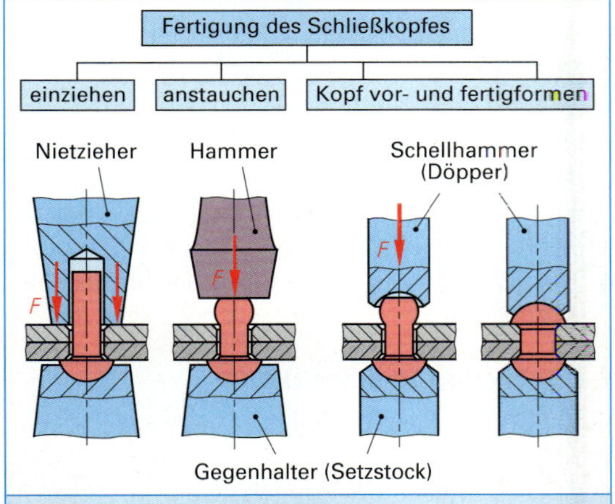

3 Arbeitsablauf beim Kaltnieten

Überprüfen Sie Ihre Kenntnisse

1 In welchen Bereichen wird Nieten eingesetzt?

2 Aus welchen Gründen wurde die Bedeutung des Nietens stark zurückgedrängt?

3 Nach welchen Gesichtspunkten werden Nietwerkstoffe ausgewählt?

4 Schildern Sie den Arbeitsablauf bei der Fertigung des Schließkopfes beim Kaltnieten.

5 Begründen Sie, warum die Kaltnietung eine formschlüssige und die Warmnietung eine kraftschlüssige Verbindung ist.

6 In welchen Fällen werden Blindnieten eingesetzt?

8.7 Löten

Durch das Löten lassen sich Metalle mittels Stoffschluss unlösbar miteinander verbinden.

Die Grundwerkstoffe und ein leicht schmelzender Zusatzstoff, das Lot, werden auf die Arbeitstemperatur des Lotes erwärmt. Dabei bleibt der Werkstoff der zu verbindenden Teile im festen Zustand und das Lot wird flüssig. Beim Abkühlen erstarrt das Lot und verbindet die zusammengelegten Bauteile.

Der Einsatzbereich des Lötens reicht von der handwerklichen Reparatur bis zur Massenfertigung.

Löten hat folgende Vorzüge:

- Durch Löten können problemlos auch verschiedenartige Metalle miteinander verbunden werden.
- Infolge der geringen Arbeitstemperaturen ergeben sich große Vorteile beim Fügen von Teilen mit geringen oder unterschiedlichen Wanddicken. Auch die Gefahr der Zerstörung der Teile durch Gefügeveränderung, Wärmespannung und Verwerfung wird vermindert (Bild 1 und Bild 2).
- Lötverbindungen sind weitgehend dicht gegenüber Dämpfen und Flüssigkeiten.

  Anwendungsbeispiele: Behälter, Rohr-Installationen, Kfz-Kühler, Regenrinnen (Bild 2).
- Lötverbindungen besitzen im Allgemeinen eine gute elektrische Leitfähigkeit.

  Anwendungsbeispiele: Elektromotorenbau, Verlöten von Stromverbindern und gedruckten Schaltungen (Platinen).
- Das Lötverfahren lässt sich oft leicht mechanisieren (Bild 3).

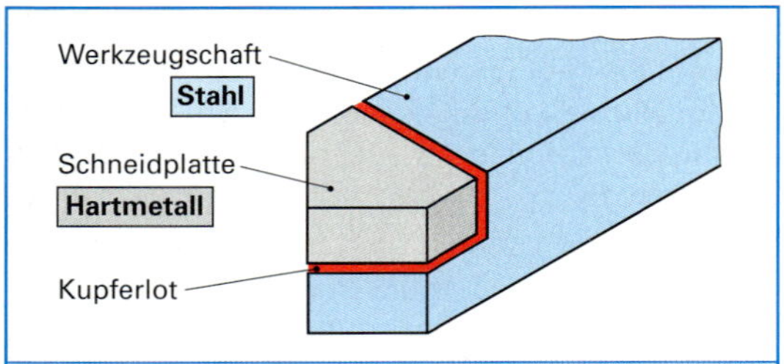

1 Löten von verschiedenartigen Metallen

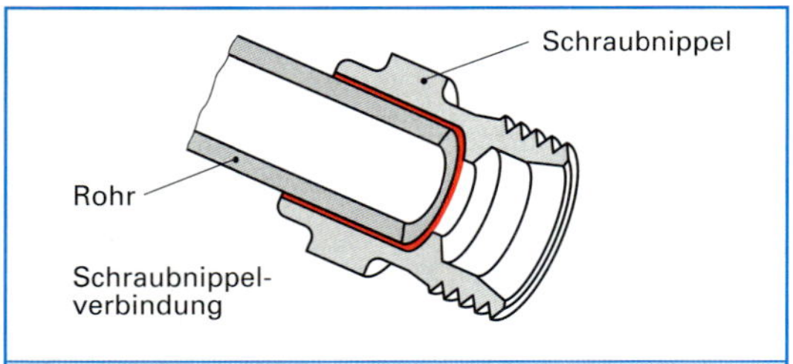

2 Löten von dichten Teilen mit unterschiedlicher Wanddicke

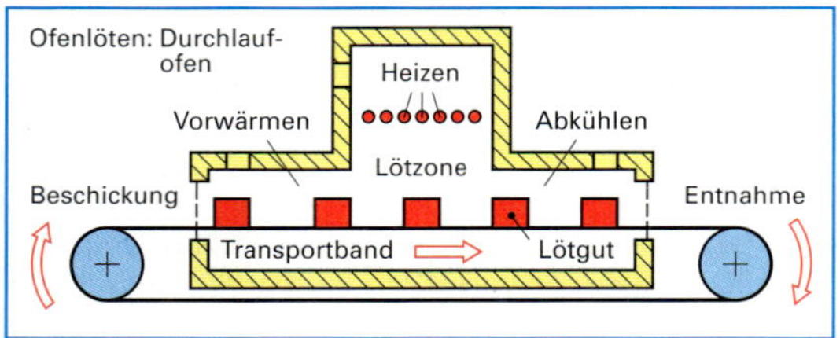

3 Mechanisiertes Lötverfahren

8.7.1 Vorgänge beim Löten

Eine Lötverbindung entsteht in drei Phasen (Bild 4). Wird flüssiges Lot auf einen metallisch sauberen und auf Arbeitstemperatur erwärmten Grundwerkstoff gebracht, so kommt es zu einer *Benetzung*. Es setzt eine *innige Berührung* zwischen Zusatzstoff und Grundwerkstoff ein. Gleichzeitig kommt es zum *Fließen* des Lotes. Ein Tropfen flüssiges Lot breitet sich aus unter Vergrößerung seiner Oberfläche und fließt in kleinste Zwischenräume. Gleichzeitig erfolgt eine *Legierungsbildung* zwischen Grundwerkstoff und Lot.

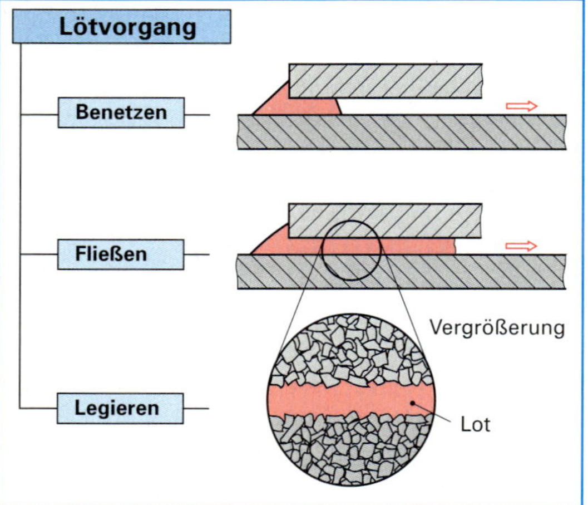

4 Phasen des Lötvorgangs

Um die auf **Adhäsion** (Anhangskraft) beruhende Benetzung überhaupt zu ermöglichen, muss das flüssige Lot in unmittelbaren Kontakt mit dem Grundwerkstoff gebracht werden. Schon eine geringe Bedeckung des festen Metalls mit Fremdstoffen oder eine Umhüllung des flüssigen Lotes mit Oxid verhindert eine direkte Berührung und macht die Lotverbindung unmöglich.

Auch nach mechanischer oder chemischer Vorbehandlung zum Löten bilden sich bei Raumtemperaturen sofort Oxidschichten.

Diese unsichtbaren Metalloxidbeläge müssen entweder durch Erhitzen der Werkstücke und Lote in Schutzgasen reduziert oder von passenden Lösungsmitteln (Flussmitteln) aufgelöst werden.

Das Fließen und damit auch die Benetzung erfolgen bei hinreichend engen **Lötspalten** sowohl in waagerechter als auch in senkrechter Lage. Diese Erscheinung ist auf die Kapillarwirkung zurückzuführen. Die **Kapillarwirkung** beruht auf der Adhäsion zwischen Flüssigkeiten und festen Oberflächen (Spaltwänden). Aufgrund der Adhäsion steigt die Flüssigkeit an den Wänden hoch. In engen Röhren ist die Kohäsion stark genug, die restliche Flüssigkeit mit nach oben zu ziehen (Bild 1).

Spaltbreiten von 0,05 mm bis 0,2 mm sind zum Löten am besten geeignet. Hier ist der kapillare Fülldruck und damit die Steighöhe des Lotes so groß, dass sich die Spalten von selbst mit Lot füllen (Bild 2).

In der Betriebspraxis wird infolge der Oberflächenrauigkeit der zu verbindenden Teile der günstigste Lötspalt meist schon durch normale Auflage oder Anlage erreicht. Der Lötspalt sollte sich in Richtung des Lotweges nicht erweitern, weil dadurch der Weiterfluss des Lotes behindert wird.

Im Spaltbereich von 0,2 mm bis 0,5 mm ist der kapillare Fülldruck nur noch gering. Die Ausbreitung des Lotes und die Füllung von Spalten können durch Zufälligkeiten behindert werden (Bild 3).

Oberhalb einer Lötstellenbreite von 0,5 mm spricht man von Lötfuge. Das Fugenlöten erfordert wegen des geringen kapillaren Fülldrucks meist eine besondere Löttechnik.

Die Phase der **Legierungsbildung** erfolgt, sobald das Lot die Oberfläche benetzt hat. Die Atome des flüssigen Lotes diffundieren (wandern) in die Randschichten des festen Grundwerkstoffes. Ebenfalls diffundieren Atome aus dem Grundwerkstoff in das Lot (Bild 4). Diesen Vorgang nennt man **Diffusion.** Die Tiefe der Diffusion ist material- und temperaturabhängig. Da die Festigkeit der Legierungsschicht höher ist als die des Lotes, sind durchlegierte Verbindungen mit geringer Lotdicke stärker belastbar. Auch deshalb strebt man enge Spaltbreiten an.

8.7.2 Löttemperatur

Löten erfolgt in einem bestimmten Temperaturbereich. Seine untere Grenze ist die „Arbeitstemperatur“, die obere Grenze die „maximale Löttemperatur“ (Bild 1, Seite 226). Die **Arbeitstemperatur** ist die niedrigste Oberflächentemperatur des Bauteils, bei der das Lot benetzt, fließt und legiert. Sie ist bei Verwendung eines geeigneten Flussmittels als Lotkonstante anzusehen.

Über die **maximale Löttemperatur** hinaus ist ein einwandfreies Löten nicht mehr möglich. Um den Legierungsvorgang zu begünstigen, soll nach dem Löten die Arbeitstemperatur je nach Lot noch 15 bis 60 Sekunden gehalten werden. Beim Abkühlen und Erstarren des Lotes muss die Lötstelle erschütterungsfrei bleiben.

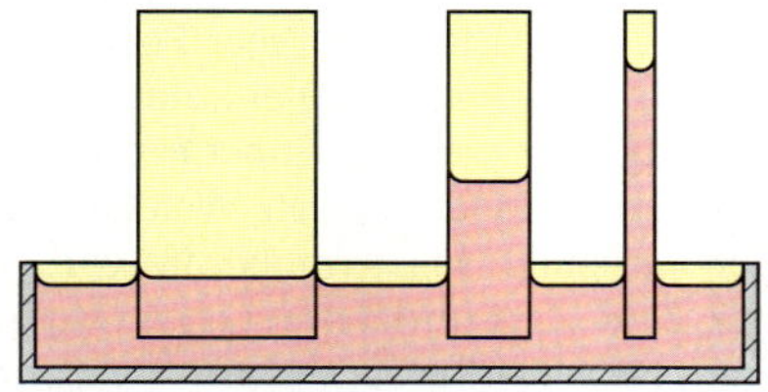

1 Kapillarwirkung

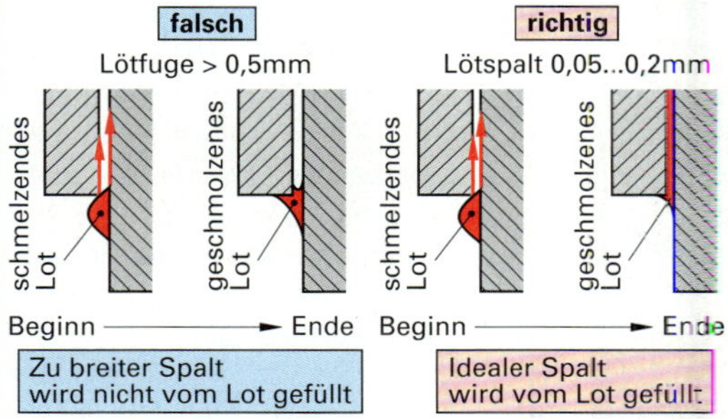

2 Kapillarwirkung beim Spaltlöten

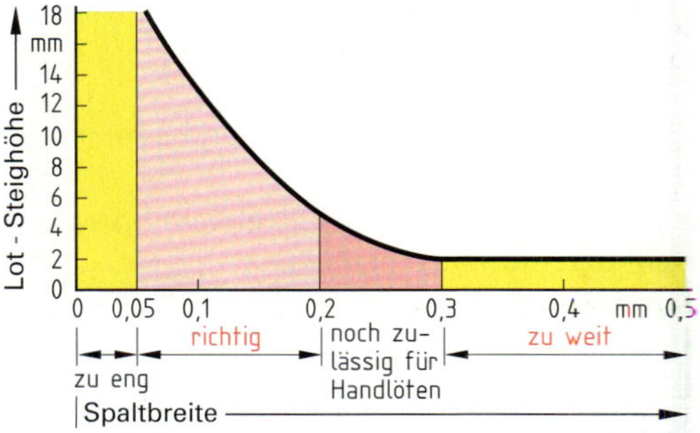

3 Zusammenhang zwischen Spaltbreite und Steighöhe beim Löten

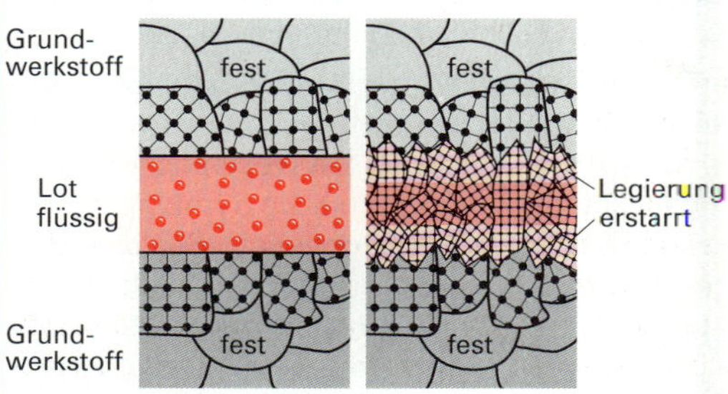

4 Legierungsbildung

8.7.3 Lötverfahren

Die Höhe der Arbeitstemperatur grenzt die beiden Verfahren Weichlöten und Hartlöten gegeneinander ab (Übersicht 1).

Beim **Weichlöten** ist die Verbindungsstelle weich und nicht für große Kraftübertragungen geeignet. Dieses liegt an der niedrigen Arbeitstemperatur, bei der sich nur eine geringe Legierungsschicht bilden kann. Außerdem ist die Festigkeit der hauptsächlich verwendeten Blei-Lote gering. Die niedrige Arbeitstemperatur macht die Lötnaht sehr wärmeempfindlich. Durch Weichlöten werden daher nur selten Eisenwerkstoffe verbunden. Bei Kupfer, Zinn, Zink und deren Legierungen wird Weichlöten sehr häufig zum Verbinden und Abdichten eingesetzt. Die mechanische Belastbarkeit lässt sich durch zusätzliche Fügeverfahren (Punktschweißen) oder entsprechende Gestaltung der Lötnaht (Falzen, Bördeln) erhöhen (Übersicht 2).

Hartlöten eignet sich zum Verbinden von legierten und unlegierten Stählen, Hartmetallen, Edelmetallen, Grauguss, Temperguss und Kupfer. Die Fügestelle ist fest und biegsam. Sie kann, richtige Ausführung vorausgesetzt, hoch belastet werden. Bei NE-Metallen ist die Festigkeit der Lötnaht oft größer als die des Grundwerkstoffes.

8.7.4 Lote

Für alle Lote gilt:

- Ihr Schmelzpunkt ist stets niedriger als der Schmelzpunkt der Grundwerkstoffe.
- Sie sind besonders dünnflüssig.
- Sie verbinden sich gut mit anderen metallischen Werkstoffen.

Die Lote werden nach ihrer Arbeitstemperatur in Weich- und Hartlote eingeteilt.

Die **Auswahl des Lotes** sollte mithilfe von Normtabellen erfolgen. Aus ihnen sind Zusammensetzung, Schmelzbereiche, Arbeitstemperaturen und Anwendungshinweise zu entnehmen.

Das Löten von Leichtmetallen ist problematisch, da sich die Oxidhaut an der Lötstelle nur schwer entfernen lässt. Deshalb sind Kleben oder Schweißen in vielen Fällen einfacher einzusetzen.

Bezeichnet werden nach DIN EN ISO 3677 Weichlote mit S, Hartlote mit B. Im zweiten Teil der Kurzbezeichnung werden die wesentlichen Legierungsbestandteile als chemische Symbole mit den prozentualen Anteilen angegeben. Bei den Hartloten wird allerdings nur der Prozentsatz des Hauptbestandteils genannt, sie beinhalten dafür als dritten Teil noch den Schmelztemperaturbereich in °C. Bei Weichloten für Elektronik-Bauteile steht nach dem zweiten Teil ein „E“.

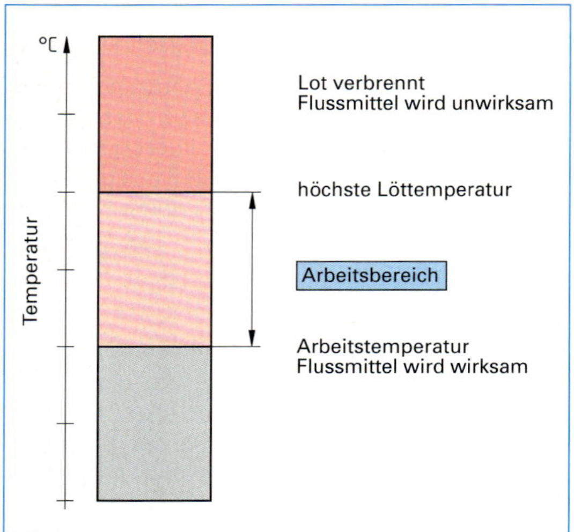

1 Löttemperatur

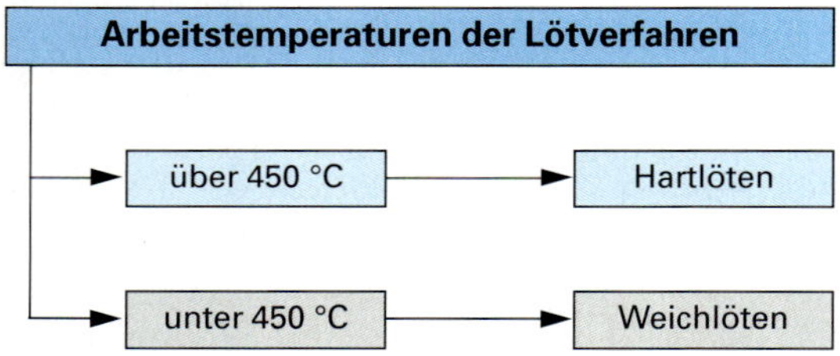

Lötnahtgestaltung beim Weichlöten

Art der Lötstelle	Lötspalttiefe gering	Lötspalttiefe vergrößert	zusätzliche Erhöhung der Festigk.
Blechnaht gerade			
Blechnaht T-förmig	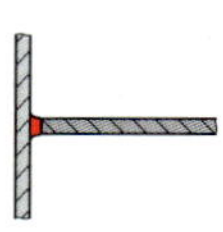	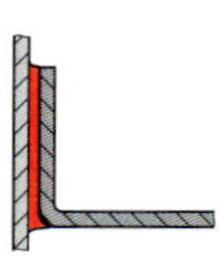	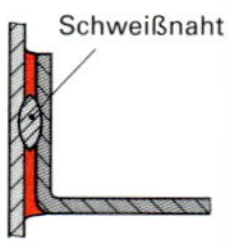
Rundteil mit Flachteil	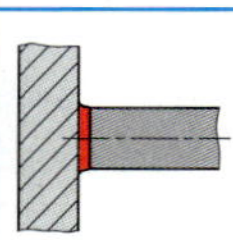	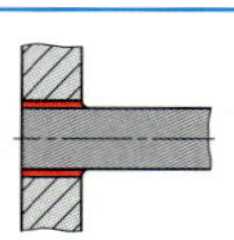	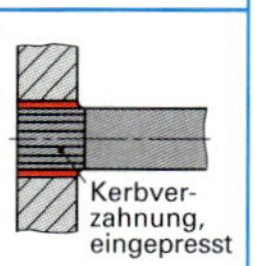
Rohrverbindung	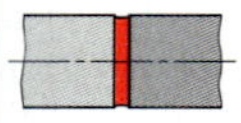	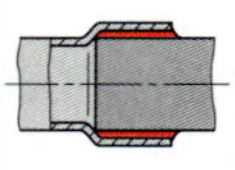	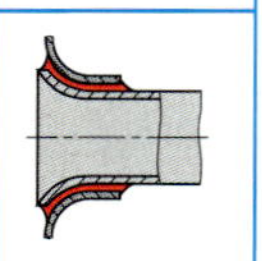
zum Weichlöten	**ungeeignet**	**gut geeignet**	**sehr gut geeignet**

Weichlote für Schwermetalle

sind überwiegend Legierungen aus Zinn (Sn) und Blei (Pb), denen zur Steigerung von Härte und Festigkeit oft Antimon (Sb), Silber (Ag), Kupfer (Cu) und Zink (Zn) zugegeben wird.

Hartlote für Schwermetalle

sind überwiegend Kupfer-Zink-Legierungen oder Silberlote (Kupfer-Silber-Legierungen). Weitere Zusätze können Cadmium (Cd), Phosphor (P), Silicium (Si), Mangan (Mn), Zinn (Sn) und Nickel (Ni) sein. Das Edelmetall Silber (teilweise bis 85 % Anteil) senkt als Lotbestandteil die Arbeitstemperatur auf 610 °C ... 800 °C.

1. Weichlote für Schwermetalle (Beispiele)				
Gruppe	Kurzzeichen	Zusammensetzung	Schmelzbereich	Verwendung
Zinn-Blei-Lote	S-Sn63Pb37 S-Pb50Sn50	63 % Sn, 37 % Pb 50 % Pb, 50 % Sn	183 °C 183 °C...215 °C	Feinwerktechnik, Elektrotechnik, Elektroindustrie, Verzinnung
Zinn-Blei-Kupfer-Lot	S-Sn50Pb49Cu1	50 % Sn, 49 % Pb, 1 % Cu	183 °C...215 °C	Elektrogerätebau, Feinwerktechnik, Kupferrohre (Kaltwasser)
Zinn-Blei-Silber-Lot	S-Sn96Ag4	96 % Sn, 4 % Ag	221 °C	Kupferrohrinstallation, Edelstahl
2. Hartlote für Schwermetalle (Beispiele)				
Kupfer-Lot	B-Cu100-1100	99,9 % Cu	1100 °C	Auflöten von Hartmetallplättchen, Stähle
Kupfer-Zink-Lot	B-Cu60Zn-890/900	60 % Cu, 39 % Zn, 0,1 % Sn, Mn, Ni	890 °C...900 °C	Stahl, Temperguss, Nickel, Kupfer
Silberlot	B-Ag49CuZnMgNi-625/705	49 % Ag, 16 % Cu, 13 % Zn, 7 % Mn, 5 % Ni	625 °C ...705 °C	Stahl, Temperguss und alle Cu-Installationen

8.7.5 Flussmittel

Flussmittel sind nichtmetallische Stoffe. Wenn die Werkstoffoberflächen ausreichend mechanisch vorgereinigt sind, können Flussmittel oder Schutzgase die Oxidhaut beseitigen. Damit dem Lot das Benetzen der Werkstoffoberfläche ermöglicht wird, muss das Flussmittel sich durch das Lot verdrängen lassen (Bild 1). Zur Vermeidung von Korrosion müssen die Flussmittelreste nach dem Löten von der Lötstelle entfernt werden.

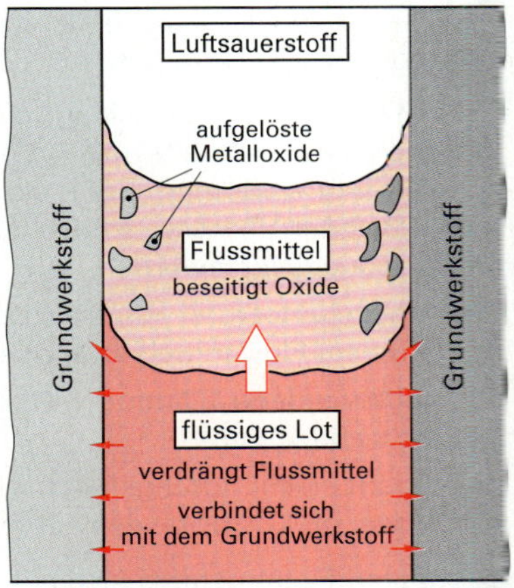

1 Wirkung des Flussmittels

Flussmittel zum Weichlöten werden nach DIN EN 29 454 gekennzeichnet mit:

Ziffern für Flussmitteltyp, -basis und -aktivator.

Buchstabe A für flüssig, B für fest und C für pastenförmig.

Das für stark oxidierte Oberflächen geeignete Lötwasser (Zinkchlorid) mit der Bezeichnung 3.2.2.A (F-SW 11) wirkt zersetzend.

Das pastenförmige für Kupferlötungen geeignete Lötfett 2.2.1.C (F-SW 21) ist leicht korrodierend.

Flussmittel zum Hartlöten sind meist Borverbindungen und ebenfalls korrodierend. Es gibt sie für unterschiedliche Wirktemperaturbereiche (z. B. F-SH2 von 750 °C ... 1100 °C).

8.7.6 Erwärmung der Lötstelle

Die hohen Temperaturen für das **Hartlöten** verlangen den Schweiß- oder Hartlötbrenner bzw. die Lötpistole (Bild 1). Bei größeren Stückzahlen, z. B. in der industriellen Fertigung, können die Werkstücke auch in Öfen, Tauchbädern oder elektrisch erwärmt werden.

Weichlöten kann je nach Art der Erwärmung in Kolben- oder Flammlöten unterteilt werden. Die erforderlichen Temperaturen bis 450 °C können mit Lötkolben oder beim Flammenlöten mit Lötbrenner und Lötlampe erzielt werden (Bild 2 der folgenden Seite).

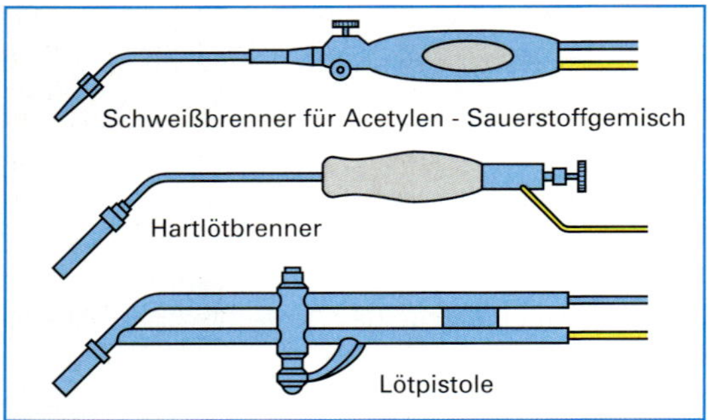

1 Geräte zum Hartlöten

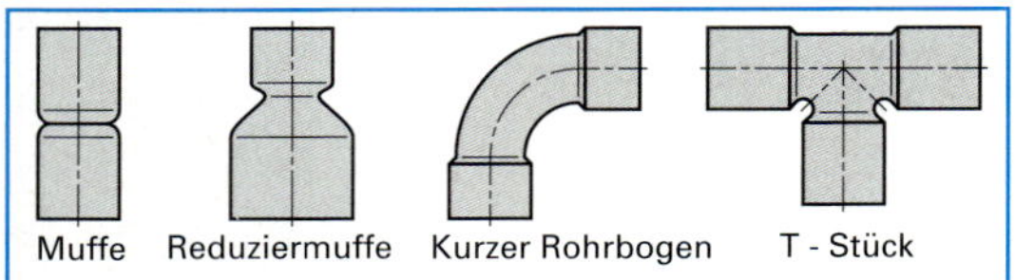

2 Lötfittings

8.7.7 Arbeitstechniken beim Löten

Das **Flammlöten** kann mit Brenngas-Luft oder mit Brenngas-Sauerstoff erfolgen. **Weichlöten mit der Flamme** wird vor allem bei der Kupferrohrinstallation und beim Löten von Blei durchgeführt.

Bei der **Kupferrohrinstallation** werden genormte zur Kapillarlötverbindung geeignete Rohre und Fittings zusammengelötet. Die Kapillarfittings (Bild 2) sind so maßhaltig, dass der Lötspalt zwischen Rohr und Fitting je nach ihrer Größe 0,02 mm bis 0,3 mm breit ist.

Arbeitsgänge beim Kupferrohrlöten sind (Bild 3):

- Rohr rechtwinklig abschneiden und entgraten.
- Rohrenden bei weichem Kupfer kalibrieren, da sonst der Spalt zu ungleichmäßig würde.
- Rohrende außen und Fitting innen mit Stahlwolle oder Schmirgel metallisch blank machen.
- Nur das Rohrende dünn mit Flussmittel einstreichen; das in dem Fitting aufgetragene Flussmittel würde vom Rohr weggeschoben und das Material anfressen.
- Rohrende bis zum Anschlag in den Fitting schieben, und Lötstelle mit weicher Flamme gleichmäßig erwärmen. Bei mehreren Lötstellen, z. B. beim T-Stück, sollten alle in einem Arbeitsgang gelötet werden.
- Die Arbeitstemperatur kann man am Verdampfen einzelner Flussmittelbestandteile erkennen.
- Bei **abgewendeter Flamme** wird dann das Weichlot solange am Lötspalt abgeschmolzen, bis der Lotring sichtbar wird.
- Nach dem erschütterungsfreien Abkühlen muss das Flussmittel abgeputzt bzw. abgewaschen werden, da es zur Korrosion des Kupfers führen würde.

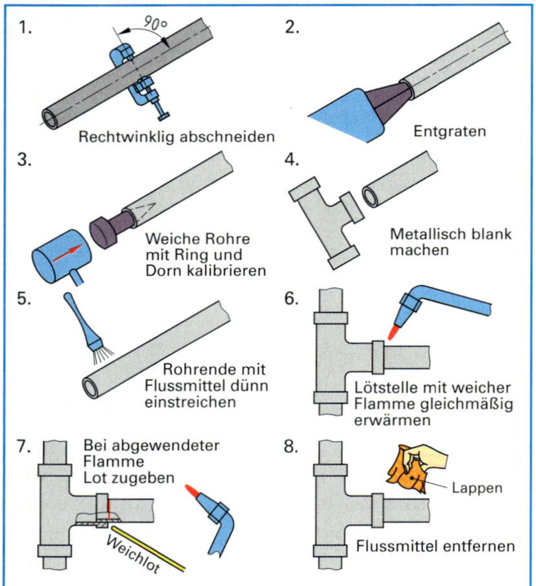

3 Arbeitsgänge beim Weichlöten von Fittings mit der Flamme

Hartlöten mit Flamme unterscheidet sich bei einem Arbeitsgang vom Weichlöten: Beim Hartlöten wird das Lot **in der Streuflamme** am Lötspalt abgeschmolzen (Bild 1 der folgenden Seite).

Beim **Löten von Blei** muss die Lötstelle sehr vorsichtig erwärmt werden. Ein direktes Einwirken der Flamme auf die Lötstelle kann zum Schmelzen des Bleis führen. Noch im teigigen Zustand wird die Lötnaht mit einem Wischer glattgestrichen. Als Wischer eignen sich ein mit Talg getränkter Lappen oder glattes Fettpapier. Das geeignete modellierfähige Lot hat einen Zinkgehalt von 20 % bis 35 %.

Beim **Kolbenlöten** besteht der Lötkolben aus Kupfer. Durch die gute Leitfähigkeit des Kupfers wird die Wärme schnell an die Lötstelle abgegeben. Die Größe des Kolbens ist dem Wärmebedarf anzupassen. Für schwerzugängliche Lötstellen gibt es Spitzkolben. Das Propan-Lötgerät (Bild 2) ist für die Installation auf der Baustelle gut geeignet. Der Kolben wird durch eine windgeschützte, regulierbare Flamme erwärmt. Entsprechend der Lötarbeit können in dem Gerät unterschiedliche Kolben eingesetzt werden.

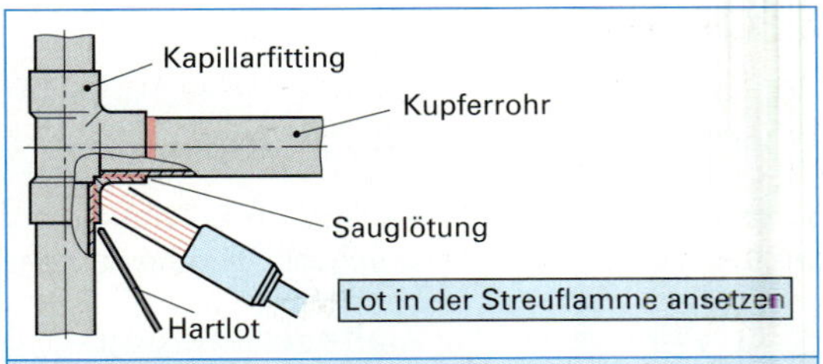

1 Besonderer Arbeitsgang beim Hartlöten

Arbeitsregeln zum Kolbenlöten (Weichlöten)

- Der Kolben wird durch Feilen an der Finne und an den Seitenflächen entzundert und in Form gebracht. Die Finne soll je nach Lötarbeit 2 mm bis 5 mm breit sein.
- Nach dem Erwärmen des Kolbens müssen seine Lötbahnen von Oxiden befreit und verzinnt werden. Dieses erfolgt durch Reiben auf einem Salmiakstein unter Zugabe von Lot (Bild 3).
- Der Kolben soll beim Erwärmen nicht überhitzt werden, da er sonst verzundert.
- Bei Blechen aus Kupfer, Zink, Kupfer-Zink-Legierungen und Stahl lässt sich durch vorheriges Verzinnen der Lötstelle ein besseres Verlaufen des Lotes erreichen.
- Die Werkstückteile, besonders Bleche, sind bei der Lotzugabe zusammenzudrücken, damit durch die Kapillarkraft das Lot in die Naht gesaugt wird. So lassen sich Fehler durch Flussmitteleinschluss verhindern.

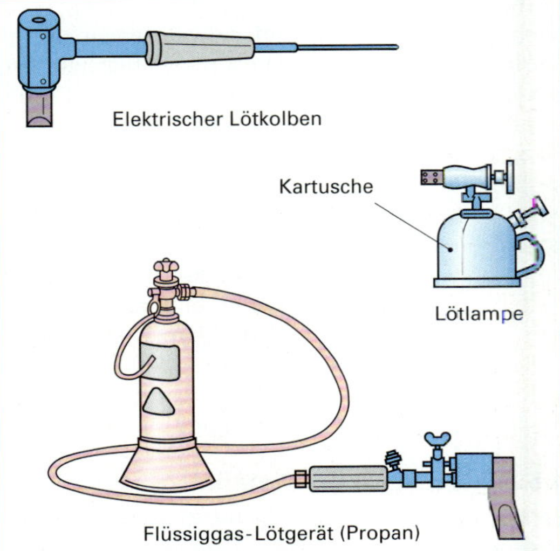

2 Geräte zum Weichlöten

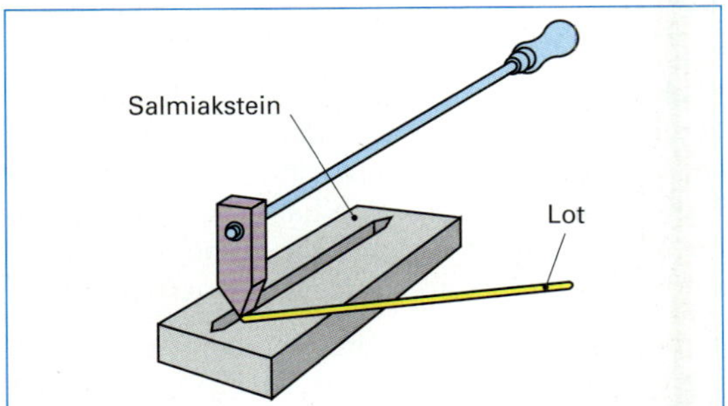

3 Reinigen des Lötkolbens

Überprüfen Sie Ihre Kenntnisse

1 **Nennen Sie Fertigungsbereiche, in denen Lötverbindungen vorteilhaft angewendet werden.**

2 **Erklären Sie die Begriffe Benetzen, Fließen und Legieren.**

3 **Was versteht man unter Kapillarwirkung und welche Bedeutung hat sie für das Spaltlöten?**

4 **Erklären Sie den Unterschied zwischen Weich- und Hartlöten.**

5 **Erklären Sie den Zusammenhang zwischen Schmelztemperatur und Arbeitstemperatur.**

6 **Warum können Weichlötverbindungen nur geringe Kräfte übertragen?**

7 **Geben Sie Beispiele an, wie sich durch die Gestaltung der Lötnaht die Kraftübertragung erhöhen lässt.**

8 **Zählen Sie die Merkmale für Lote auf.**

9 **Erklären Sie die Bezeichnungen S-Sn63Pb37, S-Sn96Ag4 und B-Ag49CuZnMgNi.**

10 **Was versteht man unter Silberlot?**

11 **Beschreiben Sie die Aufgaben von Flussmitteln.**

12 **Erklären Sie die Bezeichnungen 2.2.1.C (F-SW 21) und F-SH 2.**

13 **Warum kann man mit einer Lötlampe nicht hartlöten?**

14 **Aus welchem Werkstoff bestehen Lötkolben? Geben Sie die Begründung dafür.**

15 **Begründen Sie, warum die Lötstellen metallisch blank gemacht werden müssen.**

16 **Schildern Sie den Arbeitsablauf des Weichlötens einer Kapillarlötverbindung.**

8.8 Kleben

Durch Kleben lassen sich Werkstoffe mittels Stoffschluss unlösbar miteinander verbinden.

Kleben hat heute in der Metalltechnik Bedeutung erlangt und ergänzt die bisher üblichen Fügeverfahren.

8.8.1 Wirkweise der Klebeverbindung

Bei einer Klebeverbindung wirken Kohäsionskräfte zwischen den Klebstoffteilchen sowie Adhäsionskräfte zwischen den Klebstoff- und Werkstoffteilchen. Bei porösen Stoffen wie Holz, Papier, Textilien u.a. dringt der Klebstoff in die Poren ein und es kommt zu einer zusätzlichen mechanischen Verzahnung (Bild 1). Dadurch wird eine hohe Festigkeit der Verbindung erreicht. Bei Klebern für glatte Oberflächen wie bei Stahl wird die Festigkeit der Verbindung nur durch die Adhäsions- und Kohäsionskräfte bewirkt. Voraussetzung für das Kleben ist eine gleichmäßige Benetzung der zu verbindenden Flächen (s. Löten). Der Kleber muss sich gut verteilen und darf keine Perlen bilden. Die **Festigkeit der Klebestelle** ist von dem verwendeten Kleber, der Beschaffenheit der Klebeflächen, dem Werkstoff der zu klebenden Werkstücke und von der Beanspruchungsart abhängig.

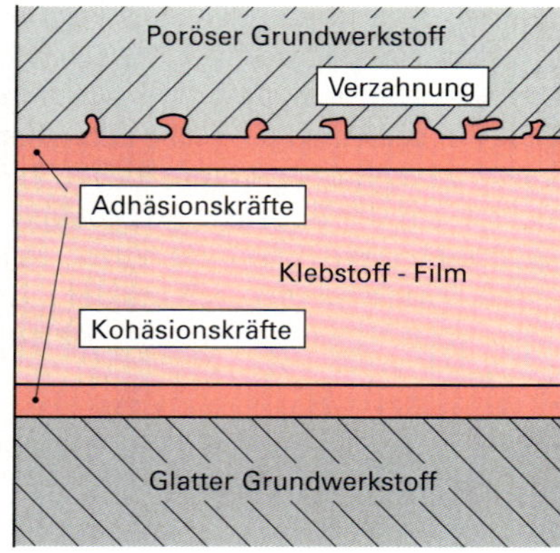

1 Kräfte in der Klebeverbindung (Schema)

8.8.2 Klebstoffe für Metalle

Bei **Lösungsmittelklebern** ist der Klebstoff in einem Lösungsmittel gelöst. Die zu klebenden Bauteile müssen das Lösungsmittel verdunsten lassen oder der Kleber muss vor dem Verbinden völlig abgelüftet sein. Mit Lösungsmittelklebern können daher vorwiegend Metalle mit porösen Stoffen (Holz, Leder, einige Kunststoffe) verklebt werden.

Reaktionskleber werden bei reinen Metall-Klebeverbindungen verwendet. Bei ihnen tritt durch chemische Vorgänge eine Aushärtung ein, die eine feste Verbindung zur Folge hat (vgl. Kunststoffe). Bei der Aushärtung werden die monomeren Klebstoffmoleküle zu Ketten und Netzen verbunden.

Kleber, bei denen die Aushärtung bei Raumtemperatur eintritt, werden auch **Kaltkleber** genannt (Übersicht 2). Zu ihnen gehören die **Zweikomponenten-Kleber**, d.h. zur Aushärtung wird der Kleber mit einer zweiten Komponente, dem Härter vermischt (Übersicht 3). Da die Aushärtung nach dem Vermischen allmählich beginnt, muss der Kleber umgehend verarbeitet werden. Die Zeit, in der man den angemischten Kleber verarbeiten kann, bezeichnet man als **Topfzeit**. Sie wird vom Hersteller angegeben. Bei einigen Kaltklebern lässt sich die Aushärtungszeit durch Erwärmung vermindern.

Kleber, die zur Aushärtung Wärme und Druck erfordern, bezeichnet man als **Warmkleber**.

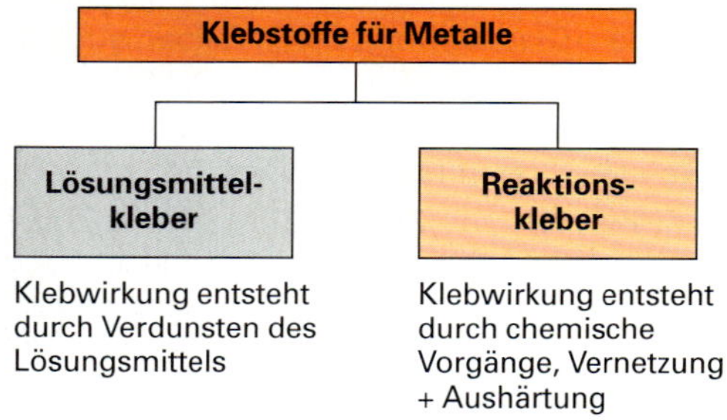

Übersicht 1: Einteilung der Klebstoffe nach ihrer chemischen Wirkung

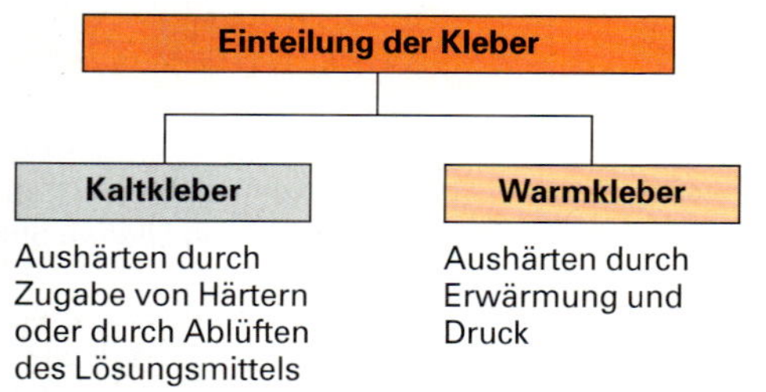

Übersicht 2: Einteilung der Kleber nach Verarbeitungstemperatur

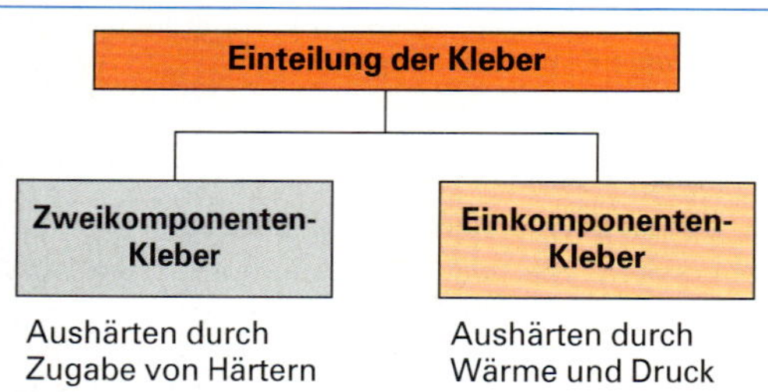

Übersicht 3: Einteilung der Kleber nach der Zahl der Komponenten

Warmkleber gehören zur Gruppe der **Einkomponenten-Kleber**, in denen schon alle Bestandteile gemischt enthalten sind. Sie erreichen eine etwa doppelt so hohe Festigkeit wie Kaltkleber, erfordern aber einen hohen technischen Aufwand, um die Aushärtung durch Erwärmung unter Druck ablaufen zu lassen.

Die in der Praxis eingesetzten technischen Metallklebstoffe sind zumeist Reaktionskleber und bestehen hauptsächlich aus vier Klebstoffsystemen (s. Tabelle). Aus den Handelsnamen ist die Zusammensetzung des Klebers nicht ersichtlich. Die Hersteller der Klebstoffe bieten meist technische Klebstoffe an, die für einen speziellen Anwendungszweck optimiert sind. Um besondere Eigenschaften zu bekommen, werden häufig mehrere Klebstoffsysteme vermischt.

Klebstoffsystem für Metallklebungen (Reaktionskleber) Beispiele

Klebstoffsystem (chemische Grundstoffe)	**Handelsnamen** (für Kleinpackungen)	**Härtetemperatur**
Epoxidharze mit Polyaminen	Uhu-Plus Uhu-Endfest 300 Henkel Stabilit	Raumtemperatur
Epoxidharze mit Carbonsäureanhydriden	Henkel Metallon	über 100 °C
Polyurethane	Henkel Macroplast UK	Raumtemperatur
Acrylverbindungen	Henkel Metallon LA	Raumtemperatur

8.8.3 Gestaltung und Herstellung der Klebeverbindung

Die Eigenschaft des Klebers, dessen Zugfestigkeit z. B. nur bei etwa 10 % derjenigen von Stahl liegt, muss bei der konstruktiven Gestaltung von Klebeverbindungen beachtet werden. Beanspruchungen der Klebeflächen auf asymmetrischen Zug, Schälung oder Spaltung sollten verhindert werden (Bild 1 und Bild 2).

Torsion und **Scherung** sind für Klebeverbindungen geeignete Beanspruchungsarten.

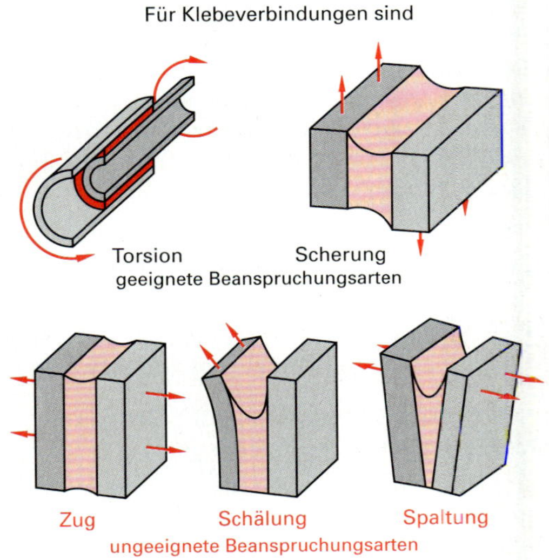

1 Beanspruchungen von Klebfugen

Die wichtigsten **Arbeitsgänge** bei der Herstellung einer Klebeverbindung sind:

- Vorbereiten der Klebestellen
- Mischen und Dosieren des Klebers
- Auftragen der Klebstoffe
- Zusammendrücken der Werkstücke
- Aushärten der Klebeschicht

Zur Vorbereitung der Klebestellen sind die Oberflächen zu entfetten und durch Schleifen usw., bei hohen Ansprüchen auch durch Sandstrahlen, mechanisch aufzurauen. Geeignet sind auch chemische Verfahren wie Beizen und Elektrolyse mit nachfolgend gründlichem Abspülen.

Beim Mischen und Dosieren müssen die Verarbeitungsrichtlinien des Klebstoffherstellers beachtet werden. Der Klebstoff ist sofort nach dem Mischen mit Pinsel, Spachtel oder Dosiergerät dünn auf der Klebefläche zu verteilen. Die Werkstücke müssen nach dem Zusammenpressen gegen Verschieben gesichert werden. Vor dem Gebrauch ist eine ausreichende Aushärtezeit einzuhalten.

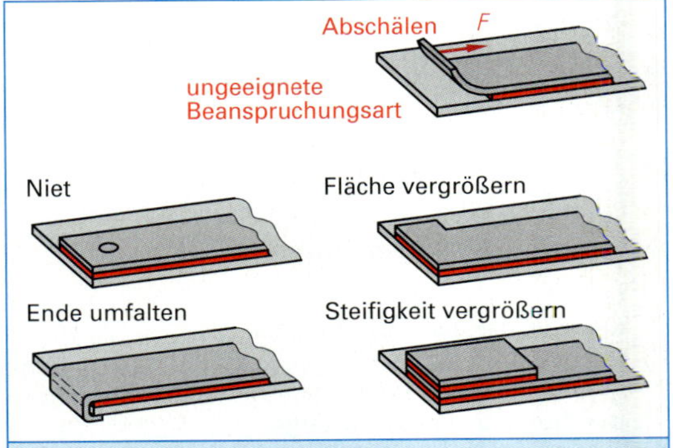

2 Konstruktive Gestaltung zur Vermeidung von Beanspruchungen auf Schälung

8.8.4 Anwendungsbereiche der Klebeverbindungen

Erst die Entwicklung der modernen Kleber machte vielfältige Anwendungen auch im Maschinenbau möglich. Das Kleben von Metallen wird heute, nachdem es zuerst im Flugzeugbau eingesetzt wurde, auch im Maschinen-, Kraftfahrzeug-, Apparate- und Brückenbau angewendet.

Als wesentliche Vorzüge sind zu nennen:

- Es können verschiedenartige Werkstoffe zusammengefügt werden (Bild 1), wie Metalle mit Kunststoffen oder mit Keramik.
- Versteifungsprofile lassen sich auf Deckplatten ohne Störung der glatten Flächen befestigen.
- Es ist über die gesamte Klebefläche eine gleichmäßige Spannungsverteilung vorhanden und die Werkstücke werden nicht durch Bohrlöcher geschwächt.
- Die Herstellung von gewichtsparenden, biegesteifen und an die Beanspruchung angepassten Bauteilen wird durch geklebte Schichtbauweise (Bild 2) und durch geklebte Leichtkernbauweise (Bild 3) möglich.
- Es treten keine Wärmespannungen auf.
- Es können gas- und flüssigkeitsdichte Klebefugen hergestellt werden.
- Passungen werden z.T. überflüssig. Im Maschinenbau lassen sich Kugellagersitze usw. kleben.

Einer erheblichen Ausweitung des Klebens stehen teilweise Schwierigkeiten entgegen:

- Abnehmende Festigkeit der Klebeverbindungen bei Erwärmung und durch Alterung.
- Teilweise sind die Aushärtungszeiten lang.
- Die geringere Festigkeit der Kleber erfordert oft größere Fügeflächen.
- Die Warmkleber benötigen einen hohen technischen Aufwand zur Erwärmung und zum Zusammendrücken der Teile.

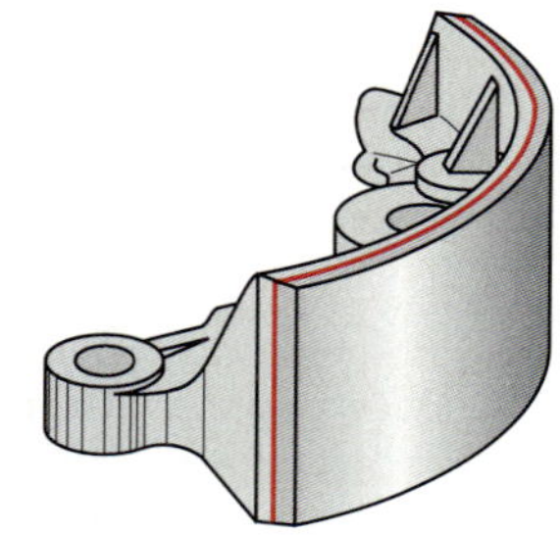

1 Aufgeklebte Bremsbeläge

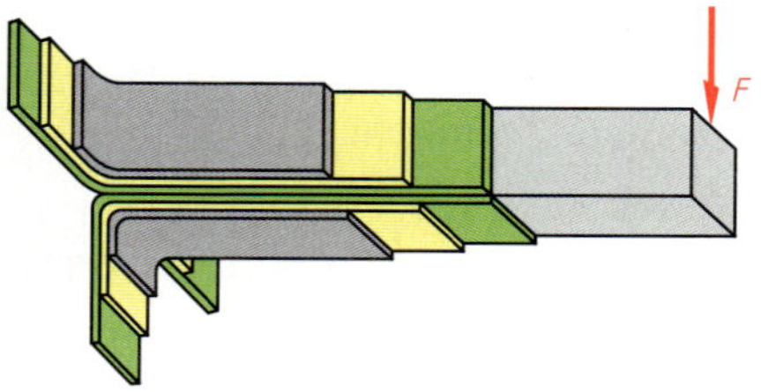

2 Träger in Schichtbauweise

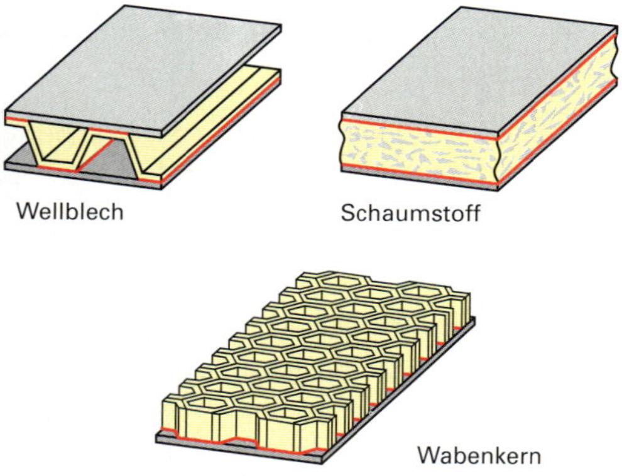

3 Verbunde in Leichtkern-Bauweise

Die im Gange befindliche Entwicklung von Klebern mit einer größeren Temperatur- und Alterungsbeständigkeit und einer kürzeren Aushärtungszeit wird die Anwendungsbereiche noch wesentlich erweitern.

Überprüfen Sie Ihre Kenntnisse

1. **Geben Sie für das Fertigungsverfahren Kleben eine ausführliche Definition an.**
2. **Kleben und Löten erzeugen unlösbare Verbindungen. Vergleichen Sie die Bindung in der Klebefuge mit derjenigen in der Lötfuge.**
3. **Erklären Sie, wodurch die Klebewirkung von Metallklebern hervorgerufen wird.**
4. **Nennen Sie die Beanspruchungsarten, für die sich Klebeverbindungen besonders eignen.**
5. **Zählen Sie die wichtigsten Arbeitsgänge bei der Herstellung einer Klebeverbindung auf.**
6. **Nennen Sie besondere Vorzüge des Klebens.**
7. **Zählen Sie die Nachteile des Klebens auf.**

8.9 Schweißen

Durch Schweißen lassen sich Werkstoffe mittels Stoffschluss unlösbar miteinander verbinden.

Die Werkstoffe werden an der Verbindungsstelle erwärmt, bis sie teigig oder flüssig sind und sich vereinigen lassen. Nach dem Erstarren der Schmelze sind die Bauteile durch ein gemeinsames Gefüge miteinander verbunden.

Um den vielfältigen Anforderungen zu entsprechen, wurden mehr als 100 unterschiedliche Schweißverfahren entwickelt. Je nach Ablauf des Schweißvorganges unterscheidet man zwischen den Press- und den Schmelzschweißverfahren (Übersicht rechts).

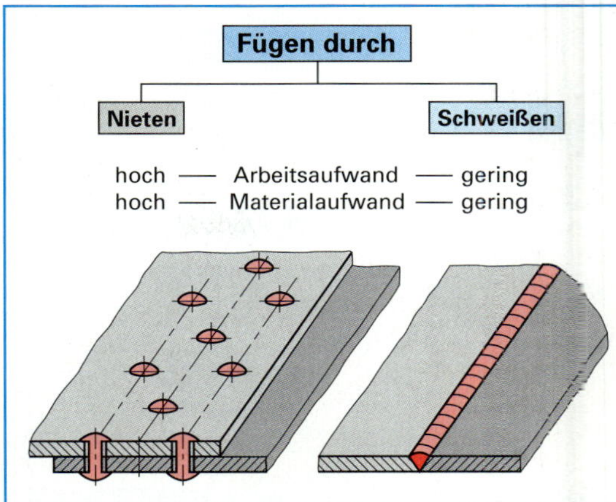

1 Vergleich der Fügeverfahren nach wirtschaftlichen Gesichtspunkten

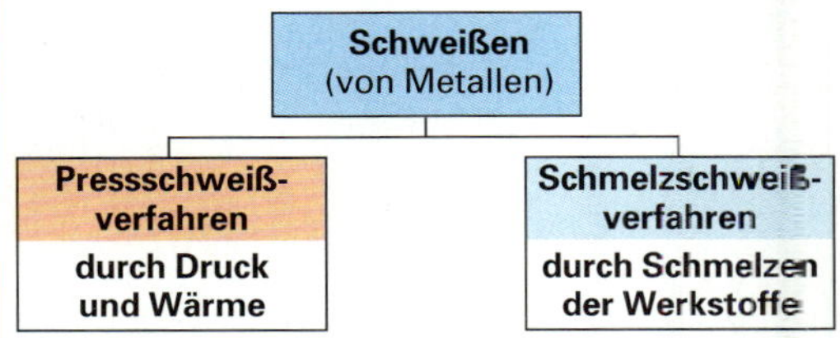

Einteilung der Schweißverfahren nach dem Arbeitsablauf

8.9.1 Pressschweißverfahren

Durch die Pressschweißverfahren werden die Grundwerkstoffe an den Verbindungsstellen bis zum teigigen Zustand erwärmt und zusammengepresst. Die Bauteile brauchen an den Berührungsflächen nicht geschmolzen zu werden. Zusatzstoffe sind nicht erforderlich.

Bei den Pressschweißverfahren erfolgt die Vereinigung der Werkstoffe durch Einwirkung von Wärme und Druck.

Beim Punktschweißen (Bild 2) werden übereinanderliegende dünne Bleche oder Drähte mit einzelnen Schweißpunkten verbunden. Zwei gegenüberliegende Kupferelektroden drücken die Teile zusammen und übertragen den Strom. An den Berührungspunkten verschweißen die Bauteile bei ausreichender Erwärmung unter Druck. Die Druckwirkung wird beibehalten, bis die Schweißstelle erkaltet ist. Dieses Verfahren wird sehr häufig im Karosserie- und Gerätebau angewendet.

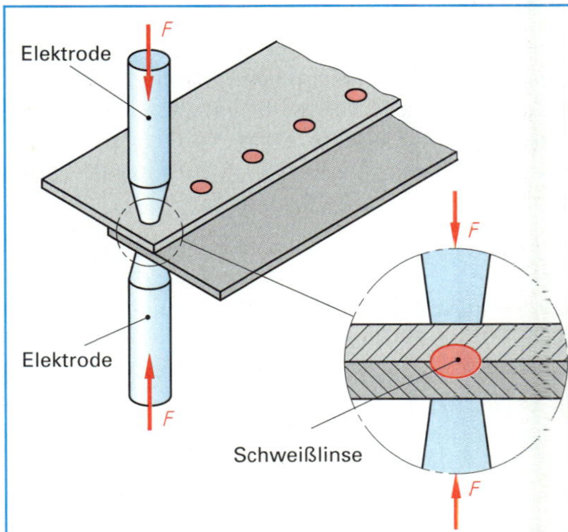

2 Punktschweißen als Beispiel aus der Gruppe der Pressschweißverfahren

8.9.2 Schmelzschweißverfahren

Die Grundwerkstoffe werden an der Verbindungsstelle bis auf Schmelztemperatur erwärmt. Im flüssigen Zustand kommt es dann zu einer Vermischung der Grundwerkstoffe. Zum Auffüllen der Schweißfuge wird meistens noch ein artgleicher **Zusatzwerkstoff** mit eingeschmolzen. Bei der Erstarrung bilden die Grundwerkstoffe und der Zusatzwerkstoff ein gemeinsames Gefüge.

Beim Schmelzschweißen erfolgt die Vereinigung durch Vermischen der verflüssigten Werkstoffe.

Schmelzschweißverfahren (Bild 1 der folgenden Seite) werden nach der Methode der Wärmezufuhr unterteilt. Die beiden bedeutendsten Arten sind das Gasschmelzschweißen und die Lichtbogenschmelzschweißverfahren.

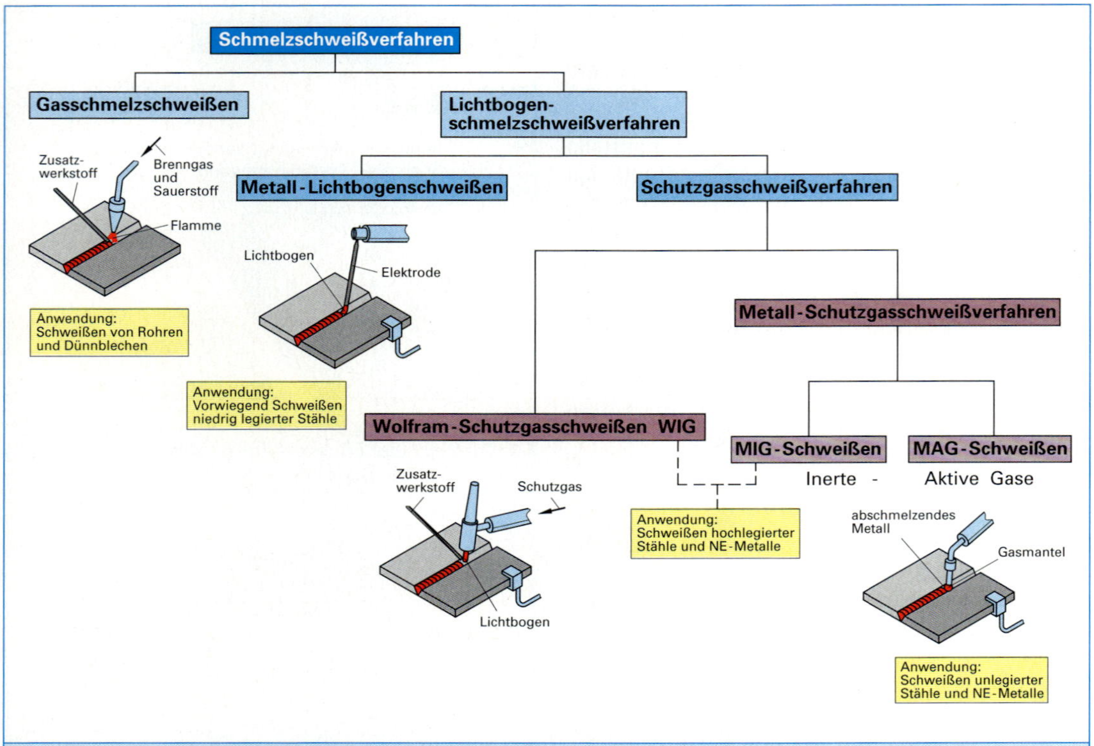

1 Einteilung wichtiger Schmelzschweißverfahren

8.9.3 Gasschmelzschweißen

Hierbei wird die Verbindungsstelle mit einem Schweißbrenner erwärmt (Bild 2). Mit seiner Hilfe wird die benötigte Wärme für das Verflüssigen der Werkstoffe durch Verbrennen eines Brenngas-Sauerstoff-Gemisches erzeugt. Brenngase sind Acetylen, Wasserstoff, Propan usw.

Hauptsächlich wird Acetylen verwendet, da es beim Verbrennen mit reinem Sauerstoff die höchste Flammentemperatur (3200 °C) erzeugt.

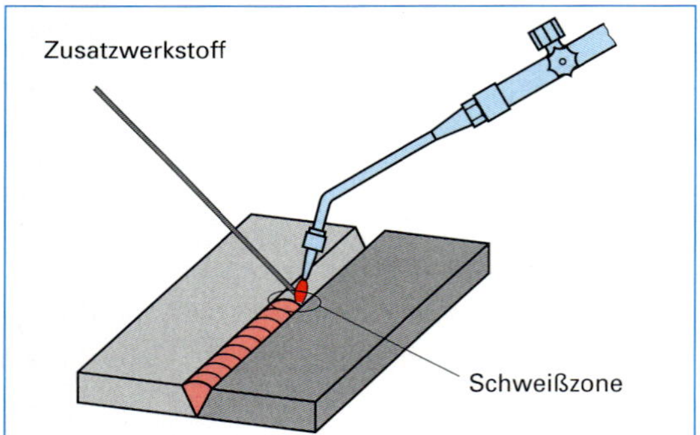

2 Gasschmelzschweißen

Sauerstoff

Der Sauerstoff für das Schweißen kann im flüssigen oder gasförmigen Zustand bezogen werden. Häufig wird er auf einen Druck von 150 bar komprimiert in Stahlflaschen angeliefert. Eine Normalflasche hat 40 l Rauminhalt und enthält rund 6000 l Sauerstoff. Die Füllmenge kann nach dem Gesetz von Boyle und Mariotte berechnet werden (s. Beispiel).

An den Flaschenventilen sind **Druckminderer** angeschraubt (Bild 1 der folgenden Seite).

Sie reduzieren den hohen Flaschendruck auf den niedrigen Arbeitsdruck. Dieser beträgt beim Schweißen für Sauerstoff ca. 2,5 bar und für Acetylen ca. 0,5 bar.

Beispiel einer **Füllmengenberechnung**

$$V_1 \cdot p_1 = V_2 \cdot p_2$$

$$V_2 = \frac{V_1 \cdot p_1}{p_2}$$

V_1 = Rauminhalt der Flasche
p_1 = Innendruck der Flasche
V_2 = Entnahmevolumen
p_2 = Atmosphärendruck

$$V_2 = \frac{40\,\text{l} \cdot 150\,\text{bar}}{1\,\text{bar}} = \mathbf{6000\,l}$$

Der Arbeitsdruck lässt sich an der Einstellschraube regulieren. Ein Drehen an dieser Schraube wird über die Einstellfeder auf die Membran und von ihr auf das Druckmindererventil übertragen. Erfolgt bei zunächst geschlossenem Ventil eine Gasentnahme, so reduziert sich der Druck in der Zwischenkammer. Zum Druckausgleich wird von der Einstellfeder über die Membran das Ventil geöffnet. Das Gas kann in die Zwischenkammer nachströmen und weiter entnommen werden. Steigt der Druck in der Zwischenkammer, wird über die Membran das Ventil geschlossen.

Wird der Druckminderer an eine volle Gasflasche geschraubt, so ist die Stellschraube für den Arbeitsdruck zurückzudrehen. Damit ist das Ventil geschlossen, und die Membran kann durch den hohen Druck nicht zerstört werden. Durch Rechtsdrehung der Stellschraube wird bei geöffnetem Brennventil der Gebrauchsdruck eingestellt.

Der Umgang mit Sauerstoff birgt Gefahren, weil mit ihm Verbrennungsvorgänge viel stärker und heftiger ablaufen als mit Luft.

- Auf keinen Fall dürfen Arbeitskleidung mit Sauerstoff abgeblasen oder Räume belüftet werden.
- Armaturen dürfen nicht eingefettet werden. Es besteht Brandgefahr, wenn Sauerstoff mit Fett und Öl in Verbindung gebracht wird.
- Besonders volle Flaschen sollen nicht zu stark erwärmt werden, da dieses zu starken Drucksteigerungen führt.
- Das Flaschenventil darf nicht beschädigt werden. Bei frei ausströmendem Sauerstoff entstehen infolge des hohen Drucks Antriebskräfte, wie bei einer Rakete.

Acetylen (C_2H_2)

Dieses Brenngas wird in Acetylenentwicklern aus Calciumkarbid und Wasser erzeugt ($CaC_2 + H_2O \rightarrow C_2H_2 + CaO$). Schon bei einem Druck von 2 bar besteht die Gefahr, dass Acetylen explosionsartig in Kohlenstoff und Wasserstoff zerfällt. Um die Explosionsgefahr zu verhindern und um eine wirtschaftliche Lagerung zu ermöglichen, wird Acetylen in flüssigem Aceton gelöst. Diese Acetylen-Aceton-Lösung wird von einer porösen, wie ein Schwamm wirkende Masse aus Kieselgur und Asbest in der Stahlflasche aufgesogen (Bild 2).

Eine Normalflasche mit 40 l Rauminhalt enthält 16 l Aceton. Ihr können bei einem Fülldruck von 19 bar ca. 7600 l Acetylen entnommen werden (s. Füllmengenberechnung).

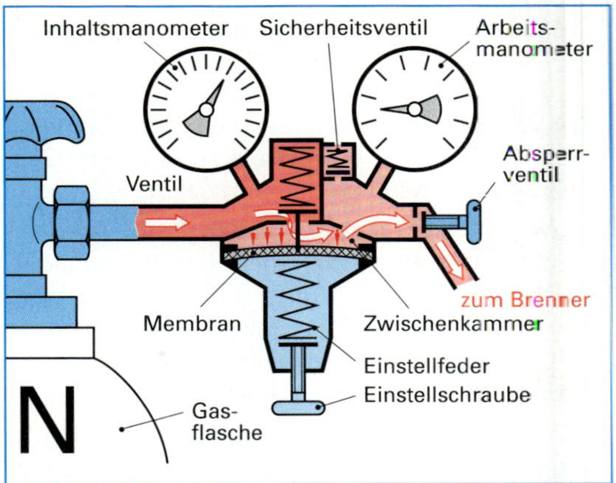

1 Funktion eines Druckminderers

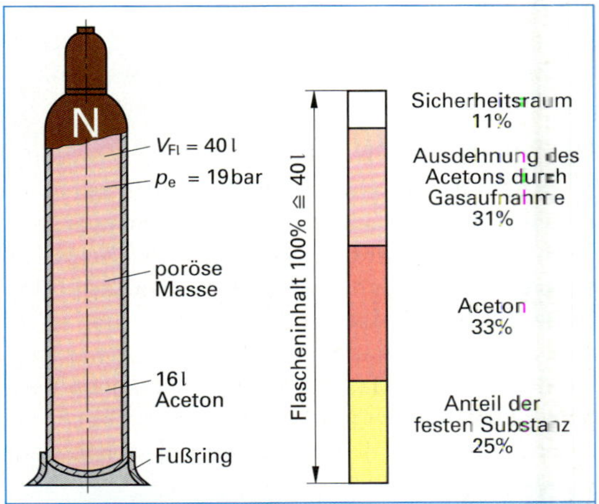

2 Flasche für Acetylen

Füllmengenberechnung für Acetylenflaschen

1 l Aceton löst bei 1 bar = 25 l gasförmiges Acetylen
16 l Aceton bei 1 bar 16 · 25 = 400 l Acetylen
16 l Aceton bei 19 bar 16 · 25 · 19 = 7600 l Acetylen

Kennzeichnung bei Gasflaschen DIN EN 1089

		Sauerstoff	Acetylen
Kennfarbe	Mantel	blau	kastanienbraun
	Schulter[1]	weiß	
Anschlussstutzen		R 3/4"	Bügelverschluss
Schlauchfarbe		blau	rot
Druck (Normalflasche)		150 bar	19 bar

[1] Der zusätzliche Großbuchstabe „N" auf der Schulter weist auf die Farbkennzeichnung nach der neuen Norm hin und wird zweimal, gegenüberliegend angebracht.

Gefahrenabwehr beim Umgang mit Acetylen

- Ein unkontrolliertes Ausströmen des Gases ist zu verhindern. Schon bei einem Acetylenanteil von 1,5 % in der Luft ist ein zündfähiges Gasgemisch vorhanden.
- Um Explosionen zu verhindern, darf Acetylen nicht mit Kupfer oder mit Kupferlegierungen mit mehr als 65 % Kupfer in Berührung kommen. Armaturen, Leitungen, Dichtungen usw. an Acetylenentnahmestellen dürfen daher nicht aus diesen Metallen bestehen.
- Kommt es durch einen Flammenrückschlag zu einem Flaschenbrand, so ist sofort das Flaschenventil zu schließen. Anschließend ist besonders der Flaschenhals auf Erwärmung zu überprüfen und gegebenenfalls zu kühlen.
- Durch Sicherheitsvorlagen an den Schläuchen können Flaschenbrände vermieden werden.
- Bei Gasentnahme muss verhindert werden, dass Aceton ausläuft. Deshalb sollte die Flasche aufrecht stehen. Auf jeden Fall muss das Flaschenventil mindestens 40 cm höher liegen als der Flaschenfuß.
- Die maximale Gasentnahme darf 1000 l/Std. nicht überschreiten. Dieses muss besonders beim Einsatz von größeren Brennern beachtet werden.
- Um Verwechslungen zu verhindern, sind die Gasflaschen farblich verschieden gekennzeichnet und haben unterschiedliche Anschlüsse.
- Stahlflaschen dürfen aus Sicherheitsgründen nur mit aufgeschraubter Schutzkappe transportiert werden und sind gegen Umfallen zu sichern.
- Sie sind außerdem vor Frost und starker Erwärmung zu schützen.

Der Schweißbrenner

Er besteht aus einem Griffstück, auf das mit einer Überwurfmutter verschieden große Schweißeinsätze befestigt werden. Die Größe der Schweißeinsätze richtet sich nach der zu bearbeitenden Dicke des Werkstücks und damit nach der erforderlichen Wärmemenge. Acetylen und Sauerstoff werden von den Gasflaschen in Schläuchen dem Schweißbrenner zugeführt und dort im Mischrohr zusammengebracht. Das geschieht nach dem Injektorprinzip (Bild 1).

Der mit höherem Druck (ca. 2,5 bar) in die Druckdüse geleitete Sauerstoff verlässt den engen Düsenausgang mit hoher Geschwindigkeit. Hierdurch entsteht in dem Düsenausgang ein Unterdruck. Von diesem Unterdruck wird das mit 0,5 bar durch die umgebende Ringdüse herangeführte Acetylen mitgerissen. Anschließend kommt es auf dem Weg zur Brennerspitze in der Mischdüse zu einer gründlichen Vermischung von Sauerstoff und Acetylen. Am Schweißmundstück kann das Gemisch gezündet werden.

Vor dem **Zünden der Flamme** ist zuerst das Sauerstoffventil und dann das Acetylenventil zu öffnen.

Der Brenner wird ausgestellt, indem zuerst das Acetylenventil und danach das Sauerstoffventil geschlossen wird. So verhindert man eine stark rußende Acetylenflamme.

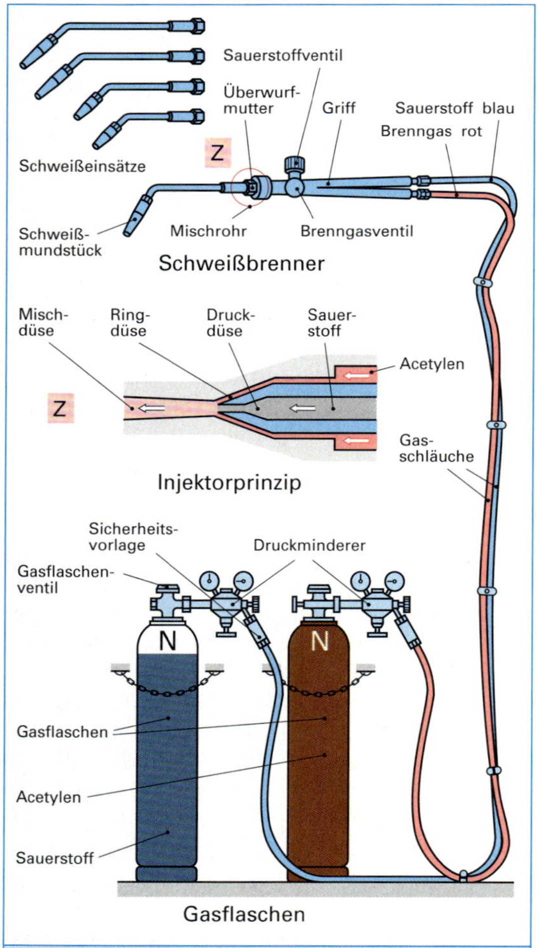

1 Gasschmelz-Schweißanlage

Die richtige **Einstellung der Schweißflamme** ist für den Schweißvorgang äußerst wichtig. Acetylengas benötigt zu seiner vollständigen Verbrennung einen Sauerstoffüberschuss.

Wird der Schweißflamme weniger Sauerstoff zugeführt, z. B. wie bei der **neutralen Flamme** (Bild 1) im Mischungsverhältnis 1 : 1, so reicht der aus dem Brenner kommende Sauerstoff für die Verbrennung nicht aus.

Im Bereich des Flammenkegels verbrennt das Acetylen unvollständig. Schweißen in diesem Bereich ist ungünstig, da der noch nicht verbrannte Kohlenstoff die Schweißschmelze aufkohlt und nach dem Erstarren die Schweißnaht verspröden würde.

Außerdem wird die maximale Flammentemperatur erst in der **Schweißzone** erreicht. Diese liegt in der Streuflamme etwa 2 mm bis 4 mm vor dem Flammenkegel. Erst im Bereich der Streuflamme erfolgt eine vollständige Verbrennung des Acetylens. Der dafür zusätzlich erforderliche Sauerstoff wird der umgebenden Luft entzogen. Auf diese Weise verhindert man im Gebiet der Streuflamme die Sauerstoffzufuhr und damit eine schädliche Oxidation des Schweißbades. Beim Schweißen von Stahl und Kupfer sollen weder eine Aufkohlung noch eine Oxidation eintreten.

Stahl und Kupfer müssen mit einer neutralen Flamme geschweißt werden.

Bei einer gegenüber der neutralen Flamme **stärkeren Acetylenzufuhr** wird der Flammenkegel länger, unschärfer und fängt an zu flattern. Diese Schweißflamme wird als **reduzierend** bezeichnet (Bild 2). Die unzureichende Verbrennung des Kohlenstoffs führt zur Aufkohlung des Schweißbades. Die Schweißnaht wird dadurch hart und spröde. Mit einer leicht reduzierenden Flamme wird geschweißt, wenn eine Oxidbildung ausgeschlossen werden soll. Dieses ist besonders bei Aluminium und seinen Legierungen erforderlich. Auch beim Hartlöten von Stahl, Kupfer und Kupfer-Zink-Legierungen wird mit leichtem Acetylenüberschuss gearbeitet.

Eine **oxidierende** Schweißflamme hat **Sauerstoffüberschuss** und einen kurzen, scharf begrenzten Flammenkegel (Bild 3). Das Schweißbad nimmt dadurch überschüssigen Sauerstoff aus dem Schweißgasgemisch auf. Der Stahl wird dadurch spröde. Bei sehr starkem Sauerstoffüberschuss kann das Schweißbad verbrennen. Mit leicht oxidierender Flamme werden Kupfer-Zink-Legierungen geschweißt. Dadurch erhält man eine porenfreie Naht mit gleichmäßiger Farbe.

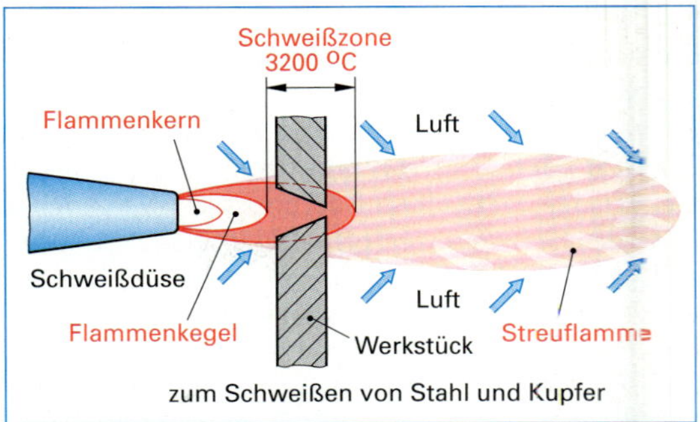

1 Neutrale Flamme

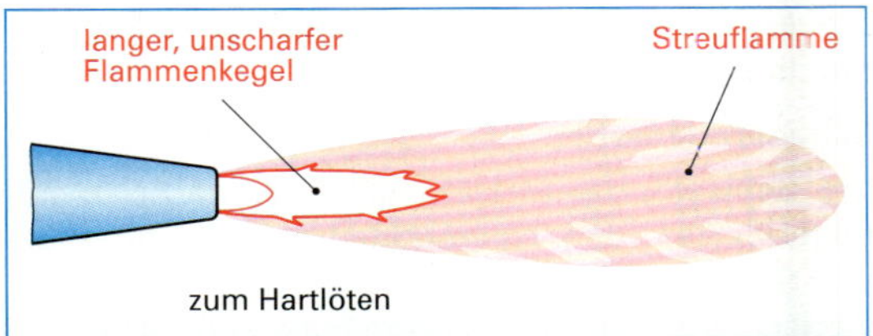

2 Reduzierende Flamme (Acetylenüberschuss)

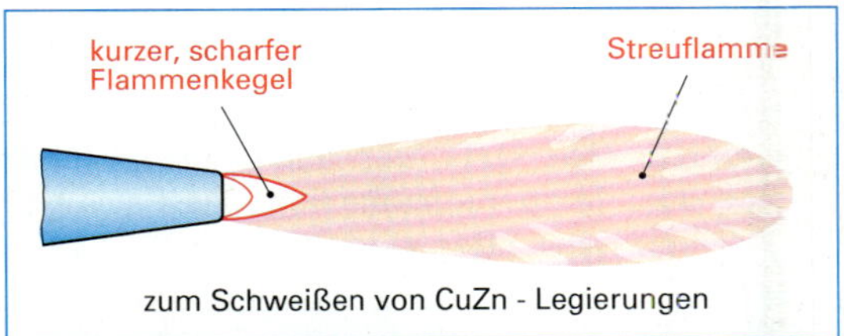

3 Oxidierende Flamme (Sauerstoffüberschuss)

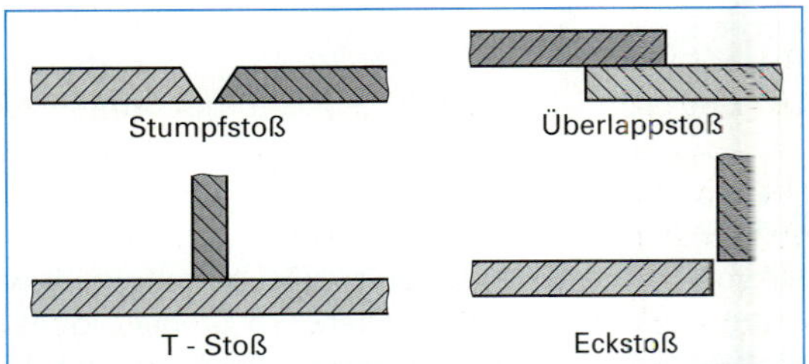

4 Schweißstöße

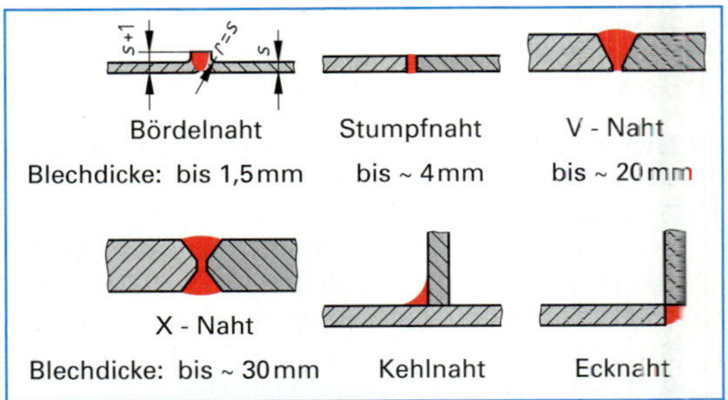

5 Schweißnahtformen

Ausführung der Schweißverbindungen

Die Art und Weise, wie die Bauteile zusammengelegt werden, wird **Stoß** genannt. Die wichtigsten Schweißstöße sind der Stumpf-, Überlapp-, T- und Eck-Stoß (Bild 4 der vorhergehenden Seite). Durch die Art des Schweißstoßes und die Bauteildicke wird die Schweißnahtform beeinflusst. Stumpfstöße werden häufig mit Bördel-, I-, V- oder X-Nähten verbunden (Bild 5 der vorhergehenden Seite). Bei Überlapp- und T-Stößen entstehen Kehlnähte. Bei Blechen über 4 mm Dicke müssen die Werkstückkanten entsprechend der gewählten Nahtform durch trennende Fertigungsverfahren, wie z.B. Fräsen, Brennschneiden, vorbereitet werden. Dieses ist erforderlich, da sonst die Bauteile nicht durchgeschweißt werden können.

Schweißmethoden

Die Schweißqualität ist auch von der Schweißmethode und damit verbunden von der Brenner- und Schweißstabführung abhängig. Schweißstäbe dienen als Zusatzmaterial zum Füllen der Schweißfugen. Sie werden vor der Flamme abgeschmolzen und füllen das Schweißbad. Die Herstellung einer guten Schweißverbindung erfordert eine entsprechende Schulung und viel handwerkliche Übung.

Schweißmethoden

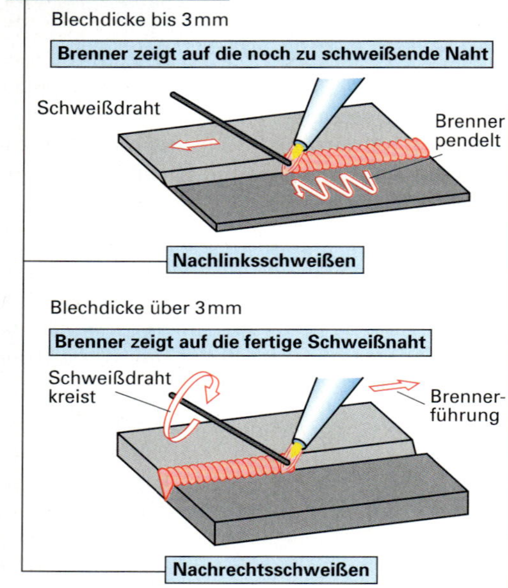

1 Nachlinks- und Nachrechtsschweißen

Beim **Nachlinksschweißen** zeigt der Brenner in die zu schweißende Richtung, also weg von der fertigen Schweißnaht (Bild 1). Er führt dabei eine leichte Pendelbewegung aus. Da das Schweißbad außerhalb der höchsten Temperaturzone liegt, lässt sich der Schmelzfluss besser kontrollieren und klein halten. Das Nachlinksschweißen wird daher bei Blechen bis 3 mm Dicke angewendet.

Beim **Nachrechtsschweißen** zeigt der Brenner in Richtung der fertigen Schweißnaht und somit auf das Schweißbad (Bild 1). Mit dem Schweißdraht wird eine kreisende Bewegung ausgeführt. Die stärkere Wärmekonzentration sichert ein gutes Durchschweißen und macht es möglich dickere Bleche zu schweißen. Bleche über 3 mm Dicke werden deshalb nach rechts geschweißt. Die Schweißgeschwindigkeit ist bei diesem Verfahren größer als beim Nachlinksschweißen.

▶ Bei Schweißarbeiten müssen die **Augen geschützt werden** vor Blendung und glühenden Schweißspritzern durch eine Schutzbrille mit dunklen Gläsern.

Zusatzwerkstoffe (Schweißstäbe)

Mit ihrer Hilfe kann die Schweißfuge aufgefüllt werden. Ihre Zusammensetzung soll in etwa der des Grundwerkstoffes entsprechen. Für Stähle gibt es je nach der zu schweißenden Stahlsorte sieben verschiedene Schweißdrahtklassen. Diese Schweißdrähte werden in Ringen oder 1 m Stäben geliefert und sind gegen Korrosion leicht verkupfert. Zur Verhütung von Unfällen, besonders an den Augen, sind die langen Schweißdrähte oben umzubiegen. Zusatzwerkstoffe zum Schweißen von Kupfer haben häufig ca. 1 % Silberzusatz und erfordern ein Flussmittel.

Überprüfen Sie Ihre Kenntnisse

1 **Geben Sie für die Fertigungsverfahren des Schweißens eine gemeinsame Definition an.**
2 **Erklären Sie, weshalb sich Schweißen zu einem der bedeutendsten Fügeverfahren entwickelt hat.**
3 **Worin unterscheiden sich Press- und Schmelzschweißverfahren nach ihrem Arbeitsablauf?**
4 **Schildern Sie den Arbeitsablauf und die Anwendungsbereiche des Punktschweißens.**
5 **Welche Gefahren sind mit dem Umgang von Sauerstoff und Acetylen verbunden?**
6 **Erklären Sie die Funktion eines Druckminderers.**
7 **Erklären Sie das Injektorprinzip.**
8 **Was ist eine „neutrale Flamme"?**
9 **Skizzieren Sie die wichtigsten Schweißstöße und Schweißnahtformen.**
10 **Nennen Sie Merkmale und Anwendungsbereiche des Nachrechts- und Nachlinksschweißens.**

8.9.4 Lichtbogen-Schmelzschweißverfahren

Bei diesem Verfahren wird die erforderliche Schmelzwärme durch einen elektrischen Lichtbogen erzeugt. Stromstärke und Spannung werden durch Schweißstromerzeuger entsprechend den Anforderungen verändert. Der Unterschied bei den Verfahrensgruppen liegt im Wesentlichen in der Art, wie die Schweißschmelze vor der Luftzufuhr geschützt wird. Beim **Metalllichtbogenschweißen** erfolgt dieses normalerweise durch ummantelte Zusatzschweißstäbe. Bei den **Schutzgasschweißverfahren** werden hierfür verschiedene Schutzgase eingesetzt.

Alle diese Verfahren haben wichtige Gemeinsamkeiten. Hierzu gehören die Schweißstromerzeuger, Vorgänge im Lichtbogen und die Unfallverhütung.

Schweißstromerzeuger

Der zum Schweißen erforderliche Strom muss eine hohe, verstellbare Stromstärke und eine niedrige Spannung haben. Die Spannung darf nach den Unfallverhütungsvorschriften bestimmte Größen nicht übersteigen. Der Schweißstrom kann mittels Transformator, Gleichrichter oder Generator hergestellt werden (Übersicht 2).

Der **Schweißtransformator** besteht im Prinzip aus einem Eisenkern, auf dem eng benachbart zwei verschiedene Spulen aufgewickelt sind (Bild 1). Die vom Netzstrom durchflossene Wicklung ist aus dünnem Draht und hat viele Windungen. Sie bildet den Primärstromkreis. Die aus wenigen Windungen und dickerem Draht bestehende Spule gehört zum Sekundärstromkreis.

Wird die Primärspule vom Netzstrom durchflossen, entsteht ein magnetisches Wechselfeld, das in der Sekundärspule den Schweißstrom induziert. Im Schweißtransformator wird also der hochgespannte Wechselstrom des Netzes mit 400 V oder 230 V und kleiner Stromstärke auf einen zum Schweißen geeigneten Wechselstrom von 70 V mit hoher Stromstärke (bis zu 1000 A) umgespannt. Zum Schweißen in engen Räumen oder Kesseln darf die Wechselspannung im Leerlauf nur 42 V betragen.

Beim **Schweißgleichrichter** wird der zunächst von einem Transformator umgespannte Wechselstrom aus dem Netz noch durch einen Gleichrichter in Gleichstrom umgewandelt (Bild 2).

Der **Schweißgenerator** dient zur Erzeugung von Gleichstrom. Der Generator wird häufig von einem Elektromotor angetrieben und wandelt die mechanische Energie der Drehbewegung in elektrische Energie um (Bild 3). Ein Generator in kleiner Ausführung ist der Fahrraddynamo.

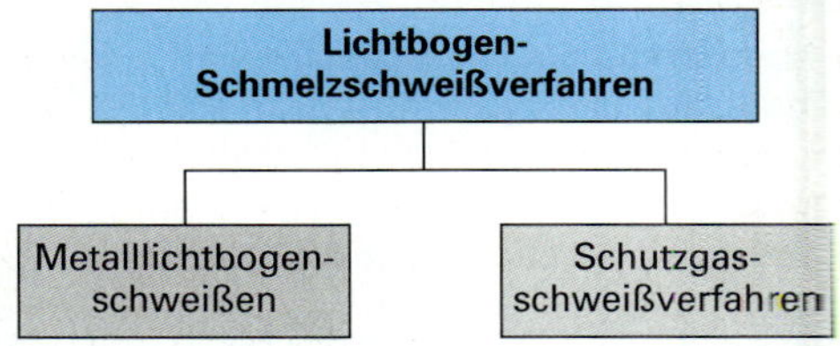

Übersicht 1: Einteilung der Lichtbogen-Schmelzschweißverfahren

Schweißtransformator	Schweißgleichrichter	Schweißgenerator
Wechselstrom	Gleichstrom	Gleichstrom
Vorteile		
geringe Anlage- und Stromkosten	für alle Elektroden	für alle Elektroden
Nachteile		
nicht für alle Elektroden	hohe Anlagekosten	hohe Anlage- und Wartungskosten, große Leerlaufverluste

Übersicht 2: Schweißstromerzeuger

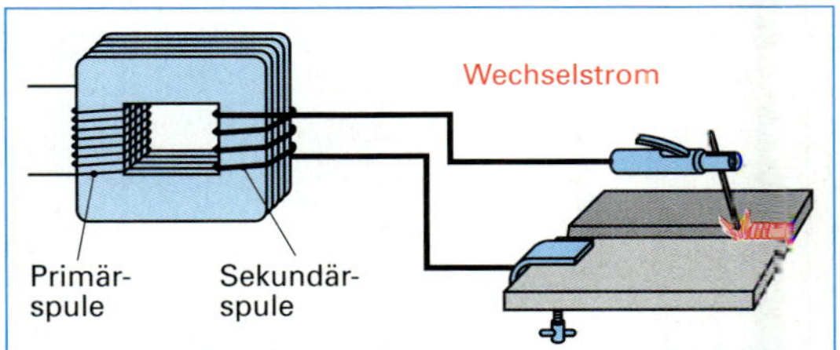

1 Schweißtransformator

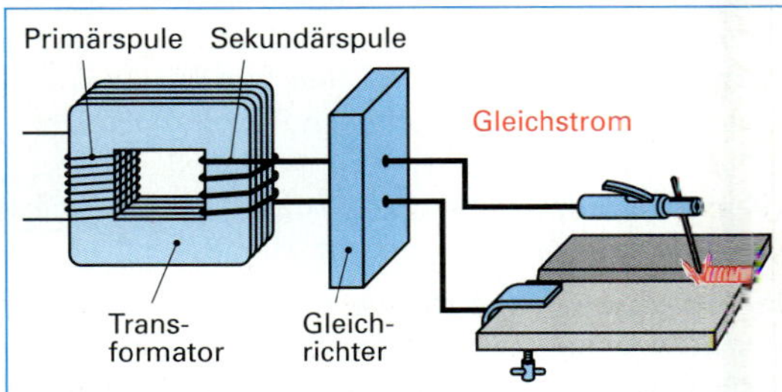

2 Schweißgleichrichter

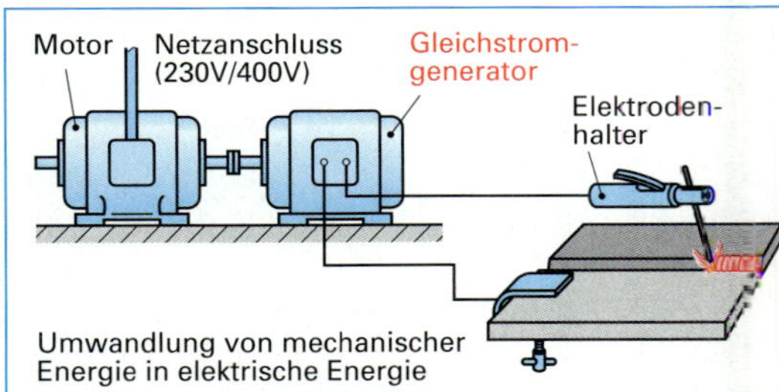

3 Schweißgenerator

Bildung des Lichtbogens

Der zur Erzeugung der Schmelzwärme erforderliche Lichtbogen entsteht im Luftraum zwischen Werkstück und Schweißelektrode. Die Luft, im Allgemeinen ein Nichtleiter, wird bei der Bildung des Lichtbogens leitend.

Wenn bei eingeschaltetem Gleichstrom das Werkstück mit der Schweißelektrode kurzfristig berührt wird, entsteht ein **Kurzschluss**. Elektronen fließen in großer Menge durch die Berührungsstelle und erwärmen sie und die umgebende Luft (Bild 1a). Nach leichtem Abheben der Elektrode drängen die negativ geladenen Elektronen weiterhin zum Plus-Pol (Werkstück). Sie treffen dabei aber vorher auf Gasatome der erwärmten Luft (Bild 1b). Durch den Aufprall spalten sich diese Atome in **positiv geladene Ionen** und **negativ geladene Elektronen**. Die Luft ist dadurch leitend geworden. Die Elektronen wandern weiter zum Plus-Pol, der sich durch den Aufprall erhitzt. Die Ionen wandern zum Minus-Pol (Elektrode) und erwärmen diesen. Der Lichtbogen ist entstanden und der geschmolzene Elektrodenwerkstoff wandert in Tropfenform zum Schmelzbad des Werkstücks (Bild 1c).

Die Anzahl der Elektronen, die am Plus-Pol aufprallen, ist von der Größe der Stromstärke abhängig und bewirkt die Erwärmung der Bauteile und der Elektrode. Beim Schweißen mit Gleichstrom entsteht so am positiven Pol eine Temperatur von 4200 °C, am negativen Pol eine von 3500 °C. Der Temperaturunterschied erklärt sich durch die höhere Aufprallgeschwindigkeit der Elektronen am Plus-Pol.

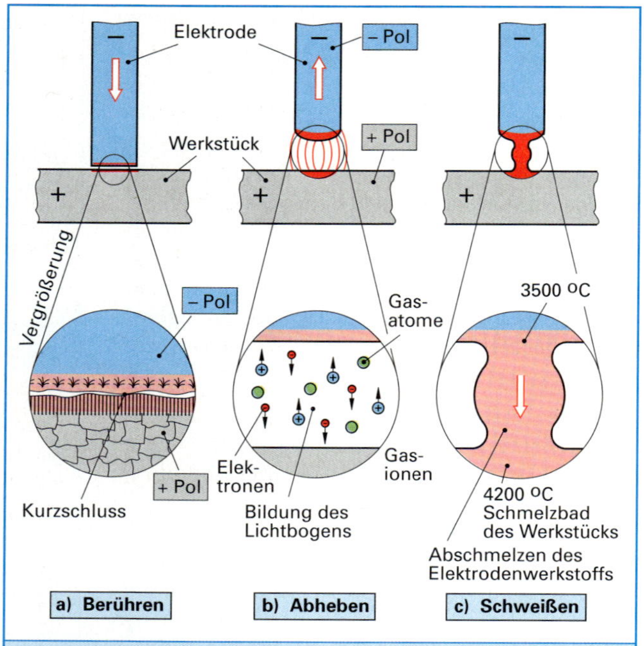

1 Vorgänge im Lichtbogen

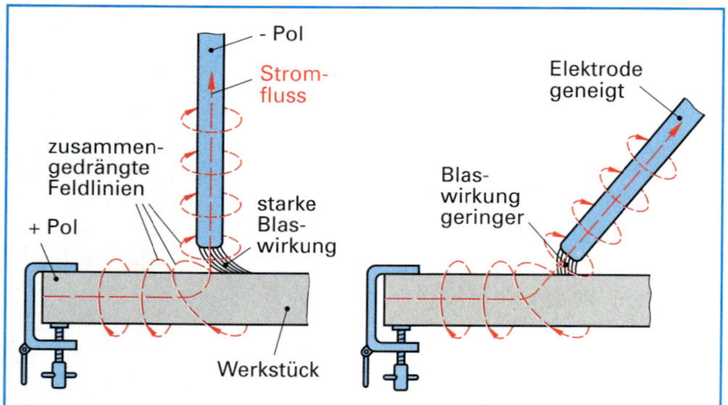

2 Blaswirkung

Der Lichtbogen reißt ab, wenn der Abstand zwischen Elektrode und Werkstück zu groß wird. Die Luft kann dann nicht mehr leitend gehalten werden, und der Stromkreis wird unterbrochen. Da sich bei Wechselstrom laufend die Stromrichtung ändert, könnte sich kein Lichtbogen bilden. Durch besondere Schweißelektrodenhüllen oder Schutzgase wird die Leitfähigkeit der Luft soweit verbessert, dass der Lichtbogen nicht unterbrochen wird.

Blaswirkung: Besonders beim Schweißen in Ecken, an Kanten, in Winkeln und beim Einsatz von Gleichstromschweißmaschinen wird der Lichtbogen abgelenkt (Bild 2). Diese Ablenkung kann so stark sein, dass sie ein Schweißen verhindert.

Die Blaswirkung entsteht durch das **elektromagnetische Feld**, das jeden stromdurchflossenen Leiter, also auch Elektrode, Lichtbogen und den stromdurchflossenen Teil des Werkstücks zwischen den Polen umgibt. Bei senkrecht auf dem Werkstück stehender Elektrode werden die Feldlinien des Magnetfeldes in der Ecke zusammengedrängt, verstärken sich und drängen den Lichtbogen an die gegenüberliegende Seite.

Die Blaswirkung lässt sich verringern durch Neigen der Elektrode, durch Verlegen der Polklemme am Werkstück, durch Änderung der Schweißrichtung oder durch die Benutzung von zwei Polklemmen.

Unfallverhütung

- **Vorsicht** vor schadhaften Elektroschweißleitungen. Mit ihnen darf nicht gearbeitet werden. Sie verursachen oft schwere Unfälle durch Stromschlag.
- **Vorsicht** vor Verblitzen der Augen! – Es besteht die Gefahr einer schmerzhaften Bindehautentzündung.
- Dem Schutz des Schweißers dient ein Schutzschild mit Seitenschutz. Dieser hat ein dunkel gefärbtes Spezialglas, das durch ein klares Glas gegen Spritzer abgeschirmt wird. Das dunkle Glas filtert die für die Augen schädlichen Anteile der Lichtbogenstrahlung aus und verhindert Blendungen (Bild 1).
- Der Schweißplatz ist so abzuschirmen, dass andere Personen nicht geschädigt werden können.
- Zum Schutz vor Strahlung und glühenden Schweißspritzern werden Handschuhe und Lederschürze benötigt.
- Die Lichtbogenstrahlung führt zu Verbrennungen der Haut. Nicht mit entblößten Armen und freiem Oberkörper schweißen.
- Die beim Schweißen entstehenden Gase müssen in engen Räumen abziehen können oder abgesaugt werden.
- Nach dem Schweißen muss die erstarrte Schlacke mit einem Schlackenhammer abgeschlagen werden. Klarsichtbrille tragen, damit die Augen nicht durch abspringende Schlackenteilchen verletzt werden.

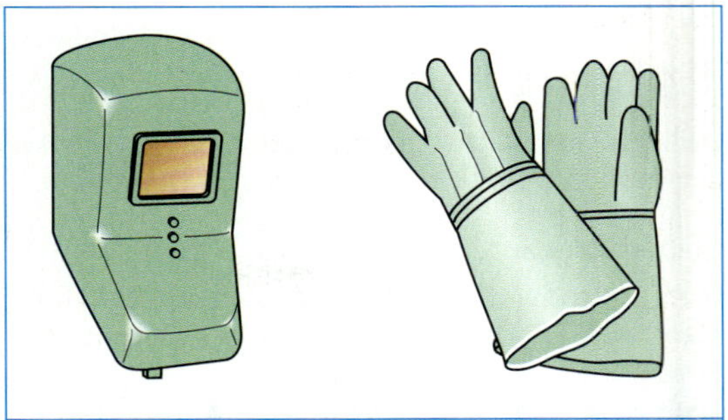

1 Schutzschild und Handschuhe zur Unfallverhütung

8.9.5 Metall-Lichtbogenschweißen

Hierbei wird ein Schweißstromerzeuger mit Polklemme und Elektrodenhalter benötigt (Bild 2). Nach den vorbereitenden Arbeiten müssen die Schweißmaschine angeschlossen und die Stromstärke eingestellt werden.

Pro Millimeter Kerndrahtdurchmesser der Elektrode sind 40 A Schweißstrom erforderlich.

Dieser Wert muss entsprechend der Schweißposition (Bild 3), der Dicke des Werkstückes und der Elektrodenart korrigiert werden. Eine zu geringe Stromstärke macht sich durch schlechtes Zünden der Elektroden bemerkbar. Auch eine unzusammenhängende Schweißraupe und ein zu geringer Einbrand weisen darauf hin. Eine zu hohe Stromstärke erkennt man an der verbrannten Schweißraupe, an den Einbrandkerben oder an den ausgeglühten Stabelektroden. Zum Zünden des Lichtbogens wird die Elektrode auf das Werkstück getupft.

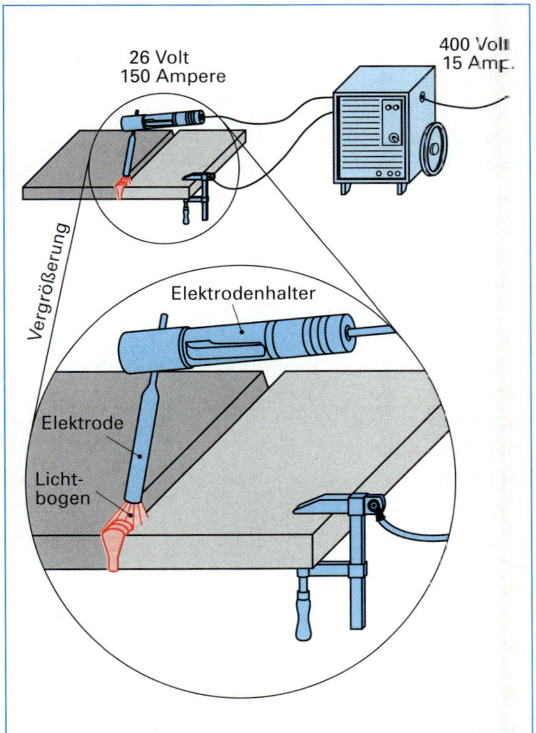

2 Schema einer Metalllichtbogen-Schweißanlage

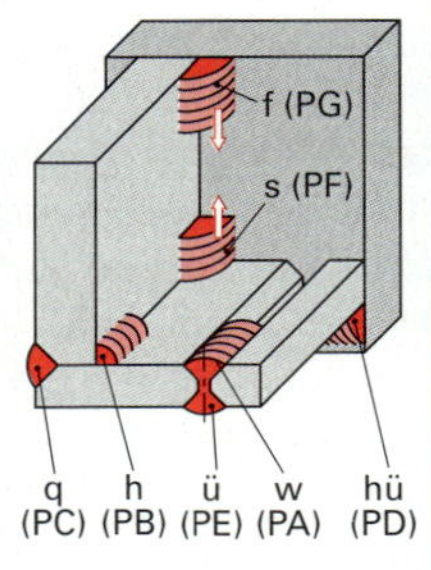

Kurzzeichen DIN 1912	Kurzzeichen ISO 6947	Benennung
w	PA	Wannenposition
h	PB	Horizontalposition
s	PF	Steigposition
f	PG	Fallposition
q	PC	Querposition
ü	PE	Überkopfposition
hü	PD	Horizontal-Überkopfposition

3 Schweißpositionen

Die **Lichtbogenlänge** soll etwa dem Elektrodendurchmesser entsprechen.

Bei zu langem Lichtbogen vermindert sich die Abschmelztemperatur und damit die Einbrandtiefe.

Stabelektroden

Die Elektrode muss elektrisch leitend sein und somit das Zünden und Brennen des Lichtbogens ermöglichen. Durch Abschmelzen liefert sie aber auch den zum Füllen der Schweißfuge erforderlichen **Zusatzwerkstoff**. Der Elektrodenwerkstoff sollte dieselben Eigenschaften wie die zu verschweißenden Bauteile aufweisen. Entsprechend den Werkstoffen und der Ausführungsart der Schweißarbeit gibt es eine große Zahl verschiedener Schweißelektroden. Der Elektrodendurchmesser sollte bis 5 mm in etwa der Werkstückdicke entsprechen (Tabelle).

Die gebräuchlichen Stabelektroden sind fast alle mit **Schweißhilfsstoffen** umhüllt. Nackte Stabelektroden werden kaum noch verwendet. Beim Schweißen schmilzt die Elektrode zusammen mit der Umhüllung ab (Bild 1). Entsprechendes Nachführen ist deshalb wesentliche Voraussetzung eines gleichmäßigen Lichtbogens und einer guten Naht. Aus der abgeschmolzenen Umhüllung entstehen ein Gasmantel und flüssige Schlacke. Der Gasmantel und die Schlacke schützen das Schweißbad gegen den schädlichen Einfluss der Umgebungsluft. Die flüssige Schlacke ist leichter als das Metall und legt sich auf die Schweißraupe. Sie verhindert damit deren zu schnelle Abkühlung. Durch entsprechende Führung der Elektrode wird der Schlackenfluss gesteuert. Ein Verlaufen der Schlacke in das Schweißbad ist zu verhindern, weil sonst Schlackeneinschlüsse und Bindefehler die Schweißnaht schwächen. In der Umhüllung befinden sich außerdem Hilfsstoffe, die die Leitfähigkeit der Luft verstärken und den Lichtbogen stabilisieren.

Mit Wechselstrommaschinen können nur **umhüllte Elektroden** verarbeitet werden. Mit der Dicke der Umhüllung verbessert sich der Schutz der Schweißraupe. Man unterscheidet zwischen dünn, mitteldick und dick umhüllten Elektroden. Die Zusammensetzung und die Dicke der Umhüllung beeinflusst auch den Werkstoffübergang von der Elektrode zum Bauteil. Dieser kann grob-, mittel- oder feintropfig sein.

Die **Auswahl der Elektroden** muss mithilfe von DIN-Normen bzw. Tabellenbüchern erfolgen (s. Beispiel). Die genormte Kennzeichnung enthält verschlüsselte Hinweise über die Art und Dicke der Umhüllung, über die Stahlsorte, Schweißposition, Stromart, Stromeignung und Ausbringung.

Richtwerte für Elektrodenauswahl und Stromstärke

Blechdicke mm	Ø Elektrode mm	Stromstärke A
2	2	50... 70
3	3,25	100...150
4	3,25	100...150
5	4,0	150...200
6	4,0	150...200
8	4,0	150...200
10	4,0	150...200
12	4...5	150...250

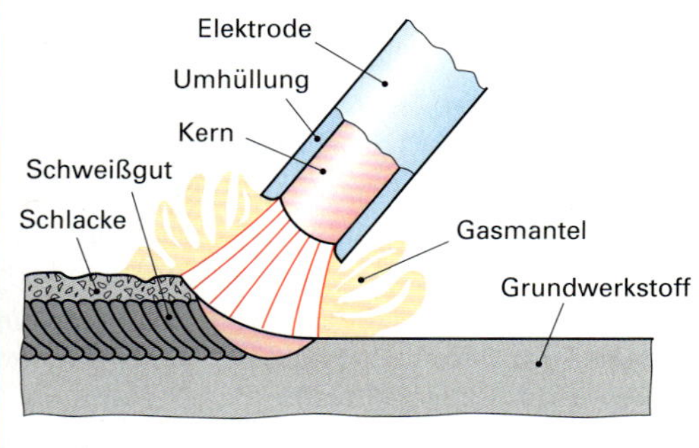

1 Abschmelzen der Stabelektrode

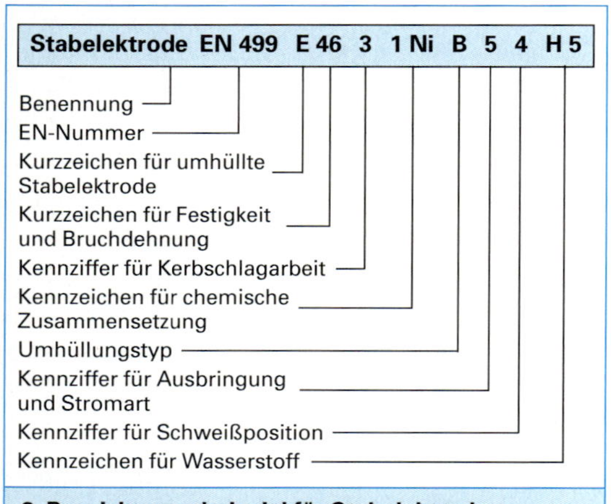

2 Bezeichnungsbeispiel für Stabelektroden

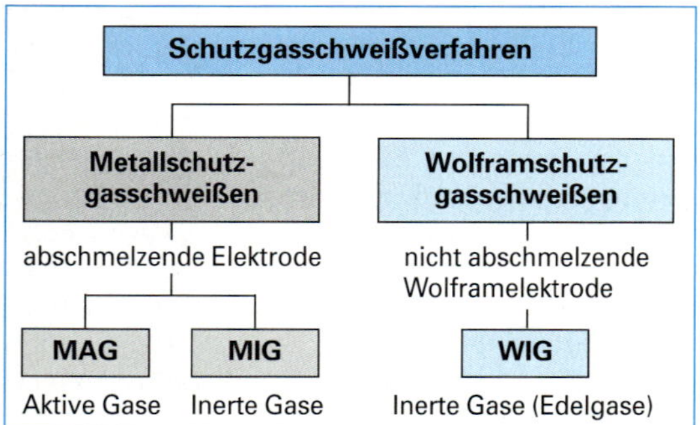

8.9.6 Schutzgas-Schweißverfahren

Hierbei unterscheidet man Metall- und Wolframschutzgasschweißen (s. Übersicht der vorhergehenden Seite). Bei diesen Verfahren wird durch bestimmte Gase das Schmelzbad vor den schädlichen Einflüssen der Luft abgeschirmt. Als Schutzgas werden inerte Gase (Edelgase), aktive oder Mischgase verwendet. Aktive und Mischgase haben gegenüber den inerten Schutzgasen den Nachteil, dass sie mit dem Schmelzbad reagieren und die mechanischen Gütewerte der Schweißnaht vermindern können. Diese Nachteile lassen sich aber teilweise durch eine entsprechende Zusammensetzung des Schweißzusatzdrahtes ausgleichen.

Metallschutzgasschweißen (Bild 1)

Bei diesem Verfahren brennt ein **Gleichstromlichtbogen** zwischen der abschmelzenden nackten Drahtelektrode und dem Bauteil. Für die positiv gepolte Elektrode wird ein auf Drahtspulen gewickelter Schweißdraht von 0,8 mm bis 2,4 mm Durchmesser verwendet. Ein Drahtvorschubgerät schiebt den Draht entsprechend seiner Abschmelzgeschwindigkeit durch die Schweißpistole. Der Schweißstrom wird in der Schweißpistole kurz vor dem Lichtbogen über Schleifkontakte zum Schweißdraht geleitet. Eine eingebaute Luft- oder Wasserkühlung vermindert die Erwärmung der Schweißpistole.

Das Metallschutzgasschweißen wird nach dem Einsatz der Schutzgasarten unterteilt.

Beim **Metall-Inert-Gas-(MIG-)Schweißen** werden inerte Gase, vorwiegend Argon, als Schutzgas verwendet. Dieses Edelgas ist zwar teuer, ermöglicht aber gute Schweißverbindungen. Besonders bei mittleren und dicken Blechen werden hohe Schweißleistungen erreicht. Eingesetzt wird das MIG-Verfahren für Edelstähle, NE- und Leichtmetalle.

Beim **Metall-Aktiv-Gas-(MAG-)Schweißen** werden preisgünstigere Aktivgase, sehr häufig Kohlendioxid CO_2 oder Mischgase eingesetzt. Ansonsten entspricht es in Technik und Anwendung dem MIG-Verfahren. Angewandt wird das MAG-Schweißen vorwiegend bei niedrig- und unlegierten Stählen, besonders im Karosseriebau zum Schweißen von dünnen Blechen.

Wolframschutzgasschweißen (Bild 2)

Beim **Wolfram-Inert-Gas-(WIG-)Schweißen** brennt der Lichtbogen zwischen einer nicht abschmelzenden Wolframelektrode und dem Werkstück. Zusatzwerkstoffe können seitlich zugeführt werden. Durch dieses Verfahren werden vorwiegend bei hochlegierten Stählen, Nichteisen- und Leichtmetallen gute gleichmäßige Schweißnähte gefertigt. Der hohe Preis des Edelgases, z.B. Argon, begrenzt den Einsatzbereich.

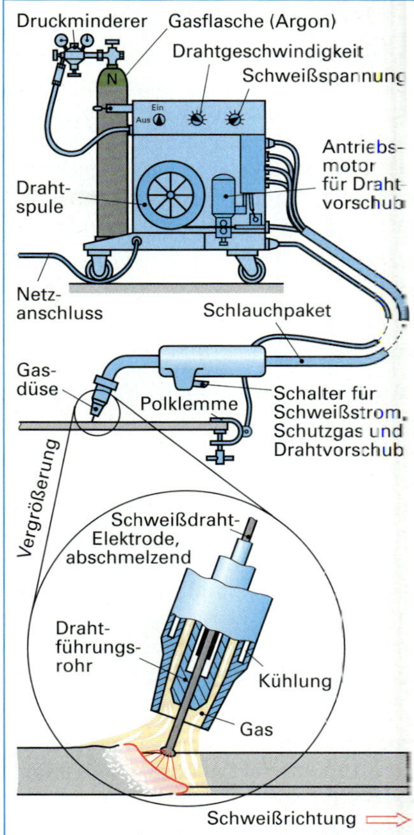

1 Schema einer MIG-, MAG-Schweißanlage (**M**etall-**I**nert-**G**as und **M**etall-**A**ktiv-**G**as)

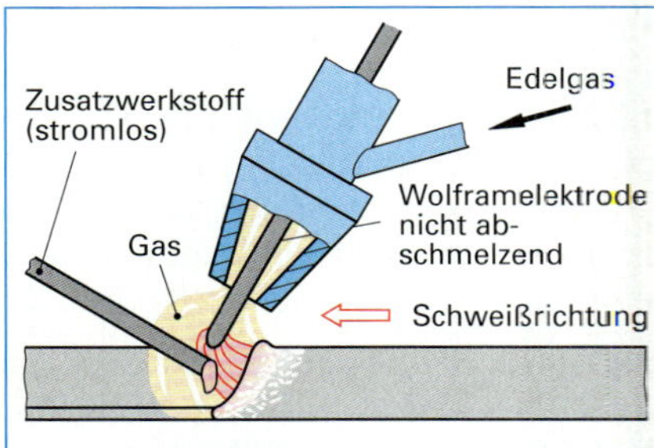

2 WIG-Verfahren (**W**olfram-**I**nert-**G**as)

Überprüfen Sie Ihre Kenntnisse

1. **Worin unterscheiden sich die Verfahren des Schutzgas- vom Metall-Lichtbogenschweißen?**
2. **Zählen Sie die Schweißstromerzeuger auf und erklären Sie ihre Funktionen.**
3. **Schildern Sie die wichtigsten Vorgänge bei der Entstehung des Lichtbogens.**
4. **Was versteht man unter Blaswirkung und wie kommt sie zustande?**
5. **Zählen Sie 5 Maßnahmen zur Unfallverhütung beim Lichtbogen-Schmelzschweißen auf.**
6. **Skizzieren Sie ein Bauteil und tragen Sie daran die Schweißpositionen ein.**
7. **Welche Aufgaben haben Elektrodenumhüllungen?**
8. **Schildern Sie den Aufbau einer MIG-, MAG-Schweißanlage und des WIG-Verfahrens.**

8.10 Pressverbindungen

Dieses Fügeverfahren beruht auf einer Presspassung, also auf einem Übermaß zwischen dem Innen- und dem Außenteil. Bei dieser Verbindung entsteht eine elastische Verformung der Werkstoffe. Sie bewirkt hohe Reibungskräfte und macht es möglich, große Drehmomente und Axialkräfte **kraftschlüssig** zu übertragen ohne ein zusätzliches Verbindungsmittel.

Nach Abhängigkeit von der Temperatur bei der Herstellung der Verbindung unterscheidet man verschiedene Arten (Bild 1):

Längspressverbindungen (Bild 2) werden bei Raumtemperatur durch axiales Einpressen der Welle in die Bohrung erzielt. Die Welle muss eine leichte Fase (bis 5°) haben, um ein zu starkes Glätten der Werkstoffoberflächen zu vermeiden. Ein wiederholtes Lösen und Fügen der Verbindung hat eine starke Reduzierung der Haftkraft zur Folge. Leichtes Einfetten vom Bolzen mit Rüböl verhindert das „Festfressen" der Bauteile. Beim Einpressen durch z. B. Hammerschläge, Schraubstock und Presse ist darauf zu achten, dass es nicht zu einem Verkanten der Welle kommt.

Werden durch Temperaturveränderung Bauteile geschrumpft oder gedehnt, spricht man von **Querpressverbindungen.** Die Bauteile können ohne große Axialkräfte gefügt werden. Erwärmen und besonders Unterkühlen der Bauteile erfordert die Beachtung von Unfallverhütungsvorschriften.

Bei **Schrumpfverbindungen** (Bild 3) wird das Außenteil gleichmäßig, z. B. durch Wärmeplatte, Ölbad oder Brenner, erwärmt, dehnt sich aus und kann leicht mit dem Innenteil gefügt werden. Beim Abkühlen schrumpft das Außenteil und presst sich auf die Wellenoberfläche. Probleme bei dieser Verbindung können durch die Temperaturhöhe mit der Gefahr der Gefügeveränderung, des Verziehens und des Verzunderns (ab 250 °C) auftreten.

Bei **Dehnverbindungen** (Bild 4) wird das Innenteil durch Trockeneis (ca. –70 °C) oder mit flüssiger Luft (Stickstoff –194 °C) abgekühlt und schrumpft. Nach dem Fügen mit dem Außenteil erwärmt sich das Innenteil wieder auf Raumtemperatur und dehnt sich aus. Den Vorteilen der Dehnverbindung, z. B. keine Gefügeveränderungen bei wärmebehandelten (gehärteten) Teilen, stehen die relativ hohen Kosten des Kühlmittels und der geringe erreichbare Temperaturunterschied gegenüber.

In besonderen Fällen lassen sich das Schrumpf- und das Dehnverfahren kombinieren. So kann das Außenteil erwärmt und das Innenteil abgekühlt werden.

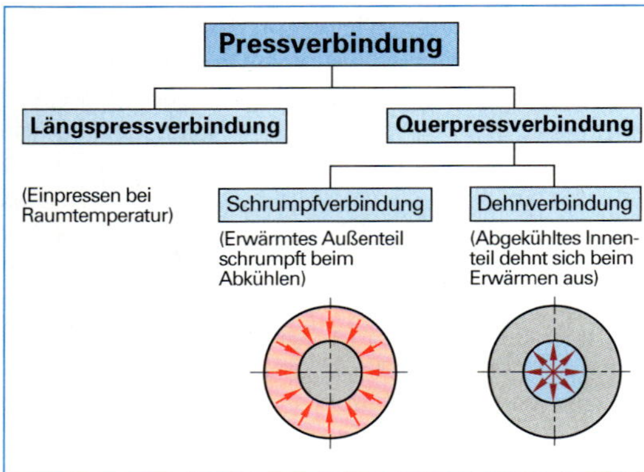

1 Pressverbindungen

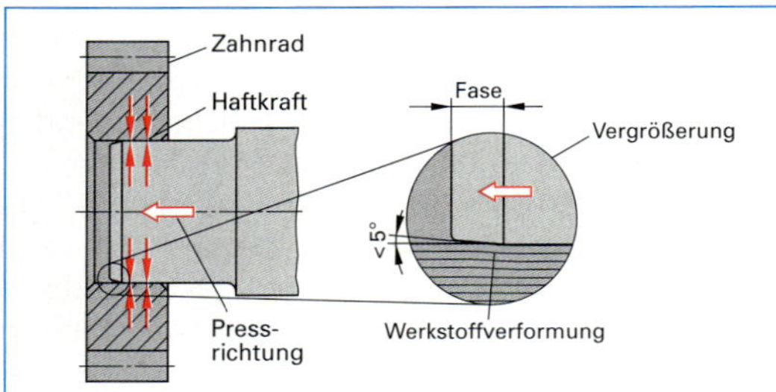

2 Längspressverbindung

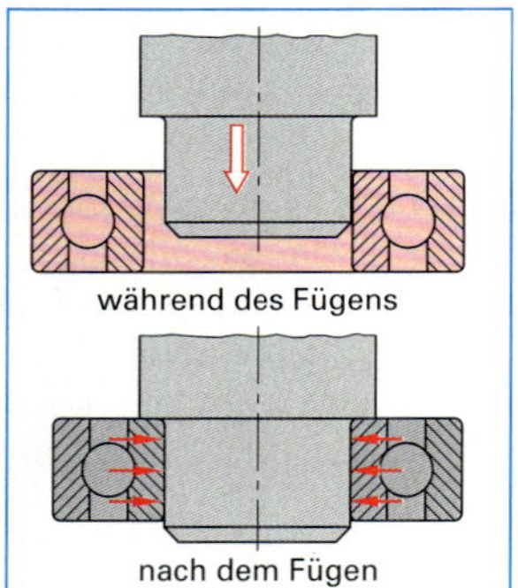

3 Schrumpfverbindung

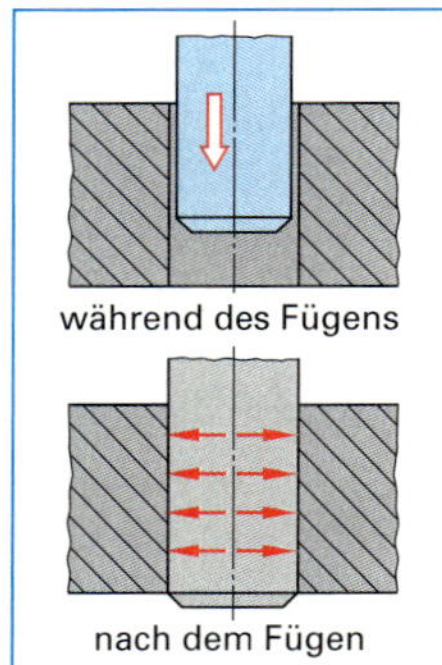

4 Dehnverbindung

Beispiel: Berechnen der Fügetemperatur

Ein Zahnrad soll mit einer Welle Ø 30 H7/s6 durch eine Dehnverbindung gefügt werden. Das Spiel beim Fügen soll 10 μm betragen. Auf welche Temeratur muss die Welle abgekühlt werden? Raumtemperatur 20 °C.

$\Delta d = d_0 \cdot \alpha \cdot \Delta T$ $\qquad \alpha = 0{,}000012 \ \frac{1}{K}$ (Tab)

$\Delta T = \dfrac{\Delta d}{d_0 \cdot \alpha}$ $\qquad$ Ø 30 H7 $+ {}^{21}_{0}$ (Tab)

$\Delta T = \dfrac{0{,}058 \text{ mm} \cdot K}{30 \text{ mm} \cdot 0{,}000012}$ $\qquad$ s6 ${}^{48}_{35}$ $\qquad 0{,}010 + 0{,}048$; $\Delta d = 0{,}058$

$\Delta T = 161$ K

Die Welle muss auf –141 °C abgekühlt werden. Diese Minustemperatur ist nur mit flüssiger Luft (–194 °C Stickstoff) oder flüssigem Sauerstoff (–183 °C) erreichbar.

8.11 Rohrleitungen

Die Auswahl der Rohre und der Rohrverbindungen richtet sich unter Beachtung der DVGW[1]-Vorschriften nach den jeweiligen Anforderungen.

Die **Nennweite** DN ist eine Zahl ohne Einheit und dient als Kenngröße für zueinander passende Teile, wie z. B. Rohre, Formstücke und Armaturen. Sie entspricht annähernd der lichten Weite (Innendurchmesser) in mm des Rohres (s. Tabellenbuch).

Der **Nenndruck** PN ist eine Kenngröße ohne Einheit für den maximalen Überdruck in bar.

8.11.1 Rohrarten

Für Wasser- und Gasleitungen werden zum Schutz vor Korrosion **verzinkte Stahlrohre** verwendet.

Schwarze Stahlrohre haben keinen Korrosionsschutz. Sie werden z. B. als Heizungsrohre benutzt.

Kupferrohre sind korrosionsbeständig und einfach zu montieren. Sie sind als Versorgungsleitungen für Wasser, Öl und Gas weit verbreitet.

Kunststoffrohre werden wegen der geringen Material- und Verlegekosten teilweise als Entsorgungs- und Trinkwasserleitungen sowie für Fußbodenheizungen verwendet (s. Übersicht).

Warmwasser- und Heizungsrohre werden zur Vermeidung von Wärmeverlusten mit Formstücken aus Schaumstoff oder Steinwolle **isoliert**.

8.11.2 Rohrverbindungen

Rohre lassen sich lösbar und unlösbar miteinander verbinden. **Unlösbare Rohrverbindungen** werden durch Schweißen, Löten und Kleben, lösbare durch Rohrgewinde, Verschraubungen, Muffen und Flanschverbindungen hergestellt.

Verschweißt werden meist nahtlose Stahlrohre, aber auch Kunststoffrohre z. B. aus PE.

Gelötet werden dünnwandige Stahlrohre und Kupferrohe. Durch die Kupferrohrlötung mithilfe von Lötfittings (s. Seite 228) lassen sich auf einfache Weise Leitungssysteme herstellen.

Durch **Kleben** lassen sich Kunststoffrohre aus PVC sehr gut mit Muffen verbinden.

Lösbare Verbindungen sind erforderlich, wenn Teile, z. B. Armaturen, in einem Rohrsystem austauschbar sein sollen.

Gewindeverbindungen sind in der Gas- und Wasserinstallation bei Verwendung von verzinkten Gewinderohren üblich. Auf Gewinderohren kann wegen der großen Wanddicke ein Whitworth-Rohrgewinde geschnitten werden. Zur Herstellung von Rohrleitungssystemen stehen Gewindefittings (Formstücke) aus Temperguss zur Verfügung (Bild 1).

[1] DVGW = Deutscher Verein des Gas- und Wasserfaches e.V.

Zuordnung der Kunststoffrohre

Leitungen für	Kunststoffrohr aus	
Entsorgung	PVC	Polyvinylchlorid
Trinkwasser	PE	Polyethylen
Fußbodenheizung	PB	Polybutan

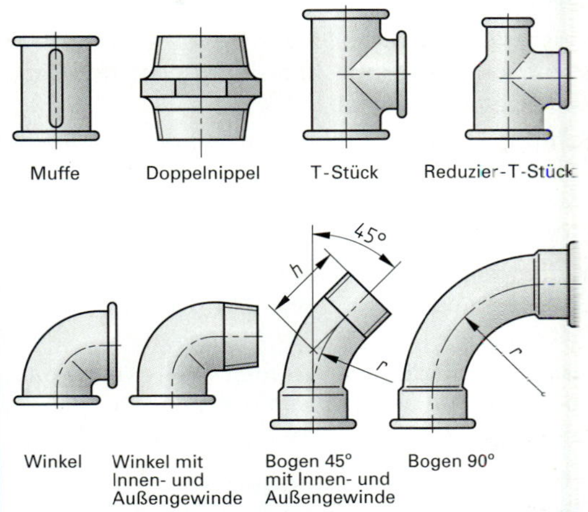

1 Temperguss-Fittings

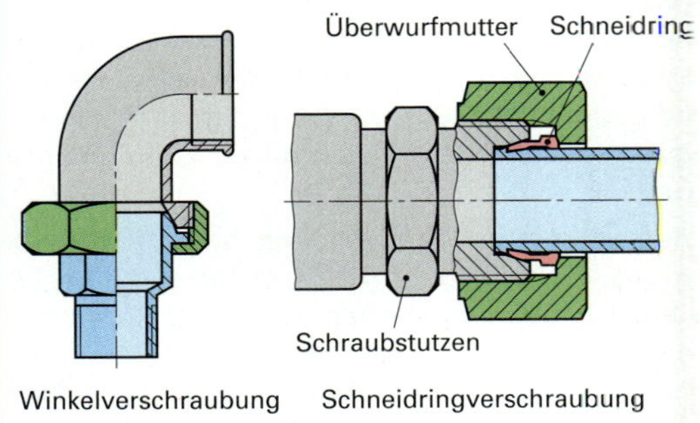

2 Rohrverbindungen durch Verschraubungen

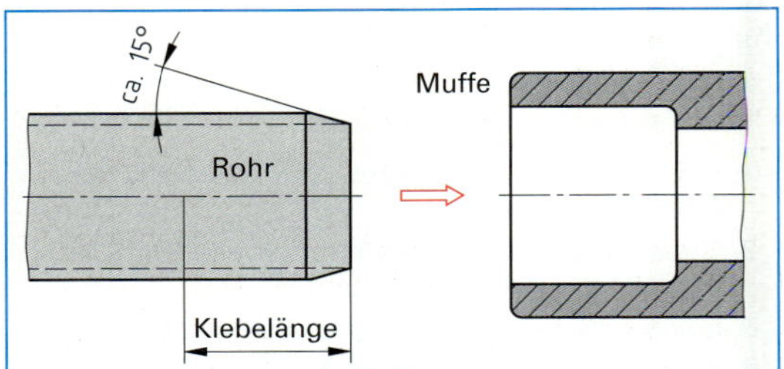

3 Muffenverbindung
Beispiel: Kleben eines PVC-Rohres

Durch die nach DIN 2999 festgelegte Kombination des zylindrischen Innengewindes mit dem kegeligen Außengewinde entsteht zwischen den Gewindeflanken eine metallische **Pressdichtung**. Ein Dichtungsmittel wird beim Verschrauben mit eingezogen und soll Unregelmäßigkeiten ausgleichen sowie zusätzlich abdichten. Als Dichtungsmittel werden Hanf mit Dichtungspaste, **Dichtungspaste** (ohne Hanf) und **Dichtungsbänder** aus temperaturbeständigem Kunststoff verwendet.

Verschraubungen (Bild 2 der vorherigen Seite) dichten entweder mit ihrer Form oder mit Flach- oder Profildichtung ab.

Schneidringverschraubungen werden häufig bei dünnen Kupferrohren eingebaut. Der durch das Verschrauben fest eingedrückte Schneidring sorgt für einen dichten Abschluss.

Muffenverbindungen werden oft geklebt oder mit Gummiringen abgedichtet (Bild 3 der vorherigen Seite).

Flanschverbindungen werden bei Nennweiten über DN 50 verwendet, da sie leichter abzudichten sind. Gebräuchliche Flansche zeigt Bild 1.

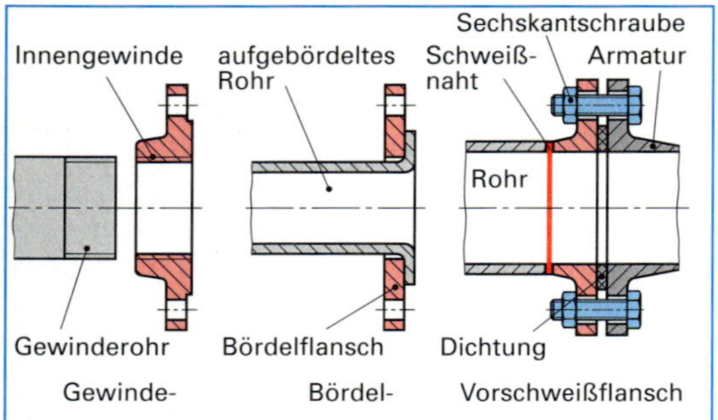

1 Rohrverbindungen durch Flansche

8.11.3 Rohrbefestigungen

Längere Rohrleitungen müssen im Abstand von etwa 1,5 m mit Rohrhaken oder Rohrschellen befestigt werden (Bild 2). Die einfachste Ausführung ist die Befestigung mit **Rohrhaken**. Durch ihr vorsichtiges Einschlagen wird das Rohr an die Wand gedrückt und so festgeklemmt. Diese Befestigung eignet sich nicht für Leitungen, die sich erwärmen und dadurch ausdehnen. Mit dieser starren Befestigung ist außerdem eine stärkere Schallübertragung verbunden.

Häufiger werden **Rohrschellen** benutzt. Rohrleitungen, die sich erwärmen, erhalten zum Längenausgleich **Dehnungsbogen**. Für diese Rohre sind Pendelrohrschellen oder elastische Halterungen (Stahlfeder-Rohrschellen) geeignet. Zur **Schalldämmung** sind sie fast alle mit Einlagen aus Gummi und Filz versehen. Auch die elastische Halterung dämpft die Schallübertragung. Die Montage der Rohrschellen ist abhängig vom Gewicht der Rohrleitung und vom Material und der Dicke der Wände (Bild 3).

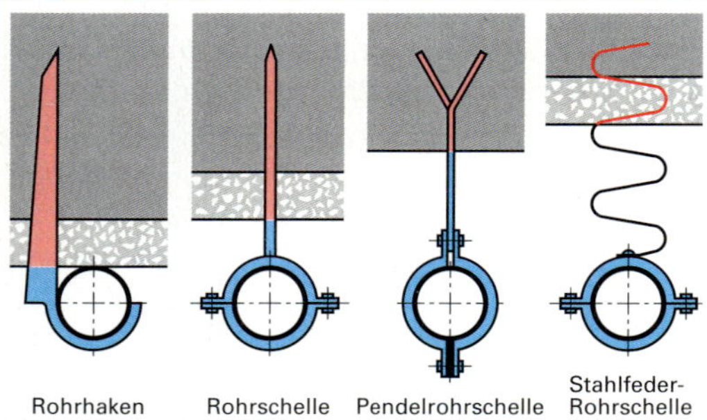

2 Rohrhalterungen

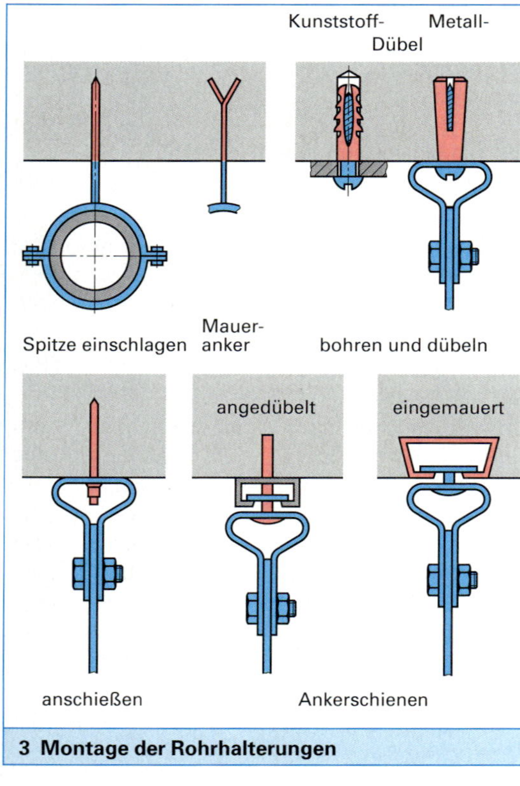

3 Montage der Rohrhalterungen

Überprüfen Sie Ihre Kenntnisse

1. **Was versteht man unter Nennwert DN eines Rohres?**
2. **Geben Sie den Verwendungszweck für Stahl-, Kupfer- und Kunststoffrohre an.**
3. **Erstellen Sie eine Übersicht für Rohrverbindungen.**
4. **Was sind Verschraubungen?**
5. **Beschreiben Sie 3 Beispiele für eine Rohrbefestigung.**

9 Elektrotechnik

Elektrische Energie ist eine Energieform, die sehr vielseitig anwendbar, einfach verfügbar und leicht zu transportieren ist. Sie wird in fast allen Lebensbereichen eingesetzt. **Grundkenntnisse der Elektrotechnik** benötigen alle, die mit elektrotechnischen Geräten umgehen müssen um die sachgemäße Handhabung zu erleichtern, vor allem aber auch zum Schutz von Leben und Gesundheit.

9.1 Grundbegriffe der Elektrotechnik

Auf elektrischen Geräten und Bauteilen sind meist Angaben über die elektrischen Größen Spannung, Stromstärke und elektrische Leistung zu finden. Die Kenntnisse über die Zusammenhänge dieser Größen ist die Voraussetzung für einen sachgerechten Umgang mit den Geräten.

9.1.1 Elektrischer Stromkreis

Am Beispiel der Wirkungsweise einer Taschenlampe lässt sich erkennen, dass elektrische Energie nur in einem **geschlossenen** System, dem elektrischen Stromkreis, transportiert werden kann. So leuchtet die Glühlampe nur, wenn der Schalter der Taschenlampe betätigt wird (Bild 1).

In einem Ersatzschaltbild (Bild 2) sind die wesentlichen Bestandteile dieses elektrischen Stromkreises eingetragen. Dies sind im Einzelnen: eine Spannungsquelle, leitfähige Verbindungen, ein Verbraucher und ein Schalter. In Schaltplänen werden diese Bestandteile sinnbildlich durch Schaltzeichen dargestellt (Bild 3).

Die Spannungsquelle (hier eine Batterie) stellt die elektrische Energie zur Verfügung und sorgt dafür, dass der für die erwartete Wirkung (hier das Leuchten der Glühlampe) erforderliche elektrische Strom fließt. Dies kann jedoch nur bei geschlossenem Schalter funktionieren.

> Ein elektrischer Strom fließt nur in einem geschlossenen Stromkreis.

9.1.2 Leitung der elektrischen Energie

Werkstoffe besitzen zum Teil ganz unterschiedliche Fähigkeiten, den elektrischen Strom zu leiten. Metalle z. B. besitzen eine gute Leitfähigkeit und werden deshalb als **Leiter** bezeichnet. Kunststoffe, Holz und keramische Stoffe sind **Nichtleiter**, weil sie nicht fähig sind, den elektrischen Strom fließen zu lassen. Wird der elektrische Strom von einem Stoff nur unter bestimmten Bedingungen weitertransportiert, wird dieser Stoff **Halbleiter** genannt.

> In der Elektrotechnik unterscheidet man Leiter, Nichtleiter (Isolatoren) und Halbleiter.

Ursache für die unterschiedliche elektrische Leitfähigkeit ist der unterschiedliche atomare Aufbau der Stoffe.

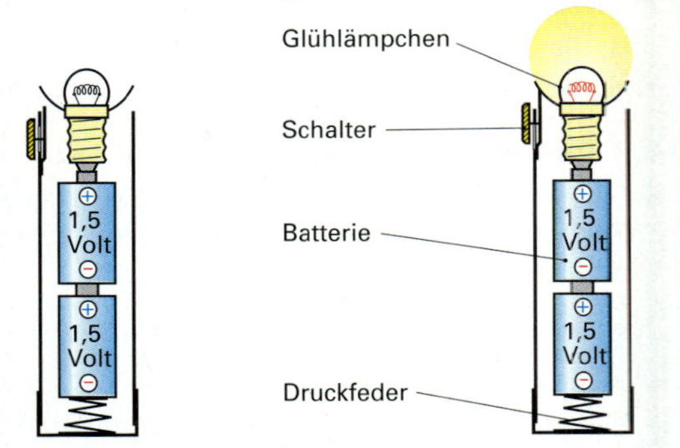

1 Funktionsweise einer Taschenlampe

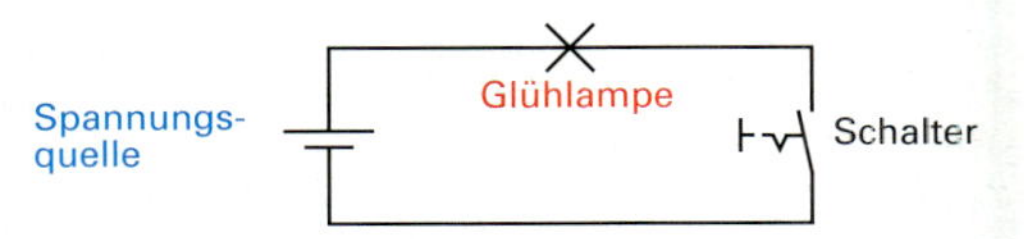

2 Schaltplan zu Bild 1 (unterbrochen)

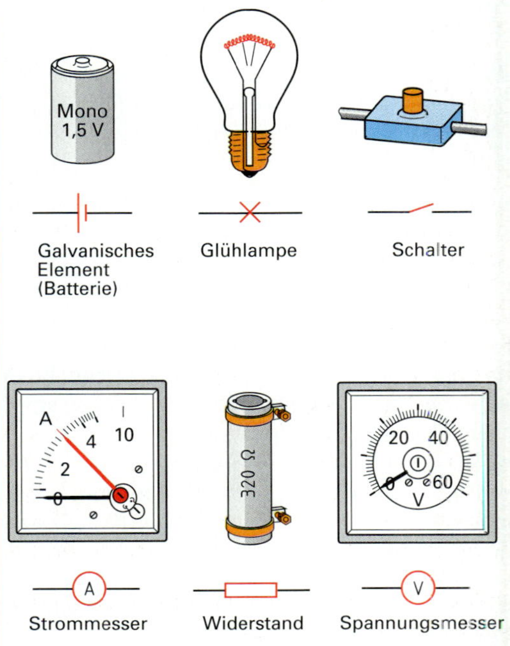

3 Schaltzeichen

Im Atomkern werden die neutralen Neutronen und die positiv geladenen Protonen durch sehr starke Bindungskräfte zusammengehalten. Genau so viele Elektronen, wie es Protonen gibt, bewegen sich um den Kern. Sie besitzen eine negative Ladung. Die Ladung eines einzelnen Elektrones heißt Elementarladung.

Die Bewegung der Elektronen lässt sich gut durch das Schalenmodell darstellen (Bild 1). Die Metalle tragen auf der äußeren Schale nur wenige Elektronen, z.B. Kupfer eines und Aluminium drei. Diese Außenelektronen können sich leicht vom Rest des Atomes lösen, sodass ein positiv geladenes Metallion entsteht. Alle Metallionen zusammen bilden ein regelmäßiges Metallgitter (Seite 70), in dem sich diese Außenelektronen, auch freie Elektronen genannt, ungehindert bewegen können (Bild 2).

Stoffe, die sehr viele freie Elektronen besitzen, sind Leiter.

Nichtleiter haben keinen kristallinen Aufbau und keine frei beweglichen Elektronen.

9.1.3 Elektrischer Strom

Bewegen sich alle freien Elektronen in die gleiche Richtung, so spricht man von einem elektrischen Stromfluss.

Elektrischer Strom in Metallen ist die gerichtete Bewegung freier Elektronen.

Die elektrische Stromstärke hat die Maßeinheit Ampere (A) und das Formelzeichen I.

9.1.4 Elektrische Spannung

Metallische Leiter verhalten sich normalerweise elektrisch neutral. Eine äußere Kraft ist erforderlich, um die freien Elektronen zum Fließen zu bringen. Diese wird erreicht, indem zwei sich anziehende Ladungen getrennt werden. Die so getrennten Ladungen haben das Bestreben den ursprünglichen Zustand wieder zu erreichen, sie erzeugen eine elektrische Spannung. Wird ihnen über einen leitfähigen Stoff diese Möglichkeit gegeben, so kommt es zur Ladungsbewegung, dem elektrischen Strom (Bild 3).

Die elektrische Spannung ist die zum Trennen von Ladungen aufgewendete Energie. Sie ist Voraussetzung für das Fließen eines elektrischen Stromes.

Die elektrische Spannung hat die Maßeinheit Volt (V) und das Formelzeichen U.

9.1.5 Elektrischer Widerstand

Die innerhalb eines Stromkreises verwendeten Werkstoffe lassen den elektrischen Strom mehr oder weniger gehemmt fließen – sie setzen ihm je nach Werkstoff, Querschnitt und Länge unterschiedliche Widerstände entgegen.

Der Begriff des elektrischen Widerstandes wird in der Praxis häufig nicht eindeutig verwendet. Zum einen wird unter der Bezeichnung das Bauteil, aber andererseits auch die physikalische Größe verstanden. Aus diesem Grunde ist es sinnvoll vom Widerstand als Bauteil und vom Widerstandswert als der physikalischen Größe zu sprechen.

Der elektrische Widerstandswert von Bauteilen wird in Ohm (Ω) angegeben. Das Formelzeichen ist R.

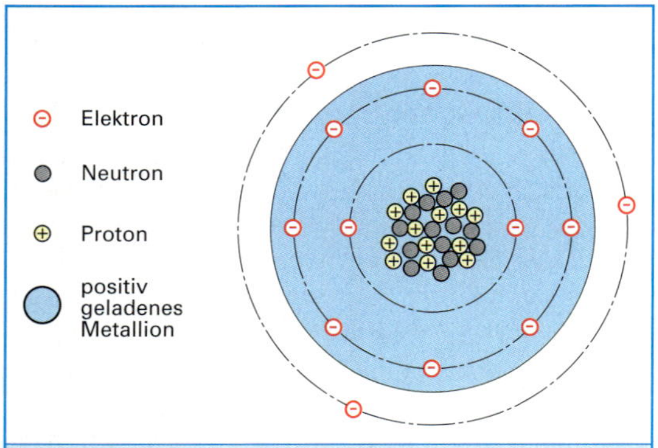

1 Schalenmodell eines Aluminiumatoms

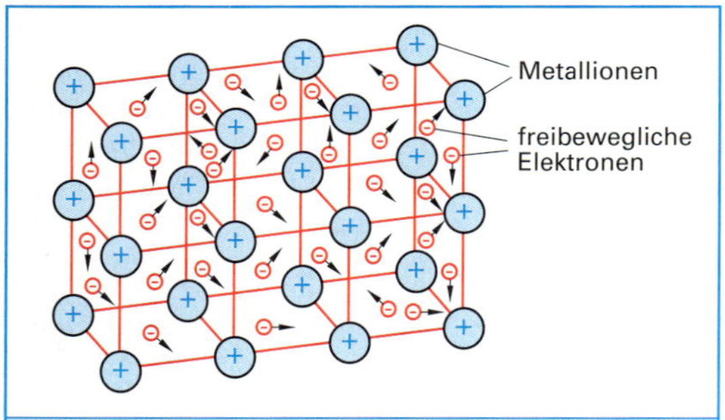

2 Gittermodell des Metallgefüges mit freien Elektronen

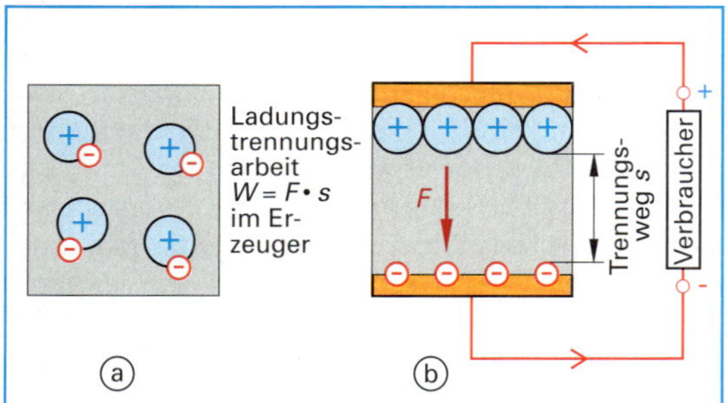

3 Schema der Ladungstrennung durch Aufwendung mechanischer Arbeit

9.1.6 Ohm´sches Gesetz

Versuche, bei denen man die Gesetzmäßigkeiten des Stromkreises durch systematisches Ändern der Größen von Erzeugern und Verbrauchern darstellen kann, lassen sich durch die Änderung der Anzahl der Lämpchen und Monozellen ähnlich wie bei der Taschenlampe in Bild 1 auf Seite 247 durchführen. Einfacher ist es jedoch, eine Stecktafel (Bild 1) zu benutzen und als Energiequelle eine regelbare Gleichstromquelle. Außerdem sind **Messinstrumente** für den Strom und die Spannung notwendig.

Versuch 1: Als Verbraucher wird ein Lämpchen benutzt. Die Spannung wird allmählich gesteigert. Zuerst glüht das Lämpchen schwach dunkelrot, allmählich wird es weißglühend. Gleichzeitig mit der Spannung steigt auch die Stromstärke (Bild 2).

Schaltet man ein zweites Lämpchen in den Stromkreis, so beginnt die Rotglut erst bei höherer Stromstärke. Zwei Lämpchen setzen offenbar dem Fließen der Elektronen einen größeren **Widerstand** entgegen als eines. Zwei hintereinandergeschaltete Lämpchen benötigen also eine höhere Spannung, damit die gleiche Wirkung eintritt.

Im geschlossenen Stromkreis sind Stromstärke, Spannung und Widerstand voneinander abhängig.

Die Spannung entstand durch Ladungstrennung in der Energiequelle. Die **Einheit der Ladung** ist **1 Coulomb (C).** Sie entspricht 6,24 Trillionen Elementarladungen (= $6{,}24 \cdot 10^{18}$). Um die **Spannung** von **1 Volt** zu erzeugen, muss mithilfe der Arbeit von 1 Ws (= 1 J) die Ladung von 1 C getrennt werden:

$$\text{Spannung} = \frac{\text{Arbeit}}{\text{Ladung}} \qquad \boldsymbol{U = \frac{W}{Q}} \qquad 1\,\text{V} = \frac{1\,\text{Ws}}{1\,\text{C}}$$

Im Stromkreis fließt ein Strom von Elektronen. Jedes Elektron besitzt eine Elementarladung. Je stärker die Spannung ist, desto mehr Elektronen fließen in der gleichen Zeitspanne und desto stärker ist der **Strom** (Einheit **1 Ampere** = 1 A).

$$\text{Stromstärke} = \frac{\text{Ladung}}{\text{Zeit}} \qquad \boldsymbol{I = \frac{Q}{t}} \qquad 1\,\text{A} = \frac{1\,\text{C}}{1\,\text{s}}$$

Wird die Spannung im Versuch verdoppelt, verdreifacht oder vervierfacht, fließt auch der doppelte, dreifache oder vierfache Strom (Tabelle 1).

Bei gleichbleibendem Widerstand ist die Stromstärke proportional zur Spannung.

Versuch 2: Wird nun der Widerstand systematisch vergrößert, verringert sich im gleichen Maße die Stromstärke (Tabelle 2):

Bei gleichbleibender Spannung sind Stromstärke und Widerstand umgekehrt proportional.

$$\text{Widerstand} = \frac{\text{Spannung}}{\text{Stromstärke}} \qquad \boldsymbol{R = \frac{U}{I}} \qquad 1\,\Omega = \frac{1\,\text{V}}{1\,\text{A}}$$

Dieser Zusammenhang, das Grundgesetz des Stromkreises, wird das **Ohm´sche Gesetz** genannt (Ω bedeutet Ohm).

1 Stecktafel für Unterrichtsversuche mit Stromkreisen

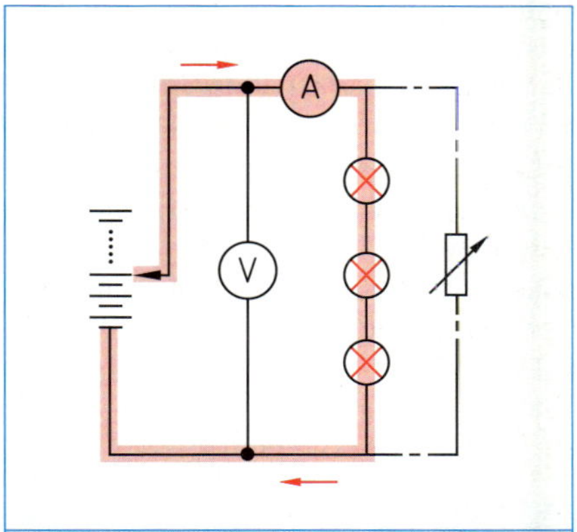

2 Stromkreis mit veränderlicher Spannung und veränderbarem Widerstand

Tabelle 1

U	I	R
1,5	0,15	10 Ω
3	0,3	10 Ω
4,5	0,45	10 Ω
6	0,6	10 Ω

Tabelle 2

U	I	R
3	0,3	10
3	0,15	20
3	0,1	30
3	0,075	40

9.2 Schaltungsarten

Häufig werden von einer Spannungsquelle mehrere Verbraucher betrieben. So werden z. B. bei jedem Pkw von einer Batterie oder Lichtmaschine viele unterschiedliche Geräte wie Hupe, Innenraumbeleuchtung, Außenbeleuchtung, Zündung u. a. mit dem erforderlichen Strom versorgt.

Je nachdem wie diese Verbraucher geschaltet sind, spricht man von einer Reihenschaltung oder Parallelschaltung. Bei einer Reihenschaltung werden die Verbraucher nacheinander alle vom selben Strom durchflossen. Beim Ausfall eines Verbrauchers würde allerdings der Stromkreis unterbrochen. Ein Stromfluss wäre dann nicht mehr möglich, denn alle anderen Verbraucher könnten auch nicht mehr betrieben werden. Deshalb findet diese Schaltungsart wenig Anwendung. Stattdessen werden die Verbraucher so geschaltet, dass sie alle „parallel“ an derselben Spannung liegen (Bild 1).

9.2.1 Reihenschaltung

Versuch: Zwei verschieden große Widerstände werden in einem Stromkreis in Reihe geschaltet (Bild 2). Messinstrumente werden so angeordnet, dass der durchfließende Strom und die anliegende Spannung jedes Widerstandes zu messen sind. Man stellt bei der Reihenschaltung fest:

- Es fließt überall derselbe Strom.
- Die Summe der Teilspannungen ist gleich der Gesamtspannung.
- Der Gesamtwiderstand ist gleich der Summe der Einzelwiderstände.
- Die Spannungen verhalten sich wie die zugehörigen Widerstände.

$$I_1 = I_2 = I_3 = \ldots$$
$$R = R_1 + R_2 + R_3 + \ldots$$

$$U = U_1 + U_2 + U_3 + \ldots$$
$$\frac{U_1}{R_1} = \frac{U_2}{R_2} = \frac{U_3}{R_3}$$

9.2.2 Parallelschaltung

Versuch: Zwei verschieden große Widerstände werden parallel geschaltet. Der durchfließende Strom und die an jedem Widerstand anliegende Spannung werden gemessen (Bild 3). Man stellt für die Parallelschaltung fest:

- An allen Verbrauchern liegt dieselbe Spannung.
- Der Gesamtstrom ist gleich der Summe der Einzelströme.
- Die Ströme verhalten sich umgekehrt wie die Widerstände.

Mit dem **Leitwert *G*** anstelle des Widerstandes ist die Summe der Einzelleitwerte gleich dem Gesamtleitwert.

$$U_1 = U_2 = U_3 = \ldots$$
$$\frac{I_1}{R_2} = \frac{I_2}{R_1}; \quad G = \frac{1}{R}$$

$$I = I_1 + I_2 + I_3 + \ldots$$
$$G = G_1 + G_2 + G_3 + \ldots$$

An Glühlampen, Haushaltsgeräten und Elektromotoren kann man lesen, dass sie für die einheitliche Spannung von 230 V (früher 220 V) ausgelegt sind. Deshalb müssen sie wie die Steckdosen parallel geschaltet werden, um die volle Netzspannung zu erhalten (Bild 3).

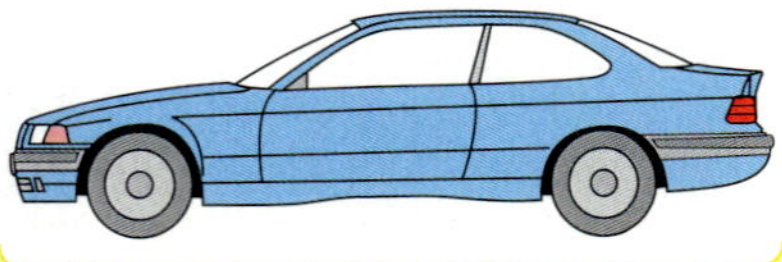

Elektronische Getriebesteuerung	Airbag-Auslösung, Gurtstrammer
Leerlauf-Drehzahl Regelung	Radio, Autotelefon
Anti-Blockier-System Antriebs-Schlupf-Regelung	Bordcomputer
Digitale Motorelektronik, Klopfregelung, Elektronische Zündsysteme, Einspritzsysteme	Heizungs-, Klima-Regelung
	Sitzverstellung mit Positionsspeicher
Wisch-Wasch-Steuerung	Zentralverriegelung
Diebstahl-Sicherungssystem	Elektronische Anzeige (Geschwindigkeit, Drehzahl, Kraftstoffverbrauch, Uhrzeit und Temperatur)
Stop-Start-System	

1 Parallelschaltung von Verbrauchern

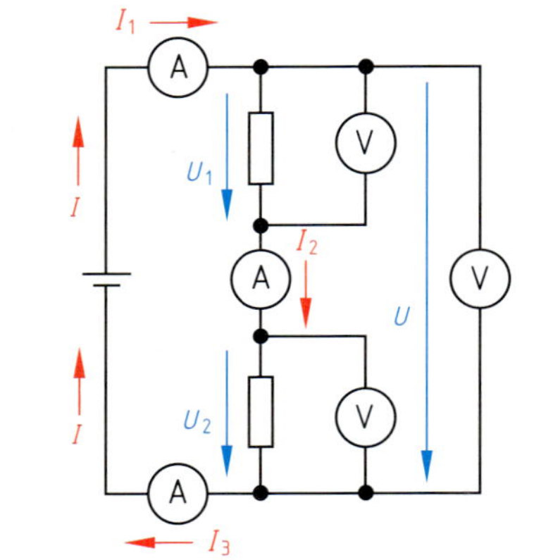

2 Schaltplan einer Versuchsanordnung zur Reihenschaltung

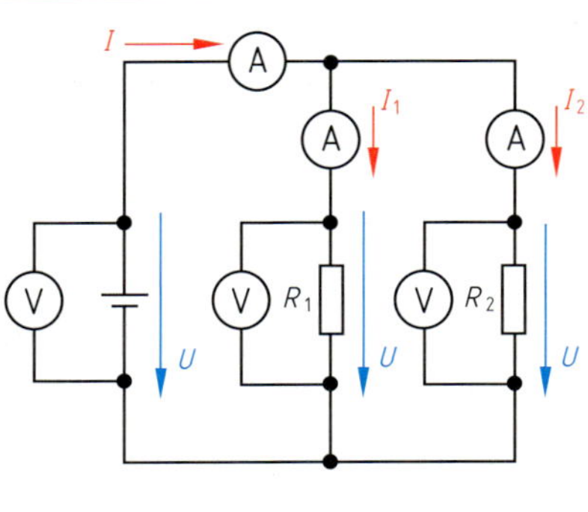

3 Schaltplan einer Versuchsanordnung zur Parallelschaltung

9.3 Leistung und Wirkungsgrad

Die mechanische Arbeit ist das Produkt aus Kraft und Weg: $\boldsymbol{W = F \cdot s}$ (Seite 114).

Auch beim Betrieb elektrischer Geräte verrichtet der Strom Arbeit. Im Kraftwerk wird Arbeit aufgewendet, um Spannung bereitzustellen, damit jederzeit elektrischer Strom fließen kann.

Energie ist die Fähigkeit, Arbeit zu verrichten.

Elektrische Arbeit bewirkt, dass eine Spannung eine Ladungsmenge (Seite 249) durch die Leitung fließen lässt. Je höher Spannung und Stromstärke sind, desto größer ist diese Ladungsmenge und desto mehr Arbeit wird verrichtet:

$$W = U \cdot Q \qquad W = U \cdot I \cdot t$$

$$1\,\text{Ws} = 1\,\text{J} = 1\,\text{V} \cdot 1\,\text{A} \cdot 1\,\text{s}$$

Statt Wattsekunde (Ws) wird in der Praxis die **Kilowattstunde** benutzt: 1 kWh = 3 600 000 Ws.

Beobachtet man einen Zähler im Haushalt, so sieht man, dass er mehr kWh zählt, wenn mehr Geräte eingeschaltet sind, also mehr Arbeit verrichtet wird.

Leistung ist die verrichtete Arbeit dividiert durch die dazu benötigte Zeit.

$$P = \frac{W}{t} \qquad P = \frac{U \cdot I \cdot t}{t}$$

$$P = U \cdot I \qquad 1\,\text{W} = 1\,\text{V} \cdot 1\,\text{A}$$

Die Leistungsaufnahme ist auf dem Geräteschild angegeben. Sie bedeutet gleichzeitig den **Anschlusswert**, mit dem das Netz belastet wird.

Eine elektrische Maschine gibt nicht nur ein Drehmoment ab, sie wird auch warm. Ein Teil der elektrischen Energie wird hier in nicht genutzte Wärme überführt. Eine Glühlampe wandelt den geringeren Teil der Energie in Licht um, den größeren in Wärme (Bild 3). Auch bei Elektrogeräten berechnet man den **Wirkungsgrad**:

$$\eta = \frac{W_2}{W_1} \cdot 100\,\% \qquad \text{oder} \qquad \eta = \frac{P_2}{P_1} \cdot 100\,\%$$

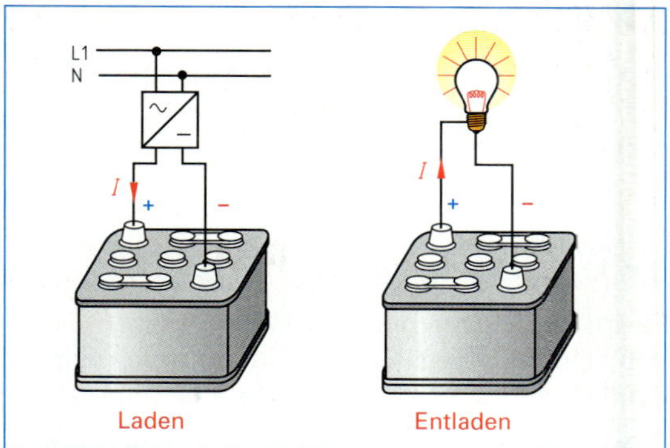

1 Energie einer geladenen Batterie, $W = U \cdot I \cdot t$

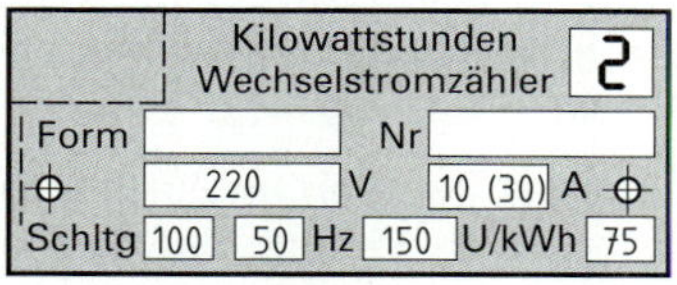

2 Leistungsschild eines Wechselstromzählers

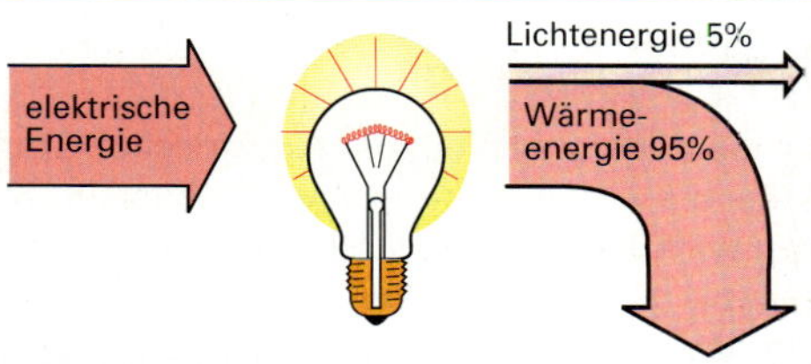

3 Wirkungsgrad einer Glühlampe, $\eta = 5\,\%$

Überprüfen Sie Ihre Kenntnisse

1. **Was versteht man unter freien Elektronen?**
2. **Erläutern Sie das Modell der Ladungstrennung!**
3. **Wie ist eine Elementarladung festgelegt?**
4. **Was fließt in den Leitungen, wenn man vom elektrischen Strom spricht?**
5. **Erläutern Sie das Ohm´sche Gesetz!**
6. **Wie kann man die Spannung und die Stromstärke aus dem Begriff der Elementarladung herleiten?**
7. **Was bedeuten Spannung und Stromstärke für den praktischen Energieverbrauch?**
8. **Warum werden Verbraucher in der Regel parallel geschaltet?**
9. **Erläutern Sie, wie elektrische Weihnachtsbaumkerzen geschaltet sind!**
10. **Begründen Sie, warum auch der elektrische Wirkungsgrad nie über 100 % liegen kann!**
11. **Berechnen Sie mithilfe der Leistungsformel, ob an eine mit 16 A belastbare Leitung (siehe Seite 259) ein Heizlüfter von 4000 W Leistung angeschlossen werden darf.**

9.4 Wirkungen des elektrischen Stromes

Elektrischer Strom kann nicht sichtbar gemacht werden, wie z. B. eine fließende Flüssigkeit. Das Fließen eines elektrischen Stromes ist ausschließlich an den Wirkungen des Stromflusses zu erkennen.

9.4.1 Lichtwirkung

Elektrische Spannungen zwischen Wolken und Erde entladen sich bei einem Gewitter in Form von Blitzen. Dabei ist deutlich die Lichtwirkung zu erkennen (Bild 1).

Licht entsteht mithilfe des elektrischen Stromes auch in Glühlampen. Der fließende elektrische Strom erhitzt die Wolframdraht-Wendel bis auf Weißglut (ca. 3000 °C). Dabei entsteht Licht und Wärme. In Leuchtstoffröhren fließt elektrischer Strom in ionisiertem Gas, was ebenfalls eine Lichtwirkung auslöst.

Auch zum Erfassen bestimmter Zustände in der Steuerungstechnik wird die Lichtwirkung des Stromes ausgenutzt. So werden beispielsweise über sogenannte Lichtvorhänge (Lichtschranken) Anlagen bei nicht erwünschtem Eingriff durch Menschen angehalten.

9.4.2 Wärmewirkung

Durch den Widerstand, der dem elektrischen Strom innerhalb eines Leiters entgegengesetzt wird, entsteht Wärme. Diese Wärme wird z. B. bei allen Heizgeräten (Föhn, Bügeleisen, Härteofen) genutzt. Darüber hinaus ist die so erzeugte Wärme aber auch nutzbar beim Lichtbogen- oder beim elektrischen Widerstandsschweißen (z. B. Punktschweißen). Auch zu Sicherheitszwecken kann diese Wirkung des elektrischen Stromes eingesetzt werden. Der Leiter einer Schmelzsicherung z. B. wird bei zu großem Stromfluss so stark erhitzt, dass er „durchbrennt“ und somit den Stromkreis unterbricht.

9.4.3 Magnetische Wirkung

Magnetische Kräfte treten auf, wenn ein Strom durch die Spulen von Elektromagneten fließt. Diese Wirkung macht man sich überall dort zu eigen, wo große magnetische Haltekräfte benötigt werden, wie z. B. bei Lasthebemagneten oder elektromagnetischen Spannplatten (Bild 2 u. 3), aber auch zum Schalten von Relais oder Schützen sowie zum Erzeugen von Drehmomenten in allen Elektromotoren und Generatoren.

9.4.4 Chemische Wirkung

Stromfluss durch die leitende Flüssigkeit Wasser führt zu einer Zerlegung des Wassers in Wasserstoff und Sauerstoff. Diesen Vorgang, der so oder so ähnlich auch mit anderen Flüssigkeiten möglich ist, nennt man Elektrolyse. Technische Anwendung findet diese Technik bei der Herstellung von Metallen und von Gasen (Bild 4).

1 Blitzentladung

2 Lasthebemagnet

3 Elektromagnetische Spannplatte

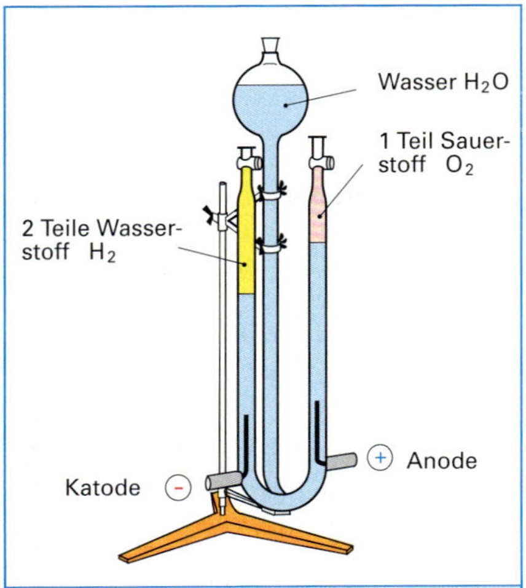

4 Elektrolyse des Wassers

9.5 Bereitstellung elektrischer Energie

Grundsätzlich kann jede Art von Energie zur Ladungstrennung verwendet werden und damit in elektrische Energie umgewandelt werden. Zur „Erzeugung" des elektrischen Stroms in größerem Umfang werden jedoch nur genutzt:

- die mechanische und magnetische Energie in den Generatoren der Kraftwerke,
- die chemische Energie in den galvanischen Elementen, den „Batterien".

9.5.1 Elektrischer Strom und Magnetismus

Ein allgemein bekanntes Beispiel für den Zusammenhang zwischen Elektrizität und Magnetismus ist die **elektrische Türklingel** (Bild 1). Beim Druck auf den Klingelknopf schließt sich der Stromkreis. Durch die Wicklung (N) um den Eisenkern (Fe) fließt ein Strom. Der Eisenkern wird magnetisch und zieht die Feder (F) mit dem Klöppel an. Die Glocke (G) klingt an. Dabei öffnet sich der Kontakt (K) und damit auch der Stromkreis, sodass sich die Feder vom Magneten löst. Dies wiederholt sich, solange man auf den Klingelknopf drückt.

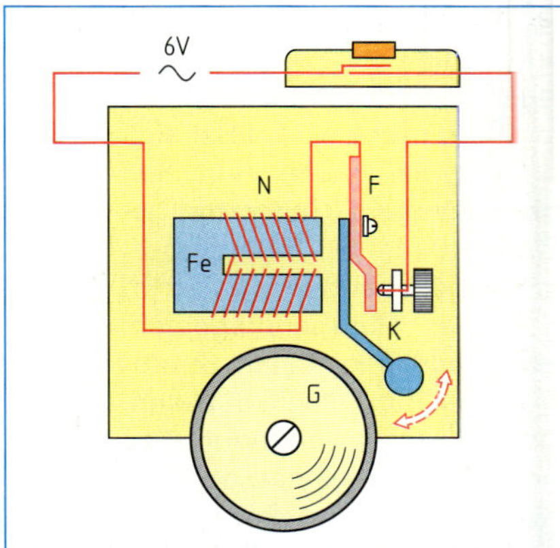

1 Elektrische Klingel (Schema)

Versuch 1: Man nähert zwei Magnete einander (Bild 2). **Nordpol** und **Südpol** ziehen sich an, die gleichnamigen Pole (N + N; S + S) stoßen sich ab. Bei etwas größerem Abstand sind diese Anziehungs- und Abstoßungskräfte nicht mehr wahrnehmbar.

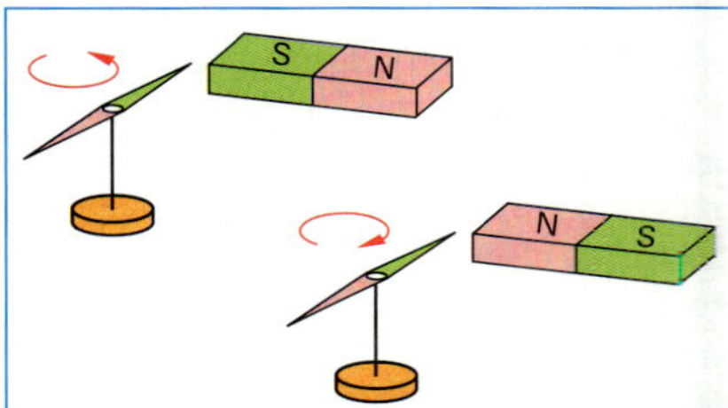

2 Wirkung der Magnetpole aufeinander

Versuch 2: Auf einen Stabmagneten wird eine Glasplatte gelegt, auf die man Eisenfeilspäne streut. Sie zeigen in der Nähe des Magneten ein regelmäßiges Muster (Bild 3).

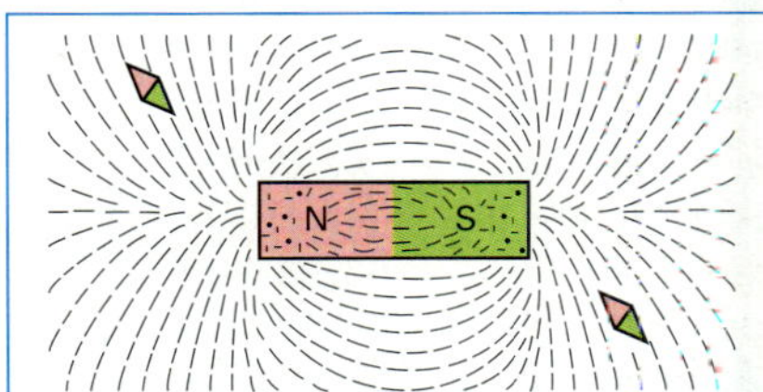

3 Sichtbarmachung des magnetischen Feldes durch Eisenfeilspäne

> Ein Magnet ist von einem magnetischen Kraftfeld umgeben, dessen Wirkung mit der Entfernung von den Polen abnimmt.

Das **magnetische Feld** erfüllt den Raum vollständig. Zu seiner Beschreibung wurde die Modellvorstellung eingeführt, dass vom Nordpol zum Südpol **Kraftlinien** verlaufen.

Versuch 3: Ein zur Spule gewickelter Leiter wird durch Pappe geführt, die mit feinen Eisenfeilspänen bestreut wird. Wird eine elektrische Spannung angeschlossen, ordnen sich die Feilspäne zu regelmäßigen Mustern (Bild 4).

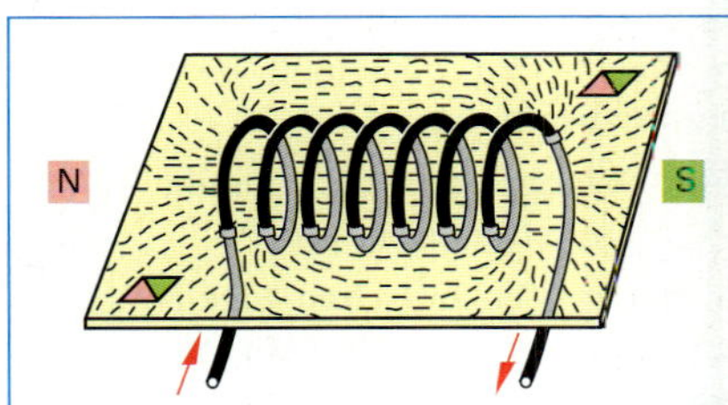

4 Magnetisches Feld um eine stromdurchflossene Spule

> Um einen stromdurchflossenen Leiter besteht ein Magnetfeld. Die Richtung des Magnetfeldes hängt von der Stromrichtung ab.

9.5.2 Spannungserzeugung durch Induktion

Versuch 4: Eine Spule ist mit einem empfindlichen Spannungs-Messinstrument verbunden (Bild 5). Schiebt man einen starken Stabmagneten in die Spule, schlägt der Zeiger des Instruments aus. Er bewegt sich entgegengesetzt, wenn man den Magneten zurückzieht. Bleibt der Magnet in Ruhe, ruht auch der Zeiger. Bleibt der Magnet in Ruhe, aber die Spule wird bewegt, schlägt der Zeiger auch aus.

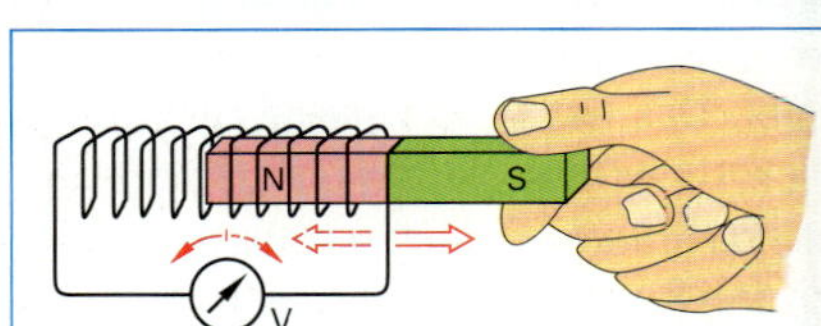

5 Grundversuch zur Induktion

Die Tatsache, dass bei der Bewegung eines Leiters durch ein Magnetfeld eine Spannung erzeugt (induziert) wird, lässt sich zur Konstruktion eines einfachen **Stromerzeugers (Generator)** benutzen (Bild 1). Eine Leiterschleife befindet sich drehbar im Feld eines Hufeisenmagneten. Jedes Ende trägt einen Stromabnehmer mit Schleifkontakten, über die eine Verbindung zu einem Spannungsmesser läuft. Dreht man die Schleife, schlägt der Zeiger abwechselnd nach links und rechts aus.

Schließt man den Generator an ein Oszilloskop an, kann man auf dem Bildschirm eine **Sinuskurve** erkennen (Bild 2). Der Generator erzeugt eine **Wechselspannung**. Sie ändert sowohl ihre Größe als auch ihre Richtung.

Bei den bisherigen Versuchen wurde immer **Gleichstrom** (z. B. aus Batterien) benutzt. Seine Spannung ist gleich groß und gleich gerichtet.

Die freien Elektronen werden im Leiter durch die magnetische Kraft in einer Richtung bewegt, wenn sich der Leiter in das Magnetfeld hineinbewegt. Bewegt er sich wieder heraus, drängt die magnetische Kraft die Elektronen in die entgegengesetzte Richtung (Bild 3). Auch im Magnetfeld geschieht eine Ladungstrennung.

Beim **Wechselstrom** pendeln die Ladungsträger hin und her.

Bei der großtechnischen Erzeugung von Strom wird der Magnet bewegt, und die Leiterschleifen stehen still (Bild 4). Sie sind so um den Magneten angeordnet, dass die Summe der drei erzeugten Spannungen immer Null ergibt. Das hat viele Vorteile für das Verteilernetz (Bild 5).

Die Verbraucher nutzen entweder drei Phasen, z. B. für Elektromotoren und -herde, oder nur zwei für die Beleuchtung.

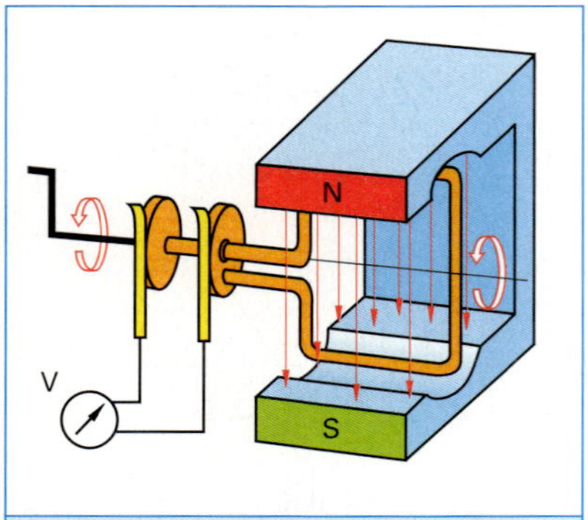

1 Einfacher Wechselstromgenerator

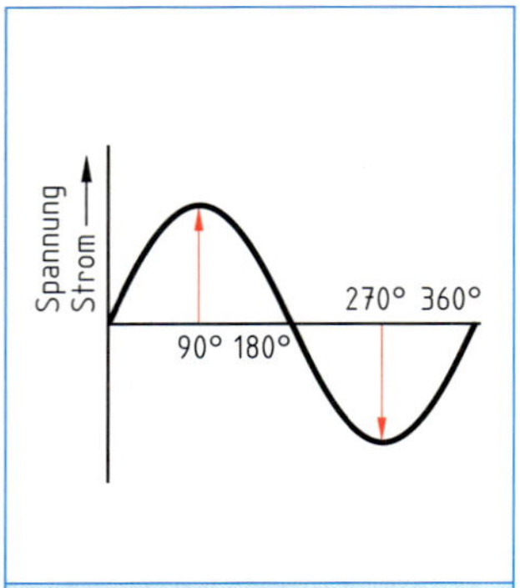

2 Zeitliche Änderung der Spannung bei Wechselstrom (Sinuskurve)

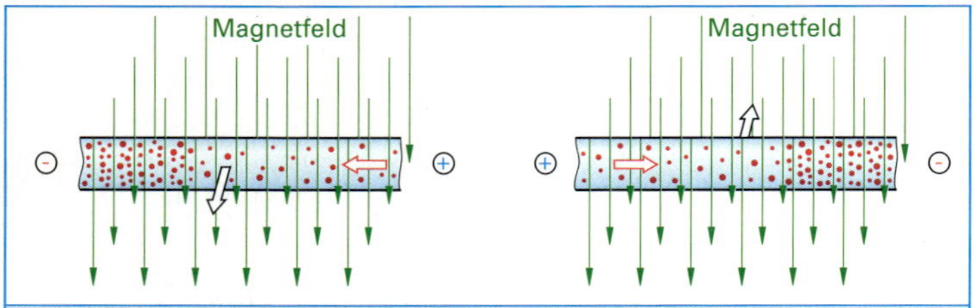

3 Entstehung der gerichteten Elektronenbewegung in einem bewegten Leiter, der ein Magnetfeld kreuzt

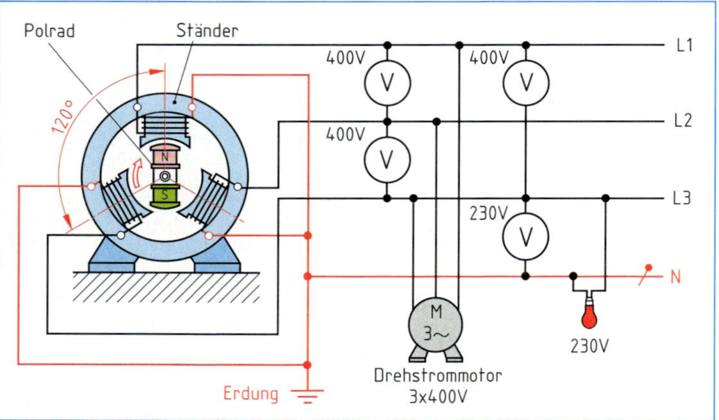

4 Generator und Verteilernetz für Dreiphasenwechselstrom

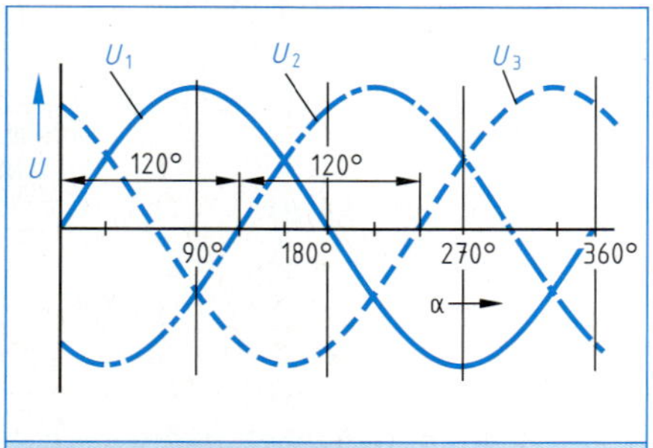

5 Verlauf der Spannungen bei einem Dreiphasenwechselstrom

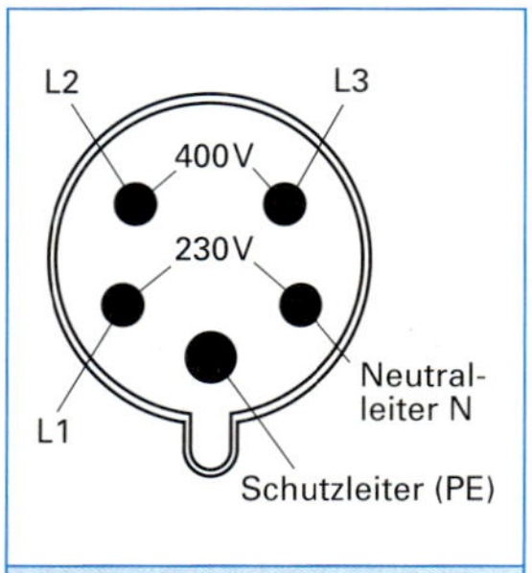

6 Schema einer Drehstromsteckdose für 400 V

9.5.3 Elektrochemische Reaktionen

Versuch: Je ein Kupfer- und Zinkblechstreifen werden in ein Glasgefäß mit verdünnter Schwefelsäure gebracht. Werden sie über einen Spannungsmesser leitend verbunden, zeigt er eine Spannung von 1,1 V an (Bild 1).

Ersetzt man das Zink durch einen Kohlestab, werden die Ausschläge geringer (0,3 V). Nimmt man als Flüssigkeit reines Wasser oder Benzin oder setzt zwei **Elektroden** aus gleichem Material ein, erfolgt kein Ausschlag.

Ein **Galvanisches Element** besteht aus zwei verschiedenen Leitern in einem Elektrolyten.

Als **Elektrolyt** dienen Laugen, Säuren oder Salzlösungen. Durch Versuche mit unterschiedlichen Leiterpaarungen wurde die Elektrochemische Spannungsreihe ermittelt (Tabelle). Sie zeigt die theoretisch mögliche Spannungsdifferenz.

Die Höhe der Spannung eines Galvanischen Elements hängt von der Werkstoffpaarung der Elektroden ab.

In Uhren, Radios und anderen Geräten verwendet man **Trockenelemente.** Der Elektrolyt ist durch ein neutrales festes Quellmittel gebunden. Es sind **Primärelemente**, die nach einmaliger Entladung unbrauchbar sind.

Das meistgebrauchte Trockenelement ist das **Kohle-Zink-Braunstein-Element** mit einer Anfangsspannung von 1,5 V (Bild 2). Salmiak (Ammoniumchlorid NH_4Cl) wird als Elektrolyt verwandt. Der Braunstein nimmt den bei der chemischen Reaktion entstehenden Wasserstoff auf, das Zink wird verbraucht.

Sekundärelemente (Akkumulatoren) lassen sich mehrmals wieder aufladen. Eine bestimmte Kombination von Elektrolyt und Elektrodenmaterial erlaubt, wenn an das entladene Element eine Spannung angelegt wird, ein erneutes Aufladen. Bei der Autobatterie sind die Elektroden aus Blei und Bleisulfid, der Elektrolyt ist Schwefelsäure.

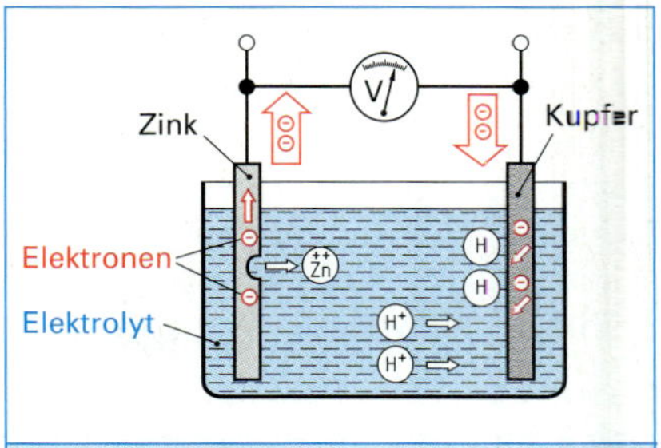

1 Galvanisches Element

Elektrochemische Spannungsreihe (Auswahl)	
Gold	+ 1,70 V
Quecksilber	+ 0,85 V
Kohle	**+ 0,74 V**
Kupfer	+ 0,34 V
Wasserstoff	**0,00 V**
Blei	− 0,13 V
Cobalt	− 0,29 V
Eisen	− 0,44 V
Zink	**− 0,76 V**
Aluminium	− 1,67 V
Natrium	− 2,71 V
Lithium	− 3,05 V

(↑ edel — unedel ↓)

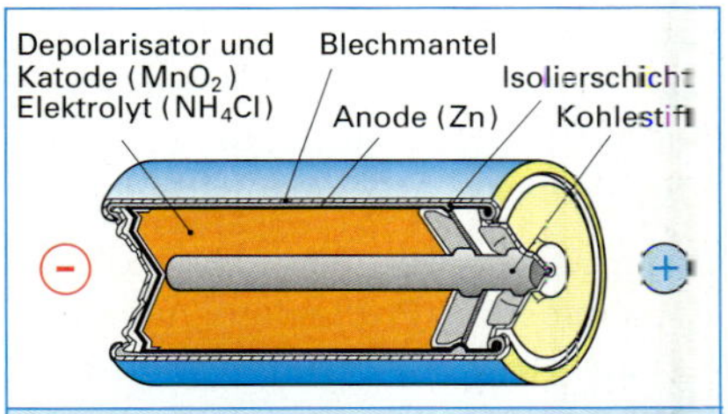

2 Zink-Braunstein-Element (Monozelle)

9.5.4 Kraftwerke

Wasserkraftwerke verwerten die Energie des Wassers aus Stauseen, Flüssen oder vereinzelt auch aus den Gezeitenströmen, z. B. der Nordsee. Diese Möglichkeiten sind sehr begrenzt. Das Aufstauen großer Wassermassen stellt einen schweren Eingriff in die Natur dar.

Wärmekraftwerke werden in der Mehrzahl mit fossilen Brennstoffen wie Kohle, Erdöl und Erdgas betrieben (Bild 4). Ihre Abgase enthalten viele Schadstoffe.

Wird die Wärme durch die gesteuerte Spaltung von Atomkernen (Bild 5) erzeugt („Kernkraftwerk"), sind umfangreiche Sicherheitsvorkehrungen nötig.

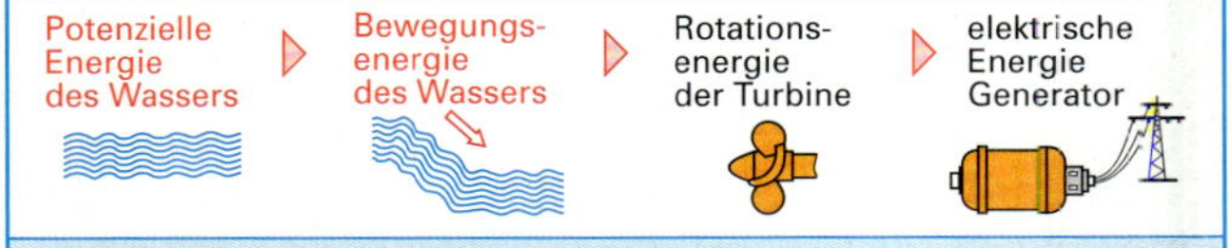

3 Wasserkraftwerk (Schema)

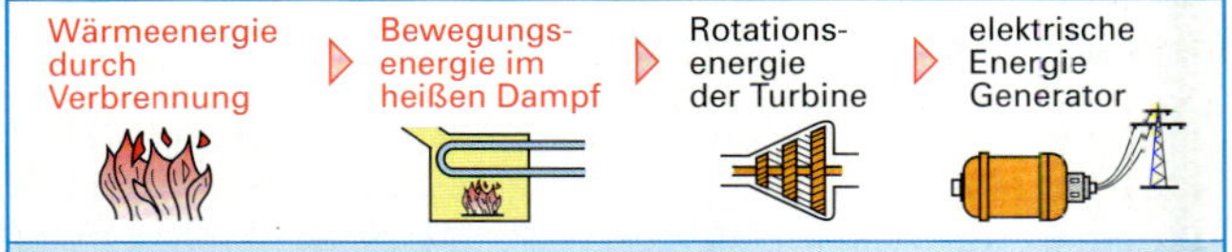

4 Wärmekraftwerk, fossil gefeuert (Schema)

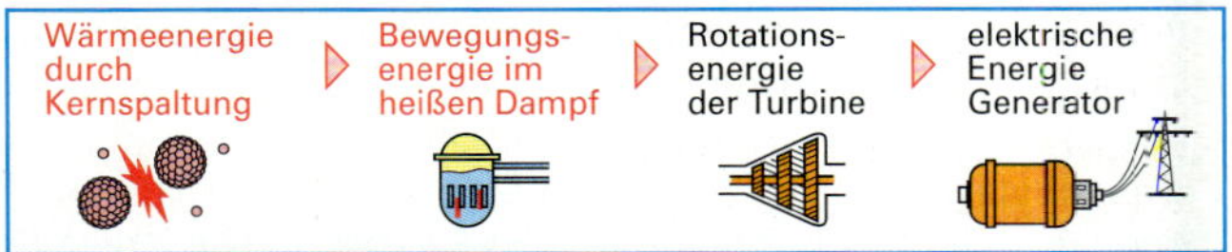

5 Wärmekraftwerk mit Kernreaktor (Schema)

9.6 Messung elektrischer Größen

Um Anlagen ordnungsgemäß und sicher zu betreiben, muss immer wieder gemessen werden. An elektrischen Geräten können durch die ständige Messung der Betriebsspannung und der Stromstärke Abweichungen festgestellt werden, die auf Störungen hinweisen.

Versuch: Auf einer Waage sind Wägestücke und eine Eisenplatte im Gleichgewicht. Schaltet man den Elektromagneten unter der Eisenplatte ein, wird diese angezogen. Neue Wägestücke stellen das Gleichgewicht wieder her. Nach Spannungserhöhung zieht der Elektromagnet die Eisenplatte wieder an.

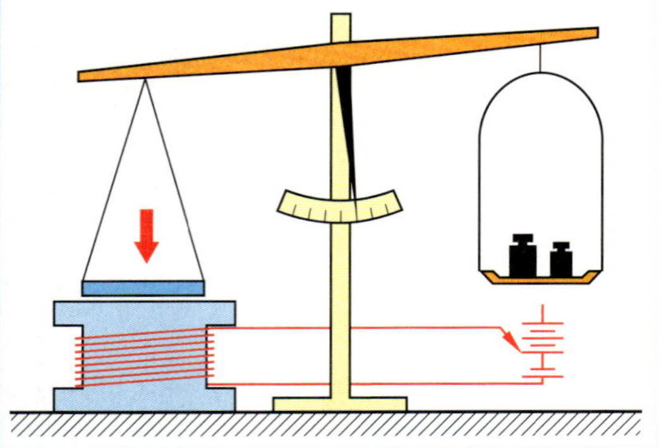

1 Zusammenhang zwischen Spannung und magnetischer Kraft bei einem Elektromagneten

Die Stärke eines Elektromagneten hängt von der Stärke der anliegenden Spannung ab.

Nach dieser Gesetzmäßigkeit arbeiten viele Messwerke. Weitverbreitet ist das **Dreheisenmesswerk** (Bild 2). Fließt ein Strom durch die Spule, werden sowohl feste Eisenzylinder als auch die bewegliche Eisenplatte magnetisiert. Ihre Nord- und Südpole liegen einander gegenüber und stoßen sich ab. Je größer die angelegte Spannung ist, desto größer wird der Zeigerausschlag. So arbeiten Messgeräte mit einer analogen Anzeige. Beim Zeigermessgerät wird der Messwert durch ein Messwerk angezeigt, wobei jede Messwertänderung auch eine Anzeigeänderung hervorruft.

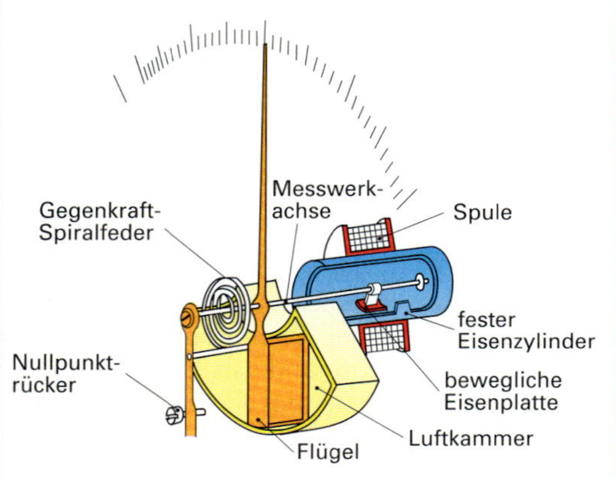

2 Dreheisenmesswerk

Zeigermessgeräte gibt es als tragbare Geräte, z. B. in Labors und Prüffeldern, und als Schalttafelmessgeräte, z. B. in Verteilungen.

Die meisten analog anzeigenden Messgeräte nützen die magnetische Kraftwirkung aus.

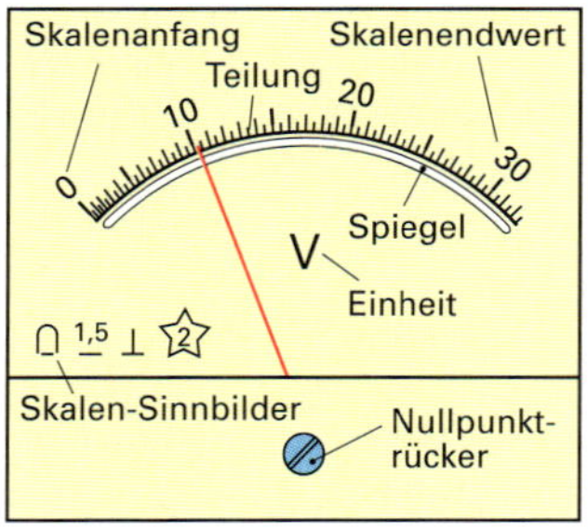

3 Aufbau einer Skale

Zwischen dem feststehenden und dem beweglichen Messwerkteil entsteht durch die anliegende Messgröße ein Drehmoment, das die Stellung des beweglichen Teils ändert. Damit ein Zeigerstillstand erfolgt, muss dem elektrischen Drehmoment ein mechanisches Drehmoment, meist hervorgerufen durch eine Spiralfeder, entgegen wirken. Dadurch wird der bewegliche Teil gedämpft, sodass man den Messwert schnell und genau ablesen kann.

Zentraler Teil eines Zeigermessgerätes ist die **Skale** (Bild 3). Jede Skale hat eine in Teilstriche eingeteilte Skalenteilung. Die Skalenteilung kann unterschiedlich sein, z. B. Feinskale, Grobskale oder quadratische Skalenteilung (Bild 1, folgende Seite).

Bei **digitalen Messgeräten** wird der Messwert in Stufen, z. B. 30,23 V, dann 30,24 V usw. direkt als Zahlenwert angezeigt (Bild 4). Da Digitalmessgeräte keine Mechanik haben, können sie in jeder beliebigen Gebrauchslage selbst bei Erschütterungen verwendet werden. Wegen ihrer einfachen Handhabung und Bedienung können sie auch von ungeübten Personen benutzt werden.

4 Digital- und Analog-Anzeige

Spannungsmessung

Elektrische Energie wird aus anderen Energiearten durch Ladungstrennung umgewandelt (s. Seite 248). Dabei entstehen am ursprünglich neutralen Leiter ein **Pluspol** mit Elektronenmangel und ein **Minuspol** mit Elektronenüberschuss. Zwischen ihnen herrscht eine elektrische Spannung. Will man sie messen, muss das Messgerät zwischen beiden Polen eingebaut werden (Bild 2).

> Der Spannungsmesser wird immer parallel zum Verbraucher oder zum Spannungserzeuger geschaltet.

Weil elektrische Geräte nur mit der vorgeschriebenen Spannung betrieben werden dürfen, ist die Spannungsmessung sehr wichtig.

Messung der Stromstärke

Da die Spannung immer gleich bleibt, kann man durch die Messung der Stromstärke feststellen, ob der Verbrauch eines Gerätes höher ist, als auf dem Leistungsschild angegeben. Deshalb muss auch der gesamte Strom, der durch das Gerät fließt, durch den Strommesser fließen (Bild 3).

> Strommesser schaltet man immer in Reihe mit dem Verbraucher.

Sowohl zur Strom- als auch zur Spannungsmessung benutzt man meistens **Vielfachmessgeräte** (Bild 1). Dabei sollte beachtet werden:

- Den Messbereichwahlschalter auf den höchsten Bereich einstellen, dann eventuell herunterschalten.
- Nur in Gebrauchslage erhält man richtige Messergebnisse.

Für die **Energieverbrauchsmessung** werden die Stärke des durchfließenden verbrauchten Stroms und die Spannung gemessen. Die Anzeige wird dann in kWh geeicht, d.h., aus Strom, Spannung und Zeit wird im Messwerk die Arbeit ermittelt (Seite 249).

Spannungsprüfung

Um bei einer defekten elektrischen Anlage festzustellen, ob Teile unter Spannung stehen oder um Steckdosen zu überprüfen, benutzt man **Spannungsprüfer**. Bei der zweipoligen Bauart flimmern beide Pole einer **Glimmlampe** bei Kontakt mit Wechselspannung. Berührt der positive Pol eine Gleichspannung, leuchtet nur er auf (Bild 4).

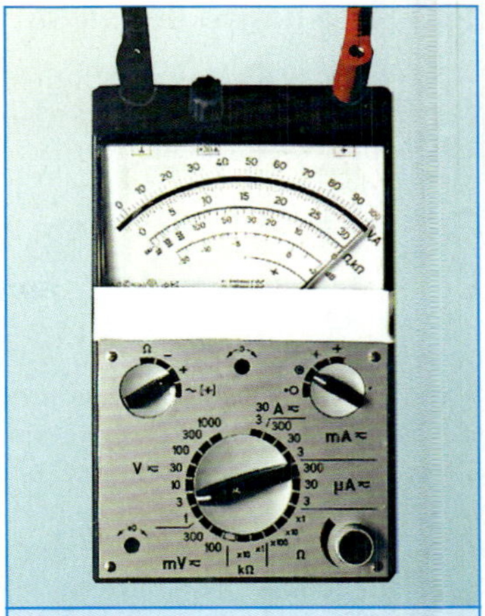

1 Analoges Vielfachmessgerät

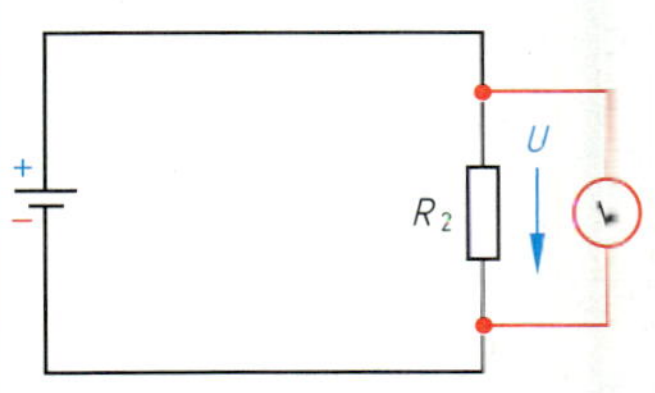

2 Spannungsmessung

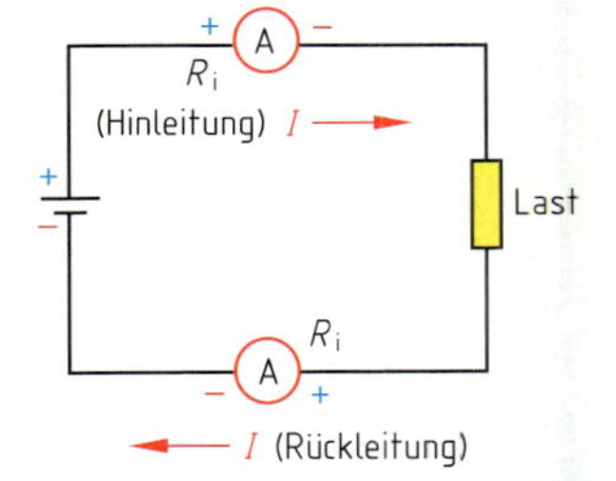

3 Strommessung

9.7 Schutz vor den Gefahren des elektrischen Stroms

Tausende von Unfällen geschehen infolge von Fehlern beim Umgang mit elektrischem Strom, z.B. durch schadhafte Leitungen und defekte Geräte. Wer spannungsführende Teile berührt, kann einen Schock, Verbrennungen oder den Tod erleiden. Ruinierung von Gebäuden durch Brände oder Zerstörung elektrischer Anlagen sind die Folge zu stark erwärmter Leitungen.

> Um Menschen vor Gefährdung und Sachwerte vor Zerstörung zu bewahren, ist beim Umgang mit elektrischen Anlagen Vorsicht geboten.

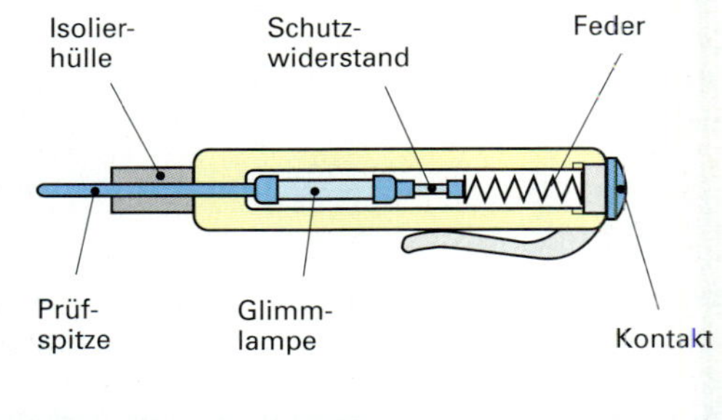

4 Zweipoliger Spannungsprüfer

9.7.1 Wirkungen des elektrischen Stroms auf den menschlichen Organismus

Das Nervensystem und die Muskeln arbeiten mit schwachen bio-elektrochemischen Reaktionen. **Leben und Gesundheit** werden gefährdet, wenn die in der Technik üblichen Ströme ihren Weg durch den menschlichen Körper nehmen (Tabelle 1 und 2).

Ströme unter 0,005 A (5 m A) und Spannungen unter 10 V bewirken leichte Nervenreize. Höhere Spannungen und Stromstärken erzeugen Muskelverkrampfungen und Nervenschocks. Steigen Stromstärke und Spannung und wird die Einwirkzeit länger, folgen Störungen der Herztätigkeit, Bewusstlosigkeit und Verbrennungen. Feuchte Haut leitet besser als trockene, in feuchten Räumen ist der Übergangswiderstand zwischen Haut und spannungsführenden Teilen geringer.

Der elektrische Strom ist umso gefährlicher, je länger er durch den Körper fließt, je höher Spannung und Stromstärke sind und je geringer der Übergangswiderstand ist.

Tabelle 1: Häufig vorkommende Spannungen

Fernleitungs-Hochspannungsnetz	bis 750 000 V
Farbfernsehgerät	bis 25 000 V
Motoren und Geräte für Industrie und Haushalt	230 V, 400 V
Niedrigste, noch für Menschen gefährliche Spannung bei längerer Einwirkzeit	**etwa 50 V**
Schutzkleinspannung für Schweißtransformatoren	42 V
Spielzeugeisenbahn	25 V
Zelle eines Bleiakkus	2 V
Monozelle	1,5 V

Tabelle 2: Häufig vorkommende Stromstärken

Blitz (Gewitter)	über	200 000 A
Fern-Energieübertragung	bis etwa	10 000 A
Schweißtransformator	höchstens	2 000 A
Motoren	bis	50 A
Heizlüfter	bis	16 A
100-W-Glühlampe		0,45 A
Kleinste für Menschen gefährliche Stromstärke bei längerer Einwirkzeit	**etwa**	**0,02 A**
Elektronischer Taschenrechner		0,01 A

9.7.2 Fehler an elektrischen Anlagen

Elektrische Anlagen vollständig zu isolieren, ist sehr schwer. Damit sich durch kleine, den normalen Weg verlassende Ströme keine gefährlichen Spannungen aufbauen, ist das Elektrizitätsnetz geerdet. Wird nun infolge von Defekten eine leitende Verbindung zwischen einem Spannung führenden Teil und der Erde hergestellt, fließt ein **Fehlerstrom** (Bild 1).

Erdschluss ist eine direkte Verbindung zwischen einem Spannung führenden Leiter und der Erde oder geerdeten Gegenständen (Fußböden, Gas-, Wasser- und Heizungsleitungen).

Körperschluss ist die fehlerhafte leitende Verbindung zwischen Spannung führenden Teilen und ihrer Umgebung (z. B. Gerätegehäusen). Dabei entsteht eine **gefährliche Berührungsspannung** (Bild 2).

Leiterschluss tritt auf, wenn sich zwei Spannung führende Leiter ohne Isolierung berühren. Der dabei entstehende starke **Strom** muss durch die Sicherungen sofort abgeschaltet werden. **Kurzschluss** nennt man einen Leiterschluss ohne Last.

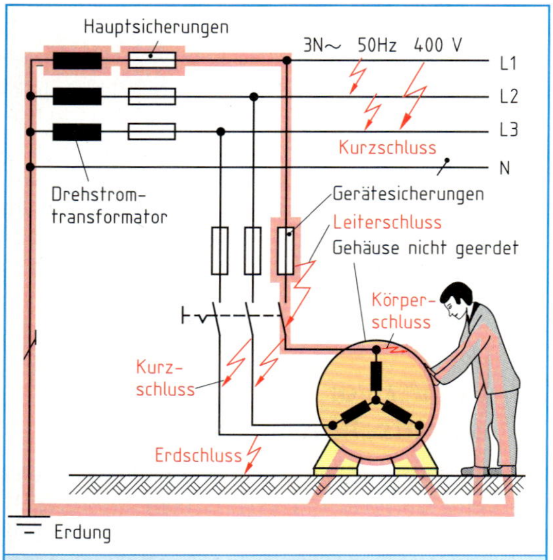

1 Mögliche Fehler an elektrischen Anlagen

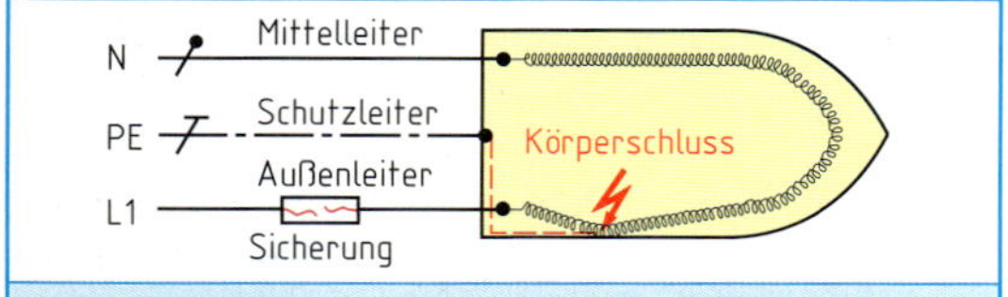

2 Körperschluss am Beispiel eines Bügeleisens

9.7.3 Schutzmaßnahmen

Direktes Berühren von unter Spannung stehenden Betriebsteilen wird durch Isolierung einzelner Leiter oder ganzer Bauteile verhindert. Die gesamte Anlage kann durch Abdeckung **(Schutzverkleidung)** vor jeglicher Berührung gesichert werden.

Schmelzsicherungen nutzen die Tatsache, dass ein zu starker Strom einen dünnen Leiter erwärmt. Der **Schmelzleiter** ist nur so dick, dass er bei Überstromstärke sofort schmilzt (Bild 1). Passeinsätze verhindern, dass stärker belastbare Sicherungen eingesetzt werden können (Tabelle).

Sicherungen dürfen weder überbrückt noch geflickt werden.

Leitungsschutzschalter, auch Sicherungsautomaten genannt, unterbrechen mithilfe thermischer und magnetischer Auslöser den Stromfluss. Sie können nach Behebung des Schadens sofort wieder eingeschaltet werden.

Schutzleiter zur Ableitung des Fehlerstroms sind bei Geräten die häufigste Schutzmaßnahme. Der Schutzleiter, erkennbar an der **grün-gelben Isolierung**, wird an das Gehäuse angeschlossen. An der Steckdose ist er über die **Schutzkontakte** (Schukosteckdose) mit dem Schutzleiter des Netzes verbunden (Bild 4). So müssen alle Geräte an das Netz angeschlossen werden, deren Gehäuse ganz oder teilweise aus elektrisch leitendem Material bestehen.

Falls durch einen Fehler Körperschluss auftritt, fließt der Strom über den Schutzleiter direkt zum Mittelleiter zurück ins Netz und die Sicherung spricht an (Bild 2).

Fehlerstromschutzschalter registrieren die Differenz zwischen zufließendem und abfließendem Strom. Wird sie zu groß, fließt also ein Teil des Stroms über die Erde zurück, schalten sie das Gerät ab.

Schutzisolierung findet man z. B. bei netzbetriebenen Körperpflegegeräten, aber auch bei Handbohrmaschinen (Bild 3). Ihr elektrischer Teil ist vollständig vom äußeren Gehäuse isoliert.

Kleinspannung wird eingesetzt, wo man das Berühren leitender Teile entweder nicht vermeiden kann oder Schutzisolierung zu teuer wäre. Deshalb werden **elektrische Schweißgeräte** höchstens mit 42 V betrieben. Bei Kinderspielzeug sorgt ein Spielzeugtransformator für höchstens 24 V Spannung.

Schutztrennung ist die Unterbrechung des direkten Stromflusses vom Netz an den Verbraucher durch einen **Trenntransformator**. So ist bei Körperschluss kein Rückfluss des Stroms über den Menschen in die Erde möglich.

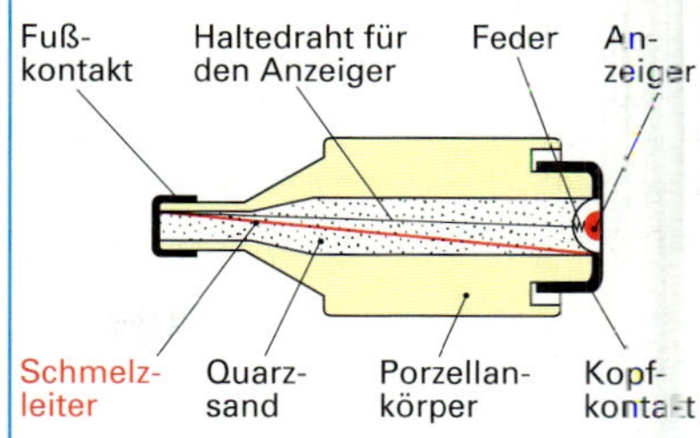

1 Schmelzsicherung im Schnitt

Schmelzsicherungen und ihre Kennzeichnung

Nennstrom	Passeinsatz	Sicherungspatrone Anzeigerfarbe	
6 A	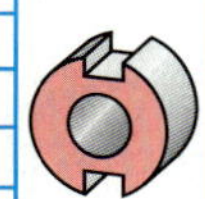	grün	
10 A		rot	
16 A		grau	
20 A		blau	
25 A		gelb	
35 A		schwarz	
50 A		weiß	
80 A		silber	

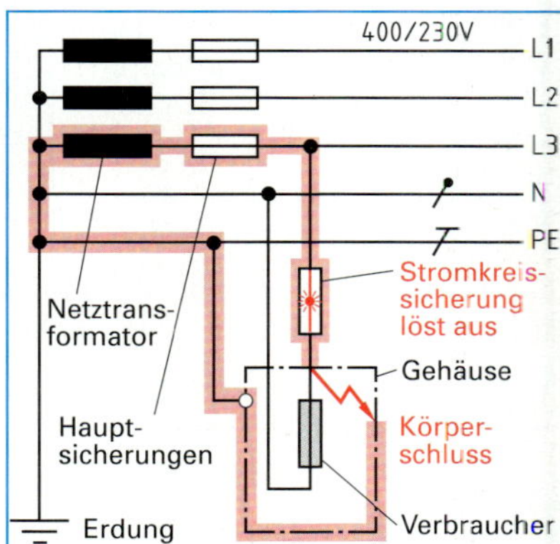

2 Prinzip des Schutzleiters

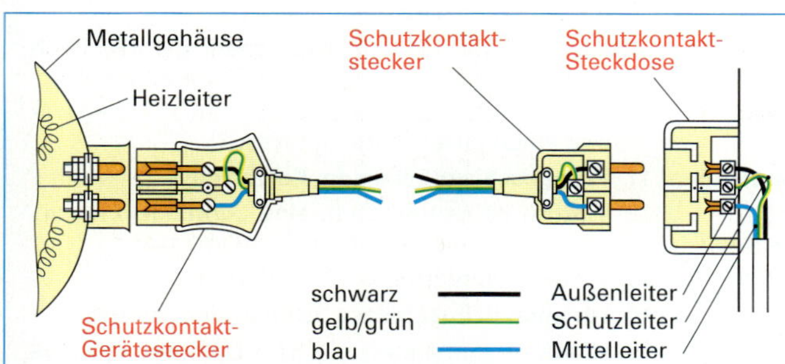

4 Schutzkontakt-Steckvorrichtung

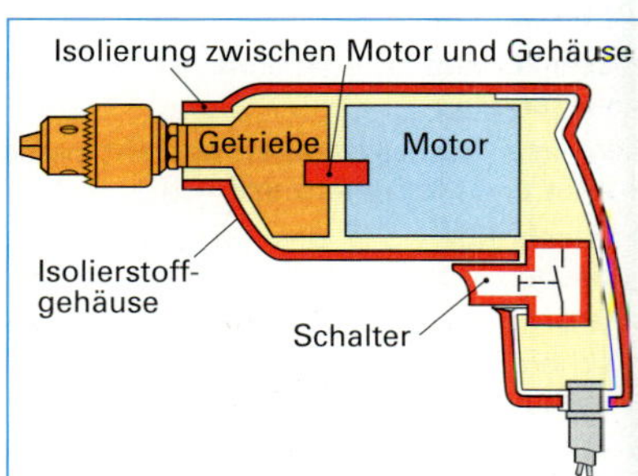

3 Schema der Schutzisolierung einer Handbohrmaschine

9.7.4 Arbeit mit elektrischen Anlagen

Elektrischer Strom ist unsichtbar. Gefährliche Berührungsspannungen sind ohne besondere Messgeräte nicht erkennbar.

Nur wenn elektrische Anlagen und Maschinen nach den anerkannten Regeln der Elektrotechnik eingerichtet, betrieben und repariert werden, kann mit ihnen gefahrlos gearbeitet werden.

Diese Regeln finden sich in den gesetzlich anerkannten Bestimmungen des **VDE** (Verband Deutscher Elektrotechniker). Wer nicht als Elektrofachkraft ausgebildet ist, kann leicht Fehler bei der Errichtung, dem Anschluss oder der Reparatur von elektrischen Betriebsmitteln machen. Deshalb gilt:

Elektrische Anlagen und Betriebsmittel dürfen nur von Fachleuten installiert und repariert werden.

Bildzeichen auf Schildern von Elektrogeräten – Auswahl

Zeichen	Bedeutung	Zeichen	Bedeutung
DVE	VDE-Prüfzeichen		Spritzwassergeschützt
	CEE-Prüfzeichen, das die nationalen Prüfzeichen ersetzen soll		Strahlwassergeschützt
N	Funkschutzzeichen des VDE für Erzeugnisse, die den VDE-Bestimmungen zur Funkentstörung entsprechen N = Normal		Tropfwassergeschützt
		...	Wasserdicht (... Angabe des Wasserdruckes)
Ex	Explosionsschutz		Anschlussklemme für Schutzleiter
	Staubgeschützt		Geräte mit Schutzisolierung
	Staubdicht		Geräte für Schutzkleinspannung (50 V)
	Hochspannungsteil eines Gerätes	GS geprüfte Sicherheit	Sicherheitszeichen (geprüfte Sicherheit)

- Vor Inbetriebnahme von Elektrogeräten die Bedienungsanweisungen genau studieren. Hinweise auf Geräteschildern beachten (Tabelle).
- Elektrogeräte müssen den VDE-Bestimmungen entsprechen und das VDE-Zeichen tragen.
- Sicherungen dürfen nicht geflickt oder überbrückt werden.
- Stromführende blanke oder umhüllte Leitungen nicht anfassen oder mit Werkzeugen berühren.
- Elektrokabel vor mechanischer Belastung und Beschädigungen schützen.
- Schadhafte Leitungen, Steckvorrichtungen und Geräte sofort außer Betrieb setzen.
- Unter Spannung stehende Geräte niemals öffnen.
- Nie gleichzeitig elektrische Geräte und gute Erdverbindungen wie Heizungen, Wasser und Gasleitungen oder Ähnliches anfassen.

Überprüfen Sie Ihre Kenntnisse

1. **Nennen Sie Beispiele für die Anwendung des Magnetismus!**
2. **Wie können magnetische Felder sichtbar gemacht werden?**
3. **Welche Gemeinsamkeit besteht zwischen Elektrizität und Magnetismus?**
4. **Beschreiben Sie das Prinzip der Elektromagnetischen Induktion!**
5. **Wie muss sich ein Leiter in Bezug zum magnetischen Feld bewegen, damit eine Verschiebung der Ladungsträger stattfindet?**
6. **Warum ist das Motorprinzip die Umkehrung des Generatorprinzips?**
7. **Begründen Sie die unterschiedlichen Methoden bei der Messung von Stromstärke und Spannung!**
8. **Welche Wirkungen hat der elektrische Strom auf den lebenden Organismus?**
9. **Nennen Sie die für Menschen gerade noch erträglichen Spannungen und Stromstärken!**
10. **Warum soll man nie zugleich ein Elektrogerät und einen guten Leiter anfassen?**
11. **Was geschieht bei einem Kurzschluss?**
12. **Warum ist es verboten, eine „durchgebrannte" Sicherung durch einen Draht zu ersetzen?**
13. **Welche Kennfarbe hat der Schutzleiter?**
14. **Welchen Schutz bieten Schmelzsicherungen?**
15. **Woran erkennt man die Schutzisolierung eines Gerätes, z. B. einer elektrischen Handbohrmaschine?**

10 Steuerungstechnik

Steuerungen sorgen für den gewünschten Funktionsablauf bei Maschinen und Geräten.

Es gibt einfache **Steuerungen** wie die einer Trennschleifmaschine, die nur aus Stromversorgung, Schaltung und Motor besteht, und komplexe Steuerungen (Bild 1), bei denen verschiedene Bedingungen erfüllt sein müssen, damit ein Schaltvorgang ausgelöst wird.

Wird der Betriebszustand einer Anlage selbsttätig auf einem bestimmten Wert gehalten, wirkt eine **Regelung** (siehe Seite 278).

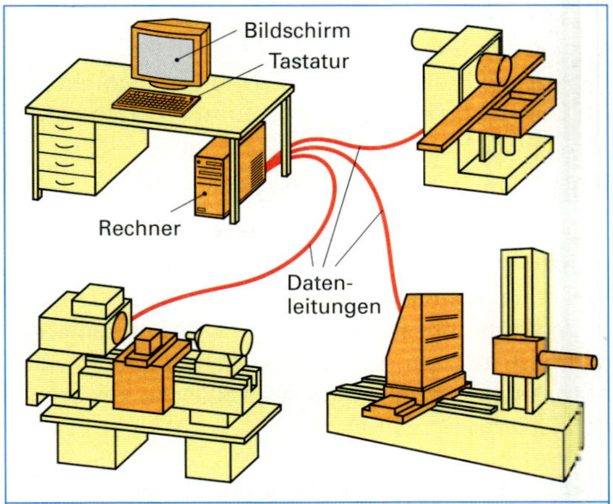

1 DNC-Steuerung von Werkzeugmaschinen

10.1 Aufbau einer Steuerung

Bauteile von Steuerungen lassen sich in drei Hauptgruppen aufgliedern:

- Bauteile zur Aufnahme der Arbeitsbefehle. Sie gehören zum Bereich der **Sensorik**.
- Bauteile, mit denen die Arbeitsabläufe festgelegt werden.
- Bauteile, die die gewünschten Befehle ausführen. Sie gehören zum Bereich der **Aktorik**.

Je nach Art der Steuerung gehören zu den einzelnen Bereichen unterschiedliche Bauteile (Bild 2).

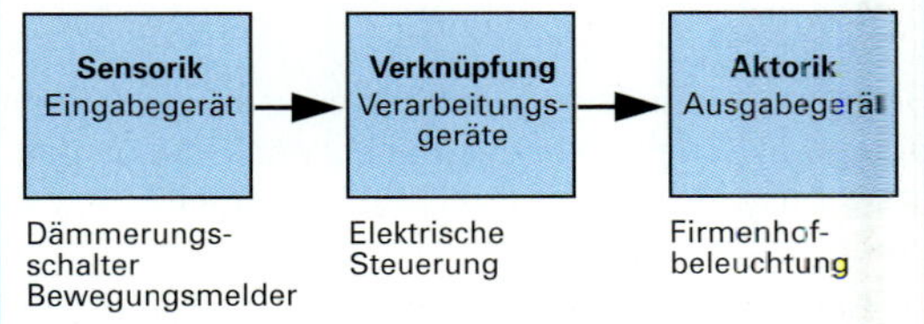

2 Aufbau einer Steuerung

Ein **Beispiel** verdeutlicht dies: Ein Firmenhof soll beleuchtet werden, wenn sich Personen bewegen. Die Beleuchtung soll nur nach Anbruch der Dunkelheit einschalten. Hierzu sind ein Dämmerungsschalter und ein Bewegungsmelder erforderlich. Diese Bauteile zählt man zum Bereich der Sensorik. In der Schaltelektronik werden die Signale der Sensorik verarbeitet (Verknüpfungsebene). Das Bauelement aus dem Bereich der Aktorik wäre in diesem Beispiel die Hofbeleuchtung (Bild 3).

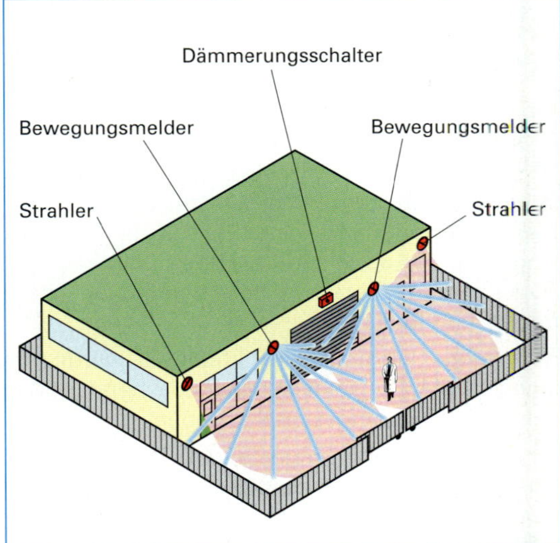

3 Steuerung einer Hofbeleuchtung

In der Steuerungstechnik verwendet man auch noch andere Bezeichnungen für die verschiedenen Baugruppen. So sind die meisten Bauelemente des Bereiches Sensorik **Steuergeräte**.

Schaltelemente und Elemente im Bereich der Verknüpfungsebene sind **Stellglieder**. Die Bauteile der Aktorik gehören zur **Steuerstrecke**.

Bei dem gezeigten Beispiel sind der Dämmerungsschalter und der Bewegungsmelder Steuergeräte, die Schaltelektronik ist das Stellglied und die Hofbeleuchtung die Steuerstrecke.

Der Aufbau einer Steuerung kann in einem Blockschaltbild (Bild 4) dargestellt werden. Es zeigt auch:

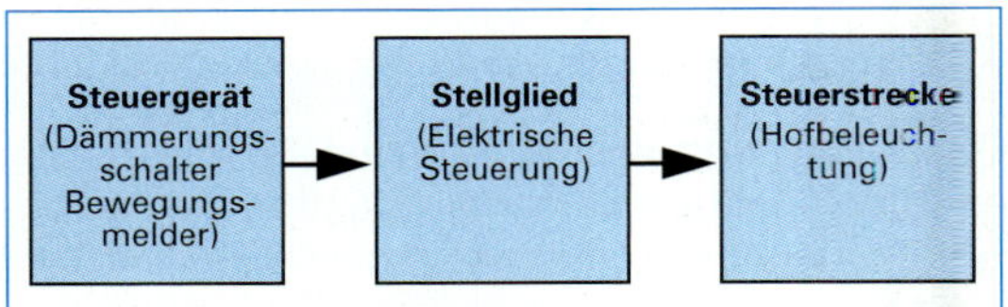

4 Blockschaltbild einer Steuerung

Eine Steuerung wirkt nur in eine Richtung.

Ist zum Beispiel der Strahler der Hofbeleuchtung im letzten Beispiel ausgefallen, so schaltet die elektrische Steuerung den Strom trotzdem ein, da die Steuerung keine Rückmeldung erhalten hat.

10.2 Steuerungsarten

Steuerungen lassen sich nach der Art der Steuersignale in **analoge, binäre** und **digitale Steuerungen** einteilen, nach der Art der Signalverarbeitung in **Verknüpfungssteuerungen** und **Ablaufsteuerungen** und nach der Art des Energieträgers in **elektrische, pneumatische** und **hydraulische Steuerungen** (Übersicht rechts).

Übersicht: Einteilung der Steuerungsarten

nach der Art der **Steuersignale**	nach der Art der **Steuerungsaufgabe**	nach dem **Energieträger**
■ analog ■ binär ■ digital	■ Verknüpfungssteuerung ■ Ablaufsteuerung	■ mechanisch ■ pneumatisch ■ hydraulisch ■ elektrisch

10.2.1 Analoge, binäre und digitale Steuerungen

Bei analogen Steuerungen verhält sich die Ausgangsgröße immer analog zum Eingangssignal.

Bei einer Handbohrmaschine wird die Drehzahl über die Schalttaste gesteuert. Wird die Schalttaste nur wenig gedrückt, läuft die Maschine mit niedriger Drehzahl; wird sie voll durchgedrückt, so wird die Höchstdrehzahl erreicht. Die Drehzahl als Ausgangsgröße verhält sich analog, nämlich ähnlich oder entsprechend zur Schalttastenstellung (Eingangssignal) (Bild 1).

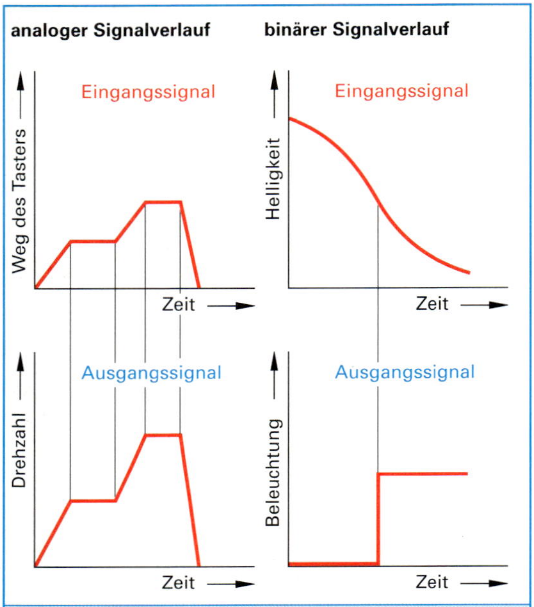

1 Analoger und binärer Signalverlauf

Bei binären Steuerungen gibt es nur zwei Schaltzustände.

Die oben beschriebene Hofbeleuchtung ist zum Beispiel eine binäre Steuerung. Der Bewegungsmelder kann nur 2 Schaltzustände erfassen:

Es bewegt sich etwas innerhalb des Messraumes, oder es bewegt sich nichts. Ebenso der Dämmerungsschalter, ab einem bestimmten Grad der Dunkelheit schaltet er in den anderen Schaltzustand um (Bild 1).

Ein analoger Dämmerungsaufnehmer würde mit zunehmender Dunkelheit ein entsprechend größer werdendes Ausgangssignal abgeben.

Die beiden binären Signale des Dämmerungsschalters und des Bewegungsmelders werden in einem Verarbeitungsglied verknüpft. Die Ausgabegröße an die Steuerstrecke (Hofbeleuchtung) ist wieder ein binäres Signal: Strom ein oder aus.

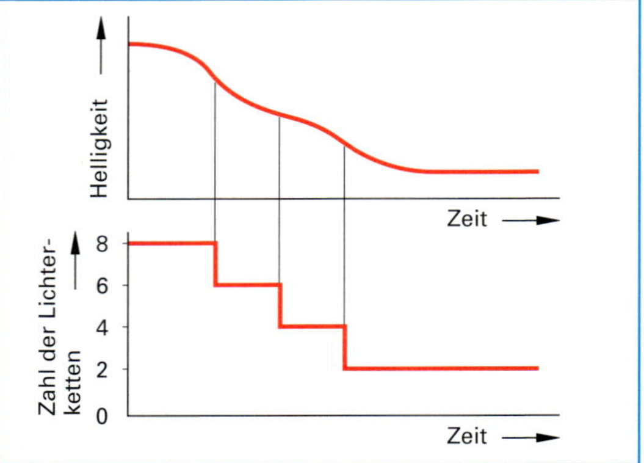

2 Digitaler Signalverlauf

Bei digitalen Steuerungen können sich für die Ausgangsgröße immer nur bestimmte vorgegebene Werte entsprechend dem Eingangssignal ergeben.

Die Beleuchtung an einer Tunneleinfahrt wird wegen der Anpassung an die Dunkelheit bei Tag sehr hell eingestellt. Mit zunehmender Dämmerung werden immer mehr Lichterketten abgeschaltet. Zu einem bestimmten Helligkeitsbereich gehört eine bestimmte Anzahl Lichterketten.

Bei einer digitalen Steuerung wird jeder Eingangsgröße eine ganz bestimmte Ausgangsgröße zugeordnet (Bild 2).

10.2.2 Verknüpfungssteuerungen

Bei der Verknüpfungssteuerung werden den Schaltzuständen der Eingangssignale nach vorgegebenen Bedingungen (Funktionen) die Schaltzustände der Ausgangssignale zugeordnet.

Eine einfache Verknüpfungssteuerung zeigt das Beispiel der Hofbeleuchtung. Das Ausgangssignal „Ein" darf nur dann am Ausgang anliegen, wenn der Dämmerungsschalter „EIN", also Nacht, meldet **und** der Bewegungsmelder das Signal „Ein" für Bewegung weitergibt. Tritt nur eines der beiden Signale oder keines auf, so ist das Ausgangssignal „Aus". Die Zuordnung der Schaltzustände geschieht aufgrund von vorgegebenen Verknüpfungsfunktionen.

Logische Verknüpfungsfunktionen

Bei der Festlegung der logischen Verknüpfungen ergeben sich immer wieder dieselben Grundfunktionen. Für diese Grundfunktionen wurden Symbole geschaffen, um den ordnungsgemäßen Funktionsablauf in einem Funktionsplan sichtbar zu machen und überprüfen zu können. Eine weitere Möglichkeit der Überprüfung ist die Wahrheitstabelle. Dort werden alle möglichen Schaltzustände in einer Tabelle erfasst und das entsprechende Ausgangssignal zugeordnet.

UND-Verknüpfung

Ein Ausgangssignal ist vorhanden, wenn alle Eingangssignale vorhanden sind.

Bild 1 zeigt das Symbol für die UND-Verknüpfung und die dazugehörige Wahrheitstabelle. Das Beispiel der Hofbeleuchtung soll die Tabelle veranschaulichen. Für den Schaltzustand „aus" oder „Nicht-Wahr" steht eine „0", für den Schaltzustand „ein" oder „wahr" steht eine „1".

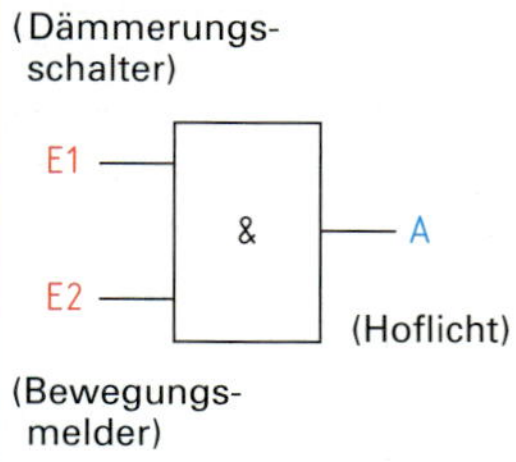

Symbol

E1	E2	A
0	0	0
0	1	0
1	0	0
1	1	1

Wahrheitstabelle

1 UND-Verknüpfung

ODER-Verknüpfung

Ein Ausgangssignal ist vorhanden, wenn ein oder mehrere Eingangssignale vorhanden sind.

Eine Erweiterung der Hofbeleuchtung führt zu einer neuen Verknüpfung:

Die Hofbeleuchtung soll auch vom Haus aus eingeschaltet werden können, wenn z. B. ein Geräusch wahrgenommen wird, aber die Hoflichtanlage nicht eingeschaltet hat. Das Licht soll also brennen, wenn entweder der Bewegungsmelder mit Dämmerungsschalter ein Signal abgibt **oder** wenn der Schalter betätigt ist. Bild 2 zeigt das Symbol für eine ODER-Verknüpfung und die dazugehörige Wahrheitstabelle.

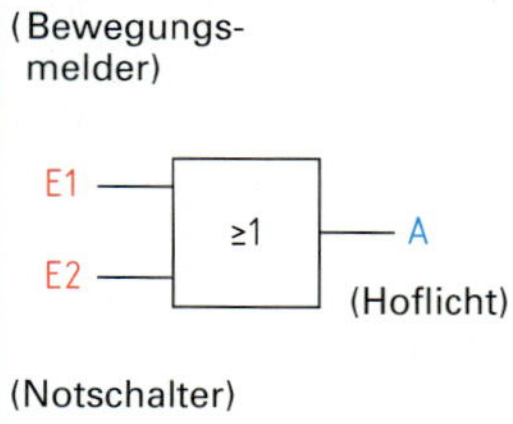

Symbol

E1	E2	A
0	0	0
0	1	1
1	0	1
1	1	1

Wahrheitstabelle

2 ODER-Verknüpfung

NICHT-Verknüpfung

Ein Ausgangssignal ist vorhanden, wenn ein Eingangssignal nicht vorhanden ist.

Während des Betriebsurlaubs soll die Anlage nicht in Betrieb genommen werden können. Das Signal Betriebsurlaub wird mit einem Schalter vorgegeben. Liegt am Eingang also ein Signal an, darf am Ausgang kein Signal anliegen. Bild 3 zeigt eine NICHT-Verknüpfung und die dazugehörige Wahrheitstabelle.

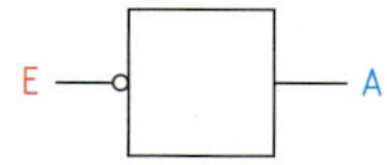

E	A
0	1
1	0

3 NICHT-Verknüpfung

Beispiele für Verknüpfungssteuerungen

Werden die Einzelbeispiele der Hofbeleuchtung zu einer Gesamtanlage zusammengestellt, so ergibt sich der in Bild 1 dargestellte Funktionsplan mit der entsprechenden Wahrheitstabelle. Zunächst werden die Eingänge Dämmerungsschalter und Bewegungsmelder mit UND verknüpft, deren Ausgang wird mit einer ODER-Verknüpfung mit dem Schalterlicht zusammengelegt und dieser Ausgang wiederum mit dem Urlaubsschalter mit UND verknüpft. Die Wahrheitstabelle ergibt sich, indem alle möglichen Schaltzustände eingetragen werden und anschließend wird mithilfe des Funktionsplans das Ausgangssignal ermittelt.

Viele Steuerungen ermöglichen eine Programmierung mit dem Funktionsplan, ohne eine besondere Programmiersprache zu benötigen.

Ein weiteres einfaches **Beispie**l für eine Verknüpfungssteuerung zeigt Bild 2. Eine Presse lässt sich nur dann betätigen, wenn folgende Bedingungen erfüllt sind:

Das Sicherheitsgitter muss geschlossen sein und beide Handtaster (Zweihandbedienung) sind betätigt. Das Signal für „Schutzgitter geschlossen" wird mit dem Endschalter 1 ausgelöst und führt zum Eingangssignal E1. E2 und E3 sind die Handtaster. E2 und E3 geben jeweils ein Signal, wenn der Taster betätigt ist. Bild 3 zeigt den Funktionsplan und die Wahrheitstabelle. Nur in einem Fall gibt die Steuerung das Ausgangssignal für den Pressenhub, nämlich wenn alle 3 Bedingungen erfüllt sind.

10.2.3 Ablaufsteuerungen

Ablaufsteuerungen führen die einzelnen Schritte nach einem vorgegebenen Ablauf aus. Der jeweils nächste Schritt wird erst ausgeführt, wenn die Weiterschaltbedingungen erfüllt sind.

Zum Beispiel darf der Vorschub einer Bohreinheit erst starten, wenn das Werkstück gespannt ist. Ein anderes Beispiel: Eine Spritzgießmaschine darf erst dann mit dem Einspritzvorgang beginnen, wenn eine bestimmte Temperatur erreicht ist. Die **Weiterschaltbedingung** ist vom Ablauf des Prozesses abhängig, man nennt dies eine **prozessabhängige Ablaufsteuerung** (Bild 4).

Beispiel: Das Förderband einer Durchlaufhärteanlage wird über eine Ablaufsteuerung gesteuert. Die Teile bleiben jeweils eine bestimmte Zeitdauer im Ofen bzw. in den Bädern. Während dieser Zeiten stehen die entsprechenden Bandabschnitte still. Die Zeit bestimmt hier den Steuerungsablauf. Man nennt solche Steuerungen **zeitabhängige Ablaufsteuerung** (Zeitplansteuerung) (Bild 5).

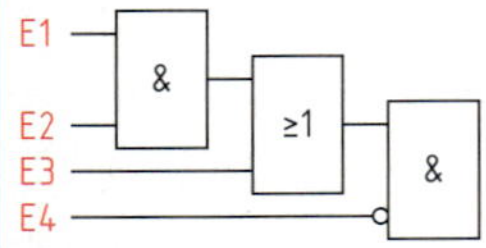

Funktionsdiagramm

Urlaub	Not-Licht	Bew.-Melder	Dämm.-Schalter	Hof-licht
E4	E3	E2	E1	A
0	0	0	1	0
0	0	1	0	0
0	0	1	1	1
0	1	0	0	1
0	1	0	1	1
0	1	1	0	1
0	1	1	1	1
1	0	0	0	0
1	0	0	1	0
1	0	1	0	0
1	0	1	1	0
1	1	0	0	0
1	1	0	1	0
1	1	1	0	0
1	1	1	1	0

Wahrheitstabelle

1 Funktionsdiagramm und Wahrheitstabelle der Hofbeleuchtung

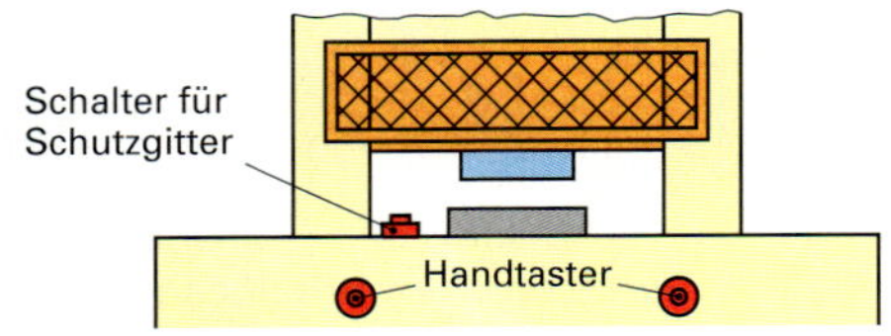

2 Pressensteuerung

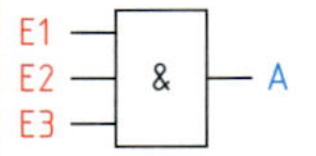

Funktionsdiagramm

Taster 2	Taster 1	Schutz-gitter	Pressen-hub
E3	E2	E1	A
0	0	0	0
0	0	1	0
0	1	0	0
0	1	1	0
1	0	0	0
1	0	1	0
1	1	0	0
1	1	1	1

Wahrheitstabelle

3 Funktionsplan und Wahrheitstabelle der Pressensteuerung

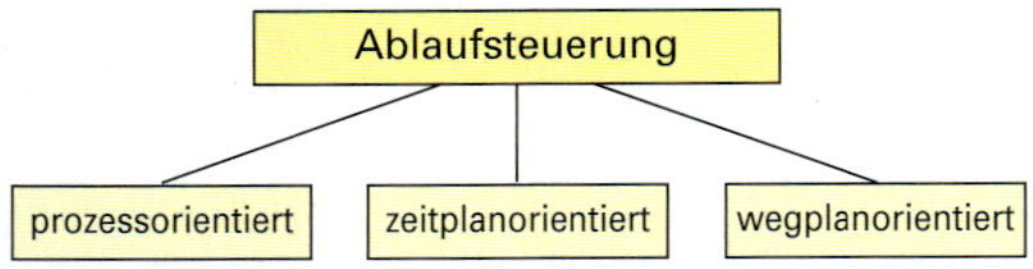

4 Arten von Ablaufsteuerungen

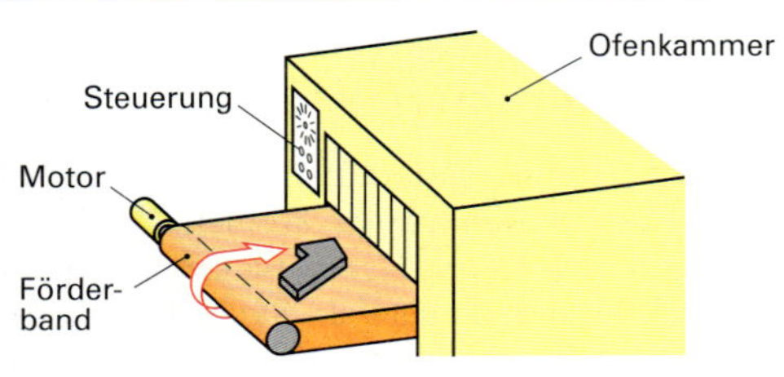

5 Zeitplansteuerung einer Durchlaufhärteanlage

Ablaufsteuerungen werden meist in Diagrammen dargestellt.

Das **Weg-Schritt-** oder **Weg-Zeit-Diagramm** ist die häufigste Darstellung für Ablaufsteuerungen. Dabei wird der Ablauf des Programms in Schritte eingeteilt und für jedes Arbeitselement werden die Arbeitsschritte in einer Linienfolge dargestellt. Für eine Bohreinheit mit Spannzylinder (Bild 1) ist das Weg-Schritt-Diagramm in Bild 2 dargestellt. Zunächst fährt der Spannzylinder vor (1. Schritt) und spannt das Werkstück. Danach wird der Bohrer im Eilvorschub auf das Werkstück zu bewegt (2. Schritt), um anschließend mit dem Arbeitsvorschub die Bohrung auszuführen (3. Schritt). Ist die erforderliche Tiefe erreicht, fährt der Bohrer im Eilgang zurück (4. Schritt). Danach fährt der Spannzylinder zurück (5. Schritt) und ein Auswurfzylinder schiebt das Werkstück in den Vorratsbehälter (6. Schritt). Bevor ein neuer Zyklus beginnen kann, muss der Auswurfzylinder in die Ausgangslage zurück fahren (7. Schritt).

Das Weg-Schritt- oder Weg-Zeit-Diagramm stellt nur den zeitlichen Ablauf der Wege des Arbeitselementes dar. In einem **Steuerdiagramm** werden die Schaltzustände der Steuerelemente dargestellt. Bild 3 zeigt das Steuerdiagramm für das Ventil des Spannzylinders. Um einen genauen Überblick über die Steuerung zu erhalten und um Überschneidungen und Kollisionen zu vermeiden, stellt man sowohl die Wege der Arbeitselemente als auch die Schaltzustände der Steuerelemente in Abhängigkeit von der Zeit in einem Funktionsdiagramm dar (Bild 4).

Die beschriebenen Steuerungen lassen sich nun mit verschiedenen Arbeitsmitteln verwirklichen. Dabei unterscheidet man mechanische, pneumatische, hydraulische und elektrische Steuerungen.

10.2.4 Mechanische Steuerungen

Vor allem zeitabhängige Steuerungen lassen sich auf einfache Art und Weise, aber auch besonders sicher als mechanische Steuerungen bauen. Dabei werden die Arbeitsabläufe von Kurvenscheiben oder Nocken gesteuert. Sie sind auf Wellen angebracht, die mit der entsprechenden Drehzahl angetrieben werden. Mechanische Steuerungen werden vor allem dort verwendet, wo Bauteile in sehr hoher Stückzahl hergestellt werden und sich somit die Herstellung der entsprechenden Steuerungskurvenscheiben lohnt. Diese Steuerungen arbeiten mit sehr hoher Sicherheit (Bild 5).

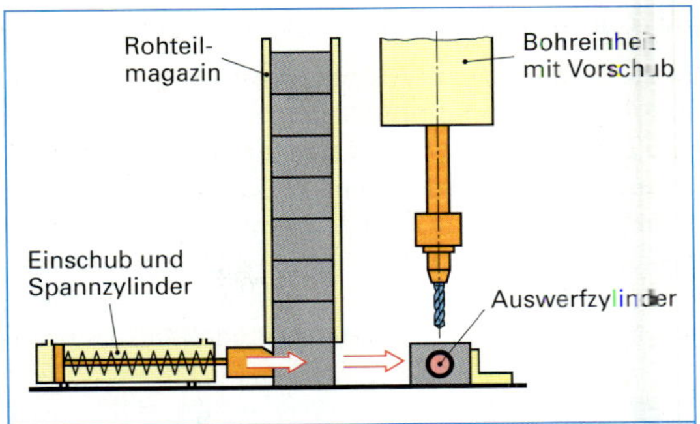

1 Bohreinheit mit Spann- und Auswurfzylinder

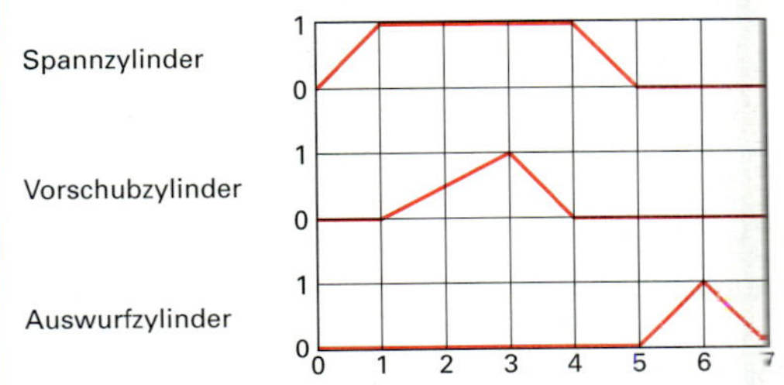

2 Weg-Schritt-Diagramm der Bohreinheit

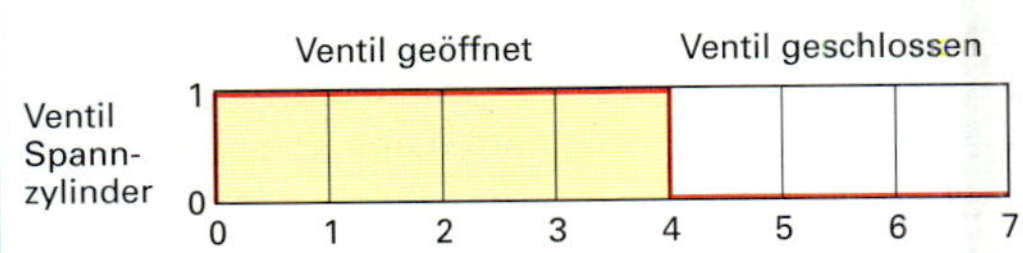

3 Steuerdiagramm für Spannzylinderventil

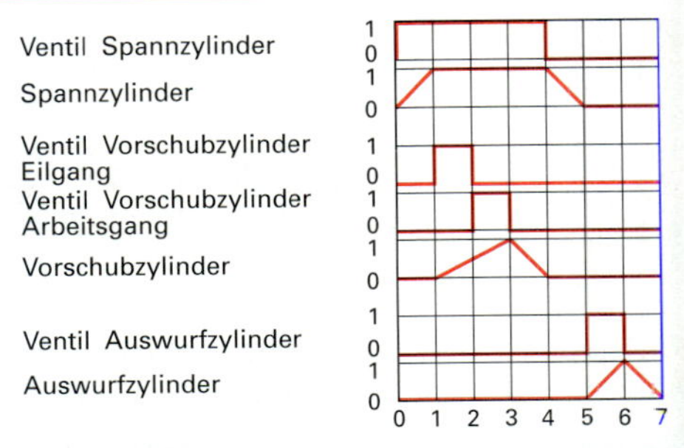

4 Funktionsdiagramm Bohreinheit

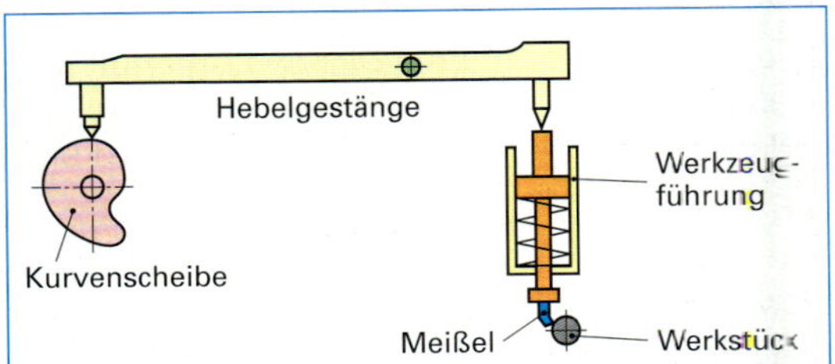

5 Fertigung mit Kurvenscheiben

10.2.5 Pneumatische Steuerungen

Pneumatische Steuerungen verwenden Druckluft als Arbeitsmittel. Sie sind umweltfreundlich, einfach und kostengünstig gebaut und es können hohe Drehzahlen erreicht werden. Allerdings ist der Einsatz von Druckluftanlagen auf kleinere Kräfte begrenzt, da Druckluft nur bis etwa 8 bar wirtschaftlich komprimierbar ist. Außerdem sind bei Druckluftanlagen die Bewegungsgeschwindigkeiten von der jeweiligen Belastung abhängig. Die Ursache liegt in der Kompressibilität der Luft, denn bei Gasen verringert sich das Volumen bei Erhöhung des Drucks. Ein weiterer Nachteil der Druckluft liegt darin, dass beim Entspannen, also beim Arbeitsvorgang und dem Austreten der Luft in die Umgebung, Lärm entsteht, der entsprechende schallschützende Maßnahmen erfordert.

Bauelemente pneumatischer Steuerungen

Bauelemente pneumatischer Steuerungen lassen sich in drei Gruppen einteilen: Bauelemente zur Drucklufterzeugung, Steuerungselemente und Arbeitselemente (Bilder 1 und 2).

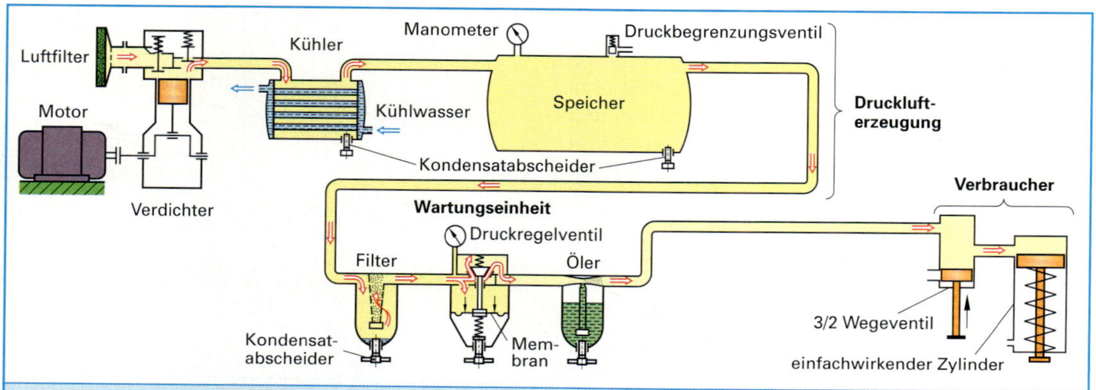

1 Prinzipbild einer Druckluftanlage

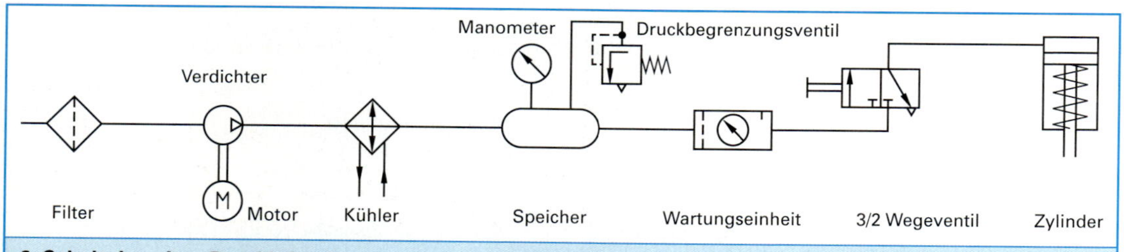

2 Schaltplan einer Druckluftanlage

Zur **Drucklufterzeugung** gehören Verdichter, Filter, Kühler, Speicher und die Wartungseinheit. Bei großen zentralen Druckluftanlagen befinden sich die Wartungseinheiten bei den jeweiligen Entnahmestellen.

Der **Verdichter** saugt die Luft aus der Umgebung über einen **Filter** an und verdichtet sie. Die dabei entstehende Wärme wird in einem Kühler entzogen. Dabei entsteht durch das Abkühlen der Luft Kondenswasser, das über einen Wasserabscheider ausgeschieden wird.

Werden kurzzeitig größere Mengen Druckluft benötigt, so wird der Verdichter nicht nach dem Spitzenbedarf ausgelegt, sondern entsprechend kleiner. Der Mehrbedarf wird über einen **Druckluftspeicher** abgedeckt. Im Speicher wird die durch die Verdichtung erwärmte Luft wie im **Kühler** weiter abgekühlt.

Um Schäden an der Druckluftanlage zu vermeiden, ist immer ein Überdruckventil angebracht. Am Manometer kann der jeweilige Druck abgelesen werden. Bei ortsfesten Anlagen schaltet zudem bei Erreichen des Maximaldruckes der Antriebsmotor ab. In Fahrzeugen ist der Verdichter oft direkt mit der Antriebswelle gekoppelt. In diesen Fällen wird durch ein Druckregelventil der Arbeitskreis abgetrennt. Der Verdichter fördert die angesaugte Luft wieder drucklos solange ins Freie, bis der Mindestdruck erreicht ist.

Die meisten Arbeits- und Steuerelemente müssen zur Verringerung von Verschleiß und Reibung geschmiert werden. In der Regel wird der Druckluft Öl zugemischt. Diese geschieht in der **Wartungseinheit**.

Die Druckluftaufbereitung erfolgt in der Wartungseinheit. Sie besteht aus Filter, Druckregelventil und Öler.

Die Wartungseinheit wird vor eine Baugruppe eingebaut. Damit wird erreicht, dass die Druckluft sauber und gleichmäßig mit Öl versetzt ist sowie mit dem richtigen Druck für diese Baugruppe zur Verfügung steht. Bild 1 der vorherigen Seite zeigt eine Druckluftanlage mit Drucklufterzeugung und -aufbereitung sowie einen einfach wirkenden Zylinder, der über ein 3/2-Wegeventil gesteuert wird. Pneumatische Steuerungen werden in Schaltplänen dargestellt. Die dabei verwendeten Schaltzeichen sind in DIN ISO 1219 festgelegt (Bild 2 der vorherigen Seite).

Verdichter

Nach dem Aufbau unterscheidet man verschiedene Verdichterbauarten: Kolbenverdichter, Membranverdichter, Vielzellenrotationsverdichter, Schraubenverdichter und Strömungsverdichter (siehe Übersicht).

Beim **Kolbenverdichter** saugt ein Kolben die Luft in einen Zylinderraum, um sie anschließend in die Druckleitung über Ventile zu pressen (Bild 1). Mit einstufigen Kolbenverdichtern erreicht man etwa 5 bar (500 KPa) Druck und 30 m^3 Fördermenge pro Minute, mit zweistufigen 8 bar (800 KPa) Druck und 50 m^3 Fördermenge pro Minute.

Membranverdichter haben statt des Kolbens eine elastische Membrane. Sie liefern sehr saubere Druckluft von etwa 7 bar (700 KPa) Druck bei einer Förderleistung von 0,7 m^3/min.

Beim **Vielzellenrotationsverdichter** werden die Verdichtungsräume durch die Antriebswelle, die beweglichen Scheiben und das gegenüber der Antriebswelle außermittig liegende Gehäuse begrenzt. Während einer halben Umdrehung vergrößert sich so der Innenraum (Ansaugphase), während der zweiten halben Umdrehung wird er wieder kleiner (Verdichtungsphase) (Bild 2). Vielzellenrotationsverdichter erreichen Förderleistungen bis zu 200 m^3/min bei einem Druck bis zu 10 bar (1000 KPa).

Nahezu schwingungsfreie Druckluft erzeugt der **Schraubenverdichter**. Er besitzt in der Regel drei nebeneinanderliegende schraubenförmige Spindeln, die ineinander laufen. An der Stelle, an der die Gewindegänge auseinander laufen, ist die Saugseite. Auf der gegenüberliegenden Seite (Druckseite) laufen die Gewindegänge ineinander (Bild 3).

Strömungsverdichter arbeiten wie Ventilatoren.

Übersicht: Verdichterbauarten

Verdrängungsverdichter	Strömungsverdichter
Kolbenverdichter Membranverdichter Vielzellenrotations-verdichter Schraubenverdichter	Axialturboverdichter Radialturboverdichter

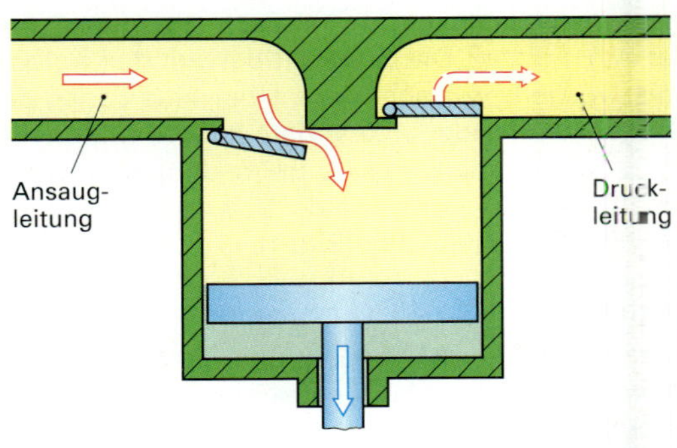

1 Prinzipbild des Kolbenverdichters (beim Ansaugen)

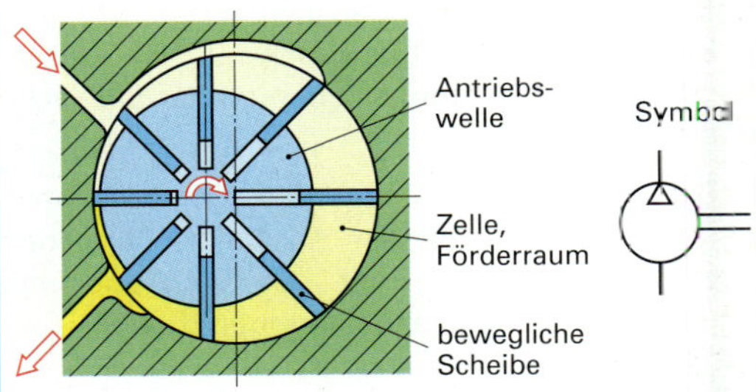

2 Vielzellenrotationsverdichter

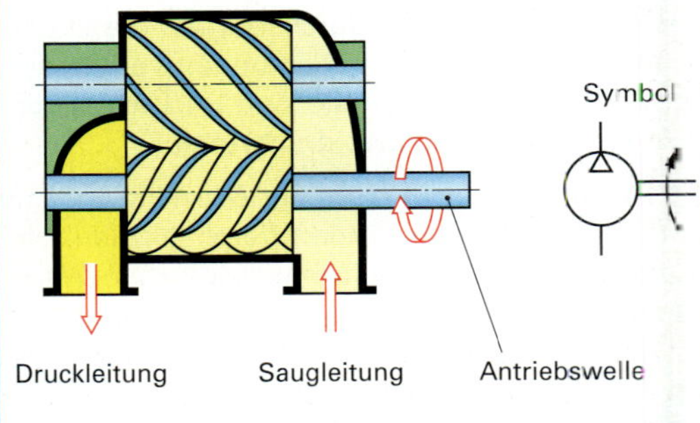

3 Schraubenverdichter

Druckluftmotor

Druckluftmotoren werden als **Kolbenmotoren** und als **Lamellenmotoren** gebaut. Im Prinzip sind sie gleich aufgebaut wie der entsprechende Verdichter. Kolbenmotoren erreichen Drehzahlen bis 6000 1/min und ein entsprechend hohes Drehmoment. Lamellenmotoren werden vorwiegend bei Werkzeugen wie Bohrern und Schleifern eingesetzt. Sie erreichen Drehzahlen bis 30 000 1/min.

Druckluftzylinder

Für geradlinige Bewegungen werden Druckluftzylinder verwendet. Bei Spanneinrichtungen und Pressen, wo die Arbeitsbewegung nur in einer Richtung erfolgt, kommen **einfach wirkende Zylinder** zum Einsatz. Die Druckluft bewegt den Kolben nach vorne bzw. nach oben. Über eine Feder, die Gewichtskraft oder eine andere äußere Kraft, wird der Kolben zurückgestellt. Beim **doppelt wirkenden Zylinder** werden beide Bewegungen durch Druckluft bewerkstelligt (Bild 1).

Ventile

Zur Steuerung von Zylindern und Motoren werden Ventile eingesetzt. Man unterscheidet dabei Wegeventile, Sperrventile, Druckventile und Stromventile.

Wegeventile steuern die Druckluft über die entsprechenden Leitungen zu den Arbeitsgeräten. Nach ihrem Aufbau werden sie in Sitzventile und Schieberventile eingeteilt. Bei Schieberventilen werden die Dichtungskolben in eine Bohrung über die Ein- und Auslassöffnung bewegt. Bei Sitzventilen drückt der Dichtungskolben an der Sitzfläche auf die Öffnung (Bild 2).

Die Bezeichnung der Wegeventile richtet sich nach der möglichen Anzahl der Anschlüsse und den Schaltstellungen, z. B. hat ein 5/2-Wegeventil 5 Anschlüsse und 2 Schaltstellungen (Bild 3).

Bezeichnungen für Wegeventile:

1. Ziffer: Zahl der Anschlüsse
2. Ziffer: Zahl der Schaltstellungen

Sperrventile sollen das Durchströmen der Druckluft in eine oder in beide Richtungen verhindern. Die wichtigsten Sperrventile sind Rückschlagventil, Wechselventil und Zweidruckventil.

Das **Rückschlagventil** lässt die Druckluft in eine Richtung nahezu ungehindert durchströmen, verhindert aber das Zurückströmen. Mit dem **Wechselventil** kann in einer pneumatischen Steuerung die ODER-Funktion verwirklicht werden (Bild 4). Das heißt, das Arbeitselement kann wahlweise von zwei verschiedenen Stellen aus betätigt werden.

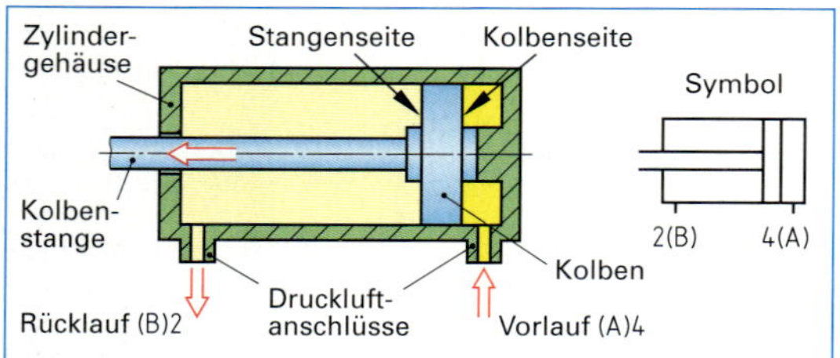

1 Doppelt wirkender Druckluftzylinder

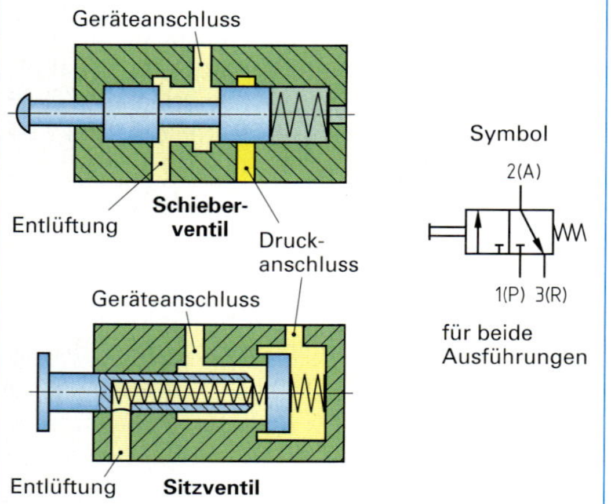

2 Schieber- und Sitzventile

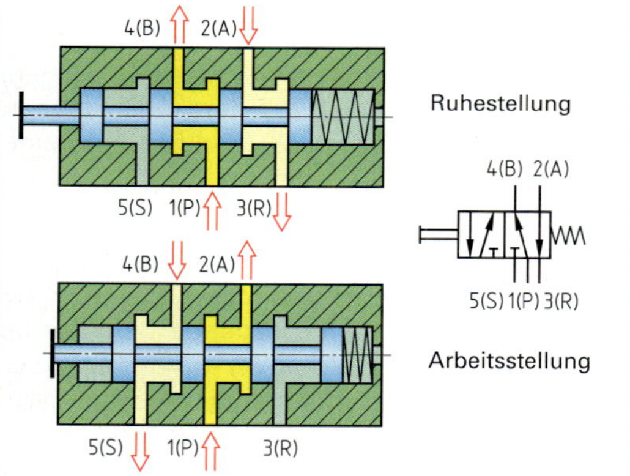

3 5/2-Wegeventil

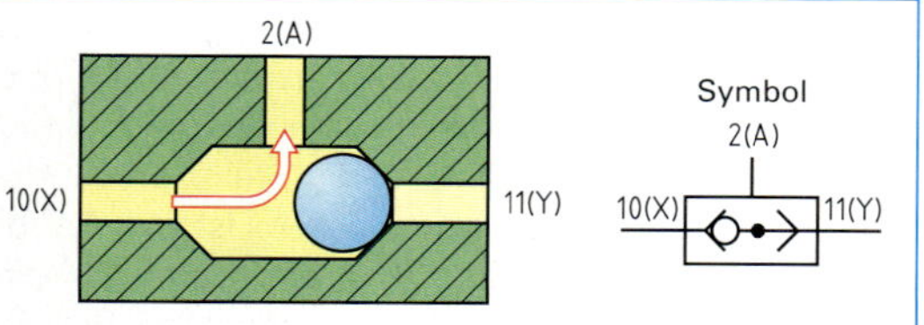

4 Wechselventil

Die UND-Funktion wird mit dem Zweidruckventil verwirklicht. Bei diesem Ventil liegt am Ausgang nur dann Druck an, wenn an beiden Eingängen Druck anliegt (Bild 1).

Mit **Druckventilen** wird der Druck in Pneumatik-Anlagen gesteuert.

Das **Druckbegrenzungsventil** verhindert das Ansteigen des Drucks über einen bestimmten Wert. Es dient in der Regel der Sicherheit der Anlage. **Druckregelventile** reduzieren den Druck auf einen bestimmten Wert und halten ihn konstant. Dadurch kann in einer Anlage mit verschiedenen Drücken gearbeitet werden.

Der Druckluftstrom wird von **Stromventilen** gesteuert. Sie ermöglichen unterschiedliche Geschwindigkeiten. Je nach Einbaulage spricht man von Zuluft- oder Abluftdrosselung. Für die Steuerung von Zylindern wird die Abluftdrosselung bevorzugt (Bild 2).

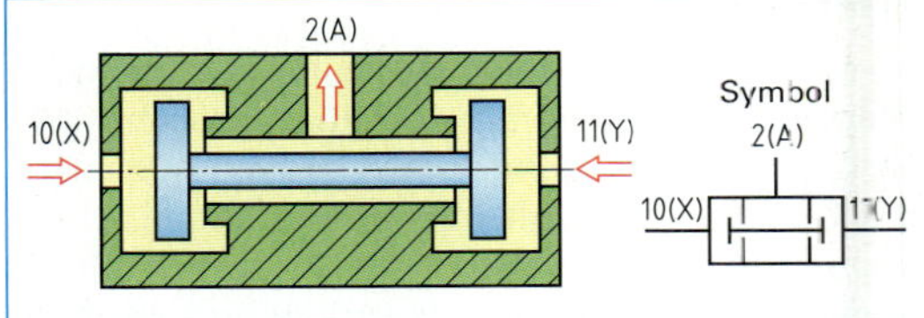

1 Zweidruckventil

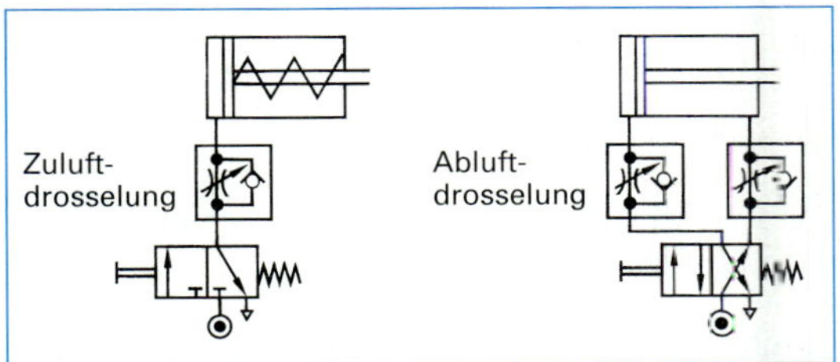

2 Steuerungen mit Drosselrückschlagventilen

Überprüfen Sie Ihre Kenntnisse

1. **Zu welchen drei Bereichen lassen sich steuerungstechnische Bauteile zuordnen?**
2. **Unterscheiden Sie drei Steuerungsarten nach der Art der Eingangs- und Ausgangssignale.**
3. **Nennen Sie die Kennzeichen für Verknüpfungssteuerungen.**
4. **Welche drei logischen Grundfunktionen für Verknüpfungssteuerungen gibt es?**
5. **Was kennzeichnet Ablaufsteuerungen?**
6. **Welche Vor- und Nachteile haben mechanische Steuerungen?**
7. **Welche Vor- und Nachteile haben pneumatische Steuerungen?**
8. **Aus welchen Teilen besteht eine Drucklufterzeugungsanlage?**
9. **Warum wird die Wartungseinheit erst direkt vor die Steuerung eingebaut?**
10. **Erklären Sie die Bezeichnungen der Wegeventile.**
11. **Erläutern Sie den Aufbau der verschiedenen Verdichterbauarten.**
12. **Welche Aufgaben erfüllen Druckventile?**
13. **Zeichnen Sie einen Schaltplan für die Steuerung eines doppelt wirkenden Zylinders mit Abluftdrosselung.**

10.2.6 Hydraulische Steuerungen

Hydraulische Steuerungen verwenden Öl als Arbeitsmittel. Da Öl nicht wie Luft kompressibel ist, können mit hydraulischen Anlagen hohe Drücke übertragen werden und es lassen sich somit hohe Kräfte erzeugen. Durch die Inkompressibilität ergibt sich außerdem ein direkter Zusammenhang zwischen der Fließgeschwindigkeit des Öls und der Arbeitsgeschwindigkeit von Zylindern und Motoren. Das bedeutet, dass sich Drehzahl oder Vorschubgeschwindigkeit mit einem einfachen Stromregelventil genau einstellen lassen.

Weitere Vorteile hydraulischer Anlagen: Im Gegensatz zum Elektroantrieb sind ein Anfahren aus dem Stillstand bei höchster Belastung und eine schlagartige Umkehr der Bewegungsrichtung möglich. Durch die Verwendung von Öl ergibt sich eine Selbstschmierung der Bauelemente. Nachteilig ist die Gefahr für die Umwelt bei austretendem Hydrauliköl. Durch die hohen Drücke sind umstehende Personen bei Leckagen gefährdet.

3 Hydraulik für große Kräfte

Bauelemente hydraulischer Steuerungen

Die Mehrzahl der Bauelemente für hydraulische Anlagen ist denen von pneumatischen sehr ähnlich. Ein grundlegender Unterschied besteht jedoch darin, dass Luft überall vorhanden ist, Öl dagegen bereitgestellt und wieder zurückgeführt werden muss. Das zur Druckerzeugung erforderliche Hydraulikaggregat besteht deshalb aus einem Vorratsbehälter, der Hydraulikpumpe mit Antriebsmotor, dem Druckbegrenzungsventil und der Hin- sowie Rückleitung (Bild 1).

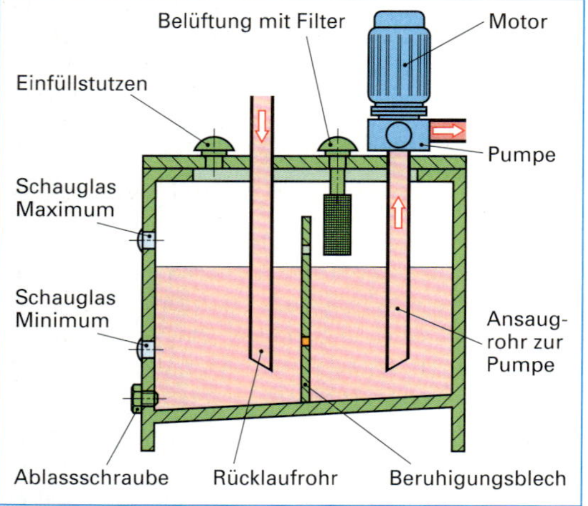

1 Hydraulikaggregat

Hydraulikpumpen

> Alle Hydraulikpumpen arbeiten nach dem Verdrängungsprinzip.

Durch Vergrößerung eines Hohlraumes wird Öl angesaugt, durch anschließendes Verkleinern des Raumes wird das Öl verdrängt und bei entsprechendem Widerstand – wenn das Öl nicht abfließen kann – entsteht ein hoher Druck. Die bekanntesten Bauarten sind die Zahnradpumpe, die Flügelzellenpumpe und die Kolbenpumpe.

Zahnradpumpen werden in zwei Ausführungen hergestellt. Bei der außenverzahnten Zahnradpumpe greifen zwei auf nebeneinander liegenden Wellen angebrachte Zahnräder ineinander. Auf beiden Stirnseiten sind die Zahnräder gut abgedichtet (Bild 2).

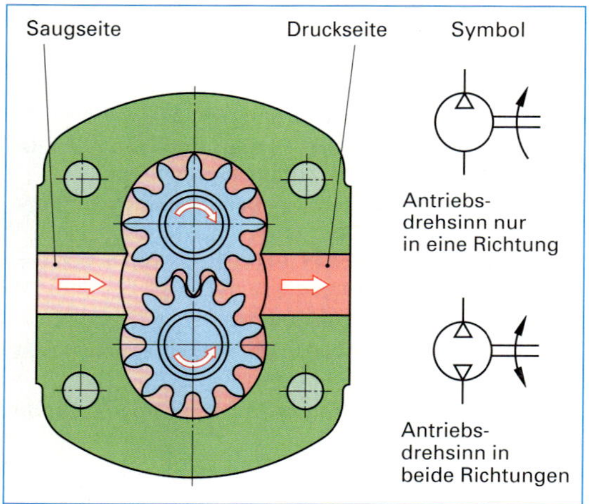

2 Zahnradpumpe (außenverzahnt)

Bei der innenverzahnten Zahnradpumpe greift ein außenverzahntes Rad in ein Hohlrad. Ein sichelförmiges Füllstück trennt die Saugseite von der Druckseite, sie wird daher auch als **Sichelpumpe** bezeichnet (Bild 3).

Wo ein Zahn in eine Zahnlücke läuft, also wo die Zähne ineinander kämmen, ist bei beiden Bauarten die Druckseite, da dort der in die Lücke laufende Zahn das Öl verdrängt. An der Stelle, an der ein Zahn aus einer Zahnlücke herausläuft, entsteht ein Hohlraum, der sich mit Öl füllt. Dies ist die Saugseite.

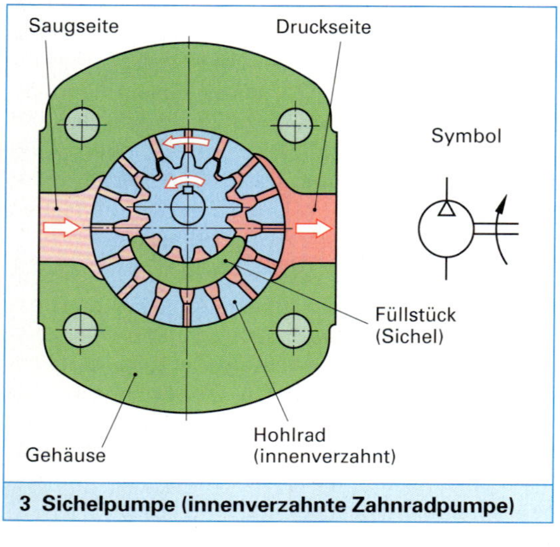

3 Sichelpumpe (innenverzahnte Zahnradpumpe)

Flügelzellenpumpen sind gleich aufgebaut wie Vielzellenrotationsverdichter. Bei den Pumpen gibt es dabei noch Ausführungen mit verschiebbarem Außenring. Damit lässt sich die Fördermenge verändern und eventuell auch die Förderrichtung umkehren.

Kolbenpumpen werden in verschiedenen Ausführungen gebaut. Nach der Anordnung der Zylinderräume unterscheidet man Radial- und Axialkolbenpumpen. Bei der **Radialkolbenpumpe** sind Kolben und Zylinderräume in Richtung des Radius sternförmig um die Antriebswelle angeordnet. Die Bewegung erfolgt über exzentrische Nocken.

Bei der **Axialkolbenpumpe** mit Schrägscheibe sind Kolben und Zylinder entlang der Achse angeordnet. Die Bewegung wird mithilfe einer schrägstehenden Scheibe bewirkt. Bei der Axialkolbenpumpe mit Schrägachse sind Kolben und Zylinderräume gegenüber der Antriebsachse bis zu 25 Grad schräggestellt, wobei die Bewegung des Kolbens entsteht.

Hydraulikzylinder

Hydraulikzylinder werden wie Pneumatikzylinder in einfach wirkende und doppelt wirkende eingeteilt. Sie weisen aber wesentlich größere Wandstärken auf und die Kolbenstangen haben größere Durchmesser, da sie wesentlich höheren Arbeitsdrücken standhalten müssen. Damit Hydraulikzylinder nicht mit großer Wucht in ihre Endposition fahren, werden sie häufig mit einer Endlagendämpfung ausgestattet. Dabei wird auf den letzten Millimetern der Hauptölstrom über einen Bolzen am Kolben geschlossen. Das abströmende Öl kann nur noch über eine meist einstellbare Drosselstelle abfließen. Um beim Anfahren die Drosselstelle zu umgehen, ist ein Rückschlagventil eingebaut (Bild 1).

Hydraulikmotoren

Mit Hydraulik- oder Hydromotoren werden Drehbewegungen ermöglicht. Sie werden vor allem für Fahrantriebe sowie bei Baumaschinen, Werkzeugmaschinen und im Schiffbau eingesetzt. Hydraulikmotoren gibt es als Zahnradmotor, Flügelzellenmotor, Radial- und Axialkolbenmotor. Sie sind ebenso aufgebaut wie die entsprechenden Pumpen.

Ventile

Wie bei pneumatischen Anlagen, so unterscheidet man in der Hydraulik auch Wegeventile, Sperrventile, Druckventile und Stromventile. Die Ventile erhalten auch dieselben Bezeichnungen wie in der Pneumatik. Vor allem bei Wegeventilen, die als Schieberventile ausgeführt sind, entsteht häufig Lecköl. Damit dieses Öl nicht in die Umwelt gelangt, haben diese Ventile spezielle Leckölanschlüsse, die mit der Rückleitung zum Behälter verbunden werden.

Neben den in der Pneumatik üblichen Rückschlagventilen gibt es in der Hydraulik noch **entsperrbare Rückschlagventile** (Bild 2). Wenn am Steueranschluss dieser Ventile Druck anliegt, kann das Öl wieder ungehindert zurückfließen. Ihr Einsatzbereich liegt vorwiegend bei sicherheitsrelevanten Einrichtungen. So soll z.B. verhindert werden, dass ein Pressenstempel absinkt (Bild 3).

Neben den Druckbegrenzungsventilen findet man in Hydraulikanlagen auch **Druckregelventile**. Mit ihnen können verschiedene Anlagenteile mit unterschiedlichen Drücken versorgt werden (Bild 4).

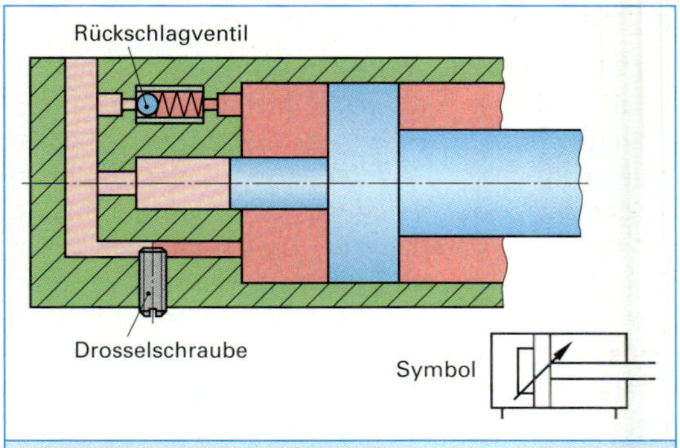

1 Prinzip der Endlagendämpfung

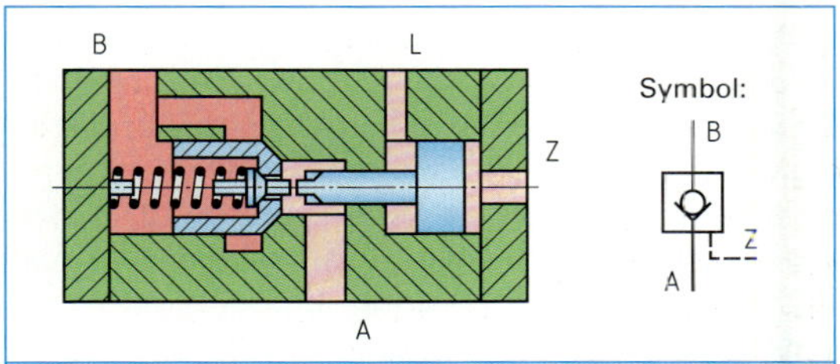

2 Hydraulisch entsperrbares Rückschlagventil

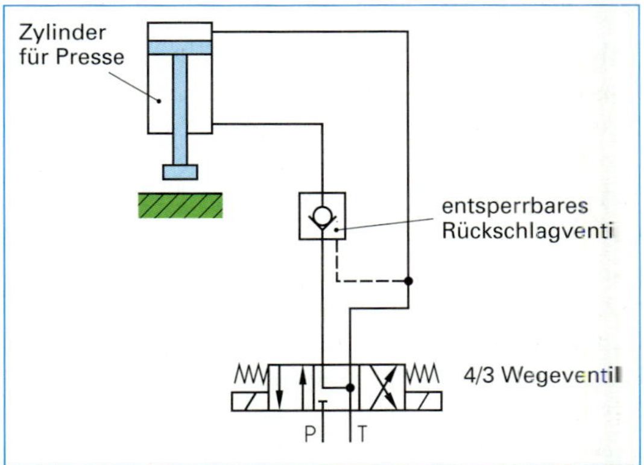

3 Steuerung für hydraulische Presse

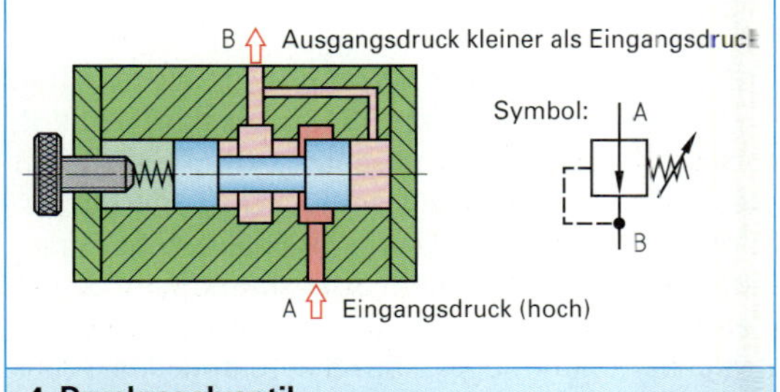

4 Druckregelventil

10.2.7 Elektrische Steuerungen

Der Preisrückgang bei elektrischen und elektronischen Bauteilen und die günstigen Einbaumöglichkeiten haben die Zahl der elektrischen und der mit Pneumatik bzw. Hydraulik kombinierten Steuerungen stark anwachsen lassen. So werden häufig Sensoren und Verknüpfungselemente elektrisch ausgeführt, während die Aktorik hydraulisch oder pneumatisch verwirklicht wird. Die wesentlichsten Bauelemente elektrischer Steuerungen sind Schalter, Taster, Relais, Schütz, Elektromagnet, Elektromotor sowie die verschiedenen Sensoren zur Aufnahme der Messdaten. Bei elektronischen Steuerungen werden die Schaltverbindungen kontaktlos mit Halbleiterbauelementen hergestellt.

Elektrische Steuerungen werden häufig in **Stromlaufplänen** dargestellt. Jedes elektrische Bauteil wird in einen senkrechten **Stromweg** gezeichnet. Dabei werden Bauteile mit mehreren Kontakten und die Spulen nicht zusammengezeichnet, sondern jeder Kontakt und jede Spule wird in den zugehörigen senkrechten Stromweg gezeichnet. Damit zusammengehörende Bauteile auch als solche erkannt werden, erhalten alle zusammengehörenden Kontakte und Spulen die gleiche Bezeichnung. Die Bezeichnungen bestehen aus Kennbuchstaben, die genormt sind (nebenstehende Tabelle) und fortlaufenden Ziffern. Bild 1 zeigt ein Beispiel eines Stromlaufplanes für eine Motorsteuerung. Wird der Schalter S1 betätigt, zieht die Relaisspule K1 an und der Kontakt von K1 öffnet, das Kontrolllicht H1 erlischt. Gleichzeitig wurden der Kontakt 2 und der Kontakt 3 von K1 geschlossen; das Kontrolllicht H2 für „Motor läuft" leuchtet und der Motor beginnt zu laufen.

Wie in diesem Beispiel werden Steuereinrichtungen in der Regel mit ungefährlicher Niederspannung betrieben. Für die Arbeitselemente ist die leistungsfähige Netzspannung (230 V bzw. 400 V) erforderlich. Ein weiteres Beispiel ist die Verriegelungsschaltung in Bild 2. Sie wird bei Motorsteuerungen verwendet, wenn je ein Schalter für Rechts- und Linkslauf vorhanden ist. Es muss verhindert werden, dass beide Schalter gleichzeitig betätigt sind, da dies Kurzschluss bedeuten würde. Diese Aufgabe lässt sich mechanisch lösen, indem die beiden Schalter mit einer Stange verbunden werden oder elektrisch. Wird bei der elektrischen Verriegelung der Schalter S3 für Linkslauf betätigt, so zieht Relais K3 an und schließt die Kontakte für „Motor Linkslauf". Gleichzeitig wurde der Öffner-Kontakt im Stromkreis des Relais K4 geöffnet. Damit kann über diesen Stromkreis kein Strom fließen und somit das Relais nicht anziehen. Umgekehrt befindet sich im Stromkreis des Relais K3 ein Öffner-Kontakt von K4.

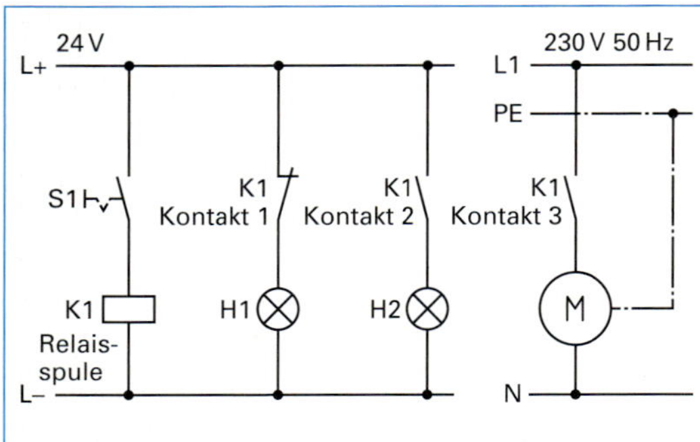

1 Stromlaufplan für eine Motorsteuerung

Kennbuchstaben elektrischer Betriebsmittel	
Betriebsmittel	**Kennbuchstabe**
Baugruppe	**A**
Umsetzer von elektrischen Größen in nicht elektrische Größen	**B**
Kondensator	**C**
Verzögerungseinrichtung Speicher	**D**
Schutzeinrichtung	**F**
Generator, Stromversorgung	**G**
Meldeeinrichtung (Hupe, Kontrolllampe)	**H**
Relais, Schütz	**K**
Spule, Drossel	**L**
Motor	**M**
Messgerät, Prüfgerät	**P**
Starkstrom-Schaltgerät	**Q**
Widerstand	**R**
Schalter	**S**
Transformator	**T**

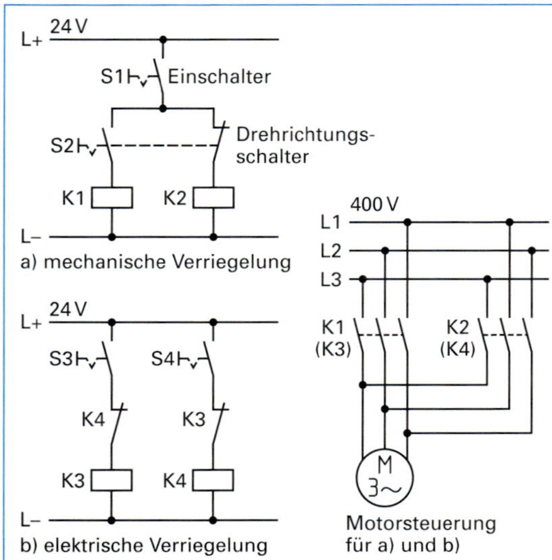

2 Mechanische und elektrische Verriegelung

Überprüfen Sie Ihre Kenntnisse

1 Welche wesentlichen Unterschiede zwischen hydraulischen und pneumatischen Steuerungen kennen Sie?
2 Welche Vor- und Nachteile haben hydraulische Steuerungen?
3 Nennen Sie die wichtigsten Bauelemente einer hydraulischen Steuerung.
4 Nennen Sie vier verschiedene Ventilbauarten.
5 Erklären Sie die Funktionsweise einer Zahnradpumpe.
6 Unterscheiden Sie zwei Bauarten von Zahnradpumpen.
7 Erklären Sie den Aufbau einer Schrägscheiben-Kolbenpumpe.
8 Welche Aufgabe hat ein entsperrbares Rückschlagventil?
9 Nennen Sie fünf Bauelemente, die in elektrischen Anlagen verwendet werden!
10 Wie werden elektrische Steuerungen häufig dargestellt?
11 Erklären Sie zwei Möglichkeiten einer Verriegelung.
12 Zeichnen Sie den Stromlaufplan für eine Motorsteuerung, die von zwei Stellen aus bedient werden kann.

10.2.8 Speicherprogrammierbare Steuerungen

Speicherprogrammierbare Steuerungen (SPS) gehören zu den Verknüpfungssteuerungen. Dabei ist der Programmablauf nicht wie bei den elektrischen, mechanischen, pneumatischen und hydraulischen Steuerungen durch den Aufbau – Verdrahtung bzw. Verrohrung – festgelegt, sondern in einem jederzeit änderbaren Programm gespeichert. Deshalb unterscheidet man Steuerungen nach der Art der Programmierung in **verbindungsprogrammierte** und **speicherprogrammierte Steuerungen** (nebenstehende Übersicht). Mussten zum Betrieb einer Maschine z. B. 2 Schalter gedrückt werden, also eine UND-Verknüpfung, und soll zukünftig die Maschine sowohl vom einen als auch vom anderen Schalter aus gestartet werden können (ODER-Verknüpfung), so musste die Anlage in diesem Bereich neu verdrahtet bzw. verrohrt werden. Bei der speicherprogrammierbaren Steuerung ist nur eine Änderung des Programms (Software) erforderlich.

Die **Sensorik** (Eingabeebene) und die **Aktorik** (Ausgabeebene) sind im Allgemeinen bei verbindungsprogrammierten elektrischen Steuerungen gleich aufgebaut wie bei speicherprogrammierbaren Steuerungen. Der Unterschied liegt in der Verknüpfungsebene. Die Verknüpfungsbedingungen sind in einem gespeicherten Programm festgehalten.

Dabei unterscheidet man verschiedene **Speicherarten** (nebenstehende Übersicht). Es gibt flüchtige Speicher (RAM) wie beim PC und nicht flüchtige Speicher (ROM), deren Inhalt bei Stromausfall nicht verloren geht. Nicht flüchtige Speicher können löschbar und nicht löschbar sein. Ein PROM ist ein elektrisch programmierbarer, aber nicht löschbarer Speicher. Bei Programmänderungen muss er ausgetauscht werden. Ein EPROM (Erasable Programmable Read-Only-Memory) wird durch Bestrahlen mit UV-Licht gelöscht, ein EEPROM (Electrical Erasable PROM) kann auch elektrisch wieder gelöscht werden.

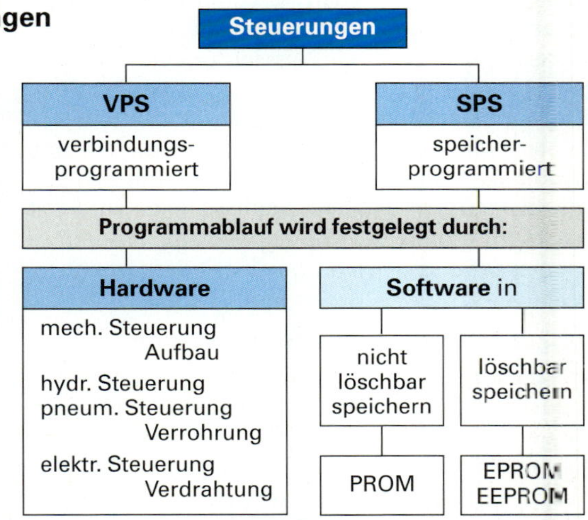

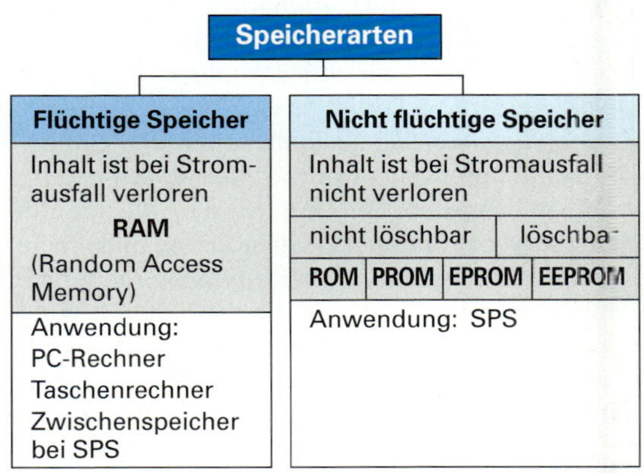

Eigenschaften der Halbleiterspeicher	
RAM	Inhalt kann beliebig überschrieben werden
ROM	Wird bei der Herstellung fest programmiert
PROM	Kann elektrisch gespeichert werden, aber nicht gelöscht
EPROM	Wird mit UV-Licht gelöscht
EEPROM	Wird elektrisch gelöscht

Intern besitzt die SPS eine **Ablaufsteuerung**, die die einzelnen Verknüpfungsbedingungen nacheinander (seriell) abfragt. Nach der letzten Bedingung beginnt der Ablauf von Neuem.

Für die Programmierung von speicherprogrammierbaren Steuerungen gibt es mehrere Möglichkeiten. Die Steuerung selbst benötigt die Befehle in einer Anweisungsliste (Übersicht 1). Sie besteht aus einer Folge von Befehlen. Jeder Einzelbefehl wird aus Adresse und Anweisung gebildet. Für kleine Steuerungen mit wenig Ein- und Ausgängen, bei denen der Gesamtablauf leicht zu überschauen ist, ist diese Art der Programmierung gut möglich. Bei größeren Steuerungen wird das Programm in der Regel mithilfe eines PC's im Funktionsplan (siehe auch den Abschnitt Verknüpfungssteuerungen) oder mit speziellen Programmen erstellt. Bild 1 zeigt ein Beispiel für eine speicherprogrammierbare Steuerung mit folgendem Problem: Der Motor eines Förderbandes darf nur laufen, wenn der Einschalter (S1) betätigt ist, eine Schutztüre (S2) geschlossen ist und wenn sich niemand im Gefahrenbereich aufhält. Dies wird mit einem Infrarotmelder (S3) geprüft. Das Programm für dieses Beispiel ist in Übersicht 1 dargestellt.

Übersicht 1: Beispiel eines SPS-Programms

Adresse (Nummer des Speicherplatzes)	Anweisung	Bedeutung
001	UE1	und Eingang 1
002	UE2	und Eingang 2
003	UE3	und Eingang 3
004	= A1	gleich Ausgang 1

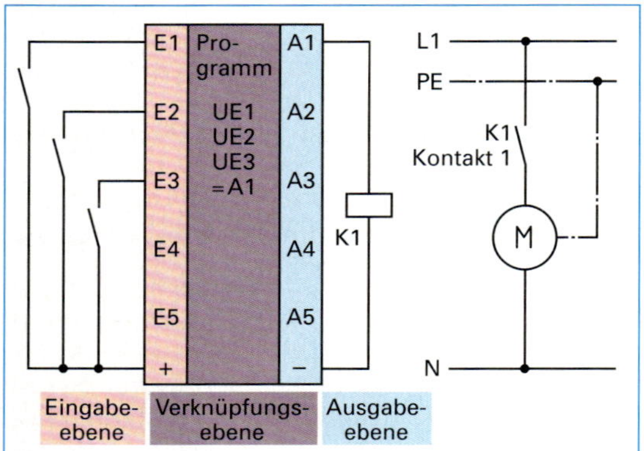

1 Beispiel des Aufbaus einer SPS

10.2.9 Nummerische Steuerungen

Werkzeugmaschinen, Handhabungsgeräte und Industrieroboter haben in der Regel nummerische Steuerungen (NC – numerical control). Mehrere NC-Maschinen können auch von einem Rechner aus gesteuert werden. Dies bezeichnet man als DNC-Steuerung (direct numerical control). Am häufigsten werden heute CNC-gesteuerte Maschinen (computerized numerical control) eingesetzt (Übersicht 2). Die Fertigungsschritte oder Bewegungsabläufe werden als Buchstaben und Zahlenkombinationen in den Rechner der Maschine eingegeben (Übersicht 3). Dort werden die für die Steuerung notwendigen Worte ermittelt und an die eigentliche Maschinensteuerung weitergegeben. CNC-Maschinen arbeiten mit sehr hoher Genauigkeit und können jeden Bearbeitungsvorgang beliebig oft wiederholen. Ihr kostengünstiger Einsatz hängt von der Stückzahl und der Werkstückform ab. Je höher die Stückzahl bzw. je komplizierter die Form ist, desto eher lohnt sich der Einsatz einer CNC-Maschine.

Übersicht 2: Nummerische Steuerungen

NC-Steuerung (**n**umerical **c**ontrol)	**CNC-Steuerung** (**c**omputerized **n**umerical **c**ontrol)	**DNC-Steuerung** (**d**irect **n**umerical **c**ontrol)
Eingabe satzweise durch Lochstreifen, Magnetband; Kein eigener Maschinen-Programmspeicher	Eingabe vom Bediener an der Maschine; eigener Programmspeicher	Eingabe über Leitung direkt vom Rechner für mehrere Maschinen

Übersicht 3: Programmaufbau

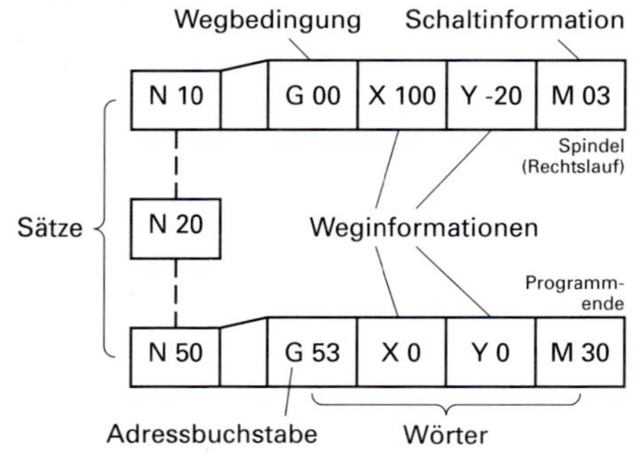

Überprüfen Sie Ihre Kenntnisse

1 **Unterscheiden Sie verbindungsprogrammierte Steuerungen von speicherprogrammierbaren Steuerungen!**

2 **Welche Vorteile haben speicherprogrammierbare Steuerungen?**

3 **Erstellen Sie eine Anweisungsliste für eine einfache speicherprogrammierbare Steuerung!**

4 **Welche Möglichkeiten der Programmierung von speicherprogrammierbaren Steuerungen kennen Sie?**

10.3 Beispiele für Steuerungen

Viele steuerungstechnische Probleme lassen sich mit den unterschiedlichen Steuerungsarten gleichwertig verwirklichen. So kann ein und dasselbe Problem mit pneumatischer, hydraulischer und elektrischer Steuerung und sogar mit einer speicherprogrammierbaren Steuerung verwirklicht werden. Entscheidend für die Wahl der geeigneten Steuerung ist dann oft die Kostenfrage. Daneben muss aber auch gefragt werden, welche Energiearten stehen zur Verfügung oder wie aufwendig ist die Leitungsführung?

Folgende Aufgabe soll mit verschiedenen Steuerungsarten gelöst werden:

Ein Zylinder (1A1) soll erst dann ausfahren, wenn zwei Taster gleichzeitig gedrückt werden. Die pneumatische Lösung ist in Bild 1 dargestellt. S1 (1S1) und S2 (1S2) sind die beiden zu betätigenden Taster. 1V1 stellt ein Zweidruckventil dar. Es lässt den Druck zum Zylinder erst dann weiter, wenn auf beiden Seiten Druck anliegt. Wird einer der beiden Taster losgelassen, entlüftet das jeweilige Ventil sofort die Druckleitung zum Zylinder, und der Kolben fährt wieder zurück.

Bild 2 zeigt die gleiche Aufgabe jetzt als hydraulische Steuerung ausgeführt. Diesmal wurden die beiden Schaltventile S1 und S2 direkt hintereinander geschaltet, was ebenfalls die UND-Funktion bewirkt. Allerdings müssen jetzt Rückleitungen bis zum Tank vorgesehen werden. In der Zeichnung werden sie ebenfalls nur mit dem Tanksymbol und dem Buchstaben R angedeutet.

In Bild 3 ist die Zylindersteuerung als elektro-pneumatische Steuerung verwirklicht. Der Steuerstromkreis wird mit 24 V Gleichstrom betrieben. Die Taster S1 und S2 sind in Reihe geschaltet. Nur wenn S1 und S2 betätigt sind, wird die Spule des Pneumatikventils betätigt. Bei dieser Ausführung werden zwei verschiedene Energiearten benötigt, Druckluft und elektrische Spannung. Die Darstellung der Schaltung in elektrohydraulischer Ausführung ändert sich nur bezüglich der Rückleitung. Das Dreieck müsste durch das Tanksymbol ersetzt werden.

Ein ähnlicher äußerer Aufbau der Schaltung ergibt sich bei speicherprogrammierbarer Steuerung in Verbindung mit einem Pneumatikzylinder (Bild 4). Als Eingangsgrößen E1 und E2 werden die beiden Signale der Taster S1 und S2 gewählt. Der Ausgang A1 steuert das Pneumatikventil. Mithilfe des Programms werden die beiden Taster S1 und S2 mit einer UND-Funktion verknüpft. In diesem Beispiel sind ebenfalls zwei verschiedene Energiearten erforderlich.

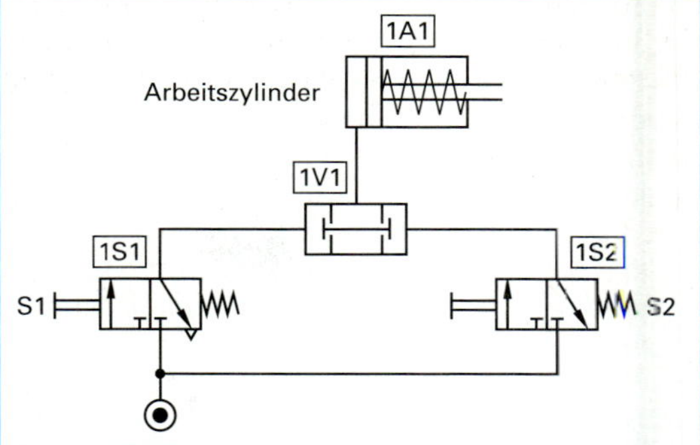

1 Pneumatische Zylindersteuerung

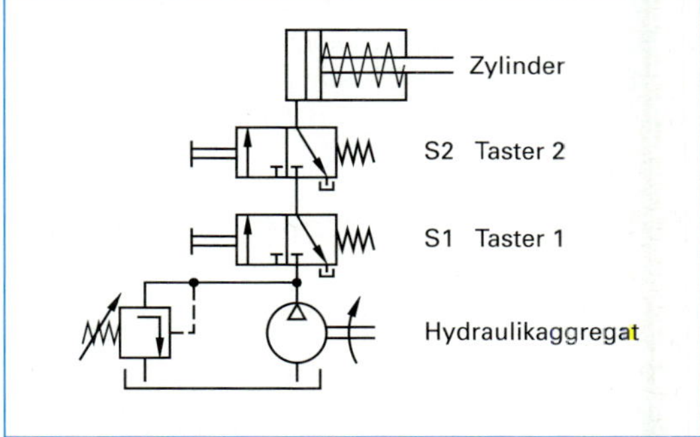

2 Hydraulische Zylindersteuerung

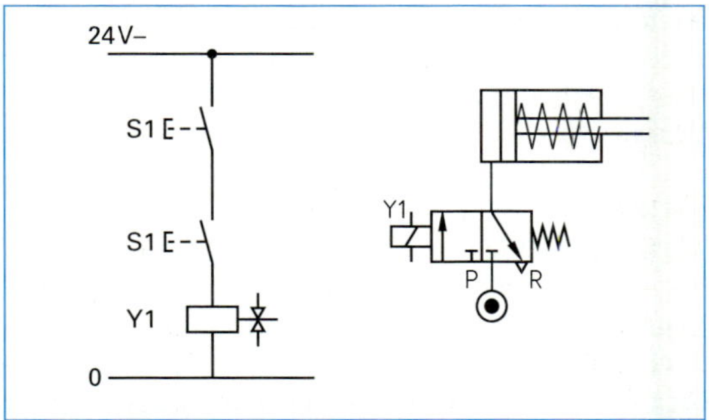

3 Elektropneumatische Zylindersteuerung

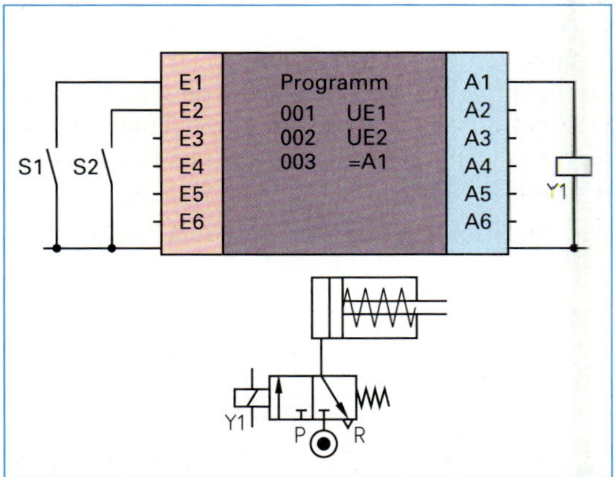

4 Zylindersteuerung mit SPS

Die Beispiele verdeutlichen die Einsatzmöglichkeiten der verschiedenen Steuerungsarten. Für einfache Steuerungsaufgaben wie in diesem Fall würde sicher die rein pneumatische bzw. hydraulische Lösung bevorzugt. Werden am Zylinder kleine bis mittlere Kräfte benötigt, wählt man die pneumatische Lösung, für größere Kräfte die hydraulische. Ist die Leitungsverlegung kompliziert, so wird sicher die elektro-pneumatische oder elektrohydraulische Lösung bevorzugt, da sich bei der Verlegung von elektrischen Leitungen nur selten Probleme ergeben. Die speicherprogrammierbare Steuerung wiederum hat den Vorteil, dass ohne Änderung der gesamten Steuerung eine Änderung der Verknüpfungen durch das Programm möglich ist. So könnte in diesem Beispiel die Forderung lauten: Der Zylinder soll ausfahren, wenn Taster S1 oder Taster S2 gedrückt wird (Übersicht 1).

Übersicht 1: SPS-Programm für ODER-Schaltung

001	UE1	UND Eingang 1
002	OE2	ODER Eingang 2
003	= A1	ist gleich Ausgang 1

10.4 Lösung steuerungstechnischer Aufgaben

Bei steuerungstechnischen Aufgaben werden zunächst die erforderlichen Bedingungen, die Verknüpfungen und die zu berücksichtigenden Größen ermittelt. Dabei sind auch der zeitliche Verlauf und eventuelle Kollisionen zu berücksichtigen. Zunächst ist es also unwesentlich, ob die Steuerung elektrisch, elektronisch, pneumatisch, hydraulisch oder mechanisch verwirklicht wird. Das folgende Beispiel zeigt eine Lösungsmöglichkeit:

Aufgabe Nietautomat

An einem Schlossbeschlag für Stahltüren werden im Bereich der Schlüsselöffnung Regenschutzbleche angenietet. Bisher wurde dies mit einer handgeführten elektrischen Nietzange ausgeführt. Da die Stückzahl sich so erhöht hat, dass weitere Nietzangen beschafft werden müssten, hat die Geschäftsleitung den Werkstattleiter gebeten zu prüfen, ob mit einem einzigen Halbautomaten die gesamte Stückzahl zu bewältigen ist. Dabei sollen die beiden Teile und der Niet von Hand in eine Vorrichtung eingelegt werden, die Teile automatisch fixiert und genietet, danach von Hand wieder entnommen werden.

Der Werkstattleiter schlägt folgende Anlage vor (Bild 1):

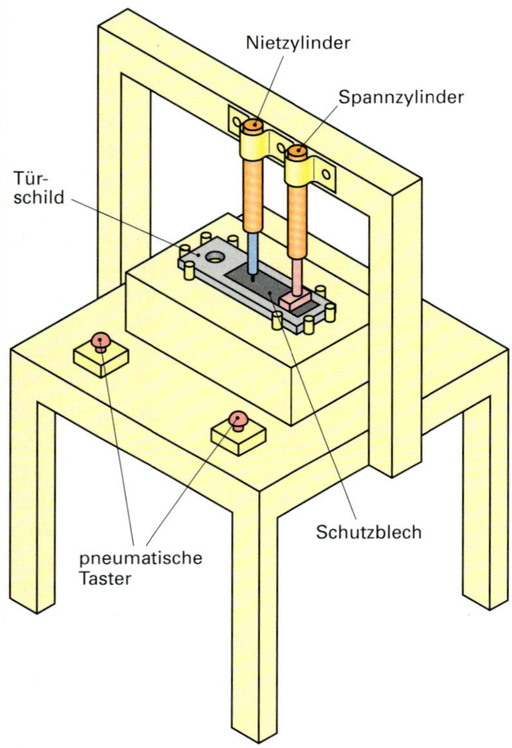

1 Nietautomat

In eine entsprechend geformte Grundplatte werden die Teile eingelegt. Ein Pneumatikzylinder drückt die Teile auf die Grundplatte, sodass sie fixiert sind. Ein zweiter Pneumatikzylinder nietet die Teile zusammen. Zum Schutz vor Verletzungen kann der Bedienende den Vorgang nur mittels gleichzeitiger Bedienung von 2 Tastern starten.

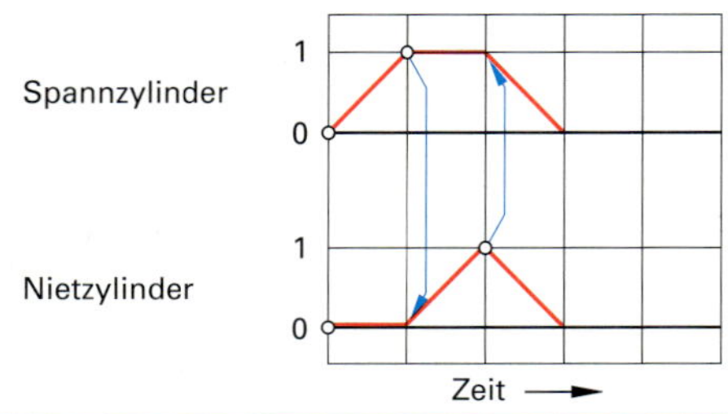

2 Weg-Schritt-Diagramm

Benötigte Bauteile:

- zwei einfach wirkende Pneumatikzylinder
- zwei pneumatisch betätigte 3/2-Wegeventile
- zwei 3/2-Wegeventile mit Federrückstellung
- zwei Folgeventile

Arbeitsablauf

Nachdem die Teile in die Vorrichtung eingelegt wurden, werden beide Pneumatikventile vom Bediener betätigt (Zwei-Hand-Bedienung). Der Spannzylinder fährt aus und hält die Teile fest. Ist der erforderliche Festhaltedruck erreicht, schaltet das 1. Folgeventil und der Nietzylinder fährt aus.

Hat dieser den für den Nietvorgang erforderlichen Pressdruck erreicht, spricht das 2. Folgeventil an und leitet für beide Zylinder den Rückhub ein. Der Arbeitsvorgang ist abgeschlossen, das fertige Teil kann entnommen werden. Bild 2 der vorherigen Seite zeigt die Zylinderbewegung über der Zeit (Weg-Schritt-Diagramm). Aus ihm ist der schrittweise zeitliche Verlauf der Steuerung ersichtlich.

Bild 1 zeigt den Pneumatik-Schaltplan dieser Steuerung.

Struktogramm

Mit einem Struktogramm können umfangreiche Steuerungsaufgaben logisch gegliedert werden. Dabei wird der Ablauf der Steuerung unabhängig von der späteren Ausführung dargestellt. Die Steuerung wird in Blöcke für eine Abfrage zerlegt, die jeweils einen Eingang und einen Ausgang haben. Je nach Bedingung ergibt sich das entsprechende Ausgangssignal. Jeder Block wird als Rechteck gezeichnet. Der Anweisungstext, die Bedingungen und Abfragen werden in den Block eingetragen. Verzweigungen werden mit Schrägstrichen dargestellt. Für das Beispiel Nietautomat ist ein Struktogramm in Bild 2 dargestellt.

Funktionsplan

Eine weitere Hilfe bei der Lösung einer steuerungstechnischen Aufgabe ist der Funktionsplan. Er hilft vor allem, wenn man sicher sein will, dass die vorgegebenen Startbedingungen für jeden einzelnen Schritt auch alle erfasst werden. Aus ihm kann leicht der Schaltplan für die Steuerung erstellt werden. Auch er ist unabhängig davon, wie die Steuerung später ausgeführt wird. Er stellt die Funktion grafisch dar. Man verwendet dabei Schrittsymbole mit der Nummer des Arbeitsschrittes und seiner Bezeichnung, Grundsymbole für die Befehle und man beschreibt die Übergangsbedingungen.

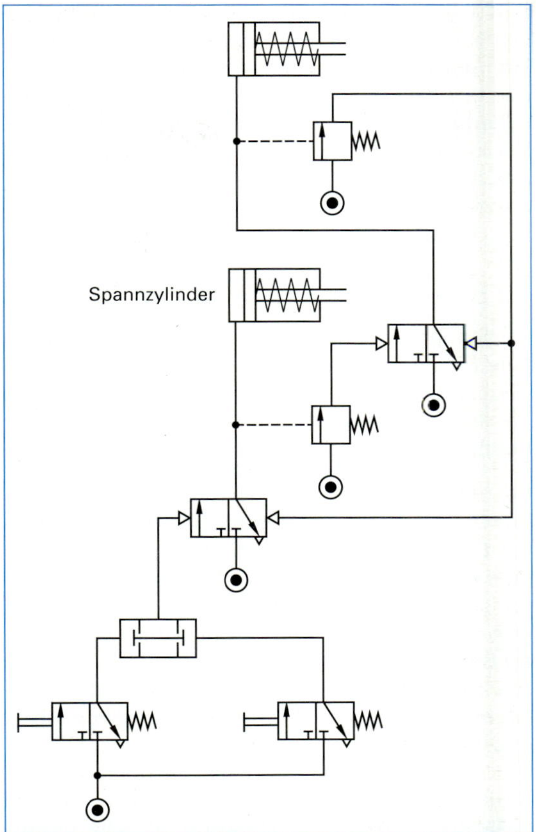

1 Pneumatik-Schaltplan Nietautomat

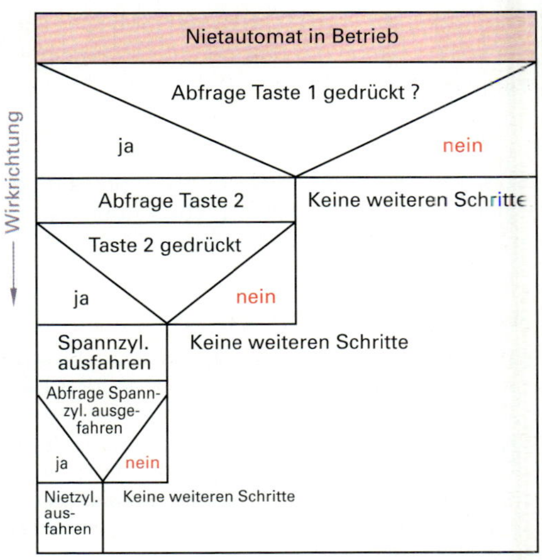

2 Struktogramm des Nietautomaten (vereinfacht)

Bild 1 zeigt einen **Funktionsplan** am Beispiel des Nietautomaten. Das Grundsymbol für den Befehl kennzeichnet die Befehlswirkung (z.B. für gespeichert), beschreibt den Befehl und gibt eine Befehlsnummer an (z.B.: 1). Die Schritte werden mit Wirkungslinien verbunden. Die Wirkungslinie erhält nur dann einen Pfeil, wenn sie von unten nach oben verläuft.

10.5 Regelungen

Bei Steuerungen wirken die Signale immer nur in eine Richtung vom Steuergerät zur Steuerstrecke (Bild 2). Die Steuerung erhält keine Rückmeldung, ob der eingestellte Wert auch erreicht ist oder gar überschritten wird.

Bei einer Regelung wird der tatsächlich erreichte Wert, der **Istwert**, gemessen und mit dem **Sollwert** verglichen. Besitzt z.B. eine Drehmaschine eine Regelung für die Drehzahl, so wird der Drehzahlsollwert vorgegeben und die Spindel dreht sich mit der eingestellten Drehzahl. Durch eine größere Spantiefe erhöht sich der Widerstand des Werkstoffes und die Drehzahl nimmt ab. Diese **Störgröße** wird nun von einer Messeinrichtung erfasst und mit dem Sollwert verglichen (Bild 3). Dabei ergibt sich eine Regelabweichung. Die Regeleinrichtung erhöht die **Stellgröße**, in diesem Fall die Motorspannung. Damit wird die Motordrehzahl wieder erhöht bis der Sollwert erreicht ist und die Spindel sich mit der gewünschten Drehzahl, der **Regelgröße**, dreht.

Eine Regelung vergleicht immer Soll- und Istwert der Regelgröße und beeinflusst entsprechend die Stellgröße.

Da bei einer Regelung immer eine Rückmeldung des Istwertes an die Regeleinrichtung und ein Vergleich mit dem Sollwert stattfindet, spricht man von einem **Regelkreis**.

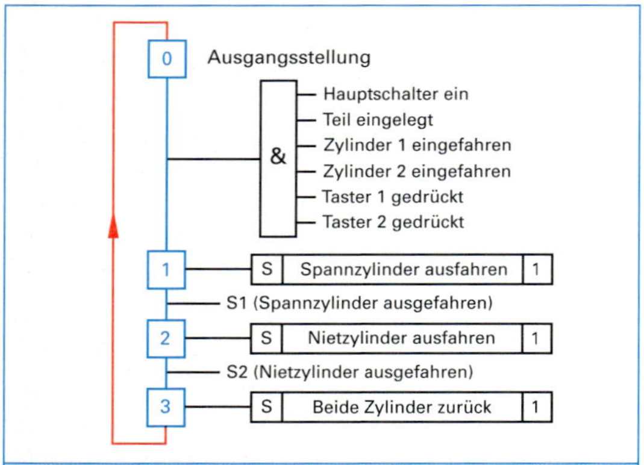

1 Funktionsplan des Nietautomaten

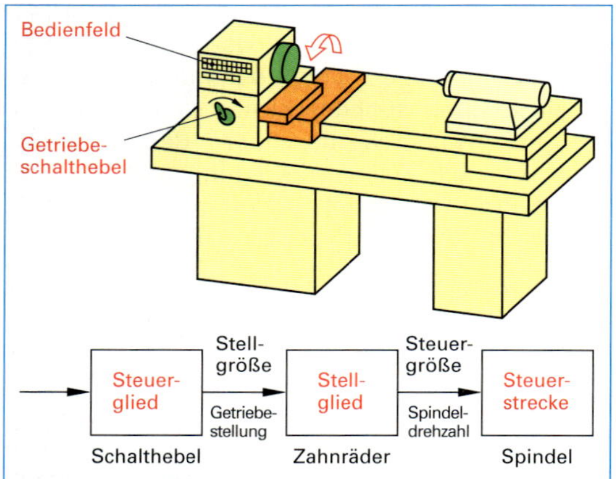

2 Drehzahlsteuerung einer Drehmaschine

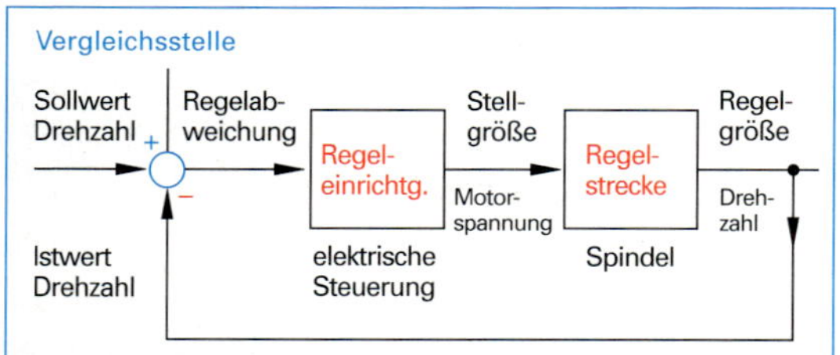

3 Drehzahlregelung einer Drehmaschine

Überprüfen Sie Ihre Kenntnisse

1. **Entwerfen Sie einen Schaltplan für eine pneumatische Steuerung für einen Vorschub- und einen Spannzylinder.**
2. **Entwerfen Sie eine elektrische Steuerung mit zwei Einschaltern und einem Sicherheitssensor.**
3. **Sie sollen eine Steuerung für ein Förderband mit Elektromotor entwerfen. Welcher Steuerungsart geben Sie den Vorzug?**
4. **Welche Vorteile bieten hydraulische Steuerungen?**
5. **Für welche Steuerungsaufgaben werden vorteilhaft speicherprogrammierbare Steuerungen eingesetzt?**
6. **Im Funktionsplan des Aufgabenbeispiels Nietautomat sind bereits zusätzliche Abfragen enthalten, die im Pneumatikschaltplan nicht eingezeichnet sind. Ergänzen Sie den Plan entsprechend.**
7. **Worin unterscheidet sich eine Steuerung von einer Regelung?**
8. **Erklären Sie den Begriff Regelkreis.**
9. **Wie wirkt sich eine Störgröße auf einen Regelkreis aus?**

11 Grundlagen der Informationstechnik

Bedingt durch die raschen Entwicklungen auf dem Gebiet der Mikroelektronik in den letzten Jahren wurde auch die Technik der Informationsverarbeitung sehr stark verändert.

Kernstück der Informationsverarbeitung ist heute der **Computer** (zu deutsch: Rechner), dessen Aufgabe es ist, Daten zu erfassen, zu verarbeiten und in gewünschter Form für die weitere Verwendung zur Verfügung zu stellen. Computer können also mehr als nur rechnen. Der Begriff **„Datenverarbeitungsanlage"** (DVA) wird deshalb der vielseitigen Einsetzbarkeit eher gerecht als die Bezeichnung Rechner.

1 Relaisrechner von Zuse

11.1 Geschichtliche Entwicklung

Die geschichtliche Entwicklung der Datenverarbeitung beginnt ca. 1100 v. Chr. in China, wo mit der Rechenmaschine Abakus das erste Gerät zur automatischen Verarbeitung von Daten entwickelt wurde.

Ein wesentlicher Meilenstein stellt der erste programmgesteuerte Relaisrechner von Konrad Zuse (Bild 1) dar. Die ersten PC's werden 1975 präsentiert. Heutige Prozessoren (Bild 2) besitzen bei wesentlich geringerem Platzbedarf und erheblich niedrigeren Kosten ein vielfaches an Leistungsvermögen.

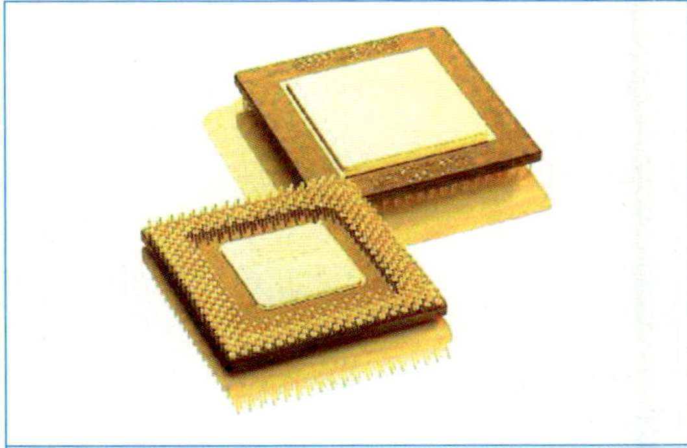

2 Pentium-Prozessor

11.2 Einsatzgebiete der Datenverarbeitung

Computer werden heute in fast allen Lebensbereichen in zunehmendem Maße eingesetzt. Nicht in allen Einsatzbereichen jedoch sind sie wie etwa in der Bürotechnik direkt als Computer erkennbar. Häufig sind sie in anderen „Verpackungen" Teile von Steuerketten oder Regelkreisen.

3 CAD-Arbeitsplatz

Neben dem Einsatz als Hilfsmittel im gesamten Verwaltungs-, Büro- und Dienstleistungsbereich werden Computer in Handwerk und Industrie z.B. als Werkzeuge für die Konstruktion und Zeichnungserstellung (CAD – computer aided design) benutzt (Bild 3). Die so entwickelten Daten können auf computergesteuerten Bearbeitungsmaschinen (CNC – computerized numerical control) zur Herstellung und Bearbeitung von Werkstücken verwendet werden (Bild 4). Aber auch zum Steuern von Prozessen in der Verfahrenstechnik, ja selbst in Kraftfahrzeugen werden heute Datenverarbeitungsanlagen eingesetzt.

4 CNC-Programmierplatz

Im privaten Lebensbereich sind Computer z. B. aus der Unterhaltungselektronik oder der Hauswirtschaft nicht mehr wegzudenken.

11.3 Eigenschaften von Computern

Aus der Vielzahl von Eigenschaften sollen hier nur die Wichtigsten genannt werden. Durch die bereits beschriebene Entwicklung in der Mikroelektronik werden Computer zunehmend **preiswert, klein** und **leicht**. Da sie im Gegensatz zu früher nur noch einen **geringen Energiebedarf** haben, sind sie heute fast **überall einsetzbar**. Vielfach werden sie durch leichte Programmierbarkeit **anwenderfreundlich**.

11.4 Arbeitsweise von Datenverarbeitungsanlagen

Unter Daten versteht man alles, was bei der Lösung einer Aufgabe mit Datenverarbeitungsanlagen an Zahlen, Werten, Worten, Texten und anderen Informationen anfällt.

Grundsätzlich können drei **Datenarten** unterschieden werden:

a) numerische Daten	– Ziffern, Ziffernfolgen, Sonderzeichen (–, +, : , *) z. B. +254.33; 4/25
b) alphabetische Daten	– Buchstaben, Buchstabenfolgen z. B. Müller, Robert, Neustadt/Weinstraße
c) alphanumerische Daten	– aus a) und b) zusammengesetzte Daten z. B. x 533; 11 dm; 16. Juni 1987

An zwei Beispielen soll stellvertretend für alle anderen Anwendungen die Arbeitsweise von Computern verdeutlicht werden (Bild 1).

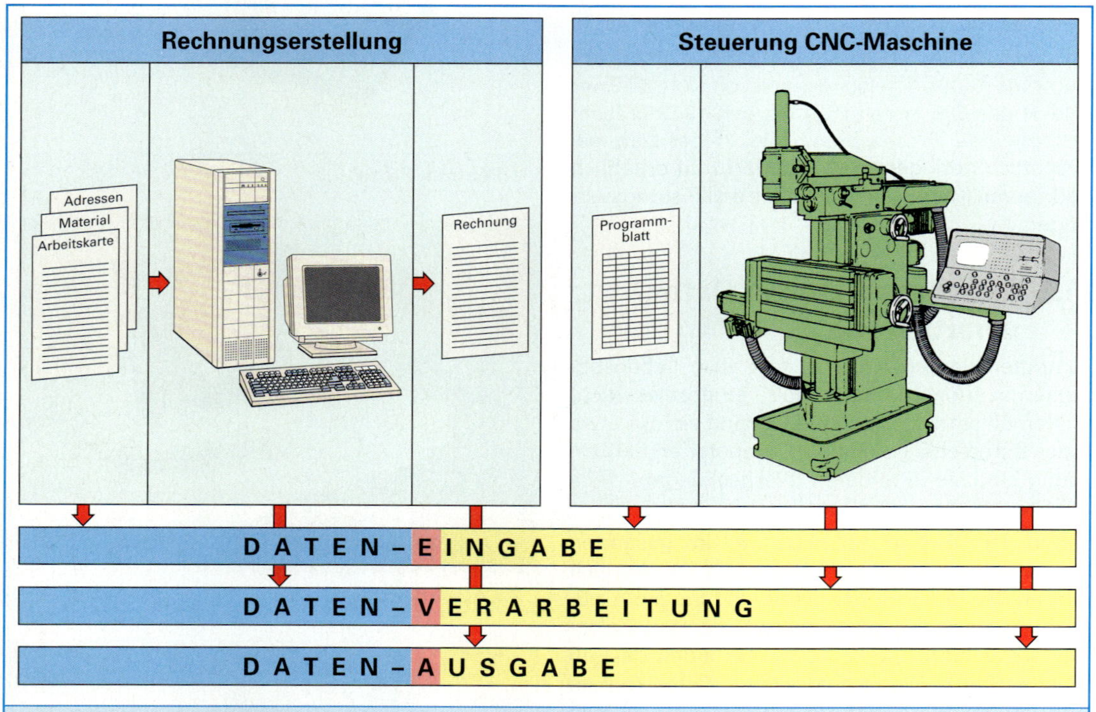

1 Arbeitsweise von Computern

1. Beispiel: Eine Reparaturrechnung wird erstellt.

1. Schritt: Aus der Arbeitskarte werden die Arbeitsdaten und die verwendeten Materialien und aus der Adressendatei die Kundenanschrift in die DVA eingegeben.

2. Schritt: Die Arbeitszeiten werden zu den Lohnkosten, die Materialdaten zu den Materialkosten und beide zusammen mit der gültigen Mehrwertsteuer zu den Gesamtkosten verarbeitet.

3. Schritt: Zusammen mit der Kundenanschrift werden die verarbeiteten Daten mittels eines Druckers als Rechnung ausgegeben.

2. Beispiel: Bearbeitungsaufgabe für CNC-Werkzeugmaschine

1. Schritt: Anhand einer technischen Zeichnung wird für eine Bearbeitungsaufgabe ein Programm erstellt und in den Computer eingegeben.

2. Schritt: In der DVA werden diese Programmdaten zu Weg- und Maschinenbefehlen verarbeitet.

3. Schritt: Über Schnittstellen werden diese Befehle wahlweise an ein Simulationsgerät oder an die Werkzeugmaschine ausgegeben.

Beiden Beispielen liegt dieselbe prinzipielle Arbeitsweise von Computern zugrunde. Daten werden eingegeben, vom Computer verarbeitet und anschließend ausgegeben. Dieses Verfahren wird auch als **EVA-Prinzip** (Eingabe – Verarbeitung – Ausgabe) bezeichnet.

Dabei ist es durchaus denkbar, dass derselbe Computer sowohl Konstruktions-, Fertigungs-, Planungs-, Kalkulations-, Text- oder Buchhaltungsaufgaben erfüllt. Die Einstellung auf neue oder andere Aufgaben erfolgt jedoch nicht von selbst. Da der Computer nicht in der Lage ist selbst zu denken, benötigt er präzise, eindeutig vorgeschriebene Arbeitsanweisungen – die Programme.

Als Computerprogramm bezeichnet man eine endliche Folge von eindeutigen Arbeitsanweisungen.

Durch ein **Programm** wird eine bestimmte, auf den Anwendungsfall bezogene Verarbeitungsreihenfolge festgelegt. Programme sind beeinflussbar und veränderbar.

Alle Programme und Daten, die für das Betreiben einer DVA erforderlich sind, werden als **SOFTWARE** bezeichnet.

Die gerätetechnischen Einrichtungen einer DVA, die für das Abarbeiten der Programme benötigt werden, nennt man **HARDWARE**.

11.5 Aufbau eines Computers

Entsprechend der prinzipiellen Arbeitsweise von Datenverarbeitungsanlagen besteht der Computer aus folgenden Komponenten:

E **Eingabeeinheiten,** z.B. Tastatur, Maus, Digitalisiertablett.

V **Zentraleinheit** für Verarbeitung, auch CPU (Central Prozessing Unit) genannt.

A **Ausgabeeinheiten,** z.B. Monitor, Drucker, Plotter usw. (Bild 1).

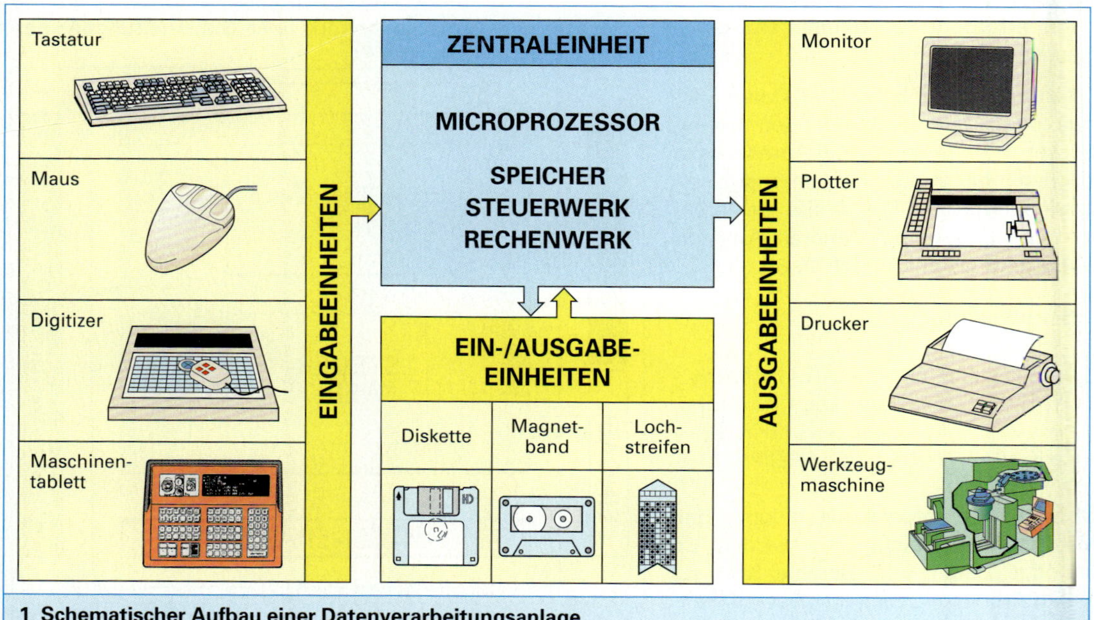

1 Schematischer Aufbau einer Datenverarbeitungsanlage

Umfangreiche Daten werden im Bedarfsfall auf **externe Speicher** wie Magnetplatte, Magnetband oder Diskette gespeichert. Wahlweise können auf diese Datenträger Informationen gegeben werden bzw. von ihnen Informationen geholt werden. Man nennt sie aus diesem Grund auch Ein/Ausgabe-Einheiten.

11.5.1 Die Zentraleinheit – CPU

Kernstück der Zentraleinheit ist der **Mikroprozessor**. Dies ist ein sehr dünnes Plättchen (CHIP) aus einem Halbleitermaterial, auf das innerhalb einer bestimmten Struktur eines integrierten Schaltkreises tausende von feinen Leiterbahnen aufgeätzt sind, die tausende von Transistorfunktionen miteinander verbinden. Seine Aufgabe ist es, Daten zu lesen, sie zu verarbeiten und im Programmspeicher abgelegte Befehle auszuführen.

Um diese Aufgabe erfüllen zu können, benötigt der **Mikroprozessor** folgende Bestandteile (Bild 1):

- Steuerwerk
- Rechenwerk
- Interne Speicher
- Steuer-, Adress- und Datenleitungen (Busse)

Das Steuerwerk

Das Steuerwerk ist die Befehlszentrale des Mikroprozessors. Es holt die Befehle in der durch das Programm vorgegebenen Reihenfolge aus dem Speicher und sorgt dafür, dass diese zur richtigen Zeit an der richtigen Stelle verfügbar sind. Dazu stehen ihm verschiedene Register wie das Befehlszählregister oder der Befehlscodierer zur Verfügung.

Folgende **Befehlsarten** können auftreten:

- **Datentransferbefehle** z.B. vom internen Speicher an das Rechenwerk
- **Rechenbefehle** z.B. Addition eines Speicherzelleninhaltes zum Inhalt des Rechenwerkes
- **Sprungbefehle** z.B. Sprung auf eine andere Befehlsadresse

Der geplante Befehlsablauf erfolgt nach einem vorgegebenen Rhythmus. Dieser Rhythmus wird durch Taktimpulse gesteuert, die von einem Taktgenerator oder **Taktgeber** erzeugt werden. Die Taktfrequenz moderner Mikroprozessoren liegt bei bis zu 500 MHz = 500 000 000 Impulse je Sekunde.

Das Rechenwerk

Aufgabe des Rechenwerkes ist es, alle logischen und arithmetischen Operationen durchzuführen. Die dafür erforderlichen Befehle werden dem Rechenwerk vom Steuerwerk über Steuerleitungen, den Steuerbussen, erteilt.

Die zum Rechnen benötigten Daten werden über Datenleitungen, den Datenbussen, transportiert. Über Adressbusse können benötigte Speicheradressen erreicht werden. Die Breite der Bussysteme beträgt bei neueren Anlagen 32 Bit, mindestens jedoch 16 Bit.

Interne Speicher

Als Speicher wird jede Einrichtung bezeichnet, die in der Lage ist Informationen aufzubewahren und im Bedarfsfall zur Verfügung zu stellen.

Ohne solche Informationen kann der Mikroprozessor nicht aktiv werden. Er benötigt Daten und Befehle, um zu einem Arbeitsprozess veranlasst zu werden.

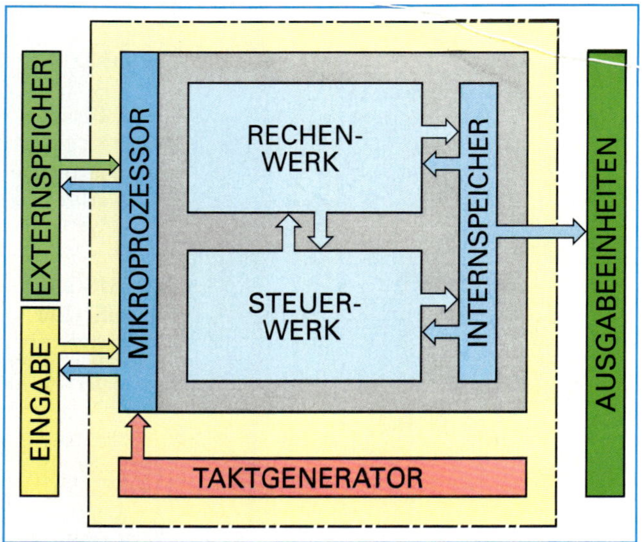

1 Bestandteile der CPU

Hierzu ist es erforderlich, dass die Speicherplätze nach einem bestimmten Ordnungssystem aufgebaut sind. Vergleichbar einem Hochregallager, ist jede Speicherzelle über eine Adresse anwählbar.

Interne Speicher von Mikroprozessoren, auch als Arbeitsspeicher bezeichnet, sind als integrierte Schaltkreise (IC) mit wenigen mm Kantenlänge und Platz für über 1 Million Informationseinheiten hergestellt (Bild 1). Sie besitzen ebenso wie die externen Speicher aufgrund ihres Aufbaues unterschiedliche Eigenschaften (siehe Übersicht).

1 Speicher-Chip

Man unterscheidet bei Halbleiterspeichern:

ROM = Read Only Memory (Nur-Lese-Speicher)

RAM = Random Access Memory (Schreib-Lese-Speicher)

ROM: Nur-Lese-Speicher sind Festwertspeicher. Ihre Informationen gehen auch bei Stromunterbrechung nicht verloren. Die Informationen können nur durch Austausch der ROM-Bausteine geändert werden.

Bei Mikrocomputern wird das „Boot- oder Ladeprogramm" als Festprogramm auf einem ROM abgelegt. Dieses Programm enthält Anweisungen, um nach dem Einschalten ein bestimmtes Betriebsprogramm in den Schreib-Lese-Speicher zu lesen. Erst dann ist der Computer arbeitsbereit. Dieses Verfahren ermöglicht eine sinnvolle Nutzung des Arbeitsspeicherplatzes, da immer nur ein aktuell erforderliches Programm gespeichert wird. In bestimmten Fällen, wie z. B. dem Betrieb einer CNC-Maschine, ist es sinnvoll, neben dem Ladeprogramm auch das Betriebsprogramm bereits in einem ROM zu speichern (Bild 2).

RAM: Schreib-Lese-Speicher sind Speicherelemente, deren Inhalt bei Ausfall der Stromversorgung verloren geht, aber bei Bedarf auch geändert werden kann. Zur Sicherung müssen also alle im RAM befindlichen Daten vor dem Abschalten auf externe Datenträger (Diskette, Magnetband u.a.) gespeichert werden. Eine kurzfristige Unterbrechung der Versorgung kann über Pufferbatterien aufgefangen werden.

ROM		RAM
Ladeprogramm	⇒	Betriebssystem – Sprachübersetzer – Programm + Daten
Ladeprogramm – Betriebssystem	⇒	Anwenderprogramme + Daten
Ladeprogramm – Betriebssystem – Sprachübersetzer	⇒	Programme + Daten

2 Möglichkeiten der Speichereinteilung

Übersicht: Speichereigenschaften externer und interner Speicher

	Speichereigenschaften						
	Internspeicher			**Externspeicher**			
	ROM	RAM	RAM mit Batterie	Disketten	Magnetband	Festplatte	CD-ROM
Eigenschaften	Nur-Lese-Speicher, elektronisch	Schreib-Lese-Speicher, elektronisch	Schreib-Lese-Speicher, elektronisch	Schreib-Lese-Speicher, magnetisch	Schreib-Lese-Speicher, magnetisch	Schreib-Lese-Speicher, magnetisch	Lese-Speicher, optoelektronisch
Vorteile	Informationen immer bereit	veränderbar	veränderbar	schneller Zugriff, transportabel	transportabel	hohe Speicherkapazität	sehr hohe Speicherkapazität
Nachteile	Informationen sind nicht veränderbar	Flüchtigkeit, hoher Energiebedarf	etwas längere Zugriffszeit	begrenzte Kapazität, empfindlich	längere Zugriffszeiten	relativ hoher Preis	nicht immer beschreibbar

11.5.2 Informationsdarstellung im Dualsystem

Sowohl Steuerwerk als auch Rechenwerk und die internen Speicher sind nicht in der Lage, unser Alphabet bzw. unser Dezimalzahlensystem zu verstehen. Der Rechner kann nur die zwei Schaltzustände „Spannung ein" und „Spannung aus" und Kombinationen von diesen erkennen und verarbeiten. Diese beiden Schaltzustände werden im **Dualsystem** durch die **Binärzeichen** „0" und „1" dargestellt. Jeder dieser beiden Schaltzustände stellt eine Informationseinheit dar (Bild 1).

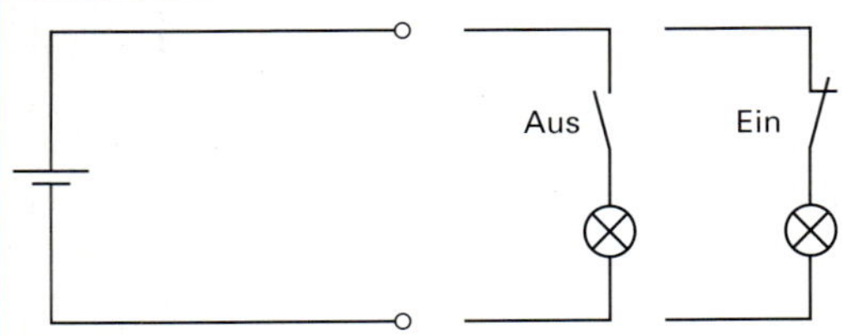

Schaltzustand	Aus	Ein
Binärzeichen	0	1
Informationsmaß	1 Bit	1 Bit

1 Grundschaltungen des Binärsystems

> Eine Information besitzt das Informationsmaß 1 Bit, wenn es sich um eine von 2 möglichen Informationen handelt.
>
> **1 Bit** – Abkürzung von Binary Digit = Zweischritt

Mit 2 Stromkreisen lassen sich bereits 4 Schaltkombinationen, also 4 Nachrichten übermitteln (Bild 2).

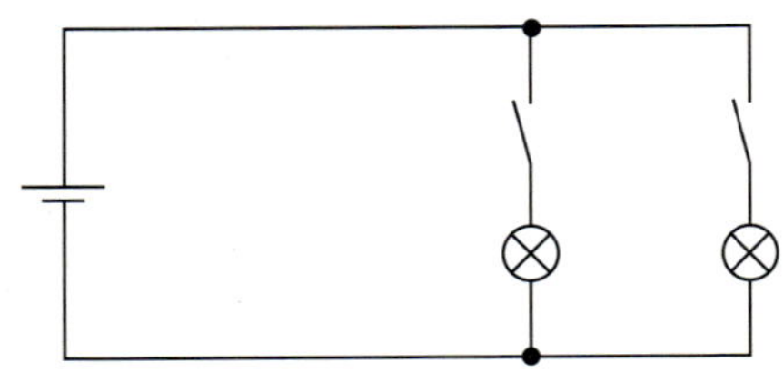

Nachricht	1	0	0
Nachricht	2	0	1
Nachricht	3	1	0
Nachricht	4	1	1

2 Kombinationsmöglichkeiten zweier Stromkreise

Unsere Umgangssprache benötigt einen Zeichensatz von ca. 150 Zeichen, der sich aus 64 Buchstaben, 10 Dezimalziffern und etwa 80 Sonderzeichen zusammensetzt.

Für die Umsetzung dieses Zeichensatzes wird eine Gruppe von 8 Informationseinheiten = 8 Bit benötigt. Dies ermöglicht die Codierung von $2^8 = 256$ Zeichen.

> Eine Folge von 8 Bits wird als **1 Byte** bezeichnet.
>
> 1 Kilo-Byte = 1 kB = 2^{10} Byte = 1024 Byte = = 8192 Bit
>
> 1 Mega-Byte = 1 MB = 2^{20} Byte = 1 048 576 Byte

Durch ein 8-Bit-Datenwort ist es möglich, die Ziffern und Ziffernfolgen des Dezimalsystems in das Dualsystem zu übertragen (Bild 3).

	Dezimalzahl	Dualzahl							
		2^7	2^6	2^5	2^4	2^3	2^2	2^1	2^0
		128	64	32	16	8	4	2	1
	1	0	0	0	0	0	0	0	1
	2	0	0	0	0	0	0	1	0
	3	0	0	0	0	0	0	1	1
	4	0	0	0	0	0	1	0	0
	5	0	0	0	0	0	1	0	1
	6	0	0	0	0	0	1	1	0
	7	0	0	0	0	0	1	1	1
	8	0	0	0	0	1	0	0	0
	9	0	0	0	0	1	0	0	1
	0	0	0	0	0	0	0	0	0
Beispiele	173	1	0	1	0	1	1	0	1
	95	0	1	1	0	0	0	0	0
	65	0	1	0	0	0	1	0	1

3 Darstellung von Dezimalzahlen im Dualsystem

Durch bestimmte Codierung ist es auch möglich, alle Buchstaben und Sonderzeichen zu verschlüsseln.

Bild 4 zeigt einen Auszug aus dem ASCII-Code (American Standard Code for Information Interchange), dem am meisten verwendeten Verschlüsselungscode.

A	01 0000 01	H	01 00 1000	O	01 00 1111	V	01 010 110
B	01 0000 10	I	01 00 1001	P	01 01 0000	W	01 010 111
C	01 0000 11	J	01 00 1010	Q	01 01 0001	X	01 011 000
D	01 0001 00	K	01 00 1011	R	01 01 0010	Y	01 011 001
E	01 0001 01	L	01 00 1100	S	01 01 0011	Z	01 011 010
F	01 0001 10	M	01 00 1101	T	01 01 0100		
G	01 0001 11	N	01 00 1110	U	01 01 0101		

4 Auszug aus dem ASCII-Code

Die auf diese Weise codierten Anweisungen an den Computer (Programme) werden nacheinander Byte für Byte unter fortlaufender Nummerierung in den Arbeitsspeicher gelesen.

Jedes Byte erhält zur Kennzeichnung eine Adressnummer.

11.5.3 Eingabegeräte

Die am häufigsten verwendeten Eingabegeräte sind:

- Alphanumerische Tastatur
- Maus und Steuerknüppel
- prozessabhängige Geräte
- Digitalisiertablett
- Scanner (Bild 1)

Hauptaufgabe der Geräte ist es, die Eingabe von Daten und Befehlen zu ermöglichen. Bei der Befehlseingabe teilt der Benutzer dem System die auszuführende Arbeitsanweisung, z. B. ADDIERE, DRUCKE, FRÄSE KREISBOGEN, mit. Zur Ausführung der Befehle müssen meist Daten eingegeben werden, z.B. Daten für Rechenoperationen, Texte, Daten für Werkzeugmaschinenbewegungen u.a.

Die **Alphanumerische Tastatur** ist Bestandteil fast jeder Datenverarbeitungsanlage. Über einen Code werden alle Tastaturzeichen in das für die Anlage lesbare Binärsystem verschlüsselt.

Maus, Steuerknüppel und **Rollkugel** sind analog arbeitende Geräte. Wird das Bewegungselement (Kugel, Knüppel) dieser Geräte bewegt, so entstehen Spannungen, die in digitale Werte umgewandelt und somit lesbar werden.

Das **Digitalisiertablett** ist ein Eingabegerät, das oft als elektronisches Zeichenbrett bezeichnet wird. Es dient auch hauptsächlich Technischen Zeichnern und Konstrukteuren bei der Eingabe von Zeichnungselementen. Digitalisiertabletts sind in der Regel mit einem grafischen Bildschirm (Ausgabegerät) gekoppelt.

Das **Maschinenbedienfeld** einer CNC-Werkzeugmaschine soll hier stellvertretend für alle Eingabegeräte, die auf einen bestimmten Arbeitsprozess zugeschnitten sind, aufgeführt werden. An ihm werden über eine spezielle Tastatur nur für diesen Anwendungsfall nutzbare Befehle (z. B. G2 – Kreisbogen im Uhrzeigersinn; F100 – Vorschubgeschwindigkeit) eingegeben.

Mithilfe von **Scannern** können vorhandene Bilder oder Strichcodes eingelesen und digitalisiert werden.

11.5.4 Ausgabegeräte

Aufgabe der Ausgabegeräte ist es, die verarbeiteten Daten und Befehle aufgabengerecht auszugeben. Dazu werden hauptsächlich verwendet:

- Monitor
- Zeichenplotter
- Drucker
- prozessabhängige Ausgabegeräte

Als **Monitore** werden heute fast ausschließlich Rasterbildschirme eingesetzt, die je nach Auflösung (Anzahl der programmierbaren Bildpunkte) und Größe mehr oder weniger gute Bilder erzeugen.

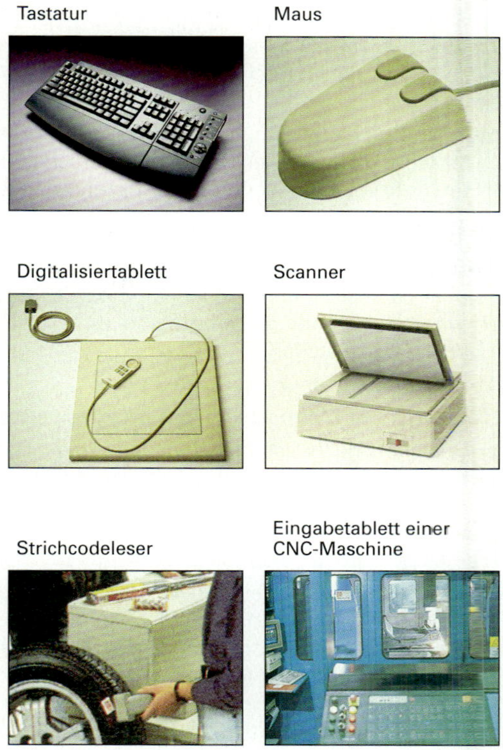

1 Eingabegeräte

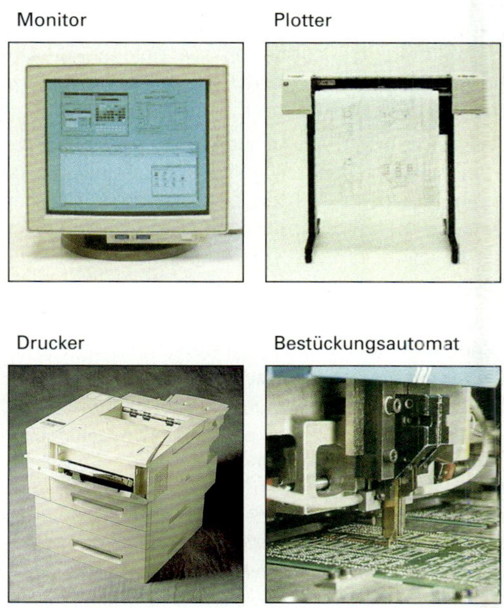

2 Ausgabegeräte

Bei fast allen DVA findet auch der **Drucker** als Datenausgabegerät Verwendung. Er dient zum Ausdrucken von Texten, Tabellen, Diagrammen, Grafiken und auch Zeichnungen.

Auch die **CNC-Maschine** soll wieder stellvertretend als problembezogenes Ausgabegerät stehen, deren Aufgabe es ist, die im Rechner verarbeiteten Daten in der gewünschten Form (hier Werkzeugmaschinenwege) auszugeben.

Plotter sind rechnergesteuerte Zeichenmaschinen, die hauptsächlich für die Ausgabe von Zeichnungen benutzt werden. Nach der Bauform unterscheidet man zwischen Flachbett- und Trommelplotter, nach der Funktionsweise zwischen Stift-, Tintenstrahl- und elektrostatischem Plotter.

11.5.5 Ein/Ausgabegeräte

Ein/Ausgabegeräte sind externe Speichergeräte, die in der Lage sind, unterschiedlich große Datenmengen aufzunehmen, zu sichern und auf Wunsch zur Verfügung zu stellen.

Als externe Speicher werden verwendet:

- **Diskette**
- **Magnetband**
- **Magnetplatte**

Das Speicherprinzip ist bei allen 3 Medien das Gleiche. Auf einen Träger wird eine magnetisierbare Schicht aufgezogen. Das Speichern erfolgt durch gezieltes Magnetisieren dieser Schicht mittels eines Schreib-Lesekopfes.

Bei der Diskette (Floppy-Disk = bewegliche Scheibe, Bild 1) dient eine Kunststoffscheibe als Träger. Disketten müssen vor Gebrauch in einem bestimmten Computersystem erst formatiert, d.h. in Spuren und Sektoren eingeteilt werden. Da sie gegen Verschmutzung und Beschädigung sehr empfindlich sind, müssen sie sorgfältig und fachgerecht behandelt werden.

Eine oder mehrere Aluminiumplatten dienen bei der Magnetplatte als Magnetschichtträger. Die in ein Gehäuse eingebauten Platten rotieren mit einer hohen Drehzahl (3600 1/min) und werden über einen Schreib-Lesekopf, der auf einem dünnen Luftpolster liegt, beschrieben bzw. gelesen. Sie sind also keiner mechanischen Beanspruchung ausgesetzt und deshalb haltbarer als Disketten (Bild 2).

In zunehmendem Maße werden Programme und Daten auf CD-ROM zur Verfügung gestellt. Schon in naher Zukunft werden beschreibbare CD's ein weit verbreitetes Schreib/Lese-Medium sein.

1 Diskette mit Schutzhülle

2 Magnetplattenspeicher

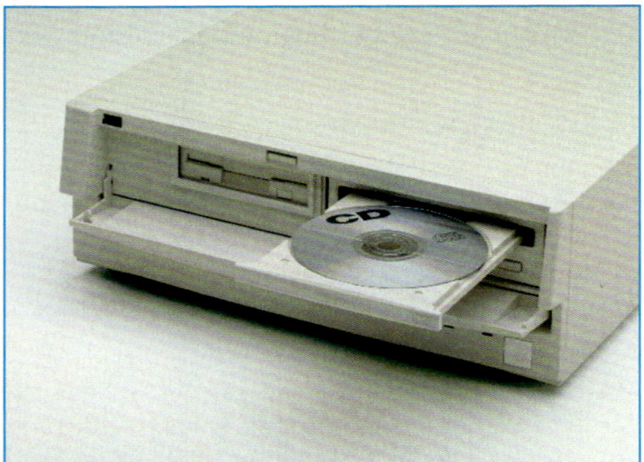

3 CD-ROM mit Laufwerk

Überprüfen Sie Ihre Kenntnisse

1. **Nennen Sie die verschiedenen Einsatzgebiete der DVA und jeweils ein Beispiel dazu.**
2. **Was versteht man unter Daten?**
3. **Über welche Eigenschaften verfügen Computer?**
4. **Beschreiben Sie die prinzipielle Arbeitsweise eines Computersystems.**
5. **Erklären Sie die Begriffe Computerprogramm, Hardware und Software.**
6. **Aus welchen Teilen besteht ein Mikroprozessor?**
7. **Welche Arten von Speichern unterscheidet man?**
8. **Wie wird die Zahl 173 im Dualsystem dargestellt?**
9. **Nennen Sie verschiedene Ein- und Ausgabegeräte, über die eine DVA verfügen kann.**

11.6 Handhabung des Computers

Eine Datenverarbeitungsanlage besteht immer aus einer Zentraleinheit (CPU) und verschiedenen Peripheriegeräten. Aus technischen Gründen ist es erforderlich, dass bei der Inbetriebnahme erst die Peripheriegeräte und dann die Systemeinheit eingeschaltet werden.

11.6.1 Systemstart

Nach dem Einschalten der Systemeinheit wird vom Computer ein Selbst- oder Diagnosetest durchgeführt, der je nach Hauptspeichergröße 4 bis 90 Sekunden dauert. Liegt ein Systemfehler vor, so wird dieser dem Benutzer mitgeteilt.

Nach durchlaufenem Selbsttest zeigt der Computer seine Arbeitsbereitschaft in der Regel durch die Angabe der zur Verfügung stehenden Hauptspeicherkapazität und des Standardlaufwerkes (Bild 1).

Ein Systemstart, auch Booten genannt, kann sowohl bei eingeschaltetem als auch bei ausgeschaltetem Computer erfolgen.

1 Systemstart

Als **Kaltstart** bezeichnet man einen Systemstart, der durch Betätigen des Hauptschalters erfolgt.

Einen Neustart bei eingeschaltetem Computer mittels der Tastatur wird als **Warmstart** bezeichnet.

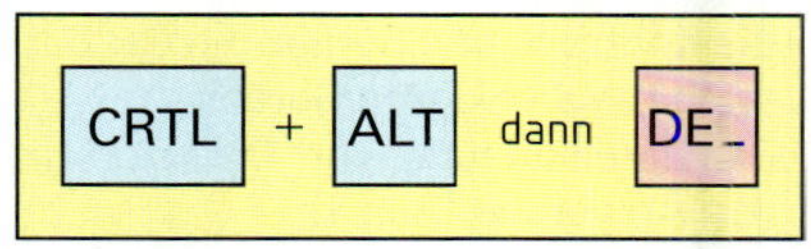

2 Warmstart (MS-DOS)

Je nach System werden zum Warmstart auf der Tastatur verschiedene Tastenfolgen oder Tastenkombinationen (Bild 2) als Steuerbefehl benutzt. Die meisten marktüblichen Tastaturen besitzen entweder einen amerikanischen ASCII-Zeichensatz (ASCII = American Standard Code for Information Interchange), einen deutschen DIN-2137-Zeichensatz oder wahlweise beide Zeichensätze (Bild 3). Die Tastatur enthält folgende Tastengruppen: Schreibmaschinentastatur, Nummerische Tasten, Funktionstasten, Steuertasten.

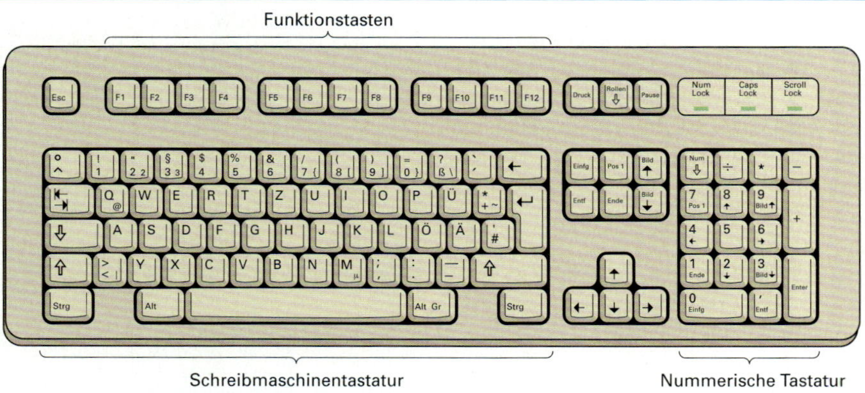

3 Tastatur

11.6.2 Steuerbefehle

Neben der Eingabe von Programmen können über die Tastatur auch eine Reihe von Steuerbefehlen eingegeben werden.

Steuerbefehle sind Computeranweisungen, die nicht auf Ausgabegeräten erscheinen.

Sie sind hardwareabhängig und dienen u.a. der Steuerung diverser Ausgabegeräte (Bild 4).

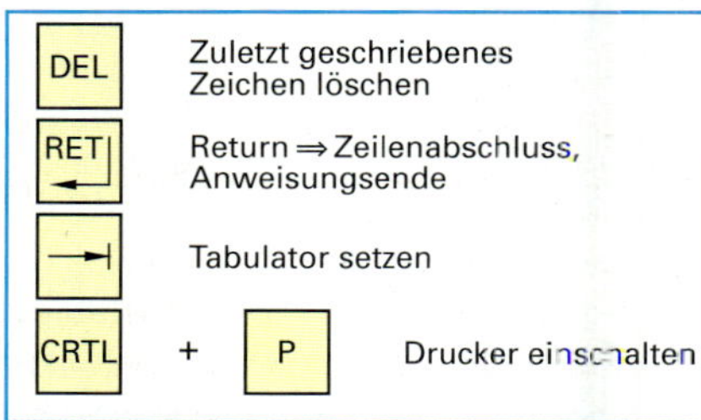

4 Beispiele für Steuerbefehle

11.7 Betriebssystem

Das Betriebssystem einer Datenverarbeitungsanlage ist der Vermittler zwischen einem Anwenderprogramm und der Hardware. Es wird beim Starten (Booten) des Systems meist von der Festplatte geladen.

Betriebssystem und Rechner bilden eine Einheit

Die in dem Betriebssystem enthaltenen Systemprogramme verbinden Anwenderprogramme mit dem Rechner und stellen dem Benutzer zahlreiche Dienst- und Hilfsprogramme zur Verfügung. Ein leistungsstarker Rechner kann nur dann seine volle Leistung entfalten, wenn auch das Betriebssystem entsprechend leistungsfähig ist.

Die wichtigsten Aufgaben eines Betriebssystems sind:

- die Verwaltung und Organisation des Hauptspeichers
- die Kontrolle und Steuerung der Daten-Ein- und Ausgabe an externe Geräte
- die Bereitstellung von Dienstprogrammen für den Anwender (Bild 1).

Der Anwender sollte die elementaren Dienstprogramme „seines“ Betriebssystems kennen. Dies sind in der Regel Programme zum

- Formatieren von Disketten und Festplatten
- Kopieren und Löschen von Dateien
- Errichten und Verwalten von Verzeichnissen

Sehr viele Dienstprogramme, wie z. B. Linker oder Debugger, dienen in erster Linie den Programmierern.

Mehrere Hardware-Hersteller verwenden das gleiche oder ähnliche (kompatible) Betriebssysteme. Dies hat den Vorteil, dass die Programme auch auf unterschiedlichen Rechnern laufen. In der Vergangenheit haben sich die folgenden Betriebssysteme als Standards entwickelt:

MS-DOS	(Microsoft)
PC-DOS	(IBM)
OS/2	(IBM/Microsoft)
UNIX	(Bell Laboratories)
WINDOWS NT	(Microsoft)
WINDOWS 95	(Microsoft)
VMS	(Digital Equipment Corp.)

Von fast jedem dieser Betriebssysteme existieren zahlreiche Versionen, die leider nicht immer untereinander kompatibel sind. Derzeit noch am häufigsten verwendet wird das Betriebssystem DOS in diversen Versionen. Nach den unterschiedlichen Aufgabestellungen lassen sich die **DOS-Befehle** in vier Gruppen einteilen:

1. Systembefehle
2. Diskbefehle
3. Dateibefehle
4. Verzeichnisbefehle

Der grundsätzliche Aufbau von DOS-Befehlen sowie einige Beispiele sind in den Tabellen aufgeführt.

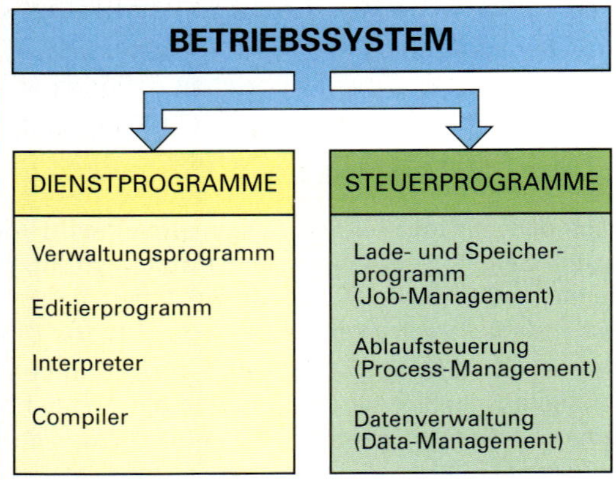

1 Aufbau des Betriebssystems

C:\>DIR A:/P			
Prompt	Befehl	Parameter	Schalter
zeigt das aktuelle Laufwerk an	bestimmt, **welche** Aktion vom Computer durchzuführen ist	legt fest, **womit** die Aktion durchgeführt werden soll	bestimmt, **wie** die Aktion durchgeführt wird
hier: LW C	hier: Anzeige des Inhaltsverzeichnisses	hier: mit LW A	hier: „seitenweise“, nicht durchlaufend

Aufbau eines DOS-Befehls

Befehl	Inhalt
A:	Laufwerkswechsel (z.B. von C nach A)
CD DOS	Wechsel in das Unterverzeichnis DOS
CLS	Bildschirminhalt löschen
COPY	Kopieren von Dateien
DISKCOPY	Kopieren von Disketten
DEL	Löschen von Dateien
CHDSK	Überprüfung v. Disketten u. Festplatten
FORMAT	Formatieren v. Disketten u. Festplatten

Einige wichtige DOS-Befehle

Platzhalter	Bedeutung	Beispiel	Auswirkung
*	ersetzt ganze Zeichengruppen	DIR *.EXE	listet alle Dateien eines Verzeichnisses, die die Endung EXE haben
		DIR *.*	listet alle Dateien eines Verzeichnisses
?	ersetzt ein einzelnes Zeichen	DIR DAT? .TXT	listet alle Dateien, die mit DAT beginnen, noch ein Zeichen und die Endung TXT besitzen

Verwendung von Platzhaltern in DOS

11.7.1 WINDOWS als Betriebssystemerweiterung

WINDOWS ist eine Erweiterung des Betriebssystems DOS. Durch die Bereitstellung einer grafischen Benutzeroberfläche und integrierter Hilfsfunktionen erleichtert WINDOWS dem ungeübten Anwender die Handhabung seines Systems. Darüber hinaus verwaltet es in den neueren Versionen auch einen größeren Hauptspeicher als DOS dies kann.

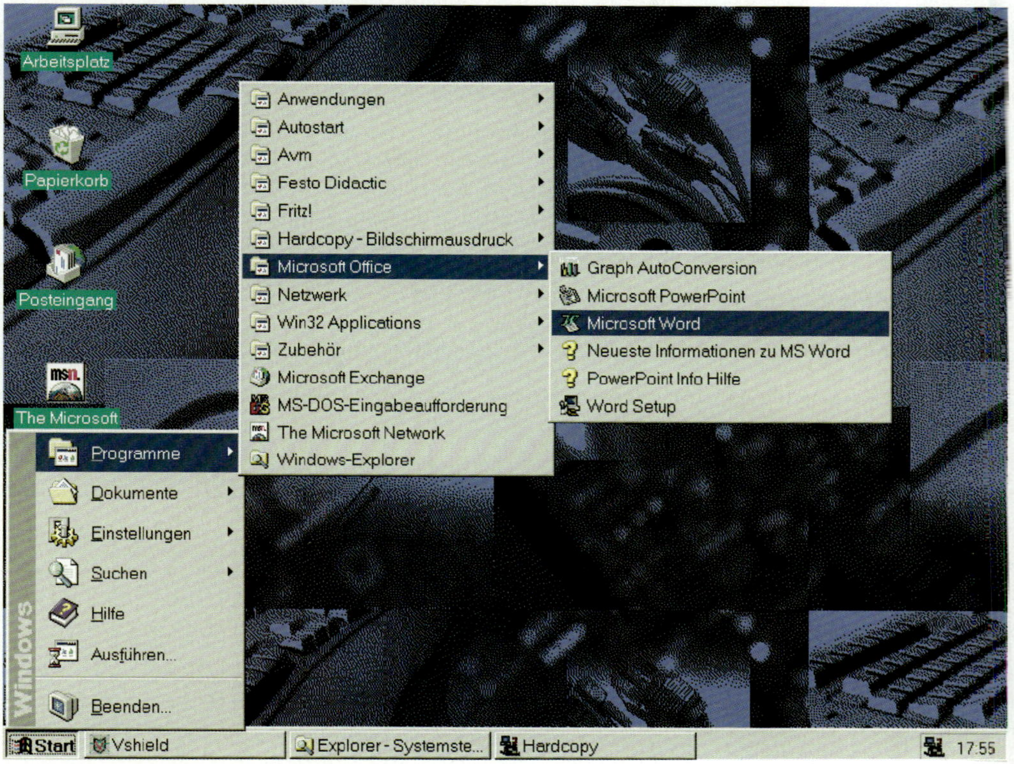

Die besonderen Vorteile von WINDOWS liegen in der

- **einheitlichen Benutzeroberfläche** (alle für WINDOWS geschriebenen Programme präsentieren sich in einer einheitlichen Form und Oberfläche)
- **Geräteunabhängigkeit** (alle für WINDOWS geschriebenen und auf dem Rechner installierten Programme benutzen dieselben Gerätetreiber, so muss z. B. ein Drucker nur einmal eingerichtet werden)
- **Multitaskingfähigkeit** (es können parallel mehrere Programme angewandt werden)
- **Taskmanagement** (durch einen Taskmanager kann zwischen den einzelnen Anwendungen umgeschaltet werden)
- **Datenaustauschmöglichkeit** (Dateien, z. B. Bilder oder Tabellen, können problemlos über Zwischenablage ausgetauscht werden)
- **Multimediafähigkeit** (Einbindung von Video und Sound)

Die Arbeit mit Programmen unter WINDOWS ist im Wesentlichen immer gleich. Die Oberfläche zeigt eine Titelzeile, eine Menüleiste und eine Arbeitsfläche. Die Ränder der Arbeitsfläche sind programmabhängig durch Symbolleisten eingerahmt. Der Aufruf von Befehlen (wie z. B. DATEI DRUCKEN) erfolgt meist über Pulldownmenüs oder Symbole (Icons), die durch einen Mausklick angewählt werden.

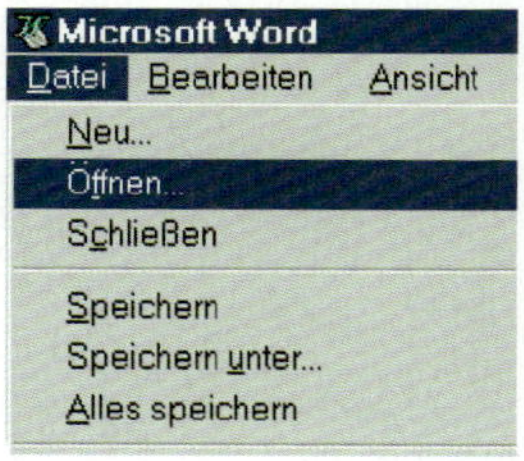

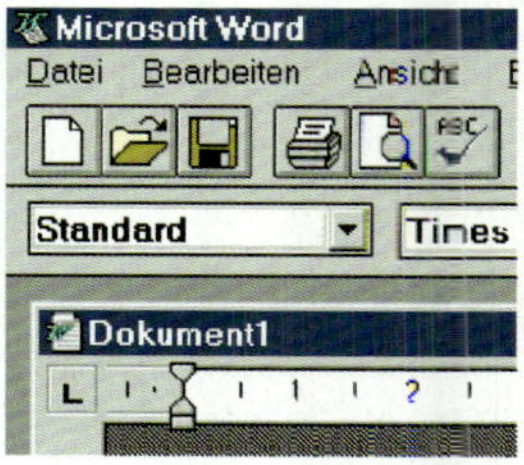

11.8 Programmieren

Alle Anweisungen und Daten, die dem Computer übermittelt werden, müssen in einer für ihn erkennbaren Form, der Programmiersprache, verschlüsselt sein. Man unterscheidet dabei maschinen- und problemorientierte Programmiersprachen. Während die maschinenorientierten Programmiersprachen fast ausschließlich den ausgebildeten Programmierern vorbehalten sind, können mithilfe einiger problemorientierter Sprachen auch von ungeübten Anwendern einfache Programme geschrieben werden. Die wichtigsten Programmiersprachen sind BASIC, PASCAL, FORTRAN, C.

11.8.1 Vom Problem zum Programm

Bei allen Möglichkeiten, die ein Computer zum Ausführen zeitaufwendiger Rechen- und Wiederholungstätigkeiten besitzt, bleibt er immer noch nur ein Hilfsmittel oder Werkzeug. Die Fähigkeit, Probleme zu lösen bleibt uns Menschen vorbehalten. Erst die als Programme verschlüsselten Problemlösungen versetzen den Computer in die Lage, bestimmte Tätigkeiten auszuführen. Bei der Entwicklung von Programmen ist eine systematische Vorgehensweise unerlässlich (Bild 1).

11.8.2 Problemdefinition

Unter der Problemdefinition versteht man die exakte und eindeutige Beschreibung einer Aufgabe.

Beispiel: Von Kreisen mit variablem Durchmesser soll der Umfang und der Flächeninhalt berechnet werden.

11.8.3 Problemanalyse

Bei der Analyse eines Problems ist z. B. festzustellen:

- Welche Ausgangsdaten stehen zur Verfügung?
- Welche Bedingungen sind zu berücksichtigen?
- Ist die Zerlegung des Problems in Einzelprobleme sinnvoll?
- Gibt es Wiederholungen von einzelnen Teilproblemen?
- Welcher Datenfluss von der Eingabe bis zur Ausgabe ist vorgesehen?

Vor allem die Frage der Zerlegung des Gesamtproblems in kleine Einzelprobleme verlangt die Unterstützung durch bewährte Analyseverfahren. Hier hat sich vor allem die in Bild 2 für das Beispiel der Flächenberechnung dargestellte Methode der schrittweisen Verfeinerung, die Top-Down-Methode, durchgesetzt.

Jedes Teilproblem muss zur Lösung in Teilschritte zerlegt werden.

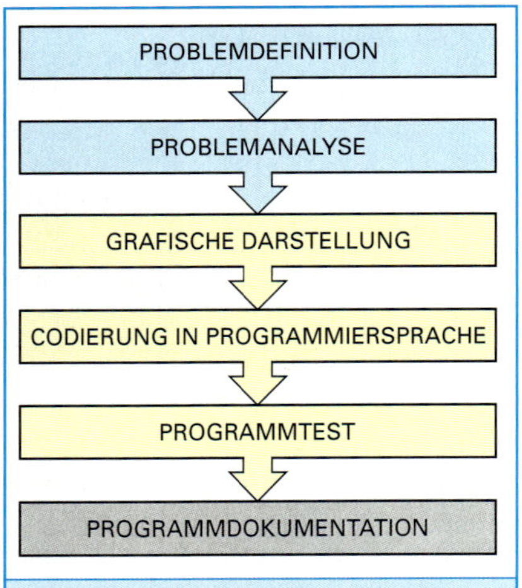

1 Vom Problem zum Programm

Die Zerlegung eines Problems in endlich viele, eindeutig festgelegte Schritte nennt man **Algorithmus**.

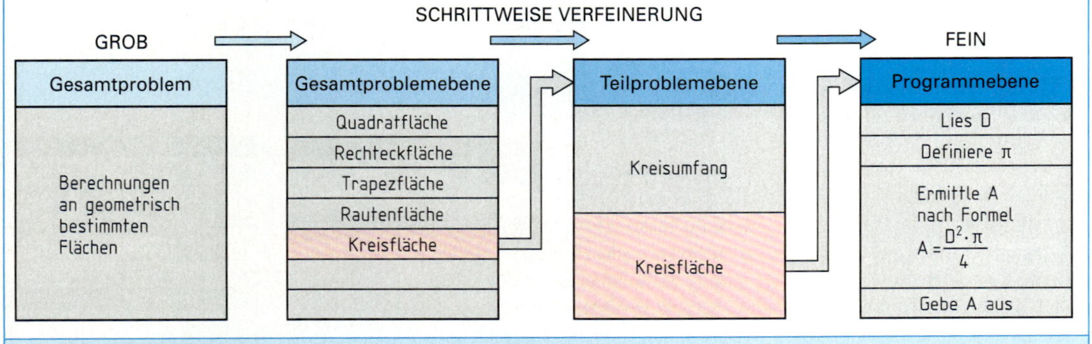

2 Top-Down-Methode

11.8.4 Grafische Darstellung

Eine rein sprachliche Formulierung einer Problemlösung birgt die Gefahr, dass einzelne Schritte nicht eindeutig bestimmt werden. Abhilfe schafft hier die grafische Darstellung mithilfe genormter Symbole. Folgende grafische Darstellungen werden hauptsächlich angewandt:

1. Der Datenflussplan (DFP)
2. Der Programmablaufplan (PAP)
3. Das Struktogramm (STG)

Im **Datenflussplan** wird der Datenfluss von der Ein- bis zur Ausgabe festgelegt. Er stellt einen Organisationsplan für die geplante Datenverarbeitung dar.

Mithilfe eines **Programmablaufplans** oder eines **Struktogramms** lässt sich die Folge der einzelnen Programmschritte übersichtlich darstellen.

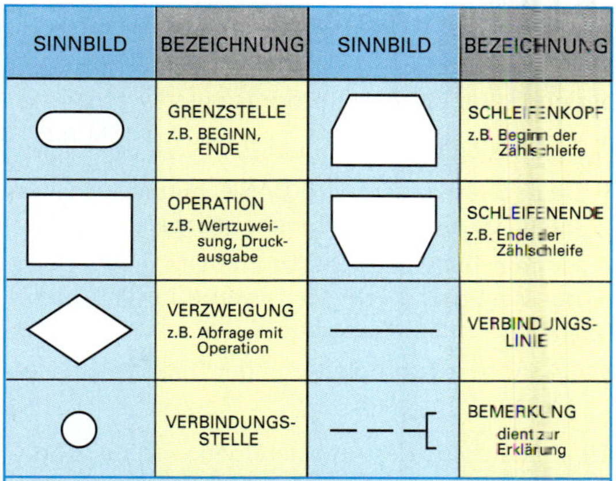

1 Symbole für PAP nach DIN 66 001

Die Symbole des PAP sind nach DIN 66 001 genormt (Bild 1).

Damit lassen sich die drei grundsätzlichen Strukturelemente Folgen, Verzweigung und Wiederholung erfassen (Bild 2).

11.8.5 Codierung, Programmtest und Programmdokumentation

Die im Struktogramm oder Programmablaufplan dargestellten Einzelschritte müssen anschließend in einer ausgewählten Programmiersprache (BASIC, PASCAL, FORTRAN o.a.) codiert und mittels eines geeigneten Eingabegerätes (Tastatur) eingegeben werden. Das Endprodukt dieses Vorganges ist das Programm.

Mithilfe von Testdaten wird das so erstellte Programm getestet und notfalls korrigiert.

Da nur in seltenen Fällen der Programmierer auch der Benutzer der Programme ist, muss jedes Programm über eine exakte Gebrauchsanweisung oder ein Handbuch verfügen. Diese werden als Programmdokumentation bezeichnet.

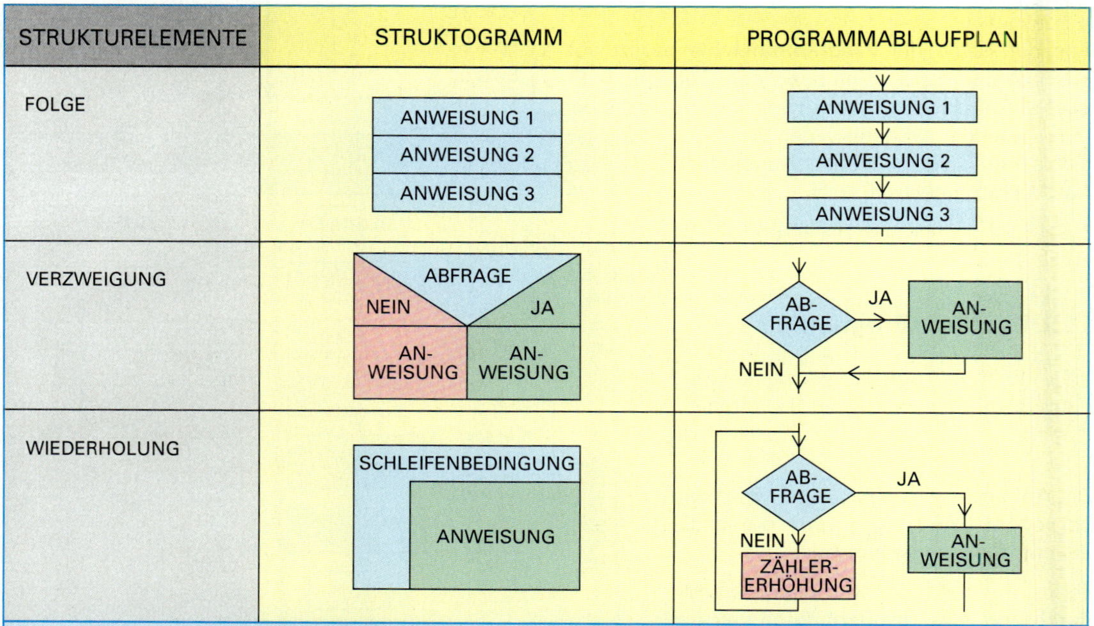

2 Darstellung einzelner Strukturelemente

11.9 Programmiersprache BASIC

Die Programmiersprache BASIC ist leicht erlernbar und kann im Dialog programmiert werden.

Es gibt 3 Möglichkeiten, über BASIC zu verfügen:

1. Beim Systemstart wird BASIC automatisch geladen, da sie im ROM gespeichert ist.
2. Nur ein Teil von BASIC ist im ROM gespeichert, der Rest muss von der Diskette in den Internspeicher geladen werden.
3. BASIC muss komplett von der Diskette gelesen werden.

Die Reihenfolge der Anweisungen wird bei BASIC durch Zeilennummern festgelegt. Um ein späteres Einfügen zu erleichtern, wird die Programmierung in 5er- oder 10er-Schritten empfohlen.

Alle Rechenoperationen werden durch Operatoren festgelegt (Tabelle 1). Der BASIC-Befehlsvorrat setzt sich aus **2 Befehlstypen** zusammen:

1. System- oder Steuerbefehle
2. Programmierbefehle (Tabelle 2).

Die Systembefehle werden in Verbindung mit dem entsprechenden DOS abgearbeitet und können sowohl rechnerinterne als auch externe (z. B. speichern auf Diskette u. a.) Anweisungen enthalten. Programmierbefehle beinhalten ausschließlich Anweisungen, die bei der Programmabarbeitung erledigt werden müssen.

Jeder BASIC-Befehl muss durch RETURN quittiert werden.

Aus der Reihe der **Programmbefehle** besitzt vor allem der LET-Befehl eine besondere Bedeutung. Er ist ein Befehl für eine Datenzuweisung, wobei der bei LET stehenden Variablen der Wert des rechts vom Gleichheitszeichen stehenden Ausdrucks zugewiesen wird.

Z. B. LET A = B + C: bei B = 10 und C = 20 erhält A den Wert 30.

11.9.1 Lineare Programme

Bei linearen Programmen werden die Anweisungen nacheinander abgearbeitet.

Die Abfolge der Anweisungen wird wie bei jedem BASIC-Programm durch die Zeilennummern bestimmt.

Jedes lineare Programm läuft einmal durch und muss im Bedarfsfall neu gestartet werden.

Tabelle 1: BASIC-Operatoren

Rechenoperationen	Operationszeichen	Math.-Beispiel	BASIC-Beispiel
Addition	+	18,5 + 32,5	18.5 + 32.5
Subtraktion	–	13 – 8,5	13–8.5
Multiplikation	·	13 · 9,5	13 · 9.5
Division	/	13 : 6,5	13/6.5
Potenzieren	** od. ^ od. ↑	16^4	16 ** 4
Wurzelziehen	SQR	$\sqrt{16}$	SQR (16)

Tabelle 2: BASIC-Steuer- und Programmbefehle

Steuerbefehl	Befehlsinhalt
LIST	Programmauflistung
RUN	Programmstart
NEW	Löscht Programm
DELETE	Zeichen löschen
SAVE	Speicher extern
LOAD	Programm laden
CATALOG	Liste aller Programme
Programmbefehl	**Befehlsinhalt**
HOME	Löscht Bildschirm
PRINT	Druckbefehl
REM	Programmerläuterung
INPUT	Eingabe von Daten
LET	Wertzuweisung
IF-THEN	Abfrage: wenn – dann
GOTO	Sprungbefehl
FOR-TO	Schleifenbedingung
NEXT	Zählererhöhung
END	Programmende

AUFGABE

Berechnung von Umfang U und Flächeninhalt A des Kreises

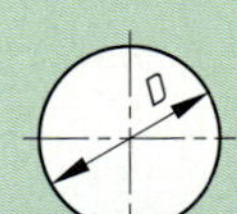

PROGRAMMABLAUFPLAN

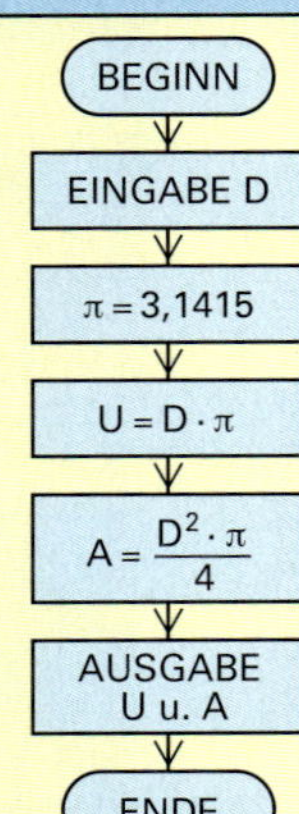

PROGRAMM

```
10 REM KREISFLÄCHE
   U. UMFANG
20 INPUT D
30 LET PI = 3,1415
40 LET U = PI × D
50 LET A = D ^ 2 × PI / 4
60 PRINT U = ";U;" A = ";A"
70 END
```

PROGRAMMAUSFÜHRUNG

```
RUN
? 35
U = 109.9525   A = 962.0844
OK
```

1 Lineares Programm für Kreisberechnung

11.9.2 Verzweigte Programme

Verzweigte Programme sind Programme, deren Anweisungsfolge, je nach Entscheidung an einer Verzweigungsstelle, unterschiedlich sein kann.

Die Programmsprache BASIC kennt zwei Möglichkeiten einer Verzweigung:

1. Der unbedingte Sprungbefehl GOTO
2. Der bedingte Sprungbefehl IF ... THEN ..

Der unbedingte Sprungbefehl

Durch den Sprungbefehl GOTO wird das Programm veranlasst, an einer bestimmten Stelle einen Sprung zu einer angegebenen Zeilennummer durchzuführen. Nach dem wiederholten Abarbeiten des Programms wird wieder die Sprungstelle erreicht. Es erfolgt der erneute Sprungbefehl GOTO. Da diese Abfolge theoretisch unendlich oft durchgeführt würde, nennt man dieses Programm eine **Endlosschleife**. Ein Ausstieg aus einer Endlosschleife kann nur über einen Programmausstieg mittels Steuertasten erfolgen (Bild 1).

Der bedingte Sprungbefehl IF ... THEN ..

Der bedingte Sprungbefehl IF ... THEN .. enthält neben der Sprunganweisung die Bedingung, unter der gesprungen werden soll. Die Abfragebedingung stellt in der Regel eine Vergleichsoperation dar. Mithilfe der Vergleichsoperatoren können Werte mit festgelegten Vergleichswerten verglichen werden (Bild 2).

Enthält in einem verzweigten Programm einer der beiden Zweige keine Anweisungen, so spricht man von einer einseitigen Verzweigung.

Einseitige Verzweigungen werden häufig dazu benutzt, unsinnige oder unlogische Wertezuweisungen wie z. B. D = – 30 mm, zu verhindern. Die Bedingung für ein sinnvolles Weiterarbeiten wäre hier durch die Abfrage D > 0 ? erreicht. Bei zweiseitig verzweigten Programmen enthält sowohl der JA-Zweig als auch der NEIN-Zweig weitere Anweisungen (Bild 3).

Die Zustellbefehle an einem Temperaturregelventil beispielsweise könnten als zweiseitig verzweigte Anweisungen erfolgen.

T ≧ 20 °C ? JA-Ventil zu

T < 20 °C ? NEIN-Ventil auf.

Durch Anfügen weiterer IF ... THEN .. Anweisungen lässt sich jedes zweiseitig verzweigte Programm in ein mehrseitig verzweigtes erweitern.

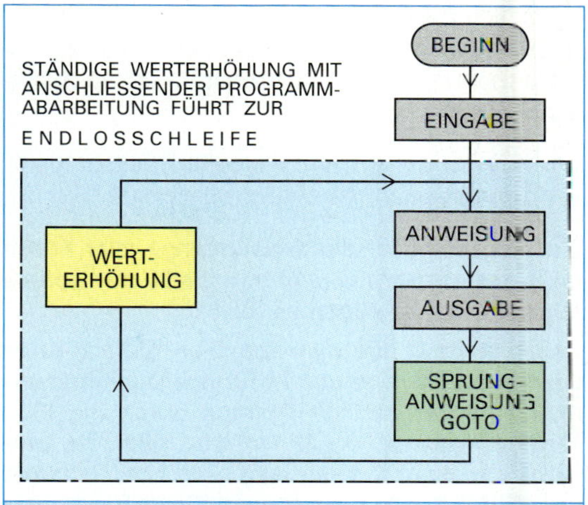

1 Programmablaufplan GOTO

Vergleichsoperation	Zeichen	Beispiel
kleiner als	<	D < M
kleiner gleich	< =	A < = E
gleich	=	x = y
ungleich	> <	Z1 > < Z2
größer gleich	> =	A > = B
größer als	>	D > M

2 Vergleichsoperation

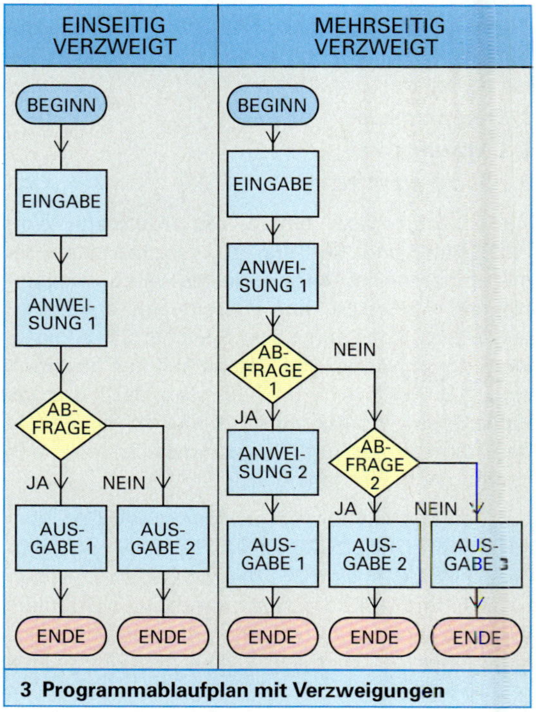

3 Programmablaufplan mit Verzweigungen

11.9.3 Programme mit Wiederholstruktur

Häufig ist es erforderlich, dass eine Anweisungsfolge mehrfach mit veränderten Variablen durchlaufen werden muss.

> **Anweisungsfolgen mit Wiederholstruktur werden als Schleifen oder Zyklen bezeichnet (Bild 1).**

Ein Programm für die Kreisumfänge aller Kreise mit Durchmessern von 10 mm bis 20 mm könnte folgendermaßen aussehen (Bild 2).

Dabei steht D für den variablen Durchmesser (10 mm bis 20 mm) und M für das Durchmessermaximum. Ist bei der Abfrage durch die IF … THEN-Anweisung D < 20, so wird über die Umfangsformel der Kreisumfang berechnet und über den PRINT-Befehl ausgedruckt. Danach wird der Zähler um 1 erhöht, bis er den Maximalwert 20 überschreitet (D > 20). Eine andere Möglichkeit Schleifen zu programmieren bietet BASIC durch die Kombination der FOR … TO-Anweisung in Verbindung mit dem NEXT-Befehl. Für einen bestimmten Bereich, z. B. FOR D = 10 TO 20, wird der Programmzyklus festgelegt. Der NEXT-Befehl erhöht dabei die Variable auf den nächsten Wert.

> Die STEP-Angabe ermöglicht die Veränderung der Schrittweite (Bild 3).

Wiederholstrukturen veranlassen den Computer zu vielen gleichartigen Rechenoperationen.

11.10 Programmiersprache PASCAL

Die Programmiersprache PASCAL ist eine strukturierte Sprache, die immer aus den folgenden Teilen besteht:

1. Programmkopf
2. Deklarationsteil
3. Hauptprogramm

Der Programmkopf enthält das reservierte Wort PROGRAM und den frei zu vergebenden Programmnamen. Im Deklarationsteil werden die Konstanten, Variablen und Datentypen vereinbart (deklariert). Konstanten sind Speicherplätze, die jeweils durch Namen und Dateninhalt fest bestimmt sind, z. B. PI = 3.1416. Im Gegensatz dazu sind Variable Speicherplätze, deren Inhalt sich im Verlaufe der Abarbeitung des Programmes ändern, z. B. Umfang oder Flächeninhalt.

Bei den Datentypen unterscheidet PASCAL zwischen INTEGER, REAL, CHAR, STRING und BOOLEAN. INTEGER sind alle ganzen Zahlen zwischen –32 768 und +32 767. REAL sind Dezimalzahlen. Diese können auch in Zehnerpotenzschreibweise angegeben sein, z. B. 400 000 000 als 4E8 (sprich 4 mal 10 hoch 8).

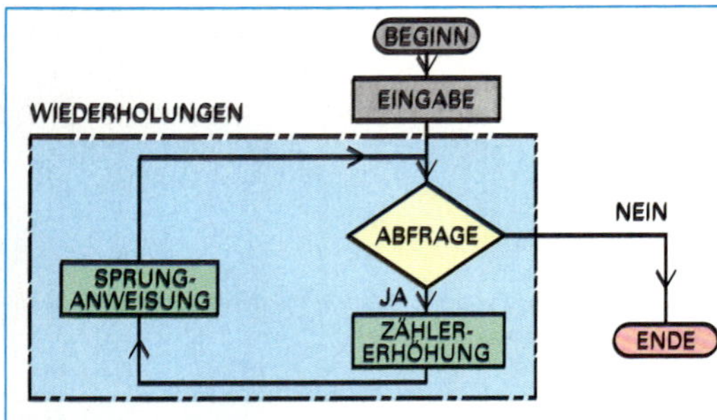

1 Programmablaufplan für Wiederholstruktur

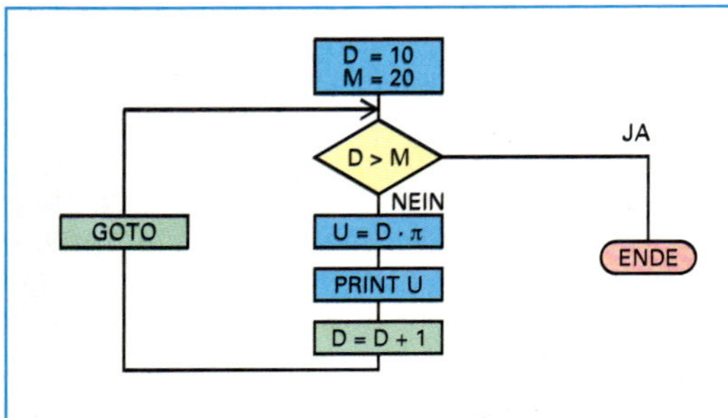

BASIC-PROGRAMM

```
30 LET PI = 3.1415
40 LET D = 10
50 LET M = 20
60 IF D > M THEN GOTO 110
70 LET U = D*PI
80 PRINT „DER KREISUMFANG FÜR D=“;D“;“;IST“:„U“
90 LET D = D + 1
100 GOTO 50
110 END
```

PROGRAMMAUSFÜHRUNG

```
DER KREISUMFANG FÜR D = 10 IST 31.14
DER KREISUMFANG FÜR D = 11 IST 34.5565
DER KREISUMFANG FÜR D = 12 IST 37.698
DER KREISUMFANG FÜR D = 13 IST 40.8395
DER KREISUMFANG FÜR D = 14 IST 43.981
DER KREISUMFANG FÜR D = 15 IST 47.1225
DER KREISUMFANG FÜR D = 16 IST 50.264
DER KREISUMFANG FÜR D = 17 IST 53.4055
DER KREISUMFANG FÜR D = 18 IST 56.547
DER KREISUMFANG FÜR D = 19 IST 59.6885
DER KREISUMFANG FÜR D = 20 IST 62.83
```

Programmablaufplan Kreisumfang

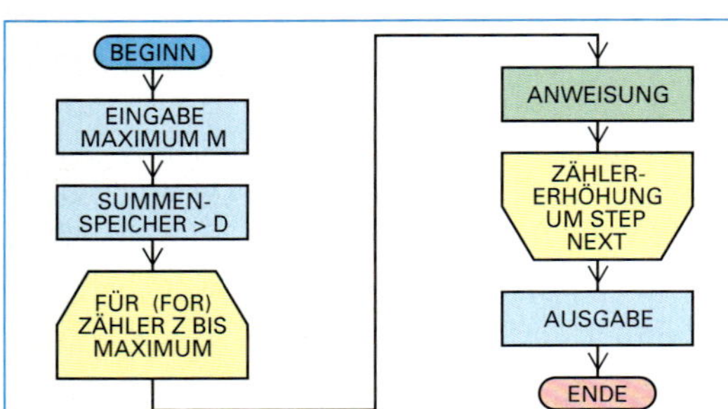

3 Programmablaufplan

Jedes beliebige Zeichen aus dem Zeichensatz kann als CHAR dienen. Als STRING werden beliebige Zeichenketten eingesetzt. Logische Variable werden BOOLEAN genannt, sie kennen nur die Werte „wahr" oder „falsch". In PASCAL sind diese mit TRUE für wahr und FALSE für falsch bezeichnet.

Im Hauptprogramm stehen die Anweisungen einzeln oder in Blockform jeweils zwischen BEGIN und END. Anweisungen in Blockform nennt man Prozeduren. Sie sind zu vergleichen mit Unterprogrammen und besitzen die gleiche Form wie ein Hauptprogramm.

Regeln für die Arbeit in PASCAL

- **Alle Befehle müssen durch Semikolon (;) getrennt werden.**
- **Die Befehle werden immer in der Reihenfolge abgearbeitet, in der sie auftreten.**
- **Die Anweisungen werden immer zwischen BEGIN und END geschaltet.**
- **Nach BEGIN kommt kein Zeichen, nach END folgt ein Punkt.**
- **Zwischen Groß- und Kleinschreibung wird nicht unterschieden.**
- **Der Übersichtlichkeit wegen werden die Programmsätze jeweils um ein Leerzeichen eingedrückt.**

Programmierbefehle in PASCAL	
READLN (...)	Eingabe (Lese Linie)
WRITELN (...)	Ausgabe (Schreibe Linie)
.... := ...	Wertzuweisung
IF ...	Bedingte Anweisung
THEN ...	
ELSE ...	
FOR ... TO ... DO	Wiederholungen
:	
REPEAT	
:	
UNTIL	
(* ... *)	Bemerkungen
CLRSCR	Bildschirm löschen

Für die Verwendung der Zeichen für Rechen- und Vergleichsoperationen gelten die gleichen Regeln wie in BASIC (siehe Seite 292 und Seite 293). Unter Berücksichtigung der Programmierregeln und der Programmbefehle (Bild 1) könnte das Programm für die Kreisberechnungen (vgl. Seite 294) folgendermaßen aussehen:

Programmsätze	**Erklärung**
PROGRAM Berechnungen am Kreis	Programmname
VAR Durchmesser : REAL;	Variablendeklaration
Umfang : REAL;	dto.
Flächeninhalt : REAL;	dto.
BEGIN	Beginn des Hauptprogrammes
Writln (,Kreisflächen und -umfangsberechnung');	Schreiben des Programmkopfes
Writln	Leerzeile
Write (,Durchmesser D = :');	Abfrage des Durchmessers D
Read (D);	Einlesen des Durchmessers D
U = D*3.1415	Berechnungsformel für den Kreisumfang
A = D^2*3.1415/4	Berechnungsformel für den Flächeninhalt
Write (,Der Kreisumfang U =');	Ausgabetext für Kreisumfang
Write (U);	Ausgabe des Umfangwertes
Write (,Der Flächeninhalt A =');	Ausgabetext für Kreisfläche
Write (A);	Ausgabe des Flächenwertes
END	Programmende

Die Abarbeitung des PASCAL-Programmes:

Programm	**Erklärung**
RUNNING	Beginn des Programmlaufes
Kreisflächen und -umfangsberechnungen	Programmkopf
Durchmesser D = *15*	Abfrage und *Eingabewert*
Der Kreisumfang U = *47.1225*	Ausgabetext und *Ausgabewert* (für D = 15)
Der Flächeninhalt A des Kreises = *176.709375*	Ausgabetext und *Ausgabewert* (für D = 15)

11.11 Standardisierte Anwenderprogramme

Die weitaus größte Zahl der mit EDV-Anlagen zu bearbeitenden Probleme sind keine Einzelfälle, sondern in vielen Bereichen wiederkehrende Anwendungen. Typische Beispiele dafür sind:

- Textverarbeitung
- Buchführung
- Lagerverwaltung
- Kalkulation
- Programmierung von CNC-Maschinen
- Zeichnungserstellung mit CAD

Für alle diese Fälle wurden von Softwarefirmen Anwenderprogramme entwickelt, die mit wenig Aufwand der betrieblichen Situation angepasst werden können. An zwei Beispielen soll die Arbeit mit standardisierten Anwenderprogrammen exemplarisch gezeigt werden.

11.11.1 Textverarbeitung

Von der WINDOWS-Oberfläche wird das Textprogramm geladen. Verfolgen Sie die Entstehung eines einfachen Textdokumentes anhand der Bildschirmabbildungen:

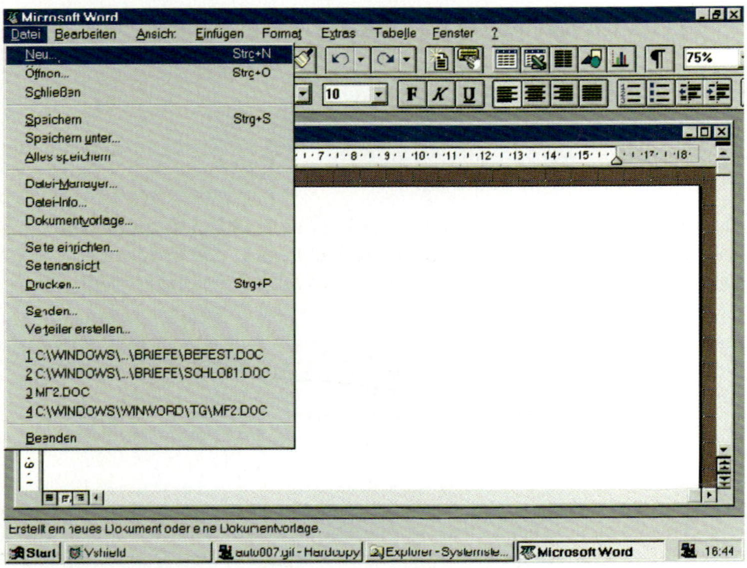

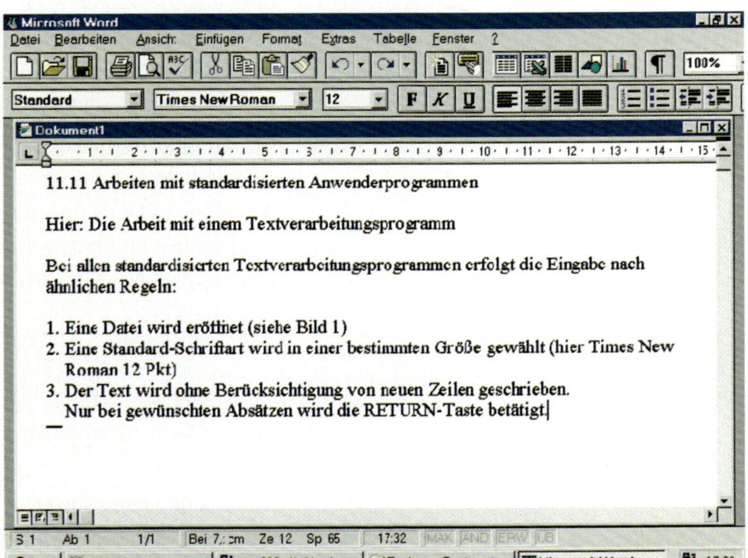

Entgegen der konventionellen Art, Texte zu schreiben, muss bei der durch **Textverarbeitungsprogramme** unterstützten Vorgehensweise während des Schreibens nur wenig Rücksicht auf das spätere Format genommen werden. Komfortable Hilfen wie Silbentrennung, automatischer Umbruch für Zeilen und Seiten, Rechtschreibkontrolle u.a. erleichtern das Schreiben erheblich.

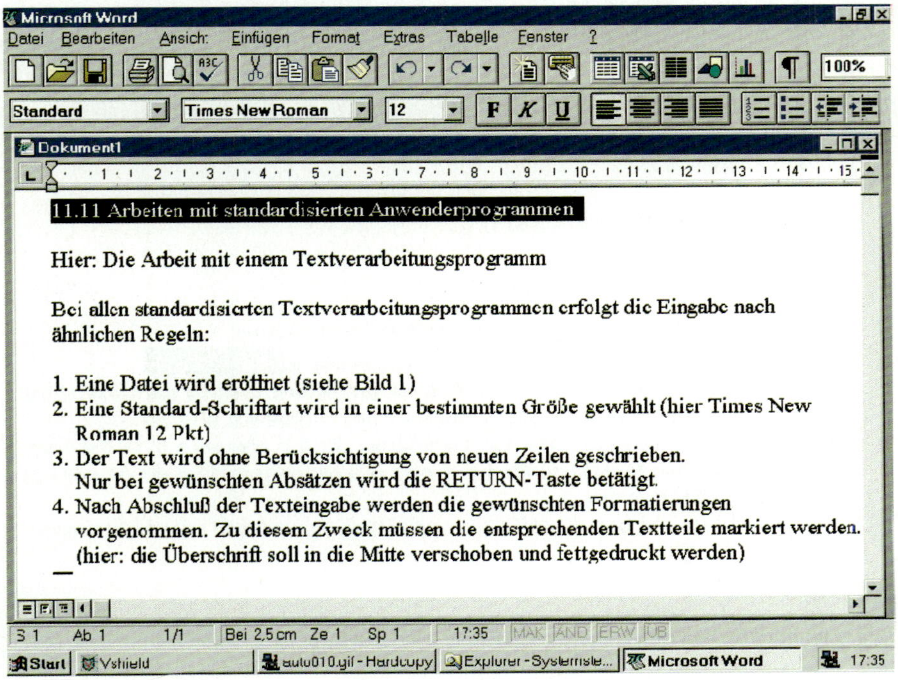

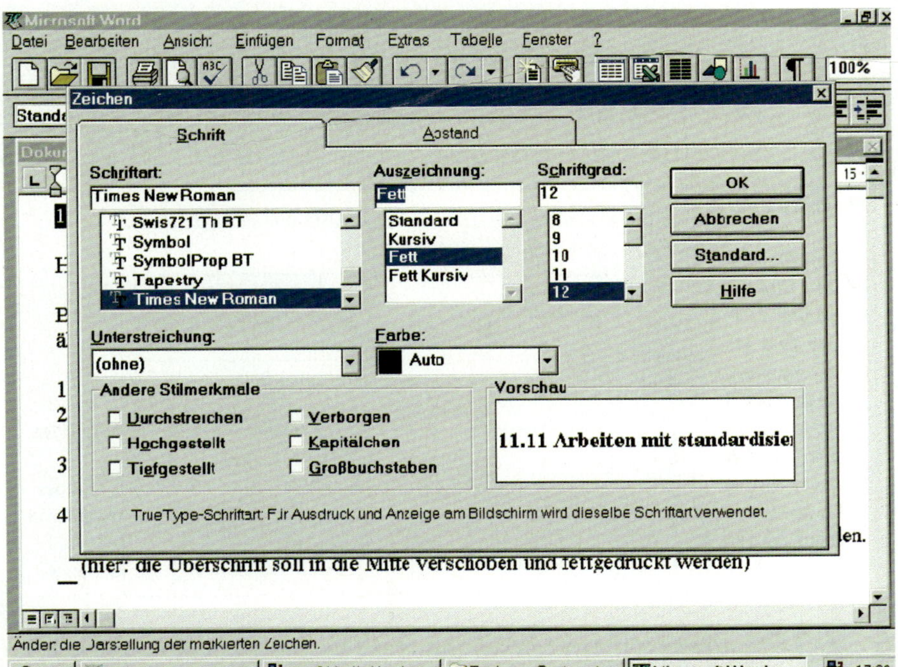

Den **Formatierungen** können sowohl einzelne Zeichen als auch ganze Abschnitte oder komplette Texte unterzogen werden. Grundsätzlich gilt immer die Regel: Erst markieren, dann formatieren.

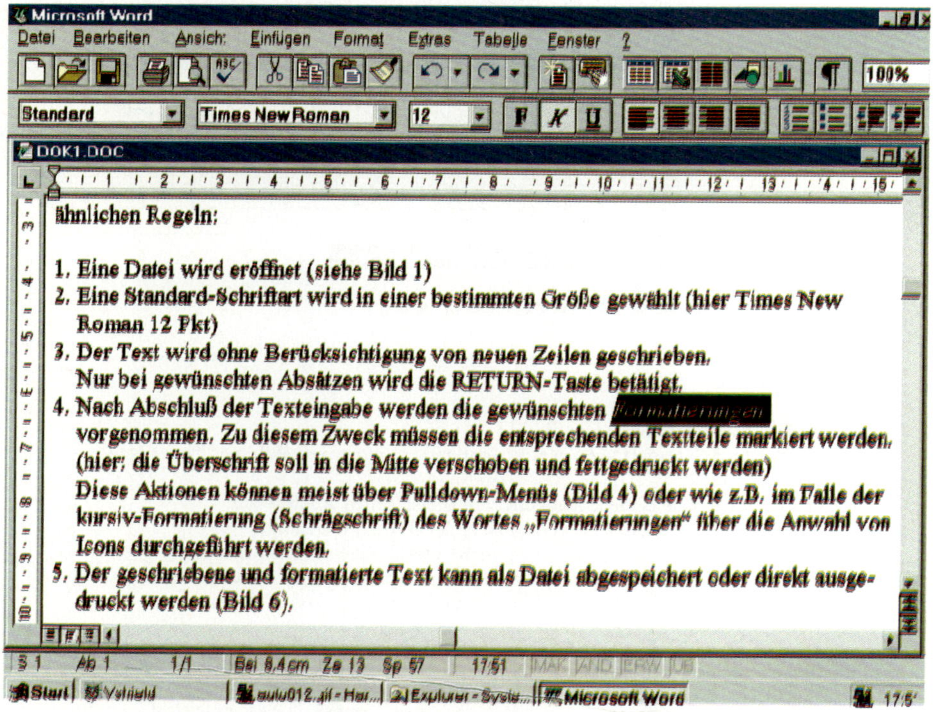

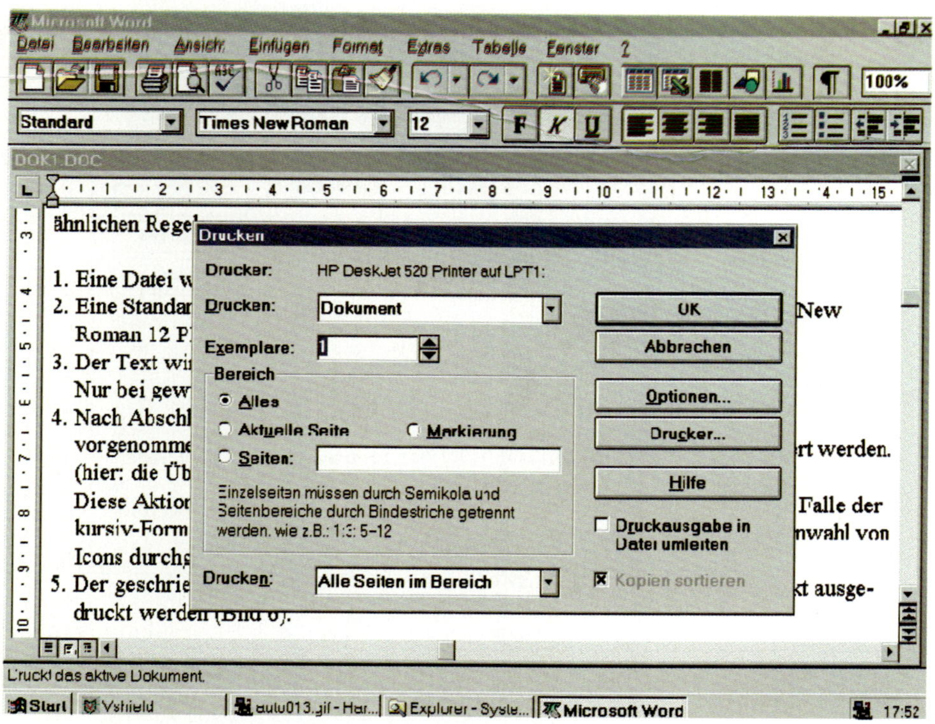

Einfügen von Elementen

Programme, die auf der WINDOWS-Basis arbeiten, erlauben alle das Einfügen von Elementen und Objekten, die in anderen Programmen erstellt wurden.

Am Beispiel einer Zeichnung, die mit einem CAD-Programm erstellt wurde, soll dies exemplarisch dargestellt werden.

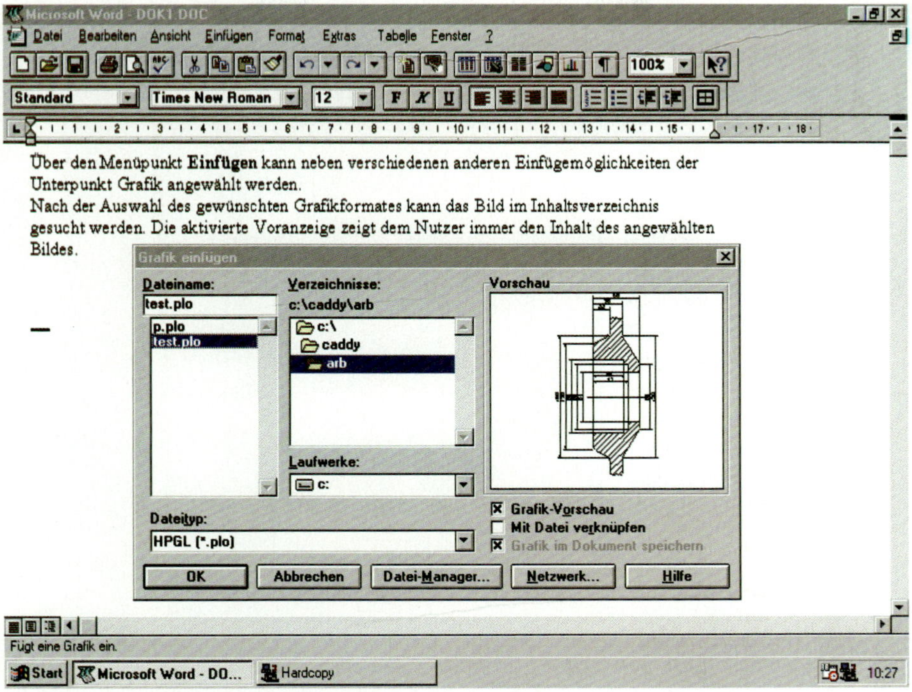

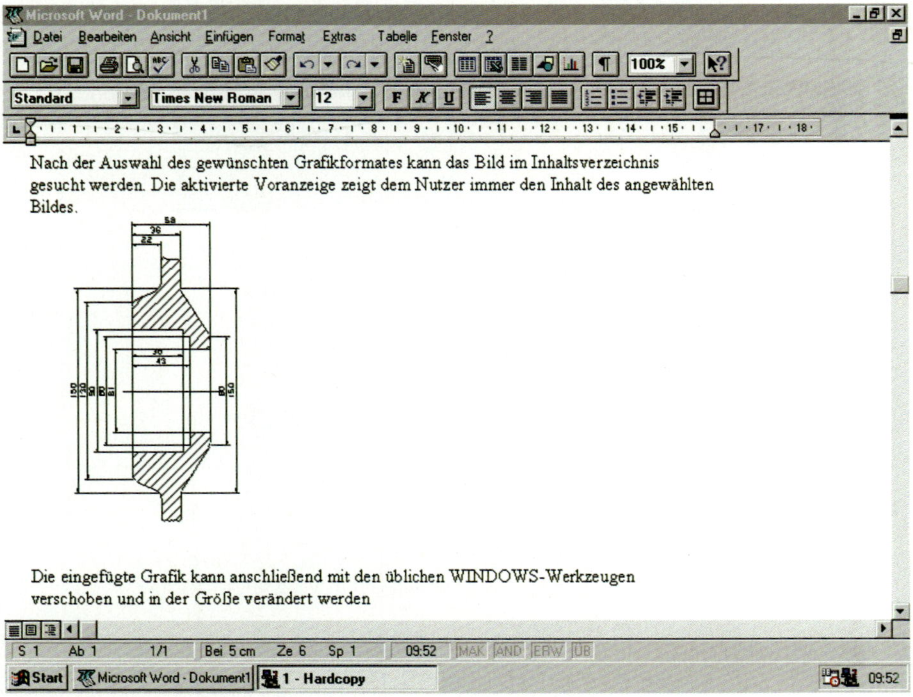

11.11.2 Steuerungspläne

Wie schon erwähnt, liegt ein großer Vorteil für den Anwender von Programmen, die auf WINDOWS basieren darin, dass die „Benutzeroberfläche“, d. h. die Möglichkeiten der Handhabung einer Software, immer ähnlich sind. So ist in aller Regel nach dem Aufruf des Programmes über den Programmmanager mit Hilfe des Datei-Menüs eine neue Datei zu erstellen oder eine bereits vorhandene Datei zu laden. Dies gilt auch für das unten beschriebene **Simulationsprogramm** für pneumatische und elektropneumatische Steuerungen (Bild 1).

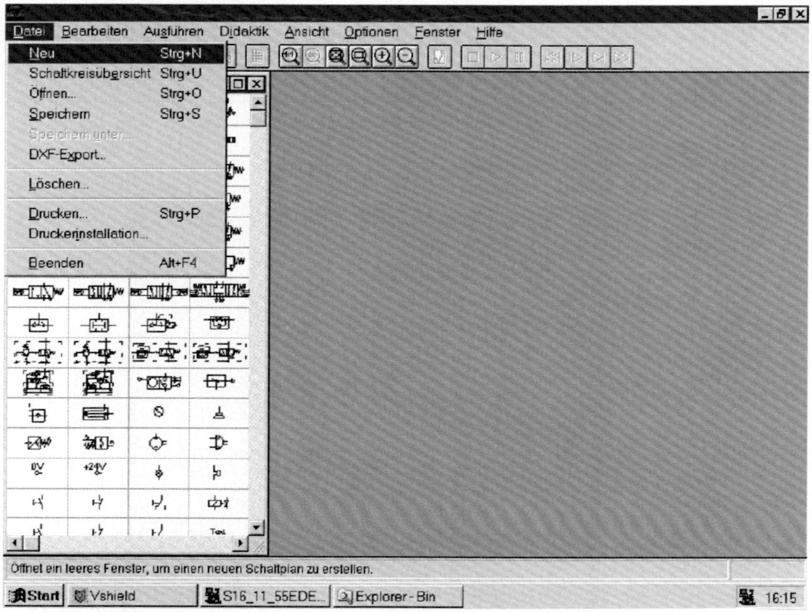

Aus einer **Komponentenbibliothek** können dann die gewünschten pneumatischen und elektrischen Komponenten auf einem leeren Zeichenblatt platziert werden. Die Verbindung der Anschlüsse erfolgt halbautomatisch durch „Anklicken“ der entsprechenden Anschlusspunkte (Bild 2).

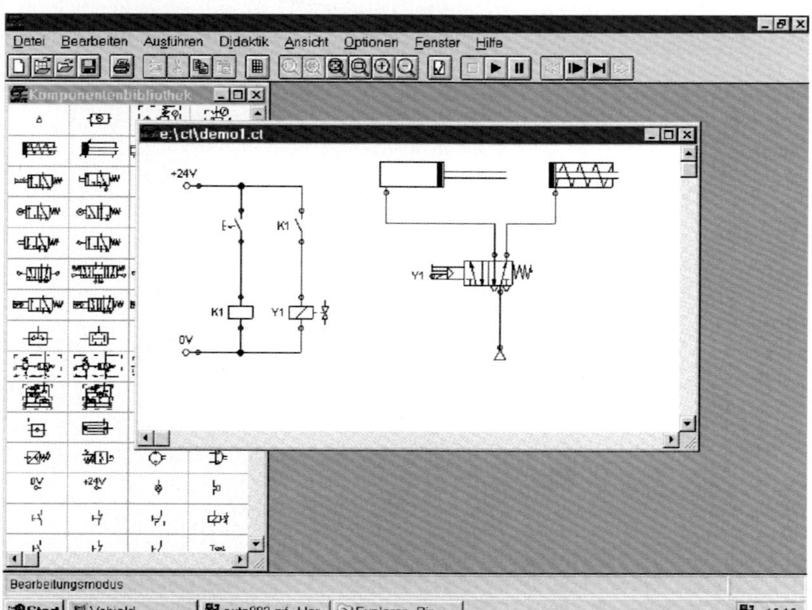

Die meisten WINDOWS-Programme stellen umfangreiche „Online-Hilfen" zur Verfügung. Durch die Anwahl des Hilfe-Menüs können aus einem Register über die Angabe eines Stichwortes Hilfen zur Handhabung des Programmes oder wie im vorliegenden Fall auch Informationen über die Funktionsweise der benutzten Komponenten abgefragt werden (Bild 1).

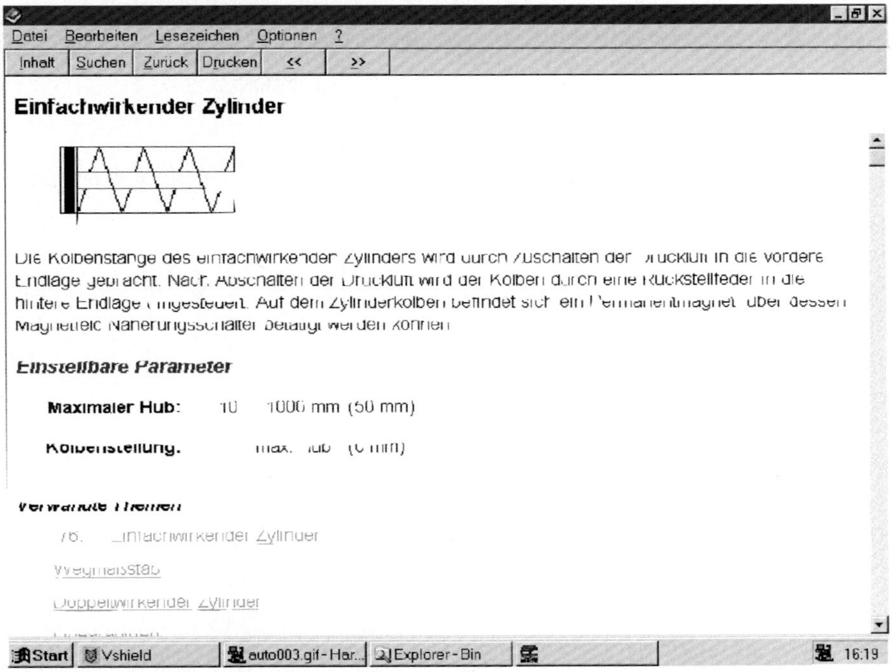

Bei technisch orientierten Programmen ist darüber hinaus häufig die Anbindung an eine Produktdatenbank realisiert, die ausführliche Angaben wie z. B. Einbaumaße, Leistungsdaten, Bilder, Preis u. a. zur Verfügung stellt.

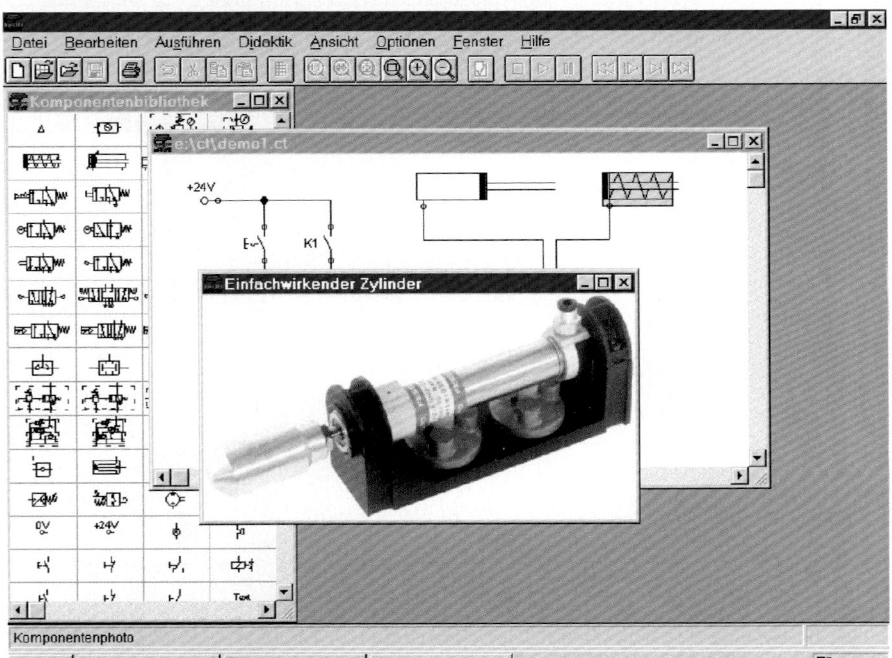

Sind alle Verbindungen gelegt, so kann der Ablauf der Steuerung simuliert werden. Dies kann sowohl im Einzelschrittverfahren als auch in kompletter Form geschehen (Bild 1). Durch farbliche Hervorhebung wird dabei die Abfolge der einzelnen Schritte und ihre Wirkungen auf die folgenden Aktionen gekennzeichnet (Bild 2). Fehlende Anschlüsse werden vom Programm sofort reklamiert, falsche Anschlüsse können problemlos erkannt werden.

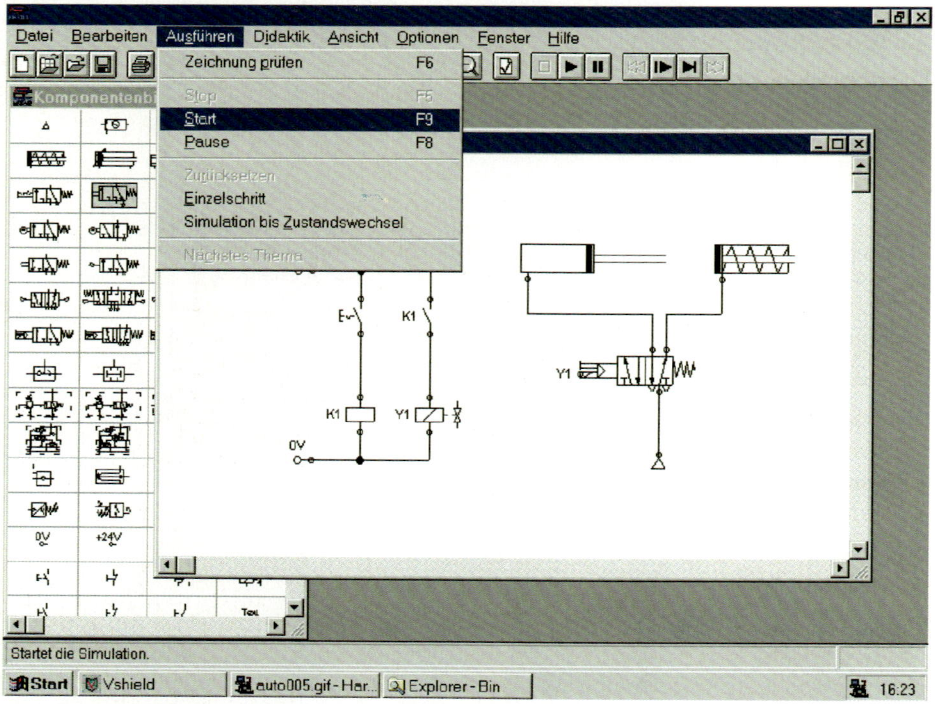

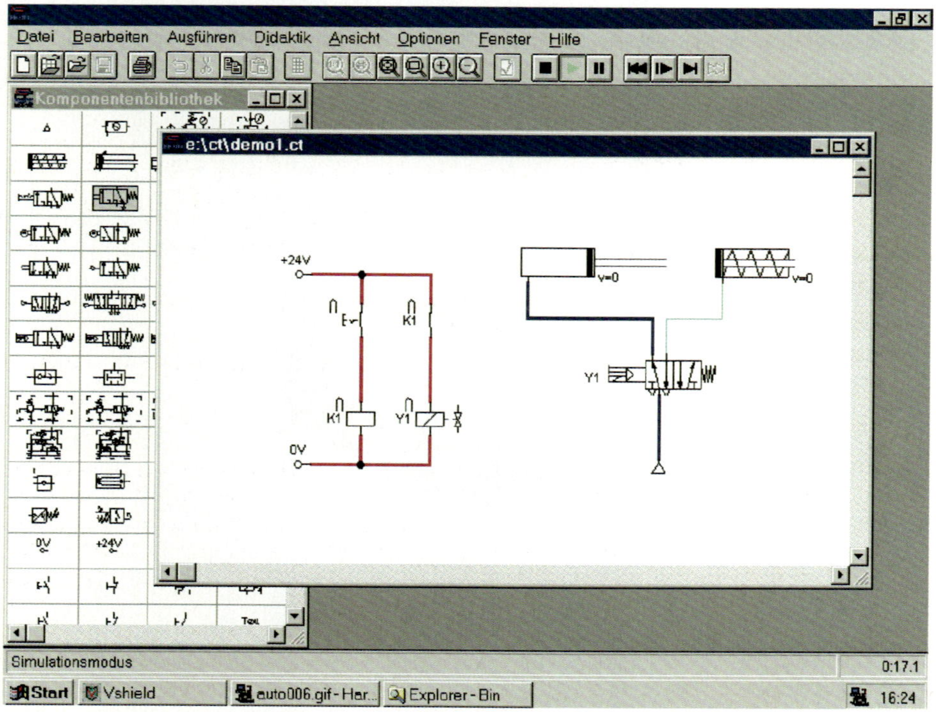

11.12 Auswirkungen der neuen Technologien

Der zunehmende Einsatz der Mikroelektronik in allen Lebensbereichen bringt große Veränderungen für die betroffenen Menschen mit sich. Während wir im privaten Bereich (Stereoanlage, CD-Player, Haushaltsgeräte, Mikroelektronik im Auto u. a.) eher passiv von diesen Entwicklungserscheinungen Gebrauch machen, sind im beruflichen Bereich erhebliche Qualifikationsveränderungen die Folge (Bild 1 und Bild 2).

1 Programmieren eines Schweißroboters

11.12.1 Veränderungen im Arbeitsbereich

Computer führen immer wiederkehrende Routinetätigkeiten mit hoher Geschwindigkeit und großer Präzision aus und entlasten so den Menschen von monotonen und zeitaufwendigen Arbeiten. Die Folge davon ist, dass viele einfache Arbeitsplätze verloren gehen. Im Umfeld der Computer jedoch werden eine Reihe neuer Tätigkeiten wie Einrichtung, Programmierung, Wartung u. a. erforderlich, die nur von qualifizierten Facharbeitskräften ausgeführt werden können. Das führt zur Verringerung der körperlichen Belastung, aber durch die geistige Vorwegnahme vieler Arbeitsgänge zu einer deutlichen Steigerung der geistigen und nervlichen Beanspruchung der Arbeitskräfte.

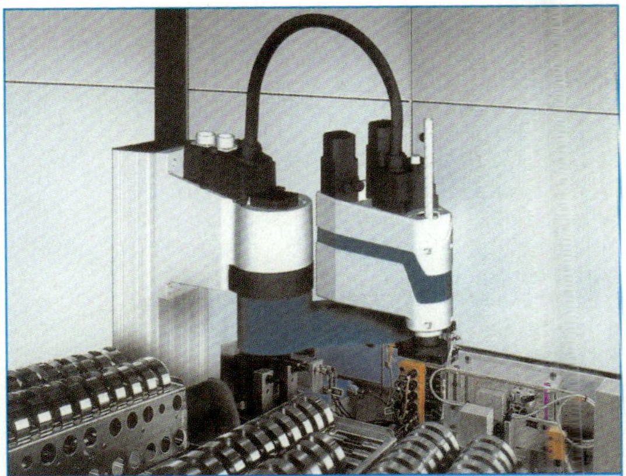

2 Einrichten von Handhabungsautomaten

11.12.2 Datenschutz

Auch personenbezogene, private Daten werden heute in großem Umfang über Netze ausgetauscht und transportiert. Um diese Daten vor Missbrauch zu schützen, wurde 1977 das **Bundesdatenschutzgesetz** erlassen. Danach ist eine Erfassung, Verarbeitung und Speicherung von personenbezogenen Daten nur dann zulässig, wenn der Betroffene zustimmt. Er hat darüber hinaus das Recht,

- jederzeit Auskunft über seine Daten zu verlangen,
- notfalls eine Berichtigung seiner Daten zu erwirken,
- bei unzulässigem Speichern auf Löschen seiner Daten zu drängen.

Zur Kontrolle dieses Gesetzes gibt es auf Bundes- und Landesebene **Datenschutzbeauftragte**.

Überprüfen Sie Ihre Kenntnisse

1. **Erklären Sie den Unterschied zwischen einem Kaltstart und einem Warmstart des Computers.**
2. **Zum Betriebssystem gehören eine Reihe von Dienst- und Steuerprogrammen. Nennen Sie diese und beschreiben Sie ihre Aufgaben.**
3. **Wodurch unterscheidet sich WINDOWS vom Betriebssystem DOS?**
4. **Was versteht man beim Programmieren unter der Top-Down-Methode?**
5. **Welche Möglichkeiten der grafischen Darstellung von Problemlösungen gibt es?**
6. **Erklären Sie den Unterschied zwischen einem linearen und einem verzweigten Programm.**
7. **Wo werden Programme mit Wiederholstruktur eingesetzt?**
8. **Welche Auswirkungen auf den Arbeitsbereich gehen von den neuen, computerunterstützten Technologien aus?**

Sachwortverzeichnis

R

S

T

U

Wichtige DIN-Normen und Bestimmungen

DIN 202	Gewinde; Übersicht
DIN 267	Mechanische Verbindungselemente; Technische Lieferbedingungen
DIN 861-1	Parallelendmaße
DIN 862	Messschieber
DIN 863	Messschrauben
DIN 877	Richtwaagen (Wasserwaagen)
DIN 1301-1	Einheiten; Einheitennamen, Einheitenzeichen
DIN 1301-2	Einheiten; Allgemein angewendete Teile und Vielfache
DIN 1304-1	Formelzeichen; Allgemeine Formelzeichen
DIN 1305	Masse, Wägewert, Kraft, Gewichtskraft, Last
DIN 1319-1	Grundbegriffe der Messtechnik; Allgemeine Grundbegriffe
DIN 1319-2	Grundbegriffe der Messtechnik; Begriffe für die Anwendung von Messgeräten
DIN 1700	Nichteisenmetalle
DIN 1910-1	Schweißen; Begriffe, Einteilung der Schweißverfahren
DIN 1910-2	Schweißen; Schweißen von Metallen, Verfahren
DIN 1910-3	Schweißen; Schweißen von Kunststoffen, Verfahren
DIN 1910-4	Schweißen, Schutzgasschweißen, Verfahren
DIN 2244	Gewinde; Begriffe
DIN 2257-1	Begriffe der Längenprüftechnik, Einheiten, Tätigkeiten, Prüfmittel, Messtechnische Begriffe
DIN 2310-1	Thermisches Schneiden; Allgemeine Begriffe und Benennungen
DIN 2916	Biegeradien für nahtlose und geschweißte Stahlrohre
DIN 6580	Begriffe der Zerspantechnik; Bewegungen und Geometrie des Zerspanvorganges
DIN 6581	Begriffe der Zerspantechnik; Bezugssysteme und Winkel am Schneidteil des Werkzeugs
DIN 6935	Kaltbiegen von Flacherzeugnissen aus Stahl
DIN 7154	ISO-Passungen für Einheitsbohrung
DIN 7155	ISO-Passungen für Einheitswelle
DIN 7157	Passungsauswahl; Toleranzfelder; Abmaße
DIN 7168	Allgemeintoleranzen; Längen- und Winkelmaße, Form und Lage
DIN 8505-1	Löten; Allgemeines, Begriffe
DIN 8513	Hartlote
DIN 8580	Fertigungsverfahren; Einteilung, Übersicht
DIN 8582	Fertigungsverfahren Umformen: Einordnung, Unterteilung, Alphabetische Übersicht
DIN 8586	Fertigungsverfahren Biegeumformen
DIN 8588	Fertigungsverfahren Zerteilen; Unterteilung, Begriffe
DIN 8589-0	Fertigungsverfahren Spanen; Einordnung, Unterteilung, Begriffe
DIN 8589-1	Drehen
DIN 8589-2	Bohren, Senken, Reiben
DIN 8589-3	Fräsen
DIN 8589-6	Sägen
DIN 8589-7	Feilen und Raspeln
DIN 8589-9	Schaben, Meißeln
DIN 8589-11	Schleifen mit rotierendem Werkzeug
DIN 8593-0	Fertigungsverfahren Fügen; Einordnung, Unterteilung, Begriffe
DIN 8593-5	Fügen durch Umformen
DIN 8593-6	Fügen durch Schweißen
DIN 8593-7	Fügen durch Löten
DIN 16 920	Klebstoffe; Klebstoffverarbeitung, Begriffe
DIN 17 007-4	Werkstoffnummern
DIN 30 910	Sinterwerkstoffe
DIN 40 150	Begriffe zur Ordnung von Funktions- und Baueinheiten
DIN 50 900-1	Korrosion der Metalle; Begriffe
DIN 69 120	Gerade Schleifscheiben
DIN ISO 286-1	ISO-System für Grenzmaße und Passungen Grundlagen für Toleranzen, Abmaße und Passungen
DIN ISO 2768-1	Allgemeintoleranzen: Toleranzen für Längen und Winkelmaße ohne einzelne Toleranzeintragungen
DIN EN 482-2	Aluminium-Werkstoffe
DIN EN 499	Umhüllte Stabelektroden zum Lichtbogenhandschweißen
DIN EN 1045	Flussmittel zum Hartlöten
DIN EN 10 002	Zugversuch
DIN EN 10 003	Härteprüfungen nach Brinell
DIN EN 10 020	Begriffsbestimmungen für die Einteilung der Stähle
DIN EN 10 025	Warmgewalzte Erzeugnisse aus unlegierten Baustählen; Technische Lieferbedingungen
DIN EN 10 052	Wärmebehandlung
DIN EN 10 083	Vergütungsstähle
DIN EN 10 088	Nichtrostende Stähle
DIN EN 10 113	Schweißgeeignete Feinkornbaustähle
DIN EN 10 155	Wetterfeste Baustähle
DIN EN 29 453	Weichlote
DIN EN 29 454	Flussmittel zum Weichlöten
DIN EN ISO 4287	Geometrische Produktspezifikationen – Oberflächenbeschaffenheit
DIN EN ISO 4957	Werkzeugstähle
DIN EN ISO 6507-1	Härteprüfung nach Vickers
ZH 1/28	Mensch und Arbeitsplatz
ZH 1/71	Sicherheit beim Arbeiten mit Handwerkzeugen
ZH 1/94	Sicherheitslehrbrief für Handwerker
ZH 1/329	Sicherheitslehrbrief für Jugendliche

Bildquellenverzeichnis

Alzmetall Werkzeugmaschinenfabrik und Gießerei Friedrich GmbH & Co., Altenmarkt/Alz, 110-1; 121-1; 125-1; 127-4

BASF AG, 94-1, 2, 5, 6, 7

Bayer AG, 95-5, 6, 7

Belz, Artur, Wanden-Hansborn, 62-1

Beratungsstelle für Stahlverwertung, Düsseldorf, Merkblatt 452, 79-3, 4

Biax Werkzeuge KG Wezel & Co., Maulbronn, 2. Umschlagseite

Bohoer Chemie AG, CH-Zuchwil, 66-1

Bundesanstalt für Materialprüfung, Berlin, 75-10, 11, 12

Deutsche Edelstahlwerke, Krefeld, 101

Festo Didactic GmbH, Esslingen, 300-1, 2; 301-1, 2; 302-1, 2

Gildemeister GmbH, Bielefeld, 58-1

Gühring, Albstadt

Hahn & Kolb, Stuttgart, 65-1

Hauptstelle für Elektrizitätsanwendung, Frankfurt, 120-2; 255-3, 4, 5

Herbst, Friedrich, Schweinfurt; Aus „Wärmebehandlung des Stahls", Verlag Europa-Lehrmittel, Haan-Gruiten, 75-1, 2, 6, 7, 8, 9

Hoechst AG, Frankfurt, 97-2

IBM Deutschland, 279-1, 2, 3, 4; 281-1; 285-1, 2; 286-1, 2, 3; 287-3;

Instron-Wolpert, Ludwigshafen, 102-1; 104-4

Krebsöge, Radevormwald, 86-2; 87-1

Krupp Widia, Essen, 87-2; 97-2

Lechler Chemie, Stuttgart, 90-1

Lutz GmbH & Co., Eugen, Mühlacker, 141-3

MAHO, Pfronten

Mahr, Carl, Esslingen, 63-2

Mannesmann Rexroth GmbH, Lohr, 269-3

Metabowerke GmbH & Co., Nürtingen, 45-1

Mitutoyo, Neuss

MUBEA Systeme, 3. Umschlagseite

Nau GmbH, Stefan, Dettenhaus, 97-2

Rübig, Nahbung/Opf., 66-2

Saarstahl AG, Völklingen, 3. Umschlagseite

Sandvik Coromat, Düsseldorf

SKF-Schweinfurt, 66-3

Spektrum der Wissenschaft 10/1981, aus Semiatin und Lahoti „Industrielle Schmiedetechnik", 188-3

Stahl-Informationszentrum, Düsseldorf, 64-3; 65-1; 68-1

Stellram GmbH, Heusenstamm, 2. Umschlagseite

Stierli-Bieger, Schweiz, 3. Umschlagseite

TESA, CH Renens

Thyssen Edelstahlwerke AG, 3. Umschlagseite

Thyssen Guß AG, Mühlheim, 67-2; 71-3; 72-1

Titex Plus, 2. Umschlagseite

Tizit Metallwerk Plansee, Ostfildern, 2. Umschlagseite

VAW-Aluminium AG, Hannover, 83-2; 84-1, 2

Zinkberatung, Düsseldorf, 90-2